Pommern in Wort und Bild.

Im Auftrage
des Pestalozzivereins der Provinz Pommern
herausgegeben von

F. Uecker-Stettin.

Erstes bis fünftes Tausend.

Selbstverlag des Pestalozzivereins der Provinz Pommern.

Druck von Herrcke & Lebeling in Stettin.
1904.

Unveränderter Nachdruck der Ausgabe
des Selbstverlag des
Pestalozzivereins der Provinz Pommern von 1904
durch Weltbild Verlag GmbH, Augsburg 1998
Gesamtherstellung: Bercker Graphischer Betrieb GmbH, Kevelaer
Printed in Germany
ISBN 3-8289-3120-0

Vorwort.

Die weiten Gaue unseres deutschen Vaterlandes, das Schlesier- und Sachsenland, die sandige Mark und die gesegneten Rebengelände am Rhein, die Gebirge des Südens und die Hansastädte im Norden, sie sind bekannt in Wort und Bild und sind alljährlich für viele Tausende das ersehnte Reiseziel.

Von unserm Pommerlande kennt man höchstens einige Gebiete der Küste, alles übrige Land hält man für weite Moor- oder unfruchtbare Sandebene, bewohnt von einem etwas rückständigen Volksstamme, namentlich gilt das von Hinterpommern.

Diese falschen Vorstellungen zu berichtigen, dem Volke, das noch mehr als in andern Gebieten Deutschlands sein Sondertum und seinen Charakter treu gewahrt hat und dem Lande, das durchaus nicht arm an Naturschönheiten ist, mehr Gerechtigkeit widerfahren zu lassen und gleichzeitig Heimatbewußtsein und Heimatgefühl durch eingehende Kenntnis zu vermitteln und zu stärken, das ist die Aufgabe, die unser „Pommern in Wort und Bild" zu lösen bestimmt ist.

Freilich verspricht der Titel mehr als das vorliegende Buch hält. Um seinen Umfang nicht zu stark anwachsen und dementsprechend den Preis nicht zu hoch werden zu lassen, haben wir unter Beschränkung des Kulturellen und Literarischen hauptsächlich den pommerschen Boden, seine Wälder und Heiden, Seen und Städtebilder reden lassen und das sonst noch vorhandene reiche Material für einen zweiten Band zurückgestellt, der hoffentlich bald folgen kann.

Allen, die zum Gelingen des Werkes mitgeholfen haben, sei auch an dieser Stelle im Namen des Pestalozzivereins gedankt.

Der Herausgeber.

Pommerlied.

Heilge Heimat, vielgeschmähte,
Bist mir doch vor allem wert:
Stiller Dörfer, trauter Städte
Frieden bleibe dir beschert.
Sei gesegnet, Heimaterde,
Gibst du nicht mit reicher Hand,
Da in Kampf und in Beschwerde
Dir ein Kraftgeschlecht erstand!

Freie Nordlandswinde schnellen
Um den freien Dünenrand,
Frei wie Sturm und Strand und Wellen
Ist das Herz im Pommerland.
Alte Feinde, alte Sitten,
Alter Durst und altes Naß,
Trotzge Mauern, heißumstritten:
Treue Liebe, treuer Haß.

Von dem Tag der Urnensteine
Bis zu stolzer Denkmalsruh
Rauschen uns die dunklen Haine
Wunderbare Worte zu:
Helden hat der Ruhm zu nennen,
Bürger, stolz und tatenjung,
Namen, die im Herzen brennen,
Weiht uns die Erinnerung.

Land mit sanftem Bachgeplätscher,
Wiesengrünem Erlenpfad,
Wo den Himmel sperrt kein Gletscher
Und den Sonnenlauf kein Grat,
Wo von leichtgeschwungnen Kulmen
Unser Blick voll Lust ins Land
Über Buchen, Eichen, Ulmen
Streift bis an des Himmels Rand.

Lacht der Herbst mit roten Backen,
Zittert sacht um jeden Baum
Winterglanz kristallner Zacken,
Lockt der Heide Sommertraum:
Land der Jugend, deine Schöne
Ist verschwiegen, streng und klar
Wie die Seele deiner Söhne:
Nur die Liebe nimmt sie wahr.

Sei gesegnet, Heimaterde,
Gibst du nicht mit reicher Hand,
Da in Kampf und in Beschwerde
Dir ein Kraftgeschlecht erstand.
Große Männer, kleine Städte,
Festes Herz und trauter Herd:
Heilge Heimat, vielgeschmähte,
Bist mir über alles wert.

H. Plötz-Stettin.

Aus der geologischen Geschichte Pommerns.

Lang vor dem Erscheinen der Menschen auf dem Erdballe hatte dieser bereits eine wechselvolle Entwickelung durchgemacht, über welche uns nur die Geologie oder die Urgeschichte der Erde Aufschluß geben kann. Wir finden die Beweise oder die historischen Urkunden für die verschiedenen Phasen, für den Wechsel von Land und Meer, die allmähliche Veränderung von Tier und Pflanzenwelt in dem Erdboden selbst und sind imstande mittels besonderer (geologischer) Methoden aus steinernen Überresten uns ein Bild von dieser Erdgeschichte zu entwerfen. Was von dem Erdkörper und seinen Lebewesen als Ganzem gilt, das ist natürlich auf seine einzelnen Teile übertragbar und in diesem Falle auf den Boden Pommerns, dessen geologische Vorgeschichte hier in großen Zügen geschildert werden soll. Aber wie es nirgends in der Natur scharfe Grenzen gibt, so ist auch unser pommerscher Boden auf das Innigste durch seine ganze Entwickelung mit den Nachbargebieten verbunden, vor allem mit der übrigen norddeutschen Tiefebene, dann aber nicht minder mit der nördlich vorgelagerten skandinavischen Masse (Schweden, Norwegen, Finnland) und mit den im Süden befindlichen mitteldeutschen Gebirgssystemen.

Dieser Zusammenhang prägt sich schon in dem Umriß und im Relief aus. Bis nahe an die pommersche Küste ist als Ausläufer Skandinaviens Bornholm vorgeschoben, und vor dem spitz auslaufenden Südende Schwedens (Schonen) weicht die deutsche Ostseeküste in der Oderbucht weit gegen Süden zurück. Ferner laufen die Uferstrecken von Travemünde bis Arkona und von Swinemünde bis Hela von SW. nach NO. d. h. parallel dem Erzgebirge, und ebenso besitzen Thüringer und Teutoburger Wald dieselbe von SO. nach NW. orientierte Richtung wie das mecklenburgisch-pommersche Grenztal (Recknitz-Trebel) und wie die Küstenlinie Arkona-Swinemünde. Da diese letzte Linie (hercynisches Streichen) in den Salzzügen Vorpommerns, Mecklenburgs, in dem unteren Elbtal &c. wiederkehrt, durfte man auf eine gemeinsame Ursache schließen, die in der ganzen westdeutschen Tiefebene bis nach der Oder und bis nach Schonen ihre Wirkung ausübte. Wir wissen heute, daß es sich um lange Spaltenzüge in der Erdkruste handelt, deren Entstehung mit der Bildung von Thüringer und Teutoburger Wald zusammenfällt. Umgekehrt handelt es sich beim Erzgebirge um Faltungserscheinungen sehr alter Natur, welche ebenfalls gegen Norden bis in das Ostseegebiet reichten und in der Tiefe unter dem hinterpommerschen Höhenrücken versteckt sind.

Die Hauptmasse des pommerschen Bodens wird von jungen Ablagerungen, den Schuttmassen großer, von Skandinavien in der Ostseerinne herabgestiegenen Gletscherzungen und Eisdecken gebildet. Dieselben breiteten sich in der sogenannten Eiszeit oder im Diluvium über das damals vorhandene Land und Meer aus und drangen zeitweilig bis an das mitteldeutsche Gebirge vor. Als sie weggeschmolzen waren, blieb eine an Dicke wechselnde, aber lokal über 60 m messende, mit großen nordischen Gesteinsblöcken durchsetzte, alles tiefer Liegende gleichmäßig verhüllende Decke zurück, aus der nur hie und da älteres Gestein (z. B. die Rügener Kreide) hervorschaut. Deshalb sind wir für die voreiszeitliche (vordiluviale) Geschichte des Landes auf diese wenigen Punkte, auf deren Kombination, auf Analogieschlüsse aus Nachbargebieten und Vermutungen angewiesen, während man sich von der jüngsten Phase ein bis in das Kleinste ausführbares Bild entwerfen kann. Immerhin genügen auch diese Anhaltungspunkte, um zu zeigen, wie abwechselungsreich sich Pommerns Urgeschichte gestaltete.

In der allerältesten (archäischen) Periode gehörte das mittlere Pommern jedenfalls zum schwedischen Festlande; dann als dieses in der Silurzeit unter die See geriet, muß südlich von Bornholm eine Landbrücke vorhanden gewesen sein, die das nordische und böhmische Silurmeer schied, weil die gleichaltrigen Schichten beider Gegenden verschiedene Versteinerungen führen, also eine direkte Wanderung der Meerestiere von Süd nach Nord ausgeschlossen erscheint. Dieser Zustand wird auch im Devon und vielleicht im Anfange der Steinkohlenzeit fortbestanden haben. In dieser baute sich in Mitteleuropa das sogenannte karbonische Faltengebirge auf, zu dem Sudeten, Erzgebirge, Harz und das rheinische Schiefergebirge gehören. Seine letzten nördlichen Ausläufer sind, wie oben bemerkt, unter dem hinterpommerschen Höhenzuge zu vermuten. Aber die Folge dieser Faltung war, daß zwischen Skandinavien und dem Mittelgebirge Senken entstanden, in denen sich Wasser sammelte. Diese Vertiefungen nahmen durch die oben erwähnte, NW. — SO. gerichtete Bruchbildung zu, und von England her läßt sich bis nach Kurland hinauf, also rings um die Südspitze Skandinaviens, eine Ablagerung von Salztonen mit Gyps und Anhydrit verfolgen, die jedenfalls in diesen Senken entstand, wobei freilich unsicher bleibt, ob Verdunsten von Meereswasser oder von Salzpfannen in einer abflußlosen Wüstenregion die Ursache dieser Salzmassen war. Dazu gehören die bekannten Abraumsalze von Staßfurt in Sachsen, die Salz- und Gypslinsen von Lübtheen in Mecklenburg, Segeberg in Holstein, Sperenberg in der Mark und viele andere. In Pommern sind die Salze selbst noch nicht gefunden, liefern aber wahrscheinlich die vielen Solquellen, die fast überall in Vorpommern und in der Kammin-Kolberger Gegend aus dem Untergrunde austreten. In Vorpommern haben wir vier Züge, die schräg nach SO. laufen, nämlich: 1) Ribnitz-Sülze, Demmin-Selz und Golchen-Treptow a. T.; 2) Barth-Richtenberg-Grimmen; 3) Stralsund-Greifswald-Koblenz-Stettin;

4) Peenemünde-Heringsdorf-Swinemünde. In Hinterpommern kennt man zahlreiche schwache Solen rings um Kammin (Schwirsen, Dobberpfuhl, Dievenow) und dann mit erzgebirgischer Richtung einzelne Quellen bei Sülzhorst und Kolberg. Der Salzgehalt schwankt in diesen Wassern zwischen $^1/_2$ und 4 % und besteht neben Kochsalz aus Chlorcalcium und Chlormagnesium, so daß man Abraumsalze wie bei Lübtheen in der Tiefe vermuten darf. In dem sonst salzarmen deutschen Osten ist dies pommersche, an mehreren Stellen gewonnene Salz ein wichtiger Handelsartikel gewesen. Salinen, in denen die Sole zu Salz versotten wurde, bestanden im Mittelalter bei Greifswald, Kolberg, Sülze, Richtenberg, Golchen. Von diesen starben die beiden letzten bald ab, die beiden ersten retteten sich, freilich mühsam gegen die Konkurrenz ankämpfend, bis in die siebenziger Jahre des vorigen Jahrhunderts, gingen aber dann doch ein, so daß nur noch Sülze im mecklenburgischen Grenztal als Saline mit einem Gradierwerk tätig ist. Aber für die Anlage und das Emporkommen von Greifswald und Kolberg waren diese Salzwasser von der größten Bedeutung. Kolberg war 1807—1813 in dem verstümmelten preußischen Staate die einzige Saline, und heute dienen an beiden Stellen die Solen als Bäder zu Heilzwecken, besonders wieder in Kolberg, wo auf dem Münderfeld eine Badestadt mit jährlich mehreren tausend Kurgästen entstanden ist. Ebenso ermöglicht die erbohrte Quelle von Kammin, die aus 500 m Tiefe aufsteigt, Solbäder, und in Heringsdorf wie Swinemünde hat man in 2—300 m Tiefe gleichfalls zu diesem Zwecke Salzwasser erschlossen. Erwähnenswert ist die Zusammensetzung der Ortsnamen mit der Silbe kol oder chol = Salz in der Nähe solcher Salzstellen z. B. Kolberg, Golchen, Kölzin, Kolzow, Koblenz = Kolbenz ꝛc.

Nach der Ablagerung dieser Salzlinsen war Pommern lange Zeit Festland oder der Uferstreifen eines nördlichen Festlandes (Triasperiode), bis im Anfange der Juraepoche das Gebiet zwischen Småland und dem Harze langsam sank und einem Meerbusen Platz gab, der von England und Nordwestdeutschland sich langsam gegen O. und SO. ausdehnte. Schließlich entwickelten sich sowohl eine Meeresstraße, die über die jetzige Ostsee und über Kurland bis nach dem Moskauer Becken reichte, als auch eine breitere Bucht, die sich in der Richtung des Odertales nach Oberschlesien und Galizien erstreckte. Ob zwischen beiden in Hinterpommern-Preußen eine Insel erhalten blieb, wissen wir nicht. Das Meer war flach, anfangs von Svamps ähnlichen Sümpfen und Lagunen oder Haffzügen im Norden umsäumt. In diesen Uferseen setzten sich die feinen Tone und Kohlen ab, welche an der Südküste von Schonen, Bornholm und bei Kammin nachgewiesen wurden und auf eine üppige Vegetation von baumartigen Farnkräutern, Cykadeen (Sagobäumen) und Nadelhölzern hindeuten. Aus den Resten der Sumpfflora zusammen mit Treibhölzern großer Flüsse mögen diese Kohlen entstanden sein. Von Zeit zu Zeit brach die See in die Lagunen ein (vergl. Mississippidelta) und setzte Sand mit Meeresmuscheln über diese brakischen oder Süßwasserschichten ab. In der jüngsten Abteilung der Jurazeit schlug sich Kalkschlamm nieder, in dem zahlreiche Muscheln lebten. Produkte dieser Periode sind die

Kalklager von Fritzow bei Dievenow, Schwanteshagen, Klemmen und von Bartin bei Kolberg, wo diese Kalke gebrochen und zu Mauerkalk gebrannt werden. Darauf zog die See sich wenigstens zum Teil aus Pommern und der benachbarten Ostsee zurück; es kehrten Süßwasserschichten wieder, aber nur für kurze Zeit. Denn in der oberen Kreide ist ganz Nordostdeutschland und die Flächen bis nach Småland hinauf abermals unter der See verschwunden, der wir im Durchschnitt 3—400 m Tiefe zuschreiben müssen. Auf ihrem Grunde wuchsen üppig gedeihende Massen von Kieselschwämmen, und häuften sich aus feinstem Kalkschlamme die gegen 200 m dicken Schichten der älteren Lebbiner und der jüngeren Rügener Kreide an. Zahlreiche Moostierchen (Bryozoen) bildeten zierliche Überzüge, hie und da entwickelten sich die dickschaligen großen Austern (Gryphaea vesicularis) zu regelrechten Bänken, viele Seeigel belebten den Meeresboden und im Wasser hausten zu tausenden und abertausenden die Tintenfische, deren kalkige hintere Schulpe uns in den fingerförmigen Donnerkeilen oder Belemniten (Bel. mucronata) erhalten sind. Der in der Kreide enthaltene Kalksand ist nichts anderes als die nach Millionen zählenden Schälchen niedrigster Tierchen (Foraminiferen), und die schwarzen, weiß gerindeten, oft wunderlich gestalteten Feuersteine verdanken den Glas- oder Kieselschwämmen ihr Dasein. Es sind nämlich die Kieselnadeln, welche diese Tiere als Skelett ausscheiden, nach dem Tode bei der Verwesung aufgelöst und ihre Substanz dann in der Kreide oder in Hohlräumen wieder niedergeschlagen. Deshalb finden wir die Muscheln, die Brachiopoden, die Seeigel in der Regel mit dem Flint erfüllt und die Kreide selbst regelmäßig von bankförmig angeordneten Feuersteinknollen im Abstande von 1—1½ m durchzogen. Die Unterlage der weißen Kreide besteht aus grünem Sande, in dem sich das aus größerer Tiefe aufsteigende Salzwasser ausbreitet; er ist ein Flachwasser- zum Teil wohl ein Dünengebilde; dann kommt feuersteinfreie, schließlich feuersteinreiche Kreide, in welcher wieder mehrere Unterabteilungen möglich sind. Die eigentliche Kreide ist erschlossen auf Jasmund, bei Arkona und Putbus in Rügen, bei Grimmen (Quitzin), in der Demminer Gegend, bei Finkenwalde unweit Stettin, auf Wollin (Lebbin, Swinhöft), in der Kamminer Gegend (Schwentz und Parlow-Dobberpfuhl); sie kommt aber überall im Boden vor und ist an zahlreichen Stellen in 50—100 m Tiefe erbohrt. Am bekanntesten sind die Kreidefelsen zwischen Saßnitz und Stubbenkammer, deren bei Sonnenschein leuchtendes Weiß mit der blauen See und dem grünen Walde eine wundervolle Farbenzusammenstellung gibt. Dort sind diese ursprünglich tief unter der Meeresfläche entstandenen Schichten bis zu 138 m (Hohen-Seelow) über den Spiegel der See gehoben, mächtig zusammengestaucht (Königsstuhl) oder vielfach zerbrochen und in gewaltigen, schrägstehenden Schollen neben- und übereinander geschoben. Wo die Kreide reichlich vorhanden, wird sie in Schlämmereien gereinigt zu sogenannter Schlämmkreide, die zur Fabrikation von Farbe, Kitt, Pappe ꝛc. dient, oder in großen Brüchen zur Zementbereitung gewonnen (Finkenwalde, Schwentz, Lebbin, Crampas, Sagard ꝛc.). Die Feuersteine finden in Rohrmühlen oder zu kleinen Nippsachen Verwendung, wurden zeitweilig zu Feuersteinschlössern an den alten Gewehren verarbeitet, hatten aber ihre Hauptbedeutung in der prähistorischen, sogenannten Steinzeit. Wer das Stralsunder oder Stettiner Altertumsmuseum durchwandert, wird erstaunt sein über die Fülle von Meißeln, Schabern, Äxten, Lanzen und Pfeilspitzen, zu denen die Ureinwohner Pommerns diesen Feuerstein zurecht geschlagen haben. Ja, es scheint, als ob mit diesen Instrumenten in jener Periode ein schwungvoller Exporthandel nach Norden und Süden getrieben sei.

Als am Ende der Kreidezeit der pommersche Boden trocken gelegt wurde, blieb nur ein schmaler Meerbusen in der Ostseerinne bei Bornholm zurück. Das übrige Land gehörte wahrscheinlich zu dem Territorium, auf dem bis weit gegen Norden hinauf die Bernsteinfichte gedieh (Pinites succinifera) und ihr goldgelbes Harz an den Stämmen herunter fließen und auf den mulmigen Waldboden tropfen ließ. Die Wellen der abermals vordringenden See wuschen das Harz aus dem lockeren Untergrunde aus und häuften es in den Bernsteinsanden zusammen, deren Hauptlager zwar in Samland (Ostpreußen) liegen, von denen sich aber auch in Pommern und zwar vor allem in der Küstenzone Ausläufer befinden müssen. Bei Kolberg, Misdroy, Swinemünde, Zinnowitz, Binz und Hiddensö werden bei kräftigen NO.- oder NW.-Winden fast regelmäßig zahlreiche Bernsteintrümmer an den Strand gespült. Sind auch die meisten durch die Brandung zerschlagen, so kommen doch hand- bis kopfgroße, zwischen 300 und 1200 Gramm schwankende Stücke nicht selten vor. Außerdem wurden bei Kammin und bei Stolp längere Zeit Bernsteingräbereien betrieben, die freilich wegen zu geringer Ausbeute eingingen; aber das größte überhaupt bekannte Stück von 18 Pfund wurde bei Rarwin (Kreis Kammin) im Sande entdeckt und für 10,000 Taler nach Berlin verkauft. Zweifellos hat die alte, in der Nähe des heutigen Wollin gelegene sagenhafte Handelsstadt Julin oder Vineta Bernstein neben Wachs, Honig, Salz und Fellen exportiert und sich denselben mit römischen, byzantinischen, ja selbst arabischen Münzen bezahlen lassen, wie wir solche hie und da in vergrabenen Schätzen antreffen. In ganz Südeuropa galt das Harz als Kostbarkeit oder als Räucher- und Heilmittel.

Die letzte Meeresbedeckung geschah in der mittleren Tertiärzeit (Oligocän), als sich eine breite Bucht von Nordwestdeutschland über die Mark bis gegen Posen und Schlesien vorschob und in Vorpommern über das Peenegebiet und die Haffgegend nach Norden bis zur Ostsee übergriff. Damals entstand der dunkelgraue bis schwarze, gleichmäßige, fette Ton mit großen Kalkknollen (Septarien), die bei Kugel- bis Brotlaibform innen rissig und oft mit gelbem Kalkspat überkleidet sind (Septarienton). Wir finden denselben besonders bei Stettin an den Oderufern und im Hügellande bis nach Löcknitz entfaltet, ferner bei Jatznick, Demmin, Wolgast und auf Rügen. Er ist, mit Sand gemengt, ein wichtiger Ziegelton, der unterhalb Stettin bis Pölitz an vielen Stellen abgebaut wird, aber seiner Schlüpfrigkeit wegen an den Steilhängen des Odertales oft stromartig ins Rutschen gerät und alle auf ihm ruhenden Schichten oder Häuser mit in die Tiefe gleiten läßt. Auch liefert er den wichtigen Tonzuschlag bei der Zementbereitung aus Kreide. Zahlreiche Muscheln beweisen seine marine Bildung, und sein Gehalt an Schwefeleisen erzeugt einerseits Gipskristalle, andererseits schwache Eisensäuerlinge oder schwefelwasserstoffhaltige Quellen. Nach oben hin verdrängen Sande den Ton, ein Zeichen eingetretener Verflachung, und schließlich am Ende der Tertiärperiode sehen wir in ganz Hinterpommern, und in der Stettiner Gegend bis zur Uckermark mächtige weiße Sande und Kiese entwickelt, zwischen die sich graue fette Tone und einzelne schlechte Kohlenflöze einschieben (Miocän). Damit sind wir zur Landbildung zurückgekehrt, das Meer ist aus Pommern ganz verschwunden und bleibt es von da an. Diese Braunkohlen haben bei Stettin verschiedene Versuchsbaue (Hohen-Zahden, Fiddichow, Finkenwalde) veranlaßt, ebenso in der Gegend von Stolp, Lauenburg, Danzig und haben sogar in neuester Zeit zwischen Stargard-Altdamm und dem Madü-See einen größeren Abbau planen lassen. Nachdem die an verschiedenen Stellen erbohrten Kohlenflöze für 100,000 Mark verkauft waren, scheint sich ihre Verbreitung doch wesentlich geringer herausgestellt zu haben, als angenommen war.[1])

Am Ende der Tertiärzeit bot wahrscheinlich Pommern das Bild eines flachwelligen Hügellandes dar, dessen Rücken in Hinterpommern gegen NO., in Vorpommern gegen NW. liefen und zu beiden Seiten der heutigen Oderbucht breit in die Ostseerinne hineingereicht haben werden. Letztere bestand vielleicht als Meeresteil damals nicht, sondern diente nur den skandinavischen Flüssen als gemeinsames breites Abflußtal.

Über dies derart gestaltete Land brach die Eiszeit herein. Auf den Höhen Skandinaviens sammelte sich infolge übermäßiger Schneefälle das Gletschereis an, stieg durch seine Schwere von allen Seiten in die Senke der Ostsee hinab, folgte derselben, überflutete, von den nachfolgenden Massen gedrängt, das baltische Hügelland und weiter südlich die norddeutsche Tiefebene, bis es endlich am Rande des Mittelgebirges zum Stehen gelangte. Dies dem grönländischen vergleichbare „Inlandeis" besaß wohl über 1000 m Dicke und ebnete bei seinem unaufhaltsamen Vorrücken nach Süden den größten Teil des südbaltischen, also auch des pommerschen Hügellandes ein. Die weichen Kreidegesteine, die tertiären Tone, Sande, Kiese wurden am Boden des riesigen Gletschers aufgepflügt, in dessen Grundmoräne aufgenommen und weit landeinwärts geschleppt. Daher findet man Rügener Feuersteine in der Mark, in Sachsen und in der Lüneburger Heide, ebenso den Bernstein von Schlesien bis zum Harz gleichmäßig in den oberen Bodenschichten verstreut. Dazu kommen die Trümmer schwedischer und finnischer

---

[1]) Wer sich über die Geologie Pommerns näher unterrichten will, findet ausführlichere Angaben in: W. Deecke, Geologischer Führer durch Pommern. 131 S. 7 Abbild. Berlin 1899. kl. 8°. (Gebrüder Bornträger.) Geb. 2,80 Mk.

In dem folgenden Abschnitte habe ich die Resultate der Keilhack'schen Arbeiten für Hinterpommern, und für Vorpommern die Ergebnisse einer von J. Elbert unternommenen Untersuchung über Stillstandslagen des Inlandeises und die Entwickelung des vorpommerschen Flußsystems benutzt. Im besonderen sind dieser noch nicht gedruckten Abhandlung die Notizen über die postglaziale Senkung, das Randowtal und die Entstehung der Geröllrücken entnommen.

Steilufer von Arkona
mit senkrecht abgebrochenen, vom Regen zerfurchten Kreideklippen (vergl. S. 6).

Der große Stein zu Gr. Tychow
als Beispiel eines erratischen Blockes (vergl. S. 9).

Ostufer der Greifswalder Oie.
Strand mit zahlreichen, aus dem Geschiebemergel herausgespülten großen und kleinen Blöcken (vergl. S. 9 u. 15).

Saßnitz, Wissower Klinken.
Vor der Wand stehende Pfeiler der weißen Kreide, durch Wind und Regen zu Pyramiden umgestaltet (vergl. S. 6).

Steilufer am Ostende des Göhrener Höwts,
den ungeschichten Geschiebemergel zeigend (vergl. S. 9).

Moränenlandschaft zwischen Neustettin und Bublitz. (Keilhack 1 : 50 000.)
Der punktierte Grund bezeichnet die Ausdehnung der früheren Seen, die schraffierten Teile bezeichnen die heutigen Seen. Der weiße Grund umfaßt stark kupierte Grundmoränenlandschaft.

Strand bei Leba.
Düne auf Moor aufgeweht, welches unter jener, stark zusammengedrückt, wieder hervortritt (vergl. S. 16).

Stubbenfeld bei Leba.
Landeinwärts rückende Wanderdüne, an deren Nordseite ein überdeckter Wald als Stubbenfeld wieder zutage kommt (vergl. S. 16).

Gesteine, der gesamte vordiluviale Verwitterungsschutt Skandinaviens, den die Gletscher mit sich führten und über Norddeutschland ausbreiteten. Aus der Vereinigung dieses fremden mit dem zerstörten einheimischen Gesteinsmaterial entstand an der Basis des Inlandeises der sogenannte „Geschiebemergel", das Hauptprodukt der Eiszeit. Er ist ein ungeschichtetes und unsortiertes Haufwerk größter und kleinster, bis staubförmiger Trümmer und von blaugrauer bis gelbbräunlicher Farbe. Alle festeren Gesteinsbrocken sind eckig und mit Schrammen oder Kritzen versehen, ja bisweilen auf derjenigen Seite, auf der sie ruhend fortgeschoben wurden, beinahe glatt poliert. Jede Spur von Abrollung fehlt in der Regel. Größere Partien von aufgearbeiteter oder emporgepreßter Kreide, von Grünsand und Septarienton sind eingelagert und in der Bewegungsrichtung des Gletschers schweifartig ausgezogen. Andererseits sieht man den Geschiebemergel haken-, taschen- oder nesterweise in die weiche Unterlage eindringen, vor allem zeigen sich bis 3 m lange Schlote (Lebbin), die, durch Schmelzwasser ausgestrudelt, sich mit Steinen und Mergel ausfüllten. Dem Geschiebemergel verdankt Pommern seinen schweren, aber kalk- und alkalienhaltigen, daher fruchtbaren Boden, auf dem Weizen und Zuckerrüben trefflich gedeihen. Seines Kalkes wegen hat man ihn überall als Dungmittel in zahllosen Mergellöchern gegraben. Aus denselben stammen ferner die endlosen Steine, die manche Felder bedeckten, im Laufe der Zeiten fortgeschafft wurden, aber heute beim Dampfpflügen aus tieferen Lagen wieder in großer Zahl an den Tag gelangen. Dahin gehören auch die riesigen, isolierten Blöcke (Findlinge, erratische Blöcke), deren Zahl durch Zerschlagen von Jahr zu Jahr sich verringert. Einige recht charakteristische Steine, meist von einem Sagenkranz umwoben, sind der Große Stein am Nordstrande der Insel Gristow bei Kammin, der Große Stein bei Treptow a. T., der Uskan am Jasmunder Ufer, der Möwenstein bei Binz, die Räuber- oder Brüdersteine in der Buchheide bei Stettin 2c. Viele dieser Findlinge dienten zu den Steinkisten in den Hünengräbern (Jasmund), und als die deutsche Kolonisation Pommerns erfolgte, haben die Bürger und Ansiedler die Fundamentierung ihrer Kirchen, Stadtmauern und Türme, sowie die Pflasterung ihrer Straßen mit diesem damals reichlich vorhandenen Material bewerkstelligt. Von der Masse dieser Trümmer macht man sich am besten ein Bild, wenn man längs der Steilküsten Rügens (Lohme, Binz, Göhren), Usedoms (Streckelberg), Wollins (Swinhöft) oder Hinterpommerns (Horst, Stolpmünde, Jershöft) wandert. Die aus dem Mergel ausgespülten Blöcke reichern sich zu einem gewaltigen Steinwalle (Geschiebestrand) an und dienen als Wellenbrecher und Uferschutz. Deshalb darf man sie an solchen Stellen nicht fortnehmen, ohne die Uferwände stark zu gefährden. Aber auch vor der Küste an den Stellen abgetragener Vorgebirge oder Inseln sind sie als Reste verschwundener Landmassen anzutreffen und werden z. B. im Greifswalder Bodden, vor Hiddensö, vor Jasmund und bei der Greifswalder Oie mit langen Zangen gefischt („gezangt"). Solche aus der See bei Rügen gehobenen Findlinge wurden beim Bau der Hafenmolen von Saßnitz verwandt, ebenso wie schon Friedrich der Große die Steine des vor dem Streckelberge liegenden sogenannten Vineta-

Riffes zur Anlage der Swinemünder Hafendämme benutzte. Der Beschaffenheit nach sind alle diese Blöcke schwedische und westfinnische Gesteine. Sehr häufig treten die Granite der Ålandsinseln, die versteinerungsreichen Kalke von Gotland und Oeland, die roten, mit blauem Quarz versehenen Granite Smålands, die Porphyre des Ostseegebietes und Elfdalens und eine Menge anderer auf. Umgekehrt läßt sich aus der Verbreitung dieser Trümmer und ihrer in Skandinavien bekannten Heimat die Bewegungsrichtung des Eises ermitteln, was zu guten Resultaten geführt hat.

Wir haben uns diese Eiszeit nun nicht als eine Periode sehr großer Kälte vorzustellen, denn Sibirien mit dem Kältepol ist gletscherfrei, sondern nur als überaus niederschlagsreich; wie denn auch Grönland, das jetzt noch ganz vereist ist, ein keineswegs absolut kaltes, sondern nur ein bei niedriger Temperatur sehr feuchtes Klima besitzt, das freilich nicht genügt, um die mächtigen auf den Höhen fallenden Schneemassen zu tauen, so daß aus diesen Gletschereis entstehen muß. Aber auch in Grönland schmilzt das Eis oder verflüssigt sich durch seinen eigenen Druck und erzeugt damit starke Gletscherbäche, ja Gletscherströme, die, am freien Ende hervorbrechend, den Gletscherschutt des Bodens (Grundmoräne) umlagern, auswaschen und nach der Größe sortieren. Dadurch entstehen Sandfelder („Sandr"), Geröll- oder Kiesstreifen, Blockanhäufungen ꝛc. Vor dem vorrückenden und besonders vor dem abschmelzenden Eise konnte sich damals auch in Pommern die Kraft solcher Wasser in diesem Sinne äußern. Da wir nun nicht eine einzige, sondern drei aufeinander folgende, durch Rückzugszeiten getrennte Vereisungen nachweisen können, erhalten wir zwischen den drei Geschiebemergeln des vorrückenden Gletschers ebensoviele Sand- und Kieshorizonte von zum Teil beträchtlicher Dicke (20 bis 30 m). So erklärt sich der außerordentlich rasche Wechsel des Ackerbodens, indem Sand und Mergel oder Kiesrücken und blockreiche Stellen oft auf einem Gute dicht nebeneinander vorkommen. Gesellen sich dazu die älteren Gesteine als Kuppen im Diluvium, so kommt zusammen mit den jüngsten Flugsanden, Torfen und Moormergeln ein Gemisch der verschiedensten Bodenarten zustande, das eine einheitliche Bewirtschaftung sehr erschwert und einer speziellen genauen Untersuchung bedarf, wie sie in den letzten Jahrzehnten von der königlichen geologischen Landesanstalt für Norddeutschland und auch für Pommern mit Rücksicht auf die agronomischen Verhältnisse in Angriff genommen wurde.

Im ganzen haben wir zwei untere Geschiebemergelbänke von blaugrauer Farbe, großer Härte und mäßigem Kalkgehalt, dazwischen einen gelegentlich humosen Sand, ein Zeichen für den Rückgang des Eises und die Entwickelung torfiger Teiche auf den durch die Schmelzmassen erzeugten Sandflächen (Jasmund). Beim zweiten viel bedeutenderen Rückgang der Gletscher entstanden sehr mächtige Sandlagen, meist gestreift und deutlich geschichtet, zum Teil rinnenartig dem Mergel eingebettet und mit breiten Kiesstreifen an der Basis.

In dieser Zwischenzeit (Interglazialzeit) scheinen sich erhebliche Bodenverschiebungen vollzogen zu haben, indem im westlichen Ostseebecken lange Streifen von nordwest- bis südöstlicher Erstreckung staffelförmig voneinander losbrachen, teils sich hoben, teils sich senkten und damit wahrscheinlich der See das Eindringen in die neuen Vertiefungen bis nach Rügen, eventuell sogar noch weiter nach Osten ermöglichten. Wenigstens deuten über dem zweiten Geschiebemergel auf Hiddensö (Dornbusch) auftretende Tone mit Nordseemuscheln dies Übergreifen an. Die Zerspaltung des Bodens erkennt man am besten in den Jasmunder Kreidefelsen, die nach der genannten Richtung treppenförmig zerbrochen und dabei zusammengestaucht sind. Das neu und zum letzten Male vordringende Inlandeis hobelte diese Unebenheiten teilweise wieder ab und sein Geschiebemergel ist daher im Westen Pommerns besonders von Kreide durchsetzt, kalkreich und von

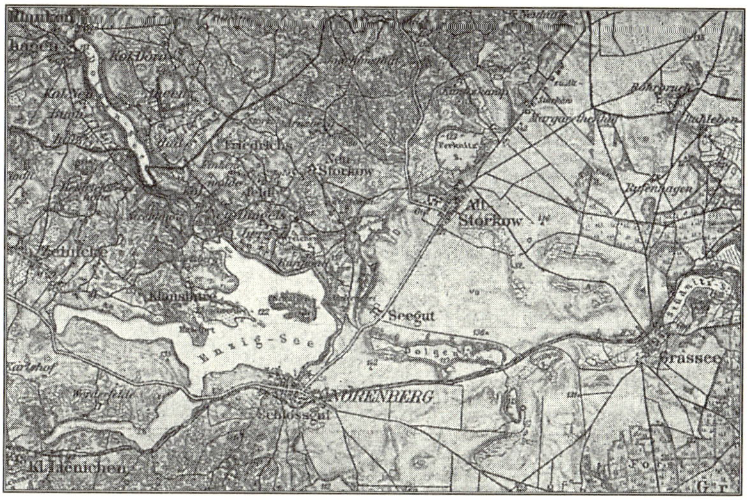

Kartenskizze der Endmoräne bei Nörenberg in Hinterpommern. Im Norden und Nordwesten das unruhige, hügelige Gelände, im Süden und Südosten die ebeneren Sandflächen der Schmelzwasserströme. Der Enzig-See ist die Vereinigungsstelle dreier großer Schmelzbäche, welche sich in seinen Armen deutlich ausprägen, der Dolgen- und Stüdnitz-See die Abflußrinne zum Netzetal.

hellerer gelbbrauner Farbe, zugleich ärmer an großen, meistens nur einzeln eingestreuten Findlingen. Diese letzte Vereisung erstreckte sich im Maximum nur bis in die Mark, Lüneburger Heide ꝛc., aber beim Rückzuge blieb der Gletscher längere Zeit auf den Höhen des baltischen Rückens stehen und lud, dort abschmelzend, seinen gesamten Schutt ab, umkränzte sich also, wie die schweizerischen Gletscherzungen, mit einer End- oder Stirnmoräne. Dies ist die hügelige, aus zahlreichen Kuppen oder Blockpackungen mit vielen abflußlosen Senken oder trichterförmigen Vertiefungen durchsetzte Landschaft, die von Feldberg i. M. über Eberswalde-Oderberg auf dem Höhenrücken bis nach Lauenburg und Karthaus fortzieht und zu der die sogenannte pommersche und westpreußische Schweiz gehören. Es ist die Wasserscheide zwischen Netze und Havel, sowie den pommerschen und mecklenburgischen Küstenflüssen, von der Oder in einem breiten Erosionstale durchbrochen. Dadurch, daß diese Endmoräne in Mecklenburg gegen NW., in Hinterpommern gegen NO. gerichtet ist, entwickelt sich an dem Oderdurchbruch ein breiter, weit gegen Süden vorgeschobener Bogen (Eberswalde). So lange das Eis auf der Höhe des südbaltischen Rückens stehen blieb, flossen seine Schmelzwasser gegen Süden ab zur jetzigen Netze und Havel, und die Täler dieser Flüsse dienten der Weichsel und Oder, die des nördlich vorgelagerten Eises wegen am Abflusse nach Norden verhindert waren, als Wege zur unteren Elbe und zur Nordsee. Die heutigen pommersch-westpreußischen Wasserläufe Brahe, Küddow, Drage sind die Sammelrinnen zahlreicher mächtiger Gletscherbäche gewesen. Man kann am Rande der Stirnmoräne in langgestreckten, flußartig angeordneten und gekrümmten Seenreihen oft noch den Austritt und den Oberlauf dieser Wasseradern konstatieren und an den vertieften, gewissermaßen ausgestrudelten Becken die Gewalt des Wassers erkennen. Damit in Zusammenhang steht die breite, dem pommerschen Rücken südlich vorgelagerte Sandzone, das Ablagerungsgebiet des mitgerissenen feineren Schuttes, das ganz und gar den flachen Schuttkegeln (Sandr) der isländischen Schmelzwasser entspricht.

Als das Eis noch weiter zurückwich, ließ es das Endmoränengebiet frei, in dessen zahlreichen Vertiefungen und Kesseln sich das Regenwasser ansammelte und den so charakteristischen Streifen unregelmäßig gestalteter, aus zahlreichen einzelnen Becken verschmolzener, oft abflußloser Seen bildete. Viele derselben verdunsten oder versickern auch heute noch ohne sichtbaren Ableitungskanal, so daß durch diesen Höhenrücken ein mehrere Kilometer breiter kontinuierlicher Zug abflußlosen Gebietes hindurchzieht. Der endgültige Schwund des Gletschers erfolgte etappenweise. Wir sehen, wie derselbe von Westen her langsam nach Nordost zurücktritt und zwar so, daß er zunächst einen Landstreifen nördlich längs der Endmoräne freiläßt, aus dem Haffgebiet verschwindet, aber nordöstlich vom Recknitz-Trebeltale und auf der Linie Stargard-Belgard-Köslin-Lauenburg stehen bleibt. Seine Wasser flossen daher zwar noch nach Süden ab, konnten aber den Wall der großen Endmoräne nicht mehr durchbrechen und vereinigten sich zu einem pommerschen Urstromtal, das von Lauenburg über Belgard zum Haff lief (vergl. die beigegebene Karte). Mehrere Hindernisse gestatteten keinen gleichmäßigen Abfluß, sondern stauten die Wasser zu je einem See in der Rummelsburger Gegend und in dem Gebiete der Persante. Der erste lag 120 m, der zweite 60 m hoch, beide waren verbunden durch eine schmale Flußrinne und füllten sich allmählich mit Sand, wodurch die ebenen, großen hinterpommerschen Sandflächen entstanden, die rings von Geschiebemergel umgeben und zum Teil überragt werden. Ein dritter großer See (70 bis 80 km breit und 30 bis 40 km lang) erfüllte das Haffgebiet von Stargard bis Stettin, Pasewalk und Friedland. Er wurde durch das nördlicher, bei Usedom-Wollin, liegende Eis so hoch aufgestaut, bis er bei 25 m Höhe über Friedland in das Tollense-, Trebel- und Recknitztal abfließen konnte. An dessen Ausgang bei Ribnitz-Damgarten schuf er die mächtigen Sandmassen der nordöstlichen mecklenburgischen Heide (Gelbensande). Sobald nun das Eis die tieferen Partien Vorpommerns freiließ, erfolgte der Abfluß des Haffstausees, erst durch das untere Peene-, Trebel- und Recknitztal, dann durch das Ziesetal bei Wolgast in den Greifswalder Bodden und durch den Strelasund, schließlich frei gegen Norden. Wir können in Vorpommern die einzelnen kürzeren Stillstandslagen im Zusammenhang mit dem Flußsystem deutlich verfolgen. Die Eröffnung der tiefer liegenden Kanäle bewirkte ein ruckweises Sinken des Haffs und damit die Bildung von Uferterrassen, welche rings um das Haff von Friedland bis Stettin und über Stargard bis in die Kamminer Gegend sichtbar werden. Sie bestehen aus feinem Schlämmsande und bilden z. B. den Untergrund der weiten einförmigen Ebene zwischen Altdamm und Stargard, ebenso wie das Gebiet zwischen Pölitz, Nassenheide, Löcknitz, Pasewalk. Der feinste Tonschlamm des Haffstausees schuf in der Gegend von Ückermünde die heute als Ziegeltone in größtem Maße ausgebeuteten Lager.

Ebenso wich in Hinterpommern nach und nach das Eis gegen NO. zurück, wodurch erst der Persante-, dann der Rummelsburger See gegen Norden abflossen und das heutige Flußsystem der Rega, Persante, Stolpe, Wipper rc. zur Ausbildung gelangte. Die meisten dieser Flüsse zeigen eigentümliche Knicke in ihrem Lauf, benutzen teils das alte Urstromtal, teils laufen sie gegen NW. oder N. d. h. am Rande der verschiedenen Stillstandslagen zur Ostsee ab. Letztere nahm damals wenigstens im Süden ihre gegenwärtige Ausdehnung an, worauf gleich nochmals zurückzukommen sein wird.

Dem Eise verdankt aber Pommern noch einige andere Reliefformen, die in der Landschaft sehr bezeichnend hervortreten. Zunächst die auf allen Geschiebemergelflächen zu hunderten vorhandenen runden oder elliptischen Wasserlöcher, in Mecklenburg „Sölle“ genannt. Manche mögen Mergelkuhlen oder Sammelbecken für Drainage und daher künstlich sein. Die Hauptmasse ist aber wohl dadurch entstanden, daß in und unter der Grundmoräne größere Eisblöcke übrig blieben, deren Schmelzen ein Nachsinken des Mergels und damit diese Löcher veranlaßte. In der Regel hat man an ihren Rand oder in dieselben die Steine vom Acker geschafft, so daß sie oft von einem Blockkranze, ebenso wie von einzelnen Bäumen (Weiden) umgeben sind. Zu hunderten hat der Regen sie bereits zugespült, sie sind vertorft und dann allmählich zugepflügt. Aber immer kann man, wo sie vorhanden, auf Geschiebemergel schließen, denn den Sandgebieten fehlen sie fast ganz.

Dann sind durch das Eis gewisse, in ganzen Schwärmen vereinigte langgestreckte, gerundete niedrige Hügel entstanden, die den Namen „Drums“ erhalten haben. Sie bestehen aus Grundmoräne mit Sandbedeckung, liegen in der Flußrichtung des Gletschers und sind den im Stromstriche der Flüsse ausgezogenen Kies- und Sandbänken vergleichbar. Am schönsten zeigt sich diese Landschaft in der Gegend zwischen Stargard und Freienwalde, sowie auf dem gegen Sagard geneigten Jasmunder Plateau. In beiden Fällen breitet sich der Schwarm dieser Rücken fächerförmig gegen das Gletscherende aus.

Hie und da, besonders in der uckermärkischen Grenzregion, kommen Rücken von aufgepreßtem älteren Geschiebemergel vor und ragen dann, von Sand bedeckt, isoliert über der übrigen Hoch(Diluvial)fläche empor. Es handelt sich um erweichte Teile der Unterlagen, die durch den Druck des auf ihr lastenden Eises in Hohlräume (Schmelzwasserkanäle) des Gletschers eingepreßt worden und nach dem Abschmelzen natürlich als Wälle erhalten blieben.

Anhäufungen von Sand, Kies oder Blockmassen bilden sich auch in den unteren Läufen der Gletscherbäche, besonders in der Nähe des Gletschertores, durch welches diese ins Freie gelangen. Von dem Eise an seitlicher Verbreitung gehindert, häuft sich der Schutt der Schmelzflüsse in diesen Gewölben auf und bildet bei langsamem Zurückweichen des Tores in der Bewegungsrichtung des Inlandeises verlängerte Sandrücken, Geröllzüge oder Kieshügel. Dieselben sind meist parallel den Drums und senkrecht zur Endmoräne orientiert. Sie heißen Åsar in Schweden, ein Name, der auf die analogen Bildungen Norddeutschlands übertragen wurde. Hierhin gehören der Papenberg bei Richtenberg, der Geröllrücken bei Alt-Gatschow in der Demminer Gegend, der lange Berg bei Kirch-Baggendorf, südwestlich von Grimmen, und bei Garz unweit Putbus, ferner Sand- und Grandrücken, die von Trampke nach Jakobshagen (Stargarder Gegend) ziehen. Dazu kommen deltaähnlich ausgebreitete Kieshügel unmittelbar vor dem Eisrande, die in die Geschiebemergelfläche oder in Åsar übergehen (sogenannte Kames); kurzum, es ist eine große Mannigfaltigkeit von Aufschüttungshöhen nachzuweisen. Zwischen diesen bemerkt man dann breite, in der Richtung der Eisbewegung laufende Täler, Wannen oder Mulden, die wohl zum großen Teil durch den Gletscher ausgefurcht wurden. Sehr deutlich tritt dies in der Gegend zwischen Oder und Randow hervor, ferner auf der Insel Usedom, deren einzelne Kerne und Rücken parallel und nach NNO. bis SSW. gerichtet und durch torfige, von Dünensand ausgeebnete Furchen geschieden sind. Ebenso haben wir in Mönchgut auf Rügen einen durch das Göhrener Höft und die Reddevitz bestimmten Wechsel von NO. bis SW. laufenden Rücken und Rinnen.

Als das Eis verschwunden war, erschien eine vegetationslose, von Sand oder Blöcken überschüttete Landschaft, in deren Rinnen und Löcher sich zahllose Teiche, Seen und Sölle durch den Regen entwickelten. Der Wind blies den feinen Tonstaub fort, häufte die losen Sande lokal zu Dünen zusammen oder überzog mit ihnen (Decksande) die Geschiebemergelflächen. Bald aber nahmen die Pflanzen Besitz von diesem neuen Boden. In den stehenden Wassern entfalteten sich die Torfmoose und schufen mit Schilf, Algen 2c. die ausgedehnten Moore; die Hochflächen und Sandgebiete wurden zum sumpfigen Urwald. Dieser ist erst durch die deutsche Kolonisation ausgerottet und die Trockenlegung der Moore ist auch heute noch nicht ganz vollendet. Pommern hat im ganzen 10.92 % Moorflächen = 2732 qkm. Dieselben verteilen sich derart, daß Regierungsbezirk Köslin 7.8, Stettin 12.9 und Stralsund 10 % von ihrer Gesamtfläche an Moorboden besitzen. Die wichtigsten Brüche sind: das Leba-Moor (14,200 ha), das Grabowtal (4000 ha), das Kolberger Moor (2300 ha), die Moore an der Peene (3000 ha), Randowbruch (2000 ha) neben an 200 kleineren zu Sumpf oder zu Wiesen umgewandelten Moorflächen.

In den tiefsten Teilen dieser überall gestochenen Torfe, die ein wichtiges Brennmaterial darstellen, entdecken wir die Reste der ältesten Landtiere. Es sind zum Teil nordische Formen wie das Rentier, andererseits das Torfschwein, der Ur, der Biber, Wildpferde, Bären, Elche und der Edelhirsch. Mit Ausnahme des letzten sind alle ausgerottet und zwar Biber, Elch, Bär und Ur erst durch die deutschen Kolonisten des Mittelalters. Das Ren ist bereits früher verschwunden, als das Klima für dies Tier zu warm wurde. Außerdem sind Knochen vom Riesenhirsch gefunden und vereinzelte Zähne vom Mammut. Dieser Elefant hat wohl in den Zwischenperioden der Vereisung in Pommern gehaust, da die Knochen im diluvialen Sande lagen; beim Riesenhirsch bleibt das Alter noch zweifelhaft; aber da die Rippen und Fußknochen unzweifelhaft bearbeitet sind, ist anzunehmen, daß auch schon der Mensch damals auf Jagdzügen in unsere Gegenden gelangte, freilich ohne feste Wohnsitze zu gründen.

Am Ende der Diluvialzeit eröffnete sich auch die Oder, indem sie bei Oderberg den Endmoränenzug durchbrach und wohl einem ursprünglich von Norden nach Süden gerichteten Schmelzbache folgte, einen Ausweg nach Norden in die Senke des Haffstausees. Damit begann die Auffüllung der tiefen Bucht zwischen Hinter- und Vorpommern, die in der Abschließung des Dammschen Sees und dessen Zuschüttung noch heute ihren Fortgang nimmt. Ein Teil des Flusses ist zeitweise durch das breite bei Schwedt abzweigende Wiesental der Randow gegen NW. gelaufen und hat zwischen Pasewalk und Löcknitz das Haff erreicht. Auch diese Rinne entspricht vielleicht einem Gletscherfluß; aber eine Vertiefung des Stettiner Zweiges, Vertorfung der Randow und künstliche Eingriffe haben diesen Arm absterben lassen, der nun als grasreiches Wiesenland der Viehzucht zu gute kommt.

Diese Flußverschiebung steht vielleicht auch mit einigen noch wenig bekannten postglazialen Hebungen und Senkungen in Beziehung, die zur Entstehung des heutigen Küstensaumes wesentlich beitrugen. Im Greifswalder Bodden läßt sich aus dem durch Lotungen ermittelten Bodenrelief vermuten, daß eine Senkung des Landes eingetreten ist. Zu gleichem Ergebnis führten die Untersuchung der Moore und des Küstensaumes im nordöstlichen Mecklenburg und die schiefe Lage der diluvialen Terrassen am Südrande des Friedländer Moores an der mecklenburgisch-pommerschen Grenze. In allerjüngster Zeit haben die Hafenbauten bei Warnemünde unzweifelhafte Beweise für diese Senkung der Küste geliefert, und es ist gelungen, gleichartige Verhältnisse längs des Barther Boddens bis in das Rycktal bei Greifswald aufzufinden. Dadurch erklärt sich, daß die See, welche das Ostseeareal einnahm, eine immer kräftigere Wirkung auf ihre Ufer ausübte, in tiefen Buchten, Bodden und Straßen in das Land eindrang, einzelne höhere Teile als Insel ringsum bespülte verkleinerte und ganz verschwinden ließ, wie wir es an der Greifswalder Oie, am Ruden, am großen Stubber, dem Vineta-Riff und überall an den Vorgebirgen Rügens konstatieren. Das durch den Wogenanprall abgeschwemmte Material wurde gesichtet, die groben Steine blieben liegen, der Ton wurde in die freie See hinausgetragen und als Tongründe abgesetzt, der Sand aber längs der Küste von Westen nach Osten fortgeführt und zum Bau der Pommern gleichmäßig umsäumenden Dünen durch Wind und Wellen zusammengehäuft. Diese Sandzungen, welche sich von Vorsprung zu Vorsprung bogenförmig herüberschwingen, haben aus solchen Inselhaufen Rügen und Usedom geschaffen und die hinterpommersche Küste zur gleichmäßigen Linie umgestaltet. Dadurch sind ursprüngliche Buchten vermoort oder zu Lagunen geworden (Strandseen: Jamunder, Bukower, Vietzker, Gardesche See, Treptower Bruch). In Hinterpommern erscheinen die Dünen noch als Wanderdünen und dringen lokal langsam landeinwärts, drücken den Torf unter den Seespiegel hinab und lassen dann vorne am Ufer die Reste des unter die See herabgerückten Moores mit seinen Baumstümpfen nach Jahrzehnten oder Jahrhunderten wieder zutage treten. Die Wellen reißen die Torfsoden los und breiten sie als sogenannten Meertorf längs der ganzen Küste aus. Das Ende dieser Dünenzone ist die Halbinsel Hela, welche langsam in die Danziger Bucht hineinwächst.

Die endgültige Besiedelung Pommerns durch die Menschen der Steinzeit, die Perioden der Hünengräber, der Wenden und der deutschen Einwanderer zu schildern, gehört nicht mehr zu der hier gestellten Aufgabe. Nur mag bemerkt werden, daß die Lichtung des Urwaldes, die Austrocknung der Sümpfe und der Ackerbau das Land ganz erheblich verändert haben, ein Prozeß, der sich z. B. in der Anlage der zahllosen Badeorte auf der bis vor kurzem vernachlässigten Strandzone ununterbrochen fortsetzt. Prof. W. Deecke-Greifswald.

Ein Blick in die Vorzeit des Pommernlandes.

Mit zwei Tafeln.

Der Wanderer, der offenen Auges die Fluren und Wälder Pommerns durchzieht, wird sicherlich bald die große Anzahl von Steinblöcken bemerken, die teils regellos verteilt, teils in Haufen gesammelt die Bodenoberfläche bedecken. Das Vorhandensein dieser Blöcke ist um so auffallender, als es ja in ganz Norddeutschland keine Gebirge gibt, in denen derartige Gesteine anstehend vorkommen. Fragt man einen Gesteinkundigen nach dem Grunde dieser sonderbaren Erscheinung, so wird man die Antwort erhalten, daß diese Felsblöcke „erratische Blöcke" oder „Findlinge" genannt würden, daß sie aus dem fernen Skandinavien stammten und durch Gletscherwirkung bis in unsere Breiten herabtransportiert worden seien. Und in der Tat verhält es sich auch so.

Es hat eine Zeit gegeben, in der unter mehrfachem Anschwellen und Zurückgehen eine außerordentlich starke Entwickelung der Gletscherbildung stattgefunden hat. Die Gletscher Skandinaviens, die diese „erratischen Blöcke" mitgebracht

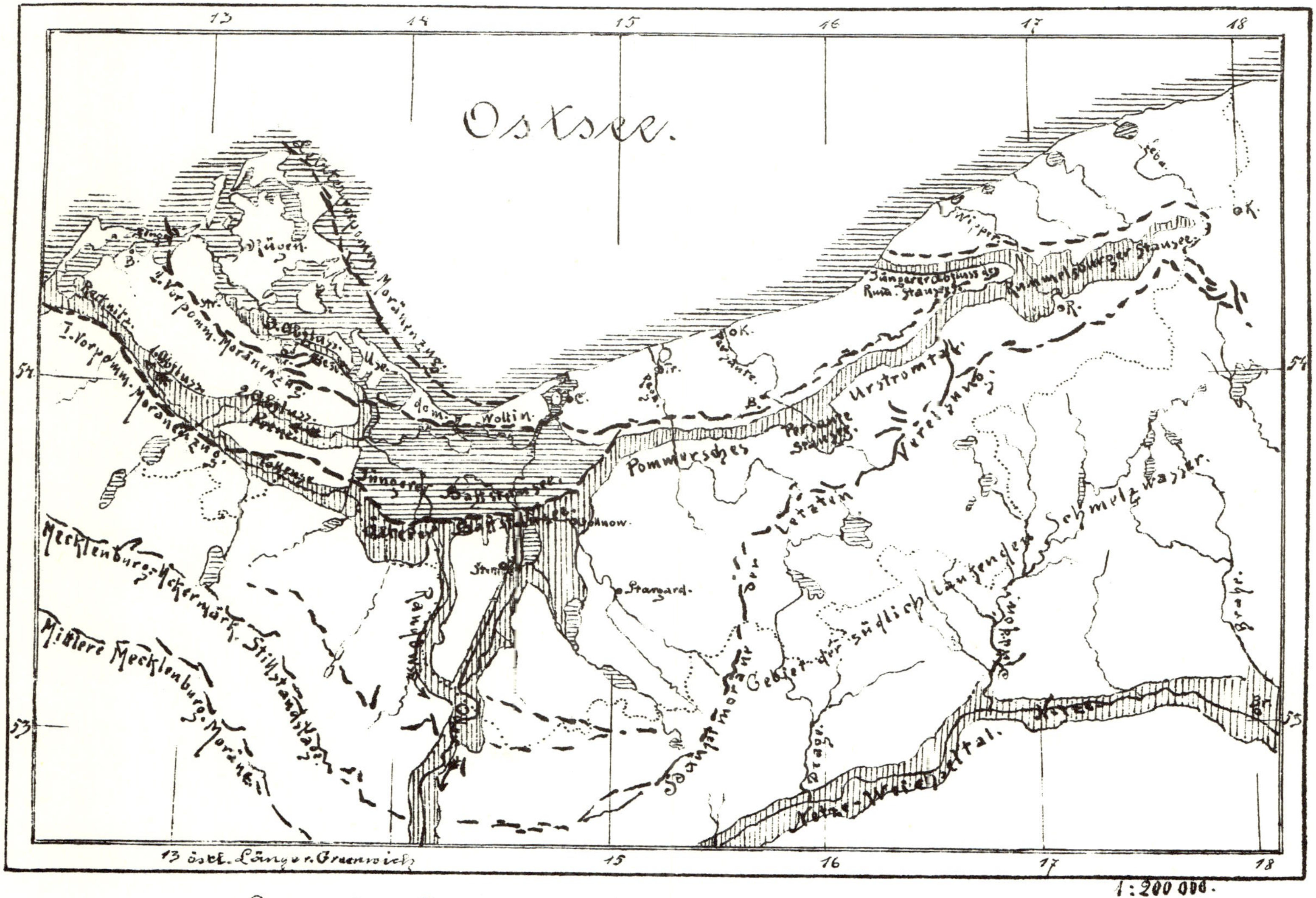

Schematische Darstellung der Stillstandslagen des Inlandeises, der Schmelzwasserströme und Stauseen in Pommern (nach Keilhack und Elbert).

haben, reichten bis nach Mitteldeutschland hinab, sodaß ganz Norddeutschland, etwa wie heute Grönland, von einem gewaltigen Panzer von Inlandeis bedeckt war. Auch die Alpengletscher hatten damals eine weit größere Ausdehnung, sie reichten bis an den Bodensee und in das Donautal hinein, und kleinere lokale Vergletscherungen fanden sich auf dem Schwarzwald, den Sudeten, dem Böhmerwald und den Vogesen.

Zwischen dem norddeutschen und dem süddeutschen Vergletscherungsgebiet zog sich aber durch Mitteldeutschland eine breite Zone, die von England durch Belgien, Frankreich, Süddeutschland bis Mähren und Rußland reichend, weder von Süden noch von Norden her durch Gletscher erreicht, eisfrei geblieben war und damals schon dem Menschen zum Aufenthalt diente. Wir finden daher in den Höhlen Englands, in Spy (Belgien), in der Dordogne (Frankreich), in Thüringen (Taubach), in den Höhlen Mährens die ersten Spuren des Menschen in Begleitung gewaltiger, längst ausgestorbener Tierarten, wie des Mammut, Rhinozeros, Höhlenlöwen, Höhlenbären und anderer.

Der Mensch befindet sich da noch in einem unglaublich niedrigen Kulturzustand, er kennt noch keine Tongefäße, keine Haustiere, seine Waffen und Werkzeuge sind aus Knochen geschnitzt, oder roh aus Feuerstein zugehauen, er lebt da nur als Jäger und vielleicht als Fischer, und man nennt diese frühe Zeit der menschlichen Kultur die ältere Steinzeit.

Die jüngere Steinzeit, etwa 3. Jahrtausend v. Chr.

Erst viele Jahrtausende später, nachdem das Eis in folgenden wärmeren Perioden allmählich nach Norden zurückgegangen war, wurde die norddeutsche Tiefebene eisfrei, bedeckte sich mit Vegetation und wurde nun auch zum Aufenthalt des Menschen geeignet. Der Mensch, dem wir aber jetzt in unserem Lande begegnen, steht bereits auf einer weit höheren Stufe, er hat schon gelernt, schön verzierte Gefäße aus Ton anzufertigen, er hat Haustiere, treibt Landwirtschaft und baut sich schon große Grabdenkmäler. Zwar sind Waffen und Geräte noch aus Knochen und Stein, aber letztere sind nun schon sehr zierlich zugehauen und zum Teil geschliffen und durchbohrt, und wir sprechen jetzt von der jüngeren Steinzeit oder der Zeit des geschliffenen Steins.

Wann der Mensch in unser Land eingezogen ist, läßt sich mit Sicherheit nicht sagen, jedenfalls aber schon einige tausend Jahre vor dem Beginne unserer Zeitrechnung, ebensowenig können wir sagen, wie lange diese Zeit der ausschließlichen Steinbenutzung gewährt hat, sicherlich aber ein Jahrtausend oder länger.

Etwas besser unterrichtet sind wir über das Aussehen des Steinzeitmenschen, da eine Anzahl von Skelettgräbern seine Reste bewahrt haben. Er war ziemlich groß, von kräftigem Körperbau, hatte einen länglich-schmalen Schädel, ein längliches Gesicht und wird wahrscheinlich, doch das ist nur Vermutung, blond und blauäugig gewesen sein.

Zu seiner Kleidung benutzte er wohl in der Hauptsache Felle, denn zahlreiche Knochennadeln aus seiner Hinterlassenschaft haben wohl zum Zusammennähen derselben gedient, aber höchstwahrscheinlich trug er auch Kleider von Wolle, denn er hatte schon das Schaf als Haustier, und die steinzeitlichen Pfahlbauten der Schweiz beweisen in ihren Einschlüssen, daß der Mensch, dort wenigstens, schon die Wolle und sogar die Leinwand gekannt hat. Daß er auch Stricke aus Baumbast zu drehen verstand, wissen wir aus pommerschen Funden.

Was die Wohnung der Steinzeitmenschen betrifft, so sind uns zwar aus Pommern Reste von solchen nicht erhalten, aber zahlreiche süddeutsche Funde zeigen, daß er vertiefte, länglich-viereckige Gruben benutzte, mit Herd und etwas erhöhtem Wohnraum, über denen eine Hütte errichtet war. Außen waren die Wände rauh mit Lehm verputzt, innen war der Lehmputz geglättet und bisweilen mit Farbe bemalt. Das Dach oben war wohl mit Rohr oder Schilf gedeckt. Eine andere Sitte der Menschen dieser Zeit bestand darin, Wohnungen im Wasser anzulegen. Man schlug Pfähle in den Grund nicht zu tiefer Seen und errichtete auf denselben Querhölzer, die zum Tragen von Hütten bestimmt waren. Solche Pfahlbauten sind ja aus der Schweiz und Süddeutschland längst bekannt, aber auch von Rügen und Mecklenburg liegen neuere Beobachtungen vor, die es recht wahrscheinlich machen, daß auch bei uns solche Pfahlbauten in der Steinzeit üblich gewesen sind. Daß für derartige primitive Zimmermannsarbeiten die einfachen, aber oft haarscharfen Feuersteinmeißel und Äxte vollkommen ausreichend waren, ist durch zahlreiche Versuche in neuerer Zeit zweifellos bewiesen.

Daß der Mensch der Steinzeit bereits eine Sprache besessen hat, ist selbstverständlich, doch sind uns Spuren derselben nicht aufbewahrt, ebensowenig von seiner Schrift; überhaupt ist es sehr zweifelhaft, ob er schon eine solche kannte, denn es ist nirgends in Deutschland in den Funden etwas beobachtet, was als solche gedeutet werden könnte.

Während der Höhlenmensch der älteren Steinzeit, wie ich oben schon bemerkte, noch auf dem Stadium des rohen Jägers stand, finden wir den Menschen der jüngeren Steinzeit Pommerns schon weit fortgeschritten, er hat längst gelernt, durch Zähmung ursprünglich wilder Rassen sich Haustiere zu beschaffen. Wir finden in seiner Umgebung das Schaf, das Rind, das Schwein und vor allem als treuen Helfer auf der Jagd den Hund.

Das Halten von Haustieren setzt natürlich, da man ja auch für Winterfutter sorgen mußte, eine gewisse Landwirtschaft voraus, und wir haben denn auch die unzweifelhaften Spuren einer solchen gefunden. Es sind dies einmal sehr große durchbohrte Steingeräte (bis zu 1/2 m lang) von der Form eines langen Steinhammers, die nur als Steinpflüge gedeutet werden können. Indem man durch das dünne Loch einen Baumast steckte und daran zog, waren diese Geräte wohl geeignet, den Boden oberflächlich aufzureißen. Außerdem finden wir aber auch zahlreiche flache Hacken und sehr einfache muldenförmig ausgehöhlte Steine, sogenannte Handmühlen, in denen mittels eines runden Handsteines die Getreidekörner zu Mehl zerrieben wurden. Wie wir aus den steinzeitlichen Pfahlbauten der Schweiz wissen, sind die ältesten angebauten Getreidearten Weizen, Gerste und Hirse.

Neben dem Getreide, wilden Früchten, der Milch und dem Fleische der Haustiere lebte der Mensch von den Ergebnissen der Jagd und des Fischfanges. Auf der Jagd benutzte er gegen das große Wild wohl Fallgruben, doch gestatteten ihm die kräftigen Lanzenspitzen von Feuerstein wohl auch in Begleitung des Hundes stärkerem Wilde zu Leibe zu gehen, während er Flugwild und kleinerem Wilde mit dem Bogen nachstellte, denn Pfeilspitzen von Feuerstein sind in seiner Hinterlassenschaft sehr zahlreich.

Beim Fischfange bediente er sich, um auf das Wasser zu gelangen, des „Einbaumes", eines sehr einfachen, ausgehöhlten Baumstammes, und der Angel, wie solche aus Knochen und Feuerstein mehrfach gefunden worden sind. Möglicherweise hatte er aber auch schon Netze, denn er verstand schon sehr gut, aus Baumbast sich Stricke herzustellen.

Neben der Landwirtschaft und der Beschaffung der Kleidung bestand die häusliche Tätigkeit der Steinzeitmenschen noch in der Herstellung der Gefäße, der Waffen und Geräte.

Die Gefäßbildnerei, die Herstellung der Tongefäße, mag wohl hauptsächlich von den Frauen besorgt worden sein. Die uns erhaltenen Töpfe sind aus Ton mit der Hand, ohne Drehscheibe, gefertigt und nur wenig gebrannt. Die einzelnen Formen sind zwar nicht gerade mannigfaltig, verraten aber immerhin sehr viel Geschmack und Formensinn. Es sind in der Hauptsache vier Typen: einmal schlanke, henkellose Becher, zuweilen an Stelle der Henkel mit warzenartigen Halteleisten versehen, dann hohe, große Gefäße mit rundem, kugeligem Bauche, fast ohne Stehfläche, und geradem hohem Halse und 2—4 kleinen Henkelchen, weiter schüsselförmige, weit offene Gefäße und endlich kleine einhenkelige Töpfchen.

Besonders charakteristisch ist die Verzierung. Hier tritt uns zunächst das sogenannte „Schnur-Ornament" entgegen, welches den Eindruck macht, als habe man eine gedrehte Schnur in den weichen Ton eingedrückt, dann aber die Stich-Ornamente, die mittels eines zugeschärften Hölzchens tief eingestochen sind. Meist sind es nur Punkte, Striche, Winkelchen, die zu Dreiecksgruppen, Tannenzweigmustern, fransenartig hängenden oder gürtelförmig herumlaufenden Bändern sich angeordnet finden, immer aber sind diese Verzierungen tief eingestochen und zuweilen mit einer weißen, kreideartigen Masse ausgefüllt.

Unter den Arbeitsgeräten sind die häufigsten die allbekannten Meißel von Feuerstein, die an der Schneide meist breiter als am oberen Ende, erst roh zugehauen, dann sorgfältig geschliffen werden, von den verschiedensten Größen und Formen, zuweilen mit hohlgeschliffener Schneide. Die mitunter ganz außerordentlich kunstvoll gearbeiteten Dolche mit Griff und Lanzenspitzen sind niemals geschliffen, sondern nur durch Schlag hergestellt und verraten ein ganz eminentes technisches Können; man findet darunter wahre Kabinettstücke. Auch unter den Pfeilspitzen finden sich außerordentlich zierliche Exemplare. Weniger kunstvoll sind die spanförmigen Messer und Schaber, die als einfache Feuersteinspäne von größeren Stücken abgespalten sind.

Die durchbohrten Äxte und Hämmer (mit Stielloch) bestehen nicht aus Feuerstein, sondern meist aus Granit, Diorit und anderen weicheren Mineralien. Die Durchbohrung hat man mittels eines Röhrenknochens ausgeführt, der in einen Sandbrei getaucht und so lange gedreht wurde, bis das Loch allmählich durchgeschliffen war. Es war dies wohl eine etwas mühselige Arbeit, aber zahlreiche angefangene und unvollendete Stücke beweisen, daß der Vorgang so gewesen sein muß. An einzelnen Stellen wurden diese Feuersteingeräte in großen Mengen, gleichsam fabrikmäßig hergestellt, und man nennt diese Stellen Schlagwerkstätten. Man findet da angefangene, halbfertige und zerbrochene Feuersteingeräte in Massen. Solche Stellen gibt es viele in Pommern, besonders auf Rügen, doch werden die bekannten bald abgesucht.

Die Sitte, die Toten zu verbrennen, war dem Steinzeitmenschen Pommerns ursprünglich nicht bekannt, er bestattete seine Toten noch unverbrannt. Die Gräber der Steinzeit lassen drei verschiedene Gebräuche erkennen. Die größten und am meisten in die Augen fallenden, jetzt freilich sehr selten gewordenen, sind die großen Hünenbetten (Dolmen), die aus zwei Reihen senkrecht über der Erde aufgestellten Steinblöcken bestehen, mit einem solchen am Fuß- und Kopfende, und die mit einer oder mehreren großen Platten überdeckt sind. In der Mitte dieses Aufbaues findet sich das eigentliche Grab mit den Skeletten und Beigaben. Eine zweite Gräberform besteht aus großen Steinkisten, die aus innen glatten, außen mehr rauhen Steinplatten hergestellt und mit einer oder mehreren Steinplatten bedeckt sind. Sie liegen oft ganz unter der Erde in flachen Hügeln, oft auch ragt der Deckstein noch etwas aus der Erde heraus. Diese Steinkisten sind in ihrer Größe sehr verschieden; es fanden sich solche, in denen bequem sechs bis acht Männer stehen konnten, meist enthalten sie dann auch zahlreiche Skelette, während in den kleinsten Kisten nur ein Skelett notdürftig Platz hat. Bei einer dritten Art liegen die Skelette nur wenig tief in freier Erde, ohne Kiste, und sind höchstens von einigen kopfgroßen Steinen umsetzt. In den Gräbern selbst finden sich neben den Skeletten meist Beigaben von Steinwerkzeugen, Hämmer, Meißel, Dolche, Lanzenspitzen, Messer und Tongefäße, in denen man den Toten wohl Speise und Trank mitgegeben hat.

Aus den Gräbern hauptsächlich kennen wir auch den Schmuck der Steinzeit, denn schon in den frühesten Zeiten finden wir beim Menschen den Trieb, sich mit Schmuck zu behängen. Wahrscheinlich hat der Steinzeitmensch seinen Körper bemalt, denn zahlreiche in den Gräbern gefundene Stücke von roter Farbe (Rötel) deuten dies an. Außerdem liebte er besonders Halsgehänge aus durchbohrten Tierzähnen und Muscheln, sowie aus Bernstein, denn dieses Material, zu röhrenförmigen oder plattenförmigen Perlen und solchen von der Form eines Doppelhammers verarbeitet, kommt schon häufig genug in den Gräbern vor.

Einer höchst eigentümlichen Sitte der Steinzeit müssen wir noch Erwähnung tun, mit der die sogenannten Depotfunde im Zusammenhange stehen. Man stößt nämlich recht oft unter größeren Steinen oder in Mooren auf eine mehr oder weniger große Anzahl besonders schön gearbeiteter Steingeräte, von denen ohne weiteres angenommen werden muß, daß dieselben absichtlich daselbst niedergelegt sind. Man nimmt an, daß dies aus einem religiösen Zweck geschah, indem man überzeugt war, daß diese Dinge, deren man sich freiwillig bei Lebzeiten entledigte, dem Besitzer im Jenseits wieder zukommen würden, ein Glaube, dem wir noch in späterer Zeit, z. B. bei den Lappen, begegnen.

Diese Depotfunde gewähren auch einen gewissen Einblick in die Religion des Steinzeitvolkes, indem sie die Annahme gestatten, daß dies Volk eine Fortdauer nach dem Tode angenommen habe. Bestärkt wird man in dieser Vermutung durch den Umstand, daß man den Toten ja auch Waffen und Schmuck, ja sogar Speise und Trank ins Grab mitgegeben hat.

Mancher Leser wird nun geneigt sein, zu glauben, daß unsere Ahnen in der Steinzeit oben an der Ostseeküste ein beschauliches, von anderen Stämmen unberührtes Dasein geführt hätten. Nichts würde falscher sein als eine derartige Annahme, denn die Funde beweisen mit Sicherheit, daß damals schon weitreichende Handelsbeziehungen bestanden. Besonders die Insel Rügen hat sich durch die Herstellung nicht nur großer Mengen, sondern auch besonders schöner Steingeräte ausgezeichnet, und bis weit nach Süddeutschland finden wir einzelne hervorragende Exemplare, die wir unbedenklich als Exportstücke aus Rügen auffassen dürfen. Andererseits finden sich aber auch in Pommern Steingeräte, besonders die seltenen schuhleistenförmigen Meißel und facettierten Hämmer, deren eigentliche Heimat Thüringen und die Rheinlande sind und die in unsere Gegenden von dort auf dem Handelswege gekommen sein müssen. Ähnlich liegt die Sache für Bernsteinperlen, die, von der Nord- und Ostseeküste stammend, weit ins Inland hineingewandert sind. Ganz besonders interessant ist aber der Fund einer Muschelschale (Spondylus) in einem steinzeitlichen Grabe Pommerns, deren Heimat der indische Ozean ist. Solche Spondylusschalen sind mehrfach auch in süddeutschen Steinzeitgräbern gefunden worden und können doch wohl nur durch Handelsbeziehungen nach dem Norden geraten sein.

Die Bronzezeit, etwa 18. bis 6. Jahrhundert v. Chr.

Die Ausgrabungen im Orient, in Ägypten, besonders aber in Assyrien, haben uns gezeigt, daß man dort schon im 3. bis 4. Jahrtausend v. Chr. das Metall kannte. Man fertigte schon Metallgegenstände an zu einer Zeit, als der europäische Norden noch tief in der Steinzeit lebte. Das den Völkern der Mittelmeerküste zuerst bekannt gewordene Metall war das Kupfer. Allmählich und spärlich fand dasselbe auch seinen Weg nach dem Norden. In den Steinzeitgräbern Norddeutschlands zeigten sich zuerst kleine Stückchen Kupferblech als Seltenheiten. Dann finden sich in österreichischen und süddeutschen Gräbern, sowie in steinzeitlichen Pfahlbauten der Schweiz Messer, kleine Dolche und auch Meißel von Kupfer, die alle noch Formen haben, welche denen der Steinwerkzeuge gleichkommen, also wohl Steingeräten nachgebildet sind. Sehr lange hat diese Kupferbenutzung übrigens wohl nicht gedauert, denn schon früh hatte man, wahrscheinlich in einem der Küstenländer des Mittelmeeres, die Entdeckung gemacht, daß das Kupfer durch Zusatz von Zinn leicht schmelzbar und gießbar gemacht werden konnte, so daß man nun Werkzeuge, Waffen und Schmuck in einfacher Weise durch Guß herstellen lernte. Diese Erfindung, die Erfindung der Bronze, war für die damalige Welt begreiflicherweise von ungeheurer Tragweite gegenüber der mühseligen Herstellung der Stein- und Knochengeräte, und wir können es daher leicht verstehen, wenn nun dieses neue Metall seine Weltreise antritt und, besonders in Europa sich überallhin verbreitend, der Steinbenutzung ein Ende macht.

Überall, wohin das neue Metall kam, hat es zur Bildung eigener Formenkreise Anlaß gegeben, sodaß wir heute ungarische, italienische, schweizer- und nordische Formen unterscheiden können, und wir bezeichnen daher auch die unserem pommerschen Formenkreis eigentümlichen Typen, die sich denen Skandinaviens, Schleswig-Holsteins, Mecklenburgs &c. eng anschließen, als der nordischen Bronzekultur angehörig.

Wann dieses neue Metall zu uns nach dem Norden gekommen ist, läßt sich mit einiger Sicherheit sagen. Die Ausgrabungen der letzten zehn Jahre haben in dieser Richtung viele Anhaltspunkte ergeben. Die Funde in Troja-Hissarlik, Mykenä, Cypern und Ägypten, die vielfach bestimmte zeitliche Schlüsse gestatten, haben gezeigt, daß unsere ältesten Formen sehr weit zurückgehen und daß wir wohl kaum irren, wenn wir das 17. bis 18. Jahrhundert vor Christo als die Zeit annehmen, in der unsere Gegenden mit dem neuen Metall bekannt wurden.

Über das Aussehen des Bronzezeitmenschen sind wir nur sehr wenig unterrichtet. Die Ankunft der Bronze hatte sehr bald die Leichenverbrennung im Gefolge, und diese Sitte hat gründlich mit den körperlichen Resten aufgeräumt und wenig zusammenhängende Teile übrig gelassen.

Auch von der Sprache und Schrift des Bronzemannes ist nichts erhalten; wir wissen ebensowenig, wie das Volk sich selbst genannt hat. Ist mit der Bronze ein neues Volk in unser Land gekommen? Oder sind die Bronzemänner die Nachkommen der Steinzeitbevölkerung? Das sind noch ungelöste Fragen.

Etwas besser sind wir über die Bekleidung der Bronzemenschen orientiert. Wenn auch aus Pommern selbst Reste von der Kleidung aus so früher Zeit nicht erhalten sind, so kennen wir doch aus Schleswig-Holstein, Dänemark und anderen Nachbargebieten Gräber, in denen man den Toten in einem gespaltenen Baumstamm (Baumsarg) beerdigt findet, wobei sich die Kleidung sehr gut erhalten hat. Die Kleidung des Mannes, aus dunkelfarbiger Wolle hergestellt, besteht aus Wollbinden für die Beine, einem kurzen Rock um die Hüften, einem Mantel für den Oberkörper und einer runden Wollmütze für den Kopf. Das Weib dagegen hat einen langen, um die Hüfte befestigten Rock, eine kurze Jacke und eine mützenartige Haube auf dem Kopfe.

Diese Wollkleider zeigen ein köperartiges Gewebe und setzen natürlich die Kenntnis eines primitiven Webstuhles voraus, wie auch noch erhaltene Bronzespulen sicherlich beim Weben Verwendung gefunden haben werden.

Das Vorhandensein von Wollkleidern beweist, daß man schon Schafzucht im großen getrieben haben muß. Natürlich hat man daneben auch die schon in der Steinzeit gezähmten Rinder und Schweine besessen. Jetzt aber kommt ein neues Haustier hinzu, nämlich das Pferd. Man kennt aus Schweden ganz eigentümliche, in Felsen eingeritzte Bilder, die Seeschlachten, Jagd- und sonstige Szenen aus dem Leben darstellen. Diese schwedischen Felsenbilder, die, wie wir wissen, der Bronzezeit angehören, zeigen auch Pferde, die zum Teil mit Reiter oder vor einen Wagen gespannt dargestellt werden. Und in der Tat finden wir auch unter unseren pommerschen Altsachen aus der Bronzezeit Teile vom Pferdegeschirr, Pferdegebisse von Bronze und sogar kleine Pferdeköpfe als Griffabschluß an Bronzemessern.

Als Futtergewächse werden ebenso, wie in der Steinzeit, auch Weizen, Gerste und Hirse angebaut, und die in der Steinzeit schon verwendeten Handmühlen sind auch aus bronzezeitlichen Grabhügeln bekannt.

Für die Jagd ist der Mensch nun wesentlich besser ausgerüstet, als in der Steinzeit. Er hat jetzt kräftige Lanzenspitzen von Bronze, sowie Schwerter und Dolche, mit denen er auch starkem Wilde zu Leibe gehen konnte, während er gegen kleines Wild die mit Bronzespitzen besetzten Pfeile benutzt. Bei der Fischerei gebraucht er jetzt Angelhaken von Bronze, die den heutigen schon ungemein ähnlich sehen.

Der Steinzeitmensch war, wie wir oben sahen, noch stark an das Land gefesselt, denn wenn er sich wirklich auf das Wasser wagen wollte, war er auf den schwankenden, aus einem ausgehöhlten Baumstamme hergestellten Einbaum angewiesen. Anders liegen jetzt die Verhältnisse; er hat nun schon gelernt, wirkliche Schiffe zu bauen, wie wir solche auf den Klingen von Bronzemessern dargestellt finden, und auf den schon erwähnten schwedischen Felsenbildern sind ganze mit Menschen besetzte Schiffe und Seeschlachten zu erkennen.

Ich bemerkte oben schon, daß das Metall zuerst als reines Kupfer auftritt; erst später hat man gelernt, daß das Metall durch Zinnzusatz geeigneter, besonders gießbar wurde, und wir sehen dementsprechend, daß die ältesten Bronzegegenstände noch sehr wenig Zinn enthalten (0,5 bis 1,0 %), bis sich allmählich die klassische Bronze (10 bis 12 % Zinn) herausbildet. Infolge der leichten Gießbarkeit der Bronze entwickelt sich nun bei uns eine höchst interessante Gußtechnik, in der die mannigfaltigsten Werkzeuge, Waffen und Schmuckstücke hergestellt werden, die zum Teil schon so vollkommen sind, daß man nicht annehmen kann, diese Kunst sei von jedem beliebigen Bewohner ausgeübt worden, die uns vielmehr zu der Annahme zwingen, daß bestimmte Künstler oder Handwerker sich mit der Herstellung derselben befaßt haben. Die Benutzung der Steingeräte hat dabei keineswegs mit einem Schlage aufgehört, denn wir kennen viele Funde, in denen noch Steingeräte neben Bronzen vorkommen. Wir sehen also jetzt zuerst eine Künstler- oder Bronzehandwerkerzunft auftreten, deren Werkzeuge, Gußformen, Hämmer, Meißel, Punzen in den Funden gar nicht so selten vorkommen. Daneben kommen aber auch aus anderen Gegenden Händler, die zerbrochene

Gegenstände aufkaufen, daraus neue herstellen und fremde Muster aus anderen Gegenden mitbringen, denn wir finden unter unseren Bronzen Stücke, die anderen Ländern, z. B. der Schweiz oder Ungarn, eigentümlich sind, besonders finden sich darunter Dinge, wie hauptsächlich Gefäße, die durch Treibarbeit (Hämmern) hergestellt sind, eine Technik, die der Norden nicht kennt, die also zweifellos Importstücke sind. In dieser Zeit tritt auch zuerst das Gold auf und auch die Schmucksachen und Gefäße aus Gold müssen importiert sein, worauf Technik und Form hinweisen.

Die Ornamente der Bronzen sind zum großen Teile eingepunzt und in der älteren Bronzezeit recht einfach, streng und bewegen sich nur in rein geometrischen Formen: Striche, Punkte, Dreiecksfiguren. Dazu kommen dann Halbkreise, konzentrische Kreise und sehr früh die Spirallinie, die in ältester Zeit schon in Babylonien und Mykenä auftritt. Eine sehr merkwürdige Verzierungsart der ältesten Bronzezeit unseres Landes sind eigentümliche, sternförmige, stark vertiefte Figuren, die mit Harz ausgefüllt sind, also schon eine Art Email darstellen. In der jüngeren Bronzezeit treten dann wellenförmige Figuren auf, und nun wagt sich der Künstler auch an die Darstellung menschlicher und tierischer Motive. Wir finden jetzt kleine Menschen- und Tierfiguren von Bronze, wir kennen Messer oder deren Griffe, die in Menschen- oder Tierköpfe (Pferdeköpfe) auslaufen, und wir bemerken besonders oft kleine Vogelfiguren plastisch dargestellt und auf getriebenen Bronzegefäßen eingepunzt. Motive aus der Pflanzenwelt sind ganz unbekannt und niemals beobachtet.

Daß der Bronzezeitmensch schon Häuser zu bauen verstand, können wir bei seiner so hoch entwickelten Kultur nicht nur annehmen, wir haben auch die Beweise dafür in den Hausurnen, die besonders in den Harzgegenden sich häufig gefunden haben. Es sind dies eigentümliche viereckige oder runde Tonurnen, die eine viereckige Türe besitzen und ein schräges Dach, dessen Sparren mitunter am First übereinanderlaufen, ganz ähnlich wie an älteren Strohdächern unserer Zeit. Wir müssen annehmen, daß es sich hier um Blockhäuser handelte mit viereckiger, zusetzbarer Türe und rohr- oder strohgedecktem Dache.

Unter den Gräbern der Bronzezeitbevölkerung können wir verschiedene Formen unterscheiden. In der frühesten Bronzezeit war es noch Sitte, die Toten ebenso wie in der Steinzeit unverbrannt zu bestatten. Meist sind es dann Hügel, in denen die Toten mit den Beigaben, zuweilen in ausgehöhlten Baumstämmen (Baumsärge) niedergelegt sind. In der jüngeren Bronzezeit wird aber die Sitte der Leichenverbrennung allgemein. Man findet dann aus Steinen aufgebaute Hügel, in deren Mitte die Knochen und sonstige Reste des Leichenbrandes sich befinden. Später hat man in diesen Hügeln noch regelmäßige Steinkisten aus viereckigen Steinplatten aufgebaut und in ihnen die Reste des Leichenbrandes mit den Gefäßen und Beigaben untergebracht. Gegen Ende der Bronzezeit macht sich noch eine andere Begräbnisart bei uns bemerkbar, es sind dies die sogenannten Gräberfelder oder Urnenfriedhöfe. Hier sind die Totenurnen mit den Leichenbrandresten einfach in die Erde eingegraben oder nur mit wenigen Steinen umsetzt. Da diese Gräber oft in größerer Menge zusammenliegen, hat man sie Urnenfriedhöfe genannt. Es ist dies kein einheimischer Gebrauch, sondern derselbe ist von Süden gekommen, allmählich nach Norden vorgedrungen und hat dann den Steinkistengräbern ein Ende gemacht. Mit diesen jüngsten Gräbern ist dann in der Folgezeit auch das Eisen erschienen.

Wir haben oben gesehen, daß sich schon in der Steinzeit gewisse Handelsbeziehungen nachweisen lassen, wesentlich ausgebildeter ist der Handel in der Bronzezeit. Da in den einzelnen Gegenden Europas, in der Schweiz, in Frankreich, Italien, Ungarn ꝛc. die Bronzekultur sich verschieden entwickelt und ganz verschiedene Formen hervorgebracht hat, gelingt es auch bei uns unschwer, die einheimischen von den fremden Typen zu unterscheiden, und wir sehen, daß Handelsverbindungen mit den verschiedensten Gegenden stattgefunden haben müssen. Ein solcher Handelsweg ging aus Westfrankreich durch die Schweiz, den Rhein abwärts über Thüringen zur Elbe und die Elbe abwärts bis Mecklenburg, Pommern und Dänemarck. Auf diesem Wege kamen die im Norden nicht seltenen schweizer- und französischen Formen ins Land, während umgekehrt unzweifelhaft nordische Typen sich als seltene Fremdlinge in schweizer- und französischen Museen finden. Ein zweiter Handelsweg geht die Oder aufwärts nach Schlesien, Böhmen und Ungarn, denn auch böhmische und ungarische Stücke sind häufig bei uns. Ein dritter Weg geht über die Ostsee nach Norden, nach Schweden und Dänemarck.

Das Hauptprodukt, welches der Norden an den Süden für die Bronze und das Gold abgab, war der Bernstein, der im Süden schon ungemein früh auftritt. So fand Schliemann Bernsteinperlen zahlreich bei seinen Ausgrabungen in den alten Schachtgräbern von Mykenä (ca. 17.—18. Jahrhundert v. Chr.), und wie die chemische Untersuchung ergab, war es unzweifelhaft nordischer Bernstein.

Die schon oben bei der Steinzeit erwähnten Depotfunde, die in Mooren oder unter großen Steinen verborgen sind, kommen in der Bronzezeit ganz besonders häufig vor, und wir können leicht mehrere verschiedene Arten unterscheiden.

Zunächst sind es solche, die viel zerbrochene Ware, aber auch frisch gegossene Stücke enthalten, daneben Gußformen, Ambosse, Meißel, Punzen, Hämmer ꝛc. Es sind dies die Hinterlassenschaften reisender Bronzewarenhändler, die die Bruchware aufkauften und neue Stücke daraus herstellten, auch wohl Bernstein eintauschten, wir pflegen diese Funde Händlerfunde zu nennen. Eine zweite Art solcher Erd- oder Moorfunde besteht aus gut erhaltenen Stücken, die sich meist aus Waffen (Schwerter, Dolche, Lanzenspitzen), sowie Schmuck (Hals- und Armringe, Fibeln) und Geräten, sowie Bronzegefäßen zusammensetzen; wir nennen diese Funde Schatzfunde, denn sie stellen den kostbaren Hausrat eines Mannes der Bronzezeit dar, der ihn wohl in gefährlichen Zeiten verborgen hat. Eine dritte Art von Depotfunden enthält nur wenige, aber besonders kostbare Stücke; diese Funde werden als Votivfunde angesehen, d. h. als solche, die man bei Lebzeiten unter dem Schutze der Gottheiten vergrub in der Hoffnung, diese Dinge im Jenseits wiederzufinden.

Diese Depotfunde, sowie die reichen Grabbeigaben deuten wohl darauf hin, daß die Bevölkerung an ein Fortleben der Seele nach dem Tode glaubte. Von ihrer übrigen religiösen Anschauung ist nicht viel bekannt. Einige Ornamente, wie das sogenannte Hakenkreuz, das man nicht selten z. B. auf Bronzegefäßen findet, und welches als Symbol des Gewittergottes angesehen wird, lassen darauf schließen, daß die Bevölkerung wohl noch einem allgemeinen Naturdienst huldigte.

Auf die Waffen, den Schmuck und die Geräte der Bronzezeit bei ihrer großen Zahl und Mannigfaltigkeit genauer einzugehen, liegt nicht im Rahmen dieser kurzen Skizze. Wer sich besonders dafür interessiert, hat in dem schönen Museum der Gesellschaft für pommersche Geschichte in Stettin genügend Gelegenheit, diese Dinge in Augenschein zu nehmen. Die beiden Tafeln am Schlusse bringen einige der wichtigsten Typen.

Die ältere Eisenzeit (Germanische Zeit), etwa 600 v. Chr. bis 500 n. Chr.

In den Gebieten Südeuropas, um das Mittelmeer herum, war das Eisen schon sehr früh bekannt. Auf Cypern, in Griechenland (Mykenä) und Oberitalien (Villanova) findet man das Eisen schon ein Jahrtausend vor Christo und früher. Im nördlichen Europa kannte man dies Metall damals aber noch nicht, sondern die Bevölkerung stellte noch Waffen und Geräte nach alter Väter Art aus Bronze durch Guß her. Nur ganz spärlich erscheint in der jüngeren Bronzezeit gelegentlich ein Stückchen Eisen als Seltenheit in den Bronzefunden. Allmählich aber wird es häufiger, und besonders in den oben erwähnten Urnenfriedhöfen tritt es dann öfter auf. Es ist am Anfange offenbar noch kostbar, denn es wird vielfach zu Schmucksachen verarbeitet. Früher noch als im Norden findet man das Eisen im österreichischen Alpengebiet, und hier ist es ein Gräberfeld bei Hallstatt in Oberösterreich, wo das Eisen schon eine große Verbreitung und eine reiche Formenfülle zeigt, so daß man diese dort entwickelten Bronze- und Eisenformen mit Hallstatt-Typen bezeichnet. Letztere sind dann auch während der jüngeren Bronzezeit nach Norden vorgedrungen, wo wir sie neben jüngeren nordischen Bronzen zuweilen finden.

In späterer Zeit, etwa um die Mitte des letzten Jahrtausends vor Christo hat sich dann in Westdeutschland eine keltische Eisenkultur entwickelt, die nach einem Orte am Neuenburger See, La Tène, wo sie sich besonders reichlich fand, La Tène-Kultur genannt wird und auch bei uns die Hallstatt-Kultur ablöst. Endlich, etwa um Christi Geburt herum, tritt die römische Kultur in den Vordergrund, und nun beherrscht der römische Einfluß bis zur Völkerwanderungszeit den Geschmack der Zeit auch bei uns. Wir pflegen daher auch die ältere Eisenzeit in die Zeit des Hallstatt — des La Tène — und des römischen Einflusses einzuteilen.

Während wir über die nationale Zugehörigkeit der Stein- und Bronzezeitleute gar nichts wissen — wir wissen nicht, woher sie stammten und wie sie sich nannten —, sind wir jetzt wesentlich besser daran; wir wissen nämlich, daß jetzt germanische Stämme das Land bewohnten. Im 4. Jahrhundert v. Chr. macht ein griechischer Kaufmann Pytheas aus Massilia (Marseille) eine Reise zu Schiff nach dem Norden, und die Schilderung dieser Reise hat der römische Schriftsteller Plinius uns zum Teil aufbewahrt. Dieser griechische Kaufmann berichtet nun außer anderem, daß die im Norden wohnenden Stämme Teutones hießen. Genaueres erfahren wir aus späteren Schriftstellern, wie Cäsar, Tacitus, Plinius und Ptolemäus, aus denen wir ersehen, daß ganz nach Osten hin gotische Stämme saßen, während die Rugier und Lemovier in Pommern gesessen haben müssen, denen nach den Gegenden der Warthe und Netze hin burgundische und nach der Mark Brandenburg hin suebische Stämme angrenzten.

Woher kommen nun auf einmal die Germanen? Man hat früher, gestützt auf sprachvergleichende Studien, angenommen, daß die Urheimat der indogermanischen oder arischen Rasse in Asien zu suchen sei, da das Sanskrit die ältesten Wurzeln der arischen Sprachen zeigt. Man dachte sich, daß von Asien zunächst die Graeko-Italiker, dann die Kelten, Germanen und schließlich die Slavoletten ausgewandert seien und sich in ihren späteren europäischen Sitzen niedergelassen hätten. Diese Meinung wird aber heute von vielen Seiten bekämpft und die Anschauung bricht sich immer mehr und mehr Bahn, daß die Germanen nichts anderes seien, als die Nachkommen der alten Stein- und Bronzezeitbevölkerung, und daß umgekehrt von Nordeuropa aus die Wanderungen nach Westen, Süden und Osten vor sich gegangen seien. Die Urheimat der Indogermanen wäre dann im Norden zu suchen, und die Stein- und Bronzemänner wären unsere Ahnen. Gelöst ist diese Frage noch nicht, wenn auch nicht in Abrede zu stellen ist, daß gewichtige Gründe für die letztere Annahme sprechen.

Über das Aussehen und die körperlichen Eigenschaften unserer germanischen Vorfahren aus der ältesten Eisenzeit haben wir verschiedene Anhaltspunkte. Zunächst berichten die alten Schriftsteller, daß unsere Vorväter hochgewachsene, blauäugige und blondhaarige Menschen gewesen seien, dann aber besitzen wir auch zahlreiche Skelettreste aus Gräbern. In der älteren Periode der germanischen Eisenzeit herrschte zwar noch allgemein der Leichenbrand, und aus dieser Zeit ist nichts erhalten, aber von der Zeit um Christi Geburt an beginnt wieder die Leichenbestattung in die Mode zu kommen, und aus dieser jüngeren Periode sind auch bestimmbare körperliche Reste erhalten, die uns zeigen, daß der Germane unseres Landes neben einer hohen Statur einen schmalen, langen Kopf und ein schmales Gesicht gehabt hat.

Über die Kleidung der Germanen machen gleichfalls die älteren Schriftsteller Mitteilung; wir kennen dieselbe aber auch aus Moorfunden (sogenannten Moorleichen) und aus Abbildungen, die sich auf römischen Leichensteinen Westdeutschlands finden. Wir ersehen daraus, daß der Mann einen Mantel trug, der auf der Schulter durch eine Gewandnadel (Fibula) zusammengehalten wurde, darunter einen Kittel mit Ärmeln, während der der Frau länger und ärmellos war. Die Beine waren mit Hosen bekleidet, die Füße mit Schuhen von Leder, die auf der Oberseite zugeschnürt wurden. Die aus Gräbern Pommerns erhaltenen Kleiderreste bestehen aus dunkelfarbiger Wolle.

Die Schrift unserer Vorfahren waren die sogenannten Runen, eigentümliche Schriftzeichen, die etwa in den ersten Jahrhunderten nach Christo bekannt wurden und offenbar aus der lateinischen Schrift entstanden sind. Die Sprache unserer Vorfahren gehörte wahrscheinlich zur ostdeutschen, gotischen Gruppe, von der bekanntlich noch erhebliche Reste erhalten sind, so z. B. die gotische Bibelübersetzung des Ulfila (Codex argenteus) in Upsala. Wie schon der Römer Tacitus berichtet, liebten unsere Vorfahren es nicht, sich in Dörfern zusammenzudrängen, sondern sie bevorzugten Einzelgehöfte, wo gerade eine Quelle oder Au sie zur Ansiedelung einlud. Ihre Häuser waren Blockhäuser aus Holz, zuweilen mit bunter Farbe gestrichen und mit einer Türe verschließbar, das Dach mit Rohr oder Stroh gedeckt, in der Mitte des Raumes der offene Herd. Die Häuser werden in der Hauptsache noch dieselbe Form gehabt haben wie in der Bronzezeit, von denen wir ja, wie oben schon bemerkt, in den Hausurnen noch Modelle besitzen. Daneben werden von Tacitus aber auch grubenartige, oben mit Dung bedeckte Winterwohnungen erwähnt.

Der Germane trieb auf seinem Einzelhof Landwirtschaft und Viehzucht, die indessen hauptsächlich von den Frauen und den Alten und Schwachen besorgt werden mußte, da der Mann mit Jagd oder Krieg, oder mit Nichtstun und Trinken sich abgab. Angebaut wurde hauptsächlich Gerste und Weizen, aus denen man auch durch Gärung eine Art Bier herstellte. Im übrigen diente zur Nahrung Milch, Früchte, das Fleisch der Haustiere und des Wildes. Das Land war unter die einzelnen Gaugenossen aufgeteilt, ein Teil blieb aber als Brache liegen und war Gemeinbesitz als Weide, womit natürlich ein gewisser Wechsel innegehalten wurde. Die Haustiere waren Rindvieh, Pferde, Schafe. Das Rindvieh war eine kleine, kurzhörnige Rasse, von denen einzelne größere Herden besaßen. Die Schafe wurden wie bei uns geschoren mit einer Schere, die sich ganz in derselben Form bis auf den heutigen Tag in unserer Schafschere erhalten hat. Gesponnen wurde die Wolle mit der Spindel, einem langen Holzstäbchen, welches hängend in Drehung versetzt und auf welches dann der auf diese Weise gedrehte Wollfaden aufgewickelt wurde. An dieser Spindel war unten eine kleine, durchlochte, runde Tonscheibe befestigt, um die Drehung zu befördern, ein sogenannter Spinnwirtel, wie solche noch häufig in Gräbern gefunden werden.

Über die Sitten und Gebräuche unserer germanischen Vorfahren hat ja bekanntlich der Römer Tacitus eingehend berichtet. Er rühmt ihre hohe Sittlichkeit, besonders im Eheleben, und ihre Gastlichkeit, während er andererseits ihre Trunksucht und Spielwut verurteilt. So tapfer sie im Kriege seien, so faul und unmäßig seien sie zu Hause. Über Rechtsfragen entscheidet die Volksversammlung, ebenso über Totschlag und Körperverletzung, welche durch Zahlung einer Buße in Vieh gesühnt werden kann. Verräter werden gehängt, Feiglinge und Unzüchtige ersäuft. Die östlichen Germanen und somit wohl auch unsere pommerschen Ahnen standen unter Königen, die aber eigentlich nur die Führer im Kriege waren, im Frieden war ihre Macht sehr gering und durch die Volksversammlung eingeschränkt. Umgeben war der König von einem Adel, der mit ihm an Tapferkeit wetteiferte. Die Stärke der Germanen bestand in ihrem Fußvolke, die Reiterei war weniger gefürchtet und galt gegenüber der römischen für minderwertig. Die germanische Schlachtordnung war keilförmig, nach Hunderten aus jedem Gau eingeteilt, ihr von rauhen Schlachtgesängen begleiteter Angriff war ungestüm und von gewaltiger Kraft.

Ausgerüstet war der germanische Krieger mit einem wahrscheinlich runden, hölzernen Schild, in dessen Mitte ein eiserner Schildbuckel saß, wie solche oft in Gräbern zum Vorschein kommen. Daneben führte er eine zum Stoß und Wurf brauchbare Lanze, deren eiserne Spitzen wir gleichfalls in größerer Zahl besitzen, sowie ein ein- oder zweischneidiges Eisenschwert, das an einem Ledergürtel getragen und mit einem Gürtelhaken von Eisen oder Bronze geschlossen wurde, die sich gleichfalls oft in Gräbern dieser Zeit finden. Helme und Panzer aus Metall waren offenbar sehr selten, denn wir kennen von ersteren keine und von letzteren nur geringe Reste aus Pommern. Zum erstenmal treten in dieser Zeit aber Sporen von Eisen und Bronze auf; die am häufigsten vorkommende Form hat einen kurzen und dicken Stachel und an den Seitenteilen Knöpfe zum Befestigen mittels Lederriemen am Fuße.

Die Bewohner unseres Landes in der Bronzezeit kannten, wie wir oben sahen, wohl nur einen einfachen Naturdienst, jetzt hingegen finden wir schon personifizierte Göttergestalten. Die ältesten Götter sollen Tuisto und Mannus gewesen sein, von denen die anderen Götter und Menschen abstammten. Hieran schließen sich Tiu, erst Himmels- dann Kriegsgott, und Wodan (Odin), der Gott des Sturmes und dann Gott aller höheren Kultur, sowie Thor (Donar), der Gott des Gewitters. Von den weiblichen Gottheiten war die geachtetste Freia (Frigg), die auch Holda, Perchta genannt wird, außerdem ist auch die ganze Natur von Elben, Wasser- und Windgottheiten belebt, von Nixen und Zwergen, die zuweilen dem Menschen günstig sind, zuweilen auch als Plage- und Quälgeister auftreten, wie z. B. der Nachtgott Alp (Mahrt). Viele Überbleibsel erinnern noch an die alten Götter, so z. B. die Wochentage Dienstag (Tiu), Freitag (Freia), Donnerstag (Donar). Auch in den Volkssagen spielen die alten Götter noch eine Rolle, wie Wodan (Hackelberg) als der wilde Jäger, die Freia als Frau Holle, Wodan und Donar als Knecht Ruprecht und Niklas ꝛc.

Die Gräber unserer germanischen Ahnen sind nicht immer gleich geblieben. In der älteren Periode, einige Jahrhunderte vor Christo pflegte man den Toten zu verbrennen und die Reste des Leichenbrandes mit den Beigaben in Urnen unterzubringen, die einige Fuß unter der Erde mit Steinen umsetzt niedergelegt wurden (Zeit der großen Gräberfelder oder Urnenfriedhöfe). Später, etwa um Christi Geburt herum, grub man einfache, etwa einen Meter tiefe Gruben aus und schüttete in dieselben den ganzen Inhalt des Leichenbrandes mit den Waffen und Schmucksachen (Brandgrubengräber). In den ersten Jahrhunderten nach Christo hörte aber die Leichenverbrennung allmählich auf, und es wurde, jedenfalls durch den Einfluß der Römer, die Bestattung der Leiche wieder Sitte. Die aus den germanischen Gräbern unseres Landes erhaltenen Urnen sind so zahlreich und von so verschiedenen Formen, daß es unmöglich ist, in dieser kurzen Skizze näher auf dieselben einzugehen.

Schon im zweiten Jahrhundert vor Christo hatten germanische Scharen aus dem Norden, die Cimbern und Teutonen, das Römerreich in Angst und Zittern gesetzt, doch war es noch möglich gewesen, die Feinde an den Grenzen zu vernichten. Später hatte Cäsar die in Gallien unter Ariovist eingefallenen Germanenscharen zerschmettert und Kaiser Augustus hatte in der Folgezeit in das germanische Gebiet Vorstöße zu machen begonnen, denen am Teutoburger Walde von Arminius ein Damm entgegengesetzt wurde, so daß die Römer darauf beschränkt blieben, von ihren Grenzwällen aus an der Donau und am Rhein (Limes) das unruhige Volk zu beobachten. Es hatte sich dann auch ein gegenseitiger Handelsverkehr entwickelt, der vom Rhein und der Donau aus weit nach dem nördlichen Germanien reichte, während andererseits germanische Edelinge in Rom Kriegsdienste nahmen. Durch diese Handelsbeziehungen kamen nicht nur die zahlreichen römischen Münzen ins Land, die wir aus Pommern kennen, sondern auch viele Werke römischer Industrie und römischen Kunstfleißes. Zunächst Glasgefäße und Tongefäße aus edler roter Erde (Terra sigillata), dann auch römische Bronzegefäße, zum Teil mit römischen Fabrikstempeln versehen, sowie auch solche mit prachtvollen figürlichen Darstellungen, außerdem Statuetten aus getriebenem Metall und Terracotta. Derartige Funde, in Pommern recht zahlreich, beweisen mit Sicherheit, daß der Handel mit Rom ein zeitweilig recht lebhafter gewesen sein muß.

Infolge dieses gegenseitigen Handelsverkehrs und bei der zeitweiligen persönlichen Anwesenheit germanischer Edelinge im kaiserlichen Heere in Rom war es natürlich, daß man im Norden über die Herrlichkeiten des Südens vollkommen unterrichtet war, und daß sich der Wunsch geltend machte, dort Wohnsitze zu suchen und den rauhen Norden mit dem sonnigen Süden zu vertauschen, denn darin hauptsächlich wird der Grund zu suchen sein zu jenem plötzlichen Aufbruch nordischer Germanenstämme, den man die Völkerwanderung nennt.

Zuerst erhoben sich die gotischen Stämme an den Weichselmündungen, um unter schweren Kämpfen an die Küsten des Schwarzen Meeres zu ziehen, dann die Langobarden aus dem heutigen Hannover und Mecklenburg. Im 4. oder Anfange des 5. Jahrhunderts scheinen auch die pommerschen Lemovier und Rugier aufgebrochen zu sein, denn den Namen der letzteren finden wir schon in der Mitte des 5. Jahrhunderts unter den Hülfsvölkern im Heere Attilas erwähnt, unter dessen Führung sich zahlreiche Germanenstämme zusammengefunden hatten, um an dem Kampfe gegen Rom teilzunehmen. Nach dem bald erfolgten Tode Attilas werden diese Rugier noch einmal auf kurze Zeit selbständig und gründen sich ein eigenes Reich an der Donau, das jedoch bald von einem anderen Germanenführer Odoaker unterworfen wird, worauf die Rugier sich ihm auf seinem Zuge nach Italien anschließen, wo bekanntlich Odoaker der Herrschaft des letzten römischen Kaisers Romulus ein Ende macht. Die Rugier werden dann noch einmal unter dem Zepter des Ostgotenkönigs Theodorich erwähnt, um darauf spurlos aus der Geschichte zu verschwinden.

Die jüngere Eisenzeit (Wendenzeit), etwa 600 bis 1200 n. Chr.

Man hat vielfach die Frage aufgeworfen, ob denn bei dieser großen Völkerwanderung die Germanen alle das Land verlassen hätten, das nun als menschenleere Einöde zurückgeblieben sei. Ich glaube nicht. Sicherlich werden viele durchaus nicht geneigt gewesen sein, ihren alten heimatlichen Besitz zu verlassen, auch Ältere und Kranke haben gewiß die Anstrengungen eines Eroberungszuges gescheut und sind zurückgeblieben. Dazu kommt, daß wir auch aus den Jahrhunderten der Völkerwanderungszeit eine Anzahl von Funden kennen, die auf ein Bewohntsein des Landes schließen lassen, goldene Münzen oströmischer Kaiser (Solidi), goldene Ringe, ja selbst Gräber mit Fibeln (Gewandnadeln), die sicher dem 5. und 6. Jahrhundert angehören und germanischen Typus besitzen. Freilich haben diese zurückgebliebenen germanischen Reste wohl nicht lange ihre nationale Selbständigkeit bewahrt, sondern sind sicherlich bald in der folgenden Bevölkerungswelle aufgegangen, die nun das Land überflutete, in dem Volke der Wenden.

Schon in der Zeit um Christi Geburt herum werden die Wenden von römischen Schriftstellern erwähnt als ein Volk, welches östlich von der Weichsel bis an die untere Donau hin seine Sitze hat. Etwa im 6. Jahrhundert sehen wir in diesem Volke auffallende Ausbreitungsbestrebungen auftreten; sie machen Vorstöße nach Süden nach der Balkanhalbinsel und Griechenland, sowie nach Westen hin nach Bayern, und in dieser Zeit werden sie wohl auch ihre Züge nach Norden, nach Pommern ausgedehnt haben, obwohl bei uns aus so früher Zeit alle Nachrichten fehlen. Erst etwas später, als sie schon nach Westen bis nach Mecklenburg und an die Elbe vorgedrungen und mit dem Frankenkaiser Karl dem Großen in Konflikt gekommen waren (789), wird ihrer öfter in den deutschen Klosterannalen Erwähnung getan. Nicht nur Karl der Große hatte die Wenden an der Elbe bekämpft und bis an die Pana (Peene) zurückgetrieben, auch Ludwig der Fromme setzte die Kämpfe fort, und Kaiser Heinrich focht sogar gegen die Ucrer in der heutigen Uckermark.

Aus den Klosterannalen sehen wir nun, daß die Slawen an der baltischen Küste in verschiedene Stämme zerfallen. Im westlichen Mecklenburg saß der große Stamm der A b o t r i d e n, im östlichen Mecklenburg, Vorpommern und der Mark das Volk der L e u t i c i e r oder W i l z e n, das wieder in kleinere Stämme geteilt war. An der Peene wohnten die Circipaner, an der Tollense die Tolensani, die Rujanen oder Ranen auf Rügen und in der Uckermark die Ucrer. An der Dosse siedelten die Desseri und die Heveller an der Havel. Im Gegensatze zu den Rujanen auf Rügen und den Abotriden in Mecklenburg, die schon früh eigene Stammesherzöge haben, bildeten die Leuticier oder Wilzen einen lockeren Staatenbund, der um sein gemeinsames Stammesheiligtum, den Tempel von Rhetra (wahrscheinlich am Tollense-See), geschart war. Jenseits der Randow und Ücker an der Oder bis Hinterpommern saßen die Pommern. Ihr Name ist abzuleiten von po morju (am Meere), d. h. die am Meere Wohnenden.

Während so die Leuticier und Pommern die eigentlichen Herren des Landes waren, ließen sich an der Küste nordische Eroberer nieder. In der Stadt Julin, dem heutigen Wollin, hatten skandinavische Königssöhne sich eine Wikingerburg, die Jomsburg, erbaut, von wo sie die Küsten bis nach England hin verheerten. Der Dänenprinz Harald Blauzahn, der Sohn Gorms, soll die Burg Jom gegründet haben. Sein Sohn Svein, mit dem Beinamen Gabelbart, bekämpfte von da unter des sagenhaften Helden Palnatokes Leitung den Vater, und der des Thrones beraubte Vater starb schließlich in der Jomsburg an seinen Wunden. Abenteuerlustige Königssöhne aus Dänemark, Schweden und Norwegen, wie Bue, Thorkel, Sigvald, waren zeitweise die Herrscher über die Burg, für die Palnatoke bestimmte Gesetze gegeben hatte.

Nach Palnatokes Gesetz mußte jeder, der in die Gemeinschaft der Wikinger aufgenommen werden wollte, seine Kraft erst durch Zweikampf bewähren; kein Weib durfte die Burg betreten, und kein Wiking durfte die Nacht außer der Burg zubringen. Über die Größe der Burg mit ihren zahlreichen Toren und ihrem durch eiserne Ketten gesperrten Hafen erzählen die nordischen Sagas Wunderdinge. Nachdem die Burg etwa ein Jahrhundert lang der Schrecken der nordischen Küsten gewesen war, wurde sie etwa ums Jahr 1034 von König Magnus dem Guten von Dänemark zerstört, aber bis heute spielt sie noch eine Rolle in den pommerschen Sagen. Die Burg Jom, lateinisch Jumneta genannt, war durch den Schreibfehler eines Chronisten Vimneta geschrieben worden, woraus Vineta entstand, so daß die Sage von dem Untergange Vinetas sich höchstwahrscheinlich an die historische Tatsache der Zerstörung der Jomsburg anschließt.

Aus jener Zeit, in der nordische Wikinger die pommerschen Küsten beherrschten, sind zahlreiche Erinnerungen zurückgeblieben. Ein Wikingerschiff, zum Rudern und Segeln eingerichtet, wurde im Lebamoor gefunden (jetzt im Königstor in Stettin ausgestellt). Eine Anzahl prachtvoller eiserner Wikingerschwerter, deren Knäufe und Parierstangen mit Gold- und Silberdraht eingelegt sind (Tauschierarbeit), befinden sich im Museum zu Stettin. Das Museum zu Stralsund besitzt den berühmten Goldfund von Hiddensee, der ein aus vierzehn Gliedern bestehendes Halsgehänge aus Gold bildet, deren jedes Glied in verschlungenem nordischen Stil in kunstvollem Filigran hergestellt ist; dazu gehört außerdem ein goldener Halsring und eine runde Scheibenfibel, die ebenfalls mit Goldfiligran und bunten, eingelegten Steinen verziert ist. Das künstlerisch wertvollste Stück aus jener Zeit ist aber der Reliquienschrein der heiligen Cordula im Dome zu Kammin. Dieser Kasten, ursprünglich eine nordisch-heidnische Arbeit, dann später zur Aufnahme der Reliquien der heiligen Cordula bestimmt, ist 80 cm lang und etwa 30 cm hoch, von ovaler Form und besteht aus einem Gerüste von vergoldeter Bronze, in dessen Felder Platten von Knochen eingelegt sind. Die Ecken des Bronzegerüstes laufen vielfach in stilisierte

Tafel I.

Tafel II.

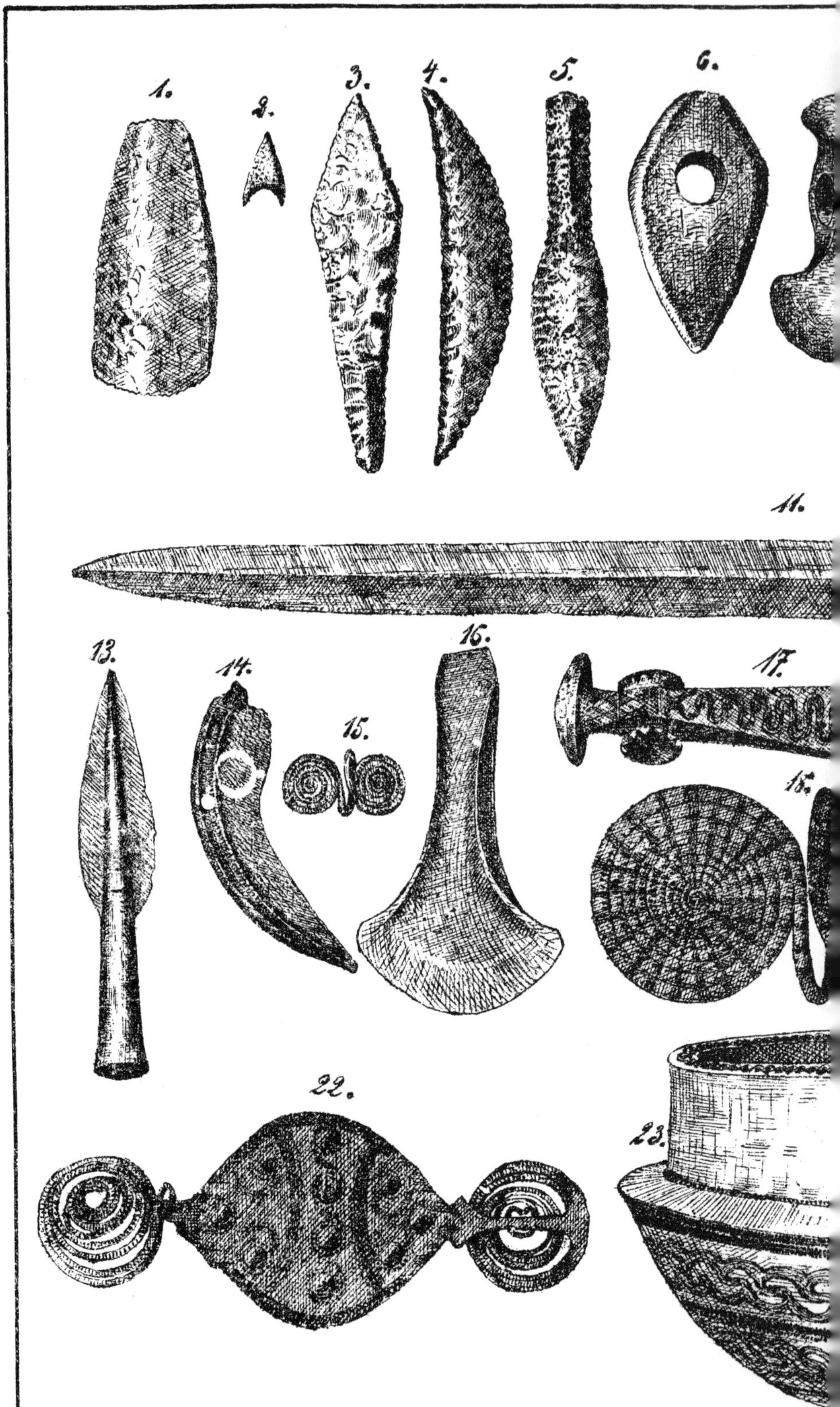
1.
2.
3.
4.
5.
6.
11.
13.
14.
15.
16.
17.
18.
22.
23.

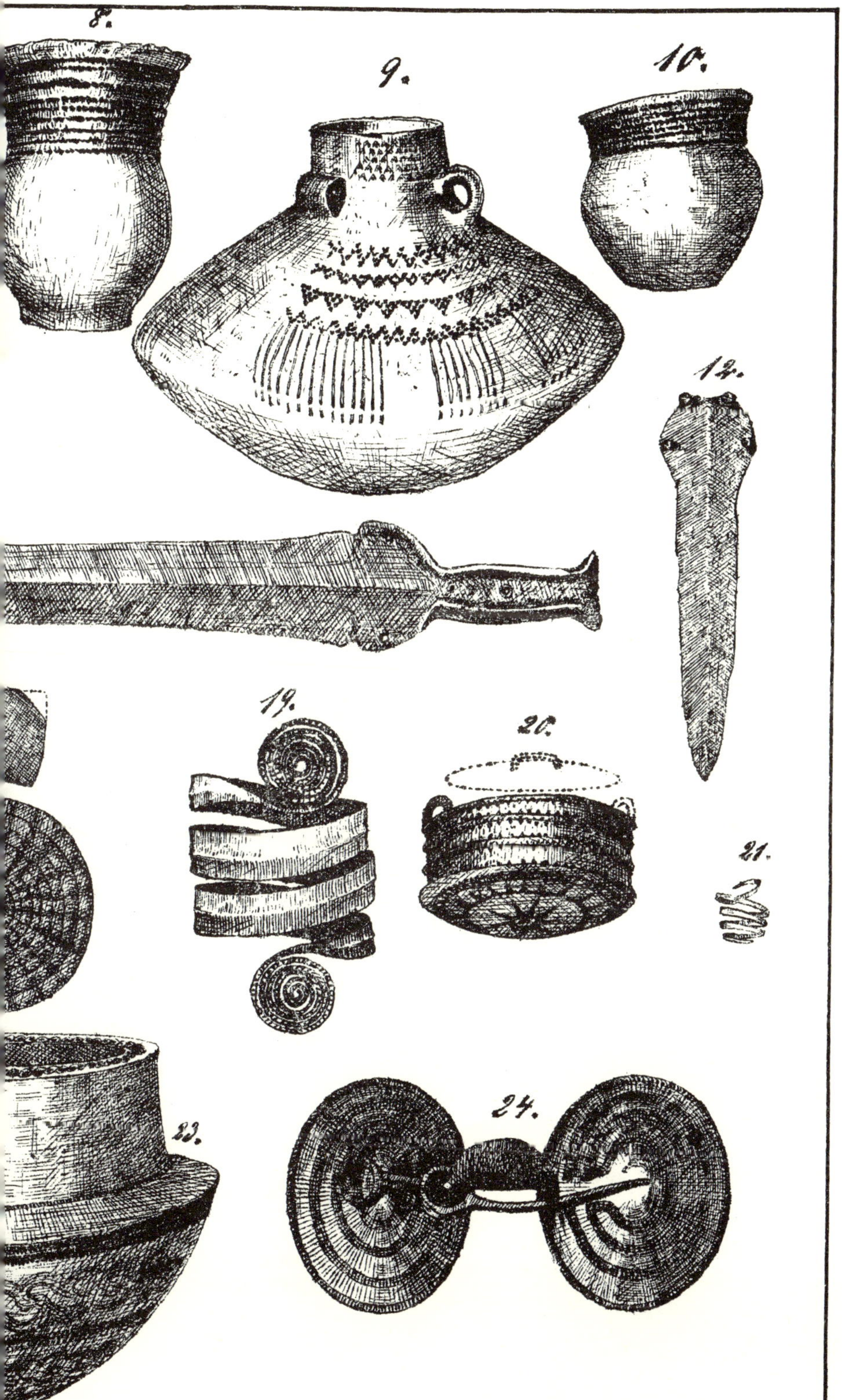

8.
9.
10.
12.
19.
20.
21.
23.
24.

Ta

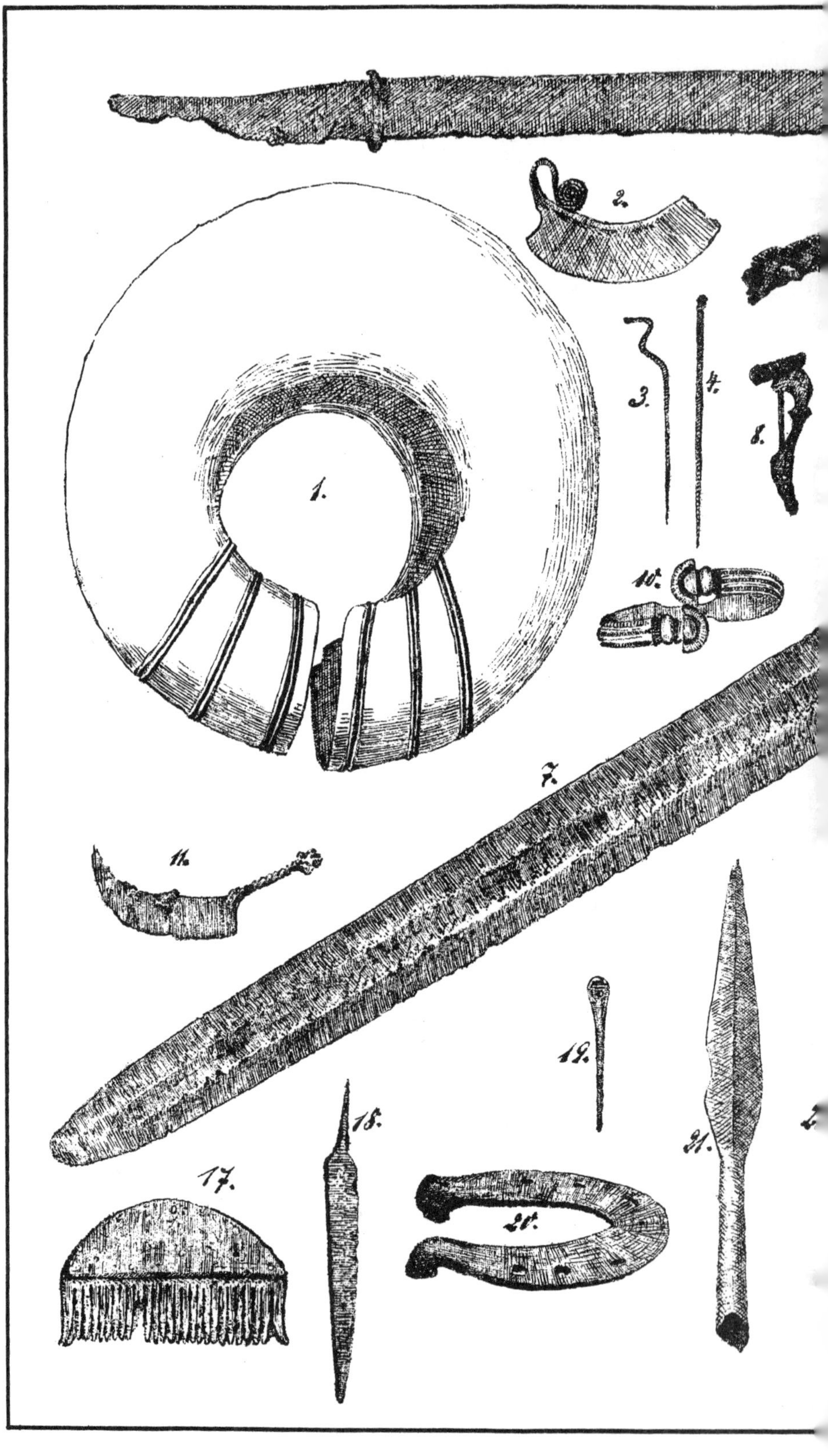

II.

Tierköpfe aus, während die eingelegten Knochenplatten die verschlungene nordische Tierornamentik in schönster Vollendung zeigen.

Was die Körperform und das Aussehen der Wenden betrifft, so kennen wir dasselbe aus den Grabfunden und aus Mitteilungen alter Schriftsteller; sie ähnelten körperlich ungemein den Germanen, denn sie waren blond und langköpfig, freilich unterschieden sie sich von jenen durch Tracht und Sitte. Während die Germanen das Haar lang wachsen ließen, trug der Wende dasselbe verschnitten, auf dem Kopfe hatte er eine spitze Mütze, an den Beinen bunte Strümpfe und einen mantelartigen Kittel.

Wie verschieden der Charakter des Wenden von dem des Germanen war, zeigte vor allem die Art, die Wohnsitze anzulegen und die Namengebung derselben. Die Germanen bevorzugten bei ihrem Sinn für Unabhängigkeit die Einzelgehöfte, die sie in der Regel mit dem Namen des Besitzers nannten, die Wenden hingegen liebten es, sich in Dörfer zusammenzuziehen, wodurch natürlich die Unabhängigkeit des einzelnen erheblich eingeschränkt wurde und ein gegenseitiges Rücksichtnehmen nötig war. Bei der Namengebung der Wohnorte wählten sie meist nicht den Namen des Besitzers, sondern ließen sich durch die landschaftliche Besonderheit der Umgebung leiten. So kommt der Name des Ortes Grabow von grab (Weißbuche), Dubnitz von dub (Eiche), Lanken von lanka (Flachs), Breese von breza (Birke), Rybnitz von ryba (Fisch), Mölln von mlyn (Mühle), Göhren von goraj (Berge), Gorkow von gorka (kleiner Berg), Schaprode von zabród (hinter der Furt), Stargard von stary grod (alte Burg) 2c. Eine besondere Eigentümlichkeit der Wenden ist die runde Dorfanlage (slawische Rundlinge), indem die Gehöfte um einen freien Platz herumgebaut sind mit oft nur einem Zufuhrweg, ein Grundplan, dessen Spuren wir noch heute in vielen slawischen Dörfern Pommerns finden können.

Besonders gerühmt wird an den Wenden ihre allerdings bis zum Leichtsinn gehende Gastlichkeit und ihre Teilnahme gegen Arme; im Wendenlande soll es keine Bettler gegeben haben. Während der Wende leicht aufbrauste und große Neigung zur Uneinigkeit zeigte, fügte er sich doch wieder leicht ins Unabwendbare.

Im Kriege, in dem er meist zu Fuß, ohne Panzer, nur mit Schild, Lanze, Schwert und Bogen bewaffnet kämpfte, zeigt er nicht die ungestüme Tapferkeit des Germanen, sondern verläßt sich mehr auf den Hinterhalt und listigen Überfall. Nicht nur zu Lande werden Wenden bei kriegerischen Verwickelungen erwähnt, auch zu Wasser finden wir sie als unternehmende Seeleute, und oft schließen sie sich den Seezügen der Wikinger an und machen auch zu Wasser Überfälle gegen ihre dänischen Nachbarn.

Wenn die Wenden auch mit Vorliebe Jagd und besonders Fischerei trieben, so vernachlässigten sie doch nicht ganz die Landwirtschaft und Viehzucht. Aus den Funden in den Burgwällen wissen wir, daß sie Pferde, Rinder, Schafe, Schweine, Ziegen als Haustiere züchteten. Das Rind war eine kleine, kurzhörnige Rasse, auch die Pferde waren klein, mit einem dunklen Längsstreifen auf dem

Rücken; es muß dies eine Pferdeart gewesen sein, wie sie heute noch in den südrussischen Steppen vorkommt. Vielfach lebten diese Pferde halb oder ganz wild und von dem pommerschen Chronisten Kantzow wird berichtet, daß noch im späten Mittelalter derartige wilde Pferde in der Ückermünder Heide vorgekommen seien.

Von Bodenfrüchten würde besonders Weizen, Gerste, Roggen, Hirse, Flachs gebaut. Das Land war in Hufen eingeteilt, doch war die wendische Hufe (Hakenhufe) nur 30 Morgen groß. Bestellt wurde das Land mit dem radlo, dem hölzernen Hakenpflug, einem einfachen Holzhaken, mit dem das Land aufgerissen wurde. Der Pflug mit Rädern kam erst mit dem Christentume ins Land. Gemahlen wurde das Getreide auf einer aus zwei runden Steinplatten bestehenden Handmühle, von denen die untere feststand, während die obere sich drehte; hier ist also ein Fortschritt bemerkbar gegenüber der früheren Zeit. Die Wassermühlen kamen gleichfalls erst mit der Bekehrung zum Christentume auf und noch später die Windmühlen.

Allgemein bekannt ist die große Neigung der Wenden zur Bienenzucht. Das Wendenland war noch während des ganzen Mittelalters der Hauptlieferant an Wachs für die katholischen Kirchen, und Steuern und Strafen wurden vielfach mit Wachs bezahlt. Linden, deren Blüten ein gutes Bienenfutter abgeben, müssen viel zahlreicher als heute im Lande gewesen sein, wie viele Ortsnamen erkennen lassen, so kommt Liepe, Liepgarten, Liepenhof, Liepenburg und andere von dem wendischen Worte lipa (die Linde) her, während Medow, Medewitz, Medenik ꝛc. mit dem wendischen Worte med (Honig) zusammenhängen.

Die Häuser der Wenden waren äußerst einfach aus Holz und Lehmstaken hergestellt, das Dach mit Rohr oder Stroh gedeckt; auf dem Estrich aus festgestampftem Lehm stand der Herd, dessen Rauch durch das Dach abzog. Da es keine Glasfenster gab, waren die Fensteröffnungen wohl durch Holzladen verschließbar. Ein Tisch und einige Bänke werden den ganzen Hausrat der Wenden ausgemacht haben.

Zu den auffallendsten aus der Wendenzeit uns übrig gebliebenen Bauten gehören die Burgwälle. Es sind dies rundliche Erdwerke, meist mit vertieftem Innenraum (Kessel), die in Mooren oder auf geeigneten Hügeln aufgeschüttet sind und ehemals einen Kranz von Pallisaden getragen haben. Von außen führt in das Innere des Walles ein Zufuhrweg. Diese Burgwälle sind zu Hunderten über ganz Pommern verbreitet, und viele sind heute noch einsam auf Hügeln oder in Brüchen gelegen, während andere, besonders solche, die an wichtigen Flußübergängen oder Handelsstraßen sich befanden, später die Grundlagen zu mittelalterlichen Burgen und Städten bildeten. Offenbar waren diese Burgwälle nicht, wie man in früherer Zeit annahm, nur Tempelburgen, sondern sie bildeten die Zufluchtsstätten der umwohnenden Landbevölkerung in unruhigen Zeiten. Wenn man in der Mitte dieser Burgwälle (Kessel) Ausgrabungen vornimmt, findet man in der Regel eine durch Asche und Kohle schwarzgefärbte Kulturschicht und in derselben zahlreiche Knochen von Haustieren und Mengen von Scherben hartgebrannter wendischer Gefäße, die besonders als Verzierung ein bei den Wenden sehr beliebtes Ornament, eingeritzte Wellenlinien, zeigen, daneben eiserne Nägel, Knochenpfriemen, Messerklingen, Eimerhenkel und andere Kleinigkeiten, kurzum Abfälle des Haushaltes, die die Bewohner bei ihrem zeitweiligen Aufenthalte zurückgelassen haben.

Nicht selten finden sich im Anschluß an Burgwälle, die in Sümpfen angelegt sind, auch Pfahlbauten der gleichen Zeit. Man hat in diesem Falle Pfähle in den Seeboden oder in das Moor eingerammt, auf diese Pfähle Querhölzer aufgelegt und darauf primitive Hütten errichtet. Bei Daber in Hinterpommern, Wollin, Nassenheide und anderen Orten hat man derartige wendische Pfahlbauten gefunden.

Recht interessante Nachrichten sind uns über die Religion der Wenden und über ihre Götter erhalten. Die Wilzen in Mecklenburg und Vorpommern hatten ein gemeinsames Gauheiligtum zu Rhetra, welches auf einer Insel wahrscheinlich im Tollensesee lag. Auf dieser Insel befand sich ein hölzerner Tempel, der außen mit Bildern von Göttern bemalt und dem Gotte Radegast heilig war. Im Innern befanden sich die Feldzeichen der Wilzen, die hier in Friedenszeiten aufbewahrt wurden. Hier wurde auch ein heiliges Roß des Gottes gehalten, das über den Ausgang kriegerischer Ereignisse befragt wurde. Waren die Zeichen ungünstig, unterließ man das Unternehmen. Ein ebenso berühmter Tempel befand sich zu Arkona auf Rügen, dem Swantewit heilig. Der Holztempel stand in einer aus Erdwällen hergestellten Befestigung. Auch er war außen mit Bildern von Göttern bemalt. Im Innern, in einem durch Teppiche abgeteilten Raum, stand das hölzerne Kolossalbild des Gottes, der mit vier Köpfen versehen, ein großes Trinkhorn in der Hand hielt. Auch hier war ein heiliges Gottesroß, das man bei Weissagungen zwischen gekreuzten Speeren durchführte, und das, je nachdem es mit dem einen oder anderen Fuße antrat, Glück oder Unglück verkündete. In Stettin verehrte man den mit drei Köpfen dargestellten Triglaw; andere kleinere Tempel waren mit Bänken versehen und wurden bei Beratungen benützt. In Garz auf Rügen war ein Tempel des Porevit und Porenuz (Tag- und Nachtgott) und in Wolgast ein Tempel des Gerovit. In Wollin wurde eine Gottheit verehrt unter dem Bilde einer heiligen Lanze.

Von diesen Götterbildern ist leider wenig übrig geblieben, da die Heidenbekehrer es als ihre wichtigste Tätigkeit betrachteten, diese Götzen zu zerstören. Im Museum zu Stettin befindet sich ein steinernes, wendisches Götterbild in sitzender Stellung, während ein Bild des Swantewit in der Außenmauer der Kirche von Altenkirchen auf Rügen eingemauert ist. Ein drittes Götterbild der Wenden befindet sich in der Kirche zu Bergen (Rügen), der sogenannte Mönch.

Vielfach wurden auch von ganzen wendischen Gauen gemeinsame Feste gefeiert, die besonders im Frühjahr und Herbst stattfanden.

Während noch zur Zeit des römischen Einflusses die germanischen Bewohner Pommerns in vielfachen Handelsbeziehungen nach Westen, nach dem Rhein hin standen, hörten diese Verbindungen nach Besetzung unseres Landes durch die Wenden auf. Der nationale Haß zwischen den Wenden und Deutschen und die

Verschiedenheit der Sprache machten engere Verbindungen unmöglich, nur ein beschränkter Grenzhandel an der Elbe ist erkennbar. Der Handel der Slawen ging vielmehr nach Norden, nach Skandinavien, wo die in der Nähe von Stockholm liegende alte Handelsstadt Biöskö (Biska) die Trägerin war. An der pommerschen Küste spielte auch die Stadt Wollin als wendische Handelsstadt eine erhebliche Rolle, und alte Chronisten erzählen Wunderdinge von ihrer Schönheit und ihrem Reichtum. Der Handel der Wenden war besonders nach Osten hin gerichtet, nach Rußland, zur Wolga, dem Fluß, auf welchem aus dem Orient, aus Samarkand, Taschkend, Persien arabische Händler zu Schiffe ins Wendengebiet kamen, um von den Wenden Sklaven, Felle, Bernstein, Wachs und andere Waren gegen orientalisches Silber einzutauschen; auch die zahlreichen arabischen Dirhems (Kalifenmünzen), die aus Pommern bekannt sind, kamen durch diesen Handel von Osten her ins Wendenland.

Aus der Zeit dieser Handelsverbindungen stammen auch unsere zahlreichen Hacksilberfunde, die in Gefäßen in der Erde verborgen aus zerhacktem Silberschmuck und Münzen bestehen. Zerhackt und zerschnitten wurden diese Silberschmucksachen deshalb, weil sie die Rolle des Kleingeldes spielten und nach dem Gewicht gegen Waren vertauscht wurden, denn gemünztes Geld hatte der Wende nicht.

Wenn wir die hohe Vollkommenheit der älteren Kulturen, die mit ausgezeichneter Kunst hergestellten Steinwaffen, die zuweilen prachtvoll gegossenen Bronzegefäße und Bronzewaffen, die schönen Werkzeuge und Schmuckgegenstände der germanischen Periode mit der wendischen Kultur vergleichen, so fällt ohne weiteres die Armseligkeit der letzteren in die Augen. Die Tempel sind einfach aus Holz hergestellt, die Götterbilder allerdings von gewaltiger Größe, sonst aber roh aus Holz geschnitzt oder in Stein gemeißelt ohne jede künstlerische Form. Auch die Tongefäße sind höchst einförmig, henkellos, mit einer Ornamentik, die eine große Eintönigkeit zeigt, und die obendrein höchst wahrscheinlich von den benachbarten Germanen in der Völkerwanderungszeit entlehnt ist. Auch die eisernen Waffen sind von den germanischen Nachbarn geliefert, wie denn noch Verbote Karls des Großen erhalten sind, die den Händlern an der Elbe bei Strafe der Konfiskation verbieten, an die Wenden Waffen zu liefern. Sonst finden wir noch hölzerne Teller und Löffel, eiserne Messer, Angelhaken und Scheren, eiserne Henkel von Holzeimern, Knochenpfriemen und sogar Feuersteinmesserchen in ihrer geringen Hinterlassenschaft.

In den ältesten Zeiten haben die Wenden ihre Toten verbrannt, später bestatteten sie dieselben einfach in flacher Erde, nur mit einem Kranze von Kopfsteinen umgeben. Die Beigaben der Toten sind gering, kleine Schläfenringe von Bronze und Silber, einfache Eisenmesserchen und einzelne Glasperlen sind alles, was wir bei den Skeletten finden.

Wenn wir den Wenden zuerst in unserem Lande begegnen, sind sie freie Bauern, die hauptsächlich Landbau, Honigbau und Fischerei treiben, dann treten auch adelige Familien mit größerem Landbesitz unter ihnen auf, während sich in den Seestädten begüterte Kaufmannsfamilien finden, die über zahlreiche Schiffe gebieten. Spät erst und kurz vor der Bekehrung finden wir in Pommern ein Herzogsgeschlecht, welches, aus dem einfachen Adel hervorgegangen, seine Hausmacht durch Eroberungen besonders im Gebiet der Wilzen vermehrt, aber kaum allgemeine Anerkennung findet. Nur zögernd und allmählich erlangt es Gehorsam, nachdem es sich überall in den Städten Burgen angelegt hat, die von Vögten verwaltet werden und die mit dem Asylrecht ausgestattet sind. In den Städten sind die Kaufherren selbständig, und das Volk wird von den Tempelpriestern geleitet. Die Kastellane der herzoglichen Burgen sprechen Recht im Namen des Herzogs und ziehen Steuern und Abgaben ein, so daß schließlich auch das Herzogsgeschlecht der Greifen in Pommern nach Art der benachbarten deutschen Fürsten seine Macht über das Land befestigt.

Es ist oben schon bemerkt worden, daß die unruhigen Wenden an der Elbe mit den deutschen Kaisern aus dem karolingischen und sächsischen Hause zu kriegerischen Zusammenstößen gekommen waren, auch im Norden mit Dänemark kamen sie zu Konflikten, sowie mit ihren Nachbarn im Osten, den Polen; aber doch war es ihnen gelungen, sich ihre Selbständigkeit zu erhalten. Der Herzog Boleslaw Chrobry hatte das Polenreich zu einem festen Ganzen unter seinem Zepter vereinigt, und sein Nachkomme Boleslaw III. versuchte auf dem Wege der Christianisierung der unruhigen wendischen Stammesgenossen Herr zu werden. Den Priestern und Mönchen folgten die zur besseren Bewirtschaftung des Landes aus Westdeutschland herbeigerufenen Klosterbauern und die deutschen Adelsfamilien vom Rhein und Niedersachsen. Allmählich verdrängten diese die wendischen Bewohner und beschränkten sie auf die Wieken und Kietze, und Pommern wurde wieder, was es vor der Völkerwanderung gewesen war — deutsches Land.

H. Schumann-Löcknitz.

Tafelerklärung.

Tafel I.

a) Steinzeit.

Fig. 1. Feuersteinmeißel.
„ 2. Pfeilspitze von Feuerstein.
„ 3. Lanzenspitze von Feuerstein.
„ 4. Säge von Feuerstein.
„ 5. Dolch von Feuerstein.
„ 6. Steinhammer mit Schaftloch.
„ 7. Doppelschneidige Axt (Amazonenaxt).
Fig. 8. Becherförmiges Gefäß mit Schnurverzierung.
„ 9. Niedrige Kugelamphore mit Stichverzierung.
„ 10. Becherförmiges Gefäß mit Schnurverzierung.

b) Bronzezeit.

Ältere.

Fig. 11. Bronzeschwert.
„ 12. Bronzedolch mit Nieten für den Holzgriff.
„ 13. Bronzelanzenspitze.
Fig. 14. Bronzesichel.
„ 15. Fingerring mit zwei Spiralscheiben und Verbindungsschleife.
„ 16. Bronzemeißel.

Fig. 17. Axthammer von Bronze (ungarischer Import).
„ 18. Armring mit zwei Spiralscheiben und Verbindungsschleife (Handberge).
Fig. 19. Breite Armspirale.
„ 20. Hängegefäß von Bronze.
„ 21. Spiralförmiger Fingerring von Gold.

Jüngere.

Fig. 22. Bronzefibula (Gewandnadel) mit zwei Spiralen und Mittelplatte.
Fig. 23. Hängegefäß von Bronze.
„ 24. Brillenfibel (Gewandnadel).

Tafel II.

Fig. 1. Hohler Wulstring von Bronze.
Fig. 2. Messerchen von Bronze.

c) Ältere Eisenzeit. (Germanenzeit.)

Fig. 3. Schwanenhalsnadel von Bronze. (Hallstattzeit.)
„ 4. Gerade Bronzenadel. (Hallstattzeit.
„ 5. Einschneidiges Eisenschwert (La Tène-Schwert).
„ 6. Einschneidiges Eisenschwert (zusammengebogen) La Tène-Typus.
„ 8. Gewandnadel (Fibel) von Bronze (römische Zeit).
„ 9. Gürtelschnalle von Bronze (römische Zeit).
Fig. 10. Armring von Silber (römische Zeit).
„ 11. Eisenmesserchen (römische Zeit).
„ 12. Schildbuckel von Eisen (römische Zeit).
„ 13. Sporen mit Knöpfen von Bronze (römische Zeit).
„ 14. Kasserolle von Bronze (römische Zeit).
„ 15. Glasbecher (römische Zeit).
„ 16. Schere von Eisen (römische Zeit).
„ 17. Knochenkamm (römische Zeit).
„ 21. Lanzenspitze von Eisen (La Tène-Zeit).

d) Jüngere Eisenzeit. (Wendenzeit.)

Fig. 18. Messerchen von Eisen.
„ 19. Knochennadel.
„ 20. Kleines Hufeisen.
„ 22. Knochenkamm.
„ 23. Schüssel aus Holz.
Fig. 24. Löffel aus Holz.
„ 25. Geflochtener Halsring aus Silberdraht (Zeit des wend.-arabischen Handels).

Sommerfahrt.

Hochsommerzeit — der Eilzug fliegt
Durch nordisch Flachland, Wald und Feld.
In heißem Mittagsschlummer liegt
Die sonnverbrannte müde Welt.

Durch's offne Wagenfenster weht
Die weiche, warme Sommerluft.
Zuweilen — traumhaft — kommt und geht
Von frischem Heu ein süßer Duft.

Und hier und dort vom Heckendorn
Ein halb verlorner Vogelklang,
Und durch das hohe gelbe Korn
Streift scheu der Roggenmuhme Gang.

Ein stillbeglücktes Lächeln liegt
Auf all dem sagenschweren Feld —
Wie eine Mutter, traumgewiegt,
Schlaflächelnd, süß ihr Kindlein hält.

Hugo Kaeker-Stettin.

Stettin.

Von Osten her saust der Schnellzug durch das Flachland dahin zwischen fruchtbaren Feldern, durch weite Nadelwälder, an Torfmooren, Städten und Dörfern vorüber, immer weiter, immer weiter, bis er bei Finkenwalde seinen hastigen Lauf mäßigt, um nun das fast eine Meile breite Odertal zu durchqueren. Hier wehren die bewaldeten Höhen der Buchheide dem Wasser, drüben auf der Stettiner Seite bildet eine lange Hügelkette mit einer fast ununterbrochenen Reihe menschlicher Wohnplätze den Abschluß dieses Tales. Und zwischen beiden Erhebungen nichts als sanft leuchtendes Wiesengrün und grünblau oder silbern schillernde Wasserläufe! Wenn nicht die lange gerade Linie hoher Alleebäume den Weg verriete, würde man kaum die steinerne Verbindungsstraße zwischen Stettin und Altdamm erkennen, hinter der sich der blanke Spiegel des Dammschen Sees ausbreitet. Schwer rasselnd rollt der Zug auf langer Brückenreihe dahin

Odertal.

über den nachgiebigen Wiesengrund, der die Kiesaufschüttung des Dammes lange nicht zu tragen vermochte, dahin über die sieben Verzweigungen des pommerschen Hauptstromes, die alle dem Sammelbecken des Dammschen Sees zustreben. Die Wasser der Oder haben auf dem weiten Wege von Schlesien hierher die Jugendtollheiten überwunden, und langsam und bedächtig legen sie bei einem Stromgefälle von nur 0,39 m auf die nächsten 50 km oberhalb Stettins und gar nur 0,19 m auf die 55 km bis zur See hin die letzte Wegstrecke zurück.

Wirklich, wer auf diesem Wege durch das Odertal sich Pommerns alter Residenz nähert, der begreift, warum die Wenden, welche es so treffend verstanden, die charakteristischen Merkmale einer Gegend in dem Ortsnamen wiederzugeben, diese Gründung „Stettin“, d. i. Stätte am Zusammenfluß (s = zusammen; teti = fließen; in = Stätte) nannten. Ein armseliges Fischerdorf, dessen eine Reihe Häuser sich in einem Bogen in der Nähe der heutigen Baumbrücke hinzog, soll nach der Sage der Anfang Stettins gewesen sein, das heute mehr als

210000 Einwohner zählt, beide Ufer der eigentlichen Oder umspannt und in seiner Längenausdehnung auf der linken Oderseite wohl eine Meile mißt. Aus der frühesten Kindheit dieser modernen Großstadt weiß selbst die Sage nur spärlich zu berichten. Zu der Zeit, aus welcher die Nachrichten reichlicher zu fließen beginnen, hatte sich die ärmliche Fischerniederlassung zu einer Stadt entwickelt, welche dem Herzoge Wratislaw I. als Residenz diente, von den übrigen als die „älteste und edelste Stadt, als die Mutter der Städte im Pommerlande“ gerühmt wurde, und die so fest und stark war, daß man sprichwörtlich redete von dem Schutz, den die Mauern Stettins gewährten. Und diesen Aufschwung, dieses

Rathausplatz.

Emporblühen verdankte die Stadt allein der Oder, die noch heute die Puls- und Lebensader Stettins ist.

Wem es die zahlreichen Flußdampfer und Oderkähne nicht verraten, daß er in einer Handelsstadt ist, dem sagt es das Meisterwerk unseres pommerschen Landsmannes Ludwig Manzel, das auf dem Rathausplatze Aufstellung gefunden hat. Ja, die stolze, kraftvolle, wagemutige Frauengestalt in dem Fahrzeuge mit dem Greif am Vordersteven, das ist ein treffendes Bild der alten Handelsstadt und ihres stolzen, selbstbewußten Bürgertums, dessen Schiffe weithin die Wasser durchfurchten, Schätze holend und bringend, dessen wohlbemannte Koggen in Zeiten der Not dem Feinde wehrten und im Verbande der Hansa selbst Königen Bedingungen diktierten.

Damals war der Kaufherr mehr auf sich selbst und die Hülfe seiner Zunftgenossen angewiesen. Heute hat die Stadt wiederholt tief in den Säckel greifen müssen, um dem Handel in ihren Mauern aufzuhelfen; darum paßt der Stettiner Brunnen auf keinen Platz besser als hier in den Schutz des gotischen Schmuckbaues unseres neuen Rathauses und seiner turmgekrönten Erweiterung.

Wem trockene Zahlen genügen, der konstruiert sich wohl ein Bild von Stettins Handel, wenn er erfährt, daß im Jahre 1902 die See-Segelschiffe, See- und Flußdampfer, Küsten- und Binnenfahrzeuge, welche im Stettiner Hafen löschten oder luden, die Zahl 6243 erreichten, daß 11 109 Kähne hier einkamen und daß 4159 Fahrzeuge Stettin als Durchfahrtsort berührten. Sollten aber die Zahlen zu nackt und kahl erscheinen, so informiert man sich am besten durch

Originalaufnahme des Postkartenverlags S. Weil-Stettin.

Bahnhofsbrücke.

einen Spaziergang am Bollwerk oder nach der Lastadie und Silberwiese. Diese beiden letzten Stadtteile sind auf den Inseln erbaut, die von der Parnitz, dem grünen Graben und Dunzig umflossen und durch die neuen Monumentalbauten der Bahnhofs- und Hansa- und die alte hölzerne Baumbrücke mit dem vorpommerschen Teile Stettins verbunden sind. Dort auf der Silberwiese grenzt Lager an Lager, gefüllt mit der in katholisch-mittelalterlicher Zeit unentbehrlichen Fastenspeise, die heute aber auch Andersgläubige sich trefflich munden lassen, namentlich wenn sie unter der Bezeichnung „Stettiner Fetthering" in den Handel gebracht wird. Daneben dehnen sich große Holz- und Kohlenlager aus, die durch den Wellblechtunnel vor dem Flugfeuer der Lokomotive geschützt werden. Hier auf der Lastadie, welche schon im 13. Jahrhundert das lastadium, Ausladeplatz, der Stettiner Kaufleute war, stehen Speicher an Speicher, oft in drei- und mehrfacher Reihe die langen Höfe füllend, während in den Vorderhäusern sich Geschäfts- oder Kontorräume befinden. Hier herrscht ein unaufhörlicher Verkehr der Fuhrwerke. Wie das rasselt und rollt, klappert und klirrt, wenn die gefüllten Lastwagen von den schweren Percherons vom Bollwerk in die Speicher, nach dem jenseits der Parnitz gelegenen Haupt-Güterbahnhof oder in den Freihafen geführt werden, dessen Haupteingang von der Landseite sich am Ende der großen Lastadie öffnet.

Wenn der Nordwind zur Winterzeit der Oder den Einfluß in das Meer verwehrte, füllten sich in früheren Jahren die tiefgelegenen Möllenwiesen mit Wasser, das der Frost bald in eine spiegelglatte Eisfläche verwandelte, auf der Alt- und Jungstettin sich tummelte. Heute umschließt ein hoher Eisenzaun hier das Gebiet des Freihafens, der am 23. September 1898 in Gegenwart der

Originalaufnahme des Postkartenverlags S. Weil-Stettin.

Freihafen.

Majestäten eröffnet wurde. Von dem 61 ha großen Wiesenterrain sollen 22,37 ha in Wasserfläche verwandelt werden. Doch umfaßt der Wendeplatz und die östliche Hafenanlage erst 15,13 ha. Das Hafenbassin hat eine Breite von 100 und eine Mittelwassertiefe von 7 m. Das Becken wird an der Ostseite von einer 1203, an der Westseite von einer 627 m langen Kaimauer eingeschlossen, welche etwa 35 Seeschiffen mittlerer Größe den nötigen Raum bieten. Nach der Vollendung sollen 60 Seeschiffe Platz finden. Auf jeder Seite wird das Bassin von zwei, fast 200 m langen Warenschuppen flankiert, in welche die durch Hydraulik bewegten Lösch- und Ladekrähne allerlei Rohstoffe, industrielle und landwirtschaftliche Produkte des In- und Auslandes mit spielender Leichtigkeit schaffen. Diese Anlage ist mit einem Aufwande von rund 20 Millionen Mark geschaffen worden. Angesichts dieser großen Ausgaben ist die Frage wohl berechtigt: wird die Zukunft halten, was die Gegenwart von ihr erhofft? — Wenn wir den Warenverkehr der Städte Lübeck, Stettin und Hamburg miteinander vergleichen, so ergibt sich, daß Lübeck die Ziffer 1, Stettin mit seinen 3 083 000 t Ziffer 4 und Hamburg 17 erhält. Als Haupthandelsprodukte Stettins sind zu verzeichnen: Steinkohlen (609 200 t), Eisenerz (359 900 t), Pflastersteine (157 600 t), Kartoffeln und Kartoffelfabrikate (145 700 t), Phosphat (131 200 t), Getreide (126 000 t), Zucker (117 900 t), Holz (110 300 t), Heringe (105 900 t), Zement (89 200 t). Während in Lübeck der Gesamtverkehr im Jahre 1902 gegen 1901 eine Zu-

Quistorp-Turm.

nahme von 53 000 t und in Hamburg von 570 000 t aufweist, ergibt sich für Stettin ein Verlust von 130 000 t. Da nicht nur das vergangene Jahr ein so ungünstiges Ergebnis zeitigte, vielmehr schon seit der Mitte der neunziger Jahre trotz der sonst überall merklichen Aufwärtsbewegung Stettin in seiner Entwickelung stehen geblieben ist, so müssen ungesunde und unnatürliche Verhältnisse vorliegen, welche die freie Entwickelung hindern. Den Beweis für diese Behauptung bringt folgender Vergleich: ein Schiff von 4500 cbm Vermessung, welches mit 3000 t Kohlen in den Hafen eingeht, und, nachdem es die Ladung in Kähne übergeschlagen hat, mit Ballast wieder ausgeht, hat an reinen Hafenabgaben, unter Fortlassung aller Nebenspesen, zu zahlen:

a) in Stettin:	Staatliches Hafengeld einschließlich des 20 % Zuschlages		
	eingehend . . 6 Pfg.		
	ausgehend . . 6 „		
	12 Pfg. auf 4500 cbm	=	540,00 Mk.
	Vertiefungsabgabe 3000 t à 12 Pfg. . .	=	360,00 „
	Städtisches Hafengeld $2^1/_2$ Pfg. für ein cbm	=	112,50 „
	Städtische Überladungsgebühr 3 Pfg. für die t	=	90,00 „
		Sa.	1102,50 Mk.
b) in Hamburg:	Staatliches Hafengeld 6 Pfg. für ein cbm	=	270,00 „
		also in Stettin mehr	832,50 Mk.

Das ergibt für Stettin eine Mehrbelastung von rund 28 Pfennigen für die Tonne. Es ist selbstverständlich, daß die Stettiner Schiffe infolgedessen

Westendbrücke.

gezwungen sind, höhere Frachten zu fordern, und daß deshalb ein großer Teil der Waren sich Hamburg zuwendet. „Es ist trostlos" — so klagen die Stettiner Reeder — „daß wir nach hartem Kampfe zusehen müssen, wie uns von Hamburg und Lübeck ein Teil unseres Geschäfts nach dem andern entwunden wird, und zwar durch Hülfsmittel, welche uns versagt sind, jenen aber unter teilweiser Beihülfe der Königlich Preußischen Staatsregierung geschaffen wurden."

Es unterliegt hiernach keinem Zweifel, daß Stettins Handel sich augenblicklich in recht schwierigen Verhältnissen befindet, und daß der Kampf gegen den Moloch Hamburg aussichtslos ist, wenn die preußische Staatsregierung nicht dafür sorgt, daß Preußens erste Seestadt auch Preußens erste Handelsstadt bleibe. Wohl hat der Staat die Fahrrinne durch die untere Oder vertieft, so daß auch die großen Seedampfer Stettin erreichen können, allein durch die Erhebung einer hohen Abgabe für die Benutzung dieser Fahrrinne gehen die für Stettin erhofften Vorteile wieder verloren, da die Schiffe soviel wie möglich diese Wasserstraße meiden. Soll Stettin geholfen werden, so muß der Großschiffahrtsweg Berlin-Stettin gebaut werden, ehe die Polypenarme Hamburgs auch den Handel aus unserem Hinterlande an sich gerissen haben.

Daß unter den ungünstigen Verkehrsbedingungen auch Stettins Industrie leidet, beweist schon die Tatsache, daß das Eisenwerk Kraft im Jahre 1902 nicht weniger als 47000 Mk. Vertiefungsabgaben zahlen mußte. Durch solche unvorhergesehenen Abgaben wird die Industrie von neuen Unternehmungen hierorts abgeschreckt, und ihre Neugründungen werden daher nach günstiger gelegenen Orten verlegt. An erster Stelle unserer Industrie steht die Herstellung und Verarbeitung von Eisen. Das Eisenwerk Kraft produzierte im vergangenen Jahre 129125 t Roheisen, daneben 123259 t Koks, 4425 t Teer, 1572 t Ammoniak, 37660 t Zement, 4714 Tausend Mauersteine. Zement liefern auch die Stettiner Portland-Zementfabrik, die Portland-Zementfabrik Stern, die Stettin-Bredower Zementfabrik, der Pommersche Industrieverein. Die „Union" und die Chemische Produktenfabrik Pommerensdorf brachten im Jahre 1902 über 200000 t fertige Fabrikate, wie künstliche Düngstoffe, Säuren ꝛc., auf den Markt. In den Ölmühlen wurden 30000 t Ölsaat verarbeitet, und die Getreide-Mahlmühlen verwandelten 80000 t Getreide in Mehl. Neben der Zucker-Raffinerie, der Herstellung von Kaffeesurrogaten, den Brauereien und Spritfabriken, der Buchdruckerei und Dachpappenfabrikation ist besonders hervorzuheben die Kleiderkonfektion, die einen Jahresumsatz von 20 bis 21 Millionen Mark erzielte und etwa 6500 Arbeiter und Näherinnen beschäftigte. Der Hauptplatz gebührt aber der Verarbeitung von Eisen. Beteiligt sind daran die Fabrik für Motor-Fahrzeuge und Fahrradbestandteile von Gebr. Stoewer und die Nähmaschinen- und Fahrräderfabrik Bernh. Stoewer, Aktien-Gesellschaft, vor allem aber unsere Schiffsbauanstalten. Im Jahre 1902 gelangten auf den Stettiner Schiffs-

Arndt-Denkmal.

werften zur Fertigstellung und Ablieferung zwanzig Fahrzeuge mit rund 13 000 Brutto-Register-Tons und 10 000 Pferdekräften, während zu Anfang des Jahres 1903 im Bau verblieben sechszehn Fahrzeuge mit rund 66 000 Brutto-Register-Tons und 100 000 Pferdekräften. In diese Arbeitsleistung teilten sich die Werften Gustav Koch, Nüske & Co., Oderwerke und Vulkan.

Verlassen wir nunmehr das Gebiet der Lagerhöfe, Speicher und qualmenden Fabrikschornsteine und wenden uns dem neuen Stettin zu. Am Rande der Warsower Höhe, im Norden der Stadt, streckt sich ein Turm in die Luft, den dankbare Sohnesliebe dem verstorbenen Kommerzienrat Johannes Quistorp zum bleibenden Gedächtnis errichtete. Wer von hier hinabschaut, blickt in das liebliche Tal der klingenden Beck, das zur Rechten von Wald, zur Linken von dem

Stettiner Alp.

Häusergewirr der Stadt begrenzt wird. Durch dasselbe führt der „Quistorp-Weg" die Fußgänger, Radler, Reiter und Wagen nach dem schattigkühlen „Lindenhof" oder dem sonnigwarmen „Eckerberg", zwei von Quistorp eingerichtete, gern besuchte Ausflugsorte. Näher nach der Stadt heran spielt der Wind in Tausenden von Kronen edler Obstbäume. Vor etwa zwanzig Jahren war der sandige Abhang, den heute die Apfel-, Birn- und Kirschbäume beschatten, weites Ackerfeld. Wer zu der Zeit nach Beendigung des Tagesdienstes das Bedürfnis nach einem Spaziergange fühlte, war auf die sogenannten Grabower Anlagen oder die Falkenwalder Chaussee angewiesen. Da schuf der Kommerzienrat Quistorp aus den sumpfigen Wiesen der klingenden Beck den lieblichen Westendsee und spannte über ihn in einem kühnen Bogen von 35 m Weite eine eigenartige Brücke aus Zement-Beton.

Das ganze Terrain zwischen diesem Seetal und der genannten Chaussee ließ er zu einer Obst- und Parkanlage herrichten, stellte auf den höchsten Punkt derselben das Standbild Ernst Moritz Arndts, und sein Sohn fügte dazu die allerliebste Miniatur-Nachbildung eines Alpenberges mit Blockhaus, Burgruine und Wassersprudel, dessen Abfluß, eine Mühle treibend, über eine Felswand stürzt und allmählich sich im Gelände verliert. Diese Privatbesitzung öffnete er dem Publikum zum freien Verkehr, und seither ist dies eigentlich der Stadtpark Stettins. Vom ersten lauen Frühlingslüftchen, das sanft die Knospen schwellen macht, bis zur Zeit der eisigen Winterstürme lenken Tausende hierher ihre Schritte und freuen sich am Werden und Wachsen, Blühen und Reifen, und schauen von der Westendhöhe hinaus in das Land, stolz und frei wie dort vom

Gebirgstal in Quistorps Anlagen.

Sockel das Standbild des Dichters der herrlichen Worte: „Wo dir Gottes Sonne zuerst schien, . . . da ist deine Liebe, da ist dein Vaterland.“ Innige Dankbarkeit muß dem Schöpfer dieses schönen Plätzchens für sein uneigennütziges, selbstloses Tun von jedem gezollt werden, der hier lustwandelt. Aber das sind nicht die einzigen, die dankend seiner gedenken. Was er im verborgenen Armen und Hülfsbedürftigen war, wieviel Tränen er getrocknet hat, ist und wird nie ganz offenbar werden. Aber in der durch sein Bemühen entstandenen Vorstadt Westend erzählen das Pensionat und Lehrerinnenseminar Friedenshof, die Mägdeherberge Ernestinenhof und das Diakonissen- und Krankenhaus Bethanien, welches er 1869/70 für etwa 300 000 Mark erbaute, unterhielt und 1875, als die Anstalt Korporationsrechte erlangt hatte, dem Kuratorium schenkte, laut und eindringlich

Baugewerkschule.

von dem segensvollen Wirken dieses großzügigen Mannes, der 1822 in Greifswald geboren, nach mehr als 50jähriger Wirksamkeit in Stettin am 8. Mai 1899 zur letzten Ruhe gebettet wurde. Ehre seinem Andenken!

Kaiser Wilhelmplatz und -Straße.

Unmittelbar an die Villenvorstadt Westend schließt sich das neueste Stettin. Im Baustil gleicht eine moderne Stadt, ja eine Straße der anderen. Aus den Straßenfronten Stettins heben sich sofort die mit besonderem Aufwande errichteten öffentlichen Gebäude, z. B. das Stadt-Gymnasium, die Baugewerk- und See-maschinisten-Schule, die Mittel- und Gemeinde-Schulen heraus. Was aber die Neustadt von der Altstadt unterscheidet, das sind die geraden, breiten Straßen mit dem Schmuck der schattigen Promenaden, der grünen Rasenflächen und Blumenbeete, und die vielen großen wohlgepflegten Plätze. Jeder Besucher der neuen Stadt wird unumwunden zugeben, Stettin ist und wird immer mehr eine schöne Stadt. Fast die ganze Altstadt ist von einem Promenadengürtel eingeschlossen, der Lindenstraße, dem Parade- und Königsplatz. An diesem Wege finden sich

Originalaufnahme des Postkartenverlags S. Weil-Stettin.

Königstor.

auch die hauptsächlichsten Kunstdenkmäler Stettins. Da sind zunächst die beiden Festungstore, jetzt fast die einzige Erinnerung an die früher bewehrte Stadt, die der sparsame Soldatenkönig Friedrich Wilhelm I. in den zwanziger Jahren des 18. Jahrhunderts durch den Ingenieur General Wallrawe aus Mauerwerk und Sandstein erbauen ließ, und die als wirkliche Kunstwerke in hohem Rufe stehen. Sie sind charakteristische Monumente des Schlüterstils. Leider ist das Berliner-tor nicht in seiner Ursprünglichkeit erhalten worden. Durch Hineinbauen des von Felderhoff geschaffenen Brunnens hat es eine Veränderung erfahren, von der es sehr zweifelhaft ist, ob sie auch eine Verschönerung bedeutet.

In ihrer Ursprünglichkeit und Reinheit hätten diese Bauten die Stettiner jederzeit gemahnen müssen an den Hohenzollern, der unter rauher Schale einen goldenen Kern barg, wie das gerade Stettin, dem er auch den Springbrunnen auf dem Roßmarkt schenkte, deutlich genug erfahren hat. Dankbarer ist die Bevölkerung von Pommerns Hauptstadt gegen andere Mitglieder unseres Herrscherhauses gewesen. Ein stattliches Denkmal, wie es Prof. Hilgers-Charlottenburg geplant und entworfen hat, ist Kaiser Wilhelm I. und seinem siegreichen Heere errichtet. Die 11 m hohe Reiterstatue wird von einem weißen Marmorsockel getragen, an dessen Ecken charakteristische Kriegergestalten plaziert sind. Auf dem Königsplatze steht Friedrich II. in Stein und Erz. Noch ehe die Residenz daranging, hatten die Pommern den „alten Fritz" als sichtbares Zeichen ihrer Liebe und Verehrung durch Schadows Meisterhand aus Marmor bilden lassen. Das sind die scharfgeschnittenen Gesichtszüge, die charakteristische Körperhaltung mit dem in die Hüfte gestemmten linken Arm, kurz das ist der alte Fritz wie er

Originalaufnahme des Postkartenverlags S. Weil-Stettin.

Kaiserdenkmal.

im Volksbewußtsein lebt. Um das wertvolle Kunstwerk, dessen Kopie Seine Majestät den Amerikanern schenkte, zu schützen, wurde 1877 an seiner Stelle ein Bronzeguß aufgestellt und das Original im Eingangsflur des Provinzial-Landhauses an der Ecke der Luisenstraße untergebracht. Einige 100 Schritte weiter hat das Standbild Friedrich Wilhelms III. seinen Platz gefunden, und in dem neuesten Stadtteile, da wo einst die Kanonen des Forts Leopold die Oder sperrten, wird sich das Reiterbild des Dulders auf dem Throne erheben und von dieser großartig entworfenen Terrasse an der Oder hinausschauen auf die Straße, die den Zugang zum Weltmeere vermittelt, um die sein großer Ahne mit den Schweden und der Stadt so hartnäckig gekämpft hat, daß „keine Gasse war, da man nach der Belagerung ungehindert gehen konnte, weil halbe und ganze

Giebel durch das abscheuliche Schießen in dieselbe gestürzt lagen, und kaum ein Haus war, das nicht zu Grunde verdorben und kaum 10 oder 20 Stuben in allen übrigen Häusern brauchbar waren." Da werden wir uns nicht wundern dürfen, wenn die Altstadt nichts mehr von dem aufweist, was anderen Städten das mittelalterliche Gepräge, den Reiz verleiht. Nur die Kirchen und das Schloß sind Zeugen jener Tage. Ohne Turm, der den Brandenburger Geschossen zum Opfer fiel, steht noch heute die Peter-Pauls-Kirche auf der Stelle, da Bischof Otto ein Holzkirchlein erbauen ließ, welches Barnim I. 1263 in einen Steinbau verwandelte. Weniger gelitten hatte die Johanniskirche, die ursprüngliche Klosterkirche der grauen Mönche, deren Westgiebel als eine der reizvollsten und überzeugendsten Schöpfungen des norddeutschen Backsteinbaus gilt. Über 200 Jahre stand auch die Jakobikirche turmlos da, wie die Feuerkugeln des großen Kurfürsten sie verstümmelt hatten.

Der alte Fritz.

Erst den hochherzigen Spenden des Kaufmanns Karl Gerber ist ihre Erneuerung zu danken. Heute zeigt sie sich wieder in der Schönheit, die man ihr im 15. Jahrhundert verlieh und die wohl eines Besuches wert ist.

Das Stettiner Schloß, von engen Straßen und kleinen verräucherten Häusern umdrängt, die nur schmale Zugänge zu ihm lassen, macht auf den Beschauer keinen imponierenden Eindruck. Ganz anders aber ist die Wirkung, wenn man es von der Oder aus betrachtet. Da steigt aus dem Häusergewirr die langgestreckte Front mit den Ecktürmen heraus, das ganze alte Stettin überragend und beherrschend. Da erhebt sich hinter dem Schloß der Jakobikirchturm und vereinigt sich mit Hafen und Schloß zu einem Bilde, das noch heute in farbiger Ausführung als Wandschmuck angetroffen wird. Der Schloßbau ist nicht nach einheitlichem Plane entworfen und ausgeführt, er erwuchs dem Bedürfnis und der Notwendigkeit oder aber dem kunstsinnigen Empfinden seiner Herzöge.

Auf dem Schloßhofe steht die von Wichmann modellierte Erzbüste des großen Kurfürsten. Was hätten wohl die Räume des alten Herzogsschlosses erlebt, wenn es diesem Fürsten gelungen wäre, Stettin zu gewinnen und zur Hauptstadt seines Landes zu machen. Stettin, die Königsstadt Preußens, die Kaiserstadt Deutschlands! — Das Schicksal hat es anders gefügt. Aus der blutigen Saat sollte erst später die Frucht reifen, sollte erst später die Verbindung mit Brandenburg-Preußen hervorgehen. Seit sie aber erfolgt ist, hat die Geschichte, welche den Stettinern Selbstbewußtsein und Mannesstolz nachrühmt, auch fest-

Stettin im 16. Jahrhundert

gestellt, daß Stettin mit voller Hingabe zu seinem Herrscherhause gehalten hat. Nicht weniger interessant ist aber die andere geschichtliche Tatsache, daß immer die Stettiner, was auch der Zeiten Not über sie verhängte, sich aufrafften und strebten, nicht nur das Verlorne wieder zu gewinnen, sondern weiter zu dringen und vorwärts zu kommen. Möge es auch in Zukunft so bleiben!

„In der Zeiten Gleiten,
in der Jahre Fliehn
mögst du vorwärts schreiten!
Gott mit dir, Stettin!“

F. Uecker-Stettin.

An zwei Dichtergräbern.

Robert Prutz.

Auf dem weiten Totenfelde des Nemitzer Friedhofes, am Hauptgange, dicht gegenüber der Kapelle, erhebt sich auf hohem Granitsockel in sattem Bronzeton die Büste eines Geistesgewaltigen, eines Stettiner Dichters, der seinen Namen neben Freiligrath, Hoffmann und Herwegh eingegraben in die Tafeln der

Literaturgeschichte. Ein temperamentvoller Charakterkopf blickt auf uns hernieder, ein Imperatorantlitz mit hochgewölbter Stirn und mächtigen Augenbrauen, mit etwas fleischigen Wangen und kräftigen, wie leise spöttisch geschürzten Lippen, die der Henriquatre nur leicht beschattet, Energie und Festigkeit in jedem Zuge des männlich schönen Gesichts. Wir stehen am Grabe von Robert Prutz. Hier auf dem Friedhofe seiner Vaterstadt hat man ihn bestattet, den glühenden Dichter der Freiheit und Liebe, den allzeit rüstigen Vorkämpfer deutscher Freiheit und Einheit, den glänzenden, geistsprühenden Redner, den bedeutenden Literarhistoriker und Lehrer, den edlen Menschen.

Robert Prutz.

Der harte Kampf um das tägliche Brot, das traurige Los so manches deutschen Dichters und Gelehrten, ist auch Prutz beschieden gewesen; aber nie vermochte die schwarze Sorge, die bittere Not des Mannes Festigkeit zu beugen oder ihn seiner Überzeugung untreu zu machen.

Am 30. Mai 1816 in Stettin geboren, besuchte Prutz das Marienstifts-Gymnasium seiner Vaterstadt und bezog dann, um Philologie und Geschichte zu studieren, als Achtzehnjähriger die Universität Berlin, welche er später mit Breslau und Halle vertauschte. Im Jahre 1838, nach seiner Promotion, unternahm er eine größere Reise und bereitete sich dann, nach Halle zurückgekehrt, für die akademische Laufbahn vor. Durch Chamisso war er ehrenvoll in die Literatur eingeführt worden; 1839 wurde er Mitherausgeber der von Ruge und Echtermeyer begründeten „Hallischen Jahrbücher".

Es war eine eigene, gärende Zeit, in die der junge Gelehrte und angehende Dichter gestellt wurde. Nach der kirchhofdumpfen, trüben Zeit der Reaktion schien mit der Thronbesteigung Friedrich Wilhelms IV. die helle Morgenröte einer neuen Ära aufzuleuchten; alles was die ältere Generation erstrebt, wofür sie gekämpft und gelitten hatte, die Ideale deutscher Freiheit und Einheit und deutschen Kaisertums, für die nicht minder die Herzen der Jüngeren erglühten: man erhoffte ihre Verwirklichung von dem genial angehauchten, für

Wissenschaft und Kunst begeisterten Monarchen, dessen erste Regierungshandlungen diesen Hoffnungen so freundlich entgegenkamen. Da wurde Ernst Moritz Arndt wieder in seine Professur eingesetzt; Jahn durfte sein Unstrut-Patmos verlassen; die unglücklichen Opfer der Untersuchungs-Kommission von 1834 wurden dem Leben und der Freiheit zurückgegeben; die aus Hannover vertriebenen Gebrüder Grimm fanden Anstellung in Berlin. Dann folgte die Berufung vieler Berühmtheiten in Wissenschaft und Kunst; Tieck, Rückert, Schelling, Cornelius, Mendelssohn wurden in wahrhaft königlicher Weise ausgezeichnet. Kein Wunder, daß der gewaltsam unterdrückte Liberalismus und Patriotismus wieder auflebte, daß aller Herzen in glühendem Nationalgefühl freudig dem Könige entgegenschlugen! Um so bitterer dann die Enttäuschung, als sich immer deutlicher zeigte, daß man sich geirrt, daß „ein Romantiker auf dem Throne saß", der den Forderungen der Zeit und seines Volkes kein Verständnis entgegenbrachte! Die ursprüngliche Begeisterung wich nur zu bald der entschiedensten, rücksichtslosesten Opposition; die „Hallischen Jahrbücher" wurden das Organ des philosophisch gegründeten liberalen Radikalismus, der aber nicht hier, sondern in der politischen Lyrik seinen feurigsten, leidenschaftlichsten Ausdruck fand. Damals läutete Georg Herwegh Sturm mit seinen schwungvollen, im hinreißendsten Feuer des Dithyrambus einherbrausenden „Gedichten eines Lebendigen"; damals sang Heinrich Hoffmann seine „Unpolitischen Lieder", gleich den Fahrenden des Mittelalters von Stadt zu Stadt, von Dorf zu Dorf ziehend, überall seine kecken, leicht hingeworfenen, oft schalkhaft witzigen und doch gallbitteren Liederchen ausstreuend; damals stellte sich Freiligrath auf die erst verschmähten Zinnen der Partei und schuf, mit kühner, sicherer Hand in das Volksleben hineingreifend, seine großartigen, von sinnlicher Anschauungs- und Gestaltungskraft getragenen politischen und sozialen Gedichte, welche, als die einzigen vielleicht, jene Zeit überleben dürften.

Damals erhob auch Robert Prutz seine Stimme im politischen Kampfe. Als Entgegnung auf Beckers „Rheinlied" erschien im Jahre 1840 sein Lied „Der Rhein", in dem er fordert, daß erst die Presse, das Wort, der Geist frei sein müsse:

So wird's erreicht! Und wenn in künft'gen
Tagen
Das stolze Frankreich unsern Rhein begehrt,
Wir werden es mit Lächeln dann ertragen,
Dann ohne Lieder, doch die Hand am Schwert.

Denn dann gelang's, ihn ewig fest zu flechten,
Die goldne Freiheit soll die Fessel sein;
Dann lohnt es sich, bis in den Tod zu fechten,
Dann, deutsch und frei, dann bleibt er unser
Rhein.

Im Jahre 1841 erschien sein erster Band „Gedichte", welcher noch vieles Unpolitische bot und trotz hie und da hervortretender Abhängigkeit von Uhland und Heine doch manches Vorzügliche brachte, so „Die Mutter des Kosaken", „Der Renegat" und die ergreifende Ballade „Bretagne". In den 1843 erschienenen „Neuen Gedichten" tritt dann eine ausgesprochene Dichterpersönlichkeit vor uns hin. Die politische Poesie herrscht vor. Wohl fehlt ihr die glänzende Rhetorik und das zündende Pathos Herweghs ebenso wie die phantasievolle Bildlichkeit

Freiligraths und die frische Sangbarkeit Hoffmanns; aber Prutz' Muse erscheint, um Rudolf Gottschall sprechen zu lassen, „mit blankgeputzten Gedanken und scharfen satirischen Sporen". Es ist kein Zufall, daß bei Prutz, dem Norddeutschen, eine gewisse Besonnenheit und Verständigkeit das künstlerische Temperament überwiegt; klares Erkennen der Ziele, nüchterne Festigkeit und Ruhe im Erstreben bewahrt, wie sein neuester Herausgeber Hans Marshall mit Recht hervorhebt, den Dichter „vor jenem fatalen Widerspruch zwischen Dichten und Handeln, der einen Herwegh vom Freiheitsdichter nicht auch zum Freiheitshelden werden ließ". Prutz erstrebte nur das Erreichbare; darum konnte er sich selber treu bleiben. In seinen Gedichten tritt der Mensch vor uns hin, wie wir ihn sonst kennen; da ist nichts von Pose, nichts von künstlich erzeugtem Begeisterungsrausch; die literarische Physiognomie weist keine anderen Züge auf, als sie der Mensch zeigt: alles in allem eine edle, für das Große und Schöne erglühende, ernste Persönlichkeit. Die Form dieser Gedichte, obwohl im ganzen leicht und flüssig, leidet doch manchmal an einer gewissen Schwerfälligkeit. „Zuweilen", sagt Marshall, „staut sich wohl in den politischen Gedichten bei mühsamem Ringen mit dem Ausdruck der rhythmische Fluß an ungefügen Schlagwörtern, zuweilen verliert sich die wirksame Pointierung und zündende Schlagkraft in behaglicher Breite; aber hin und wieder blitzt doch ein elektrischer Funke auf echt dichterischen Geistes. Einige wirkliche Gedichte wiegen eine Reihe von Leitartikeln in gebundener Form auf." Ins Volk gedrungen, wie seinerzeit die Hoffmannschen Lieder sind Prutz' Gedichte wohl kaum jemals, und heute sind sie vergessen, für die Zeit geschrieben, von der Zeit verweht. Das gilt noch viel mehr von den 1849 erschienenen „Gedichten" und den gegen das Frankfurter Parlament gemünzten „Neuspanischen Romanzen", in denen „an Stelle des echten Zornes eines zielbewußten Streiters der hämische Ärger des Nörglers getreten ist."

Inzwischen war des Dichters Lebenspfad recht unwegsam und rauh geworden. Durch seine Tätigkeit an den „Deutschen Jahrbüchern" hatte sich der junge Gelehrte bei der preußischen Regierung unbeliebt gemacht und die Aussicht auf ein Lehramt verscherzt. Nachdem er sich 1840 in Dresden verheiratet hatte, versuchte er vergeblich, sich in Jena und später in Halle als Privatdozent zu habilitieren; man verweigerte ihm sogar die Erlaubnis, Privatvorlesungen zu halten. Seine politische Überzeugung verschloß ihm alle Pforten, so daß er sich genötigt sah, die damals recht ungewisse und entbehrungsreiche Schriftstellerlaufbahn einzuschlagen. In Berlin hielt er öffentliche Vorträge über „die Geschichte des deutschen Theaters", welche in Druck erschienen; später finden wir ihn in Hamburg als Dramaturgen des Stadttheaters. Dort und in den Jahren seines zweiten Dresdener Aufenthaltes entstanden in rascher Reihenfolge die historischen Dramen „Moritz von Sachsen" — „Karl von Bourbon" und „Erich der Bauernkönig". Schwungvolle Sprache und echt dichterischer Gehalt zeichnen sie aus, wenn auch keins von ihnen sich dauernd auf der Bühne behaupten konnte. In dieser Zeit schuf der Dichter auch ein — trotz Platen — für Deutschland ganz neues Genre, ein politisches, echt aristophaneisches Lustspiel, „Die politische

Wochenstube", in dem mit unerhörter Kühnheit und glänzendster Satire allerlei Rückwärtsereien verspottet wurden, und das seine Spitze hauptsächlich gegen Friedrich Wilhelm IV. richtete. Die Folge war eine Anklage wegen Majestätsbeleidigung, die aber von dem Könige — man sagt auf Alexander von Humboldts Vorstellungen — sofort niedergeschlagen wurde.

Der März des Jahres 1848 rief Prutz nach Berlin zurück, wo er als eifriger Förderer der konstitutionellen Bestrebungen und glänzender Volksredner eine bedeutende Rolle spielte. Ostern 1849 wurde er als außerordentlicher Professor der Literaturgeschichte nach Halle berufen: der Minister der Reaktion löste ein 1848 vom liberalen Auerswaldschen Ministerium gegebenes Versprechen ein. Fast ein Jahrzehnt fruchtbringender und befriedigender Tätigkeit folgte. Herzlich verehrt von der liberal gerichteten akademischen Jugend, hielt hier Prutz seine lebhaft besuchten Vorlesungen über „Allgemeine Literaturgeschichte", „Deutsches Drama" ꝛc. Aber es fehlte auch nicht an Anfechtungen und Verdächtigungen der reaktionären Partei; denn Prutz hatte die Gesinnung nicht gewechselt; in dem 1851 von ihm gegründeten „Deutschen Museum" erklang nach wie vor sein Ruf nach Fortschritt und Freiheit.

Im Jahre 1858 wurde der Dichter endlich der fortgesetzten reaktionären Schikanen müde; er gab seine Stelle auf und siedelte nach der lange entbehrten Heimatstadt Stettin über, wo er ohne Amt und Vermögen nur von seiner Feder und seinen Wandervorlesungen leben mußte. Wahrlich kein leichtes Los, zu dem sich auch in Stettin noch Anfeindungen und Vorurteile aller Art, sowie körperliche Leiden gesellten. Und doch sind ohne Zweifel diese Jahre in der Heimat die schönsten, friedlichsten und fruchtbarsten in Robert Prutz' Dichterleben. Im Jahre 1858 erscheint seine Gedichtsammlung „Aus der Heimat", 1864 „Herbstrosen" und 1869 endlich das „Buch der Liebe". Diese letzte Sammlung ist es vornehmlich, die Prutz' Namen erhalten dürfte; in ihr liegt seine eigentliche Bedeutung als Lyriker. So viele Töne, wie sie anderthalb bis zwei Jahrzehnte später unsere „Jüngstdeutschen" anschlugen und als neueste Inspiration priesen, klingen in dieser Sammlung vorweg. Es ist eine eigenartige Erscheinung, daß erst der alternde Mann, der längst Gatte und Vater war, dazu kam, das Glück der Liebe zu besingen. Der junge Dichter, zu lebhaft bewegt von politischen Ideen, hatte keine Zeit gefunden, sein Liebesempfinden in Liedern auszuströmen; jetzt blühte dem alternden ein verspäteter Liebesliederfrühling:

Verspätete Rosen, verspätetes Glück,
Wie duftet ihr beide so wonnig!
Und färbt sich auch bald mir das flatternde Haar,
Und bleichen die schwellenden Wangen,
Doch halten wir spät verbundenes Paar
Uns nur um so inn'ger umfangen.

Diese späte Liebeslyrik hat nichts zärtlich Girrendes, sehnsüchtig Schmachtendes; ihr fehlt die konventionell erstarrte Heinesche Koketterie ebenso wie all das Sinnige, Minnige der Geibelschen „Backfischpoesie"; „sie ist voll kräftiger Leidenschaft und sinnlicher Glut, eine Poesie des feurigen Genusses", gedichtet von einem reifen Manne für reife Männer und Frauen. Und doch haben diejenigen unrecht, welche von den „oft sinnlich lüsternen Farben" dieser Lieder sprechen. Robert

Prutz' Liebe ist keusch trotz aller Glut, ist rein trotz aller Rüstigkeit und Unverhülltheit des Ausdrucks. Man höre das Sonett:

Das ist der Liebe köstlichstes Gebaren,
Daß sie kein Handeln und kein Markten kennt;
Wo einmal ihre keusche Fackel brennt,
Da müssen Seelen sich und Leiber paaren.

Doch wolle dies in treuem Sinn bewahren:
Lieb' ist nicht alles, was sich Liebe nennt.
Den Reinen trägt das reine Element,
Klar ist das Licht dem Auge nur, dem klaren.

Wohl ist die Liebe manchem eine Dirne,
Geschminkten Angesichts, voll Flitterschein,
Die eklen Rausch erzeugt im wüsten Hirne.

Zu uns jedoch trat sie als Göttin ein,
Bekränzt mit Lilien die keusche Stirne —
So laß uns ihre frommen Priester sein!

oder die folgenden Verse aus dem Gedicht „Holdes Rätsel“:

Der hat die Liebe nie gekannt,
Der nicht in schüchternem Erbangen,
Von der Geliebten Blick gebannt,
Erstickt sein heißestes Verlangen.

Es herrschen Lieb' und Unschuld, beide
An Macht sich und an Stärke gleich;
Ein lächelnd Kind im Flügelkleide
Ist König in der Liebe Reich.

Hier sagt uns der Dichter selbst, wie er seine Liebe und seine Liebeslyrik auffaßt und aufgefaßt wissen will. Und welch eine erstaunliche Fülle von Tönen steht dem Dichter zu Gebote! Man sollte meinen, ein so starker Band Liebeslyrik müsse unbedingt ermüdend wirken; wer hat wohl Rückerts vielgepriesenen „Liebesfrühling“ je ganz durchgelesen?! Aber der Dichter weiß seinem Thema immer neue Seiten abzugewinnen, „die ganze Skala von Tönen der Empfindung, vom leichten Scherzo bis zum kraftvollen Allegro odischen Schwunges“ entklingt seinem liederreichen Munde. Am vollendetsten freilich wirkt das Einfache, Liedartige, wie das weitgekannte, sangbare: „Ich will's dir nimmer sagen, wie ich so lieb dich hab'“.

Und doch rauschte diese reiche Liederflut unbeachtet am deutschen Volke vorüber; der Lärm der Schlachtfelder von 1870/71 übertönte die leiseren Klänge des Dichters, und später knüpfte die deutsche Liebeslyrik nicht an Prutz, sondern an Geibel an, und „zartes Gesäusel blieb ständige Tonart im deutschen Dichterwalde“. Es ist deshalb freudig zu begrüßen, daß neuerdings der rührige Hendelsche Verlag in Halle das „Buch der Liebe und andere ausgewählte Gedichte“ neu herausgegeben hat. Möge die billige Ausgabe dazu beitragen, unsern pommerschen Dichter aus der unverdienten Halbvergessenheit wieder hervorzuziehen!

Nicht halb, sondern ganz vergessen sind Robert Prutz' Erzählungen und Romane, auch sie unverdienterweise. Wie sie — gemeint sind insbesondere „Das Engelchen“ und „Der Musikantenturm“ — ein Nachklang seiner politischen Dichtung sind, so sind sie andererseits eine starke Vorwegnahme des sozialen Romans der Gegenwart. Etwa 40 Jahre später erschienen, wären sie gerade ihrer Tendenz und ihres Milieus wegen freudig anerkannt worden.

Am 21. Juni 1872 erlag der Dichter, erst 56 Jahre alt, einem wiederholten Schlaganfalle. Ein reichbegabter, vielseitiger Geist, ein mannhafter, unbeugsamer Charakter, ein Mensch edelsten und humansten Sinnes wurde mit ihm zu Grabe getragen.

Ludwig Giesebrecht.

Fern von Stettin, wo er fast zwei Menschenalter gelebt, gewirkt und gedichtet hat, auf dem weltentlegenen stillen Friedhofe seines geliebten Jasenitz, wo das leise Brausen des nahen Haffs heimelnd hineinrauscht in die Trauerlieder der Kirchhofslinde, da ruht in schlichtem, efeuumsponnenen Grabe Ludwig Giesebrecht, der Dichter des deutschen Hauses. Wie einfach ist dies Dichtergrab! Ein weißer Stein in den grünen Efeu eingebettet, darauf in schwarzer Schrift: Ludwig Giesebrecht — nichts mehr. Rundum die Hügel heimgegangener Angehörigen. Zu beiden Seiten des ehemaligen Weges, in den man die Entschlafenen gebettet, hohe düstere Tannen. — So fand ich's, als ich vor Jahren an einem stürmischen, regnerischen Herbsttage des Dichters letzte Heimstätte aufsuchte — wenig beachtet und fast vergessen wie er, der der jüngeren Generation nur noch als Dichter des „Lotsen" bekannt ist. Schlicht und einfach wie sein Grab, eng umfriedet vom Gleichmaß der Tage, ohne ungewöhnliche, von außen hereindrängende Ereignisse ist das stille Gelehrten- und Dichterleben dahingeflossen, aber reich an inneren Erlebnissen, an „mächtigem Fluten von Gedanken und Gefühlen".

Ludwig Giesebrecht.

Am 5. Juli 1792 wurde im Pfarrhaus zu Mirow in Mecklenburg-Strelitz ein Zwillings-Brüderpaar geboren, Ludwig und Friedrich Giesebrecht. Sechs Geschwister füllten schon das Haus — zwei andere waren in frühster Kindheit gestorben — und eine Tochter kam später noch dazu. In dieser kinderreichen Familie wuchs Ludwig Giesebrecht auf unter der Zucht des tiefinnerlich frommen, ernsten und doch gutmütig-schalkhaften Vaters und der blinden, gottergeben-heiteren Mutter.

Im Vaterhause war ich o wie reich!
Denk' ich daran, so werd' ich ernst und weich.
Drei Brüder hatt' ich, tätig, frei und sinnig,
Fünf Schwestern hatt' ich, hilfreich, herzig, innig,
Der Vater ein Prophetenangesicht,
Die Mutter blind und sanft wie Mondenlicht.

So sang in späteren Jahren, als er schon in Stettin den eigenen Herd gegründet hatte, in wehmütig frohem Gedenken der Dichter von seinem Vaterhause. — Dem ersten Unterrichte in Mirow folgten 4 bis 5 Jahre ernster Arbeit auf dem Gymnasium zum grauen Kloster in Berlin, inhaltschwere Jahre; lag doch Deutschland geknechtet zu den Füßen des Korsen, in ohnmächtiger Wut seine Befreiung ersehnend. Von der patriotischen Erregung, die damals auch des Gymnasiasten Herz durchglühte, legen einige Verse und mehr noch der Bericht über die Aufführungen der „Jungfrau von Orleans“ beredtes Zeugnis ab. Im Herbste 1812 bezogen die Zwillingsbrüder die Universität, Friedrich um Theologie, Ludwig um Philologie zu studieren. Schon nach dem ersten Semester lockte der Ruf des Preußenkönigs auch sie zu den Waffen. In dem neugebildeten Mecklenburgischen Husarenregiment fochten sie bei Goldberg und an der Katzbach mit; doch als Ludwig später, statt gegen den Feind geschickt zu werden, in Neustrelitz Rekruten drillen sollte, da erbat er den Abschied und ging nach längerem Aufenthalte im Elternhause auf die Universität Greifswald. Für kurze Zeit; denn noch einmal griff er 1814 zu den Waffen, allerdings nur um bis an die französische Grenze zu kommen; inzwischen war der Kampf schon entschieden. Der Januar 1815 traf Giesebrecht in Stettin, das ihm fortan die Heimat werden, in dem er segensreiche Amtstätigkeit und reiches Familienglück finden sollte. Zunächst war er selber noch Schüler in dem mit dem Gymnasium verbundenen Seminar für gelehrte Schulen; Ende 1816 bestand er die Prüfung als Lehrer am Gymnasium und wurde vom Magistrat einstimmig gewählt. Über fünfzig Amtsjahre folgen nun, — wenn man von der Entsendung in die Frankfurter Nationalversammlung absieht — ohne hervorragende Erlebnisse, eine Zeit stiller, gewissenhafter Lehrer- und Erziehertätigkeit, ernster, emsiger Gelehrtenarbeit, frohen dichterischen Schaffens, treuer Freundschaft, traulichen Familienglücks und, nach Giesebrecht, nicht minder traulichen Familienleids. Dann ein heiterer Lebensabend voll wunderbarer Frische und Rüstigkeit; mehrere Reisen nach München, den Alpen, Oberitalien; die gewaltigen Ereignisse des Jahres 1870/71, eine Fülle wissenschaftlicher und dichterischer Arbeit und nach diesem „wunderbar schönen Abendrot“ ein schneller Sonnenuntergang, ein unerwartet plötzlicher, friedlicher Tod in der Morgenfrühe des 18. März 1873.

Aber so ruhig und still die Oberfläche dieses Dichterlebens dahingeflossen, in der Tiefe hat es nicht gefehlt an manch wühlendem Sturm und gewaltigem Kampf. Schmerzliche Resignation über eine unglückliche Jugendliebe begleitet den Dichter nach Stettin. Im Hause des Bürgermeisters Redepenning findet er liebevolle Aufnahme. Sein Verkehr mit der herrenhutisch frommen Hausfrau, die er als „Monika“ feiert, ist für lange Jahre von entscheidendem Einfluß auf sein religiöses Leben. Durch sie lernt er Zinzendorfs Schriften kennen, die ihn tief ergreifen und aus dem Wirrsal philosophischer Spekulationen in „heilgen Gottesfrieden und selige Sabbatstille“ hinüberziehen. Er tritt sogar in die Brüdergemeinde ein, leitet ihre Festversammlungen und dichtet liturgische Wechselgesänge für sie. Sein ganzes Dichten nimmt religiöse Richtung. Im „Buch des Stillen“ hat er später nur eine strenge Auswahl der damals entstandenen Poesien veröffentlicht; sie gehören in ihrer edlen reinen Sprache, ihrem innigen Gottesgemeinschaftsgefühl zu dem Seelenvollsten unserer religiösen Dichtung. Doch dem „Buch des Stillen“ folgt das des „Apostaten“ und später das des „Independenten“. Des Dichters religiöse Grundstimmung ist eine freiere geworden; wohl bleibt ihm sein ganzes Leben lang „das beseligende Gefühl der

Gottesnähe"; aber so manche religiöse Vorstellung, die er damals unbesehen aufgenommen, erkennt er später als irrig oder bedeutungslos. „Seine wissenschaftlichen Ideale kann er nicht darangeben, sein Dichten nicht auf den religiösen Kreis beschränken"; er sehnt sich nach frischer Arbeit und Betätigung seiner Kraft; auch übt die Hegelsche Philosophie gewaltigen Einfluß auf ihn aus: da kann der Umschlag nicht ausbleiben; die enge puritanische Lebensauffassung, nicht aus ihm selbst herausgeboren, sondern von außen ihm zugetragen, muß weichen. Zudem blüht dem Dichter ein neues reiches Leben auf, seit er 1820 Amalie Hasselbach, die Schwester seines Amtsgenossen und späteren Direktors heimgeführt hat. Aus der Brüdergemeinde tritt er aus, eine reiche dichterische und wissenschaftliche Tätigkeit beginnt; seine Frau ist der Sonnenschein, der mit stets gleicher Liebe wie etwas Selbstverständlichem sein Leben umfließt; ihrem stillen prunklosen Walten werden im Laufe der 47jährigen Ehe und besonders nach ihrem Tode ein Reihe der schönsten Gedichte gewidmet, die Giesebrecht überhaupt geschrieben. So gehen die Tage, die Jahre dahin:

Tagesmüh' und stille Nacht:
Das ist unser Walten.
Neues wird nicht viel gebracht,
Alles bleibt beim Alten.

Und so fügt sich um uns her
Ohne Sturm und Klagen
Eine Welt bedeutungsschwer,
Davon nichts zu sagen.

Inzwischen erscheint eine Fülle von Monographien über nordische Geschichte, endlich 1843 das Hauptwerk seiner wissenschaftlichen Forschung, die „Wendischen Geschichten aus den Jahren 780—1182". Daneben wird fleißig gedichtet, viel mehr, als der Dichter später veröffentlicht: von fünf noch vorhandenen Tragödien — 24 hat Giesebrecht überhaupt geschrieben — ist nur „Lazar" in den Provinzialblättern abgedruckt worden. Neben lyrischen und epischen Gedichten entstehen die Oratorien, welche des Dichters Freund, der Balladenkomponist Karl Löwe, in Musik gesetzt hat. „Von allem Guten, das mir Stettin geboten", schreibt Löwe, „war mir für meine künstlerische Tätigkeit die Nähe und der Umgang mit Giesebrecht die wertvollste Gabe." Und als Löwe schwerleidend nach Kiel übersiedelt, hält Giesebrecht über seine Bedeutung in Stettin einen öffentlichen Vortrag, über den Bitter, Löwes Biograph, urteilt, daß er „das Erschöpfendste enthalte, was von einem Nicht-Musiker über einen Tonsetzer gesagt werden könne". Reiche Zeit, da diese beiden Männer, in treuer Freundschaft verbunden, neben und miteinander wirken und schaffen! Da entstehen „Die sieben Schläfer", „Palestrina", „Die eherne Schlange" und „Gutenberg". Aber Giesebrecht erkennt, daß er mit dem geistlich-weltlichen Oratorium einen falschen Weg betreten, daß er sich „um eine Halbheit bemüht habe". Und in der Tat, nicht in den Oratorien, nicht in den dramatischen und epischen Gedichten, sondern in dem „reinen und mächtigen Strom seiner Lyrik" klingt Giesebrechts dichterisches Empfinden und Können am tiefsten und seelenvollsten aus. Im Jahre 1836 erscheint die erste Sammlung seiner Gedichte, in 22 Bücher geordnet. Aber ob auch die Kritik Anerkennung, zum Teil sogar enthusiastisches Lob spendet, in weitere Kreise dringt der Name des Dichters nicht, und schmerzliche Enttäuschung verleidet ihm längere Zeit das Dichten gänzlich, so daß er schon glaubt, „in dieser Richtung fertig zu sein".

Dazu kommt mancherlei Verdrießliches in der Schule. Giesebrecht, dieser tiefreligiöse Mann, dieser „Royalist in jedem Blutstropfen“, wie er sich selbst bezeichnet, wird zu freier Richtung und Lehre beschuldigt, und als er sich wehrt, drückt ihm die Behörde ihr „ernstliches Mißfallen aus über die Art, in welcher er die wohlgemeinte Warnung aufgenommen habe“. Häusliches Leid bleibt nicht aus; von seinen neun Kindern sterben drei in jugendlichem Alter. Immer trüber wird die Stimmung des Dichters. Kein Heil erwartet er von all jenen Bestrebungen, die man als „kirchliches Leben“ von oben her begünstigt; sie scheinen ihm für das religiöse Leben nicht nur unfruchtbar, sondern hinderlich zu sein. Eine — infolge einer Denunziation — erneute Revision der Schule und die, wenn auch nur vorübergehende, Amtsentsetzung Hasselbachs erregen seinen tiefsten Unmut; weiß er doch, daß er, den der König Friedrich Wilhelm IV. als Dichter schätzt und auszeichnet, dem Minister als „das eigentlich bewegende, gegen die bestehenden Autoritäten gerichtete Prinzip“ der Schule gilt. Mit bangem Blick betrachtet er den politischen Horizont, an dem immer dunklere Wolken sich emportürmen. Er ist kein begeisterter Anhänger des Konstitutionalismus; „das eifernde Geschrei um Fürstenrecht und Untertanenrechte“ widert ihn an; von Öffentlichkeit der Verhandlungen will er nichts wissen. Als aber in den Märztagen des Jahres 1848 der tatsächliche Umsturz des bisherigen Regierungssystems erfolgt, da findet die große Zeit auch bei Giesebrecht Verständnis; in dem Gedichte „Einen Lenz hab' ich gesehen, die Erinnrung schwellt mein Herz“ sagt er dem Könige Dank für seine Proklamation. Das Gedicht schließt bedeutsam: „Freie Völker, freie Fürsten! Flammenschrift an Preußens Thron.“

Der Mai des Jahres 1848 findet den Dichter als Abgesandten seiner Vaterstadt in Frankfurt. Über ein Jahr verweilt er dort ohne rechte innere Beteiligung. Jubelnd aber begrüßt er die Wahl Friedrich Wilhelms IV. zum deutschen Kaiser: „Mein altes Herz ist glücklich, überglücklich“ und „Ich kann nicht glauben, daß der König die Kaiserwürde ablehnen wird; es wäre das ein unabsehbares Unglück“. Und als das Unglaubliche doch geschieht, da seufzt er: „Armes Vaterland! Armer König, verstrickt in dem Netz seiner Idiosynkrasien!“ Am 13. Mai 1849 scheidet er aus der Nationalversammlung und kehrt nach Stettin zurück. Daß die begeisterte Hoffnung des deutschen Volkes auf Neuerrichtung des deutschen Reiches so kläglich gescheitert, vergällt ihm alle Lust, sich an Politik zu beteiligen; selbst die geschichtlichen Forschungen verlieren ihren Reiz für ihn; die Lyrik allein ist seine Trösterin. So steht er gelassen den politischen Ereignissen gegenüber, weder Konservativer, noch Demokrat. Lebhafter bewegt ihn die Konfliktszeit der sechziger Jahre, wobei er auf Seiten der Regierung zu finden ist. Hell jubelt er auf bei den preußischen Siegen, die ihm die 1849 getäuschten Hoffnungen zu verwirklichen scheinen. Auf das tiefste aber ergreifen ihn die gewaltigen Ereignisse des Jahres 1870 71. „Was habe ich erlebt!“ schreibt er. „Wenn ich zurücksehe, es ist mir fast wie ein Traum. Die politische Entwickelung Deutschlands hat mich Gott vom Anfange des Rheinbundes bis zum ersten deutschen Reichstag in Berlin sehen und erleben lassen; dafür bin ich ihm von Herzen dankbar.“

Inzwischen hat Giesebrecht im häuslichen und Amtsleben schwere Jahre durchgemacht. Die von ihm veranstaltete Hasselbach-Feier (zum Amtsjubiläum des Direktors) hat ihm eine abermalige Rüge der Behörde eingetragen; zu dem neuen Direktor weiß er nicht Stellung zu gewinnen. Kleinere wissenschaftliche Arbeiten in reicher Zahl müssen ihm über die Misere hinweghelfen. Gewaltig greift der Tod in seine Familie, Geschwister und zwei Schwiegersöhne werden dahingerafft, körperliche Leiden quälen ihn selber. Am 19. August 1866 wird ihm seine Gattin, die 47 lange Jahre das Licht seines Hauses gewesen ist, durch den Tod entrissen. Die innigsten Töne des Schmerzes und der Hoffnung auf baldige Wiedervereinigung entquellen dem Munde des Greises. Am 21. September 1866 scheidet er aus dem Schulamte. Die Neuherausgabe seiner Gedichte in zwei Bänden ist — abgesehen von der unvollendeten Biographie seines Freundes Calo — seine letzte größere literarische Arbeit. Am 18. März 1873 endet ein leichter Tod sein reiches, arbeitsames Leben.

Giesebrechts Dichtungen sind nie in die große Masse des Volkes gedrungen. Ganz sicher ist er kein Nummer-Eins-Poet; ja selbst zu Dichtern vom Range Uhlands darf man ihn wohl kaum zählen; aber in der großen Schar der Epigonen ist er eine selbständige, scharf ausgeprägte dichterische Persönlichkeit. Der Umfang seiner Dichtung ist durchaus kein enger: Frühling und Liebe, Glück und Leid des Hauses, Religion und Philosophie, Menschenschicksale und Zeitereignisse, die stille Arbeit der Schule und der laute Kampf der Parteien, alles das tönt aus seinen Liedern wieder. Nicht alles, was er gedichtet, ist von gleicher Schönheit und herzgewinnender Kraft. Die Oratorien hielt er selbst späterhin für verfehlt; verfehlt sind die wenigen rein epischen Sachen, und auch manches lyrische Gedicht, das der Dichter vielleicht weniger seines ästhetischen Gehaltes wegen aufgenommen hat, als, weil es für ihn, seine Angehörigen und nächsten Freunde Bedeutung hatte, ist für den größeren Leserkreis matt und bedeutungslos. Leiden doch nicht wenige seiner Gedichte an zu großer Prägnanz, sowohl im Ausdruck wie in den Beziehungen. Was dem Dichter und seinen Freunden vollkommen klar war, das ist dem fernstehenden Leser nur durch Anmerkungen, wie sie Giesebrecht der letzten Ausgabe beifügte, zum Verständnis zu bringen. Kein Wunder, daß derartige Poesien wenig Liebhaber finden. Und doch sind solche Produktionen bei Giesebrechts Schaffen begreiflich. Nicht für den Druck, nicht für einen vorweg ins Auge gefaßten Leserkreis hat er gesungen; nur sich selber, seine Gefühle, Gedanken und Kämpfe hat er zu dichterischem Ausdruck gebracht, wie es der Gott ihm gebot.

Verhältnismäßig selten unter seinen Schöpfungen ist das reine Stimmungsbild. Der Dichter lebt viel zu sehr in seiner den Sinnen entrückten Ideenwelt, als daß er stets genug Organ für die sinnliche Auffassung des unmittelbar Poetischen hätte. Nur zuweilen gelingt es ihm, mit einem Griff den Grundakkord einer Stimmung anzuschlagen; häufig geht die dichterische Gestaltung erst durch das Medium der Reflexion. So wird oft die Unmittelbarkeit der Anschauung verloren; sein Gedicht rührt nicht gleich beim ersten Lesen verwandte Saiten in des Hörers Brust; es fordert liebevolle Versenkung, ehe es sich ganz erschließt. Daher wird es erklärlich, daß wir bei Giesebrecht viel mehr beschauliche, spezifisch

Rückertsche Züge antreffen als Goethesche Frische und Ursprünglichkeit. „In seiner Lyrik ist mehr Erhabenheit als Gefälligkeit, mehr tiefe Inbrunst als schöne Empfindung“, urteilt Giesebrechts Biograph Franz Kern. Aber wenn das besonders von den religiösen, philosophischen und politischen Dichtungen mit Recht gesagt wird, so finden sich doch daneben nicht wenig Gedichte, in denen mit den einfachsten Mitteln in anmutigster Weise ein schlichtes Gefühl unmittelbar spricht. Dahin rechne ich, um nur einige anzuführen, das prächtige „Frühlingseinsamkeit“, „Frühlings Seele“ und die meisten der plattdeutschen Gedichte, in erster Reihe „De Köster“, das mir überhaupt die Krone seiner Stimmungslyrik ist.

Nahe verwandt dieser Gattung sind jene Gedichte, die Giesebrecht in den beiden „Büchern des Hauses“, in „Buch Jasenitz“ und — zum kleinen Teil — in dem „Buch des jungen Seemanns“ zusammengefaßt hat. Hier ist alles Anschauung und Stimmung; das ganze Milieu des deutschen Hauses mit all seiner Innigkeit und Fülle, mit Lust und Leid, Kinderjubel und Elternsorge, Brautlied und Totenklage weht uns an wie ein warmer weicher Frühlingshauch, wohltuend und erfrischend. „Inniger und ergreifender von des Hauses Glück und Leid hat wohl noch keiner gesungen.“ Auch in Form und Ausdruck tragen diese Gedichte ein eigenartiges Gepräge; das Angeschaute, das Charakteristische herrscht in ihnen vor dem Musikalisch-Gesanglichen. Sie und eine Reihe jener monologisch-epischen Bilder, die dem Dichter eigentümlich sind — ich denke an den „Philologen“, den „Normann“, den „Bergmann“, den „Arbeitlosen“, „Esther“ u. a. — werden Giesebrechts Namen, wenigstens in engeren Kreisen, erhalten, wenn der manches vielgelesenen Modepoeten längst der Vergessenheit anheimgefallen ist; denn rein menschliche Töne klingen in ihnen wieder, die zu allen Zeiten auf Verständnis rechnen dürfen.

Hugo Kaeker-Stettin.

De Köster.

Bim, bam!
De ihrste Puls is nu all ut:
Daar kickt en ens ut'n Schallock rut.
Dat schummert hier, dat schummert daar,
In Aabend is noch en beten klaar,
Un all dat Feld so schmuck un witt,
Ick glöw, de Schnee, de freut sick mit,
De Aabendstirn wet ganz gewiß,
Dat Wihnachtsheiligaabend is.

Bim, bam!
De anner Puls is ok all schehn:
Will wedder 'n beten üm mi sehn.
De Kinner lopen ut un in,
Se sölen naa de Stuw nich rin:
Huusmutter maakt för Kind un Knecht
Allwiel den heilgen Christ torecht;
Jaa, Stirn' un Kinner weten wiß,
Dat Wihnachtsheiligaabend is.

Bim, bam!
Dat sind dre Puls as Schick un Bruuk.
Nu is't all got, nu to de Luuk!
In all de Hüüser is't nu hell,
De Dannenböm sünd all to Stell;
Man pur min Torm steiht so alleen,
Un is keen Licht an em to sehn,
Un wet keen anner doch so wiß,
Dat Wihnachtsheiligaabend is.

L. Giesebrecht.

Karl Loewe.

Dem Beschauer der stattlichen St. Jakobikirche zu Stettin fällt sicherlich beim Betreten des leider nur kleinen Vorplatzes vor dem westlichen Portale die etwas seitlich von diesem aufgestellte, am 30. November 1897 enthüllte Bronzestatue eines Mannes auf, dessen sinnender Blick unschwer den Geisteshelden erkennen läßt; der von seiner Rechten geführte Taktstock und die den Sockel des Denkmals schmückenden musizierenden Putten verraten auch sogleich, daß die holdeste der Künste, die Tonkunst, das Gebiet war, auf dem jener Mann sich bewegte. Es ist der Tondichter Karl Loewe. In unserer Provinz zwar weder geboren noch gestorben, verband ihn aber doch mit den Mauern Stettins eine 46jährige Tätigkeit im Dienste der Tonkunst, deren eifriger und erfolgreicher Jünger sowohl schöpferisch als ausübend er war.

Karl Loewe.

Johann Karl Gottfried Loewe wurde am 30. November 1796 zu Löbejün, einem Städtchen unweit Halle und Köthen, als das zwölfte Kind des dortigen Lehrers und Kantors geboren. Seinen ersten Musikunterricht erhielt er von seinem Vater. Schon in sehr jugendlichem Alter spielte er Klavier und Orgel und sang vom Blatte, ohne sich erinnern zu können, wie er in seiner Selbstbiographie sagt, die Elemente auch nur mit einiger Anstrengung gelernt zu haben. Die ihm daneben gewährte große persönliche Freiheit benutzte der Knabe, um in den heimatlichen Fluren umherzuschweifen, was auf die Erweckung seines lebendigen Naturgefühls und seines Hanges zur Romantik sicherlich von größtem Einflusse war. Romantisch, im Zickzack, verworren und abenteuerlich baute sich auch der ganze Werdegang des Knaben auf. Als Zehnjährigen finden wir ihn als Mitglied des aus 16 Schülern bestehenden Stadtsängerchors der kleinen Residenz Köthen, in den er wegen seiner unerschütterlichen musikalischen Sicherheit Aufnahme gefunden hatte. Zwei Jahre später brachte ihn sein Vater auf das Gymnasium des Halleschen Waisenhauses, wo er reichliche Gelegenheit zur Fortsetzung seiner musikalischen Studien fand, die aber nach des Vaters ausdrücklichem Willen nur neben der Vorbereitung für das theologische Studium betrieben werden sollten. Diese musikalischen Studien traten zur größten Sorge des Vaters aber völlig in den Vordergrund, als der junge Loewe im Jahre 1811 bei Gelegenheit einer kirchlichen Aufführung durch seine Leistungen im Sologesange das Interesse des Königs Hieronymus Napoleon so stark erregte, daß dieser ihm zur Förderung seiner musikalischen Ausbildung ein jährliches Stipendium von 300 Talern bewilligte. Durch den Sturz des Hauses Napoleon dieser Unterstützung beraubt, kehrte Loewe als Achtzehnjähriger zu seinen wissenschaftlichen Studien zurück, bestand im Herbst 1817 die Reifeprüfung und bezog nun als Student der Theologie die Universität Halle.

Wenn nach seiner Immatrikulation auch theologische und philosophische Vorlesungen eifrig von ihm besucht wurden, so verlangte die während einer kurzen Zeit zurückgedrängte Musik doch ihr Recht, und ein gleichmäßig ruhiger Entwicklungsgang war somit seinen Arbeiten auch jetzt nicht beschieden. Neben fleißig betriebenen Übungen im Klavierspiel und Gesange — sein ehedem schmetternder Sopran hatte sich in eine überaus umfangreiche und ausgiebige Tenorstimme umgewandelt — sowie dem Erteilen von Musikunterricht beschäftigte ihn die Komposition seiner ersten künstlerisch vollwertigen Balladen, und die Entstehung seines berühmten „Erlkönig" fällt schon in diese Zeit. Ja, die Musik brachte es schließlich in Gemeinschaft mit einer mächtigen Bundesgenossin, der Liebe, fertig, die Theologie gänzlich bei ihm zu verdrängen. Die Aussicht, seiner Verlobten Julie von Jakob, Tochter des Staatsrats und Kurators der Halleschen Universität, bald eine gesicherte Stellung bieten zu können, veranlaßte ihn, die ihm angebotene Stellung als Kantor an der St. Jakobikirche und Gesanglehrer an dem damals vereinigten Marienstifts- und Stadt-Gymnasium in Stettin anzunehmen, und schon in den Septembertagen des folgenden Jahres führte der junge Meister, den die Stettiner Behörden in gerechter Würdigung seiner künstlerischen Leistungen zum städtischen Musikdirektor ernannt hatten, die Erwählte seines Herzens dem „lieben Stettin" zu.

Hier gesellten sich bald die bedeutendsten Männer dem Tonkünstler freundschaftlich zu, wie seine Kollegen am Gymnasium, die beiden hochbedeutenden Mathematiker Graßmann (Vater und Sohn) und Ludwig Giesebrecht, der in der Folge der Textdichter der meisten Loeweschen Oratorien wurde. Leider verdunkelten bald Todesschatten das sonnige Glück des jungen Paares: Julie Loewe starb nach nur 1½jähriger Ehe, so daß Loewes eben noch so heiter belebtes Haus völlig vereinsamt war. Im Jahre 1825 heiratete Loewe zum zweiten Male, und in seiner zweiten Gattin, die der pommerschen Bauernfamilie entstammte, deren Ahn — Hans Lange — die Sage im Leben Bogislaws X. eine Rolle spielen läßt, fand Loewe im Hause und in der Kunst eine treue und unermüdliche Genossin.

Mit sichtlicher Liebe und großer Gewissenhaftigkeit gab sich Loewe seinen amtlichen Verpflichtungen hin, zu denen jetzt auch die Veranstaltung größerer musikalischer Aufführungen und die Erteilung des Musikunterrichts am Seminar gehörten. Ganz besonders ans Herz gewachsen war ihm die Tätigkeit als Organist, und die prächtige Orgel der Jakobikirche war ihm eine liebe Freundin, der er in seinen meisterhaften Improvisationen alles anvertraute, was sein Herz bewegte, Freude wie Schmerz. Daneben fand er noch Zeit, zahlreiche Privatstunden zu geben, allerlei Liebhabereien, z. B. die Astronomie, ernstlich als Studium zu betreiben und eine geradezu staunenswerte kompositorische Tätigkeit zu entfalten. Die Zahl der Werke Loewes ist schier unübersehbar und wird eigentlich noch durch die Veröffentlichung bisher ungedruckter oder verloren geglaubter Kompositionen ständig vergrößert. Wir besitzen von ihm 17 Oratorien, 6 Opern, gegen 400 Balladen und Lieder für eine Singstimme, verschiedene große Kantaten und Motetten, „Szenen" mit und ohne Orchester, Lieder für gemischten oder Männerchor, 2 Sinfonien, 4 Streichquartette, 2 Konzerte für Klavier und Orchester, 1 Trio, 5 Klaviersonaten und zahlreiche andere Instrumental-Kompositionen. Dazu kommen noch als Ergebnisse seiner unterrichtlichen Tätigkeit eine theoretische und praktische Gesangslehre für Gymnasien, eine methodische Anweisung zum Kirchengesang und Orgelspiel, sowie ein vollständiges Choralbuch; endlich ist noch, wenn auch nicht als musikalisches, so doch als sehr bemerkenswertes Werk ein im Jahre 1834 erschienener Kommentar zum 2. Teil des Götheschen „Faust" zu nennen.

Die ungemein widerstandsfähige Natur unseres Meisters erlaubte es demselben auch, trotz dieser rastlosen schöpferischen Tätigkeit in den ihm von Amtswegen gegebenen Ruhepausen während einer langen Reihe von Jahren sich öffentlich künstlerisch zu betätigen. In den Jahren 1831—47 benutzte Loewe ziemlich häufig die Sommerferien dazu, ausgedehnte Konzertreisen zu unternehmen; er brachte in diesen Konzerten ausschließlich eigene Kompositionen zur Aufführung und trat in manchen derselben als Orchesterdirigent, Pianist und Balladensänger auf. Konnte auch das finanzielle Ergebnis dieser Reisen, die ihn bis Wien und London führten, schon ihrer ungünstigen Zeitlage wegen kein besonders glänzendes sein, so waren dieselben doch ausgezeichnet geeignet, Loewes Werke, besonders seine Balladen, die der Komponist mit kaum später jemals von anderen erreichter Meisterschaft vortrug, in der Welt bekannt zu machen. Auch der Umstand, daß Loewe auf diesen Reisen zu vielen der bedeutendsten zeitgenössischen Musiker in persönliche freundschaftliche Beziehungen trat, machte dieselben zu einem wertvollen Anregungsmittel für ihn, zumal Stettin in jener Zeit doch ziemlich abseits von dem Wege lag, auf dem Künstler von wirklichem Rufe sich zu bewegen pflegten. Nicht zu unterschätzen ist endlich, daß Loewe auf diesen Kunstreisen sich die Gunst manches gekrönten Hauptes ersang; es seien hier nur der kunstsinnige König Friedrich Wilhelm IV. und die Königin Viktoria von England mit ihrem Gemahl, dem Prinzen Albert, genannt. Aber auch die scheinbar festeste Gesundheit kann solchem fast ohne jede Unterbrechung ausgesetzten Anstürmen auf die Dauer nicht widerstehen, zumal auch das Familienleben Loewes nicht ohne schwere Heimsuchungen blieb. Harte Schicksalsschläge in der Familie gaben den Anlaß zu einer sich ständig steigernden Nervosität, die schließlich der Tätigkeit des Meisters, sowohl der unterrichtlichen als der kompositorischen, einen krankhaft hastigen Charakter verlieh. Da wurde er am 25. Februar 1864, mitten in der Arbeit an seinem letzten Oratorium „Der Segen von Assisi" von einem schweren Schlaganfall getroffen. Nach mehr als Jahresfrist von den Folgen desselben so weit genesen, daß er einen Teil seiner Amtsgeschäfte wieder übernehmen konnte, traf ihn am 25. Februar 1866 „ein anderer, nicht geahnter Schlag". Der Stettiner Magistrat verlangte den Rücktritt des Meisters von seinen städtischen Ämtern und bestand trotz aller Gegenvorstellungen des letzteren auf seiner Forderung, deren Annahme er durch Gewährung des vollen Gehalts als Pension ja allerdings wesentlich erleichterte. So mußte sich denn Loewe, dem namentlich die Trennung von seiner geliebten Orgel so schwer wurde, daß er nach seiner Pensionierung nie mehr eine solche anrührte, in das Unabwendbare fügen. An dem Orte, an dem er 46 Jahre lang geschafft hatte, als Untätiger zu wandeln, litt es den Meister nicht, und so verließ er denn mit seinem Eintritt in den Ruhestand — es war im Mai 1866 — Stettin, um nicht wieder dorthin zurückzukehren. Kiel, wo er im Hause seines Schwiegersohnes, des Korvetten-Kapitäns von Bothwell, Erholung und teilweise Genesung von seiner schweren Erkrankung gefunden hatte, wurde sein letzter Wohnort, allerdings nicht mehr für lange. Ohne wieder seine kompositorische Tätigkeit aufgenommen zu haben, in Stille und Ergebenheit dahinlebend, traf ihn am Morgen des 18. April 1869 ein erneuter, das Bewußtsein völlig raubender Schlaganfall, der nach zwei Tagen den Tod herbeiführte. Die Gebeine des Entschlafenen wurden auf dem alten Kirchhof zu Kiel begraben; sein Herz aber ruht, einer testamentarischen Bestimmung zufolge, in einer kleinen Marmor-Urne in dem ersten südlich neben der Orgel stehenden Pfeiler unserer Stettiner St. Jakobi-Kirche, gewiß ein beredtes Zeugnis dafür, wie sehr der Meister mit seiner ganzen Seele an diesem allerdings auch wahrhaft königlichen Instrumente hing.

Loewes Bedeutung für die Tonkunst liegt nicht in seinen Opern, an denen er nicht viel Freude erlebt hat, und die bald der Vergessenheit anheimgefallen sind; sie liegt auch nicht in seinen Oratorien, so beliebt dieselben auch eine Zeit hindurch gewesen sind, ebensowenig in seinen reinen Instrumental-Kompositionen; auf allen diesen Gebieten sind vor und nach ihm Männer mit viel größerem und nachhaltigerem Erfolge tätig gewesen. Eine Gattung der musikalischen Komposition aber gibt es, in der es ihm keiner gleich, geschweige denn zuvor getan hat, die überhaupt durch ihn erst zu einer besonderen Kunstgattung geworden ist: die Ballade. In ihren gegenüber der Oper und dem Oratorium eng gezogenen Grenzen konnte seine reiche Erfindungsgabe, seine plastische Gestaltungskraft und seine treffende Charakteristik zu herrlichster Entfaltung kommen und eine Reihe unvergänglich schöner Tonwerke schaffen. Im Besitze dieser hervorragenden künstlerischen Eigenschaften und einer umfassenden allgemeinen Bildung vermochte Loewe allen Stoffen des weiten Balladengebietes gerecht zu werden, sowohl den der deutschen Sage und Geschichte entnommenen, der er sich als guter Patriot mit besonderer Vorliebe zuwandte, als auch denen, die der Bibel, der griechischen Mythologie, den Sagen der heidnischen Vorzeit oder der christlichen Legende entstammen. Gewiß ist vor, mit und nach Loewe noch manchem Tondichter auf dem Gebiete der Ballade ein guter Wurf gelungen, es sei nur an die Namen Zumsteeg, Franz Schubert und Robert Schumann erinnert; aber so wie er wurzelt niemand mit seiner ganzen künstlerischen Persönlichkeit auf demselben, und eine so stattliche Reihe köstlichster Gaben hat keiner von ihnen gespendet. Mit Recht nennt ihn daher Bulthaupt in seiner vortrefflichen, auch für die vorstehenden Zeilen mehrfach benutzten Biographie des Meisters („Harmonie"-Verlag, Berlin) „Deutschlands Balladenkomponist".

Karl Prost-Stettin.

Der Stettiner Vulkan.

Im Jahre 1851 gründeten die beiden Ingenieure Früchtenicht und Brock in Bredow eine Werkstatt und Werft, um neben Maschinen auch eiserne Dampfschiffe zu bauen, und schon 1852 lief der sicherlich manchem Leser noch bekannte Dampfer Dievenow hier vom Stapel. Da aber die Mittel der beiden Gründer sich bald erschöpften, wurde die ganze Fabrikanlage an eine Anzahl Stettiner Handelsherren verkauft, welche 1856 zu der „Stettiner Maschinenbau-Aktien-Gesellschaft Vulkan" zusammentraten, die in den ersten Jahren hauptsächlich sich dem Lokomotivbau zuwandte. Als aber die Gründung des norddeutschen Bundes erfolgt und der Ausbau der Marine in Aussicht genommen war, wurde der „Vulkan" mehr für den Schiffbau eingerichtet, und bald nach dem böhmischen Kriege wurde ihm der Bau kleinerer Schiffe für die Marine überwiesen. Eine größere Arbeit erhielt er aber erst 1869, als er mit dem Bau der Maschinen für die Panzerfregatte „Hansa", die der Danziger Werft übergeben war, betraut wurde. 1871 erfolgte der Bau der ersten Panzerfregatte „Preußen". Die gedeckten Korvetten Prinz Adalbert, Leipzig, Stosch, Stein, die Panzerkorvetten Sachsen, Württemberg und die Glattdeckskorvetten Carola und Olga folgten. Daneben wurde eifrig der Bau von Handelsschiffen betrieben, und schon 1881 konnte mit dem Bau eines chinesischen Panzerschiffes das erste Hundert gelieferter Schiffe abgeschlossen werden. Das war sicherlich ein glänzender Erfolg, der noch höher bewertet werden muß, wenn man bedenkt, daß es galt, England zu überholen, England, das bisher für die ganze Welt Schiffe geliefert hatte. Die einmal errungene Stellung hat der Vulkan zu behaupten gewußt. Sein rastloses Streben nach Vervollkommnung der Werke und Lieferungen ist von Erfolg gekrönt gewesen, hat seinen Ruhm und Ruf gehoben und vermehrt. Haben doch die

Zeitungen oft genug berichtet von den glänzenden Resultaten der Schnelldampfer Deutschland, Fürst Bismarck, Kaiser Wilhelm der Große u. a. Die Sicherheit, Eleganz und Schnelligkeit dieser Schiffe hat den Engländern „das blaue Band des Meeres" entrissen und an die deutsche Flagge geheftet, ein Sieg, auf den der Norddeutsche Lloyd und mit ihm ganz Deutschland, vor allem aber der Erbauer, der Stettiner Vulkan, mit Recht stolz sein darf. Sein Ruhm ist unbestritten, und jeder Besucher Stettins macht seinetwegen eine kurze Dampferfahrt oderabwärts. Sobald dann Bredow in Sicht kommt, drängen die Fahrgäste nach der linken Seite des Schiffes, und ein lebhaftes Fragen und Antworten, Zeigen und Erklären beginnt.

Da liegt das 20 ha umfassende Riesenetablissement, dessen höchste Arbeiterzahl im Jahre 1902 mit 6717, die niedrigste mit 5668 festgeschrieben wurde, das im selben Zeitraum 71 Lokomotiven, 11 größere Dampfpumpen, 1 Verbund-Dampfmaschine und 17 größere Kessel lieferte, das den Doppelschrauben-Kabeldampfer Stephan für die Norddeutschen Seekabelwerke, den geschützten Kreuzer Bogatyr für die Kaiserlich Russische Regierung und für den Norddeutschen Lloyd den Doppelschrauben-Frachtdampfer Schleswig, vor allem aber den Doppelschrauben-Schnelldampfer „Kaiser Wilhelm II." fertigstellte; da strecken sich die 50 m hohen eisernen Hellinge in die Luft, noch überragt von dem gigantischen Dampfkrahn Goliath, der Lasten von 150 Tonnen = 3000 Zentnern hebt; da schlagen und schmieden und hämmern Hunderte von Arbeitern unter ohrenbetäubendem Lärm alle die einzelnen Teile und Teilchen zusammen, welche den Schiffsrumpf bilden; da liegen die großen Schwimmdocks und daneben die noch unfertigen Kolosse moderner Kriegs- und Schnelldampfer. Die beiden Augen reichen nicht aus, um während der kurzen Vorüberfahrt alles zu erfassen und festzuhalten, und auf jedem Gesicht steht deutlich der Wunsch geschrieben, diese Stätte moderner Technik einmal gründlich besichtigen zu dürfen. Leider gibt die Direktion wegen der drohenden Haftpflichtgefahr nur selten die Eintrittserlaubnis. Darum wollen wir den Leser wenigstens im Geiste auf die Werft führen und ihm die Entstehung des Ozeanriesen „Kaiser Wilhelm II." vor Augen führen. Dem Norddeutschen Lloyd aber, der uns dazu bereitwilligst die Abbildungen zur Verfügung stellte, wollen wir auch hier dafür danken.

Der neue Doppelschrauben-Schnelldampfer „Kaiser Wilhelm II." hat eine Länge vom Heck bis zum Vordersteven von 215,34 m. Neben den Stettiner Jakobikirchturm gestellt, würde er diesen fast um das Doppelte überragen, und wenn einer seiner Passagiere ihn achtzehnmal umwanderte, so hätte er sich den ansehnlichen Spaziergang von einer deutschen Meile geleistet. Die größte Höhe von der Oberkante des Kiels bis zur Seite des Promenadendecks beträgt 16, bis zur Oberkante des Rauchsalons, der durch das Sonnendeck hindurchragt, 22,17 m, entspricht also einem stattlichen vierstöckigen Bau. Bei voller Ladung hat der Dampfer einen Tiefgang von 8,84 m und eine Wasserverdrängung von 26 000 Tonnen Seewasser. Diese Wasserverdrängung würde genügen, um einen Kanal von 10 m Breite, 2 m Tiefe und 1300 m Länge vollständig zu füllen.

Dies gewaltige Schiff wurde am 4. April d. J. in Bremerhaven abgeliefert und hat seitdem schon wiederholt den „Heringsteich“ zwischen Europa und Amerika durchfurcht.

Wie es entstand!

In Bureau und Werkstatt.

Ehe ein Schiff in Bestellung gegeben wird, gehen langwierige Verhandlungen über den Typ, d. i. die Grundgestalt, die Einrichtung und Ausführung vorauf. Um dieselben abzukürzen, werden heute von den fertiggestellten Schiffen Modelle angefertigt, die zur Grundlage späterer Abschlüsse gemacht werden. In dem Modellsaal des Vulkan stehen in Glaskästen die bis ins kleinste sauber und genau gearbeiteten 2—3 m langen Modelle der großen Lloyddampfer, allerliebste, 10—20 000 Mark teure Spielzeuge, mit denen selbst die verstockteste Landratte zur Wasserschwärmerei bekehrt werden würde. — Ist die Bestellung aufgegeben, dann beginnt die Arbeit der Zeichner, welche die einzelnen Teile und Teilchen in Auf- und Seitenriß zu Papier bringen, wonach dann in den verschiedensten Werkstätten tausend fleißige Hände regen, helfen sich in munterm Bund. In der großen Schmiede glüht in mehr als 100 Feuern das Eisen, das wuchtige Hammerschläge oder die ungeheuren Dampfhämmer härten und formen; in dem Nachbarraum werden die starken Eisenplatten behobelt und beschnitten. Fast geräuschlos gleitet das Messer selbst durch die bombensicheren Nickelstahlplatten; die eisernen Hobelspäne drehen sich zu schöngeschwungenen Spiralen und laufen unter der kolossalen Wärme in den buntesten Farben an. Dort werden unter mächtigem Gepolter Platten gewalzt, hier poliert. Da stanzt die Maschine mit jedem Druck ein Loch in die stärkste Platte. Gräßlich ist der Lärm in der Schlosserei, und wer einmal in dem Höllenradau war, begreift, daß die Arbeiter dieser Abteilung vielfach schwerhörig werden. Viel ruhiger geht es in der Tischlerei zu, in welcher Hobel und Sägen durch Maschinen getrieben werden, die der Arbeiter nur zu dirigieren hat. Trotz der großen Zahl von in Betrieb befindlichen Maschinen ist der Boden sauber, die Luft fast holzstaubfrei, da ein Saugsystem alle Späne nach unten zieht und sie in einem großen Hauptrohre dem Feuerungsraume zuführt. Ebenso eifrig wie in der Schmiede und Schlosserei ist man in den Abteilungen der Gießerei, Verzinkerei, Kupferschmiede, Dreherei 2c.

In der Helling.

Sind die Vorarbeiten soweit gediehen, dann beginnt der Bau in der Helling. Eine ganze Zahl solcher Baugerüste bedeckt den Bauhof. Sie alle sind so erbaut, daß ihr Ende das Ufer erreicht und eine Spundwand das Eindringen des Wassers verhindert. Die vier größten sind aus Eisen konstruiert und, um allen Anforderungen genügen zu können, für elektrischen Kranbetrieb eingerichtet. Die grundlegende Arbeit in der Helling fällt den Zimmerleuten zu, sie „schlagen den Kiel ab“, d. h. sie bauen auf festen Betonfundamenten aus „Ballklötzen“ eine Unterlage, welche genau der Länge und Form des Kiels entspicht. Dann wird der „Kiel gelegt“.

Die meisten großen Dampfer haben heute einen horizontalen Mittelkiel; der vertikale Kiel, wie ihn die Ruderboote vielfach zeigen, wird nur noch vereinzelt angewendet. Der horizontale Mittelkiel des Dampfers „Kaiser Wilhelm II." hat eine Stärke von 70 mm und besteht aus drei aufeinander genieteten Platten.

Abb. 1. Norddeutscher Lloyddampfer Kaiser Wilhelm II.

An dem Kiel werden die dreieckähnlichen Bodenstücke befestigt, über welche sich dann die Doppelbodendecke legt. Abbildung 1 zeigt den bis auf die Beplattung fertigen Doppelboden. Ist das Ganze „beplattet", so entsteht zwischen Doppel-

Abb. 2. Norddeutscher Lloyddampfer Kaiser Wilhelm II.

bodendecke und „Außenhaut“ ein Hohlraum, der z. B. da, wo die Maschinen stehen, eine Höhe von 2,10 m hat. Der ganze Doppelboden ist in 26 Zellen geteilt. Er erfüllt wichtige Aufgaben. Zunächst schützt er das Schiff bei

Abb. 3. Norddeutscher Lloyddampfer Kaiser Wilhelm II.

etwaiger Beschädigung des Bodens vor ernstlicher Gefahr. Sodann aber dient er zur Unterbringung für das erforderliche Frischwasser zum Speisen der Kessel und des Trinkwassers. An Trinkwasser sind 806 cbm, an Kesselspeisewasser 202 cbm vorhanden. Dazu kommt das sogenannte Ballastwasser. Je mehr die Vorräte an Kohlen und Proviant gegen Ende der Reise schwinden, desto mehr wird der Doppelbodenraum mit Wasser gefüllt und dadurch eine gleichmäßige Belastung, die für den ruhigen Gang des Schiffes sehr wesentlich ist, herbeigeführt. Im ganzen können 2097 cbm Ballastwasser mitgeführt werden, so daß also der Gesamtraum des Doppelbodens 3165 cbm Wasser aufnehmen kann, das ist mehr als die Wasserverdrängung eines der neuen deutschen kleinen Kreuzer.

An den Boden werden die Spanten genietet, welche mit dem Doppelboden als Rückgrat gleichsam das Gerippe des Schiffes darstellen. Ihre Zahl ist je nach der Länge des Fahrzeuges verschieden. Abbildung 2.

Danach folgt der Einbau der Querschotte, Abbildung 3. Eiserne Wände, die vom Boden bis zum Oberdeck hinaufreichen, teilen den ganzen Raum in eine Anzahl wasserdichter Zellen. Sie sind ebenso wie der Doppelboden für die Sicherheit des Schiffes von allergrößter Wichtigkeit. Können doch bei Zusammenstößen jetzt nur Teile des Schiffes sich mit Wasser füllen. Die Größe dieser Abteilungen ist so bemessen, daß selbst bei Volllaufen zweier Nachbarzellen die Schwimmfähigkeit noch völlig gesichert ist. Die gefährlichste Stelle bei Havarien ist der Maschinenraum, da das eindringende Wasser sofort die Feuer löscht und damit dem Riesen die Lebensluft ausbläst. Um das zu verhüten, wird der Maschinenraum durch ein Längsschott geteilt, so daß also bei solchem Unglücksfall immer noch die halbe Maschine zur Benutzung bleibt. „Kaiser Wilhelm II." ist durch 17 Querschotte, sowie durch ein Längsschott im Maschinenraum in 19 Abteilungen gegliedert.

Auf die Spanten legen sich dann die Decksbalken, Abbildung 4. Der Dampfer besitzt fünf durchlaufende Decks, nämlich das Orlop-, Unter-, Haupt-, Ober- und Spardeck. Das letztere dient als unteres Promenadendeck; über ihm befinden sich noch ein oberes Promenaden- und das Boots- oder Sonnendeck. Das Schiff hat also, wenn der Doppelboden als Erdgeschoß angesehen wird, sieben Etagen von 2,5 bis 4 m Höhe. Das gibt eine Gesamthöhe von über 20 m, gleicht also vollkommen der eines vierstöckigen Hauses.

Nun beginnt die Verplattung oder Verplankung des Schiffes. Die elektrischen Laufkräne heben die fertigen Platten an ihre Stelle, und eifrig sind die vielen Arbeiter beschäftigt, sie festzunieten. Vielfach geschieht das heute schon auf hydraulischem Wege. Ist die Außenhaut fertig, dann wird

der Stapellauf

vorbereitet, Abbildung 5. Zu dem Zwecke wird der Schlitten unter den Schiffsrumpf gebaut. Derselbe setzt sich aus einem unteren, mit der Helling verbundenen, feststehenden und dem darüberliegenden ablaufenden Teile zusammen. Der feststehende

Teil heißt Gleitbahn oder Ablaufpfanne, der bewegliche ist der „eigentliche Schlitten". Die Reibungsfläche zwischen beiden ist mit Talg, Seife und Paraffin bestrichen. Der „eigentliche Schlitten" besteht wieder aus zwei Balkenlagen, zwischen welche Keile geschlagen werden, um diese Schlittenhälfte so fest an den Schiffsrumpf zu drücken, daß dieser darin ruht, und die ihn bis dahin tragenden Klötze und

Abb. 4. Norddeutscher Lloyddampfer Kaiser Wilhelm II.

Stützen entfernt werden können. Noch halten gewaltige Seitenstreben, Wippen genannt, den beweglichen Schlitten. Wenn aber nach der Taufrede das schäumende Naß von „Kupferberg Gold" den Bug des Schiffes netzte, dann werden diese beseitigt, und der Koloß beginnt in die Fluten hinabzugleiten, die hochaufspritzend

Abb. 5. Norddeutscher Lloyddampfer Kaiser Wilhelm II.

auch diese neue Last auf ihren Rücken nehmen. Mächtige Ketten sind am Heck befestigt. Sobald der Bug ins Wasser taucht, sind sie abgelaufen, spannen sich und geben dadurch der Bewegung des Schiffes die Richtung nach dem Lande zu. Zur selben Zeit fallen am Bug die Anker und gebieten der Bewegung Halt. Oft aber sind die gewaltigen Ketten nicht imstande, die gleitenden Riesenmassen aufzuhalten, sie zerreißen wie Fäden, springen wie Glas, und erst das jenseitige Ufer bändigt den Widerspenstigen. — Der Stapellauf des Dampfers Kaiser Wilhelm II. vollzog sich am 12. August 1902. Da der Kiel am 1. April 1901 gelegt worden war, hatte der Bau in der Helling 16 Monate gedauert. Während dieser Zeit war das Gewicht von 11 200 Tonnen Eisen eingebaut worden, das sind für den Tag rund 27 000 kg oder 540 Zentner. Und dies Gewicht von 11 200 Tonnen, zu dessen Verladung 1120 Eisenbahngüterwagen oder 20 große Güterzüge zu 120 Achsen notwendig wären, glitt in wenigen Sekunden auf der schiefen Ebene, die allerdings mit mehr als 100 Zentnern Talg, Seife 2c. präpariert war, hinab in die Fluten.

Der Ausbau.

Nunmehr folgt der Ausbau des Schiffes, von dem zunächst die Maschinenanlage unser ganzes Interesse in Anspruch nimmt. Die Kräfte, welche den Ozeanriesen treiben sollen, ruhen in der Kohle und dem Wasser. Die Bunker des Dampfers bieten Raum für 5700 Tonnen Kohle. Um diese schneller und bequemer zu den Feuerstellen schaffen zu können, ist eine Kleinbahn von 180 m Geleislänge erbaut. Unter 19 Kesseln, deren Einzelgewicht 70—120 000 kg beträgt, züngeln die Flammen und verwandeln das Wasser in Dampf. Die Rauchgase entweichen durch vier Schornsteine von schlankem Aussehen, und doch kann durch jeden derselben bequem eine Lokomotive fahren und in jedem für 25 Personen eine gedeckte Tafel hergerichtet werden. Der Dampf durchströmt die Zylinder und setzt Kolben und Wellen in Bewegung. Die Maschine besteht aus vier Stück vierfachen Expansionsmaschinen, von denen je zwei als gemeinsame Maschine an einer Propellerwelle arbeiten. Abbildung 6 stellt eine der Hauptmaschinen dar. Ihre Länge beträgt 28, die Höhe 13,20 m. Jede dieser vier Hauptmaschinen befindet sich in einer wasserdichten Abteilung, wodurch die Sicherheit des Schiffes wesentlich erhöht wird.

Die Gesamtleistung der Maschinenanlage beträgt rund 40 000 indizierte Pferdekräfte. Wollte man die Leistung durch Menschen hervorrufen, so müßte man etwa 40 000 Mann derart an Rudern (Riemen) beschäftigen, daß jeder von ihnen in der Sekunde 75 kg 1 m weit fortbewegte. Dazu dürften aber nur ausgesucht kräftige Männer auf ganz kurze Zeit imstande sein. Welche ungeheuren Lasten hier bewegt werden müssen, wird klar, wenn wir hören, daß das Gewicht der etwa 70 m langen Wellenleitung, welche die Kraft der Maschinen auf die Propeller (Schrauben) überträgt, 257 600 kg beträgt. Diese Welle macht in der Minute 80 Umgänge und beide Schiffsschrauben — jede hat einen Durchmesser von 6,95 m — zusammenarbeitend geben dem Schiffe eine Geschwindigkeit von $23^1/_2$ Knoten oder fast 6 geographischen Meilen in der Stunde.

In dem zigarrenförmigen Ausbau der Abbildung 7 ist die Hauptmaschine für die Dampfsteueranlage des Schiffes — außer dieser sind noch zwei Reserve-

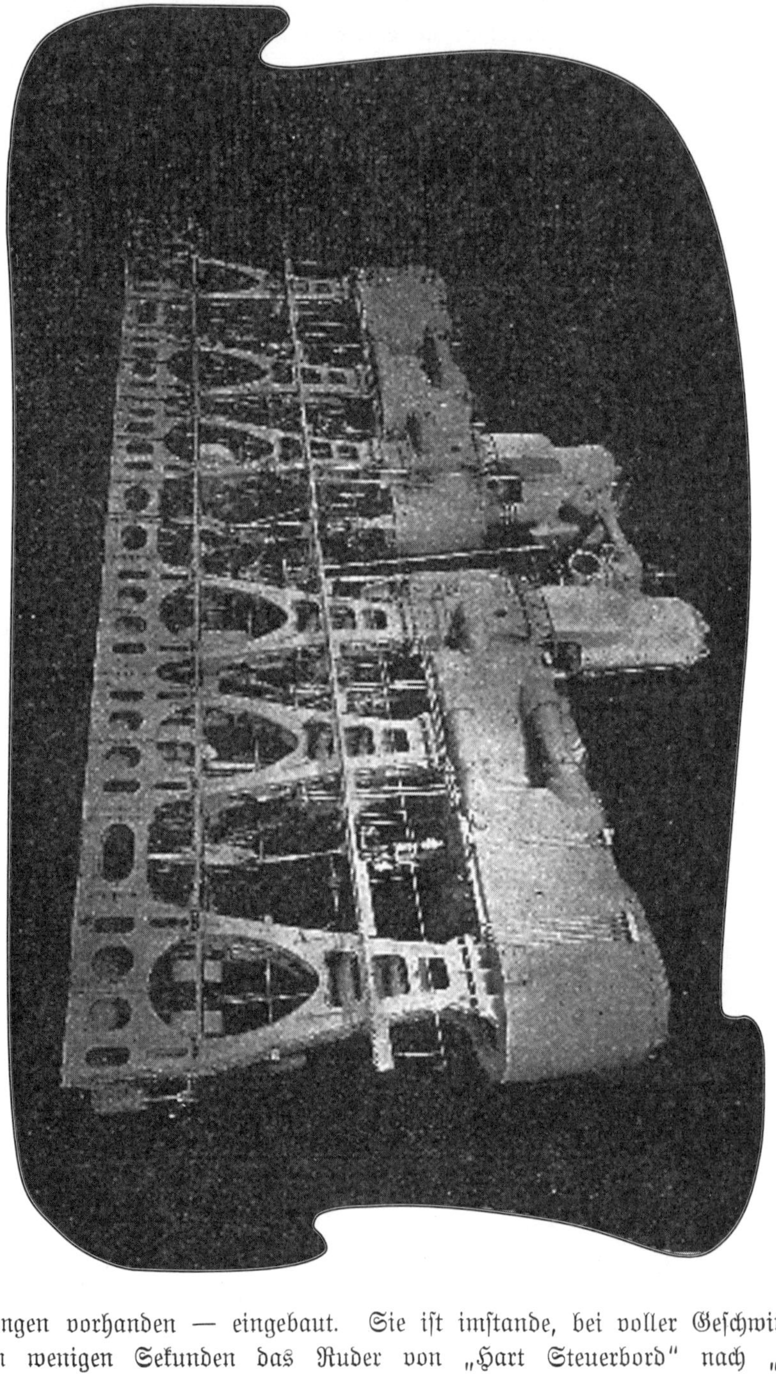

Abb. 6. Norddeutscher Lloyddampfer Kaiser Wilhelm II.

steuerungen vorhanden — eingebaut. Sie ist imstande, bei voller Geschwindigkeit in wenigen Sekunden das Ruder von „Hart Steuerbord" nach „Hart

Backbord" zu legen. Das hört sich so nichtssagend an und bedeutet doch nicht weniger, als einen Druck von 40 000 kg = 800 Zentner zu überwinden. Da wird nun jeder glauben, bei solch einer gewaltigen Leistung werde die Maschine stampfen und stoßen, pusten und ächzen, daß das Schiff in allen Fugen kracht.

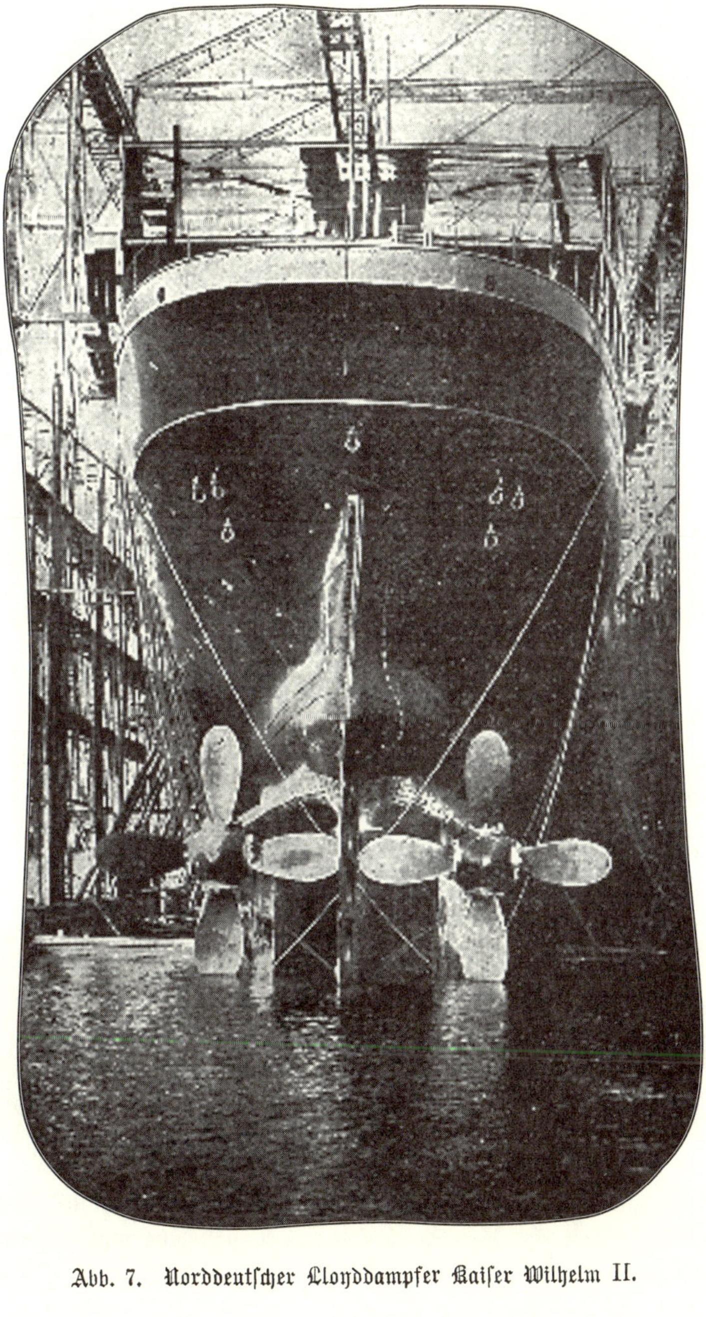

Abb. 7. Norddeutscher Lloyddampfer Kaiser Wilhelm II.

Allein trotz der gewaltigen Massen, die sich in drehender bezw. auf- und niedergehender Bewegung befinden, ist in den Wohn- und Schlafräumen kaum eine

Abb. 8. Norddeutscher Lloyddampfer Kaiser Wilhelm II.

Erschütterung zu merken, denn die Maschinen sind nach einem besonderen Verfahren — dem Patent Schlick — so ausbalanziert, daß eine möglichst vibrationsfreie Fortbewegung erzielt wird.

Während man im Maschinenraum durch Einbau der Maschinen den Riesen so ausstattet, daß er zuversichtlich Wind und Wogen entgegengehen kann, herrscht auf dem ganzen Schiffe fieberhafte Tätigkeit, deren Erfolge eine Besichtigung kurz vor der Ablieferung feststellt. Abbildung 8. Da liegt der gegenwärtig größte Schnelldampfer der Welt, dem die vier Schornsteine und die drei schlanken Masten das charakteristische Gepräge geben. Weit sperren eine ganze Zahl von Ventilatoren ihre Rachen auf, um den 21 m tiefer liegenden Heizräumen kühlende, belebende Außenluft zuzuführen. Eine Flotte von 26 Booten ist auf dem Boots- oder Sonnendeck geheißt. Ob sie wohl ausreichen würde, wenn die Passagiere des vollbesetzten Dampfers mit ihnen Rettung suchen müßten? Der Schnelldampfer „Kaiser Wilhelm II.“ faßt insgesamt 2500 Personen, von denen 600 zur Besatzung gehören. — Wer dächte angesichts solcher Zahlen nicht an die Annehmlichkeiten einer Eisenbahnfahrt bei großem Andrang, wenn allem Rufen nach dem Vorsteher immer nur ein Achselzucken mit der Deutung folgt: Da siehe du zu! Und nun gar 2500 Menschen auf einem Schiff! Das muß ja vollgepackt sein von oben bis unten wie eine Heringstonne! Wer so denkt, hat die Rechnung ohne den Norddeutschen Lloyd gemacht, der auf 770 Personen III., 343 Passagiere II. und 775 Fahrgäste I. Klasse eingerichtet ist. Wie sichs III. und II. Klasse wohnt, kann jeder gelegentlich selbst ausprobieren. Heute, wo es nichts kostet, wollen wir stolz die erste Klasse benutzen. 290 Passagierkammern mit 1 bis 4 Betten stehen zur Wahl. Wem so ein Zimmer mit den holzgetäfelten Wänden nicht genügt, darf ein „Staatszimmer“, das größer und reicher ausgestattet ist, einen Baderaum und sonstige Bequemlichkeiten besitzt, bewohnen. Und wers dazu hat, wählt eins der „Imperial rooms“, bestehend aus Frühstückszimmer, Salon, Schlaf-, Badezimmer ꝛc. Zur Erledigung der Briefe, zur stillen Unterhaltung mit einem guten Buche dient der Schreib- und Lesesalon, dessen prächtige Lackmalereien auf dem sattroten goldigen Untergrunde der Wände wie kräftige Seidenstickereien wirken.

Vornehm präsentieren sich die Räume des 613 qm großen Speisesaals, in dem alle Holzteile vom Boden bis zum Plafond in blaugebeiztem Holze ausgeführt, alle anderen Teile weiß lackiert sind. Für die Kinder ist ein eigener Speisesaal vorhanden. Ganz im Renaissancestil ist die Architektur des Rauchsalons gehalten, dessen Paneele aus Mahagoniholz mit Goldbronzeverzierung Füllungen aus echtem Leder in ornamentalen Dessins aufweisen. — Der große Gesellschaftssalon zeigt in den Wandtäfelungen Goldbrokatstoff. Große Deckengemälde stellen die Künste, Wissenschaft, Poesie ꝛc. dar. Ein breiter gemalter Wandfries bietet die schönsten Punkte der Umgebung von Potsdam und Berlin, von der Havel und der Spree. Die Stirnwand trägt das von Ludwig Noster gemalte Bild des Namengebers und Taufpaten des Schiffes, das unseres Kaisers. Vor dem Wiener Café auf dem Sonnendeck sitzend, lassen die Nichtraucher ihre Blicke ungehindert nach beiden Seiten über die weite Wasserfläche schweifen, während die Raucher ein zweites Café besuchen und von da dem fröhlichen Treiben auf dem Spielplatze zuschauen. — 2700 elektrische Glühlampen erleuchten alle Wohn-, Schlaf- und Gesellschaftsräume, wie überhaupt die Elektrizität die ausgedehnteste Verwendung, sogar für Zigarrenanzünder und Brennscherapparate gefunden hat. — Diese wenigen Andeutungen mögen genügen, um zu beweisen, daß reichlich Raum vorhanden, und daß derselbe vornehm und elegant, dazu mit größter Zweckdienlichkeit eingerichtet ist. Wenn doch unsere Hausfrauen einmal die Kücheneinrichtungen eines solchen modernen Passagierdampfers mit den Patentkochtöpfen, den Tellerwärmern, elektrisch betriebenen Tellerwasch- und Messerputzmaschinen besichtigen könnten, sie würden ihre helle Freude haben.

Neben der Gediegenheit und Bequemlichkeit ist aber auch für die Sicherheit noch weiter, als bisher erwähnt, gesorgt. Außer dem Doppelboden, der Schotteneinrichtung und den 26 Booten sind 17 mächtige Dampfpumpen vorhanden, die imstande sind, stündlich 9360 cbm eindringendes Wasser zu bewältigen. Zum Schutze gegen Feuersgefahr dienen Feuermelder und ein weitverzweigtes Rohrsystem, das sich über alle Räume erstreckt. Die modernsten Apparate, Erfindungen und Erfahrungen sind zur Ausführung gekommen, um die Befehlsübertragung und das Signalwesen vor Zufälligkeiten zu bewahren. Daß in sanitärer Beziehung nichts versäumt ist, bedarf keiner Versicherung.

So hat der Stettiner Vulkan in dem neuen Schnelldampfer ein Werk geschaffen, das seiner Leistungsfähigkeit das glänzendste Zeugnis ausstellt, und das sicher dazu beitragen wird, den deutschen Handelsschiffen den erlangten Vorsprung zu sichern. Da ist die Annahme wohl berechtigt, daß auch die hier gebauten Panzer unserer Marine sich ebenso bewähren werden, wenn wir einst gezwungen sind, um unsere Zukunft auf dem Wasser zu kämpfen. Hoffen wir, daß die Zeit noch ferne ist, und daß der Vulkan inzwischen noch manche schwimmende Festung liefert für Deutschlands viel zu kleine Flotte.

F. Uecker-Stettin.

Otto von Bambergs Reisen nach Stettin.

Im August des Jahres 1124 steuerten drei Schiffe auf Stettin zu. Am Bug des vordersten stand ein Wolliner Kaufmann namens Nadomir, ein bereits im Sachsenlande getaufter Christ, der Besitzer des Schiffes. Ihm gehörten auch die beiden andern, mit Lebensmitteln befrachteten Fahrzeuge. Neben ihm stand ein ergrauter Mann in priesterlicher Tracht. Es war der Bischof Otto von Bamberg, der mit achtzehn priesterlichen Begleitern aus Franken, meistens aus dem Kloster Michelsberg, das Pommernland bereiste. Herzog Boleslaw von Polen hatte ihn herbeigerufen, um die unterworfenen Einwohner Pommerns zum Christentum zu bekehren. Nachdem er zu Pyritz den Anfang gemacht, war er über Kammin und Julin (Wollin), der Haupthandelsstadt des Landes, bis hierher gelangt. Denn die Juliner hatten erklärt, daß sie nur dem Beispiel Stettins als der ältesten und angesehensten Stadt Pommerns folgen würden. Stettin mochte damals eine Stadt von etwa 6000 Einwohnern sein, die weitläufig und dorfähnlich wie alle Wendenstädte am Oderufer aufgebaut war. Der Bamberger Bischof wurde von dem polnischen Burggrafen Paulitz und achtzig Reisigen geleitet. Mit diesen zog er am Tage nach seiner Ankunft vor das Stettiner Rathaus und zeigte den versammelten Vätern der Stadt an, zu welchem Zweck er mit der christlichen Gesellschaft gekommen wäre. Die Ratsherren erwiderten, daß sie mit ihren Zuständen zufrieden wären und keine neue Lehre annehmen wollten. Im übrigen wollten sie, wie sie dies dem Polenherzog bei ihrer Unterwerfung versprochen, den Bischof ungestört in ihrer Stadt predigen lassen. Durch diesen wenig verheißungsvollen Empfang ließ sich Otto jedoch nicht abhalten, an den Markttagen sich öffentlich mit seiner Priesterschar zu zeigen. Das Kreuz auf hoher Stange voran, hinterher der Bischof selbst, den Krummstab in seiner Hand, an seiner Seite zwei Diakonen, in seinem Gefolge die übrigen Kleriker, paarweise geordnet und alle in feierlichen Meßgewändern, so schritt der priesterliche Zug lobsingend durch das Marktgetümmel. Halb finster, halb neugierig betrachtete die Menge den ungewohnten Aufzug. Nur hier und da ertönte ein schwächlicher Willkomm aus dem Munde eines christlichen Händlers, den sein Geschäft aus der Ferne hergeführt hatte. Doch mancher Wende hob drohend den Speer, und keine Seele fand sich bereit, die neue Lehre anzunehmen.

Erfolglos durchzogen die deutschen Priester von einem Markttage zum andern die Stadt. Schon nahte der Herbst. Die Singvögel zogen von dannen. Doch die Bamberger Schar sang ihr Lied, ohne daß sich irgend ein Ohr auftat. Hierdurch entmutigt, beschloß der Bischof endlich, durch Paulitz bei dem Polenfürsten anfragen zu lassen, ob er in der trotzigen Stadt noch länger verharren sollte. Als die Einwohner davon hörten, erschraken sie und baten den Burggrafen, auch Gesandte Stettins mitzunehmen.

Ehe diese vom Hofe des polnischen Gebieters zurückkehrten, gelang es dem Bischof, bei zwei Jünglingen, den Söhnen des reichen und vornehmen Stettiners Domizlaff, Eingang zu finden. Er taufte sie schließlich ohne Mitwissen der Eltern. Als die Mutter, eine aus christlichem Lande entführte Frau, davon hörte, eilte sie bestürzt zu dem Bischof und fand zu seinen Füßen ihre Söhne. Nachdem diese die Alba, das weiße Taufkleid, abgelegt, hatte Otto ihnen neue Gewänder anfertigen lassen, die ihrem vornehmen Stande gemäß ausgestattet waren. Dieser Anblick, sowie erwachende Erinnerungen ihrer Jugend ergriffen die Frau so gewaltig, daß sie hinfort mit ihren Hausgenossen und Freunden sich offen zum Christentum bekannte. Ebenso gewann das Beispiel ihrer Söhne auch deren Gespielen und endlich selbst den von einer Reise heimkehrenden, anfangs sehr entrüsteten Vater, der nun dem Heidentum entsagte und sich mit 500 Personen seines Hausstandes taufen ließ. Als diese Nachricht die Stadt durcheilte, berief der Oberpriester Triglaffs sofort eine Versammlung in das Rathaus. Der Zufall fügte es, daß an demselben Tage auch Paulitz mit den Gesandten Stettins zurückkehrte. Dieser verlas den versammelten Vätern einen in lateinischer Sprache uns überlieferten Brief des Polenherzogs, der in deutscher Übersetzung folgendermaßen lautet:

„Boleslaw, von Gottes Gnaden Herzog der Polen und Feind aller Heiden, dem pommerschen Volk und den Stettinern Frieden und Freundschaft, wenn sie den geschlossenen Bund halten, doch wenn sie ihn brechen, Mord, Brand und ewige Feindschaft!

Wenn ich an euch Ursach suchte, könnte ich billig entrüstet sein ob eurem Bundesbruch und daß ihr den Bischof Otto, meinen Vater, diesen der höchsten Ehrerbietung würdigen, in der ganzen Christenheit berühmten Herrn, der mir von Gott zu eurem Heil gesandt ist, ungebührlich aufgenommen und bisher seiner heiligen Lehre getrotzt habt. Solches alles verklagt euch. Gleichwohl

Bischof Otto zerstört die Triglaff-Gontine.
(Wandgemälde im Restaurant Kaiserhallen, Stettin, Kaiser Wilhelmplatz.)

haben eure Gesandten, insonderheit auch der Bischof selbst, sich für euch verwandt. Auf deren Rat und Bitte habe ich denn beschlossen, damit ihr Christi Joch desto freudiger auf euch nehmt, eure Verpflichtungen gegen mich folgendermaßen herabzusetzen: Ganz Pommern soll dem polnischen Herzog und seinen Nachfolgern alljährlich 300 Mark Silbers entrichten und bei einem ausbrechenden Kriege derart Hülfe bringen, daß je neun Hausväter den zehnten mit Waffen und Zehrung zum Feldzug ausrüsten und indessen seine Familie zu Hause treulich versorgen. Wenn ihr solches haltet und den christlichen Glauben annehmt, sollt ihr meines Friedens, Schutzes und Beistandes in allerlei Vorkommnissen als meine Bundesgenossen und Freunde versichert sein."

Dieser Brief, sowie die Beredsamkeit des Burggrafen und die Drohungen des anwesenden Domizlaff bewirkten einen Umschwung in der Stimmung der Einwohnerschaft. Die Götzenpriester mußten das Rathaus verlassen und der christliche Bischof wurde hineingeführt. Sofort rüstete sich Otto durch Messe und Abendmahl mit seinen Priestern die vier Götzentempel der Stadt (Gontinen genannt) zu zerstören. Als das staunende Volk sah, daß seine Götter die Verwegenen nicht straften, legte es selbst Hand an, die Gebäude von Grund aus abzubrechen. Auch schritt Otto alsbald zum Bau zweier Kirchen. Die eine, innerhalb der Stadt, weihte er dem heiligen Adalbert, die andere, draußen am Fuße des Walles, den Apostelfürsten Petrus und Paulus. Neunhundert Familien waren dem Christentum und damit der europäischen Kultur gewonnen.

Leider hatte das Werk des Bischofs nicht lange Bestand. Im Grunde hatte man das Christentum nicht aus Überzeugung angenommen, sondern aus Furcht vor den Polen. Die glänzende Erscheinung des Bamberger Bischofs hatte wohl für den Augenblick geblendet, doch nicht innerlich für den neuen Glauben gewonnen. Man verstand die tieferen Lehren des Christentums nicht, und tausend unzerrissene Fäden fesselten die Volksseele noch an den Naturglauben der Väter. Zwei Jahre nach Abreise des Bischofs fand in Stettin eine Erntefeier statt, bei der wieder die alten Götzenbilder neben die Festspeisen gestellt wurden. Alsbald erschien auch auf dem Festplatze einer der verjagten Götzenpriester. Als wollte er nach alter Sitte das Festopfer bringen, trug er auf seinem Haupthaar einen Goldreifen, und lang wallte sein festlich gesalbter Bart auf sein weißes, mit Goldschnüren verziertes Priestergewand herab. In seiner Linken hielt er den eisenbeschlagenen Opferstock, mit der Rechten dagegen zeigte er der Menge die dreiköpfige Figur Triglaffs.

Auf einmal erschallte feierliches Geläute. Einige Christen, welche die Gefahr für ihren Glauben erkannten, zogen die Glocken der Adalbertskirche, um die Getauften zu den Waffen zu rufen. Seit je hatten die Heidnischgesinnten sich an dem ungewohnten Glockenton geärgert. Jetzt entflammte er sie vollends zur Wut. Unter Anführung des Götzenpriesters zog ein bewaffneter Hauf den Hügel empor, zertrümmerte die Glocken und wollte auch die Kirche zerstören. Schon erhob der Götzenpriester über dem Altar eine Axt, als eine bewaffnete Christenschar eintraf. Dies brachte die Zerstörer zur Besinnung, und schließlich einigten sich die Anhänger des Alten und des Neuen dahin, daß man neben dem christlichen Heiligtum einen Altar für Triglaff errichtete. Der Abfall Stettins riß auch das übrige Pommernland mit sich.

Als der Polenherzog davon hörte, rückte er 1128 zur Bestrafung des abtrünnigen Landes mit Heeresmacht heran. Doch von entgegengesetzter Seite kam auch der Bamberger Bischof, um sein gefährdetes Werk zu retten. Er traf mit dem Polenherzog in dessen Lager an der pommerschen Grenze zusammen, und beide gerieten hart aneinander. Boleslaw war nicht zum Rückzuge zu bewegen. Nur ließ er sich erbitten, mit dem Pommernherzog Wratislaw in persönliche Unterhandlungen zu treten. Dieser wurde denn in das Lager beschieden. Doch drohten alle Friedensvermittelungen Ottos an dem Verhalten Stettins zu scheitern. Boleslaw wollte unter allen Umständen die trotzige Stadt bestraft sehen. Schließlich war die Kriegsgefahr nicht anders zu beseitigen, als daß sich der Bischof vor einem etwaigen Polenzug gegen Stettin erbot, zunächst noch einen persönlichen Versuch in der Stadt zu machen, ob sie nicht durch gütliche Überredung für das Christentum wieder zu gewinnen sei.

Es war für den Bischof ein gefährlicher Gang. Denn in Stettin herrschten unheimliche Zustände, verschärft durch Hungersnot und eine mörderische Seuche. Es gab Stadtteile, wo jedes Haus mit Kranken oder Toten angefüllt war. Infolgedessen war der Pöbel zügellos geworden und, da er die Seuche für eine Strafe der verlassenen Götter hielt, geriet der größte Teil der Einwohner wieder unter das Regiment der Götzenpriester. Bewaffnete Rotten durchzogen die Straßen und blutige Kämpfe wurden zwischen Heiden und Christen ausgefochten. An der Spitze der Christen stand ein junger, feuriger Mann namens Witsach, wahrscheinlich ein Verwandter des Herzogs, der von Bischof Otto auf seiner ersten Reise getauft worden. Er wurde nicht müde, auf der Straße und in den Häusern zum Christenglauben anzufeuern, sowie die Schwankenden zu befestigen. Doch nur ein kleines Häuflein hing ihm an. — Da verbreitete sich plötzlich die Kunde, der Bamberger Bischof wäre soeben im Hafen gelandet. Alles stürzte dahin, um sich von der Wahrheit zu überführen. In der Tat erblickte man ein Schiff, aus dem sieben priesterlich gekleidete Männer herausstiegen, in ihrer Mitte die bekannte Gestalt des Bischofs. Drohendes Wutgebrüll begrüßte die Fremden, die jedoch ruhig das Bollwerk erklommen und dann, von der tobenden Menge umwogt, langsamen Schrittes unter geistlichen Gesängen der Stadt entgegenzogen. Da aber das Getümmel immer größer wurde, lenkte der Bischof zu der kleinen Peter-Pauls-Kirche, wo er vorläufig einen sicheren Zufluchtsort zu finden hoffte.

Kaum war die christliche Schar hineingezogen, so erschienen mehrere Götzenpriester und forderten die Menge auf, die geistliche Festung zu stürmen. Bald war die Kirche von einem feindseligen Haufen umlagert. Die Geistlichen im Innern kehrten sich nicht an das Gebrüll draußen. Sie bereiteten den Sonntag vor, und heilige Gesänge erschallten aus dem Gotteshause. Diese feierlichen Töne übten auf die Lauschenden so wunderbare Gewalt, daß ihre Feindschaft in versöhnlichere Stimmung umschlug.

Da sah man aus dem Stadttor eine bewaffnete Schar mit Witsach an der Spitze herbeiziehen. Als er die Menschen wie eine tosende Brandung das Gotteshaus umlagern sah, schalt er die Blutdürstigen wegen ihres Frevels am Gastrecht, und beschämt wich die Menge zurück. Ihm selbst öffnete sich, nachdem er seinen Namen genannt, die Kirche. Mit Freudentränen begrüßte er den Bischof und beschwor ihn, auf der Stelle die Stadt zu verlassen. Allein Otto wies jeden Fluchtgedanken von sich und wollte lieber sterben als umkehren. „Dann will ich mit euch sterben!" rief Witsach entschlossen: „Mögt ihr diese Nacht noch in der Kirche bleiben! Ihr seid hier vielleicht sicherer als anderswo. Am Morgen werde ich wiederkommen und versuchen, euch in die Stadt zu führen".

Otto übernachtete also im Gotteshause. Am anderen Morgen erschien Witsach mit etlichen Bewaffneten. Nun brach die ganze Schar in die Stadt auf, an der Spitze der furchtlose Bischof. In den Gassen standen die Menschen Kopf an Kopf und erhoben ein wüstes Geschrei, als sie die Fremden erblickten. Doch ohne sich einschüchtern zu lassen, lenkte Otto auf das Rathaus zu, wo die Väter der Stadt versammelt waren. Ein höllischer Spektakel empfing ihn hier, niemand konnte anfangs ein Wort verstehen. Endlich als es Witsachs Freunden gelang, einen Augenblick Ruhe zu schaffen, trat Otto auf die Rednerbühne, die Versammelten mit ernsten Worten auffordernd, den wiedereingeführten Götzendienst zu beseitigen. Wilde Verwünschungen schleuderte man ihm als Antwort entgegen. Am unbändigsten gebärdeten sich die anwesenden Götzenpriester. Doch wie ein Fels im Meer stand der Bischof. Da er aber bei dem immer lauter werdenden Getümmel sich nicht vernehmlich machen konnte, gab er endlich jede gütliche Vorstellung auf und schickte sich an, über die Abgefallenen den Kirchenbann zu verhängen. Auf die Bitten einiger aber, die seine Absicht merkten und die vermeintliche Zauberformel fürchteten, gab er ihnen noch längere Frist zur Beratung und übertrug Witsach die fernere Verhandlung. Er selbst eilte auf den Markt, um sich von den Ratsherren an das versammelte Volk zu wenden. Hier hielten Witsachs Anhänger sämtliche Zugänge, auch die Tribüne in der Mitte des Marktes, besetzt. Durch Drohungen und Waffengeklirr wurde die Menge zum Schweigen gebracht, und Otto bestieg den Rednerstuhl. Plötzlich stürzte ein weißbemantelter Götzenpriester mit einem Speer herbei und schlug zweimal an die Tragsäule der Rednerbühne, indem er dem Bischof Schweigen gebot. Da dieser sich jedoch nicht unterbrechen ließ, wandte sich der Heidenpriester an die Umstehenden mit der Aufforderung, den Feind der heimischen Götter zu töten, und richtete zugleich seinen Speer auf den Bischof. Otto erkannte die drohende Gefahr, verlor jedoch keinen Augenblick die Ruhe. Gebieterisch streckte er die Rechte aus, indem er dem Mordgierigen seine Lanze zu werfen verbot. Der abergläubische Heide hielt die Handbewegung für einen Versuch, ihn zu bezaubern, und dieser Gedanke übte in der Tat eine entkräftigende Wirkung auf ihn aus. Regungslos wie mit gelähmtem Arm stand er da. Schnell gefaßt, machte Otto das Zeichen des Kreuzes, segnete die Menge und stieg von der Rednerbühne herunter.

Tiefe Stille herrschte auf dem Markte. Die mutige Festigkeit des Apostels, sowie seine würdige Haltung, vor allem das scheinbare Wunder, setzte ihn wieder in sein früheres Ansehen ein. Einige jubelten ihm zu, andere zerstreuten sich nachdenklich in ihre Häuser. Vom Markte aber schritt der Bischof zu der nahen Adalbertskirche und zertrümmerte den daneben gebauten Götzenaltar. Als darauf die Nachricht kam, daß die Menge an einem Götzenbaum eine drohende Haltung angenommen, führte Otto seine Schar sofort an den Platz. Wirklich stand dort unter einem riesigen Wallnußbaum, der abgöttisch verehrt wurde, eine große Zahl von Menschen. Otto machte sich ohne weiteres daran, den Baum zu fällen, und niemand wagte ihn zu hindern. Da stürzte plötzlich der Besitzer des Baumes mit einem Streitmeißel herbei und rief schon von ferne dem Bischof zu, sein Eigentum unberührt zu lassen. Als Otto sich daran nicht kehrte, schleuderte der Wütende den Streitmeißel wider den Frevler. Zum Glück hatte er schlecht gezielt. Der Meißel schlug in die Holzwehr eines nahe gelegenen Ziehbrunnens, und vergebens zerrte der Wende an dem Lederriemen, um seinen Wurf zu wiederholen.

Zornig fielen die Christen über ihn her, allein Bischof Otto entriß ihn ihren Händen. Bekehrt durch diese Güte, fiel er dem Bischof zu Füßen und bat ihm seine Tat ab. Otto verzieh ihm gern, gab auch den bittenden Nachbarn Gehör und schonte den Baum, der mit seinen Früchten wie mit seinem Schatten so viele erquickt hatte.

Indessen war auch Witsach kräftig für die christliche Sache eingetreten und hatte den verständigeren Teil der Versammelten zur Besinnung gebracht. So kam endlich der Beschluß zu stande, das Christentum wieder in Stettin einzuführen. — Am andern Tage wurde auf dem Markte eine große Messe abgehalten, wo die Abtrünnigen wieder feierlich in die Kirche aufgenommen wurden. Überall wurden die Götzenbilder in den Häusern aufgesucht und zerstört, auch ließen sich jetzt viele taufen, die früher der christlichen Lehre Widerstand geleistet hatten.

Der Einzug der Deutschen in Stettin.
(Wandgemälde im Restaurant Kaiserhallen, Stettin, Kaiser Wilhelmplatz.)

Kaum je ist auf pommerschem Boden ein größerer Sieg davongetragen als dieser, der ohne einen Tropfen Blutes gewonnen wurde. Mit der Christianisierung begann zudem auch die Einwanderung der Deutschen, die um 1250 unter Barnim I. ihren Höhepunkt erreichte und Pommern wieder zu einem deutschen Lande machte. (Zum Teil aus dem Roman „Das Geheimnis der Finsternis".)

Ernst Gollnow.

Oderwein.

Vor Zeiten Bischof Otto fand
Den Weg ins wilde Pommerland;
Vom fernen Bamberg zog er her
Und nahm es in die Christenlehr'.
Man merkte da die erste Spur
Von Pommerns künft'ger Hochkultur.

Nach ihm kam einst ein kluger Mann,
Der sah das neue Land sich an.
Er sprach: „Das Land ist angenehm,
Für Heringshandel sehr bequem;
Nur ist des Wassers hier zu viel,
Das hat kein End' und hat kein Ziel.

Die Oder schon, daß Gott erbarm,
Hat manchen breiten Wasserarm,
Und gar das Haff dahinter gleich
Ist unvernünftig umfangreich;
Am allermindsten scheint mir gut
Der Ostsee scheußlich salzne Flut.

So vieles Wasser ist ein Graus,
Das hält ein deutsches Herz nicht aus.
Zu Wendenzeiten mocht es gehn!
Der Deutsche kann nicht so bestehn;
Er braucht ein Gegenschwergewicht,
Denn Wasser tut's ihm freilich nicht."

So dacht er weislich und beschloß:
„Man send uns einen Rebenschoß!
Den setzen wir und wollen sehn,
Wie solch Gewächs hier mag bestehn."
Der Setzling kam, stand, wuchs, trug
Frucht,
Und so begann die Traubenzucht.

Man schnitt, man kelterte den Wein,
Man füllte ihn in Fäßlein ein,
Ließ gären ihn ein stilles Jahr,
Bis daß er reif zum Trinken war.
Drauf hub ein sehr verwegner Mann
Mit Vorsicht ihn zu kosten an.

Doch was dem Ärmsten da geschehn,
Das war erbärmlich anzusehn.
Es ward, wer nur von weitem stand,
Von heißem Mitleid übermannt,
Und fühlt ein Rühren schmerzenreich,
Dem schwersten Katzenjammer gleich.

Ein Schiffer sah's von seinem Schiff,
Tat in ein Tönnlein einen Griff,
Zog einen Hering sanft hervor
Und hob ihn hoch am Schwanz empor,
Er legt ihn säuberlich hinein
In diesen klaren Oderwein.

Und augenblicklich wunderbar,
Das Katerfrühstück fertig war,
Das unserm Magen gar so gut
Und andern Eingeweiden tut.
Der jetzt mit Ehren längst bekannt,
Der saure Hering so entstand.

Seitdem aus Frankreich und vom
Rhein
Bezieht der Pommer seinen Wein.
Und hat er ihn, so trinkt er klug
Beträchtlich mehr als nur genug,
Dieweil des Herings Hochgenuß
Man redlich erst verdienen muß.

Hans Hoffmann.

Die Ückermünder Heide.

Mit dem Gesamtnamen „Ückermünder Heide" bezeichnet man die mächtigen Waldreviere Altvorpommerns, die sich von der Oder bis zur Peene und vom Stettiner Haff bis nach der Uckermark und Mecklenburg hinziehen. Näher noch wie oben werden die Ost- und Südgrenze der Heide durch eine Luftlinie bestimmt, welche die Örter Pölitz, Kreckow, Pasewalk und den Grenzpunkt zwischen Pommern,

Brandenburg und Mecklenburg-Strelitz unweit des pommerschen Dorfes Heinrichswalde schneidet. Die genauere Westgrenze dagegen folgt von Heinrichswalde bis Ferdinandshof der mecklenburg-pommerschen Grenze und von da ab bis zum Peenestrom der Bahnlinie Ferdinandshof-Ducherow-Usedom.

Die größte Ausdehnung der Heide von Norden nach Süden beträgt 43, die von Osten nach Westen 54 km. Nach Abrechnung der bedeutenderen Einschnitte bedeckt sie dabei eine Fläche von 1550 qkm, wovon zwei Drittel als reiner Waldbestand zu betrachten sind.

Einen herrlichen Überblick über das eigentliche Herz der Heide gewähren die sogenannten Lenzener Berge. Diese gehören zu den nördlichen Ausläufern des Randow-Plateaus, jenes Teiles des mecklenburgischen Landrückens, der sich zwischen Oder und Randow nach Pommern hineinschiebt, und sind von der Endstation der Randower Kleinbahn, dem Dörflein Stolzenburger Glashütte, aus leicht zu erreichen. In ihrem höchsten Punkte, der „Amalienhöh", erheben sie sich 51 m über den Spiegel des Meeres und beherrschen damit die ganze Umgegend.

Das Panorama, welches sich von hier aus den erstaunten Blicken des Beschauers entrollt, ist so überwältigend und in seinen einzelnen Teilen von so eigenartigem Zauber, daß man sich nur schwer wieder davon losreißen kann, und daß es für immer in der Seele haftet. In unermeßliche Fernen zieht sich der dunkle, geheimnisvolle Kiefernwald der Heide nach Norden, Osten und Süden dahin, nur hin und wieder von lichter gefärbten Stellen unterbrochen, aus denen die friedlichen Dörfer und einsamen Weiler, die hellgrünen Wiesenflächen und tiefblauen Waldseen hervorlugen. Aus unmittelbarer Nähe winken die betriebsame Stolzenburger Glashütte, das Dörflein Zopfenbeck und der Weiler Schneidemühl mit seinem alten Teerofen herauf. Weiter nach Norden verweilt der Blick bei der großen Wiesenfläche, die man durch die Entwässerung des Ahlbecker Sees gewonnen, und bei all den Ortschaften, welche sich wie ein Kranz um die früheren Ufer des Sees herumziehen, und von denen hier nur die beiden Kirchdörfer Hintersee und Ahlbeck-Ückermünde genannt sein mögen. Jener schwarze Punkt dort an der Grenze des Horizontes im Norden ist zweifelsohne der Leuchtturm von Swinemünde, und jene Rauchsäulchen zu unserer Rechten, die dort zwischen den Kronen der Bäume emporsteigen, deuten die Richtung an, in der die Seedampfer das Haff durchschneiden. Der Südosten und Süden unseres Gesichtskreises werden von den stärker besiedelten Wellenhügeln des Randow- und Warsow-Plateaus ausgefüllt und vermögen unserm Bilde von der Heide keine besonderen Reize zu verleihen. Mächtig belebt dagegen wird dasselbe noch einmal im fernen Westen, im Winkel von Heinrichswalde und Rothemühl, wo die mecklenburgische Seenplatte sich trutziglich als natürliche Grenzmauer zwischen Pommern und der Uckermark erhebt und im Hohen Mittags- und Römerberge Höhen von 128 bezw. 124 m erreichen und zum Greifen nahe über den Wald herübergrüßen.

Das ganze Flachland der Ückermünder Heide zwischen Haff und Peene und den oben genannten Randerhebungen war vor Jahrtausenden noch mit einer weiten Wasserfläche bedeckt, die den südlichen Teil des Haffs bildete, und die erst im Laufe der Zeiten allmählich zurückwich. Der durch diesen Vorgang entstandene Boden gehört darum auch seiner geologischen Formation nach zu dem sogenannten Schwemmland oder Alluvium und zeigt auch ganz die Eigenschaften desselben. Er besteht zum größten Teile aus Sand- und Moorstrecken, die mit gewaltigen Torflagern (Randow-Wiesen, Anklamer Stadtmoor) wechseln. Auch das häufige Vorkommen des Raseneisensteines, hier „Fuchs" genannt, entspricht ganz dem Charakter des Schwemmlandes. — Hin und wieder stößt man auch auf Tonschichten, die aber meistenteils nur von geringer Stärke sind. Ein Tonlager von ganz besonderer Mächtigkeit zieht sich jedoch im Mündungsgebiet der Ücker am Haff entlang und hat hier eine großartige Ziegelindustrie ins Leben gerufen. Die Tonschicht liegt 1/4 bis 2 m unter der Oberfläche und zeigt eine Stärke von 1/2 bis 4 m.

Weite baumlose und nur mit Heidekraut bedeckte Flächen, wie uns solche in der Lüneburger Heide entgegentreten, trifft man in der Ückermünder Heide nicht an. Die Waldflächen sind im Gegenteil überall bestanden, und wenn der reine Kiefernwald auch vorherrschend ist, so wechselt dieser doch oft mit herrlichen, gemischten Beständen ab, so in den Hügelrevieren von Rothemühl und Torgelow, wo man lebhaft an die Buchenwälder Rügens erinnert wird.

Vereinzelt und in kleineren Gruppen treten neben allen Hauptbaumarten unserer Wälder auch noch Ahorn, Esche, Ulme, Elsbeere und Eibe auf. Elsbeeren findet man bei Stolzenburg, in der Umgebung der königlichen Försterei Eichfeuer. Die Eibe war früher in den Bruchwäldern der Heide ziemlich häufig vertreten, ist aber bedeutend seltener geworden und scheint dem Aussterben entgegenzugehen. Vereinzelte Stämme kommen jedoch noch auf der Mobenhorst bei der Stolzenburger Glashütte und im Rehhagener Forstrevier am Neuwarper See vor.

Im Hochwald der Ückermünder Heide sind ganze Strecken des Bodens fast ausschließlich mit Heidelbeerkraut bedeckt, an dessen Stelle im Stangenholz und in den Schonungen Preißelbeere und Heidekraut treten. Auf den trockenen Waldblößen fristen Strandhafer und Sandsegge, Feldthymian und Sandveilchen ihr kümmerliches Dasein. Auf den feuchten Waldstellen dagegen und in den Mooren und Brüchen finden sich Sumpfheidel-, Moos- und Krähenbeere, wilder Rosmarin, Sumpfporst und die verschiedensten Farne (Straußfarn — Onocléa struthiópteris — am Stolzenburger Borken). Im großen und ganzen ist aber die Heide ein armseliges Pflanzengebiet, weshalb auch die Imkerei in den Jahren, in denen das Heidekraut eine schlechte Blüte hat, nur wenig lohnend ist.

Der Wildbestand der Ückermünder Heide war von jeher ein außerordentlich reicher, und auch heute noch tritt das Wild dort so zahlreich auf, daß sich der Landmann desselben kaum erwehren kann. Hirsche in Rudeln von 50 bis 60 Stück, darunter noch stattliche Sechzehn- und Achtzehnender, sind in strengen Wintern und bei hohem Schnee durchaus keine Seltenheit, und über Rehe in Sprüngen von 100 bis 150 weiß jedes Kind im Heidedörflein zu erzählen.

Vor ungefähr 30 Jahren trat auch noch das Wildschwein so zahlreich auf, daß es zur reinen Plage wurde. Heute dagegen ist es beinahe ausgerottet und kommt vereinzelt nur noch in den Bergen von Rothemühl vor. Ein jedenfalls von hier aus verschlagener Keiler im Gewichte von vier Zentnern wurde jedoch noch im Winter 1902 in der Eggesiner Forst erlegt.

Daß auch Dachs und Fuchs, Marder und Iltis hier noch immer ihr Wesen treiben, bedarf wohl nur des Hinweises.

Im einsamen Hochwalde horsten See- und Fischadler. Fischreiher und Kraniche gehen ihrem Gewerbe nach, und auf den Waldseen tummelt sich das unzählige Heer der Wildenten, unbekümmert darum, daß dicht neben ihnen ein Wildschwan majestätisch seine Bahnen zieht.

Daß bei solchem Wildreichtum auch der Drang zum Wildern mächtig rege werden mußte, liegt auf der Hand, und so wissen auch Sage und Lied von manchem blutigen Strauße zwischen Wilderern und Forstschutzbeamten zu berichten, der ohne Zeugen auf stummer Heide ausgefochten wurde.

Schier wie ein Märchen klingt es aber, wenn uns alte Chronisten berichten, daß es vor 400 Jahren auch noch wilde Pferde in der Ückermünder Heide gegeben habe, und doch treten diese Nachrichten so bestimmt auf, daß man ihnen Glauben schenken muß. Von diesen wilden Pferden erzählt ein Chronist des 16. Jahrhunderts wie folgt: „In der Ückermündischen Heide hats wilde Pferde, die gehen bei ganzen Herden. Dieselben haben allerlei Farben, wie andere Pferde, nur allein, daß sie einen gelben Striemen über den Rücken haben, sind nicht übrig groß, aber sehr fest und arbeitsam. Man fängt sie in Hagen und wirft ihnen einen Strick um den Hals und zieht das zu, bis es schier würgt. Danach verhemmt man sie mit Stricken, daß man sie behandeln und fortbringen kann, und spannt sie etliche Tage nach einander vor den Pflug und treibt sie so lange, bis man ihnen die Wildheit und Kraft gar gebrochen. So lehrt man sie dann den Zaum leiden, und werden es hernach sehr gute Pferde, die viel Arbeit und Böses ausstehen mögen."

Ein Sproß dieser Wildlinge war auch der berühmte Leibhengst Bogislaws X. (1474—1523), mit dem der Pommernherzog auf seiner Reise nach Palästina am Kaiserhofe zu Wien gewaltiges Aufsehen erregte, und nach welchem Kaiser Maximilian so großes Verlangen hatte, daß er den Herzog darum bat. „Dieser hätte ihm aber viel lieber etliche tausend Gulden gegeben, aber weil er es ihm nicht abschlagen konnte, hat er es ihm zugesagt — der Hengst war inzwischen wieder nach Stettin zurückgegangen — sobald als er heimkehrte."

„Mittwoch nach palmarum des Jahres 1498 kam nun Herzog Bogislaw wieder in sein Land zurück und ist des folgenden Tages nach Stettin gezogen. Es ist aber die Nacht zuvor ein sonderlich seltsam Unglück geschehen, desgleichen man kaum gehört haben mag. Denn alle seine Pferde auf dem Stalle, so bis daher frisch und munter gewesen, sind selbige Nacht allesamt auf der Streu gestorben" — darunter auch der Leibhengst — „ohne daß man eine Ursache gewußt hat". Als der Herzog das Unglück erfuhr, „erschrack er hart und konnte sich nicht genugsam verwundern, wie es zugegangen, und mühete sich sonderlich um den Leibhengst, den er dem Kaiser zugesagt, und beklagte den nur allein". — „Und hat demnach von seinem Hofgesinde zween andere hübsche Gäule zuwege gebracht und dieselben dem Kaiser geschickt".

Daß auch in der Ückermünder Heide schon längst vor Christi Geburt Ansiedelungen von Menschen vorhanden gewesen sein müssen, ist zwar durch verschiedene Altertumsfunde aus dieser Zeit, die man hier gemacht, vollauf bewiesen; das ist aber auch alles, was wir darüber wissen. Genauere Angaben über das Auftreten des Menschen in diesem Gebiet treten uns erst um die Zeit von Christi Geburt entgegen, wo uns römische Schriftsteller berichten, daß es der mächtige Volksstamm der Rugier war, der sich in den Küstengegenden des nördlichen Germaniens und somit auch in unserer Heide angesiedelt hatte, und der später zur Zeit der Völkerwanderung seine alten Wohnplätze verließ, um dem allgemeinen Zuge der Germanen nach Süden zu folgen.

Der Besiedelung der Heidegegenden durch die Rugier verdankt jedenfalls auch die Sage vom Feuerkönig des Ahlbecker Sees ihre Entstehung; erinnert dieselbe doch sogar in einzelnen Zügen lebhaft an den Mythus vom Donnergotte der alten Germanen. Wie bei Thor waren Stärke und Mut auch die vornehmsten Eigenschaften des Feuerkönigs, und auch von ihm gingen Blitze aus, wenn er sein feuriges Schwert schwingend hin und wieder durch die Lüfte dahinjagte. Für gewöhnlich aber trieb der Feuerkönig sein unheimlich Wesen in dunklen Nächten auf dem See selbst, bewegte sich darauf, als ob er fischen wolle, schoß auch im Kahn über den See dahin, daß die Wasser hoch aufspritzten, umschwebte laut jammernd die alten Gestade des Sees, erschien aber auch sofort, wo man unbedachtsam seinen Namen ausgesprochen, und kam auch sonst den Wohnplätzen der Ansiedler so nahe, daß sie deutlich seine riesige Mannsgestalt erkennen konnten und zu Tode geängstigt befürchteten, er werde ihre armseligen Hütten durch seinen Feuerodem in Brand setzen, was aber nie geschah. Sobald es zu tagen anfing, verschwand der Plagegeist an der Westseite des Sees auf dem sogenannten Borgwall, wo auch der Sage nach der Tempel eines alten Heidengottes gestanden haben soll.

Ein junger Fischer befreite endlich die Gegend von dem schrecklichen Unhold. Als nämlich letzterer wieder einmal über den See dahinfuhr, steuerte der Fischer unerschrocken auf ihn los und rief ihm zu, weshalb er die Gegend so quäle. Da stürzte sich der Feuerkönig kopfüber in den See und war für immer verschwunden. Den Fischer aber fand man am nächsten Morgen tot in seinem Kahne liegend.

Die durch den Abzug der Rugier frei gewordenen Plätze in unserer Heide wurden gegen Ende des fünften Jahrhunderts schon wieder besetzt und zwar von einem Stamme des von Osten her vordringenden Wendenvolkes, dem Stamme der Wilzen oder Leutizier. Ackerbau, Viehzucht, Jagd, Fischerei und Bienenzucht treibend, führten diese neuen Heidebewohner die ersten Jahrhunderte ein friedliches Dasein, unbedrängt von äußeren Feinden und höchstens im Streit mit den eigenen Stammesgenossen. Das änderte sich aber, sobald sich die durch die Völkerwanderung zersplitterte Kraft der Germanen unter Karl dem Großen wieder geeint hatte und mächtige Vorstöße nach Osten machte, um den Wenden die alten Ostmarken Germaniens wieder zu entreißen. Der Kampf, welcher dadurch zwischen Germanen und Wenden entfacht wurde und in den sicherlich auch unsere Wilzen mit hineingezogen wurden, zog sich durch Jahrhunderte hin und rieb das Volk der Wenden und somit auch den Stamm der Wilzen beinahe vollständig auf. Auf den blutgetränkten Fluren der Heide siedelten sich nun „sächsischer Adel und niederdeutsche Bauern an“, denen später noch zur Zeit der Raubkriege Ludwigs XIV. (1643—1715) viele Pfälzer folgten.

Aus der Zeit des niedergehenden Wendentums stammt auch das einzige historische Denkmal der Ückermünder Heide aus alter Zeit, das sogenannte Barnimskreuz, das dem Andenken Herzog Barnims II. (1278—1295) errichtet ist, der hier im Jahre 1295 von dem Ritter Vidante von Muckerwitz auf Vogelsang bei Ückermünde erschlagen wurde. Ein einfaches Holzkreuz, das bei Verfall immer wieder erneuert wird, und eine 1½ m hohe und 1 m breite Granitsäule bezeichnen an der alten Poststraße Stettin-Ückermünde im Walde zwischen Entepöhl und Hintersee die schaurige Stätte. Außer einem eingemeißelten Kreuz und der Jahreszahl 1295 trägt der Stein noch die Inschrift: BARNIMS KREUZ. KÖNIGLICH REVIER.

Die Historie aber vom Barnimskreuz wird wie folgt erzählt: Herzog Barnim II. lag gern in der Ückermünder Heide dem Weidwerk ob und nahm dann oft die Gastfreundschaft des vornehmen Vidante von Muckerwitz in Anspruch, der eine Freiherrin von Warborch als Eheweib hatte. Gar bald entbrannte der Herzog in heftiger Leidenschaft zu der schönen Schloßfrau und suchte sich des unbequemen Gatten dadurch zu entledigen, daß er ihn mit einer Gesandtschaft nach Polen beorderte, welchem Auftrage Vidante von Muckerwitz auch arglos Folge leistete. Der Hüter der Ehre seines Hauses weitab in Polen und der Herzog wieder eine Nacht als Gast in Vogelsang, in der er „die Frau mit gutten Worten und Dreven zu seinem Willen vermocht!“

Vidante von Muckerwitz erhielt aber durch seinen treuen Schloßkaplan Kunde von dem schändlichen Treiben des Herzogs und eilte wutschnaubend nach Vogelsang zurück, wo der Herzog gerade wieder anwesend war. Nichts Gutes beim Anblicke Vidantes ahnend, stürzte Barnim aus dem Schlosse, schwang sich aufs Roß, das sein Getreuer Hans von Klempenow schnell aus dem Stalle gerissen hatte, und jagte aus dem Burgtore. Für Hans von Klempenow aber war es zur Rettung schon zu spät. Er wurde ergriffen und kurzerhand aufgeknüpft. Dann setzte Vidante dem fliehenden Herzoge nach, holte ihn endlich an der oben beschriebenen Stätte ein und schrie ihm zu, sich zu verteidigen. Als Barnim aber darauf sein Hifthorn ansetzte, um Hülfe herbeizurufen, drang Vidante mit dem Schwerte auf ihn ein und stieß es ihm durchs Herz. — Vidante floh mit Weib und Kind, durfte jedoch schon nach einem Jahre zurückkehren, da Herzog Bogislaw IV. (1278—1309), der Halbbruder des Erschlagenen, beide Sachen gleich böse erachtete. Bogislaw IV. ließ auch „zum Gedächtnis der Geschichte dem Bruder ein gemauert Kreutz an seiner Todesstette setzen“.

Gar manches ließe sich auch noch über die Schicksale der Heidebewohner erzählen aus der Zeit der brandenburg-pommerschen Fehde um die Lehnshoheit („Kiek in de Mark“ zu Pasewalk), aus den Zeiten des dreißigjährigen Krieges und aus der Franzosenzeit; das ist ja aber auch schon anderswo ausführlich berichtet und würde zudem auch hier zu weit führen. Nur eine Erinnerung an die Franzosenzeit mag hier noch Platz finden.

Im Herbst 1806 nach der Kapitulation Hohenlohes bei Prenzlau sprengten eines Nachmittags um die Kaffeezeit einige Franzosen auf den Schloßhof zu Rothen-Klempenow und forderten die Herausgabe von Geld und Geldeswert, und als der alte Graf Eickstedt dies nicht gleich verstehen wollte, schlug ihm ein Franzose die Mütze vom Kopf. „Wo grot led dat dunn över unsen ollen Grafen, un wo kek he den Franzosen an! Uns argerte dat över so, dat wi nah Meßforken un Wagenrungen grepen un de verfluchten Kerls von den Hof runbröchten.“

Turm von Roten-Klempenow.

Industrie und Schnellverkehr haben seit jenen Zeiten in den meisten Gegenden unseres Vaterlandes gewaltige Umwälzungen hervorgerufen und damit auch manches in der Beschäftigung der betreffenden Bewohner geändert. Unsere Heide aber ist davon heute noch fast ebenso unberührt wie damals. Abgesehen von der eingangs erwähnten Ziegelindustrie an der Ücker — etwa 70 Ziegeleien — und den Eisengießereien zu Torgelow und Ückermünde — zusammen 13 — hat die Industrie kaum noch Versuche gemacht, auch hier Einzug zu halten, und was den Schnellverkehr anbetrifft, so ist davon die Heide auch heute noch beinahe vollständig abgeschlossen. Darum hat sich auch in der Erwerbstätigkeit ihrer Bewohner nur wenig gegen früher geändert. Dieselben nähren sich in der Hauptsache nach wie vor kümmerlich von Waldarbeit, Ackerbau und Viehzucht.

So wenig beneidenswert aber auch das Los des Heidebewohners sein mag, so fühlt er sich doch nirgends so wohl als daheim. Und mag er selbst in die gesegnetsten Fluren verschlagen werden, die Sehnsucht nach dem stillen Zauber der Heide treibt ihn dahin zurück, wo ihm sein Wald auf Schritt und Tritt zuraunt:

Sich recken und strecken im engen Kreise
Ist armer Kiefern gemeinsam Geschick,
Und doch erblüht auf diese Weise
Uns allen hier das schönste Glück.

H. Kohlmann=Stettin.

Parzival.

Horch, über das blühende Heidekraut
Träumt zierlicher Schellen Silberlaut —
Schrill warnt ein scheuer Rebhahnruf
Vor eines Rößleins tappendem Huf —
Wer reitet über die Heide?

Und hell ein Wiehern und ein Geschnauf,
Aus wilden Rosen taucht es auf:
Ein Rößlein weiß und ein Rittersmann,
Der hat ein Kleid von Seide an,
Ein Kleid von roter Seide.

Das Rößlein niest in den frischen Klee,
Der Ritter lacht: „Mein Rößlein heh!
Frisch über Dorn und Sonnenbrand,
Es ist eine Lust das ganze Land,
Es macht mich frei vom Leide!“

„War meiner Seele tumber Knecht,
Nachts keinem in der Welt gerecht,
Drum ritt ich aus dem finstren Tor:
Zu meinem Gott wollt ich empor —
Und sah die blühende Heide.

Hier lacht mich alles fröhlich an,
Hier werd ich Kind, hier werd ich Mann,
Hier bin ich klar und deute nicht
Und träume nur im goldnen Licht,
Hier bin ich frei vom Leide!“

Und er singt und lacht und lacht und singt,
Das Torenglöcklein leise klingt —
Und wieder ein schriller Rebhahnruf —
In Rosen gedämpft des Rößleins Huf —
Und weite blühende Heide . . .

Hans Benzmann.

Heidemärchen.

Nun naht, ein Prinz im Purpurkleide,
Der Sommerabend meiner Heide
Und legt dem braunen Bettelweib
Den Königspurpur um den Leib.

Sie glüht im goldnen Brautgeschmeide,
Und alles glänzt in Samt und Seide;
Die Grille geigt das Hochzeitslied,
Die Frösche dudeln fern im Ried.

Die Sterne in die Höhe steigen,
Sie tanzen einen Fackelreigen;
Der Mond glotzt um den grauen Berg
Neugierig auf das Feuerwerk.

Bis aus dem königlichen Schlosse
Frau Nacht erscheint auf schwarzem Rosse
Und all das süße Spiel verscheucht, —
Und meine Heide still erbleicht.

Hans Benzmann.

Kiek in de Mark.

Von den frühesten Zeiten an sind zwischen den Herzögen von Pommern und den Markgrafen von Brandenburg Grenzkriege geführt worden, in denen Pasewalk, dank seiner exponierten Stellung, eine nicht beneidenswerte Rolle spielte. Was es in den Anfängen des dreihundertjährigen Kampfes gelitten, können wir bei dem Mangel an Quellen nicht mehr erzählen, nur soviel läßt sich mit Gewißheit sagen, daß es in kurzer Zeit öfter den Herrn gewechselt hat. Im Jahre 1136 war es brandenburgisch; in den Jahren 1160, 1170 und 1187 gehörte es zum Herzogtum Pommern; Herzog Barnim I., der Gute, mußte es im Jahre 1250 mit der gesamten Uckermark an die Markgrafen von Brandenburg abtreten. Als Markgraf Waldemar gestorben und Heinrich das Kind Erbe der Mark geworden war, hielt Wartislaw von Pommern die Zeit für gekommen, sich wieder in den Besitz der Uckermark zu setzen. Aber Heinrich der Löwe von Mecklenburg kam ihm zuvor, drang in die Uckermark ein und erreichte durch seine schnelle Entschlossenheit, daß zugleich mit Prenzlow, Templin, Schwedt und Torgelow auch die Stadt Pasewalk ihm ihre Tore öffnete. Bald bereuten jedoch die Städte diesen übereilten Schritt, sagten sich während eines unglücklichen Feldzuges Heinrichs gegen die Ditmarsen von dem Mecklenburger los unb erwählten am 24. August 1320 zu Pasewalk den König Christoph von Dänemark und die pommerschen Herzöge Otto I. von Stettin und Wartislaw IV. von Wolgast, oder vielmehr an des Königs Stelle die beiden Letzteren zu ihren rechten Vormündern und Beschirmern, bis ihnen der einträchtig gekorene Römische König einen Herrn senden werde, der ein besseres Recht nachweise als der König von Dänemark.

So war Pasewalk im Jahre 1320 wieder pommersch geworden. Aber schon im Jahre 1323 belehnte König Ludwig von Bayern seinen ältesten Sohn Ludwig mit der Mark Brandenburg. Obwohl nun die Städte gelobt hatten, „bi den sulven Hertoghen unde by eren Erfnamen to bliuen stede unde vast also langhe, det de Sculde, Kost und Scade werde en ghegulden unde afgheleghet“, begab sich zunächst Prenzlow und dann mit der ganzen Uckermark Pasewalk aus der pommerschen Schutzherrschaft wieder unter brandenburgische Hoheit. Die pommerschen Herzöge beschwerten sich bei dem Kaiser (demselben Könige Ludwig), und da dieser ihnen kein Gehör schenkte, griffen sie zu den Waffen. Markgraf Ludwig (des Kaisers Ludwig Sohn) verlor eine Schlacht, und nun wechselten Unterhandlungen, Kämpfe, Einigungen und Streitigkeiten bis zum Jahre 1338, wo eine endgültige Aussöhnung zwischen den streitenden Parteien zustande gekommen zu sein scheint. Pasewalk blieb diesmal im brandenburgischen Besitz.

1348 schlossen Pasewalk, Prenzlow, Angermünde und Templin ein gegenseitiges Schutzbündnis und leisteten Markgraf Ludwig den Treueid, ergriffen aber im selben Jahre noch Partei für den falschen Waldemar. Nun traten die Pommern zu Ludwigs Gunsten ein und zwangen Pasewalk unter ihre Herrschaft. Die später zwischen Ludwig und den pommerschen Herzögen entstandenen Streitigkeiten wurden dann im Vertrage von Pritzwalk beigelegt. Danach sollten die Pommern Pasewalk und die Schlösser zu Alt- und Neu-Torgelow so lange behalten, bis ihnen der Markgraf 13000 Mark Silber gezahlt hätte. Die Markgrafen verpflichteten sich, die Rechte der Stadt Pasewalk zu bestätigen und sicherten den Anhängern des falschen Waldemar Vergessenheit zu. So blieb Pasewalk pfandweise im Besitze Pommerns. Dieser Vertrag wurde im Jahre 1377 durch Kaiser Karl IV. erneuert. Kaiser Sigismund dagegen belehnte die pommerschen Herzöge mit diesen Landen (1417 und 1424); aber die Herzöge versäumten es, sich ihre Reichslehen von dem neuen Kaiser (Friedrich III.) bestätigen zu lassen. Infolge dessen trat der Kurfürst Friedrich II. von Brandenburg, der Eisenzahn (Hohenzollern), mit der Urkunde von 1377 gegen die Pommern auf. Ob er nun, wie Detmar in seiner lübischen Chronik abweichend von anderen Historikern erzählt, auf gütlichem Wege sich in den Besitz der streitigen Gebietsteile hat setzen und die Pfandsumme von 13000 Mark Silber zahlen wollen, und ob ihm dies von den Wolgastern, die eine Wiederlösbarkeit jener Landesteile nicht mehr für gültig erachteten, verweigert worden ist, oder ob der Kurfürst, wie Thomas Kantzow berichtet, überhaupt keine Lust gezeigt hat, die in dem kaiserlichen Dekret festgesetzte Summe zu zahlen, und lieber mit bewaffneter Hand zu nehmen versuchte, was er als Eigentum der Mark betrachtete, das muß dahin gestellt bleiben. Genug, er erschien im Jahre 1445 mit einem starken Heere vor Pasewalk und belagerte die Stadt.

Die pommerschen Fürsten hatten die Rüstungen des Markgrafen und deren Zweck erfahren, und es waren daher die Herzöge Barnim VII. von Wolgast und Barnim VIII. von Rügen mit ihren Mannen in die Stadt gezogen, um daselbst die Märker zu erwarten; Herzog Wartislaw IX. dagegen hatte sich beim Schlosse Alt-Torgelow in einen Hinterhalt gelegt. So wurden nicht allein die Stürme der Märker blutig abgewiesen, sondern auch durch kühne Ausfälle unter den Belagerern selbst solch ein Schrecken verbreitet, daß diese sich eine starke Meile von der Stadt zurückzogen und ihre Wut an den Dörfern ausließen, wobei sie in den Hinterhalt Wartislaws fielen.

Erbittert über solche empfindlichen Verluste brannte der Markgraf vor Begier, seinen Zorn an der Stadt zu kühlen. Da er aber mit offener Gewalt gegen die wohl bewehrten Mauern und Türme nichts auszurichten vermochte, gedachte er, nicht eben ritterlich, durch einen angesponnenen Verrat die tapfere

Stadt zu überwältigen. Zwei gefangenen Pasewalkern, den Langhälsen, versprach er den doppelten Wert ihrer Häuser und obenein noch bessere Besitzungen in Prenzlow, wenn sie nach ihrer Auslösung ihre Häuser in Brand stecken würden, damit unter dem angstvollen Getümmel der Feuersbrunst die Stürmenden leichten Spieles den Eingang erzwängen.

Acht Tage nach ihrer Auswechselung taten die Langhälse, was sie versprochen hatten. Als aber einer der beiden Brüder das Seil eines Ziehbrunnens zerhieb, damit Wassermangel das Feuer begünstige, wurde er von einer weiblichen

Reste der Stadtmauer in Pasewalk.

Alten ertappt, mit einer Mistgabel zu Boden geschlagen und so lange festgehalten, bis Leute herbeieilten, welche schnell die verräterische Absicht der Brüder erkannten und mitleidlos die Männer samt ihren Weibern und Kindern ins Feuer warfen.

Als der Kurfürst die Feuergarben in der Stadt gen Himmel emporlodern sah, hielt er den zum Sturm geeigneten Augenblick für gekommen und rückte mit seiner ganzen Macht gegen die Stadt. „Do bod de hertighe von Wolgast by lywe und by gude, dat nement sick sholde bekummeren myt deme vüre ane de vrowen alleyne unde de mans scholde blyven up der muren unde up der tornen dar se geschicket weren unde bewaren de stad."

Und Pasewalks Männer waren patriotisch genug, ihre Habe den Flammen zu opfern und selbst die Herzöge, die zu wanken begannen und für ihre Freiheit besorgt waren, flehentlich zu bitten, nur an die Verteidigung der Stadt zu denken. So traten alle mannhaft unter Führung der Landesfürsten an die Tore und Mauern, während die Hälfte des Ortes von der mächtigen St. Marienkirche an

Kiek in de Mark.

bis zur altertümlichen St. Nikolaikirche hin in Flammen aufging. Zwar setzte der Markgraf alles daran und tat selber Wunder der Tapferkeit, zwar wurde das Prenzlauer Tor aufgerissen und drangen die Märker in die nächsten Gassen ein, aber die Pommern drängten die unwillkommenen Gäste mutig wieder aus der Stadt, so daß der Markgraf für jetzt an der Eroberung der Stadt verzweifeln mußte und davonzog.

Die beiden Barnim aber trösteten die Bürger wegen ihres Schadens, verhießen ihnen Holz zum Aufbau ihrer Häuser, ordneten an, daß die Wälle und Mauern der Stadt vor weiterem Kriege eiligst ausgebessert werden sollten, ließen Hartwig von Maltzahn und Henning Jasmundt mit einer aus Wolgastern und Rügianern bestehenden Besatzung zurück und ritten nach so scharfem, aber glücklich bestandenem Strauß nach Wolgast zurück, zumal der Markgraf den Krieg bis Pfingsten vertagte. Die Besatzung aber ruhte nicht, unterstützt von den rachedurstigen Bürgern fiel sie plündernd und brennend in die nahe Uckermark ein und erschien bald im Angesichte der Türme Prenzlaus. Als einst die Prenzlauer mit überlegener Mannschaft den Pommern auflauerten und ihnen den Rückzug abschneiden wollten, schlugen diese sie in die Flucht und banden 200 Gefangene mit den Stricken, welche die Prenzlauer, ihres Sieges gewiß, mit sich geführt hatten, um damit die zu fangenden Pommern zu binden. Von dem Lösegeld, das diese zweihundert Gefangenen erlegen mußten, erbauten die Pasewalker auf der Mauer an der Südseite der Stadt, der Mark zu, einen starken Turm und gaben ihm den Namen „Kiek in de Mark“, indem sie sangen:

„Kiek in de Mark un trure nich,
Markgraf Friedrich, de deet di nicks.“

Und sie behielten recht, an den zähen Pommern und ihren harten Mauern biß sich der Eisenzahn stumpf. Nach mehreren fruchtlosen Versuchen entsagte Kurfürst Friedrich am 29. Mai 1448 zu Prenzlau allen Ansprüchen auf Pasewalk und Torgelow unter der Bedingung, daß nach dem Erlöschen des Stammes der gesamten Herzöge von Pommern beide an die Mark fallen sollten, was auch der Rat Pasewalks im Namen der Stadt verbürgte. Die Gefangenen wurden freigegeben und zur Bürgschaft des Friedens zwischen beiden Teilen eine Erbeinigung und ein ewiges Verteidigungsbündnis geschlossen.

(Aus Dr. E. Hückstädts Geschichte der Stadt Pasewalk.)

Otto Meincke-Pasewalk.

Ne Dragonergeschicht.

I.

Ackerbörger Niemann sin Hahn hett all n' pormal krägt, un up 'n Hof fängt dat an to schummern; äwer in de Schlapkamer achtern Perdstall is 't noch stickendüster. „Uns' Dragoners“ schnorken, dat sich de Balken bögen. Dor mit eenmal krägt dat wedder; äwer ditmal wär 't nich de Hahn, dat wär ne Trumpet. De Gefreite Jochen Kraatz spitzt de Ohren un sin Wallach nebenan spitzt sine uck. Dor is de dämliche Ton all wedder! „Dat di een Dunnerlüchting!“ seggt he, nich de Ton, uck nich de Wallach, nee, Jochen. „Alarm, Jungens, Alarm!“ bröllt he un mit eenen Satz sünd de Dragoners ut de Feddern un de Per ut dat Stroh. Dor sünd man een por Ogenblick vergahn, as Fritz

Krägenbrink uck all den Dorweg upritt un mit Jochen un Willem Petern nah den Mark rupdrawt. Von alle Siden kamen se so tosam; de Wachtmeisters kummanderen un bald stahn de Schwadronen in Reg un Glidd. Otto Martin von Schwerin sett sich an de Spitz. — „Eskadron — Trab!“ — Rut sünd se ut 't Prenzlowsch Dor.

II.

Niemann sin Hahn stünn mit de Höner an de Hofdör un lurt up Mariken, de dat Middagsfode bringen süll. „Dat durt hüt jo so lang'!“ Indeß set Mariken un hörte to, wo Jochen vertellte. „Also,“ säd he, as he de Arwten to Bost hadd, „as wi hüt Morgen up den Exeerplatz kemen, heel dor de König up sinen Schimmel. De möt jo woll in de Nacht von Prenzlau ore gor direkt von Barlin kamen sin. Nu güng dat Exeern los. Na, ganz akkerat wull't jo nich klappen; äwer wat kann Otto Martin von Schwerin dorvör; de Mähren wären ut den Schlap räten un de Lüd uck. Toletzt attakeerten wi up den König los un dor fehlt gor nicht väl, denn harren wi em äwerreden. Na, dat segg ick Ju, sehr fründlich sach he grad nich ut. Nahsten redt he mit den Oberst un ick sach 't em an, dat he schüll, un toletzt säd he so lud, dat wi dat hören künnen: „Das is ein ganz versoffnes Regiment; das seind lauter Süpers.“ Äwer nu uns' Oberst. Rot as 'n Kräwt sach he ut. So jagt he den Pallasch in de Scheid. „En Hundsfott, wer em nochmal vör sone Süpers treckt!“ säd he und in gestreckten Galopp jagt he nah de Stadt. De König kek em nah un mi dücht, he sach gor nich mehr so giftig ut. Dunn wend't he langsam sinen Schimmel un red nah Rollwitz to.“

Niemann schüdd't mit 'n Kopp un säd: „„Dat wär äwer doch grow!““ „Von wem?“ frog Jochen. „„Von Schwerin.““ „Soo, sull em dat nich argern?“ „„Ja, 't wär doch uck nich orig gan bi 't Riden.““ „Ach wat,“ säd Jochen, „nahsten in'n Krieg kümmt dat dor gor nich up an, wenn min Perd mit de Näsenspitz 'n bäten ire an de Östreicher kümmt, as Fritzen sin; de Hauptsak is, dat wi ehr verkloppen un dat will 'n wi woll besorgen.“ »Herrjeh, Jochen, dat ward doch nich nochmal losgahn mit de Östreicher?“« säd Mariken. „Na, ick glöwt noch ümmer,“ säd Jochen, „un mi wär 't recht. Äwer schad' wär 't, wenn uns denn Schwerin nich mehr kummandeeren ded.“

Mariken sach so ängstlich ut, un as Jochen ehr so grinig ankek, würd se so rot as hüt Morgen Otto Martin von Schwerin.

III.

„So wat verstah ick nich!“ säd Niemann sin Hahn. Wat harr Mariken eegentlich to roren? Vörhen dor harr de Untroffzeer Jochen Kraatz ehr so drückt un ümmer so dahn, as wenn he ehr biten wull; dunn künn se jo för sinentwegen roren; äwer nu wär he doch weg, un nu rort se noch väl düller. „So wat verstah ick nich!“ säd he nochmal. „„Ja, dat glöw ick woll,““ säd Marie, „„dat du dorvon nicks verstehst. Wat wetst du von Krieg! Ach Gott, wenn se minen Jochen nu dotscheten!““

Jochen harr wohrseggt. Maria Theresia kunn sich nich gewen, un so müßten de Ansbach=Bayreuth=Dragoner int Feld rücken. Un wenn de Gedank an Mariken unsen Jochen dat Hart schwer maken wull, denn keek he nah vör. Dor red sin Oberst Otto Martin von Schwerin un harr ne Riedpietsch in de Hand. De König harr dat wullt, dat he dat Regiment führen ded; äwer Otto Martin von Schwerin harr up sinen Kopp bestahn, he wull sin Word hollen un tög den Säbel nich mehr vör de Front. Denn süll he vör sinentwegen mit de Riedpietsch kummandeeren, harr de König seggt, un dorgegen harr de Oberst nicks seggen kunnt; äwer spaßig sach't doch ut.

Die Schlacht bei Hohenfriedberg.

IV.

Ackerbörger Niemann sin Hahn harr den Kopp verloren; äwer dat wär för em keene Schann; denn de östreichschen Generals wär dat grad so gahn. Ne, dat wär ne Ehr för den Hahn; denn he deente so to de „Verherrlichung des preußischen Sieges," as de Wachtmeister Jochen Kraatz sich utdrücken ded. De satt nämlich bi Niemanns an den Disch un harr de Knaken von den „Hoftrumpeter" uppen Teller leggt, nich up den Disch; denn dor lagg hüt en wittes Laken up. Mariken satt em gegenäwer, harr de Hänn up de witt Schört tosamleggt un verwennt keen Og von ehren Jochen. Fründlich kek se em an; äwer de Tranen stünnen ehr dorbi in de Ogen. Wo harr se sich äwer uck verfeert, as Jochen in de Stuw kamm. He harr ümmer so schön danzen künnt, un nu wär he lahm. — Mariken stünn up, sett sich an Jochen sine Sid un läd ehren

Kopp an sine Bost un ehre Hand up sin lahmes Been. „Min lewe Jung,“ säd se, „wo is dat kamen? Dat hett uck woll sehr weh dahn?“ — „Ach, Mariken,“ säd Jochen un strakt ehr de Backen, „dat kreg ick erst tolezt bi Kesselsdorf. Dat Bäten schad't nich, wenn du mi man lew hest. Ick will di lewe de Hauptsak vertellen, wo wi bi Hohenfriedberg uns äwer de Östreichers makten. Wi Ansbach-Bayreuth-Dragoners wären dat tweete Treffen un stunnen unner General von Geßler sinen Oberbefehl. De östreichsche Kawallri wär all von unser erstes Treffen schlagen. Dor wär nicks mehr to don. Un de östreichsche Infantri wär uck all halwegs in Unordnung kamen dörch dat Für von unse Grenadiers und Musketiers; denn de Preußen schlagen sich äwerall got, nich blos wi Dragoners. Wenn wie von de Ehr noch wat awhemmen wullen, denn müßten wi uns spoden. Also stört' ten wi uns up de Infantri. Dat wären sös Regimenter: Grünne, Marschall, Daun, Tüngen, Kalowrat un Baden. Hui, wo jögen wi dor dörch. Sösunsöstig Fahnen un sogar twee Kanonen hemmen wi gewunnen un en por Dusend Gefangne makt, dor wären sogor twee Generals mit bi. Dat herren Ji sehn müßt, as wie nahsten bi den König vörbikemen, unse Leibschwadron, jeder mit ne Fahn. Un de König harr den Hot awnamen un sine Ogen blitzten vör Freud. Un as Otto Martin von Schwerin nu mit de Riedpietsch saluteerte un säd: „Majestät, dit sünd nu de Süpers!“ dunn säd de König: „Schwerin, sone Tat, als die Eurige, find't man nich in die ollen römischen Geschichten.“ Un wi Dragoners repen: „Vivat de König!“ Un nahsten dunn würr Schwerin Generalmajor un kreg en Orden Purrlemeritt.“ —

„Un du würrst Wachtmeister un kregst en lahm Bein,“ säd Mariken. „Un in ein Ort is dat uck got; denn wenn't noch mal wedderlosgahn süll, denn kannst du nich mehr mit, un de König möt sehn, dat he ahn di farig ward.“

„Un dat ward he uck, bäter as min lütt Fru Wachtmeistern,“ säd Jochen un küßt ehr up den lütten söten Mund.

Otto Meincke-Pasewalk.

Anmerkung: Die neueren Geschichtsforscher haben nachgewiesen, daß Schwerin erst nach dem zweiten schlesischen Kriege bei einer Truppenbesichtigung zu Stargard sich verschwor, den Säbel nicht mehr vor der Front zu ziehen, und daß er in der Schlacht bei Lowositz im dritten schlesischen Kriege, nicht aber bei Hohenfriedberg, mit der Reitpeitsche kommandierte.

Das Dragoner-Regiment Ansbach-Bayreuth erhielt von König Friedrich dem Großen das Recht, den von ihm komponierten „Hohenfriedberger Marsch“ zu spielen und durfte die Zahl der eroberten Fahnen (66) in das Regimentssiegel aufnehmen. König Friedrich Wilhelm der Dritte verlieh das Regiment seiner Gemahlin, der Königin Luise. Daher tragen Offiziere und Mannschaften ein gekröntes L auf der Achselklappe, und das Regiment, welches später in ein Kürassier-Regiment umgewandelt wurde, führt seitdem den Namen „Königin“.

D. V.

Ungerland.

Nachdem zu Anfang des Jahres 1807 Ferdinand von Schill ein eigenes Freikorps gesammelt und gegen die Franzosen den Krieg auf eigene Faust führte, drängten besonders die Ranzionierten (die aus der französischen Gefangenschaft entwichenen oder gegen gefangene Franzosen ausgewechselten Soldaten der preußischen Armee) nach Kolberg, um unter diesem kühnen Parteigänger einzutreten und zu fechten. Dahin zu gelangen, war aber in dem vom Feinde besetzten Lande schwer und gefährlich, und so organisierte sich in einem Winkel am Haff, zu Neuwarp, eine Art von Spedition für die Ranzionierten zu Wasser nach Kolberg. Der Chef dieses Unternehmens war ein ehemaliger Fischhändler, ebenfalls ein ranzionierter Dragoner vom Regiment Königin, und nannte sich Ungerland. Dieser Spediteur Schills sammelte um sich ein Korps von Ranzionierten und war nicht allein damit zufrieden, solche nach Kolberg zu befördern, sondern er setzte sich selbst zu Roß, bildete ein Freikorps und, begünstigt durch das weit ausgedehnte waldige Terrain, welches er genau kannte, agierte er gegen die Feinde, bald hier, bald dort, immer wo man ihn am wenigsten vermutete, und war bald ein Schrecken der Franzosen. Seine Jäger waren eine sehr gefürchtete Schar; verdeckt hinter Gesträuch, zerrissen sie mit ihren nie fehlenden Kugeln die Kolonnen der Feinde, und da sie ohne Uniform waren, zerstreuten sie sich bald bei einer nicht abzuwendenden Gefahr in die Wälder, wo jedermann sie für friedliebende Landleute hielt. Ungerland hatte sich sogar Geschütze zu verschaffen gewußt, indem er drei Schiffskanonen mit Ketten auf Vorderwagen befestigte. In der abenteuerlichsten Zusammensetzung von verschiedenen Truppen führte diese Schar den kleinen Krieg zum Schrecken der Franzosen kühn und gewagt auf eigene Faust, attackierte einmal sogar eine französische Batterie, hieb die Bedeckung nieder, vernagelte die Kanonen und versenkte sie in einen Graben, aus welchem dieselben erst späterhin ans Tageslicht gefördert wurden.

Einem mit Militär-Bekleidungsstücken verschiedener Art versehenen französischen Kommissär, der von Anklam nach Ückermünde wollte, jagte er die Sachen ab und schickte sie nach Kolberg. Gab es in dieser Gegend nicht Arbeit genug, so wurden Streifzüge nach der Insel Usedom unternommen. Ungerlands Name hatte bei den Franzosen einen bösen Klang und war denselben bekannter als seinen Landsleuten, den Umwohnern seines Kriegstheaters. Es mußte den Feinden daher daran gelegen sein, diesen kühnen Parteigänger aufzuheben und dieses Wespennest zu zerstören. Um dies auszuführen, wurde ein Regiment Badenscher Husaren gegen Neuwarp beordert; Ungerland jedoch griff sie im Walde an und brummte ihnen mit seinen abenteuerlichen Kanonen tüchtig eins auf. In eilender Hast stürzten die Badener zurück; mit verhängten Zügeln durchjagen sie Pasewalk und erst bei Stettin wagen sie sich umzuschauen nach dem kühnen Ungerland.

Bald darauf wurde wieder ein Detachement, bestehend aus italienischen Dragonern und französischer Infanterie, gegen ihn beordert, welches mit allen Vorsichtsmaßregeln durch den mächtigen Wald bis in die Gegend von Rieth marschierte. Da knallten plötzlich zwei Schüsse aus dem Gebüsche, und der italienische Oberst stürzte mit seinem Rosse gleichzeitig tot zu Boden. Mehrere Schüsse folgten, und ein panischer Schrecken bemächtigte sich auch dieses Detachements, welches nun eiligst seinen Rückzug nach Pasewalk antrat.

Zuletzt wurde ein Detachement französischer Husaren und ein Bataillon Infanterie in aller Stille beordert, nach Neuwarp zu marschieren und sich dieses gefährlichen Menschen auf jede Weise zu versichern. Unser Held trieb sein Handwerk sicher, und seine Spione, unter denen seine Frau eine große Rolle spielte, meldeten ihm beizeiten die neue Unternehmung. Vor Rieth trafen die Franzosen auf den wachsamen Ungerland, der sie angriff und dessen Jäger die Reihen der Feinde gewaltig lichteten. Von der Übermacht gedrängt, mußten sich die Parteigänger zurückziehen, und Ungerland sprengte in das Schulzenhaus zu Rieth, um gleich wieder hinten hinaus die Flucht nach Warp, dem Sammelplatz der Schar, zu nehmen. Die Franzosen, die ihn noch in dem Hause wähnten, umringten es, ließen sich aber durch die Bitten der Einwohner bewegen, es nicht anzuzünden, und zogen unverrichteter Sache ab, ihren Marsch nach Neuwarp fortsetzend. Unterdessen aber schwamm Ungerland schon mit einigen der Seinen in einer bereit gehaltenen Yacht auf dem Haff und rettete sich nach Stepenitz hinüber. Sein Haus in Warp sollte als ein Sühn- und Brandopfer durch die Flammen vertilgt werden; doch ließen sich die Franzosen durch die Bitten der Behörden bewegen, solches nur abzutragen.

Nach dem Frieden bekam Ungerland seinen Abschied, und aus dem kühnen Parteigänger wurde wieder ein friedlicher Fischhändler.

(Aus: Geschichte der Stadt Pasewalk von Dr. E. Hückstädt.)

Burg Spantekow.

Auch unser liebes Pommerland hat seine Romantik und seine Burgruinen. Von den alten sagenhaften Raubnestern der Seeräuber auf Rügen und an der pommerschen Ostseeküste hat zwar eine rächende Nemesis und der Zahn der Zeit die Spuren längst vertilgt. Doch manche stolze Ritterburg krönte im Mittelalter die Kuppe eines pommerschen Hügels oder war zu Schutz und Trutz mitten in einer von Wasser oder Sumpf umgebenen Ebene gelagert, und darin hausten angesehene stolze Adelsgeschlechter mit umfangreichem Besitz an Dörfern, Feldern und Wäldern — oder wohl auch, wenn die Feste an den Wasserwegen und Heerstraßen lag, ein gefürchteter beutegieriger Raubritter, der seinen Tribut nach altem Herkommen oder auch nach dem noch bequemeren Faustrecht mit Gewalt von dem friedlichen Landbewohner und dem reisenden Kaufmann heischte und erhielt. Noch manche Burgruine, mancher schmucklose aber dauerhafte Burgfried aus Feldsteinen auf hervorragender Stelle des pommerschen Landrückens, im dichten Walde oder zur Seite einer kleinen Landstadt, eines einsamen Dorfes zeugt von verschwundener Pracht, und oft sind sie die letzten Zeugen eines einst mächtigen, jetzt aber ausgestorbenen oder verschollenen alten Rittergeschlechtes.

Tor der Burg Spantekow.
Zeichnung von stud. med. K. Vorpahl

Vorpommern ist besonders reich an alten Burgresten. Die am besten erhaltene Burgruine Pommerns, ja ganz Norddeutschlands, ist die Burg Spantekow, etwa 15 km südwestlich von Anklam gelegen. Sie war früher die Hauptburg des im Anklamer Kreise schon seit Jahrhunderten weitverzweigten und reichbegüterten Geschlechts der Grafen von Schwerin. Am Ostende des langgestreckten großen Bauerndorfes Spantekow erhebt sie sich inmitten einer sumpfigen Wiese auf einem künstlichen Hügel, der in ältester Zeit unbestreitbar einen wendischen Burgwall vorgestellt hat. Aus der „Geschichte der Grafen von Schwerin" geht hervor, daß Spantekow um die Mitte des 13. Jahrhunderts in den Besitz Werners von Schwerin gekommen ist. Sodann wird in pommerschen Akten ein castrum Spantekow genannt, dessen Vorkaufsrecht dem Herzog von Pommern durch den Markgrafen von Brandenburg gewährleistet wurde. Die jetzt noch erhaltenen umfangreichen Reste der Burg aber rühren von einem Neubau her, der in den Jahren 1558—1567 von dem Grafen Ulrich von Schwerin und seiner Ehefrau Anna von Arnim errichtet wurde. Während des 30jährigen Krieges ging die Burg in den Besitz der schwedischen Grafen von Steenbock über und wurde sodann 1720 von dem Könige Friedrich Wilhelm I. von Preußen als Staatseigentum eingezogen, aber nach einem hundertjährigen Prozesse 1833 den Grafen von Schwerin wieder zurückgegeben. Augenblicklich gehört sie dem Grafen von Zieten-Schwerin-Wustrau.

Der Grundriß der Burg bildet ein unregelmäßiges Viereck. Ringsherum ist die Burg von mit Wasser gefüllten Wallgräben, die teilweise teichähnliche Breite besitzen, umgeben. Hohe, gewaltig dicke Erdwälle, die an der Außenseite durch steile, aus Findlingen errichtete Futtermauern abgesteift sind, begrenzen das Innere und sind an den Ecken durch besonders starke Befestigungen nach Art der Bastionen geschützt. Auf drei Seiten dehnen sich hinter den Burggräben weite sumpfige Wiesenflächen aus, aber nach dem Dorfe zu ist die Burg durch einen schmalen Damm mit dem nahen festen Lande verbunden. Hier befindet sich der einzige Zugang zur Burg, ein hohes, bogenförmig durch den Wall führendes gewölbtes Tor mit einer kleinen Nebenpforte für den Personenverkehr. An dieser Seite ist der Wallgraben nur schmal, der Wall dafür aber um so höher, und innerhalb desselben bieten weite gewölbte Kasematten mit vielen Schießscharten in den dicken Mauern den Verteidigern und dem Geschütz sichere Deckung. — Auf dem viereckigen Burghofe steht zur Rechten das Wohnhaus, zur Linken sieht man das Wirtschafts- und Stallgebäude. Beide Baulichkeiten stoßen mit ihren Hinterfronten hart an den Wall, das Wohnhaus überragt ihn in einem Stockwerk. Dem Tor gegenüber findet man noch gewaltige Reste eines alten Gemäuers aus Findlingen, die sogenannte „alte Burg"; sie rühren wohl von dem alten castrum her. Daneben liegen die Trümmer der Burgkapelle, die etwa vor 100 Jahren ein Raub der Flammen wurde.

Während die Burg im dreißigjährigen Kriege ruhmvoll den Wallensteinern widerstand, eroberte sie der große Kurfürst im Jahre 1677, als sie den Schweden gehörte. Bei der Beschießung gingen die hohen Türme und die Gebäude bis auf die Umfassungsmauern zugrunde. Später hatte man die Gebäude wieder hergestellt, so daß sie behagliche Wohnräume enthielten. Vor allem interessant ist der im Erdgeschoß noch in ursprünglicher Bauart erhaltene alte geräumige Remter, dessen kühne Gewölbe auf mächtigen massiven Pfeilern viel Ähnlichkeit mit den Bogengewölben des Remters im Schlosse zu Stettin besitzen. Die Umfassungsmauern der Burg und der Gebäude sind sämtlich aus verschieden großen

Findlingen errichtet, die mit einem steinharten Mörtel verbunden sind; zu den Gewölben im Innern aber hat man unverhältnismäßig große Ziegelsteine verwandt.

Über dem Eingangstor ist eine große Tafel aus Sandstein befestigt, auf welcher die Erbauer, Graf Ulrich von Schwerin und Gräfin Anna geb. von Arnim fast in Lebensgröße in Stein ausgehauen sind. Auf den Pilastern zu beiden Seiten der Steintafel und auch unterhalb derselben ist eine Inschrift eingegraben, die teilweise arg verwittert und daher schwer zu entziffern ist. Nach einer Überlieferung unter der einheimischen Bevölkerung soll auf dieser Tafel unter anderem der Ausspruch verzeichnet stehen:

„Und als die Borg nu farig was,
Da kost se mi fief Drier.“ (Fünf Dreier.)

Abgesehen davon, daß man von diesen Versen nichts entdecken kann, ist es auch kaum glaubhaft, daß sie je auf der Tafel gestanden haben; denn einmal geht aus der Inschrift klar hervor, daß Frau Anna alle Werkmeister richtig bezahlt hat, und zum andern war Ulrich von Schwerin ein reich begüterter Herr, der als Erzieher der Kinder des pommerschen Herzogs Philipp I. auch ein fürstliches Ansehen besaß, der es wahrlich nicht nötig hatte, sich seine Burg von seinen Bauern und Vasallen im Frondienst umsonst aufbauen zu lassen. Dagegen liegt die Annahme nahe, daß diese Sage sich aus einer falschverstandenen Zeile der Inschrift gebildet hat, die da lautet:

„Der Werkmann kein Pfening entfing,“

es heißt dann aber in der Fortsetzung, die freilich sehr unleserlich geworden ist:

„Der nicht durch meine Hende ging.“

Nach Prof. Dr. Lemcke in „Bau- und Kunstdenkmäler des Kreises Anklam“ lauten die Inschriften bei der männlichen Figur:

„Christus ist mein Leben
Und sein Wort zu fordern eben.
Denen Schulen gab ich gern.
Gottes Wort hielt ich in Ehren.
Lastern war ich von Hertzen feind,
Strafte sie ohn Scherz, da ich könt.“

„Meinem Landsfürst dient ich mit Treuen
Riet stets zum Fried, hat Lust zu bauen.
Als ich zu meinem Alter kam,
Da fing ich diese Feste ahn.
Als man schrieb M und D funfzig und acht Jar
Aufn erst Martii der Anfang war.
Die Karren man das Letztmal schieb,
Da man seczig und sieben schrieb.“

bei der weiblichen Figur:

„In Ehren liebt ich meinen Mann,
Was ihm gefiel, das fing ich an,
Darum sein Last ich nahm auf mich,
Solch schwerlich Kunst erdragen ich:
Die gantze Haushaltung in dem Gut
Mit großer Sorge auf mich lud.“

„Und half alzeit mit hegstem Bleis,
Das dis Werk gewan seinen Preis.
Der Werkmann kein Pfening entfing,
Der nicht durch meine Hende ging.
Versorgt sie auch mit Speis und Trank,
Dafür sei Gott Lob, Ehr und Dank.
Und alles auch versehen thet,
Das keiner sich zu beklagen het."

Obgleich die alten Befestigungen schon an manchen Stellen gelitten haben, so macht die Burg mit ihren breiten Wallgräben (über den breitesten auf der südlichen Seite führt eine schmucklose schmale Holzbrücke), den riesigen Wällen, die mit hohen Bäumen und dichtem Gebüsch bewachsen sind, dem mächtigen Eingangstor, das durch starke eichene Torflügel geschlossen werden kann (früher ist auch ein eisernes Fallgitter vorhanden gewesen), den wohlerhaltenen Kasematten und unterirdischen Gängen und Kammern einen großartigen und für empfängliche Gemüter höchst romantischen Eindruck.

Als Knaben haben wir oft in den alten Räumen geweilt, in den dunkeln Gängen und Winkeln Versteck gespielt oder träumerischem Sinnen nachgehangen. Dann entfachten die alten Gewölbe mit den eisernen Ringen und Kettenenden an den Wänden die Phantasie, die Räume belebten sich mit stahlgepanzerten Rittern und besturmhaubten Burgknechten, mit reichgekleideten Edelfrauen und holden Burgfräulein, und wenn dann Freund P. noch schauerliche Geschichten erzählte, die er von seinem Großvater gehört hatte, von verschmachteten Gefangenen in dem finstern Burgverließ, von nächtlichem Spuk, der in den Gängen und auf den Wällen durch Stöhnen und Ächzen, durch Fluchen und Toben sich kund tun sollte, dann sträubten sich unsere Haare vor Gruseln und schleunigst verließen wir die unheimlichen finstern Festungswerke; aber im hellen Sonnenschein verabredeten wir schon wieder die nächste Zusammenkunft in der Burg, denn mit magischer Gewalt zog sie uns an, die alte traute Burg Spantekow.

Wer die Burg freilich vor 40 Jahren gekannt hat, der erkennt sie heute kaum wieder. Das alte Schloß im Innern ist nämlich in den letzten Jahren ausgebaut und vergrößert worden, so daß die Burg jetzt einen imposanten Herrschaftssitz bildet. In verständnisvoller Rücksicht auf das Historische aber hat man die alten Formen zu erhalten und zu ergänzen verstanden.

In der Erinnerung der Alten in Spantekow und Umgegend lebte die Burg aber als Schreckgespenst aus einer schweren Zeit. Während der Franzosenzeit zu Anfang des 19. Jahrhunderts soll sich in der Burg eine französische Marodeurbande auf längere Zeit festgesetzt und die Umgegend in barbarischer Weise gebrandschatzt haben.. Jahrelang haben sich diese Schnapphähne hier aufgehalten zum Schrecken und Schaden der ganzen Gegend. Keine Beschwerde bei der Obrigkeit hat Abhülfe geschaffen, denn Spantekow liegt meilenweit ab von jeder Stadt, und die damals grundlosen Wege in dem fetten Boden zwischen Anklam und Demmin machten es unmöglich, eine genügende Anzahl Truppen dorthin zu senden, um diese Räuberbande zu vertreiben. Außer vielen Schauer=

geschichten erzählt man aus dieser Zeit auch folgende heitere Episode, die sich in dem fünfzehn Minuten von Spantekow entfernten Dorfe **Wegezin** zugetragen hat:

Damals war es noch Sitte, daß der Küster und Lehrer aus dem Mutterdorfe der Parochie, wo der Pastor wohnte, zugleich auch die Küstergeschäfte in den Tochterkirchen mit versah. Daher mußte der Küster aus dem Dorfe Crien des Sonntags nach Wegezin und Steinmocker, um den Gesang bei dem Gottesdienst zu leiten. Der reiche Pastor aus Crien ritt nach den Filialdörfern auf einem prachtvollen Schimmel, der arme Küster aber mußte die weiten Wege zu Fuß machen. Eines Sonntags während der Franzosenzeit waren Pastor und Küster in der Wegeziner Kirche; der Pastor predigte, alles hörte andächtig zu. Plötzlich ertönte draußen der angstvolle Ruf: „Franzosen kommen!" In einem Augenblick hatte sich die Kirche geleert; denn jeder eilte in sein Heim, um von dem Eigentum so viel wie möglich vor den spitzbübischen Spießgesellen zu retten. Auch der Pastor bestieg eilig sein Roß, um dieses und sich möglichst schnell in Sicherheit zu bringen. Leider aber war es zu spät; denn um die Ecke bog eine Abteilung französischer Reiter, und kaum hatte ihr Anführer, offenbar ein Offizier, das schöne Pferd des Pastors gesehen, da stellte er mit gespannter Pistole den erschrockenen Besitzer desselben und brüllte ihn an: „Ab von die Pferd oder ick schieß!" Schon wollte der geängstigte Pastor diesem kategorischen Befehl folgegeben, als beherzt der Küster hinzusprang, des Franzosen Arm, welcher die todbringende Waffe hielt, mit fester Faust packte und seinem Pastor zurief: „Fliehen Sie, so schnell Sie können!" Allein der fromme Herr hatte hierzu nicht die Zeit und auch wohl nicht die Courage. Genug, beide wurden festgenommen und erwarteten gewiß von den berüchtigten Gesellen das schlimmste. Da wandelte diesen Oberschelm von der grande nation wohl zum erstenmal in seiner Kriegslaufbahn die Großmut an. Er ließ sie beide frei; dann setzte er sich wohlgefällig auf des Pastors Schimmel, aber sein eigenes Pferd schenkte er dem mutigen Küster und zwar mit den denkwürdigen Worten: „Nu soll sick der Küster reiten, der Pfaff is nix so gut for Pferd!" — Wie man erzählt, haben von dieser Zeit ab Pastor und Küster von Crien, so lange sie lebten, ihre anderen Kirchdörfer zu Pferde besucht.

O. **Vorpahl**-Stettin.

Burg Landskron.

Im südwestlichen Winkel des Anklamer Kreises liegt ziemlich entfernt von den belebteren Landstraßen im Wiesental des Landgrabens die Burgruine Landskron.

Alte Eichen umrauschen sie. Flüsternd im lauen Sommerwinde, klagend im brausenden Sturm des Winters, geben sie jahraus, jahrein ein Lebensbild der stummen Trümmer, die sie mit schützenden Armen umschließen: Wie der Eichbaum, so stark und schön entstand hier vor Jahrhunderten ein Schloß;

hoffnungsreich blühte in demselben ein stolzes Geschlecht; aber als in schwerer Zeit Kriegsstürme durchs Land brausten, fuhr alle Herrlichkeit dahin.

„Gebrochen die Mauern — zerfallen der Turm!
Die Hallen durchfahren von Wetter und Sturm — —"

Was du heute findest, sind hochaufragende Ruinen, die hülflos das Schicksal antrotzen. Aber sie sind schön, und die weite Umgegend ist stolz auf die mächtigen Trümmer ihrer Burg Landskron.

Zwischen dem Burgplatze und dem 3 km nördlich davon liegenden Neuendorf stand in den ältesten Zeiten ein wendisches Dorf, das den Namen Damerow führte. Eine Ackerstelle in jener Gegend heißt heute noch „Damerower Kirchhof".

Burg Landskron.

Von dem Dorf selbst ist längst keine Spur mehr vorhanden; aber es muß eine ziemliche Bedeutung gehabt haben; denn als das Christentum in Pommern Eingang gefunden hatte, wurde in Damerow eine Kirche erbaut, die auch von den Neuendorfern und Janowern besucht wurde. Der Pommernherzog Bogislaw I. überwies die Einkünfte des Dorfes 1183 dem an der Peene gelegenen Kloster Stolp. Von dieser Zeit ab decken fast 300 Jahre einen dichten Schleier über das Schicksal Damerows. Diese Zeit aber, in der selten Friede im Lande herrschte, scheint Damerow den Untergang gebracht zu haben. Eine Urkunde aus dem Jahre 1450, in welcher Herzog Joachim dem Heinrich von Heydebreck auf

Weißen-Klempenow (4 km entfernt) Damerow als Erbe übergibt, erwähnt nur die Feldmark des Dorfes. 1533 wird in einem Lehnbriefe Philipps an das Geschlecht derer von Schwerin der Damerower Bezirk als „wüste Feldmark“ bezeichnet. Soviel steht fest: der Name „Damerow“ ist längst verklungen, und die wenigsten der Bewohner jener Gegend haben Kunde von dem verschwundenen Dorfe oder seinem Namen.

Unter den Herren von Schwerin, denen 1533 der Lehnbrief ausgefertigt wurde, befand sich der herzogliche Rat Ulrich von Schwerin auf Spantekow, ein Mann von ganz hervorragendem Einfluß, ein Bismarck am pommerschen Fürstenhofe. Als Herzog Philipp 1560 starb, hatte Ulrich von Schwerin die vormundschaftliche Regierung für die minderjährigen Söhne desselben. Damit war er unter dem Titel „Großhofmeister“ zur höchsten Staatswürde im Herzogtum Pommern-Wolgast emporgestiegen, und in derselben verblieb er bis zu seinem Tode.

Bei der dann folgenden Erbteilung erhielt sein fünfter Sohn, der ebenfalls Ulrich hieß, Janow, Neuendorf, Rehberg und Damerow. In dem Gebiet des letzteren lag in den Wiesen ziemlich dicht am Landgraben ein flacher Hügel, der in alter Zeit scheinbar von Menschenhänden hergestellt und befestigt worden war. Dieser Platz gefiel dem neuen Herrn so sehr, daß er 1576 hier mit dem Bau einer Burg begann, die ihresgleichen im Lande nicht finden sollte. 1579 war sie vollendet und der stolze Name Landskron krönte das Werk. Allein diese Namengebung verschnupfte arg am herzoglichen Hofe, und Ulrich von Schwerin soll so nachdrücklich auf diesen Schnupfen reagiert haben, daß er sofort eine Änderung in den gleichklingenden Namen Lanzkron vornahm. Die Burg sollte danach nicht mehr Krone des Landes, sondern Krone oder Siegespreis der Lanze sein, die ihm, dem vierzigjährigen schwedischen Hauptmanne, soviel eingebracht hätte, daß er die Burg hatte erbauen können. Wäre diese Annahme richtig, so hätte Ulrich auf seiner Steintafel über dem Burgtor nicht den Namen „Landeskron“ geführt; denn diese Tafel ließ durch die darauf befindliche Jahreszahl 1586 vermuten, daß sie erst sieben Jahre nach der Vollendung des Baues angefertigt wurde, und da sollte doch die Wirkung jenes herzoglichen Schnupfens hier zum Ausdruck gekommen sein. Wahrscheinlicher ist aber, daß die Herzöge in eifersüchtiger Selbstherrlichkeit den hochklingenden Namen meuchlings in einen sonderbaren verwandelt haben. Die schwedische Regierung nannte später die Burg in ihren Urkunden stets „Landeskron“.

Die eben erwähnte Steintafel ist leider verschwunden. Vor einigen Jahrzehnten befand sie sich noch an ihrem Platze; dann soll sie heruntergefallen und zerbrochen sein. Merkwürdig bleibt in diesem Falle, daß die Bruchstücke nicht aufbewahrt worden sind. Es wird aber auch behauptet, der Stein sei trotz seiner Größe heimlich entwendet worden, und in der Umgegend ist das Gerücht verbreitet, es sei eine hohe Belohnung für den ausgesetzt, der den Verbleib des Steines nachweisen könne. Die Platte zeigte nach einer Beschreibung in der

Familienchronik derer von Schwerin auf Janow die Reliefbilder des Erbauers und seiner Gemahlin Katharina von Waldenfels, sowie die Wappen beider Familien; außerdem berichtete sie in einem langen, unbeholfenen Poem, was Ulrich von Schwerin der Nachwelt zu überliefern für nötig hielt. Ob die Abschrift oder die Übersetzung richtig ausgefallen ist, möchte man wegen der Schwerfälligkeit und Unverständlichkeit des Textes fast bezweifeln. Rechts von den Reliefs soll gestanden haben: „An Anzahl tausendfünfhundert Jahr — Und sechsundsiebenzig war — Dies Schloß und feste Landeskron — Vor hundert Jahr ganz wüst gelegen. — — Ist sonderlich durch Gottes Rat — Wieder erbaut wie es hier stat — Durch den Erben und Lobesan — Ulrich Schwerin des ältern Sohn, — Seines Alters vierzig Jahre; wil — Diese Festung ihm wohlgefiel. — Zu Megalburg zur Zeit mit Ruhm — War er fürstlicher Gnaden Hauptmann; — Zu bauen aber, als er anfing, — Nichts mehr hier fand als eine Bring; — Darnach half Gott zur rechten Frist, — Daß nichts hinzu gelehnet ist. — Durch Gottes Segen ins dritte Jahr, — So stand Landskron schon offenbar." — — — Links las man folgendes: „Mit besonderm Bedacht und Unterricht — Ließ er bauen, wie man hier sicht, — Mit stetem Fleiß wohl aufs Gebau — Sah er nun, sein häuslich Hausfrau, — Die Edle und viel Tugendsam, — Katharin von Waldenfels ihr Nam, — Redtbar mit Silber und mit Gold — Die War und Arbeit sie begoldt, — Welches ihr Mann durch Gottes Segen — Erworben, hieß ein jedem geben. — Des sei gelobt die höchste Kron, — Welche uns durch ihren geliebten Sohn — Erlöst, — woll's durch ihr Allmacht — Schützen dies Haus und die Herrschaft, — Daß sie mögen zu ihren Ehren — Gottgefällig leben und regieren, — Auch geseg'n, daß nichts zerrinnt, — Und ererben mögen Kindeskind."

Außer dieser Dichtung enthielt der Stein einen Mahnruf des Erbauers an seine Söhne mit der Überschrift: „Pater Udalricus ad filios 1586". Der lateinische Satz lautet ins Deutsche übertragen: „Das Haus, das der allmächtige Gott aufgeführt hat, — Das schmücket, o Söhne, mit dem wahren Glauben! — Dann wird Euch, wenn der Herr wiederkommt, die Krone verliehen werden — Der Gerechten, die keine Macht zerbrechen kann."

Ja, der das Schloß erbaute, der seine Wünsche und Hoffnungen dem Stein einmeißeln ließ, träumte eine große Zukunft; aber das Schicksal verwirklichte seine Träume nicht.

Als Ulrich von Schwerin seine Burg fertig hatte, scheint er in aller Ruhe und Beschaulichkeit dem Laufe der Dinge entgegengesehen zu haben. Nie tritt er in der Heimatsgeschichte hervor, nie wird seine feste Burg genannt, nicht einmal das Jahr seines Todes kennt man. Von seinen beiden Söhnen erbte Georg Ernst die Landskroner Güter (der Bruder bekam Hohenbrünzow bei Demmin). Von Georg Ernst berichtet bloß eine Urkunde, aber darin handelt es sich um eine Anleihe, die er 1612 bei seinem Verwandten Joachim von Schwerin auf Putzar gemacht hatte. Er empfing 700 Fl. und verpfändete dafür sein Ackerwerk Boldentin. — Georg Ernst hinterließ einen Sohn namens Ulrich Wigand und eine Tochter Anna.

Ulrich Wigand starb 1651 ohne Leibeserben, und seine Güter kamen in den Besitz seiner Schwester Anna, die mit dem schwedischen Rat von Anrieppe vermählt war. So war schon nach 73 Jahren die männliche Linie des ersten Schloßherrn erloschen, und durch die Enkelin desselben kam die stolze Burg in die Hand eines fremden Geschlechts. Nicht lange mehr! Eine Tochter der neuen Herrschaft, Agnes von Anrieppe, verheiratete sich mit einem Jürgen von Pentz, und mit diesem zog der letzte Herr in die kaum 75jährige Burg. Durch ihn war ihr Schicksal besiegelt. Er brachte die Landskroner Güter in große Verschuldung und ließ die Gebäude verfallen. So klagt Pastor Jaster in Iven, zu dessen Kirchspiel die Kapelle auf dem Burghofe gehörte, in einem Visitationsberichte aus dem Jahre 1661[1]), daß Herr von Pentz seine Pflichten als Patron der Schloßkapelle so vernachlässige, daß das Gotteshaus gänzlich verfalle, und daß es nicht mehr möglich sei, dasselbe zu benutzen. Das Ivensche Kirchenbuch berichtet später, daß dem Herrn von Pentz 1668 auf Landskron ein Sohn geboren sei. Dasselbe Ereignis findet sich im Jahre 1683 vermerkt mit dem Unterschiede, daß dieser Sohn in Neuendorf zur Welt kam. Wahrscheinlich hatte die Familie in der Zwischenzeit den unbewohnbar gewordenen Herrensitz verlassen und in dem dazugehörigen Dorfe Unterkunft gesucht. In diese Zeit aber fielen auch die Kämpfe des Großen Kurfürsten mit den Schweden in Pommern. Vielleicht waren diese nicht ohne verderblichen Einfluß auf das Schicksal der Burg.

Genug, von Pentz hatte das Schloß verlassen, das nach kaum hundertjährigem Bestehen unbewohnbar, dem Verfall geweiht, in die Hände zahlreicher Gläubiger fiel.

Erst 1699 wurde es daraus befreit. Oberst-Leutnant Philipp Julius von Schwerin (ein Neffe des 1679 verstorbenen kurfürstlich brandenburgischen Ratgebers Otto von Schwerin) kaufte für 13000 Taler den Landskroner Besitz, überließ die Burg dem Verfall und richtete seinen Wohnsitz in dem 2½ km entfernten Rehberg ein. Sein Herrenhaus stand da vor einigen Jahren noch als simpler, zweistöckiger Fachwerksbau, der, vom Gutsstatthalter bewohnt, in den meisten Räumen unbenutzt war. Philipp Julius gründete die Linie Rehberg. Sie blüht noch heute, hat aber ihren Wohnsitz seit langer Zeit in Janow, wo der jetzige Besitzer, Graf von Zieten-Schwerin-Wustrau, 1877 ein stattliches Schloß erbaute, das mit seinem hohen weißen Turme weit ins Land hineinschaut. —

Mehr als zweihundert Sommer haben die Burg nun schon mit Unkraut und wildem Gestrüpp beschüttet und Menschenhand mußte dafür sorgen, daß sie nicht gänzlich davon überwuchert wurde; mehr als zweihundert Winter haben einen Stein nach dem anderen abgebrochen, ein Gewölbe, einen Bogen nach dem anderen gestürzt, aber dennoch markieren hohe feste Mauern genau den Bauplan der ganzen Burg. Es gehört nicht viel Phantasie dazu, um sich beim Anblick der Ruinen das Bild vorgaukeln zu können, welches Ulrichs Burg nach der Vollendung des Rohbaues bot.

[1]) Im Ivenschen Kirchenarchiv vorhanden.

Nur ein einziges Gebäude ist bis auf einen kleinen Mauerrest verschwunden. Das ist die Küche, in der für die dienenden Burginsassen gekocht wurde. Sie wurde niedergerissen, weil sie Platz machen mußte für den „Burgkrug“, der hier 1852 erbaut wurde. Er besteht aus einer einfachen Wohnung und einem kleinen Saal, und der Wirt ist im Hauptamte Wächter über die Ruine und die umliegenden Ländereien. Der kleine Saal hat in einer Wand einen eisernen Kamin mit der Inschrift: „Ulrich v. Schwerin 1579“. Das ist der einzige Zeuge der inneren Einrichtung jener stolzen Burg. Alle Baulichkeiten vom Schloß bis zur Burgmauer, welche noch heute den ganzen östlichen Halbbogen 3 m hoch umschließt, sind aus „Findlingen“ aufgeführt, die mit kleinen Steinen und Backsteinbrocken verzwickt wurden. Tür- und Fensteröffnungen, Bogen, Wölbungen und Treppenstufen sind durchweg aus Mauersteinen.

Die ganze Anlage der Burg erstreckt sich im Langrund von Osten nach Westen. Im Osten steht der „Burgkrug“; vor demselben liegt der geräumige Burghof, auf dem man links, ziemlich nahe der südlichen Mauer, die verfallene Burgkapelle erblickt; von drüben aber scheinen die hochragenden Wände und die massigen Türme der Schloßruine durch das Gezweig hoher Bäume. Dahinter liegt als Abschluß der Anlage im Westen ein kleiner Eichenhain mit den Überresten von drei Bastionen, welche dem Schlosse in dieser Richtung Schutz vor dem anstürmenden Feinde bieten sollten. Von Norden her mündet, der Kapelle gegenüber, der Torgang auf den Burghof. Das Burgtor ist ziemlich einfach gehalten, die Ansicht ohne nennenswerte Verzierungen. Die Einfahrt erscheint niedrig, über derselben sieht man eine fast türgroße Öffnung im ersten Stockwerk und eine Fensteröffnung im zweiten. Erstere hielt die erwähnte Steintafel, letztere scheint einem kleinen Wächterzimmer Licht gespendet zu haben. Sie ist von zwei hölzernen Stielen eingefaßt, die, wie der Steinbau, einem zweihundertjährigen Verwitterungsprozeß standgehalten haben. Der Torgang wird von Westen her durch ein Gebäude begrenzt, welches, nach der vorhandenen Schornsteinanlage zu schließen, als Wohnung gedient hat, vielleicht den Burgmannen oder dem Gesinde. Die Ostgrenze bildete der Pferdestall. Beide Gebäude sind zweistöckig und die hier entsprechend erhöhte Burgmauer bildete ihre nördlichen Außenwände. Die unteren Räume erhielten ihr Licht vom Burghof her, die Etage hatte Fenster nach außen. Über dem Pferdestall befanden sich scheinbar Scheunen- und Speicherräume; erreicht wurden dieselben durch eine steinerne Wendeltreppe, deren Reste am Ende des Torganges in einem Rundbau noch deutlich zu erkennen sind. Das mit einem tiefen Graben ganz umzogene Schloß ist in einem Abstand von kaum 2 m mit einer niedrigen Mauer umgeben. Es besteht aus einem zweistöckigen Hauptbau, dessen Ecken durch gerade dreistöckige Türme begrenzt sind, und aus einem zwischen den beiden östlichen Türmen in der ganzen Schloßbreite mächtig hervortretenden Portale. Zwischen den beiden nördlichen Türmen springt das Treppenhaus vor, in dem eine zum Teil noch heute besteigbare Wendeltreppe vom oberen Stockwerk bis in den Keller hinabführte. Der südöstliche Turm ist restauriert und in seinen drei übereinanderliegenden Räumen zugänglich. Zwei Balkone ermöglichen einen herrlichen Überblick über die Ruine. Unten in diesem Turme befindet sich das Burgverließ, in das man von außen hinabschauen kann. Unmittelbar vor dem auffallend weiten Schloßeingang reicht das starke Mauerwerk steil bis in den Graben hinab. Ihm gegenüber erblickt man eine Felsenmauer, welche der Zuckbrücke zum Auflager diente. Außer dem Graben um das Schloß findet sich ein zweiter, der die ganze Burg, also auch den Schloßgraben, umfaßte. Beide erhielten ihr Wasser aus dem Landgraben, welcher noch vor einigen Jahren ziemlich dicht an Landskron herankam. Jetzt ist der Bogen durch einen Torfkanal ausgeglichen, der über 100 m von der Burg entfernt ist. In dem umfangreichen Bau hat nur ein einziger Raum dem Sturm der Jahrhunderte ohne Schutz getrotzt. Er liegt in der östlichen Kellerwand neben dem nordöstlichen Turme und erscheint als kleine gewölbte Kellerkammer von ungefähr 2½ qm Bodenfläche. Welchen Zwecken dieser Raum wohl dienen sollte? War er Gefängnis? Bot er vielleicht einen sicheren Ort für gefährdete Familienschätze? Oder diente er nur der Küche als ganz besonders kühle Speisekammer? Wer soll das heute noch verraten?

Daß so imposante Ruinen, wie die von Landskron, als Zeugen alter Ritterherrlichkeit die Volksphantasie zu allerlei Märchenbildungen reizen, ist natürlich; erklärlich ist auch, daß Geschichten, die in hundert anderen Burgen passiert sein sollen, ebenfalls von Landskron erzählt werden.

Im Volke ist es eine feststehende Tatsache, daß diese Burg ein Raubnest ersten Ranges war. Man weiß nichts von dem Leben und Treiben der mittelalterlichen Ritter, von ihren kleineren und größeren häuslichen und wirtschaftlichen Sorgen, man kennt z. B. den Dietrich von Quitzow und seine Genossen von der Schule her nicht als Männer, die in ihrem verworrenen Zeitalter das Recht übten, das ihnen die damalige Zeit aufzwang, sondern als Straßenräuber schlimmster Art. Darum nimmt man dem Volke ein Stück Romantik, wenn man einen mittelalterlichen Burgherrn nicht zugleich Straßenräuber sein läßt. Also — Landskron hatte auch seine Raubritter!

Die fühlten sich in ihrem abgelegenen Winkel äußerst wohl. Hier konnten sie ungestört und sicher wohnen; von hier konnten sie aber auch unversehens hervorbrechen, wenn es galt, wertvolle Transporte zwischen Anklam, Demmin, Jarmen, Treptow und Friedland abzufangen. Der erste Ritter hatte noch sechs Brüder, die natürlich auch das ehrenwerte Geschäft eines Raubritters betrieben. Zwei davon wohnten ganz in der Nähe. Der eine hauste 4 km nordwestlich in der Burg Klempenow mit ihrem heute noch viel bewunderten „Fangelturm", der andere 4 km südwestlich im Wodarger Holz, unweit der Tollense, wo man starke Mauerreste eines längst verfallenen Schlosses Conerow vorfindet. Mit einem „goldenen Horn" gaben sie sich gegenseitig Signale, sandten sie Grüße und sonstige Lebenszeichen von Haus zu Haus; denn die Hörner hatten einen mächtigen weittragenden Ton. Sie waren zu Barbarossas Zeit türkischen Wächtern abgenommen und als Gnadenbezeugung einem tapferen Ahnherrn unserer Raubritter verliehen worden. Wehe dem Kaufmanne, der das Revier dieser sauberen Brüder durchreiste! Entkam er glücklich dem einen, so hatte ihn sicher der andere, der durch Signale auf sein Kommen vorbereitet war. — Einmal fing der Landskronsche einen Transport Kupferplatten ab, mit denen die Anklamer ihren neuen Kirchturm eindecken wollten. Er ließ sich aus dem Raube eine Fallbrücke über seinen Burggraben anfertigen. Das Fallen derselben verursachte ein Donnergetöse, das in Anklam gehört wurde. In der Nähe muß es fürchterlich gewesen sein; denn die Stadt ist 23 km entfernt! — Unser Ritter besaß eine Fülle angeborener Schläue! Wenn er belagert wurde, ließ er sein Pferd mit umgewandten Eisen beschlagen, und seine Feinde waren dumm genug, aus den verkehrten Pferdespuren verkehrte Schlüsse zu ziehen. Ritt er in die Burg hinein, so zeigten die Pferdetritte hinaus, und der Feind vermutete ihn draußen. Andererseits glaubten sie ihn sicher im Schloß, wenn er draußen umherschweifte. Als sie ihn da eines Tages mit leibhaftigen Augen im Walde erblickten, während er nach den Pferdespuren in der Burg sein mußte, da glaubten sie, sein Geist gehe um, und mit Grausen zogen sie ab!

Und heute? — Allnächtlich, wenn am Firmament die Sterne ihre fernen Bahnen ziehen, wenn zur mitternächtigen Stunde gespenstig Schatten durch die hohen Ruinen schweben, dann zerrt es an rasselnden Ketten, dann klagt es, dann stöhnt es dumpf und eintönig im Burgverließ. Das sind die Geister der armen Gefangenen, die hier vor Jahrhunderten verdarben!

Wilh. Witt-Treptow a. T.

Der Freistaat Wolde.

1. Auf der Grenzlinie.

Am Endpunkte einer 12 km langen Chaussee, die von Treptow a. Toll. die Richtung auf das mecklenburgische Städtchen Stavenhagen nimmt, liegt Wolde, ein Dorf so seltsam, so romantisch, so sagenumwoben wie selten eins! Es liegt auf der mecklenburgisch-preußischen Grenze und gehört halb zu einem, halb zum andern Staatswesen.

In Wolde lebte vor langer Zeit ein tapferer Ritter, dem es ein Heidenulk war, daß sein Besitz halb in Mecklenburg und halb in Pommern lag, umsomehr weil ihm die Grenzlinie durch sein Schloß, ja direkt mitten durch seinen Speisesaal ging. An seiner Tafel saß er stets so, daß sein linkes Bein in Mecklenburg, sein rechtes in Pommern stand. In dieser Situation fühlte er sich links als Mecklenburger, rechts als Preuße. Die Gewohnheit sorgte dafür, daß dieses Gefühl dauernd wurde auch wenn er nicht zu Tische saß. Hatte er Podagra im linken Bein, so tadelte er das mecklenburgische ritterschaftliche Regiment; zog es im rechten, so schimpfte er auf die Preußen. Den preußischen Knecht ohrfeigte er mit der linken Hand, den mecklenburgischen dagegen mit der rechten; so hatte er das Gefühl, daß er sich nie an seinen Landsleuten vergriff. Er gehörte als Besitzer seines Rittergutes in Mecklenburg zu den Landständen, in Preußen zum Kreistag. Saß er unter der mecklenburgischen Ritterschaft, so verstopfte er erst das rechte Ohr, damit der Preuße nicht höre, was Mecklenburg beschloß, dann kniff er das rechte Auge zu, steckte die rechte Hand in die Hosentasche und freute sich diebisch, wenn es ihm gelungen war, so den Preußen kalt gestellt zu haben. Wenn er dann sprach, so redete er nur mit der linken Mundhälfte. Die Ritterschaft nannte ihn daher „unsere Flunder". Im Kreistage arbeitete bloß die rechte Seite. Wenn er sprach, dann hieß es allgemein: „Aha! Die Flunder von Wolde redet."

Einmal sollte eine Chaussee über Wolde gebaut werden, um von Treptow aus eine Verbindung mit den mecklenburgischen Kunststraßen zu haben. Der Kreis sollte die 12 km bis Wolde bezahlen, die Mecklenburger den Rest von 6 km bis an ihre nächste Chaussee. Im Kreistage trat „die Flunder von Wolde" mit aller Entschiedenheit für den Bau ein. Als er aber einige Wochen später unter der Ritterschaft saß, machte er den tückischen Vorschlag, die Preußen erst bauen zu lassen und dann zu beschließen, was dem ritterschaftlichen Geldbeutel am nützlichsten sei. Dabei grinste er mit der linken Gesichtshälfte; aber aus dem rechten Auge rollte ihm eine mächtige Träne in den preußischen Bart. Er ahnte in dem Augenblick, daß aus der Verlängerung über Wolde hinaus in den nächsten tausend Jahren nichts werden würde.

Im Alter litt der Ritter an einer Art Verfolgungswahn. Wo er ging oder stand, saß oder lag — überall drückte ihn die „Grenzlinie", die er stets an seinem Körper zu fühlen meinte. Da träumte er einmal, das Übel würde weichen, wenn er gleichzeitig linksmäulig: „Herrliches Mecklenburg" und rechtsmäulig: „Heil dir im Siegerkranz" singen würde. Mit den besten Hoffnungen fing er diese Übungen an. Tagelang sah man ihn am Fenster sitzend die wunderlichsten Fratzen schneiden. Das dauerte ungefähr drei Wochen. Da hörte die Dienerschaft eines Tages Röcheln in des Herrn Zimmer und Hülferufe. Man eilte herbei. Ach, da lag der arme Mann mitten im Zimmer und schrie kläglich: „Hülfe! Hülfe! die Grenzlinie!! der König von Preußen hat sie mir um den Hals geschlungen — ich ersticke!" Der Kammerdiener hob ihn auf und führte ihn nach einem Sessel, in dem der Kranke ermattet zusammensank. Einige Minuten verzerrte er wieder den Mund, als wolle er den heilsamen Doppelchor üben. Plötzlich aber sprang er auf und mit glänzenden Augen rief er aus: „Mecklenburg, geliebtes Land! Ich gehörte dir zwar nur halb; aber in deiner Hälfte sitzt mein Herz: Baue nicht die Chaussee!" Dann sank er tot in die Arme seines treuen Dieners.

Das war vor ungefähr 500 Jahren, und die Geschichte ist wahr! Wer aber daran zweifeln sollte, der braucht bloß auf der Karte nachzusehen, ob die Ritterschaft die Chaussee über Wolde hinaus verlängert hat.

Den ernsten Leser bitte ich, er möge mich wegen dieser Geschichte nicht so ganz verdammen. Wappnen Sie Ihr Herz mit Wohlwollen und Ihren kritisierenden Geist mit Nachsicht; denn für alles Folgende bedarf ich unerschüttertes Vertrauen. Da ich aber fürchte, daß ich's noch nicht so ohne weiteres habe, so verspreche ich, mich von Dr. Berghaus, vor allem aber von Herrn Organist Wegener, der, seit 1860 in Wolde tätig, die interessante Geschichte dieses Ortes an der Hand eines umfangreichen zuverlässigen Materials gewissenhaft durchforscht hat, willig und ohne Seitensprünge am Gängelbande halten zu lassen.

2. Geschichtlicher Rückblick.

„Burg, Städtlein und Mühlen tom Wold" ist die alte urkundliche Bezeichnung des Ortes, um den es sich hier handelt. Als älteste Besitzer treten die Swanow und Voß auf. Gegen Ende des 14. Jahrhunderts hatte der ehrenwerte Ritter Wedeghe Bugenhagen die Burg inne. Er erbaute neben derselben eine Kapelle und weihte sie dem hl. Georg. Durch eine umständliche Schenkungsurkunde wurde sie der Kastorfer Pfarre angegliedert. Ein vorsichtiger, frommer alter Herr — dieser gute Wedeghe — der die Ruhe liebte, gut lebte und anderen, auch seinem Seelsorger, etwas gönnte. Eine Kastorfer Bauernhufe, die damals ein gewisser Robecke bebaute, samt allem, was darauf stand, mit allen Acker-, Wald-, Wiesen- und Flußgerechtsamkeiten, dazu Meßkorn und „Rauchhähne" stiftete er als ein pium corpus, damit er, wie er schreibt, für diese zeitlichen und irdischen Güter bessere, nämlich himmlische, erlangen möge, nicht bloß er, nein, auch seine Vorfahren, sein Bruder Degenhardt, seine Freunde und seine Nachbarn. Man sieht, er sorgte für viele. Am 1. Februar 1388 treffen wir alle beim nächtlichen Schmause in der Ritterhalle „tom Wold" und als Zeugen der frommen Stiftung unterzeichneten: Helmoldus de Gutzekow, Hermannus de Gholme, Janecke de Horne, Hermannus Voß und mehrere andere glaubwürdige Männer.

Enger ist Wolde mit dem Geschlechte der Moltzane verknüpft, die bis 1770 sich des Besitzes freuten, dann ihn auf 25 Jahre verpfändeten und 1796 an Friedr. Detlov v. Moltke verkauften. Später war Oberstallmeister und General-Major v. Fabrice Herr von Wolde, dessen Sohn es an den Kammerherrn von Heyden-Linden-Tützpatz abtrat. Heute gehört es der Gräfin von Schwerin-Wulfshagen.

Schon im 15. Jahrhundert stritten die Herzöge von Mecklenburg und Pommern um den Besitz von Wolde. Die ersteren erhoben schließlich die Steuern und hatten damit den besten Teil für sich. Die Herrlichkeit dauerte bis in die Mitte des 17. Jahrhunderts. Nach dem Ableben des letzten Pommernherzogs 1637 nahmen die Schweden dessen Land und verwiesen die Mecklenburger aus Wolde. So ganz ohne Trost ließen sie sie jedoch nicht ziehen; sie versprachen, dafür sorgen zu wollen, daß der Friede, welcher dem damals tobenden Kriege ein Ende machen würde, auch darüber entscheiden solle, wer in Wolde Herr sei. Da hätte Mecklenburg vielleicht die meiste Aussicht —! Aber in Osnabrück vergaß man das kleine Nest, und nun begann für dasselbe eine herrliche Zeit.

Die Mecklenburger durften keine Ansprüche geltend machen, das litten die Schweden nicht, und diese wieder wollten keinen Vorteil ziehen, um den Schein ihrer Rechtlichkeit zu wahren. So stand Wolde auf eigenen Füßen und bildete ein kleines Freistaatelein. Es zahlte keine Steuern, es stellte keine Soldaten, es hatte seine eigene Gerichtsbarkeit,[1]) und als Zeichen derselben stand an der Landstraße ein eiserner Roland. Der Sage nach suchten Bedrängte und Verfolgte hier häufig Schutz; nicht selten waren es auch Unwürdige, die von dem Asylrechte Gebrauch machten. Das erregte in der Nachbarschaft oft Unzufriedenheit und die umliegenden Städte trachteten eifrig danach, den Roland aus Wolde zu entfernen; sie meinten nämlich, daß mit der Beseitigung desselben auch die Rechte verloren gingen, welche er verkörperte. Die Wolder suchten ihrerseits ebenso eifrig das Standbild in ihrem Besitze zu erhalten und ließen es Tag und Nacht von je zwei bewaffneten Männern bewachen. Diese Männer bildeten gewissermaßen die Wehrkraft des Freistaates. Als die Angriffe auf den Roland aber so häufig wurden, daß die Gefahr für den Besitz zu groß schien, soll er im Schlosse vermauert oder im See versenkt worden sein.

1720 traten die Schweden Vorpommern an Preußen ab. Damit war die Selbständigkeit Woldes fast noch gewachsen; denn nun war aus seiner Nähe die Macht gewichen, der gegenüber es sich in einem gewissen Abhängigkeitsverhältnis fühlen mußte. Zuweilen versuchten Mecklenburger sowohl als auch Preußen sich in Woldes Angelegenheiten zu mischen. Da ihre Anordnungen sich aber meist widersprachen, so blieben sie unbeachtet. Die herrliche Zeit der Reichsfreiheit dauerte über 230 Jahre.

Um das Jahr 1850 herum hatte Preußen für die Souveränität über Wolde eine Geldsumme geboten, die aber von Mecklenburg abgelehnt wurde.

Dadurch zog sich das freie Leben noch etwas hin, bis das Jahr 1874 ihm ein Ende machte. Ein mecklenburger Landdrost und der Landrat des Demminer Kreises erschienen eines Tages in Wolde, und nach wenigen Stunden hatten diese Herren Kommissare das alte Woldesche Recht durch Teilung abgetan! Nunmehr gehören die ganzen Wolder Ländereien zur Hälfte dem einen, zur Hälfte dem anderen Staatswesen. Das mit vernagelten Fensterhöhlen seit 30 Jahren seiner Vollendung harrende Schloß, der Gutshof und das Schulhaus kamen an Mecklenburg, die übrigen Gebäude an Preußen. Der Lehrer bezieht sein Gehalt aus Mecklenburg und untersteht der mecklenburgischen Schulaufsichtsbehörde, aber von seinen 60 Schulkindern sind 58 auf echt pommerschem Boden herangewachsen

[1]) Diese wurde gemeiniglich unter Heranziehung mecklenburgischer Advokaten von den Besitzern des Rittergutes verwaltet. Etwaige Berufung aber mußte bei dem Tribunal in Stettin eingelegt werden, wo die Besitzer von Wolde zugleich ihren privilegierten Gerichtsstand hatten. Die Polizeigewalt übten die Besitzer ohne fremden Einfluß.

als brave, rechtschaffene Preußen. Die Wolder Kirche ist mecklenburgisch geblieben, weil sie das von altersher war; der Glockenturm jedoch befindet sich einige hundert Meter davon entfernt auf preußischem Gebiete und der Kirchhof ebenfalls. Wenn in Mecklenburg die Kirche beginnen soll, rufen dazu die Glocken aus Pommern, und wenn ein mecklenburgischer Landesfürst zum ewigen Frieden eingeht, so ist hier die einzige Stelle im ganzen Königreich Preußen, wo mit Glockengeläut die mecklenburgische Landestrauer zum Ausdruck kommt.

3. Ein Lebensbild aus der Zeit des Faustrechts.

Thomas Kantzow, Geheimschreiber der fürstlichen Kanzlei zu Wolgast, schreibt in seiner in den Jahren 1531—1541 zusammengetragenen Pommern-Chronik: „Zu diesser zeit ist gewest her Bernd Moltzan zu Loitze (Loitz a. Peene), ein stattlicher übermütiger man, der viel unfugs und gewalts gegen hertzog Bugslaffen (X.) und die umliegende Gegend übete, darin hertzog Bugslaff ine nicht beschwichtigen khonte. So hielt er auch hertzog Bugslaffen das sloß Loitze für mit gewalt, und weil er Loitze inne hatte, wolte er zu Demin (Demmin) unter des hertzogs name ein haus in die stat legen, doch solts darnach sein eigen sein, und wolte der stat Dörffer viel ungepür aufflegen, das die von Demin nicht leiden wolten, und sich deshalben gegen inen setzten. So bracht er die amtsaßen auf, und puchete inen sechs Dörffer aus, und nham pferde, küye, schweine, schaffe, betten und hausgerät, alles was er fand. Da das gerücht in die stat kham, gingen die glocken überal, und die burger jagten ime nach, aber er kham domit gein Loitze. Do machten die abgünstigen das lied: „die hern von Demyn ꝛc.“ Derselbe Moltzan was auch auf hertzog Bugslaffen beilager, (als er 1491 in Stettin mit der polnischen Königstochter Anna eine zweite Ehe einging) und wiewol hertzog Bugslaff ime vonwegen seines unfugs, nicht gut war, so mochte er ime doch in den freuden nichts thun, sondern ermanete ine, er solte doch davon abstehen, oder er wolte ime den katen einmal über dem kopffe umbkheren, und den wegk zum lande aus weisen. So war Moltzanen halb spöttisch dabei, denn er hatte ein sehr vestes Haus an der Mekelburgischen greinitzen, der Wold (Wolde) genant, das den Mekelburgischen fürsten stets in den augen gestochen. Darumb, wie hertzog Bugslaff sagete, er wolte Moltzanen den katen umbkheren, und hertzog Magnus von Mekelburgk dabei stund, griff er hertzog Bugslaffs wort auf, und sagete: „Schwager, das gilt eine tonne bier, wo ir das thut; und meinete es spöttisch, und reitzete hertzog Bugslaffen darnach dester mehr an. So verdros es hertzog Bugslaffen und sagete: es gilt eine tonne bier oder goldes, wirt ers nicht lassen, so will ichs thun. Und hieran kherete sich Moltzan nichts, und versorgete sein haus mit büchßen und pulver, und gedachte wol einen trutz auszustehen; und fhur in seinem fürnehmen gleiche frech vort. So khonte es hertzog Bugslaff nicht lenger dulden, und forderte die Sundischen (Stralsunder), Gripswaldischen, Anklamschen und Deminschen auff, und zogk dafür, und belagerte es im jare 1491, mitwochens nach Bartolomei, und beschos es mit allen krefften. Aber es waren die mauern so dicke und stark, das Moltzan nichts darnach fragete, und hielt es mit forse. Aber es wurt aufn slosse versehen, wie sie in der nacht wolten die büchsen laden, das das pulver auffn slosse anginck und das halbe slos umbkherete; und wie das Moltzan sahe, und es in der nacht war, kham er davon. Der hertzog aber lies das slos zu storme lauffen, und gewan es, und ließ es darnach in die grunt brechen, welches den die hertzogen von Mekelburgk gerne sahen."

Auch Dr. H. Berghaus erzählt in seinem Landbuche, daß in den Zeiten des Faustrechts Bernd von Moltzan zu den „apenbaren Stratenrömern" gehörte, dessen Schloß Wolde Bogislaw X. 1491 zerstören ließ. Und wo blieb der böse Bernd?[1])

Er entfloh auf sein Schloß Neuburg in der Mark, von wo aus er seine verlorenen pommerschen Lehen wiederzuerlangen suchte. Bei einem seiner Einfälle in Pommern wurde er 1490 von Magnus von Mecklenburg gefangen genommen und wahrscheinlich in Demmin festgesetzt, wo man noch im vorigen Jahrhundert einen kleinen eisernen Wagen zeigte, an den Bernd gefesselt gewesen sein soll. Als Bogislaw von seiner Palästinareise zurückkehrte, gab er dem Gefangenen die Freiheit und auf Eid und Handschlag auch seine Güter wieder; ein rechtes Vertrauen aber faßten beide nie mehr zu einander. Sie waren beide gewaltige und rücksichtslose Naturen, von denen zwei nie friedlich nebeneinander bestehen können. Freundlich aber gestaltete sich das Verhältnis Bernds zu seinem Erbfeinde Magnus von Mecklenburg, der die gewaltige Willenskraft, die gereifte Erfahrung und Umsicht Bernds sich zunutze machte, ihn in seine Dienste zog und mit einem Landbesitz ausstattete, wie er unter der Landesherrschaft in Norddeutschland nicht wieder vorkam. Das freundschaftliche Verhältnis zwischen beiden hielt an bis zu Bernds 1525 erfolgtem Tode.

Welcher Art war denn nun der „unfug" und die „gewalt", die den Ritter in den schlimmen Ruf brachten, in dem ihn Kantzow uns vorstellt?

1414 hatten mecklenburgische Herzoge dem Großvater Bernds die Stadt Penzlin verpfändet. 1463 wurde das Pfand eingelöst; es blieb aber einiges von der Schuld unbezahlt. Bernds Vater hatte vergeblich um Auszahlung des Rückstandes gebeten und somit war die Forderung auf Bernd und seine Brüder übergegangen. In der unerschrockenen, rücksichtslosen Art, in welcher Bernd stets, auch im Alter noch, bei der Verfolgung seines Rechtes vorging, rief er 1475 die Stadt Rostock zur Unterstützung seiner Forderung an. Darüber geriet Herzog Magnus so in Entrüstung, daß er ihn 1476 unversehens gefangen nahm, um ihn erst nach Zahlung eines horrenden Lösegeldes (1800 Mark Lübisch) wieder freizulassen. Das war zu damaliger Zeit ein ritterlicher, durchaus nicht unehrenhafter Streich, der eine Strafe für Bernds Verhalten dem Herzoge gegenüber sein sollte. Ritterlich und ehrenhaft handelte aber auch Bernd, als er ob dieser nach seiner Meinung ungerechten Behandlung dem Herzoge den Frieden aufsagte und „sein Feind ward".

Die erste Widervergeltung bestand darin, daß er noch in demselben Jahre

---

[1]) Nach „Lebensbilder aus dem Geschlechte Maltzahn". Rostock 1871.

den Lehnsmann Joachim Lewetzow nebst vier Pferden aus dem Gefolge des Herzogs wegfing, als dieser von einem Hoftage in Prenzlau heimkehrte, wo er sich mit seinem zukünftigen Schwager Bogislaw bös erzürnt hatte.

Bald darauf rüstete sich Magnus trotz der Feindschaft zwischen ihm und Bogislaw zur Hochzeit mit dessen Schwester, ja, er machte sich mit Verwandten und Vasallen, mit Geschenken, Kleidern und Turniergerät auf den Weg zur Braut. „Unvermutet und unentsagt" überfiel ihn aber sein liebenswürdiger Schwager in spe „feindlicher Weise mit Raub und Brand" und Bernd Moltzan half tapfer dabei; denn als geschworener Feind des voreiligen Bräutigams durfte er sich die Gelegenheit nicht entgehen lassen; auch war er als pommerscher Lehnsmann zur Heerfolge verpflichtet. Bogislaw jagte den Herzog Magnus in das Schloß Kummerow bei Demmin und belagerte ihn darin. Der Ort selbst ward ausgeplündert und abgebrannt, ein Schicksal, das gleich darauf noch dreißig mecklenburgische Dörfer teilen mußten. Bernd hatte das Vergnügen, des Herzog Magnus kostbare Hochzeitskleider und -geschenke, sowie Turniergerät und Harnischmeister zu erbeuten. Als Magnus nach all diesen und manchen anderen Hindernissen am 24. Mai 1478 endlich Hochzeit im Kloster zu Anklam hielt, erschien auch Bernd als Gast und zwar demonstrativ in den bei jenem Überfall erbeuteten Festkleidern. Erst im Juni desselben Jahres gelang es, nach zweijährigem Fehdezustand Magnus und Bernd zu beruhigen und die gegenseitigen Gefangenen zu befreien. Die völlige Aussöhnung kam auf Bogislaws Verwendung erst 1479 zustande.

Wie vorsichtig man mit dem Ritter Bernd rechnen mußte, läßt ein Zeugnis fürstlicher Beamten jener Zeit vermuten, welches sagt: „Es war Herr Bernd Moltzan Ritter so ein ernster und strenger Mann; was er sagte, durfte er tun, auch wohl einem Landesfürsten mit Reitern und Knechten ins Land fallen und angreifen." Herzog Bogislaw war auch nach der Hochzeit seiner Schwester dem Ritter Bernd ein sehr gnädiger Herr. Als der Herzog 1479 das erstemal in Stralsund einzog, turnierte er zur Feier des Tages auf dem alten Markte mit Bernd.

In den nächsten zehn Jahren störte nichts den Frieden zwischen den Herzogen und Bernd. In dieser Zeit baute Maltzan auch sein Haus in Demmin, von dem Kantzow spricht, und Bogislaw machte ihn frei von allen städtischen Lasten (27. September 1483). Dann aber entstand allmählich, doch nachdrücklich und fürs ganze Leben anhaltend die feindselige Stimmung zwischen den beiden 45jährigen hartköpfigen Freunden, welche den Untergang der Burg Wolde und die Pommernflucht Bernds herbeiführte. Im Anfange des Jahres 1490 kam diese Feindseligkeit in einer drohenden Ansprache des Herzogs über Bernd zum Ausdruck. Im Grunde genommen war Bogislaw verdrießlich über die wachsende Macht und ärgerlich über das rücksichtslose Zugreifen Bernds, der stets ohne Zaudern zulangte, wo etwas für ihn abzufallen schien und dadurch recht häufig dem auf die Vermehrung seines Hausgutes eifrig bedachten Bogislaw in die Quere kam. Als Berndt einmal Gerechtsame in geistlichen

Gütern beanspruchte, ließ ihn Bogislaw durch folgenden Bescheid abfertigen: „Wenn man den Geistlichen ihre Güter nehmen wollte, so sind die Herzoge billig näher dazu als die Moltzans".

Selbstverständlich gab Bogislaw nie zu, daß Eifersüchtelei oder andere persönliche Motive sein Verhalten beeinflußten; er hatte sich aus den eingelaufenen Klagen und Verdächtigungen ein langes Sündenregister über Bernd zusammengestellt, mit dem er später dem Kaiser gegenüber die Zerstörung von Wolde rechtfertigte: Da sollte der Ritter Bogislaws Schwester, die Priorin im Nonnenkloster zu Verchen war, spöttisch behandelt haben. Beim Antritt eines Penzschen Erbes sollte er zu weit um sich gegriffen, bei einem Holmschen zu früh zugelangt haben; dem Marschall Degener Bugenhagen sollte er die Burg Nehringen ohne Grund haben abschleichen wollen, und einer v. Bilow sollte er die Gültzer Güter abgedrungen haben. Der schlimmste Vorwurf aber war, daß Bernd seiner Schwester Sohn, Jakob Voß auf Ganschendorf, „sein Gut abschatzte und ihn aufs Rad setzen ließ". Diesen Vorfall erklären Rechtfertigungsschreiben aus 1491 folgenderweise: Jakob Voß hatte von seinem Onkel Bernd die Rückgabe des verpfändeten Ganschendorf verlangt, ohne den Pfandschilling zurückzahlen zu wollen. Als Bernd sich dessen weigerte, zog Voß als Feind gegen ihn aus, um seine Güter durch Feuer zu verwüsten. Es gelang ihm, Gültz niederzubrennen. Bald darauf ließ Bernd ihn fangen, richten und aufs Rad setzen. Das war hart, aber nach damaligen Rechtsansichten und Gebräuchen gerecht; man machte mit jedem Mordbrenner ohne Ansehen der Person kurzen Prozeß.

Dies waren Bernds schlimmste Sünden. Es mag hervorgehoben werden, daß unter allen Anschuldigungen keine einzige auf Wegelagerei oder andere ehrlose Handlungen abzielte, auch daß Bernd im Endvergleich am 24. Oktober 1498 für die vorgebrachten Klagen keine Strafe erlitt. Gesetz- oder rechtlos forderte und handelte er nicht, aber schroff, rücksichtslos, hart — wie seine Natur war. Wer sich aber so fanatisch auf den Rechtsstandpunkt stellt wie Bernd,[1]) wer niemals ein Auge zudrücken oder gelegentlich fünf gerade sein lassen kann, wer alles ordnen will, alles haben muß, was ihm irgend erreichbar ist, der kommt in den schlimmsten Ruf, heute so wie damals, als Bernd Moltzan seine Rechte verfocht. Darum ist es nicht verwunderlich, wenn Chronisten, die sich von der Volksstimmung beeinflussen ließen, haarsträubende Dinge über den „bösen Bernd" erzählen.

Bogislaw wartete förmlich auf eine Gelegenheit, um gegen Bernd loszubrausen. Diese fand sich sehr bald: Henning Voß auf Lindenberg war mit

[1]) Als 1502 Bernds Stiefbruder Otto starb, forderte Bernd von dessen Mutter Geld und Kleinode zurück, die sie 27 Jahre vorher zu Unrecht an sich genommen haben sollte. Damals hatte sie sich nämlich wiederverheiratet mit Claus Moltke und hatte 3000 Gulden aus des ersten Mannes Nachlaß an sich genommen. Bernd war wohl der reichste Mann, den es damals im nördlichen Deutschland gab, trotzdem verklagte er seine Stiefmutter auf Herausgabe. Was er erreichte, ist nicht festzustellen; aber der Bischof von Kammin verhängte über ihn den Kirchenbann.

Hartwig Moltzan auf Kummerow wegen übler Nachrede in Fehde gekommen. Beide wählten Bernd zum Schiedsrichter. Dieser bestellte sie zum 26. März 1490 nach Wolde. Als Voß aber andern Tags sorglos heimritt, nahm ihn Hartwig Moltzan unversehens gefangen. Dieser Gewaltakt setzte Bernd in höchste Entrüstung; er versicherte, er werde das nicht leiden, und wenn es ihn Leib und Gut kosten solle. Schon am nächsten Tage besetzte er Hartwigs Anteil an Osten, einer Burg an der Tollense. Darüber erhob dieser großes Geschrei und klagte sofort bei den Herzögen von Pommern und Mecklenburg. Nun mischte sich Bogislaw ein, indem er gebot, Bernd solle sofort Osten zurückgeben. Das wollte der aber nicht vor der Freilassung des Voß tun. Da lud ihn der Herzog am 23. April 1490 auf einen Rechtstag nach Wolgast.

Bernd entschuldigte sich mit Krankheit und blieb weg. Da wurde er durch das Hofgericht des Ungehorsams für schuldig befunden und all sein Lehngut für „verfallen und beraubt" erklärt. Sogleich rückte Bogislaw mit Macht vor Wolde. Bernd war nicht gerüstet; er mußte, der Gewalt sich beugend, auf der Vorburg zu Wolde einen Fußfall vor dem Herzog tun und ihm Schloß und Schlüssel überantworten.

Am 3. Juli 1490 finden wir in der benachbarten Stadt Treptow eine auserwählte Versammlung, die über Bernd richten sollte. Da war der Herzog Balthasar von Mecklenburg, Johann und Caspar Gans Herren von Putlitz, Räte des Kurfürsten von Brandenburg und des Herzogs von Pommern, dazu Bernd von Moltzan. Das Urteil lautete, der Ritter solle seine Güter wiedererhalten bis auf zwei Lehen, die dem Herzoge abgetreten werden mußten „wegen der mancherlei Überfahrung", die Bernd gegen pommersche Untertanen ausgeübt hatte; auch mußte Moltzan versprechen, allen Ansprüchen pommerscher Eingesessener nach Recht zu genügen.

Dieser nur teilweise auf seiner Seite stehende Richterspruch war nach Bernds Ansicht eine schreiende Ungerechtigkeit. Er glaubte bei allem Tun vollständig im Rahmen seines guten Rechts geblieben zu sein — und nun dieser Gewaltakt gegen ihn! Er dachte gar nicht daran, die unter dem Druck der Verhältnisse abgegebenen Versprechen zu halten, fing vielmehr an, seine Burg in Wolde noch wehrhafter zu machen und zu verproviantieren; denn ein zweites Mal wollte er sich nicht überrumpeln lassen; das nächste Mal gedachte er „einen Trutz auszustehen".

Am 1. Februar 1491 war Bogislaws Hochzeit mit der polnischen Königstochter in Stettin und Bernd erschien zu derselben als Erblandmarschall.

Hier könnte folgen, was Kantzow über Bernds Begegnung mit den Herzögen, über die Belagerung seiner Burg und über deren Fall berichtet; denn was er davon erzählt, stimmt im wesentlichen mit dem überein, was in den angezogenen „Lebensbildern" darüber gesagt ist.

Ein unglückseliger Zufall brachte der Burg das Verderben. Sie fiel, „eine Feste, wie sie der Herzog im ganzen Lande nicht hatte". Ein winziger Mauerrest auf einem mit Stein- und Mörteltrümmern durchsetzten Hügel ist der einzige Zeuge jener festen Burg und jenes gewaltigen Mannes, der in der Zeit, wo das Faustrecht anfing, dem „ewigen Landfrieden" das Feld zu räumen, Fürsten und Volk mit trotziger Kraft seinem Willen zu beugen trachtete!

4. Die aristokratische Zeit.

In Wolde steht ein Schloß, so groß und schön gebaut, daß es den anspruchsvollsten Edelmann mit Freude erfüllen müßte; aber seine Fensteröffnungen sind seit 30 Jahren vernagelt, seine Portale mit Brettern verstellt. Kein Fußboden innen, keine Türen!

In Wolde befindet sich um das Schloß herum ein verwahrloster Park mit seltenen Bäumen und mit kunstvoll geschwungenen Ufern seiner Gewässer; die seltenen Laub- und Nadelbäume sind die einzigen Reste einer großartigen landschaftlichen Dekoration dieses einzigartigen freistaatlichen Herrensitzes; ihre Genossen sind gefällt, verbrannt, die Gewässer sind verkrautet und der Park dient, wenigstens in der Umgebung des Schlosses, als — Pferdekoppel.

In Wolde steht ein reizendes Kirchlein. In heiliger Ruhe ziert es jenen Hügel, welchen in wildbewegter Zeit Bernds Burg festete, und krönt die Reihe der Monumente, welche der Nachwelt noch lange Zeugnis geben werden von der goldenen Zeit, in welcher die Reichsgrafen von Moltke, besonders aber die Freiherren von Fabrice bemüht waren, das Freistaatelein in ein kleines Paradies umzuwandeln.

Doch jetzt lasse ich Herrn Wegener das Wort; denn er hat das Moltkesche Eldorado selbst noch geschaut und ist nachher zwölf Jahre hindurch Zeuge der leider nicht vollendeten Umwandlung in ein Fabricesches Sanssouci gewesen. Meiner Bitte, aus seiner reichen Erfahrung heraus diese Epoche zu schildern, kam er in bereitwilligster Weise durch folgende Zuschrift nach:

Vor 150 Jahren etwa schuf hier in Wolde der edle Graf Moltke, verheiratet mit einer holsteinschen Herzogin, unterstützt durch immensen Reichtum einen herrlichen Land-Edelsitz. Es war die Zeit der Nachahmung französischen Luxus'. Aristokratisch die Anlage und die Ausschmückung des ausgedehnten Schlosses: ein Spiegelsaal verzehnfachte den Glanz der abendlichen Beleuchtung; kostbare Tapeten, Statuen, zierliche Möbel, auch eine vollständig ausgestattete Schloßkapelle in einem der Flügel machten es großartig und ansehnlich.[1]) Ein Marstall mit edlen Pferden, mit Equipagen, ein reichhaltiger Obst- und Gemüsegarten mit Gewächshäusern, ein ausgedehnter Park mit einem hohen hölzernen Aussichtsturme auf dem „Kikeberge" umgaben den Herrensitz, der in seiner ganzen Ausdehnung selbst von hier aus nicht zu überschauen war; denn auch Lützpatz, Schossow und Kastorf gehörten dazu. Nach und nach gingen diese Güter in fremde Hände über, immer aber noch blieb das freie Wolde, von der Natur begünstigt und

[1]) Diese Kapelle befand sich eine Treppe hoch im westlichen Flügel, die alte Orgel habe ich noch im alten Schulhause benutzt. Dann ist sie beiseite gesetzt, zerfallen, und die Jungen haben ihre kindlichen Weisen auf den verstreuten Flöten geblasen. Eine der Kirchenbänke steht noch in beschaulicher Ruhe vor meinem Bienenschauer.

gärtnerisch gepflegt, der Stolz der Familie. Die unbegrenzte Gastlichkeit, der leichtlebige Sinn der Nachkommen machten es zu einem vielbesuchten Sanssouci. Zahlreicher Dienertroß begleitete die hohen Gäste, die namentlich zur Jagdzeit hier froh verweilten. Ein berühmtes, unter einem Oberstallmeister stehendes Gestüt hatte ausgedehnte Weideplätze und bot mit seinen „Paddocks"[1]) dem Reitersmanne einen erfreulichen Anblick. Das Dorf war mit Handwerkern aller Art bevölkert; ein Schneider sorgte für neueste Livreen. Es gab sogar einen Arzt und eine Apotheke. Selbstverständlich durfte auch der Gastwirt nicht fehlen, der zur Empfehlung seiner Wirtschaft im Schilde einen seltsamen Superlativ anwenden und mit Gold auf blauem Grunde „Gasthoff" schreiben ließ.

Auch Gelehrte und Künstler fanden hier in Wolde ihren Mäcen. Während in Feld und Wald dem Jagd- und Rennsport frohe Tage blühten, fand die edle Frauenwelt stimmungsvolles Ergehen in den düstern Baumpartien und zwischen den blühenden Hecken und duftenden Beeten des weitgedehnten Gartens voller Abwechselung, am Ufer der Teiche, auf den Höhen mit ihren Fernsichten. — Hier unterbrach die idyllische Wassermühle mit eintönigem Geklapper die Stille, — brausend schoß das Wasser über die Wehre —, dort strahlten aus dem Wasserspiegel bei abendlichem Dunkel die sprühenden Funken der im jonischen Stile erbauten Schmiede. „Charlottenhöhe" hieß damals der Burgberg, daneben die wirtschaftliche Bleiche. Hier ein Tempelchen, — dort ein Denkmal! Und — aus dieser wohlig-kühlen Einsamkeit heraus der Blick auf die elenden Hütten am Ende des Dorfes, mit den „einfachen Sitten und geringen Bedürfnissen" ihrer Bewohner! „Hier" — ich erlaube mir Wundemann zu zitieren, der 1800 bei seiner Beschreibung von Wolde seine Feder in die damals grassierende freud- und leidvolle Werther-Stimmung tauchte — „hier, empfindsame Seele, setze dich und — weine! Weine Tränen der Rührung!" — Er wird hernach als bewunderter Literat am gastlichen Tische ausgiebig Gelegenheit gefunden haben, sich nach dieser Herzensemotion zu restaurieren.

Ein tiefer blickendes Auge hätte auch weniger erfreulichen Anblick haben können: dort den qualmenden Schornstein der Branntwein-Brennerei, ein hochaufragendes Zeichen der um ihre Existenz ringenden Ökonomie!

Die Scholle wurde fast zu klein, die großen Bedürfnisse des kostspieligen Hofhalts zu befriedigen; wachsamen Auges mußte der Schloßherr darauf bedacht sein, dem Boden abzuringen, was er irgend hergeben konnte. Es ist überliefert, daß der Graf selber auf einem Grenzraine, der noch heute „Strietfeld" genannt wird, dem Pflüger vorausging, um die Grenzfurche zu bezeichnen. Bei seiner Bestattung ist ihm auf seine Anordnung von der Erde dort in den Totenschuh hineingelegt worden.[2])

[1]) Fritz Reuter, der oft in dem freien Wolde (welches auf halbem Wege zwischen seiner Vaterstadt und seinem mehrjährigen Wirkungskreise in und bei Treptow liegt) weilte, hat vielleicht diese Paddocks im Sinne gehabt, als er die von Rambowschen in der „Stromtied" schilderte. In Wolde soll auch sein „Hanne Nüte" entstanden sein.

[2]) Eine Grabkapelle auf dem Woldeschen Kirchhofe zeigt noch das Moltkesche Wappen.

Die edle Gräfin sank schon vorher in ein frühes Grab. Der großartig betriebene Haushalt neigte sich dadurch um so schneller dem Niedergange. — Sic transit gloria mundi!

1856 kam Wolde auf etwa sechzehn Jahre in den Besitz des Freiherrn Oswald v. Fabrice, eines Bruders des verstorbenen sächsischen Kriegsministers. Er war ein Staatsmann von großer Welterfahrung. Als Gesandter am Hofe der Königin Isabella von Spanien und in Paris hatte er das Ansehen seines Staates Sachsen mit Eleganz und Würde vertreten, auf Reisen seinen kunstsinnigen Geschmack gebildet. Seine Gemahlin, eine Prinzessin aus dem kurhessischen Fürstengeschlechte, war eine hoheitsvolle anmutige Erscheinung. Wo das edle Paar auftrat, bildete es sofort den Mittelpunkt der Gesellschaft. „La belle Allemande!!“ flüsterte man in Paris, wenn die edle Freifrau am Arme ihres stattlichen Gemahls durch die Salons schritt. Auf einem Hofballe in Schwerin nannte sie der Großherzog bei der Begrüßung „Frau Nachbarin“. „Königliche Hoheit, ich halte Sie beim Wort“, entgegnete Frau v. Fabrice, die um die politische Unabhängigkeit ihres reichsfreien Rittergutes besorgt war und wohl fürchtete, daß aus der „Frau Nachbarin“ eine „Untertanin“ werden könnte. „Tun Sie es nur“, entgegnete Friedrich Franz II., „ich kenne die Verhältnisse in Wolde!“

So auf den Höhen des Lebens wandelnd war ihnen ein volles Maß irdischen Glückes zugefallen. Ihre friedensuchenden Herzen hatten daran aber nicht genug. In der Stille des Landlebens, in der Aufrichtung eines idealen Wirkungskreises suchten sie ihr Glück.

Ein froher Optimismus ließ sie in dem Besitze des reichsfreien Wolde wie in ein künftiges Friedensgefild schauen, das sie der argen Welt entrücken wollten. Um diesem großen Zuge ihres Herzens unbehindert durch kleinliche Geldsorgen folgen zu können, hatten sie dem treuen Rechtsgelehrten Metelmann die Ordnung der Finanzen übertragen, und in ihm überwachte ein abwägender, scharfblickender Verstand taktvoll die freigebigen, opferfreudigen Hände des hochgemuten Paares, dessen Losung war: „Nichts Halbes — nur das Beste!“

Was fanden sie vor?

Allerdings ein prächtiges Schloß, einen noch immer waldigen Park; doch den Wirtschaftshof mit den schlechten Gebäuden im Sumpfe, die Brennerei mit ihrem demoralisierenden Einflusse auf die darin beschäftigten Arbeiter, die infolge des unmäßigen Genusses der berüchtigten „kalten Schale“ aus Branntwein und Brot verdarben — starben und eine große Zahl von Witwen und Waisen hinterließen. Zudem herrschte der Typhus, die Reihen lichtend. Und wie das des Dunkels gewohnte Auge plötzlicher Helle nicht geneigt ist, so starrte der Stumpfsinn des Elends meist verständnislos dem Lichte der jetzt anbrechenden Zeit entgegen. Gerade den Kranken und Elenden aber neigte sich die neue Herrschaft in persönlichem Bemühen zu — unbeirrt durch trübe Erfahrung —, stets nach den edlen Anlagen in jeder Menschenseele suchend.

Der Abbruch des alten Hofes, der Wassermühle und die Umwandlung des den Herrschaften im Stil nicht sympathischen Schlosses schufen zunächst ein großes Trümmerfeld, und die Sprengung des Brennerei-Schornsteins beschloß dramatisch die Negation. Bald füllte sich der Platz mit Unmassen neuen Baumaterials: Felsgestein aus der Umgegend, Sandsteinblöcke per Achse aus Sachsen, aus Pirna, herbeigeschleppt! Ziegel, Kalk, Bauholz u. dergl. — Hof und Kirchlein wurden nach entgegengesetzten Richtungen vom Schlosse abgerückt, die alte Hofstelle zu einem weiten, mit Gebüschgruppen bestandenen Vorgarten umgewandelt, in dem viele Wege in sanften Windungen zu dem Portal des Schlosses führten. Heute noch liegen die Marmorstufen zu einer in ihrer Anlage grandiosen Freitreppe, die durch alle Stockwerke führen sollte, wohlverpackt in dem nur im Rohbau fertig gewordenen Schlosse.

Für den neuen Wirtschaftshof mußte ein vollkommen ebenes Terrain geschaffen werden, damit die das Wohnhaus umgebenden Gebäude genau symmetrisch gestellt und eine überall wagerecht laufende Mauer mit Durchgangstoren als Hofbegrenzung errichtet werden konnte. In seiner praktischen Anlage, in der Ordnung der Wirtschaftsgebäude, in der landschaftlichen und gärtnerischen Dekoration ist der Hof von keinem in der ganzen Umgegend erreicht worden, abgesehen von zwei mecklenburgischen Gütern, die in den letzten Jahren von Geldmännern mit wahrem Luxus aufgebaut worden sind (Kl.-Helle und Kalübbe).

Die Wassermühle wurde durch eine heute nicht mehr vorhandene Windmühle neben dem Gutshofe ersetzt.

Neben dem Hofe entstand eine kleine Villa als Interimswohnung. Sie ist heute Schulhaus.

Nach Angaben des Landschaftskünstlers Lenné, des berühmten Direktors der Königlichen Gärten in Potsdam, wurde der Mühlenteich zu einem Parksee mit künstlich geschwungenen Ufern, sanft sich schmiegenden Buchten, Inseln, Landzungen, Wasserfällen, Brücken und Gondeln malerisch schön umgewandelt. Schon nach wenigen Jahren bot diese Partie mit den mannigfaltigsten Baumgruppen ein entzückendes Landschaftsbild.

Die Kirche wurde 1860 vollendet und geweiht. Ein sanft sich schlängelnder Weg führt über eine Brücke zu ihr hinauf. Wie ein im Grün verstecktes Dornröschen — zur Pfingstzeit von Flieder, Rotdorn und Goldregen umblüht — liegt es dort auf der Höhe, auf den Trümmern einer alten Burg,[1]) rötlich glänzend, zinkgedeckt, im Kuppelbau mit strahlenden Fenstern ringsum. Die Giebel mit vergoldeten Kreuzen und mit den weißen Vorhängen der riesigen Hauptfenster die weihevolle Stille verheißend, die im Heiligtume waltet. Ein Rundbogenbau im reinsten romanischen Stile, im Grundriß die Kreuzform. — Der Mittelbau strebt, lichtdurchstrahlt an seiner höchsten Stelle draußen mit einer vergoldeten Vase geschmückt, hinauf zum Himmelszelt.

[1]) Bei der Fundamentierung fand man neben allerlei Kriegsgerät auch verkohlten Weizen und ein Faß Bier; die Holzteile des Fasses waren längst vermodert, das Bier hatte sich in selbstgebildeter Haut konserviert.

Ein Abbild des kreisenden nächtlichen Firmaments finden wir in einer hohen Rundnische an dem Altarplatz. Ein Sternenheer ergießt aus dunkelblauer Tiefe seinen Glanz um das hier hoch aufgerichtete Kreuz: Meister Rietschels Crucifixus und mater dolorosa. Maria kniet schmerzerfüllt an des Kreuzes Fuß. In der Mitte der Sternenrotunde, auf hohem, schwarzem Marmorsockel, erhebt sich in mattblinkender Bronze dies unvergleichlich schöne Bildwerk in einsamer

Kirche zu Wolde.

Größe.[1]) Nach dem Betreten der Kirche geben schwer niederwallende Portieren den Blick auf den Altarraum frei. Der Anblick der Golgathaszene versenkt den Beschauer in still andächtiges Sinnen. Zumal des Abends, wenn die Reflexe

[1]) Diese „Pieta", in Lauchhammer gegossen, kostete 5100 Mark, befand sich aber schon vor dem Kirchbau in v. F.'s Besitz. Die Kirche kostete 111 000 Mark. Die gebrauchten Sandsteinmassen wurden von Dresdener Fuhrleuten gebracht!

der sinkenden Sonne mit den Schatten der Nische sich mischen, dann beginnt eine wundersame taufrische Dämmerung um das Kreuz zu schweben, und die dazwischen leuchtenden Sterne lenken die Seele hinauf zu dem, der oben thront! Sursum corda!

Die Orgel, von Gehmlich gebaut, ist von zartester, saubersten Intonation. Für Altar und Kanzel ist rote Plüschbedeckung verwandt. Ein reichgesticktes Goldkreuz funkelt zwischen den Altarschranken hindurch, in der Zeichnung von Ilka v. Fabrice, dem damals 13jährigen Töchterchen des Erbauers, entworfen. Eine Kollektion goldener vasa sacra bildet den höchsten Schmuck und Wert dieses Heiligtums, dessen edle Stifter in frommer Bescheidenheit die Stiftungstafel an verborgenster Stelle angebracht haben. Hinter dem Sockel, auf welchem das Rietschelsche Kunstwerk thront, liest man:

August Friedrich Oswald v. Fabrice
Helene Wilhelmine Albertine v. Fabrice,
geb. Gräfin v. Reichenbach-Lessonitz
erbauten diese Kirche zur Ehre Gottes.
Im Jahre MDCCCLIX.

Nur wenige Jahre waren dem Stifter beschieden, Auge und Herz an dem wohlgelungenen Werke zu erfreuen, die Vollendung des eigenen Heims, des Schlosses, in dem er nach soviel Unrast und Mühe seine Familie hätte um sich sammeln können, hat er nicht durchführen können.

Seinem staatsmännischen Auge konnte es nicht verborgen bleiben, daß der nivellierende Zug der Zeit sein freies Wolde nicht dulden, daß der Edelstein der absoluten Selbständigkeit aus seiner freiherrlichen Krone gebrochen werden würde. Das Gut, in dem er Millionen verbaut hatte, verlor allmählich für ihn den ursprünglichen Reiz und 1865 verkaufte er es an Herrn von Heyden-Linden auf Tützpatz.

Im Jahre 1900, einige Wochen nach der Feier seiner goldenen Hochzeit, ist der edle Freiherr in München und bald nach ihm seine hochherzige Gemahlin zur ewigen Ruhe eingegangen.

Unsere Umschau ist beendet. Sinnend umfaßt unser Auge noch einmal die historische Stätte, wo mit der Tragödie der Burgzerstörung ein Stück Mittelalter stürzte und die Weltgeschichte in ihrem Laufe einen tiefen Atemzug zu weiterem Fortschreiten tat, — wo das als monumentaler Torso immer noch majestätische Schloß von hohen unerfüllten Idealen wehmütige Kunde gibt.

Nur die Natur, die ewig lebendige, unerschöpfliche, gottgegründete Schöpfung — sie überdauert alles Menschenwerk. Die Blumen blühen, Vöglein singen in den Zweigen, Wolken ziehen darüber hin und die Sonne scheint heiter vom hohen Himmel hernieder, hernieder auf ein großes Grab menschlicher Hoffnungen!

W. Witt-Treptow a. Toll.

Johann von Gützkow.

Grüngeschmückte Gänge
Führen in das Schloß,
Und im Festgepränge
Naht manch Rittertroß.
Turmher schallt Geläute,
Lärmend das Gelag:
Graf Johann hält heute
Seinen Hochzeitstag.

Flitter und Prachtgeschmeide
Sind an der Tafel fremd,
Heimlich nur unterm Kleide
Klirrt das Kettenhemd;
Denn die Peene-Ufer
Heißen Krieg und Not,
Sind vom Schlachtenrufer
Tod allzeit umdroht.

Keine Silbenfechter
Witzeln glatt und fein,
Späße und Gelächter
Schallen kernig drein.
Wüstes Trinken und Schlemmen.
Und der Gützkower lacht:
Kaiser und Kurfürst bei Kremmen —
Aber unser die Schlacht!

„Hui! war das ein Jagen",
Wettert Graf Schwerin,
„Als Klaus Hahne geschlagen
Heimwärts mußte fliehn
Und der Greif vom Walde
Mit gewaltgem Biß
Auf der Loitzer Halde
Ihm den Kamm zerriß."

Plötzlich — auf Trepp und Gängen
Stolpert und poltert es schwer,
Schwillt es wie angstvolles Drängen
Dumpfer Stimmen daher.
Türgekrach. Ins Zimmer
Taumelnd ein Bote sich keilt:
Rettet! Ein roter Schimmer
Ruft von Loitz her: eilt!

Stürzende Kannen und Becher,
Wein am Boden wie Blut,
Und das Auge der Zecher
Flammend in freudiger Wut.
„Lockert der Degenscheide
Schlummernden Funkelschlag!
Vorwärts — zum Tanz auf der Heide!
Heute ist Hochzeitstag!"

— — — — — — — — — —

Still der Wald, als schlief er.
Plötzlich knickt und knackt
Heißa! durch Tann und Kiefer
Rasselnder Reitertakt.
Drüben — Staubgewitter,
Huftanz, Helmgeleucht:
Mecklenburgischer Ritter
Stürmischer Kampflauf keucht.

Sausende Klingen singen
Eine Melodei,
Daß beim schaurigen Schwingen
Springen die Bogen entzwei,
Daß vom schäumenden Berber
Sinkt manch Reiter ins Kraut:
Rascher Tod ist der Werber,
Heiße Jugend die Braut.

Graf Johann läßt sein helles
Rachehungriges Schwert,
Läßt sein Roß, sein schnelles,
Tanzen für Weib und Herd,
Eilt von der Kampfgemeinde
Seiner Freunde weitab —
Und die Hufe der Feinde
Wühlen ein Reitergrab.

Schrecken fesselt die Glieder.
Aber wie ein Orkan
Brechen sie dann hernieder
In die Lanzenbahn.

Sieg! — Zwei Rosse tragen
Eines Landes Glück.
Sieg! — Und wie geschlagen
Ziehn die Sieger zurück.

Nacht! — Zur Totenfeier
Blaßt der Hochzeitsglanz.
Aus zerrissenem Schleier
Nimmt die Gräfin den Kranz,
Drückt die Myrten, die grünen,
Mit entsagendem Sinn
Auf die Stirn des kühnen
Helden als Kampfgewinn.

H. Ploetz-Stettin.

Wolgast.

Die jetzt 8300 Einwohner zählende Stadt Wolgast hat in der Geschichte Pommerns eine bedeutende Rolle gespielt, war sie doch von 1295 ab Residenz der Herzöge von Pommern-Wolgast. Ihre Vergangenheit ist reich, doch arm sind die Erinnerungen an die alte Zeit. Wohl stand hier einst ein Schloß, hoch und hehr, doch Feuer und Verwüstung haben auch die letzten Spuren getilgt. — Wolgast hat sich aus einer Burg entwickelt, deren Ursprung sich in die graue Wendenzeit verliert. Wann man jedoch in dem an der Peene gelegenen „großen Haine", welcher Name in der wendischen Sprache gleichbedeutend mit Wolgast ist, angefangen hat, die Axt zu schwingen, um Raum für die ersten Bewohner zu schaffen, weiß auch Heberlein in seinen Beiträgen zur Geschichte der Burg und Stadt Wolgast nicht anzugeben. In der deutschen Geschichte findet die Stadt zur Zeit Heinrichs I. (919—936) zuerst Erwähnung. — Schon zu dieser Zeit wurden hier viele schwere Kämpfe geführt, um die zähen Pommern dem Christentum zu unterwerfen, und diese Kämpfe reichten bis in die Zeit Wratislaws I. Doch weniger die Gewalt, als der Zufall, welcher die Ohnmacht des Götzen Herovit zeigte, machte sie dem Worte Gottes geneigt. Allein auch der Übertritt zum Christentum konnte nicht hindern, daß Wolgast und das dazugehörige Land der Habgier fremder Völker ausgesetzt war und häufig mit Krieg überzogen wurde. Besonders oft kamen die Dänen die Peene herauf, um Burg und Stadt, welche damals den Handel von der Ostsee nach der Oder beherrschte, zu erobern und von hier aus das Land zu unterwerfen. Schon 1187 mußten die Pommern die Lehnshoheit der Dänen anerkennen.

Ruhigere Zeiten kamen erst mit der Macht der Hansa und dem Einzug der Herzöge 1295. Unter ihrer Fürsorge entwickelte sich die Stadt zusehends, und am Schlusse des 16. Jahrhunderts unter Herzog Ernst Ludwig war sie eine blühende Handelsstadt, in der fast keine Stunde verging, wo nicht Schiffe aus allen Landen hier ankamen (H. v. Schweinichen). Indes schon mit dem Herzog Philipp Julius erlosch 1625 das Herzoghaus Pommern-Wolgast. Auf dem Schlosse wurde es öd und leer; Pracht und Glanz verschwanden, und bald kehrte bittere Not in die Stadt ein. Der große Religionskrieg mit seinen Schrecknissen machte sich immer mehr bemerkbar. Schon drei Jahre nach des letzten Herzogs Tode vertrieben die Kaiserlichen die schützenden Dänen aus Wolgast, die vor ihrem Abzuge die Stadt den Flammen preisgaben, nachdem sie die Kostbarkeiten für sich in Sicherheit gebracht hatten. Was noch übrig geblieben war, fiel der kaiserlichen Soldateska zur Beute. Da erschien am 24. Juni 1630 vor der

Wolgast, Panorama.

Peenemündung Gustav Adolf. Anfang August zog er in Wolgast ein und nahm Wohnung in dem Schlosse, nicht ahnend, daß man ihn schon am 13. Juni 1633 hier aufbahren werde. Wieder einmal beherbergte Wolgast nun gekrönte Häupter und berühmte Männer, die gekommen waren, den gefallenen Helden auf das Schiff zu geleiten. Eine Viertelstunde unterhalb der Stadt hatte man eine Brücke in die Peene bauen lassen, um bequemer das Schiff zu erreichen. Noch heute heißt diese Stelle die Gustav-Adolf-Schlucht.

Nach dem westfälischen Frieden gehörte Wolgast den Schweden. Verödet und wüst war die Stadt, und wenn Schweden auch half, so viel in seinen Kräften stand, so leicht konnte sich der verarmte Ort nicht wieder erholen.

Neue Not brachte im September 1675 die Belagerung durch den Großen Kurfürsten. Leider durfte er ja die Früchte seines Sieges nicht behalten, und auch Wolgast blieb wieder in Schwedens Händen. — Die schrecklichsten Tage, welche Wolgast je erlebt hat, fallen aber in die Regierungszeit Karls XII. Die Schweden hatten am 8. Januar 1713 Altona niedergebrannt. Um sie dafür zu strafen, befahl der Zar, drei pommersche Städte in Asche zu legen. Zu ihnen gehörte auch Wolgast, an welchem die Russen ihr Strafgericht am 27. März 1713 mit großer Gründlichkeit vollzogen. So lag Wolgast wieder in Trümmern. Doch mit frischem Mute ging man an den Aufbau der Stadt. Die günstige Lage, unweit der Ostsee, an dem schiffbarsten Ausflusse der Oder, versprach ein baldiges Aufblühen. Und wenn auch manche Hoffnung damals fehlschlug, Selbstvertrauen und Wagemut hoben schon nach wenigen Jahrzehnten zusehends Wolgasts Wohlstand. Doch bald traten Umstände ein, die Wolgast hinderten, sich auf der Höhe zu halten. Zunächst war wegen der vielen natürlichen und insbesondere der während der Kriege entstandenen künstlichen Untiefen das Fahrwasser von der Insel Ruden bis Wolgaster Hafen für größere Schiffe nicht mehr zu benutzen. Zum andern war den Schiffen, welche von Stettin kamen, durch Friedrich Wilhelm I. und Friedrich II ein kürzerer und bequemerer Zugang zur Ostsee in der Swine geschaffen worden. Lebhaft bemühten sich Wolgaster Kaufleute, ihrer Stadt den Handel zu erhalten. Einer der Ihren, Homeyer, dessen Name noch heute einen guten Klang hat, schickte allein vierzig Schiffe in See. Doch die Schwierigkeiten waren nicht zu überwinden.

Zwar finden wir Wolgast als Handelsstadt noch einmal in aufsteigender Bewegung, als es 1815 wieder mit den Landesteilen jenseits der Peene und zugleich mit Preußen vereinigt worden war. Indessen mit der Herrschaft der Segelschiffe ging auch die Handelsherrlichkeit von Wolgast zugrunde.

Wer heute von der Insel Usedom aus sich der Stadt nähert, erblickt eine Zahl dampfender Schlote, hört bald das Hämmern und Pochen und erkennt, daß Wolgast eine bedeutende Industriestadt geworden ist. Da wo früher das Schloß seine Warten und Zinnen in die blauen Lüfte streckte, erbaute die nüchterne Spekulation 1840 einen Kornspeicher, dessen Räume heute teilweise für den Betrieb einer Spiritusfabrik eingerichtet sind, so daß auch die letzten Spuren der Ruine verschwanden, von der unser Landsmann Kosegarten schreibt:

„Die schönste Partie der Stadt sind die alten Schloßruinen. Dieses Schloß, das im vierzehnten Jahrhundert erbaut ward und im 16. und 17. der Sitz manches frommen, biederen Herzogs war, ist zu Anfang dieses Jahrhunderts von den zerstörungsseligen Russen ohne Not und Nutzen in den Grund geschossen worden (27. März 1713). Heute abend nach Sonnenuntergang ging ich hin. Es liegt auf einer Insel hart vor dem Wassertor, Wall und Graben umgürten es, doch ist der Wall sehr niedergetreten und der Graben auch größtenteils trocken. Lange wanderte ich am Fuß des Burgwalls auf einem mächtigen, aus dem Wasser hervorragenden Schiffskielholze auf und ab und lauschte dem Brüllen der See, die, vom Nordostwinde aufgewühlt, dumpf und fernher grollte. Die Sonne war gesunken, die Flut klatschte an meinen Kiel, im tiefen Westen dämmerte noch ein krankes Rot, allmählich stieg der Vollmond höher und beleuchtete die grausigen Trümmer. Jetzt ging ich hin, sie zu sehen. Über einen mächtigen

Brückenbogen gelangte ich durch ein noch übriges Tor in das Innere des Burgringes. Da tat das Reich der Verwüstung sich vor mir auf, weit und gräßlich, sinkende Mauern, taumelnde Pfeiler, berstende Bogen, gähnende Gruftgewölbe, Gemäuer umrankt von Wintergrün, Schutt und Graus überkleidet mit beerenreichem Hollunder." — „Mich schauerte leise. Nickende Schatten, däuchte mich, saßen auf den Schutthaufen. Die Gebilde alter Zeiten wandelten in den schwarzen Fliedergängen, Helden im Stahlschmuck, Mädchen mit fliegenden Locken. Hoch über das wüste Getrümmer hoben zwei gewaltige Türme ihr Haupt empor, Manen alter Herrlichkeit, Riesengerippe, durch welche der Sturmwind heult. Ich trat näher. Reste einer Treppe lockten mich, in dem einen emporzusteigen. Sie führte in einen gewölbten Saal, offen allen Winden des Himmels. An seinen weißen Wänden las ich tausend Namen hineingekritzelt und herausgegraben, im Mondschein. Ha, wie der Wind hier heulte, wie der Wind wühlte in den schlagenden Fluten! Die Treppe trug nicht höher. Abgebrochen, sturzdrohend sah ich noch ein paar morsche Stufen hoch über meinem Scheitel hängen. Ich stieg hinab und besah den andern Turm. Dieser war unersteiglich. Unter den ungeheuren Steinen aber öffnete ein weites Souterrain mir seinen schwarzen Mund. Ich tappte mich hinunter. Der Boden schwieg unter meinem Fersentritt, die Wände gaben meinen Ruf nicht wieder; jeder Laut erstarb im Augenblick des Werdens. Es war wie im Grabe. Hervorstieg ich aus der Behausung ewigen Schweigens und schon vertrauter mit den Schauern dieses Zerstörungsreiches wanderte ich lange zwischen dem efeubewachsenen Gemäuer, lange in den dunklen Fliedergängen herum, weihte diese Heimat der Melancholie zu meinem Eigentum; ahnte leise, welche Wonnen und Wehe, welche Gefühle und welche Begeisterung, welche Gesichte und Phantasieen hier in Zukunft mich überdrängen werde."

Verschwunden sind die Zeiten feinfühliger Rücksichtnahme; das hastende Alltagsleben der Gegenwart zerstört wie auch hier die Stätten der Erinnerung und des Gedenkens, und wo früher Lautenschlag und Minnesang verhallte, da klappern und surren, hämmern und pochen heute die Maschinen des Gußstahlwerkes.

Unter den industriellen Anlagen Wolgasts ist weithin bekannt geworden die „Kommandit-Gesellschaft auf Aktien J. H. Kräft", deren zerlegbare Häuser, Villen, Jagdhäuser, Konzerthallen nicht bloß in den Badeorten der pommerschen Küste Verbreitung gefunden haben. Zu den großartigsten Fabrikanlagen der Stadt gehört die von Quistorp gegründete chemische Fabrik, die heute in eine Zementfabrik umgewandelt ist. In unmittelbarer Nähe hat die Granitschleiferei H. Röhl & Co. ihre Anlegestelle, die beispielsweise die Sockel lieferte für die Denkmäler Luthers in Berlin, Geibels in Lübeck, Bismarcks in Siegen und Kaiser Wilhelms in Hamburg. Auch das gewaltige Washington-Monument in Philadelphia ist das Werk jahrelanger mühsamer Arbeit dieser Fabrik. — Dampfschneide- und Farbholzmühlen, Eisengießereien, Essigsäure-, Faßdauben-, Sensenschärfer-, sogar eine Stickereifabrik, deren Leistungen auf der Ausstellung in Paris und St. Gallen prämiiert wurden, überragen die Häuser der Stadt. Über alle Gebäude der Stadt aber erhebt sich die St. Petrikirche, die 1713 aus den Trümmern erstand. Zwei Pfeiler dieses gotischen Baues tragen die geretteten Reste vergangener Zeit, ein Epitaphium, welches die fünf Söhne ihrem 1560 gestorbenen Vater Herzog Philipp gewidmet haben, und einen Stein mit dem Wappen der pommerschen Herzöge, welcher von den Ruinen des Schlosses nach hier übergeführt worden ist. Ein Stein verschließt den Zugang zur Gruft, in der die Herzöge von Pommern-Wolgast schlafen, an welche die St. Gertrud-Kapelle, dicht vor dem Tore der Stadt mitten auf einem Friedhof gelegen, fast die einzige Erinnerung ist. Es ist ein zwölfeckiger Bau mit einem prachtvollen Stirngewölbe und soll nach dem Muster der Kirche des heiligen Grabes in Jerusalem erbaut sein.

Und nun ein Bild der nächsten Umgebung! Durch schöne Alleen und dunkle Gänge, an schattigen Lauben, freien Plätzen und tiefen Schluchten vorbei führt uns der Weg hinaus zu einem burgähnlichen Gebäude. Von der Platte des Turmes blickt man hinein in ein liebliches Landschaftsbild. In raschem Laufe eilt der Peenestrom, belebt von Fahrzeugen, überall Buchten und Einschnitte bildend, der 8 km entfernten Ostsee zu, die das zerrissene Usedom mit seinen schönen Badeorten bespült, die alljährlich viele Tausende herbeilocken. Wer zur Sommerszeit nach Wolgast kommt, den wird die große Zahl von Lohnfuhrwerken und der Verkehr auf dem Bahnhofe lebhaft rege an Wolgasts Blütezeit erinnern.

F. Bomsin-Wolgast.

Greifswald.

Wer aus dem Binnenlande kommt und zum ersten Male mit der Berlin-Stettiner Eisenbahn unsere Küste aufsucht, schaut sicher aufmerksam rechts aus dem Wagenfenster, um den ersten Blick auf die Ostsee nicht zu verfehlen. Nur schade! Wenn ihm nach langem Harren diese Freude endlich zu teil wird, erfährt sein Gemüt eine kleine Enttäuschung, denn das Auge schweift nicht, was der Neuling vielleicht erwartet hat, über die schäumenden Wellen eines tosenden Meeres, sondern nur bis an das ruhige Wasser eines eng begrenzten Boddens, aber immerhin tut sich dafür ein fesselndes Bild vor dem Reisenden auf, er kann die blaue glitzernde Flut begrüßen und, wenn auch in der Ferne, die Umrisse des sagenumwobenen Eilandes Rügen wahrnehmen, zugleich aber liegt vor ihm in flacher, weit gedehnter Mulde — Greifswald, die alte Hanse- und Musenstadt, Gryps, wie die Studenten aus Gryphia abkürzen, die Leuchte Pommerns, wie man öfters hört, Hild-Athen, wie es der Sänger Kosegarten benannte. Aus dem Wassergebiet der Peene ist der Fahrgast in den Bereich eines ungleich kleineren Küstenflusses gelangt, des Ryck. Dieser — aus dem Wendischen ins Deutsche übersetzt heißt das Wort Fluß — hat, so unbedeutend er Fremden wie Einheimischen sonst erscheinen mag, auf die Lage Greifswalds bestimmend eingewirkt und auch sonst einen nicht geringen Einfluß auf die Verhältnisse der hiesigen Gegend gehabt. Als vor jetzt sieben Jahrhunderten die

Macht des Wendentums gebrochen war, stießen hier am Ryck die beiden kirchlichen Herrschaften, das Bistum von Schwerin und das von Kammin zusammen; bis an den Ryck reichte von Norden her der Einfluß der deutsch-dänischen Christianisierung unter Heinrich dem Löwen und König Waldemar I., von Süden her die Bewegung, die Otto von Bamberg zur Ausbreitung des Kreuzes hervorrief, der bis zu dem nahen Grafensitze Gützkow an der Peene vordrang. Hier, wo der Ryck in die noch heute sogenannte Dänische Wiek mündet, wurde durch dänische Cistercienser-Mönche, die aus Dargun kamen, auf Veranlassung des Klosters zu Esrom (Seeland) mitten hinein in die heidnische Umgebung das Kloster Eldena im Jahre 1199 gegründet, das drei Jahrhunderte lang einen Brennpunkt mittelalterlicher Kultur zu bilden berufen war. Schließlich befanden sich hier am nördlichen Ufer des Ryck, für die damalige Zeit von größtem Werte, Sulzquellen, an denen vorüber die alte wendische Straße von Wolgast

Greifswald von Süden aus.
Verlag von W. Baade's Nachfolger: H. Färber.

nach dem Fürstentum Rügen, sowie den Ländern Barth und Triebsees führte. Für die Heimatskunde ist es interessant, daß, wie sehr die nachfolgenden Wegelegungen auch die Spuren des früheren Verkehrs fast ganz verwischt haben, man doch aus den wendischen Ortsnamen heraus noch die Richtung der einstigen Landstraße nachträglich festlegen kann. Hier bei dem Salzwerke führte ein Weg durch die Niederung, eine Brücke über den Fluß, hier zog sich ein Band von Stadt zu Stadt, verkehrten Wanderer und Reiter, Fuhrleute einzeln und in Gesellschaften. Nur natürlich muß es erscheinen, daß der fromme Sinn der Eldenaer Mönche hier in unmittelbarer Nähe der Brücke ein Gotteshaus anlegte, das sie nach der Mutter Gottes benannten, der auch ihr Kloster geweiht war — die heutige Marienkirche zu Greifswald. An die Kirche gliederte sich bei der günstigen Lage bald ein Markt, ein Flecken an. Zur Vergrößerung dieser neuen Siedlung, sowie insbesondere zur Vermehrung der deutschen Bevölkerung, trugen alsbald hervorragend die Einwanderer niedersächsischer Abstammung bei, die vom Niederrheine her, wie der um die Geschichte unseres Landesteiles hochverdiente Forscher, Professor Dr. Th. Pyl dargelegt hat, auch den Namen Greifswald herüberbrachten. Im Jahre 1248 wird Greifswald zuerst urkundlich ein Wohnplatz, ein oppidum genannt. Zu bemerken ist, daß bereits im Jahre 1241 dem Kloster für seine neue Niederlassung das Recht gewährt wurde, einen Wochenmarkt abzuhalten.

Unter einem günstigen Sterne schien die junge Stadt begründet zu sein. Nach kaum 20jährigem Bestehen besaß sie schon ein Franziskaner- und ein Dominikaner-Kloster, sowie die Hospitäler zum Heiligen Geist und St. Georg. Die Klugheit der Mönche mag zur schnellen Entwickelung das Ihrige bei-

Alte Häuser am Markte, das mittlere bis 1863.

getragen haben! Wie vorzüglich und wohl überdacht war das heute noch bestehende Straßennetz angelegt, als ob der hochmögende Wille eines mächtigen Fürsten die Anlage einer Hauptstadt befohlen hätte! Die Hauptstraße in der Richtung von Osten nach Westen, rechts und links gleichlaufend zueinander je eine Nebenstraße, darauf senkrecht eine lange Reihe von Querstraßen! An die erste Siedelung, Marienkirche und Markt, schloß sich schnell eine Neustadt an. Bald erhielt die junge Gemeinde dementsprechend ihre eigene Gerichtsbarkeit, das Lübische Recht und die Erlaubnis der Selbstverteidigung; sie umgab sich mit Mauern, Wällen und Gräben, erbaute die drei Hauptkirchen, erwarb die Greifswalder Oie, sowie Grundbesitz im Norden der Stadt (das heutige Rosental), dehnte ihre Handelsbeziehungen nach Skandinavien aus und trat noch vor dem

Ablaufe des Jahrhunderts in den großen Städtebund der Hansa ein. Als Mitglied dieser nahm sie an den Kriegen gegen Dänemark und Norwegen kräftigen Anteil. Auch zu Lande bewies sie ihre Streitbarkeit und wehrte den Ansprüchen, die Herzog Heinrich von Mecklenburg und die Herren v. Werle auf das nach Wizlaws III. Tode fürstenlose Rügen machten. Ihrem Dazwischentreten ist es zu danken, daß Rügen heute zu Preußen und nicht zu Mecklenburg gehört.

Greifswald, Nikolaikirche.

Trotzdem 1304 eine gewaltige Sturmflut die Küsten verheerte, 1348 der Schwarze Tod die Stadt heimsuchte, und zwanzig Jahre darauf der Krieg gegen Dänemark schwere Anforderungen an die Bürgerschaft stellte, war dieses Jahrhundert doch glücklich für Greifswald.

Die Stadt erwarb den reichen Schatz an Landgütern, dessen sie sich zum größten Teile noch heute erfreut; und unter den günstigen Verhältnissen erwuchsen als bleibende Beispiele mittelalterlicher Kunstliebe und hanseatischen Reichtums am Markte die alten Häuser. Wiederholt wurden in diesem Jahrhundert in Greifswald Hansatage abgehalten, z. B. 1361, 1363, und infolge des steigenden Wohlstandes hob sich auch das gewerbliche Leben in der Stadt ansehnlich. — Da erhielt um die Mitte des 15. Jahrhunderts die Entwickelung der Stadt nach ganz anderer Richtung eine entscheidende Wendung. Der Bürgermeister Heinrich Rubenow gründete 1456 die Universität. Die Anerkennung, welche die Zeitgenossen dem verdienstvollen Manne versagten, haben erst spätere Jahrhunderte ihm gezollt. Heute wird sein Andenken kommenden Geschlechtern bewahrt durch den Rubenow-Platz mit dem Rubenow-Denkmal, die benachbarte Rubenowstraße, die Rubenow-Stiftung ꝛc. Über das Greifswald dieser Zeit urteilt Thomas Kantzow in seiner Chronik:

„Gripswalt ist auch zum Mehrereteil eine mawrte Stat und etwas weniger als Stettin, hat 3 Pfarkirchen, zwei Closter und eine Uniuersitet. Die Burger seint auch mehr der Kauffenschaft und Segelation zugethan van [als] den Studiis; darum leidet die Uniuersitet nicht weinig Hinderung ires Gedeyes. Es ist uberaus gutte Zerung daselbst und nicht sogar ubermutig Folck daselbst wie in andern Stetten. Darumb ist die Uniuersitet, on grosses Bedenken nicht, hieher gelegt und were gantz Pommern, Mekelburgk, Danemarken, Schweden und Norwegen wolgelegen, so sie je nhur wes Gedeyes haben sollte."

Im Jahre 1531 ward die Reformation in Greifswald, sieben Jahre später als in der Nachbarstadt Stralsund, eingeführt. Die erste protestantische Predigt in St. Nikolai hielt Johannes Knipstro am 5. Sonntage nach Trinitatis unter großem Beifalle der Bürgerschaft; am Tage Allerheiligen stellten dann auch die Kanonici ihre horae ein. Der Magistrat, anfangs offenbar der kirchlichen Wandlung abgeneigt, ward von der Strömung mit fortgerissen und lernte mit der Zeit die neue Lage ausnutzen. Aus dem Silber in Kirchen und Klöstern begründete er gemeinnützige Einrichtungen, von denen wir zwei nennen, die heute noch bestehen, die Ratsapotheke, 1551 gegründet, und die große Stadtschule (1561), das heutige Gymnasium.

Das Unheil, das der Dreißigjährige Krieg über Deutschland brachte, hat sich in vollem Maße über Pommern ergossen, und von pommerschen Städten hat die Leiden und Drangsale der schweren Zeit nicht zum wenigsten Greifswald erfahren müssen. Ein Teil der Wallensteinschen Heerscharen hielt vier Jahre lang, von 1627 bis 1631, die Stadt besetzt. Es würde den hier zur Verfügung stehenden Raum weit überschreiten, wenn man auch nur einen Teil der Schrecknisse aufzählen wollte, die die Bürgerschaft Greifswalds damals zu erdulden hatte. Vielfach gingen die Bürger davon, um sich dem Drucke und der Not zu entziehen, so daß 1628 schon über viertehalb hundert Häuser leer standen, und der Rat der Stadt am 23. Dezember dieses Jahres an den Herzog schrieb: „Wir werden von Tag zu Tag dergestalt beängstigt und belästigt, daß wir viel lieber des Todes zu seyn, als in solcher Not und Drangsal länger zu leben wünschen und begehren möchten."

Am 11. Juni 1631 endlich kam ein Trupp Schweden nordwärts von Stralsund her und entsetzte die Stadt. Der Wallensteinsche Oberst Perusius fiel in einem Treffen auf dem Rosental, und dieser Tag der Befreiung wurde unter dem Namen des Perusius-Festes bis zum Jahre 1833 kirchlich begangen. Gustav Adolf besuchte die ihm entgegenjubelnde Stadt, die von da ab bis 1815 zur schwedischen Krone gehörte.

Nicht drei Jahrzehnte waren vergangen, da umtobte erneuter Kriegslärm die schwache Festung. Der Große Kurfürst belagerte 1659 — diesmal freilich vergeblich — die Stadt. Als er jedoch achtzehn Jahre später, nachdem er die schwedischen Eindringlinge aus der Mark vertrieben hatte, wieder vor Greifswald erschien, da erzwang eine heftige Beschießung, welche 144 Häuser beschädigte, die Öffnung der Tore. Leider entriß der Friede von St. Germain en Laye dem Kurfürsten die Siegesbeute wieder. Exoriare aliquis nostris ex ossibus ultor!

Im Nordischen Kriege entluden sich neue Kriegsgewitter über Greifswald, und in den Jahren 1711 und 12 weilten vorübergehend August II., König von Polen, Friedrich IV. von Dänemark, auch Peter der Große in der Stadt.

Preußische Regimenter besetzten auch während des Siebenjährigen Krieges die Stadt. Im übrigen scheint die zweite Hälfte des 18. Jahrhunderts der Gemeinde Greifswald die lange ersehnte Ruhe gebracht zu haben, welche ihr die Grundlage zu neuer gedeihlicher Entwicklung darbot. Gewerbe und Handel hoben sich; die Bürgerschaft konnte sich zu einem gewissen Wohlstande emporringen, die Stadt sich von den Schulden befreien. Aus „guter, alter Zeit" klingt der Spruch zu uns herüber: „Unter den drei Kronen ist gut wohnen." Es ließ die schwedische Regierung nicht nur Vorrechte und Freiheiten bestehen, sondern sorgte auch dafür, die Stadt mit neuen Einrichtungen und Anstalten zu bedenken, sowie ihr Ansehen zu erhöhen. So ward, um noch eines auf anderem Gebiete zu nennen, auch im Jahre 1803 von Wismar das Obertribunal nach Greifswald verlegt.

Als aber am Beginn des neuen Jahrhunderts Napoleon in Frankreich sich hatte zum Kaiser krönen lassen, und die ersten Anzeichen der großen europäischen Kriege sich auch in Schwedisch-Pommern bemerkbar machten, wich auch in Greifswald die friedliche Stille bürgerlicher und akademischer Arbeit wieder einer bewegten Zeit politischer Unruhe und lange andauernder Besorgnisse. Im Jahre 1805 sahen die Bewohner Greifswalds wiederum Russen in ihren Mauern; diesmal erschienen sie als Freunde, als Verbündete des leidenschaftlich gegen Napoleon aufgebrachten schwedischen Königs. Dieser selbst, Gustav IV. Adolf, weilte verschiedene Male in Greifswald, am längsten im Jahre 1806, von Anfang April bis Mitte September. Es war ein für die Landesgeschichte wichtiger Aufenthalt, und wenn im allgemeinen diese schwedischen Tage schnell in Vergessenheit geraten sind, so mag der Grund darin liegen, daß das Ende der schwedischen Herrschaft über deutsches Land bereits so nahe war. Von Greifswald aus hob 1806 der schwedische König die schwedisch-pommersche Verfassung, die Patrimonial-Gerichtsbarkeit und die Leibeigenschaft auf, führte die Gliederung in vier Stände, Adel, Priester, Bürger und Bauern ein, und ließ sich von diesen huldigen. Mit allem Prunke der damaligen Zeit und unter den hergebrachten Feierlichkeiten fand in dem Universitätsgebäude diese Huldigung statt. Als nach einer Dauer von vierzehn Tagen der Landtag geschlossen wurde, verlas der Herrscher eine Thronrede und fügte dieser einen Wunsch an, der sich vorahnend wie ein Abschiedsgruß der schwedischen Krone an lieb gewordene Verhältnisse ausnimmt und vorausschauend Deutschlands Geschick erkennt; die Worte des jungen Königs lauteten:

> „Möchte ich dereinst den Tag erleben, wo ich Deutschland als mein zweites Vaterland zu dem Ansehen wieder hergestellt erblicke, wozu dessen achtungswürdige Nation und der Ruhm von Jahrhunderten ihm ein unleugbares Recht geben!"

Ehe dies in Erfüllung ging, hatte die Geschichte Deutschlands und dementsprechend die Greifswalds noch schwere Wege zu wandeln! In den Jahren 1807 bis 1813 wurde die Stadt dreimal von Franzosen besetzt und hatte viel Kriegsleid zu erfahren; unter dem Drucke einer dieser Besetzungen hielt der Dichter Kosegarten jene akademische Rede, die später auf dem Wartburgfeste verbrannt wurde. Schon aber entwickelten sich bedeutsame Keime! — Ernst Moritz Arndt, erst als Adjunkt, dann als außerordentlicher Professor an der Universität angestellt, ließ von hier aus den ersten Teil seines Geistes der Zeit ausfliegen. Merkwürdiges Zusammentreffen der Umstände! Der Dichter, der in dem so viel gesungenen Liede die Frage aufwarf: „Was ist des Deutschen Vaterland?" wohnte zu Greifswald in derselben Straße, in welcher — gegen dreißig Jahre später — Otto von Bismarck wohnte, der Staatsmann, der diese Frage endgültig beantwortete. Es ist die Büchstraße, eine alte hiesige Straße, die, und zwar aus einem vaterländischen Grunde, ihren Namen wechselte; als am 31. März 1895 die Bürgerschaft zu Ehren des 80. Geburtstages Bismarcks ein glänzendes Fest beging, ward ihr Name in Bismarckstraße umgewandelt.

Nach den Freiheitskriegen kam Neu-Vorpommern und Rügen, also auch Greifswald, an die Krone Preußen. Die förmliche Übergabe fand in Stralsund am 23. Oktober 1815 statt. Was die militärische Besetzung angeht, so wechselte sie in den ersten Jahren der Zugehörigkeit zu Preußen mehrmals, bis im Jahre 1821 nach Greifswald Jäger kamen, die allmählich sehr beliebt wurden. Greifswald wurde stolz auf seine Jäger, die es Jahrzehnte lang in seinen Mauern beherbergen durfte, bis im Jahre 1883 das Bataillon an die Ostgrenze des Reiches, nach Kulm, übersiedelte. Als Beispiel der guten Beziehungen zwischen Greifswald und den Jägern sei noch erwähnt, daß von Kulm aus im Jahre 1895 die Jäger „ihrer früheren Garnison" für einen der öffentlichen Plätze als Denkmal die Büste Kaiser Friedrichs schenkten. Jetzt weilt hier als Garnison das 3. Bataillon des Infanterie-Regiments Prinz Moritz von Anhalt-Dessau Nr. 42.

Wie gewaltig der Aufschwung gewesen ist, den Greifswald im letztverflossenen Jahrhunderte, namentlich seit der Einigung des Deutschen Reiches, genommen hat, läßt sich nur schwer in wenigen Worten darstellen. Zwar haben Handel und Verkehr durch die Anlage der Eisenbahnen und den Niedergang der Segelschiffahrt andere Wege genommen, und naturgemäß haben die Häfen an der nordwestlichen Küste unseres Vaterlandes mit ihrem Ausblick auf die transatlantische Verbindung denen der Ostsee — abgesehen von anderen Umständen — den Rang abgelaufen, aber sonst auf allen Gebieten hat Greifswald sich wacker dazu gehalten, in dem Wettbewerbe der Städte nicht zurückzustehen. Die Stadt, die am Anfange des 19. Jahrhundertes gegen 5000 Einwohner zählte, weist heute deren 22 777 auf. Die alten Festungswälle sind zu anmutigen Spaziergängen und wohlgepflegten Plätzen umgewandelt. Ein reges geistiges Leben findet seinen Mittelpunkt in der Universität mit ihren vielen Anstalten und Einrichtungen, ihrer großen Anzahl von Lehrern und Beamten, ihrer Schar jugendfrischer Studierender, in denen wir gerne die einstigen Vertreter deutschen Geistes und nationalen Strebens begrüßen. Möge auch in Zukunft Greifswald eine Pflanz- und Pflegstätte deutschen Wissens und deutschen Geistes sein und bleiben, mögen aus ihr Männer hervorgehen, auf welche die Mitwelt voll Stolz und Bewunderung blickt, denen die Nachwelt aber Gedenktafeln und Denkmäler widmet. Solche Gedenktafeln sind an einer ganzen Reihe von Häusern angebracht; es wurden dadurch Männer geehrt von allgemeinem Rufe: Ernst Moritz Arndt, der bekannte Freiheitsdichter, Otto von Bismarck, Georg Beseler, Abgeordneter für die Deutsche National-Versammlung in Frankfurt a. M., Gustav Nachtigal, der berühmte Afrika-Reisende, Paul Konewka (Schattenbilder zu Goethes Faust u. s. w.), von mehr örtlicher und provinzieller Bedeutung zunächst aus früherer Zeit Heinrich Rubenow, der Stifter der Universität, Bartholomäus Sastrow, ein Chronist des Mittelalters, aus dem letzten Jahrhunderte Ludwig Theobul Kosegarten, der Dichter der Jucunde, und sein Sohn, Joh. Gottfr. Ludwig, ein Durchforscher der pommerschen Geschichte, Karl Gesterding, besonders um die Geschichte Greifswalds verdient, Friedrich von Hagenow, Natur- und Altertumsforscher, und schließlich Theodor Marßon, pommerscher Botaniker. Von Denkmälern erwähnen wir das Krieger-Denkmal auf dem Markte (1892) und die Bismarck-Säule (24. Juni 1900) auf dem Epistelberge. Ein Kaiser Wilhelm-Denkmal zu errichten, wird zur Zeit von den hiesigen Wehrvereinen beabsichtigt. Prof. O. Krause-Greifswald.

Die pommersche Hochschule.

Am 17. Oktober 1456 vollzog sich in Greifswald ein bedeutungsvoller Akt. Vom Mühlentor aus bewegte sich ein feierlicher Zug geistlicher und weltlicher Würdenträger nach der St. Nikolaikirche; in ihrer Mitte der Bischof Henning von Kammin als Träger einer päpstlichen Urkunde, welche die Stiftung einer hohen Schule in dieser Stadt besiegelte. In der genannten Kirche fand dann in Gegenwart des Herzogs Wartislaw IX. eine auf dieses Ereignis abzielende religöse Feier, verbunden mit Verlesung der Urkunde, statt. Als Gabe für die junge Stiftung legte der Herzog auf dem Altar zwei silberne Szepter nieder, welche heute noch erhalten und im Gebrauch sind. Das Werk war abgeschlossen. Wenn der Landesbischof in Kammin und der wohl für Politik und Krieg, nicht aber für geistige Aufgaben interessierte Herzog sowie die Vorsteher mehrerer Klöster, darunter selbstverständlich der Abt von Eldena, an der Durchführung ihren Anteil hatten, so war doch die Universität wesentlich die Tat des Greifswalder Bürgermeisters Heinrich Rubenow. Von ihm ging wahrscheinlich der Gedanke aus; sicherlich hat er durch eine breite finanzielle Fundierung, zum großen Teil aus eigenen Mitteln, die Vollendung ermöglicht. Wichtig war in dieser Beziehung vor allem die Erhebung der St. Nikolaikirche zu einer Stiftskirche, deren Präbenden als Einkommen für die Professoren dienen sollten.

Von Anfang an trat die Universität, deren erster Rektor verdientermaßen Heinrich Rubenow wurde, mit der vollen Ausrüstung des studium generale, d. h. mit vier Fakultäten hervor. Als ihr Begründer 1462 in der Schreibstube des Rates durch Mörderhand fiel, war sie hinreichend gefestigt, um ihre Aufgaben ohne Beeinträchtigung zu vollziehen. Zunächst als Bildungsstätte des pommerschen Landes gedacht, wurde sie bald doch auch aus der Ferne aufgesucht; besonders aus den nordischen Ländern kamen zahlreiche Jünglinge. Selbstverständlich war der Betrieb der Wissenschaft der mittelalterliche mit seinen methodischen und sachlichen Mängeln. Doch gewann seit dem Anfang des 16. Jahrhunderts der Humanismus in der philosophischen Fakultät mehr und mehr Boden. So lehrte hier kurze Zeit der bekannte Humanist Hermann von dem Busche 1504; zu seinen Hörern zählte Johann Bugenhagen, der pommersche Reformator. Auch Ulrich von Hutten, der irrende Ritter, hielt sich vorübergehend in Greifswald auf. Trotzdem blieb der vorwaltende, ausschlaggebende Geist der mittelalterliche. Als daher die Reformation auch an die Tore Greifswalds pochte und in der Bürgerschaft wachsenden Einfluß gewann, nahm die Universität in Gemeinschaft mit den regierenden Geschlechtern und der Geistlichkeit ihren Standpunkt auf seiten der alten Kirche; daraus entstanden Irrungen, welche zu einer fast völligen Zerrüttung der Hochschule führten. Sie kam an den Rand des Untergangs. Der volle Anschluß Pommerns an die Reformation seit dem Treptower Landtage 1534 wurde ihr zur Rettung. Auf Anordnung des Herzogs Philipp I. erfolgte 1539 ihre Reorganisation im Sinne der neuen Zeit. Melanchthon wandte ihr sein Interesse zu, tüchtige Lehrer wurden berufen, und der Herzog selbst brachte, um seine Ehrerbietung und sein Vertrauen darzutun, seine drei Söhne 1557 persönlich nach Greifswald, um sie als Bürger der Hochschule eintragen zu lassen. Auch in der Folgezeit setzte das tätige Wohlwollen der Herzöge nicht aus. Besonders wandte Philipp Julius (1592—1625), ein für Kunst und Wissenschaft aufgeschlossener Fürst, ihr sein Interesse zu. An ihn erinnert heute noch der prächtige, mit dem pommerschen Wappen in Gold und Silber gestickte samtene Rektormantel, den er 1619 als auszeichnendes Geschenk stiftete.

Unter seinem Nachfolger Bogislaw XIV. brach das verheerende Unwetter des Dreißigjährigen Krieges in Pommern ein und zog mit seinen Verwüstungen auch die Universität in Mitleidenschaft. Ihre Einnahmen hörten fast ganz auf. Jahrelang mußten die Professoren ihren Gehalt entbehren. Erst die Landung Gustav Adolfs im Juni 1630 schaffte Erleichterung. Als er am 17. dieses Monats in Greifswald erschien, versprach er der Universität, die ihn feierlich begrüßen ließ, seinen königlichen Schutz. Einen großen materiellen Gewinn bedeutete die 1634 erfolgte Abtretung des herzoglichen Amtes Eldena an die Hochschule durch Bogislaw XIV., obwohl damals die Klostergüter infolge des Krieges sich in einem jammervollen Zustande befanden. Aber es war doch ein zukunftsreiches Geschenk.

Mit Herzog Bogislaw starb der pommersche Mannesstamm aus, und im Westfälischen Frieden kam das westliche Pommern in den Besitz Schwedens. Die schwedischen Könige sahen es als eine ehrenvolle Aufgabe an, das Gedeihen der Universität in geistiger und materieller Beziehung zu fördern und die Schädigungen, welche die Kämpfe mit Kurbrandenburg und der „Moskowiterkrieg" direkt und indirekt der gelehrten Anstalt verursachten, wieder auszugleichen. Das 18. Jahrhundert zeigt uns in allen Fakultäten hervorragende Gelehrte.

Der Verlauf der Geschichte führte 1815 zur Vereinigung Schwedisch-Pommerns mit Preußen. Am 23. Oktober fand in Stralsund die feierliche Übergabe des Landes an die preußische Krone statt. Damit beginnt die neueste Periode der pommerschen Hochschule. Sie bildet jetzt einen Teil des in blühender Entwickelung emporstrebenden preußischen Universitätswesens. In diesem Bewußtsein fühlte man sich, als am 17. Oktober 1856 in Gegenwart des Königs Friedrich Wilhelm IV., seines Bruders — des Prinzen Wilhelm von Preußen — und dessen Sohne Friedrich Wilhelm die 400jährige Jubelfeier festlich begangen wurde. Dabei sprach der König die bedeutsamen Worte: „Wir haben heute aus mehr als einem begeisterten Munde die Schilderung gehört, wie eine Universität sein soll, wenn sie ihre Aufgabe erfüllen soll. Die Schilderung war treffend und hochgedacht. Es bleibt mir nichts übrig als zu sagen: Also sei es! So sei es zur Ehre dieser merkwürdigen Hochschule, der, Sie wissen es, von alters her meine ganze Affektion gehört. Also sei es zur Ehre von ganz Pommern und den angrenzenden Ländern! Also sei es, damit diese Hochschule, wie groß oder klein das Schicksal in ihrem bevorstehenden 5. Jahrhundert sie sein lassen möge, ein leuchtendes Vorbild in jeder Hinsicht sei ihren Schwester-Universitäten im gesamten lieben deutschen Vaterlande!"

Der moderne, durch die Fortschritte der Wissenschaft begründete Charakter der Universitäten ist zum Ausdruck gekommen in der bedeutenden Vermehrung der Lehrkräfte in Rücksicht auf die zunehmende Spezialisierung der Wissenschaft. Im Winter 1903 zählte Greifswald 45 ordentliche, 25 außerordentliche Professoren und 23 Privatdozenten. Welche Differenz von der dürftigen Zahl der Lehrer in den Anfängen, ja auch von den Zahlen im 18. Jahrhundert! Als etwas ganz neues sind fast ausnahmslos die Institute und Kliniken aufgetreten.

Nehmen wir, um uns hiervon ein Bild zu machen, unsern Standort auf dem Rubenowplatze, in dessen gärtnerischen Anlagen sich ein schönes Bronzedenkmal in Erinnerung an die Stiftung der Universität erhebt. Vor uns breitet sich die Front eines durch seine Masse wie durch geschickte Einzelbehandlung imposanten Gebäudes aus, die einzige, aber bedeutende Erinnerung an die schwedische und überhaupt ältere Zeit. Einst das eigentliche Universitätsgebäude, enthält es jetzt Verwaltungsräume, die Aula, die akademische Kunstsammlung, Seminare 2c. Für die Vorlesungen der theologischen, juristischen und philosophischen Fakultät ist in neuerer Zeit ein Flügel angebaut. Rechts erhebt sich das physikalische Institut, links die Bibliothek mit rund 180000 Bänden, weiter zurück liegen das umfangreiche Institut für Augenheilkunde und das physiologische Institut. Eine zweite größere Gruppe von Universitätsgebäuden treffen wir im Norden der Stadt nach dem Ryck hin. Das pathologische Institut, die Anatomie, das chemische Institut und das große Universitätskrankenhaus. Die chirurgische Abteilung desselben ist von diesem letzteren kürzlich gelöst und hat in einem prachtvollen, nach den neuesten Erfahrungen eingerichteten, umfangreichen Bau längs des Ryck ein eigenes Heim gefunden. Beachtenswert ist auch das zoologische Museum mit seinen reichen Sammlungen. In der Nähe des botanischen Instituts ist die Errichtung einer psychiatrischen Klinik in Angriff genommen. Durch diese und andere Einrichtungen ist für die Forschungs- und Lehrzwecke der Hochschule in vortrefflicher Weise gesorgt. Diese Organisation und die Wirksamkeit ausgezeichneter Gelehrter und Lehrer hat schon längst die Wirkung gehabt, daß die Universität in dem

Universität und Rubenow-Denkmal in Greifswald.
Verlag von W. Baade's Nachfolger: H. Färber.

Maße aus dem Rahmen einer pommerschen Anstalt herausgehoben ist, daß die pommerschen Studierenden eine kleine Minderheit bilden. Besonders gilt dies von den Theologen.

Das studentische Leben hat in der Begrenzung einer mittleren Stadt die eigentümlichen Züge bewahren können, mit denen wir gewohnt sind, es uns vorzustellen, Züge, welche eine Großstadt rasch verwischt. Dahin gehört das ausgebildete Korporationsleben, in welchem die verschiedensten Bestrebungen sich geltend machen. Wenn hierin kein wesentlicher Unterschied von anderen kleineren Universitätsstädten hervortritt, so doch darin, daß die Greifswalder Studentenschaft, seien es Korporationen, seien es Einzelne, die Leibesübungen in ganz besonderer

Weise pflegt. Turnen, Reiten, Rudersport, Eislauf erfreuen sich reger Teilnahme. Von welchem Werte dies für die akademische Jugend ist, braucht nicht besonders gesagt zu werden. Aber es muß auch hinzugefügt werden, daß Greifswald eine Arbeitsuniversität ist, wo die eigentlichen Aufgaben des Studierenden von diesem als solche erkannt und geleistet werden. Ein ausgedehnter persönlicher Verkehr wissenschaftlicher und gesellschaftlicher Art der akademischen Lehrer mit ihren Schülern wird als ein besonderer Vorzug Greifswalds gerühmt.

Zum Schlusse sei noch einer eigenartigen, alle zehn Jahre sich wiederholenden Universitätsfeier gedacht, die uns zugleich mit einem in geschichtlicher und kunsthistorischer Beziehung hervorragenden Denkmale bekannt macht, das sogenannte Croyfest. Im Jahre 1681 starb der Statthalter von Preußen, Ernst Bogislaw von Croy, der Sohn der Herzogin Anna von Croy, der letzten aus dem herzoglichen Pommerngeschlechte. In seinem Testamente überwies er der Universität, an welcher er einst studiert und die ihm die Rektorwürde ehrenhalber verliehen hatte, mehreres aus seinem Besitz, darunter, wie es wörtlich in dem Testamente heißt, „eine aus dem fürstlichen pommerschen Hause herkommende Tapezerey (Wandteppich), darin Dr. Luther auf einem Predigtstuhl und etzliche Herzoge von Pommern mit ihren Gemahlinnen in Lebensgröße gewirket." Hinzugefügt ist die Bedingung, daß dieser Teppich am Todestage seiner Mutter (7. Juli 1660) ausgestellt und ein feierlicher Aktus damit verbunden werde. Die Universität ist dieser Bestimmung bis heute treu geblieben. In der Aula gelangt der Teppich am festgesetzten Tag zur Ausstellung, und vor den Universitätsangehörigen und geladenen Gästen hält einer der Professoren die Festrede.

Der Croyteppich mißt 6,90 m Breite und 4,46 m Höhe. Eine aus Früchten, Blumen, Inschriften und Wappen gebildete anmutige Umrahmung umschließt ein monumentales einzigartiges Repräsentationsbild. Auf einer Kanzel in der Mitte erblicken wir die kraftvolle Gestalt des predigenden Luther. Daneben ordnen sich links kursächsische, rechts pommersche Fürsten und Fürstinnen des Reformations-Jahrhunderts. Unter jenen steht im Hintergrunde Melanchthon, unter diesen Bugenhagen. Die ganze Versammlung erscheint in einem Gottesdienste unter den überwältigenden Eindruck der Worte des Reformators gestellt. Die Ausführung ist im einzelnen verschieden, die Gesamtwirkung mit der feinen Farbentönung und der vornehmen Komposition eine große (Nachbildung bei Victor Schultze, die Kunstdenkmäler der Königlichen Universität Greifswald 1896 Tafel I—III). Eine Zahl setzt die Entstehung der prächtigen Wirkerei in das Jahr 1554. Man darf wohl vermuten, daß der oben genannte Herzog Philipp I., der mit einer sächsischen Prinzessin, der Schwester des Kurfürsten Johann Friedrich vermählt war, sie in Auftrag gegeben hat, und wahrscheinlich auch der geistige Urheber der Komposition ist. Denn in dieser kommt ja die enge Verbindung des pommerschen und des kursächsischen Hauses durch das Band der Verwandschaft und der vollen Entscheidung für die Reformation wirkungsvoll zum Ausdruck. Es sei hier noch hinzugefügt, daß die Universität auch den vergoldeten silbernen Becher besitzt, welchen die Universität Wittenberg Luther zu seiner Hochzeit 1525 verehrte.

Wir schließen mit dem Wunsche, daß die pommersche Hochschule auch in Zukunft eine Stätte ernsten wissenschaftlichen Lebens und dadurch ein Segen in die Nähe und in die Ferne sein möge.

Prof. Victor Schultze-Greifswald.

Das Kloster Eldena.

Da, wo in kurzer Entfernung von Greifswald der Ryck in die dänische Wyk mündet, erheben sich südlich inmitten hohen Baumwuchses die mächtigen Ruinen einer einst bedeutungsvollen mönchischen Ansiedelung, des Klosters Eldena. Wilde Kriegszeiten gaben den Anlaß zu der friedlichen Gründung. In der verwüstenden Fehde, welche Dänemark, Mecklenburg und Rügen mit Pommern und Brandenburg führten, ging das Cistercienserkloster Dargun in Mecklenburg zugrunde. Seine flüchtigen Mönche fanden unter dem Schutze des Fürsten Jaromar I. von Rügen ein neues Heim an der Ausmündung des Ryck, dessen Parallelnamen Hilda die junge Stiftung in der Folge an sich zog. Denn dorther rührt die spätere Bezeichnung Eldena (monasterium Hildense, „Kloster tho der Eldena"). Papst Innocenz III. bestätigte 1204 die Niederlassung, und der Rügenfürst stattete sie mit Besitz und Rechten freigebig aus. Als erster führte den Abtsstab Livinus. Rasch wuchsen die Liegenschaften des anfangs wesentlich dänischen Konvents. Slawische, dänische, niedersächsische und rheinische Ansiedler wanderten zu, um das menschenleere und kulturlose Gebiet zu bevölkern. Die dadurch entstehenden „Hagendörfer" umgaben wie ein blühender Kranz das Kloster. Die eigenartige Begabung und Neigung des Cistercienserordens für Bodenkultur und wirtschaftlichen Betrieb bewährte sich auch hier. Von großer Bedeutung für die Zukunft wurde, daß gegen die Mitte des 13. Jahrhunderts durch Bemühen der Mönche eine blühende Kolonie in der Nähe von Eldena als „Greifswald" Stadtrechte erhielt. Zwar emanzipierte sich die Tochter früh von der Mutter und suchte sich auf dem sicheren Untergrunde eines gedeihlichen Erwerbslebens eigene Wege, und es kamen Zeiten der Verstimmung und der Gegensätzlichkeit, doch vertrug man sich schließlich.

Im 14. Jahrhundert erreichte Eldena den Höhepunkt seiner Entwickelung. Es war eine mächtige Großgrundherrin geworden, bis nach Rügen (Mönchsgut) reichten seine Besitzungen. Aber im folgenden Jahrhundert traten schon die Spuren des Verfalls hervor. Genußsucht, Lockerung der Disziplin, leichtsinnige Verwaltung und vor allem Absterben der religiösen Ideale führten das Kloster auf eine schiefe Bahn, auf der es nun ein Aufhalten nicht mehr gab. Eine zwiespältige Abtswahl sprengte den Konvent. Wohl wurde mühsam die Ordnung wieder hergestellt, aber für das innere Siechtum gab es keine Heilung mehr. Als daher die Reformation in die Nähe vordrang, brach der einst so stolze Bau widerstandslos zusammen.

Im Jahre 1535 erfolgte die Säkularisation, nachdem Bugenhagen vergeblich versucht hatte, das Kloster als theologisches Seminar für die Kirche zu retten.

Ruine Eldena.

Die Güter nahm Herzog Philipp I. und ließ sie durch einen Amtshauptmann verwalten. Als herzogliches Amt Eldena beginnt jetzt für das Kloster eine neue Periode seiner Geschichte und zwar eine anfangs sehr trübe. Der Dreißigjährige Krieg nämlich machte die einst blühende Niederlassung zu einer Wüstenei, so daß, als der letzte Pommernherzog Bogislaw XIV. das außerdem mit Schulden und anderen Ansprüchen belastete Amt 1634 der Universität als Geschenk anbot, diese sich nicht sogleich für die Annahme entscheiden konnte. Die folgenden, über diese Gegend dahingehenden Kriegszüge bis hinab zum französischen Kriege führten zu neuen Verheerungen. Um so rascher und erfreulicher entwickelten sich dann in den Zeiten des Friedens die einstigen Klostergüter zu einem für das Gedeihen der Hochschule hochwichtigen Besitz. Die Verwaltung führt namens dieser der von der Regierung zu ernennende „Königliche Kurator der Universität".

Vollzieht sich in dieser Hinsicht gleichsam eine Rückkehr zu den besten Zeiten der Vergangenheit des Klosters, so bieten die Baulichkeiten leider das entgegengesetzte Bild.. Die wallensteinschen Truppen brachen zuerst die stolze Architektur 1633. Hernach wurden mehr als einmal Steine zu fortifikatorischen Zwecken in großen Mengen ausgehoben; die Universität fand schließlich kein Bedenken mehr, für ihre Bauten denselben mühelosen Weg zu gehen. Erst im Beginn des 19. Jahrhunderts fing man an, der Erhaltung der Ruine verständige Sorgfalt zuzuwenden. Störende Einbauten wurden beseitigt, wankendes Mauerwerk gefestigt und der Stätte ein passender Baum- und Rasenschmuck gegeben. Von der Landstraße aus betreten wir den zauberumwobenen Platz. Vor uns erhebt sich, von einem feingegliederten Treppenturm flankiert, die hohe, von einem gewaltigen Spitzbogenfenster durchbrochene Klosterkirche. Ein in seiner jetzigen Form moderner Eingang führt in das Innere des weiten Raumes, der mit seinen kühnen Massen einst von großer Wirkung gewesen sein muß. Die noch vorhandenen Pfeiler, die kräftigen Bogen und hohen Wände lassen noch etwas davon verspüren. Die Länge der Kirche beträgt nicht weniger als 72,04 m. Die nach Westen hin liegenden Teile verraten den leichten anmutigen Stil der Backsteingotik des vierzehnten Jahrhunderts. Je näher wir dem Chor, von welchem nur ein kleiner Teil der Umfassungsmauer noch steht, kommen, desto einfacher und kräftiger werden die Formen. Wir befinden uns hier den alten Teilen aus dem 13. Jahrhundert gegenüber. Ein breites Querschiff scheidet Chor und Langhaus. Seine mächtig emporstrebenden Wände können uns eine Vorstellung von der ursprünglichen Höhe der Kirche geben. Die Konventsgebäude lagen südlich von dem Gotteshause; sie umgaben mit dem Kreuzgange ihrer Flügel den Klosterhof. Der südliche Flügel ist ganz, der westliche bis auf einige Untermauern und Keller verschwunden, dagegen stehen noch in beträchtlicher Höhe die Umfassungsmauern des östlichen Flügels, in welchem unter anderem der Kapitelsaal sich befand. Eine Mauer schloß diese ausgedehnte bauliche Anlage von der Außenwelt ab; einige Reste davon laufen an der Dorfstraße hin.

Es fällt schwer, in diese Stätte, wo das stille Walten der Natur in Baum, Busch und Rasen mit den toten Trümmern menschlichen Sinnens und Könnens stimmungsvoll sich verbindet, das bewegte Leben der Vergangenheit hineinzudenken. Wer es versucht, den muß das Gefühl der Vergänglichkeit beschleichen. Aber andererseits erhebt auch wiederum der Gedanke, daß das, was an diesem Kloster, an seinen Bestrebungen und an seinen Leistungen gut war und worin seine eigentliche Bedeutung für die nähere und weitere Umgebung lag, nämlich seine wirtschaftlichen Verdienste und Errungenschaften heute bessere und segensreichere Dienste tun als je, nämlich in Abzweckung auf die Förderung der Wissenschaft und des geistigen Lebens überhaupt, ein Ziel, welches dem Gesichtskreise seiner einstigen Bewohner fernlag.

Prof. Victor Schultze-Greifswald.

Sommernacht.

Wie ist die Sommernacht so schwül!
Vom Park nur atmet frisch und kühl
Ein Hauch wie Lindenblüten.
Die Welt ist voller Glanz und Duft,
Es liegt ein Ahnen in der Luft:
Mein Herz, du magst dich hüten!

Die Sehnsucht schreitet durch das Land
In weißem flatterndem Gewand
Und suchet, wen sie finde.
Und hat sie dir ins Aug' gesehn,
Ist dir so wohl, so weh geschehn,
Du wirst zu einem Kinde.

Du irrst umher ohn' Ruh und Rast,
Weißt selber nicht, was du nur hast
Und was du all beginnest.
Du träumst von blauem Augenpaar,
Von roten Lippen, goldnem Haar
Und weißt nicht, wen du minnest.

Hugo Kaeker.

Die Bewohner Neuvorpommerns.

Während Neuvorpommern im Norden und Osten von den Fluten des baltischen Meeres bespült wird, ist es im Süden und Westen durch breite, in alter Zeit unwegsame Sumpfgebiete von den angrenzenden Ländern geschieden. Durch die Moore der Recknitz und der Peene führten nur bei Tribsees, Demmin und Groswin schmale Dämme. Diese inselartige Lage hatte wieder eine gesonderte geschichtliche Entwickelung zur Folge. Längst war die Predigt des Evangeliums in den Landen zwischen Weichsel und Peene erklungen, als noch die Stämme Circipaniens den Göttern der Väter dienten. Erst 1199 gründete Jaromar I. von Rügen die Abtei Eldena; diese und das 1209 von ihm gebaute Stralow wurden die Stützpunkte der Christianisierung Neuvorpommerns. Nach mühseligen Kriegszügen unterjochten die Ranenfürsten das Land bis zu den Sümpfen des Ryck und der Trebel und beherrschten das Gebiet bis 1325. Aus diesem Umstande erklärt es sich, daß hier die sächsische Kolonisation lange nicht den Einfluß gewann wie im eigentlichen Pommern. Noch heute fließt darum in dem Neuvorpommer mehr wendisches Blut als in den übrigen Bewohnern unserer Provinz.

Dazu fiel Hinterpommern nach dem Aussterben des Greifengeschlechts an die Hohenzollern, nach wenigen Jahrzehnten auch Altvorpommern. Der seit Friedrich Wilhelm I. scharf ausgeprägte preußische Geist, vertreten durch Wehrstand und Beamtentum, wirkte auf den Sondercharakter der einzelnen Landesteile und Völkerschaften mehr aufsaugend und ausgleichend. Neuvorpommern dagegen blieb bis 1815 bei der Krone Schweden. Infolge dieser fast zweihundertjährigen Abgeschlossenheit bewahrten Land und Leute am ursprünglichsten ihre Eigenart. Dazu schonte die milde schwedische Herrschaft die alten Freiheiten, Sitten und Gebräuche der Bewohner. — Betrachten wir nun, wie sich unter dem Einfluß dieser Faktoren der Volkscharakter des Neuvorpommern entwickelt hat. Der Niedersachse ist in sich verschlossen, wortkarg und mißtrauisch, überhaupt schwer nahbar. Diese Züge treffen wir auch überall, wo der niedersächsische Einfluß sich nachhaltig geltend gemacht hat. Der Neuvorpommer aber ist zutraulich, gemütlich und gesprächig. Leute, die sich früher nie gesehen, sitzen bald in traulicher Unterhaltung zusammen. Dabei wenden selbstverständlich die Landbewohner von altem Schrot und Korn das treuherzige Du an. Gemütlich und anheimelnd klingt auch die singende, leicht fließende Sprache, das durch Fritz Reuter weithin bekannt gewordene Platt. Es ist „eine große" Mundart, die von den Ufern der Elbe bis zu dem Tal der Peene gesprochen wird von vornehm und gering, von den Bewohnern der Stadt und des Landes; selbst der Gebildete schämt sich ihrer nicht. Diese Mundart ist Volkssprache im besten Sinne des Wortes. Sie zeichnet sich nicht nur durch ihren Wohllaut aus, sondern noch mehr durch ihre Tiefe, Fülle und Kraft. Sie ist reich an prägnanten Wendungen und Sprichwörtern. Sind einige derselben auch etwas weniger dezent, so mildert der joviale Ton doch wieder die Derbheit. „Uns Sprak ist deip un mächtig un prächtig as de See."

Diese Mundart hat ihre Schriftsteller und Grammatiker gefunden; auch von ihr gilt Lorembergs Wort: „Dei Sprak in Nerrersachsenland blyfft unverrückt un hefft Bestand." Sie bildet zwischen den Bewohnern Mecklenburgs und Neuvorpommerns ein inniges Band, wie überhaupt die Verwandtschaft zwischen diesen beiden Stämmen bei weitem größer ist, als zwischen den Pommern nördlich und südlich des Peenetales. Am meisten fließt wendisches Blut in den Rüganern; sie zeichnen sich daher auch durch ihr kindliches, munteres Wesen aus. Die Bewohner der entlegenen Küstengebiete sind dagegen ernst und wortkarg; denn von den Tagen ihrer Kindheit an sind sie gewöhnt, dem Tod ins Auge zu schauen. Dazu erzieht sie ihr Beruf zu Mut und Tatkraft, Entschlossenheit und Unternehmungsluft, Selbst- und Gottvertrauen. Der Fischer und der Schiffer lieben ihr Meer über alles; es ist ihnen ihre Heimat; das Land betrachten sie nur als ihr Absteigequartier. Haus und Hof überlassen sie nach altgermanischer Weise der Frau. Mutet diese Sinnesweise des Küstenbewohners auch den an der Scholle hängenden Landmanne gar fremdartig an, so gleicht er jenem doch in dem hohen Selbstgefühl, das alle Stände des vorpommerschen Stammes auszeichnet. — Die Schafmeister und Statthalter (Haubussenknechte), die Kutscher und Gutsschmiede sind wegen ihrer Behäbigkeit und wegen ihres „Sichfühlens“ bekannt. Nach etwa 20 bis 30 Jahren haben sie meist einige tausend Tälerchen zurückgelegt, und dem tiefeingewurzelten Unabhängigkeitssinne der Niedersachsen folgend, kaufen sie sich einen Kossätenhof. Allein, hinderte nicht ihr Stolz sie daran, so würden viele gern wieder in die alten Verhältnisse zurückkehren; denn der „Katenmann“ Neuvorpommerns hat meist sein gutes Brot und das Verhältnis zwischen ihm und seinem Herrn ist oft recht innig. Ist auch in den letzten Jahren die Zahl der polnischen Sommerarbeiter gewachsen, das Stammpersonal der ganzen Wirtschaft rekrutiert sich noch immer aus den Instleuten.

Recht stolz ist erst der Bauer, der freie Herr auf freier Scholle. Die Fruchtbarkeit des Bodens läßt ihn bald zu Wohlstand kommen. Behäbig, ein Bild robuster Gesundheit, schreitet er auf seiner Hofstatt einher. Bei aller Gemessenheit steckt er aber voller List und Schalkheit. Lebenslust und Behaglichkeit liebt er sehr. Sein Bauerhaus ist gut, ja teils vornehm ausgestattet; sein Tisch ist stets reichlich mit kräftigen, einfachen Speisen besetzt. Kehrt er bei seinen Reisen ein, oder sieht er sich nach seinen Jungen um, die in der Stadt die Schule besuchen, so läßt er etwas draufgehen; „denn wi kän'n dat joa“. „Hei weit ümmer, dat hei Bur is“, sagt der Volksmund, und so hält er seinen Stand für den wichtigsten. Tritt jemand seiner Würde oder der Ehre seiner Familie zunahe, so gerät er leicht in Harnisch und bleibt auch trotzig. Zum Nachgeben ist er nicht zu bewegen; denn er hält Starrköpfigkeit für Charakterstärke. Gleich allen Bauern bleibt er mit großer Zähigkeit den Sitten und Gebräuchen der Väter treu. Durch und durch konservativ gesinnt, begegnet er allen Neuerungen mit Mißtrauen; von dem theoretischen Wissen hält er nicht viel. Zwar ist der Bauer in der Vieharzneikunst wohl bewandert; aber daneben nimmt doch auch noch die jüngere Generation in kritischen Fällen zum Stillen, Besprechen, „Startwormsnieden“ usw. ihre Zuflucht. — Die Zeiten zwar, in denen Bauer und Bäuerin nie anders als Vater und Mutter angeredet wurden, liegen schon fast ein halbes Jahrhundert zurück; aber das Verhältnis zwischen dem Bauer und seinen Leuten ist trotzdem traulich und familiär geblieben. Ein oder zwei kleine Büdner des Dorfes bilden die ständigen Arbeiter. An den langen Winterabenden fertigen sie die kleineren Wirtschafts- und Erntegeräte an; kommen sie mit dem Futter für die eigenen Kühe zu kurz, so gibt der Bauer ihnen Heu und Stroh; er leistet ihnen Fuhren und bestellt den Acker. Die Büdnerfrau hilft der Bäuerin beim Schlachten und Backen und bei den Vorbereitungen auf die Feste des Jahres und der Familie. Kehrt sie heim, so breitet sie vor ihren Kleinen die mit Fleisch, Würsten und Stollen gefüllte Schürze aus. — Neben den Bauerndörfern gibt es noch einige große Koloniedörfer, in denen sich vorwiegend Handwerker angesiedelt haben; auch diese leben meist in guten Verhältnissen, wie denn überhaupt Wohlhabenheit den Charakter der Landschaft bildet. Vorwiegend ist aber der Großgrundbesitz. Neben den vielen Domänen liegen die zahlreichen Stadt- und Klostergüter und die ausgedehnten Latifundien des landeingesessenen Adels. Unabhängigkeit und Grundbesitz sind immer Bedingungen erstarkten Selbstbewußtseins. Die langjährige Schwedenherrschaft begünstigte die Heranbildung vieler Vorrechte, und so hatte die preußische Regierung am Anfange des vorigen Jahrhunderts gerade mit dem Adel Neuvorpommerns, der sich in seinen alten Privilegien bedroht sah, heftige Kämpfe zu führen. Selbstbewußtsein und Freiheitsliebe, Derbheit und Trotz, Treuherzigkeit und harmlose Schalkheit, dazu Offenheit und Gemütlichkeit sind des Stammes wichtigste Eigenschaften.

F. Wilde-Stettin.

Ferienkind.

Am Wogenschlag, am Wogenschlag,
Da möchte ich träumen den ganzen Tag:
Wenn der Westwind braust und die Möwe schreit,
Wir wird mir die Seele so weit, so weit!

Am Waldeshag, am Waldeshag,
Da wollte ich schweifen den langen Tag,
Wenn der Finke schlägt und die Amsel singt,
Wie das im Herzen hell wiederklingt!

O, donnerndes Meer! o, sausender Wald!
Weiß nicht, wo besser der Aufenthalt.
O, seid mir gegrüßet aus sehnender Brust,
Mein Eden ihr! meine Wonne und Lust!

Friedrich Spielhagen.

Ein Landschaftsidyll von der Halbinsel Dars.

Es ist ein sonniger Junimorgen, an dem der Swantevit uns durch die leicht gekräuselten Wellen der Binnensee an die Gestade Fischlands führt. Allmählich wächst aus den Fluten Wustrow hervor, dessen weitschauende Kreuzkirche uns schon von ferne winkt. Am Fuße des Tempelberges, der heute das herrliche Gotteshaus trägt, steigen wir an das Land. Viel Sehenswertes bietet der schmucke Flecken; gleicht doch jedes alte Schifferhaus einem Museum. Das Kostbarste und Seltenste, was die Erde bietet, ist seit Jahrhunderten hier aufgespeichert, und von Geschlecht auf Geschlecht erben diese Trophäen fort, den Urenkeln noch Zeugnis ablegend von den Fahrten und von dem Wagemut der Väter. Doch weilen wir hier nicht zu lange; denn das Ziel unserer Wanderung ist weiter gesteckt. Durch die Wiesen und Fischerhütten des Fulgengrundes steigen wir auf die Höhe von Althagen und blicken hinab in das liebliche Tal von Ahrenshoop. Der Ort liegt ganz versteckt in dem Grün der Alleen und Gärten, aus dem die sattroten Dächer malerischer Villen hervorragen. Links trennt ein

Wall aus silberweißem Dünensande das Dörflein von des Meeres blauer, schaumgekrönter Flut. An der rechten Seite des Bildes gehen die Gärten, unter deren hundertjährigen Zweigen alte, traute Schiffer- und Fischerhäuser liegen, in die Feldstreifen über. Hinter ihnen dehnen sich die saftigen Wiesen bis an die blaugrüne Flut des Saaler Boddens, und jenseits desselben begrenzt die mit Dörfern besäte Küste des „Preußlandes" den Blick. Das Ganze bietet uns ein Idyll, so lieblich und einladend, ein Gemälde, in dem der Reichtum und die Pracht der Farben zu einer innigen Harmonie verwoben sind. Treten wir in das Dorf ein; es ist Mittagszeit. Die Frauen, das von Gesundheit strotzende Gesicht durch einen riesigen Helgoländer beschattet, kehren, den Rechen in der Hand, von den Wiesen heim. Vom Strande herauf kommen die Fischer mit ihren Netzen; es sind derbe, kraftvolle Männer, fast sämtlich über fünfzig hinaus.

Ahrenshoop.
Nach einer Federzeichnung von Müller-Kaempff-Ahrenshoop.

Ist auch mancher Sturm über die grauen Scheitel dahingegangen, sehen auch die Gesichtszüge hart, ja verwittert aus, so leuchtet doch aus den klaren blauen Augen ein treues warmes Herz. Vierzig Jahre durchfuhren die Leute den wilden Ozean mit seinem Wogenbrausen und Sturmestoben. Nun wollen die alten Knochen nicht mehr; doch zur friedlichen Beschäftigung des Ackerbaues kehrt der alte Seebär nicht heim; das Land war und bleibt nur sein Absteigequartier. Das Meer mit seinen ewigen Harmonieen hat's ihm angetan: er wird Fischer. Die Bewirtschaftung der heimischen Scholle überläßt er nach altgermanischer Weise der Frau. Schon steht sie in dem schwarzen Hoftore, um ihre Kühe in den kühlen Stall zu geleiten; denn eben treibt, eine fröhliche Melodie blasend, der alte Hirte die stattliche Rinderherde von der Weide her die Straße herab. Eiligst flüchten die Malerinnen, denen das einsame meerumschlungene Dörflein mit seinen alten Häusern und Gärten, mit seinen Wäldern und Wiesen, mit seinen Hügeln und Dünenrevieren eine unerschöpfliche Fundgrube von Motiven ist, hinter die schützenden Zäune. Nur eine beherzte Jüngerin der Kunst bleibt ruhig vor ihrer Staffelei sitzen. Sinnend betrachtet der alte Hirte die Leinwand, auf der drei verkrüppelte Dornbüsche im Entstehen begriffen sind. „Wat sall dat sin, Frülein?" „Ein Motiv". „Joa, joa, oll Tun, oll Hütt un 'n oll Wiew is ok'n Motiv." Im Weitergehen aber denkt er: „Son Durnböm hew'k doa min Doag noch nich sein". — Auch diese Malschülerin packt Pinsel und Palette ein und lenkt ihre Schritte der Villa St. Lucas zu, die mit ihren hohen Giebeln und altdeutschen Fenstern so freundlich aus dem kleinen Wäldchen hervorleuchtet. Einige junge Mädchen kommen fröhlich scherzend schon den Laubgang herab; andere sitzen munter erzählend in den offenen Veranden. Jugendlust und Jugendmut kommen nach emsigem Studium hier zu ihrem Rechte. — Wandern wir weiter. Villa reiht sich an Villa. Sind sie auch fast alle verschieden in ihrem Stil, so besitzen sie doch wieder alle etwas Gemeinsames: sie sind nicht hineingesetzt in die Landschaft, sondern aus ihr emporgewachsen. In ihrer äußeren Erscheinung, in ihrer Ausstattung und Ausschmückung sind sie echte und rechte Künstlerhäuser, Heimstätten bedeutender Maler. Am Ende des Dörfleins angelangt, bietet sich unserem Auge ein weites Dünengebiet dar, ausgezeichnet durch reiche Abwechselung in den Formen, in den Farben und in der Bedeckung. Auf einem der ersten Hügel, dem Schifferberge, erhebt sich hart am Meeresstrande das Hotel Bogislaw. Von hier aus genießen wir die herrlichste Aussicht auf die endlose, brausende See und auf die sanft bewegten Flächen des Boddens, auf die ausgedehnten Kiefernwälder des Dars und auf die altsächsischen Bauerhäuser des Fischlandes. Hier in diesen gastlichen Räumen halten wir Rast. Noch ist die Hauptsaison nicht angebrochen. Mit Muße können wir darum noch die schönen Wandgemälde des riesigen Speisesaales betrachten. Ahrenshoop, Wustrow, Ribnitz und Rostock, Dünenlandschaften, Waldpartieen und Darstellungen aus dem Fischerleben wechseln miteinander ab. Mit Interesse studieren wir eben die markigen Züge des alten Watenfischers, als ein Freund unseren Blick talwärts lenkt. Auf einfachem Bauernwagen wird ein kunstlos gezimmerter Sarg, bedeckt mit dem Bahrtuche, dahergefahren. Nachdenklich und ernst folgen die alten Schiffer und Bauern; mit erdensicheren Tritten schreiten die jungen Burschen einher. Den Abschluß bilden lange Züge von Frauen, die um den Kopf ein großes Tuch aus schneeigem Linnen gebunden haben, dessen Zipfel im Winde flattern. Aus allen Orten des Fischlandes geben die Bewohner dem alten Seemanne das Geleit; am gegenüberliegenden Abhange ruht er aus von des Lebens Mühen und Stürmen.

Wir verlassen die gastlichen Räume des Hotels und steigen über die bewaldeten Rücken der Binnendüne. Geschützt vor rauhen Winden, umsäumt von schattigen Gehegen, bedecken hier wohlgepflegte Saaten und Kartoffelschläge das wellige Gelände. Vor uns behäufelt ein Greis die Kartoffelreihen. Seine Haltung ist straff, sein Gang fest und sicher, jede Bewegung kraftvoll, und doch hat Johann Plümer schon 74 Lenze hinter sich. Seit seiner Jugend Tagen steckt hei sin Fäut unne frem'm Lüd Disch, und seit mehr denn vierzig Jahren dient er treu und ehrlich seinem Bauer, der Haus und Hof, Flur und Ställe, alles ihm anvertraut, denn das Besitztum seines Herrn hütet und pflegt Johann, als ob es sein eigenes wäre. Vor Tagesgrauen füttert er „dat leiwe Veih", und ist die Sonne längst zur Rüste, so geht Johann noch durch Ställe und Scheunen. Froh singend zieht er auch heute Furche um Furche. Wozu auch so viel sorgen? Für die Zeit der Not liegt in der eichenen Lade manch Tälerchen wohlverwahrt, und auch für den Fall des Todes sind seine Verhältnisse wohl geordnet. Aus grobem Linnen hat seine Bäuerin ihm ein Totenhemd genäht mit der Inschrift: „Johann Christian Plümer, eines Ochsenhäkers Sohn". Dasselbe umhüllt auch ein Sümmchen für einen Grabstein, auf dem die Nachwelt den selbstverfaßten Vers lesen wird: „Wenn ihr hintret't zu meinem Grabe, so gönnet mir die ew'ge Ruh' und wißt, daß ich gearbeit't habe; denn ich gehöre Jochen Plümern zu."

Heimwärts wandernd, wählen wir den Weg am Strande entlang. Steiler und höher werden die Ufer; unter unseren Füßen murmelt und nagt die See. Die letzte Höhe ist überstiegen, und vor uns liegt das liebliche Wustrow. Liebliche Gärten säumen den Weg; mühsam bricht der sinkende Sonnenstrahl sich durch die dichten Kronen. Langsamer werden der müden Wanderer Schritte; doch schon winkt das gastliche Wirtshaus, und mit einem herzlichen „Willkam'n in min Hus" führt der alte Schiffer uns unter sein trauliches Dach.

F. Wilde-Stettin.

Fischerhaus.

Winter im Fischerdorf.

Verschneit liegt wieder Wald und Feld,
Und still und einsam ist die Welt.

Die Wolken ziehen schwer und bang'
Und schaurig klingt des Sturmes Sang. —

Im Dorfe tiefe Einsamkeit;
Die moos'gen Dächer sind verschneit.

Die Menschen auch so still und kalt. —
Es dunkelt. — Jeder Laut verhallt.

Und bei der Lampe trübem Licht,
Da sitzen sie und feiern nicht.

Die Mutter spinnt, der Vater flickt
Das Garn, die Tochter sitzt und strickt.

Sie träumt vom hellen Frühlingstag,
Wo er zuerst von Liebe sprach.

Der Sommer schwand. Nun fällt der Schnee;
Der Liebste weilt auf weiter See. —

Wann rauschet wieder froh das Meer?
Wann bringt es den Ersehnten her? —

Emil Piper.

Hiddensee.

Wer abends am Hafen von Stralsund lustwandelt, der sieht im Norden, weit draußen auf der See in kurzen Zwischenräumen ein helles Licht aufblitzen. Es ist das Leuchtfeuer von Hiddensee, das dem Schiffer die Nähe der verderbenbringenden Küste anzeigt. Am Tage erblickt man an jener Stelle bei klarer Luft eine dunkle, violette Wolke am Horizonte. Das ist der bergige Nordteil des Eilandes, allgemein unter dem Namen Dornbusch bekannt. Daran schließt sich nach Süden zu ein langer, schmaler und ganz niedriger Landstreifen, der mit dem Dornbusch zusammen die Insel „Hiddensee" bildet.

Eigentümlich ist die Bezeichnung „See" für ein Land. Es ist schon viel darüber geschrieben und gestritten worden. Die ältere Schreibweise lautet Hytthins-De oder Hiddens-De. Da in der ersten geschichtlichen Zeit Rügen und die angrenzenden Länder unter dänischem Einfluß standen, der vielleicht schon in die vorgeschichtliche Zeit zurückreicht, so ist es sehr wahrscheinlich, daß der Inselname dänischen Ursprungs ist. De bedeutet Insel, wie es noch heute bei Greifswalder De vorkommt, hytte = Hütte, also Hütteninsel. Wenn man sich der Insel nähert, so sieht man auf dem flachen Eilande zunächst nur die Fischerhütten, ohne das niedrige Land zu erblicken, so daß es scheint, als ob die Hütten auf dem Wasser ständen, daher wohl der Name Hütteninsel. Andere führen den Namen auf die sagenhafte Gestalt des dänischen Königs Hitthin zurück.

Hiddensee erstreckt sich in einer Länge von 15 km von N. nach S. Die größte Breite (4 km) erreicht die Insel im nördlichen Teile, während der südliche Streifen, im Volksmunde das Süderland genannt, an den schmalsten Stellen nur 250—300 m breit ist.

Der nördliche Teil ist der eigentliche Kern der Insel, an den sich das Süderland als Anschwemmung angesetzt hat. Auf gleiche Weise ist die Halbinsel Altbessin entstanden. Das sogenannte Nordland ist ein welliges Hügelland, das sich in sanften Linien von Süden nach Norden bis zu einer Höhe von 72 m hebt, um dann im N. und NW. jäh und steil zum Meere abzufallen. Das

Nördliches Hiddensee.

steile Ufer ist kahl und öde, hier und da von Schluchten durchbrochen, die von herabstürzendem Regenwasser tief ausgewaschen sind. Während von oben schmelzender Schnee und Regen an der Zerstörung der steilen Uferwand fortwährend arbeiten, nagt am Fuße unablässig die See mit ihren brandenden Wogen. Wenn auch eine Reihe von großen Felsblöcken die Brandung bricht und einen natürlichen Damm gegen das Meer bildet, kommt es doch häufig vor, daß bei gewaltigen Stürmen der unaufhörliche Anprall des Meeres das Ufer unterhöhlt, und daß dann von der Höhe die Erdmassen nachstürzen. So geht die See, wenn auch langsam, Schritt für Schritt erobernd gegen die Nordküste vor. (Im Jahre 1711 riß in einer stürmischen Nacht das Meer ein

Stück Land von 6 Faden Länge ab [Boll].) Anders aber verhält es sich mit der Südküste. Die an anderen Stellen abgerissenen Erdmassen werden hier wieder angeschwemmt. (Der Gellen, die südliche Spitze von Hiddensee, ist von 1694—1858 um 260 Ruten, Altbessin um 180 Ruten rheinländisch länger geworden [Boll].)

Hat man den höchsten Punkt, den Bakenberg im NO., erklettert, so ist man überrascht von der eigenartig schönen Aussicht. Nach NW. erblickt man die freie See. In weitester Ferne wird der Horizont unterbrochen durch die hellschimmernden Kreidefelsen der sieben Meilen entfernten dänischen Insel Möen. Nach S. und SO. zu liegt Hiddensee in seiner ganzen Länge unter uns, und darüber hinaus erblickt man die grünenden Kornfelder der flachen Westküste Rügens, die tiefeinschneidenden Meerbusen und die Türme Stralsunds. Das Hügelland selbst, auf dem wir uns befinden, ist sandig, kahl und öde. Eine junge Kiefernschonung im NW. ist alles, was sich jetzt an Wald auf der Insel befindet. In früheren Jahrhunderten sind hier größere Waldbestände gewesen, wie aus alten Urkunden hervorgeht. Im dreißigjährigen Kriege sind die letzten Reste dieses Waldes von den Kaiserlichen und den Dänen heruntergeschlagen worden. Nur einige Weißdornbüsche blieben stehen, die nun den Schiffern als Merkmal dienten und auch wohl die Veranlassung wurden, daß dieser Teil der Insel den Namen Dornbusch bekam.

An der Nordwestseite des „Dornbusches" fand man im Jahre 1750 einen Ton, der sich zur Herstellung von Porzellan zu eignen schien. Der damalige Besitzer von Hiddensee, ein schwedischer Kammerrat, errichtete in Stralsund eine Fabrik, ließ den auf der Insel gegrabenen Ton reinigen und dann zu Fayencegeschirr verarbeiten. Die Fabrik bestand etwa dreißig Jahre und brannte dann nieder. Im Museum zu Stralsund findet sich noch heute eine reichhaltige Sammlung von jenem „Hiddenseer Porzellan".

In der Nähe der Stelle, wo sich heute der Leuchtturm erhebt, auf dem Bakenberge, stand in früheren Zeiten eine Feuerbake. Auf einer langen Stange war eine Teertonne angebracht, die man bei einer feindlichen Landung anzündete, um die landeinwärts liegenden Orte zu benachrichtigen. Oft genug mag in jenen Zeiten die Bake geleuchtet und das Nahen der Feinde verkündet haben; heute erstrahlt von der Höhe des Leuchtturms allabendlich ein friedliches Licht, den Schiffer vor Untiefen warnend.

Von wesentlich anderer Beschaffenheit als das Nordland ist das Süderland. Lang und schmal, flach und niedrig, ragt es nur wenig über die See hinaus und wird bei hohem Wasserstande teilweise überschwemmt. Während der Außenstrand fast eine gerade Linie bildet, ist der Binnenstrand durch lange, schmale Einschnitte und hervorstehende Landzungen gegliedert. Der sandige Erdboden ist nicht zum Ackerbau geeignet; er bringt nur dürre Gräser, Heidekraut und Moos hervor. Nur in der Glambeck, in der Nähe von Neuendorf, gedeihen Roggen und Gerste, wenn das Jahr an Niederschlägen reich ist,[1]) während der

[1]) Außerdem wird im Norden bei Kloster, Grieben und Vitte Ackerbau getrieben.

südliche Teil, der Gellen, und die Halbinsel Altbessin nur als Weideland benutzt werden. Bemerkenswert ist, daß Spargel, Kümmel und Knoblauch auf der Insel wild wachsen.

Etwa in der Mitte der Längsausdehnung bezeichnet die Fährinsel die Stelle, wo Hiddensee wahrscheinlich mit der gegenüberliegenden Halbinsel von Rügen am Stolper Haken zusammenhing. Das Wasser ist hier sehr flach, und die tiefere Fahrrinne für Schiffe äußerst schmal. Nach der Überlieferung soll zu Anfang des 14. Jahrhunderts durch eine gewaltige Sturmflut dieser Durchbruch beim Stolper Haken entstanden sein, wahrscheinlicher aber ist, daß dieses Ereignis schon in vorgeschichtlicher Zeit stattfand.

Auf der Fährinsel wohnen jetzt in elenden Hütten zwei Fischer, denen es obliegt, die Verbindung mit dem gegenüberliegenden Lande zu unterhalten. Von der Fährinsel nach Süden zu liegen die armseligen Dörfer Plogshagen und Neuendorf, letzteres an der Stelle des früheren Glambeck; nach Norden zu treffen wir das größere Vitte, Kloster und Grieben.

Die Hauptbeschäftigungen der Bewohner sind Fischerei und Schiffahrt. Die jungen Burschen gehen meist zur See, kehren aber zum Schluß des Jahres, wenn die Schiffahrt aufhört, wieder nach der heimatlichen Insel zurück, um hier den Winter zu verbringen. Allen ist die Liebe zu ihrer Heimat, „dem söten Länneken", eigen, und alte Seeleute kehren nach einer Abwesenheit von manchen Jahren, voll Sehnsucht nach der geliebten Insel wieder zurück.

Der Ertrag, den die Fischerei abwirft, ist nur gering, so daß man unter den Fischern wenig Wohlhabenheit findet. Es kommt wohl vor, daß die ziemlich teuren Netze vom Sturme entführt oder zerrissen werden, oder der Seehund, hier Saalhund genannt, stattet den vollen Netzen einen Besuch ab, namentlich während des Heringsfanges, wodurch er den Fischern oft bedeutenden Schaden zufügt. Daß er infolgedessen bei ihnen nicht sehr beliebt ist, deutet auch das auf Rügen überall bekannte Seehundslied an, das auf Hiddensee folgende Fassung hat:

„Halt mi denn Saalhund to Land,
He frett denn Fisch up denn Strand,
He hett mi dat Nett terreten,
He will uns jo all' upfreten."

Eine andere, ebenfalls nur geringe Einnahme bringt den Bewohnern der Bernstein, den die See bei heftigen Stürmen ans Land spült. Früher war die Ausbeute bedeutend größer. Noch zu Anfang des vorigen Jahrhunderts zahlten die Bewohner von Plogshagen und Neuendorf eine jährliche Pacht an die Grundherrschaft für die Erlaubnis, Bernstein am Strande suchen zu dürfen. Bei Neuendorf wurde früher auch Bernstein im Sande gegraben.

Von der Geschichte der Insel haben wir sichere Kunde erst vom Jahre 1296 ab. Die älteste sagenhafte Kunde berichtet von der Schlacht bei Swälder. Damit ist wahrscheinlich der ganze Meeresarm südlich von Hiddensee zwischen Pommern und Rügen gemeint. In dieser Schlacht, etwa ums Jahr 1000, unterlag der norwegische König Olaf Tryggwason der Macht seiner Feinde. Um nicht in ihre Hände zu fallen, sprang er mit seiner goldenen Rüstung ins Meer. Vielleicht stammt der in den Jahren 1872 bis 1874 zu Hiddensee gefundene Goldschmuck vom Schatze dieses Königs. Der wertvolle Goldschmuck, der sich im Provinzial=Museum zu Stralsund befindet, besteht aus einem Halsringe, einer Scheibenfibula und vierzehn einen Brustschmuck bildenden Hängestücken. Das Tierornament (Eulenkopf — Drachenleiber) und die Art der Arbeit deuten auf den Norden als Ursprungsort und auf das 10. Jahrhundert als die Zeit der Herstellung. Seinem Werte nach ist er ein wahrhaft königlicher Schmuck.

Die Kämpfe des 12. Jahrhunderts sind auch an Hiddensee nicht vorüber=gegangen, das in kirchlicher wie politischer Beziehung — wie auch Rügen — von Dänemark abhängig geworden war und nach 1168 dem Christentum offen stand.

Südliches Hiddensee.

1296 gründete Wizlaff III. das Kloster auf Hiddensee, das er mit Mönchen aus Neuenkamp (Franzburg) besiedelte, die auf dem Süden, dem Gellen, eine Kirche errichteten (capella in Jaellent), um sowohl den Einheimischen wie den Schiffenden himmlischen Trost und Zuspruch zu spenden. Da aber die Bewohner von Grieben und Vitte einen zwei Meilen langen Weg zur Kirche zurückzulegen hatten, wurde 1386 eine Kapelle erbaut, aus der die heutige Dorfkirche in Kloster entstanden ist. Für die Schiffer sorgte das Kloster noch dadurch, daß es gemeinschaftlich mit Stralsund an der für die Schiffahrt gefährlichen Südspitze ein Leuchtfeuer unterhielt. Indessen wußte es auch seinen Vorteil zu wahren. Eine große Zahl von Liegenschaften war sein eigen, daneben nutzte es Fähr=, Fischerei=, ja sogar Kruggerechtigkeiten. Wie überall war geistiger und sittlicher Niedergang die Folge des Reichtums; so klagt denn auch schon 1514 der Chronist über der „Cleri Geiz, Faulheit und Wollust". 1536 wurde das Kloster aufgelöst, die Mönche zerstreuten sich, „etliche aber haben im Lande lange Jahre herumgebettelt und einen so lieben Ort nicht quittieren wollen". Daß die kaiserliche Soldateska während des 30jährigen Krieges auch hier ihr Handwerk des Sengens und Plünderns betrieben hat, beweist der Brand des Dorfes Glambeck und die Holzverwüstung der Insel.

Zum letztenmal ist dann die Kriegsfurie unter Karl XII. durch das Land gebraust, der den Hiddenseern die Rettung aus drohender Gefangenschaft insofern zu danken hat, als diese die Gewässer aufeisten, damit die Fahrzeuge des Königs die offene See erreichen konnten. — Heute ist die Insel ein beliebter Ausflugsort, namentlich der Stralsunder. Von der Höhe begrüßt die Ausflügler der in den neunziger Jahren erbaute Leuchtturm, und in dessen Nähe ladet die Bergwaldschenke des Einsiedlers von Hiddensee (Alex. Ettenburg) zur Ruhe und Erquickung ein. Regelmäßige tägliche Dampferfahrten vermitteln den Verkehr zwischen der Insel, dem Festlande und Rügen. Der schöne sandige Außenstrand und die idyllische Ruhe und Weltabgeschiedenheit dieses Eilandes haben schon manchen Badegast angelockt; wenn sich auch heute noch keine Villen und Hotels dort erheben, so ist doch die Zeit nicht mehr fern, in welcher auch Hiddensee in die Liste der besuchtesten Badeorte aufgenommen sein wird. P. Becker-Stralsund.

Die Lieder des nordischen Minnesängers Wizlaw III. von Rügen.

Wenn „walt unt angher lyt ghebreyt
mit wunnerigher varwen cleyt",
wenn „vro stet des meijen bluete",

dann zieht die Wanderlust ein in die Herzen und lockt sie hinaus in die schöne, freie Gotteswelt, hinaus auf die Berge und Felsen, hinaus an das ewige Meer. Wer dann das flutenumrauschte Rügen als Reiseziel wählte, der versäume nicht, dem Rugard einen Besuch zu machen, der für den markigen Freiheitsdichter, unsern heimischen Ernst Moritz Arndt, den stolzen Denkmalsturm trägt. Wer dann von hier die Reliefkarte überblickt, als die sich das schöne Inselland ihm darbietet, der wird jene Verse verstehen, die einst hier gedichtet wurden:

Der walt und angher lyt ghebreyt
mit wunnerigher varwen cleyt,
reyt sint der suzen voghelin done;

Se uben eren suzen scal
vroliches hertzen uber al;
mal ich des vinde an blomen scone.

Ho, vro, so stet des meijen bluete;
guete, suete, ich merke vroyden voll in
angher und uf alben
wytenthalben.

Wizlaw diz schrip.

Wizlaw der Junge, unser Minnesänger, kam 1302 zur Regierung und dort, wo jetzt der Arndt-Turm sich erhebt, da stand einst seine Fürstenburg, das castrum Ruggard oder die Burg Rugigard, in der er mit seiner Gemahlin Margarete, Tochter des hinterpommerschen Fürsten Mertwin, residierte. An sie ist wohl folgendes neckische Gedicht gerichtet:

Wolan her meije, ich gebe iuch des die hulde,
min vrouwe trit daher in stolzer wete; (Gewandung)
Ir gesmid, ir kleit, ir liv, daz lag in dulde;
der kalte sne unt is, der wint daz tete:
Entslozzen sint di schrin,
min vrouwe machet sich fin,
sie trat hin dan,
als ob sie spräche:
set mich an,
ihr meghede, wip unt man.

Wizlaws Leben war unruhvoll und durch harte Schicksalsschläge getrübt. Seine erste Gattin verlor er früh, aus zweiter Ehe sanken vier Söhne schon vor dem Vater ins Grab. Dazu kamen die fortgesetzten Zwistigkeiten mit dem von seinem Ahn 1203 gegründeten, rasch aufgeblühten Stralsund. In sorgenvoller Stimmung entstand das Lied:

Nach der senenden claghe muz ich singhen;
kunde ich mir selben bringhen
vroyde, nach dem willen min,
daz ich muchte leben ane swere,
so were ich vroydenbere,
hohes mutes wolde ich sin;
So vurwinde ich alle senende wise,
daz ich wol tzu prise
ymmer an das alter vrolich grise,
sunder allen pin.

Arndt-Turm.

Wie einst die aussterbenden Geschlechter der Hohenstaufen, der thüringischen Landgrafen und der Askanier in Brandenburg noch von der Glorie der Dichtkunst umstrahlt waren, so auch das erlöschende rügensche Fürstengeschlecht, dessen letzten Sproß man mit Wizlaw III. 1325 ins Grab senkte.

Die Minnesänger seiner Zeit feierten den nordischen Minnesänger als einen der Erlesensten, und Meister Frauenlob rühmt ihn in kunstreichen Kanzonen als Blume der Tugend und Tapferkeit. Die Jenaer Sammlung der Minnesänger-Lieder bewahrt 17 Gedichte Wizlaws, und von den Melodien gibt Friedrich Heinrich von der Hagen in Band IV seiner Minnesänger eine Reihe in alter Notation. —

Herbstlied.

Loybere risen
von den boymen hin tzu tal,
des stan blot ir este.
Blomen sich wisen,
daz se sint vurtorben al,
scone was ir gleste.

Sus twinghet de riphe
manigerhande wurtzel sal;
des bin ich ghar sere betrubet:

Nu ich tzu griphe,
sint der winder ist so kal,
des wirt nuwe vroyde gheubet.

Wizlaw diz schrip.

Ida Gebeschus †.

Eine lütte Pluderi äwer Mönchgaud un sine Bewahner.

Na, dat freugt mi bannig, oll Fründ, dat du di doch endlich eis up de Söcken makt hest, üm mi hir in mine lütte Klaus' in Oll=Reddevitz tau besäuken. Paß up, de Reis' ward di nich led warden! Du saft 'n Placken Ird kennen=liren, de würklich nich tau de legsten Gegenden hürt. Doch nu kumm irst ran un stärk di, un wenn du fäuhlst, dat du de nödige Schwere hest, dennso kihr di nich an mi, denn säuk ruhig din stilles Lager up, denn morgen früh klopp ick tidig bi di an, un wi nehmen den Wannerstock tau Hand un stäweln los. — — 'n herrlicher Morgen, nich wohr, Körling? Ja, son Dag möt 't grad sin, denn markst du irst, wat för 'n nett Länneken uns' leiw Mönchgaud is. — Tauirst schlagen wi unsen Weg westwarts un bliwen up Oll=Reddevitzer Gebeit. 'n Mil hewwen wi tau gahn, bet des' langgetagne Halwinsel tau Enn is. — Süh, hir stah glick mal still un giww Achtung. Dit oll Burhus mit de Pirdköpp an de Stirn is noch son echte wendsche Bu. De Grundriß is bina quadratsch, dat gewaltig Strohdack geiht up alle Siden bina up de Ird, un de Ümfatungsmuren sünd dorüm nich mal mannshoch. Eine grötere un eine lüttere Stuw sünd in dat mächdige Gewes. Den grötsten Rum nimmt de Del in, de gor nich äwer=schalt is, un dat kümmt einen mal unheimlich vör, wenn man von de Del gliks bet an de hoge Fast rupkickt. Tau beiden Siden von de Del liggen 'n halw orer dreivirtel Dutzend Kamern, luter lütte Kruplöcher.

De Bewahners möten den Kopp ümmer hübsch vördal hewwen, sünst stöten sei sick de Schädeldeck in. Bet vör wenige Johren wirn in dese Ort Hüser noch gor keine Schostfteins, de Rok tög dörch dat ganze Hus, un wo hei ne Ritz funn, dor schwelte hei dörch. Doch kumm wider an minen Leiwlingsplatz an de Having! Dese korte Richtstig dörch de weigenden, üppigen Kurnfeller führt uns in 'n Ogenblick dorhen. Süh, hier links von uns up den Reddevitzer Bakenbarg heww ick vör Johren de olle Urn utgrawt, de ick di gistern wisen ded, in de jedenfalls de Äwerreste von den Häuptling von Reddevitz de ewige Rauh finnen sullen. Hir vör uns, des' idyllische Platz, de im Westen un Osten von dat schönste Bäuken= un Eikenholt ümsömt ward, un von wo man na alle Siden de herrlichste Utsicht genütt, is min leiwste Placken up unsen Herrgott sin schöner Ird. Hir is 't still un einsam, so recht, recht weltverluren. Dat sachte Süseln in de Böm, un dat lise Ruschen un Plätschern an den Strann' stüren mi nich, wenn ick hir im gräunen Gras still vör mi allein liggen dau, un dröm un dröm von ollen un nigen Tiden. Des' Placken geföllt äwers uck noch anner Lüd, un dorüm hett min Fründ Körling Kliesow sick dat vörnahmen, hir tau 't negste Johr 'n lütt Hotel tau bugen. Ick glöw, männig Minschenkind, dat in den Larm von de Grotstadt awspannt un uprewen is, ward sick hir in de „Strandburg Reddevitz" bald erhalen un stärken. Nich wohr hir gefföllt di 't uck? — Doch wider in 't Höwt. Lat uns nich so stillschwigends uns' Strat trecken, ick denk wi stimmen eis an: „O Wandern, o Wandern, du freie Burschenlust." — Sühst, leiwer Fründ, dat hett schafft! Ahn dat wi dat recht markten, hewwen wi bina ne dütsche Mil taurüleggt. — Ja, nu kik di desen lütten vierecktigen Barg, de so wid äwerkickt, mal beten neger an! Hei is 't wirt, de Mönchgauder schellen em „de Schanz". 't mag sin, dat hei eis uck as Schanz deint hett, denn 1715 wir hir vör uns in de Stresowsche Bucht ne lütte Seeschlacht, in de Karl XII. von Schweden von Friedrich Wilhelm I. besiegt würd. Dor rechts bi Grod'n=Stresow sühst du sone grode Säul, dat is dat Denkmal för den groden Preußenkönig.

Denkmal des Großen Kurfürsten bei Putbus.
(Photographie von Dr. A. Haas.)

In Würklichkeit is dese lütt Barg äwers 'n Hünengraw. Wi up de meisten von dese Ort Gräwer Durnstrük' stahn, so sühst du uck up dese letzte Rauhstatt urolle Durnböm'. Von hir ut hewwen wi nu einen herrlichen Äwerblick. Hir vör uns liggen de grode un lütte Vilm. Twischendörch sühst du bi klor Weder mit 'n gaudes Glas de Törm von Stralsund. Beten nurdwarts is de Goor mit dat Friedrich Wilhelms=Bad bi Lauterbach, un dor hinner liggt dat truliche Putbus. Noch wider na Nurden kannst du Bargen mit den Rugard seihn. Hir grad von uns in Nurden, de lange, lange schwarte Stripen, dat is de Granitz, dat prächtigste Bäukenholt, dat man sick denken kann. Dat Schloß, wat du dorin sühst, is dat fürstliche Jagdschloß. Dit blage Water, wat hir tau unsen Fäuten ruscht, is de Having. De ganze Nurdsid von 't Reddevitzer Hävt is bina ling un lang von dat schönste Lowholt bestahn, dat ungemein rik an käuhlen Quellen is. Dor unnen an den Som von de Having sühst du dat lütte Ostseebad Baabe, nich wid von desen Urt bild't de Mönchgraben de Scheid twischen Middelrügen un Mönchgaud.

Nu hir, links an den lütten Vilm vörbi: Dor süḥst du taunegst de Küst von de Halwinsel Zudar, in de Gegend liggt uck Gr. Schoritz, wo Ernst Moritz Arndt geburen würd. De drei Törm wider Osten in beteiken di Gripswold. Dese langgestreckte Halwinsel dicht vör uns in'n Süden is Zicker-Höwt, un dat Water, wat sick twischen Reddevitz un Zicker-Höwt utdehnt, is de Hagensche Wiek. — So, nu sammel di noch taun Andenken an dit urolle Hünengraww 'n por Füersteinsaken, de vör 5—6000 Johre de ollen Dütschen hir mäuhsam

Mönchguter Hochzeitstrachten.

anfarrigt hewwen, un de de Plaug nu tauwilen wedder an't Dagslicht bringt. Knapp sünd de Dinger up dese Städ nich. Dit 's hir de beste Fundstäd in de ganze Ümgegend. Süh, hir heww ick all in'n Ümseihn ne Pfeilspitz', 'n Metz un'n Schawer sammelt. Dat wirn so de hauptsächlichsten Saken, de uns' Vörfohren brukten. — Dor kümmt grad de Bur! Ick ward em fragen, dat wi uns sin lütt Boot beting nehmen känen, un denn setten wi räwer na Gager, dat Nawerdörp an 'n Zicker-Barg. — In fifuntwintig Minuten hewwen wi de Fohrt awmakt un känen bi Hoffmann in Gager lannen. Ick denk, wi seihn nu man irst eis unsern Ränzel na un unnersäuken, wat min Mudding uns in ehre

Gaudmäudigkeit un Besorgnis mit up'n Weg gewen hett. O, hir is jo von allen, wat dat Hart sick wünscht un de Sinn begehrt. Na, lang tau un stärk di. Up't Water in de frische Seeluft schmeckt't noch mal so gaud. — So, nu hewwen wi ne solide Grundlag leggt, un uns' Boot sitt nu uck up'n Grund. Gager is erreikt! Du sühst, dat is uck 'n bannig langes Dörp, un wil't an de Nurdsid von 'n Zicker=Barg liggt, so warden de Bewahners öfters dormit brüd, dat sei de meiste Tid in'n Schatten wahnen. — Doch nu will ick di up den schönsten Utsichtspunkt von ganz Mönchgaud führen. Hir, de hoge Barg vör uns, dat is de Zickersche Bakenbarg. Dat Bestigen ward uns mäud maken, äwers de Rundblick is uck fast unvergliklich. — Endlich bawen! — Ja, nich wohr, hir gefüllt di't. Du büst ganz äwerwältigt von dit Panarama. Ja, dat glöw ick, denn mi geiht dat uck noch jedes Mal so, wenn ick up desen Placken stah.

Göhrener Höft.

Dese allerleiwste Urtschaft mit de lütte, anheimelnde Kirch is Gr. Zicker. Wi du sühst, is dat Dörp binah ganz versteken von Awt= un Linnenböm'. De Bucht, an de Gr. Zicker liggt, ward de Zicker See näumt, un an de Südersid von dit Water streckt sick dat Lütt=Zicker'sche Höwt hen. Lütt=Zicker sülwen kannst du von hir nich seihn, dat liggt achtern Barg; äwers dor, beten östlich, sühst du den Badurt Thießow, de von Johr tau Johr mihr von Frömden besöcht ward. — Dor buten in de blage Ostsee sühst du de Insel Oi mit den Fürtorm, de dörch sin Licht all männigen Schipper vör Not un Dod bewohrt hett. — De lange, blage Stripen dorhinner is de pommersche Küst, un dese lütte Insel hir vör uns in Süden is de Ruden. Uck den Kirchtorm von Wolgast kannst 't dütlich seihn. Un nu dreig di mal üm, oll Fründ. Süh, dit lütt Fischerdörp östlich von uns an 'n Butenstrand, dat kum ne halwe Stunn entfirnt is, heit Lobbe. Wenn 't lütt beten Holt hadd, wir 't gewiß 'n prächtig Bad.

De grode Urtschaft nürdlich von Lobbe up de hogen Barge, dat is dat so beleiwte, wunnerschöne Seebad Göhren, dat du hüt uck noch unbedingt neger kennenliren möst. Lat noch einmal dinen Blick von desen unvergliklichen Punkt äwer de herrliche Gegend gliden, un denn willen wi den korten Weg na Göhren trüleggen. Du sühst nu mit eigenen Ogen, dat Göhren den Ruhm würklich verdeint hett, ein von de schönsten Ostseebäder tau wesen. De unendliche See, de wunnervullste Landschaft, beides bütt sick unsen Blick dor. — Im Westen dehnt sick de grode Mönchgauder Forst ut, de sick wider na Nurden hen glik wedder an de Granitz anschlütt. Dat Schönste von Göhren is äwer doch de breide Dünenstrand mit den herrlichsten, witten Sand, 'n rechtes Elderado för de leiwen Göhren. Ick denk, hir bi't Warmbad gahn wi man ne Tidlang tau Anker un fuchten unse drögen Kehlen wedder mit 'n frischen Drunk an. — Nich wohr, hir sitt sick 't doch schön, oll Fründ? Gegen uns dat düstre Holt, vör uns de blage, wide, wide See, de ehr Wellen so lis' ruschend tau Strann' teihn. —

Doch nu ward 't Tid, dat wie wedder an Hus denken, denn min lütt Fru kunn sünst noch ungemütlich warden, wil' s' ümmertau mit 't Middag hörden möt. Wi kunnen nu na Reddevitz trükamen, wenn wi gliks hir unner rüm dörch 't Holt gingen, äwers du möst doch noch uns' Kirchdörp Middelhagen 'n Besäuk awstatten, un dorüm will'n wi man den Weg dörch Göhren trü äwer de Wisch wählen. Philippshagen, up dat wi nu grad losstürn, un dat all unmittelbor mit Middelhagen tausamliggt, is de einzigste Domän up Mönchgaud. De Stein hir in de Gorenmuer von Philippshagen leg sünst unner Göhren. Üm em wir 1812 dat hessische Lager, worup de Inschrift uck henwisen deit. So, nu noch ein por Schritt, un vör uns liggt de Middelhäger Kirch. Nich wohr, ein oller, prächtiger Bu. Wenn ick recht hürt hemw, würd 1263 de Grundstein tau dit einfache Gottshus leggt. — Nu, Körling, noch ne lütte, halwe Stunn, un wi sünd, nadem wi noch an Lüttenhagen un Mariendörp vörbikamen sünd, wedder tau Hus in Oll Reddevitz. —

Sühst 't woll, oll Jung, wi kamen grad tau rechte Tid! Mudding hett den Disch deckt, un 't Eten prat. So nu lat di denn nich lang' nödigen, leiw Jung, un rück ran. Ick will man wünschen, dat di 't schmecken deit!

Von de Mönchgauder sülwen un ehre Geschichte wust du nu nah 'n beting hüren! Schön, dormit will ick di girn deinen. Tau Utbruch von de Völkerwannerung wurd ganz Rügen noch von Germanen, de ollen Rugier, bewahnt; äwers des' wurden bald von dat Wannerfewer packt un togen südwarts, so gor bet vör de Dure Roms, wat sei mannhaft mit innehmen hulpen. An ehre Städ sidelten sick nu Wennen up Rügen an. Na nich alltaulange Tid würd äwers de Dütschen dat Heimweih na ehre blage Ostsee bannig packen, un sei kihrten in hellen Hupen na Rügen taurü. De Wennen würden bald verdrängt orer unnerjocht, un dat durte nich lang', dunn wir Rügen taum grötsten Deil wedder dütsch. Blots up Mönchgaud seten de Wennen fast un leten sick nich verdrängen. Tapfer gingen sei mit ehre Peiken up de dütschen Kolbendrägers los un wüßten Mönchgaud för sick tau behaupten. Sit dese Schlachten warden sei wegen ehre Waff, wo s' sick mit schlogen orer pauktn: Poken schollen. Dorgegen nennen sei de Nichtmönchgauder: Kollen. — Im 13. Johrhunnert köften de Mönche von 't Kloster Eldena sick de Halwinsel, de bet dorhen Reddevitz näumt würd, un von desen Tidpunkt heit dat lütte Länning irst Mönchgaud. De hütigen Bewahner sünd taum groden Deil noch echte Nakamen von de ingewannerten Wennen, worup all de Familiennamen henwisen daun as t. B. Kliesow, Wittmiß, Looks, Koos, Besch, Parchow 2c. Dese Namen kamen in jede Dörp up Mönchgaud wer weit wo oft vör. Gemeinhen warden de Wennen jo nich de besten Eigenschaften narühmt. Ick möt äwers seggen, dat ick mi unner min leiwen Mönchgauder ungemein glücklich fäuhl. Sei sünd woll gegen den Frömden un gegen alles Nige tauirst bannig taugeknöpt un mißtrugst; äwers lirt man sei irst neger kennen, denn apenboren sei de herrlichsten Dugenden. Gottesfürchtig, gefällig, gastfri un tru, dat 's de echte Mönchgauder. Alldägs is hei uck nah'n ganzen Packen äwerglöwsch un in sinen Ümgang oft beting utfallend un gradtau, äwers dat schad nicks, 'n prächtigen Kirl is un bliwwt hei doch. Fritz Worm-Alt-Reddewitz.

Jasmund.

Der schönste Teil Rügens ist die Halbinsel Jasmund, welche nur durch zwei schmale, langgestreckte Landengen, die „Schmale Heide“ und die „Schaabe“, im Süden und Nordwesten mit der übrigen Insel in Zusammenhang steht und sich bogenförmig weit in das Meer erstreckt. Im Westen und Süden ist sie durch den großen und kleinen Jasmunder Bodden begrenzt, welche ursprünglich zusammenhingen, jetzt aber durch einen schmalen Damm, über den neben einer Chaussee auch die Staatsbahn führt, voneinander getrennt sind. Von Lietzow, ihrem südwestlichsten Punkte, steigt die Halbinsel allmählich bergan, erreicht im Piekberge 161 m Höhe und zeigt in den Kreidefelsen Stubbenkammers 122 m. Der westliche Teil Jasmunds, etwa dreiviertel der Halbinsel, ist bis auf verschwindend kleine Flächen nackt und kahl und dient dem Ackerbau; erst im Osten zwischen Krampas-Saßnitz im Süden und Stubbenkammer im Norden erhebt sich, von zahlreichen Tälern durchschnitten, in denen muntere Bäche dem Meere zueilen, der prachtvolle Wald der Stubbnitz mit seinem uralten Baumbestande. Der größte Ort der Halbinsel ist Sagard, ein Flecken von etwa 3000 Seelen, der Knotenpunkt der gut unterhaltenen Chausseen, welche strahlenförmig nach allen Richtungen hin die Halbinsel durchziehen. Bedeutungsvoller aber als Sagard sind Krampas-Saßnitz und Stubbenkammer; ersteres als Bade- und Hafenort, von wo aus in Fortsetzung der Eisenbahn die Dampfschiffe nach Schweden hinüberfahren und die kürzeste Verbindung zwischen Deutschland und unserem nördlichen Nachbarlande herstellen, und letzteres durch seine unvergleichliche Naturschönheit, welche alljährlich zahlreiche Fremde zum Besuche einladet.

Betrachtet man die Halbinsel auf der Landkarte, so erscheint sie als ein weit hinausgeschobener Vorposten. Und in der Tat hat Jasmund die Aufgabe eines solchen zu erfüllen. Mit seinen hohen Kreidefelsen dient es zum Schutze der Insel und des dahinter liegenden Festlandes gegen das Vordringen des ländergierigen Meeres. Es ist ein ununterbrochener, heißer Kampf, der hier zwischen den beiden gewaltigen Naturelementen, dem Lande und dem Wasser, ausgefochten wird. Und Jasmund trägt die Narben dieses Kampfes an sich, denn nirgends zeigt sich eine solch' scharf vorspringende Ecke, wie etwa bei Wittow oder Mönchgut. Alle Ecken und Kanten sind abgespült und abgeschliffen. Die Halbinsel ist wie ein Stier, dem die spitzen Hörner ausgebrochen sind, der aber

Saßnitz.
(Badedirektion Saßnitz.)

darum nicht verzagt, sondern trotzig herausfordernd seine Felsenstirn dem Gegner zu weiterem Kampfe darbietet. Dennoch ist zu fürchten, daß das Meer schließlich siegreich bleiben wird. Denn mit seinen gierigen Zähnen bald von hinten, bald von vorn angreifend, hat es schon große Fleischteile aus dem Leibe des Stieres herausgerissen. Die ganze Insel Rügen macht einen skelettartigen Eindruck.

Nähert man sich Jasmund von Osten her, vom Meere aus, so sieht man schon in weiter Entfernung die Kreidefelsen von Stubbenkammer auftauchen. Wie Könige stehen sie da, steil und kühn aus dem Wasser aufsteigend und an ihrer weiß schimmernden Stirn mit grünen Wäldern gekrönt. Es kann nichts Herrlicheres geben als ihren Anblick. Viele Dichter haben sie besungen, und jedem, der sie schaut, zieht es wohl wie ein Psalm durch die Seele.

Wer Stubbenkammer besuchen will, kann einen doppelten Weg einschlagen. Entweder fährt er auf einem der Dampfer, die im Sommer während der Badezeit täglich an der Ostküste Rügens verkehren und die Verbindung zwischen ihren einzelnen Orten herstellen, oder er wandert auf dem herrlichen Fußpfade, der von Saßnitz aus allmählich ansteigend dicht am steilen Ufer unter den grün belaubten, hochragenden Buchen und Eichen zum Ziele führt. Am besten tut man, wenn man beide Wege in der Art miteinander verbindet, daß man zum Hinwege die Wasserfahrt, zum Rückwege aber die Fußwanderung wählt. Hat man vom Wasser aus den erhebenden Blick auf die steil aus dem Meere aufsteigenden Felsen, so hat man vom Lande aus den nicht minder erhebenden Blick auf das

Saßnitz.
(Badedirektion Saßnitz.)

ewige Meer mit seinen rauschenden Wogen. Da es uns darauf ankommt, das Land Jasmund kennen zu lernen, so wählen wir den letzteren Weg und treten die Fußwanderung an.

Unser Ausgangspunkt ist also Krampas-Saßnitz, die wir nicht mit Unrecht als einen Ort bezeichnen, wenn sie auch noch immer zwei politische Gemeinden bilden. Denn ursprünglich zwei kleine Fischerdörfer, die getrennt, wenn auch nicht weit voneinander lagen, sind sie jetzt durch die zahlreichen Villen, die zwischen ihnen erbaut worden sind, zu einer Ortschaft zusammengeschmolzen. Wir verstehen die Vorliebe, welcher Krampas und Saßnitz ihr Wachstum zu verdanken haben. Denn beide Orte liegen äußerst malerisch an der Prorer Wiek, welche die Süd-Westküste von Jasmund bespült, während sie sich mit ihrem Rücken an die Ausläufer der grünen Stubbnitz lehnen. Nur der schmale und steinige Strand, der oft vom Hochwasser beschädigt wird, erschwert den Fremden das Baden. Wer an die Ostsee gehen will, um sich in ihre stärkenden Fluten zu tauchen, oder um auf dem Strande warme Sonnen- und Sandbäder zu nehmen, der wähle sich einen anderen Aufenthalt, etwa Göhren auf Mönchgut. Hier findet er einen breiten, völlig steinfreien Strand mit langsam abfallendem Meeresgrund, so daß auch Kinder beim Baden und Spielen ohne Gefahr sich selbst überlassen bleiben können. Wer aber nur die kräftige Seeluft genießen will, der ziehe nach Krampas oder Saßnitz. Hier hat er das Meer vor seiner Tür, zugleich aber auch Gelegenheit zu herrlichen, weit ausgedehnten Spaziergängen in der prachtvollsten Gegend, die sich nur denken läßt. Nur wenige Minuten von Krampas entfernt, auf hohem Ufer und hart am Meere mitten in einem großen, herrlichen Park liegt Dwasinden, das prächtige Schloß des Herrn von Hansemann, und dicht bei Saßnitz wieder in entgegengesetzter Richtung auch vom Wald umschlossen und am Ufer des Meeres liegen die Blockhäuser des verewigten Prinzen Friedrich Karl, der hier bei Lebzeiten gern dem Jagdvergnügen oblag.

Saßnitz, Wissower Klinken.
(Badedirektion Saßnitz.)

Gleich hinter Saßnitz nimmt der berühmte Fußpfad seinen Anfang, der in drei bis vier Stunden nach Stubbenkammer führt. Der Wanderer braucht die Anstrengungen des Marsches nicht zu fürchten. Sie sind nicht so groß, daß nicht auch das zartere Geschlecht sie übernehmen könnte. Noch weniger wird er sie bereuen. Es dürfte kaum auf der Erde einen Weg geben, der den Naturfreund reicher belohnte als dieser. Gewaltige Buchen, deren Alter nach Jahrhunderten zählt, vereinigen sich teils zu Parks, teils zu Dickichten und Promenaden, die, trotzdem die Kunst nichts für sie getan hat, für den einsamen Fußgänger ungemein einladend sind. Außerdem genügen immer nur wenige Schritte nach rechts, um wieder das Meer zu erreichen und das Auge an seiner klaren, blauen Flut zu erquicken, und an dem Himmel, der sich über seiner endlosen Fläche ausbreitet. Nach den Prinzlichen Blockhäusern erreicht man zunächst die Bläse, eine gewaltige Kreidewand, welche den Anfang der Kreidefelsen bildet und schon 200 Fuß hoch ist, dann geht es über den Lenzer Bach zu den Wissower Klinken, die sich wie die Strebepfeiler einer gotischen Kirchenwand ausnehmen. Nachdem man den Wissower Bach überwunden hat, gelangt man zu der „Waldhalle", einem kleinen mitten in der Waldeseinsamkeit gelegenen Restaurant, in welchem man sich von der Wanderung ausruhen und für die folgende stärken kann. Darauf geht es

Kieler Bucht bei Saßnitz.
(Badedirektion Saßnitz.)

zum Kieler Bach. Hier ist einer der malerischsten Punkte der ganzen Stubbnitz. In wilder Romantik erheben sich zu beiden Seiten des Baches die hohen Berge, zwischen sich eine enge und tiefe Schlucht bildend, zu deren Sohle man auf Hunderten von Stufen hinabsteigt. Der Bach aber sprudelt und rauscht in rastloser Eile dahin, als könnte er nicht früh genug das Ziel seiner Wanderung, das Meer, erreichen. Am Bach ist auch ein Kreidebruch und an seiner Mündung eine Ladestelle für die Kreidekähne. Weiter führt der Weg über den Kollicker Bach. Endlich nach einer weiteren dreiviertelstündigen Wanderung taucht Stubbenkammer hinter den Bäumen auf. Wir haben die Perle Rügens erreicht und möchten uns hundert Augen wünschen, um ihre Schönheit genugsam betrachten und bewundern zu können.

Der Name Stubbenkammer soll von dem Wendischen Stove Cammen (stumpfer Stein) herkommen, nach anderen Sprachgelehrten von Stupen Cammen (Stufenstein). Wir lassen die Lösung dieser Streitfrage auf sich beruhen und ziehen es vor, uns in die herrliche Naturschönheit andächtig zu versenken.

Stubbenkammer zerfällt in zwei deutlich geschiedene Teile: Klein- und Groß-Stubbenkammer. Von Saßnitz aus erreicht man zuerst Klein-Stubbenkammer. Die schönsten Aussichtspunkte sind hier die Viktoriasicht und die Wilhelmssicht, so genannt, weil hier einst die Kronprinzessin Viktoria und der König Wilhelm geweilt haben, wie die beiden Denksteine, die hier angebracht sind, bezeugen. Durch eine Schlucht von ihnen getrennt ist Groß-Stubben-

Saßnitz, Königsstuhl.
(Badedirektion Saßnitz.)

kammer mit dem Königsstuhl. Hier setzen wir uns hart am Rande des steil abfallenden Kreidefelsens auf eine Bank, weniger um uns auszuruhen, als vielmehr, um unser Auge zu weiden an dem herrlichen Anblick, der sich uns bietet. Wie sollte man nicht in solcher Natur aller Müdigkeit vergessen!

Tief unter uns, mehr als 120 m, liegt das unendliche Meer, hell beschienen von der strahlenden Sonne. Schimmernde Segel ziehen über die leicht gekräuselte Wasserfläche wie freundliche Traumbilder. Weiße Möwen schweben mit ihren kühn geschnittenen Flügeln hoch über dem Meere und doch noch tief unter unseren Füßen, eifrig nach Beute spähend und mit raschem Fall in das Wasser hinabstoßend, wenn sie einen unglücklichen Fisch entdeckt haben, der sich zu weit an die Oberfläche seines Elementes wagte. Und dort in weiter, weiter Ferne, wie ein Gruß aus anderer Welt, taucht eine leichte Rauchwolke über dem Horizont auf. Ein Dampfer zieht da seine einsame Straße, wer weiß, welcher Küste zustrebend. Wie klein, wie nichtig erscheint, von solcher Höhe aus gesehen, alles, was zu unseren Füßen liegt und was sonst vielleicht unsere Bewunderung erregte! Das Maß ist ein anderes geworden. Die Menschen unten am Strande sind wie kleine Puppen, mit denen unsere Kinder spielen; der Dampfer da, der mit Passagieren beladen, eben um den nächsten Vorsprung biegt, wie eine Nußschale. Zur Rechten und zur Linken von uns aber starren die Zacken der weißen Kreidefelsen, fast senkrecht zum Meere abfallend. Wie viele Myriaden Foraminiferentierchen haben dazu gehört, um diese Kreidewände zu bilden! Welche Zeiträume mögen verflossen sein, ehe sie ihr Werk vollendet hatten! Und welche Kräfte haben gewirkt, um diese Felsen aus dem Wasser zu heben!

Saßnitz, Königsstuhl.
(Badedirektion Saßnitz.)

Ein vielfach gewundener, reizvoller Fußpfad führt zum Strande hinab. Von unten aus hat man einen herrlichen Überblick über die Kreidefelsen. Wie hohe Säulen stehen sie da, fein gezeichnet von den Feuersteinadern, welche sich zahlreich und in regelmäßigem Abstande voneinander durch die Kreide hinziehen! Diese Feuersteine, welche Geschichte mögen sie wohl haben!

Am Strande findet man viele Versteinerungen, Muschelsteine, Donnerkeile, Kröten- und Klappersteine u. dergl. Sie werden teils von der See ausgespült, teils fallen sie aus der Kreide heraus, wenn einzelne Teile der Felsen einstürzen. Denn auch diese Felsen, so stolz sie auch schauen, sind nicht für die Ewigkeit geschaffen, sondern müssen Schritt für Schritt vor dem andringenden Meere zurückweichen, bis einst von ganz Stubbenkammer nichts anderes mehr übrig sein wird, als nur eine liebliche Sage von einer schönen Königstochter, die, mit weißem Schleier und grünem Myrtenkranz geschmückt, ihres Bräutigams sehnsüchtig harrte, aber von dem wilden Meere verschlungen ward. Während der Badezeit wird täglich des Abends oben auf dem Königsstuhl ein großer Holzstoß angezündet und, wenn er herniedergebrannt ist, in die Tiefe gestoßen. Vom Wasser aus gesehen, machen die am Abhang heruntergleitenden glühenden Kohlen einen groß-

Herthabuche.
(Nach einer Zeichnung von B. Hinz.)

artigen Eindruck. Es sieht aus, als wenn ein glühender Lavastrom oben vom Berge aus in die Tiefe hinabflösse.

Wenige Minuten von Stubbenkammer entfernt, liegt der berühmte Herthasee mit der Herthaburg. Der Weg dorthin führt an der Herthabuche vorüber, einem uralten Baume, der durch seine mächtige, weit verzweigte und verästelte Krone merkwürdig ist. Große Gesellschaften können unter seinem schattigen Dache tanzen. Der Herthasee liegt mitten im Walde. Er ist ungefähr 200 Schritte lang und breit. Die Bäume am Ufer neigen sich mit ihrem Stamm und Wipfel schräg über die Wasserfläche, als wollten sie den See vor jeder Entweihung hüten. Dieser See ist kein gewöhnliches Wasser, denn in ihm badete ja die Göttin Hertha. Und noch heute, besonders bei hellem Mondenschein, kommt aus dem nahen Walde, wo die Herthaburg liegt, eine schöne Jungfrau, die sich nach dem See begibt, um sich darin zu baden. Sie ist von vielen Dienerinnen umgeben, die sie zu dem Wasser hinbegleiten. In diesem verschwinden sie alle und man hört nur das Plätschern darin. Nach einer Weile kommen sie sämtlich wieder heraus, und man sieht sie in weiten, weißen Schleiern nach dem Walde zurückkehren. Für den Wanderer, der sie erblickt, ist das alles sehr gefährlich. Denn

Herthasee.
(Nach einer Zeichnung von B. Hinz.)

es zieht ihn mit Gewalt nach dem See, in dem die weiße Frau badet, und wenn er einmal das Wasser berührt hat, so ist es um ihn geschehen. Das Wasser zieht ihn in die Tiefe.

Als der Herthadienst noch auf der Insel bestand, war unter den Priesterinnen eine, die sich durch ihre Jugend und Schönheit auszeichnete. Diese hatte heimlich ein Liebesbündnis mit einem fremden, jungen Ritter, der sie allnächtlich im Walde erwartete. Der Oberpriester der Göttin hatte aber Kunde davon erhalten, daß eine der Jungfrauen ihn hinterging, und als keine die Schuld bekennen wollte, führte er alle hinaus an einen großen Stein, der am See liegt, und ließ eine nach der andern mit entblößten Füßen darüber schreiten. Als nun die Schuldige den Stein betrat, blieb zum Entsetzen aller die Spur ihres eigenen und eines kleinen Kinderfußes darauf zurück. Jetzt war ihre Schuld offenbar, und der Oberpriester stürzte die junge Sünderin von der Höhe der Stubbenkammer in das Meer. Aber die mitleidige Göttin ließ sie sanft hinuntergleiten in die Arme ihres Geliebten, der dort in einem Schiff ihrer harrte. Der Stein aber mit den beiden Fußeindrücken liegt noch da. Er ist einer der beiden Opfersteine, welche in der Nähe mitten im Walde liegen. Der andere zeigt oben eine Rinne und unten am Fuße eine Schale, in die das Blut der Geopferten geflossen sein soll.

Bemerkenswert ist die Herthaburg, welche dicht am See liegt. Sie ist ein halbbogenförmiger, etwa 30 m hoher Erdwall, der 160 Schritte umfaßt. Er ist offenbar eine der Burgen, welche sich die Wenden in alter Zeit zur Verteidigung gegen Feinde errichtet hatten. Ähnliche Burgen finden wir noch bei Garz und auf Arkona.

Wir kehren nach Stubbenkammer zurück und wandern von hier aus auf dem hohen Ufer weiter. Nach etwa einer Stunde hört der herrliche Wald auf, und wir erreichen den kleinen Badeort Lohme, der gleichfalls auf steilem Abhange liegt. Lohme übt wegen der Nähe Stubbenkammers und der herrlichen Aussichten auf das Meer und auf Arkona eine große Anziehungskraft aus. Die Zahl seiner Besucher ist von Jahr zu Jahr gestiegen. Auch hier ist aus einem kleinen Fischerdorfe ein Villenort geworden.

In einer Entfernung von etwa zwei Stunden liegt das Pfarrdorf Bobbin und in der Nähe von diesem das Gut Spyker, das einst dem schwedischen General Wrangel gehörte, dessen Geist noch jetzt in dem alten Herrenschloß umgehen soll. Wir gelangen endlich nach Polchow, das am großen Jasmunder Bodden liegt und einen Hafen für Dampfer und Kreidekähne hat.

Die Geschichte Jasmunds ist mit der der übrigen Insel auf das engste verflochten, doch blieb Jasmund wegen seiner abgeschlossenen Lage von heißen Kämpfen meist verschont. Nur im Jahre 1165 ließ sich Kampfgetümmel auch in den sonst so stillen Wäldern der Stubbnitz hören, als Wenden und Dänen hier um die Herrschaft über Rügen miteinander rangen. Die Dänen hatten zuerst versucht, Arkona zu stürmen. Da ihnen dies aber mißlang, so plünderten sie die ganze Ostküste Rügens. Bei der Herthaburg traten ihnen die Wenden entgegen, mußten aber ihren Widerstand bald genug aufgeben und mit ihren Feinden Frieden schließen. Im Jahre 1678 ankerte eine dänische Flotte, welche dem Großen Kurfürsten in seinem Kriege gegen Schweden zu Hülfe kam, an der Nord-Ostküste von Jasmund, während der Große Kurfürst selbst im Süden bei Putbus landete. Sonst ist Jasmund geschichtlich nie besonders hervorgetreten. Seine Bedeutung liegt auf einem anderen Gebiete als dem der Geschichte. Sie liegt auf dem Gebiete der Natur, welche durch ihre unvergleichliche Schönheit alljährlich zahllose Fremde anzieht und dadurch in den Sommermonaten einen außerordentlichen Verkehr hervorruft. Es hat sodann seine Bedeutung als Schutzwall gegen das Meer, das ohne diesen Schutzwall das Hinterland schon längst verschlungen hätte.

Pastor E. Steurich-Gr.-Zicker.

Immer dieselben.

Aus alter Zeit klingt grause Mär
Vom schönen Rügenlande her,
Des Fremdlings Furcht und Bangen.
Die Ranen spähten scharf zum Strand,
Und wo man einen Fremdling fand,
Da nahm man ihn gefangen.

Dort auf Arkonas Felsentritt
Stand hoch der Götze Swantewit,
Leicht war sein Grimm zu wecken.
Weh' jedem Fremdling, dessen Bahn
Zum Rügenlande führt' heran;
Sein Ende kam mit Schrecken.

Die Ranen nahmen ihm sein Gut
Und führten ihn in wilder Wut
Zum Swantewit, dem bösen.
Der Fremdling ward sein Opfermahl —
Scharf blinkt in Priesters Hand der
Stahl —
Und nichts konnt' ihn erlösen.

Doch heute hat es keine Not;
Der Swantewit ist lange tot,
Und Christen sind die Ranen.
Sie schlachten keine Fremden mehr,
Doch lieben sie noch immer sehr
Der Väter alte Bahnen.

Noch immer spähen sie zum Strand, —
Und kommt ein Fremdling in ihr Land,
Dem sie die Wege weisen:
Für Speis' und Trank und Führerlohn,
Was er besaß, sie haben's schon, —
Dann darf er weiter reisen. —

Ihr Fremden, drückt das Geld euch
schwer,
So kommt zum Rügenlande her;
Hier werden leer die Taschen.
Ein Rane läßt von seiner Art
So wenig, als es möglich ward,
Den Mohren weiß zu waschen.

Emil Piper.

Bei den Glowern.

Nach Glowe war ich versetzt, wo ich am 1. Oktober den Dienst antreten sollte. Zwei Leiterwagen nahmen mich und meine paar Habseligkeiten auf und nun gings der neuen Heimat zu. So ziemlich kannte ich die Gegend schon, denn Glowe lag nur zwei Stunden von dem Orte meiner bisherigen Wirksamkeit entfernt, aber doch befremdete es mich einigermaßen, als der Führer des Wagens plötzlich, von der öffentlichen Landstraße ablenkend, einen Seitenweg einschlug, der direkt zum Wasser führte. Mein Erstaunen wuchs, als die Pferde in das anfangs ziemlich flache Wasser hineingingen, und auf mein Befragen erfuhr ich, daß der nächste Weg nach Glowe seit undenklichen Zeiten durchs Wedde, so hieß dieser Teil des großen Jasmunder Boddens, führe. Die Fahrt sei ganz ungefährlich, wenn man die Wege kenne und kein Hochwasser vorhanden sei. Diesmal war das Wasser allerdings ziemlich hoch. Manchmal ging es den Pferden fast bis an die Brust, und mein alter Flügel auf dem zweiten Wagen war mehr als einmal in Gefahr, nähere Bekanntschaft mit dem Wasser zu machen, wenn eine höhergehende Welle das Wagenbrett umspülte. Daher atmete ich erleichtert auf, als wir nach ungefähr viertelstündiger Fahrt wieder trockenen Boden unter den Füßen hatten. Bald hatten wir auch Glowe erreicht, und durch die sandige, ungepflasterte Dorfstraße, an einigen ärmlichen Hütten und Gehöften vorbei, gings zum Schulhause. Das war eine langgestreckte, strohbedeckte Hütte, einem Fischer gehörig, da Glowe ein eigenes Schulhaus nicht besaß. Die Hälfte war Schulstube und Lehrerwohnung, die andere Hälfte wurde von der Familie des Besitzers bewohnt. Meine Sachen wurden mit Hülfe der Fuhrleute und einiger bereitwillig zugreifender Nachbarn in meine neue Wohnung geschafft, und so war ich denn daheim. Glänzend war mein neues Heim gerade nicht, aber ich war von meiner früheren Stelle her nicht verwöhnt, und so kam ich mir mit meiner Wohnstube, dem dunklen Kabinett, Küche und Speisekammer ganz behäbig vor. Auch die Schulstube genügte meinen Ansprüchen; nur befremdete mich zu Anfang ein altertümlicher, breiter Schultisch, an dem die Schüler zu beiden Seiten sich gegenüber saßen. Schließlich gewöhnte ich mich, wie an manches andere, auch daran. Und ich hatte Ursache, mich zu gewöhnen, denn manches Ungewohnte mußte ich mit in den Kauf nehmen. Meine Wirtsleute, bei denen ich für 85 Pfennige täglich volle Pension hatte, waren nett und lieb zu mir, aber das Wörtchen „Herr" ist ihnen mir gegenüber nie auf die Lippen gekommen. So etwas gab's nicht. Auch die meisten der Dorfbewohner waren nicht anders. Ich vermißte den Verkehr mit Gebildeten anfangs recht schmerzlich, und oft phantasierte ich in der Dämmerstunde oder beim lichten Mondschein recht weltschmerzlich angehaucht, während durch meine Fenster vom Strande her das Meer blinkte und seine monotone Begleitung zu meinen Melodien rauschte. — Überhaupt gab es manche Originale in dem weltfernen Dörfchen. Ich gedenke noch eines Abends, als ich, erst einige Tage dort, in der Dämmerstunde ein Pfeifchen schmauchend, plötzlich von einem festen Tritt aufgestört wurde. Ein baumlanger Kerl, in einer Art Försteruniform, die Mütze auf dem Kopfe, taumelt ins Zimmer, macht mir einige windschiefe Verbeugungen und ruft mir mit schallender Stimme, halb hoch-, halb plattdeutsch, allerhand Unsinn entgegen, aus dem ich endlich entnehme, daß er sich die Ehre gibt, meine Bekanntschaft zu machen, und daß ich auch ein paar Jungen von ihm in der Schule hätte. Ich wußte nicht recht, was ich mit dem offenbar stark Betrunkenen anfangen sollte; da legte sich mein Wirt ins Mittel, der herüberkam und mich von dem lieben Nachbar erlöste. Dafür haben mir die beiden bald darauf die Brüderschaft angeboten. — Ein anderer Nachbar war weniger redselig. Er schien besonders von Langweile geplagt zu sein, und machte meinen Wirtsleuten, bei denen auch ich mich oft aufhielt, täglich zwei bis dreimal seine Besuche. Stumm hing er auf einem Stuhle und alle Viertelstunden warf er in unsere Unterhaltung oder in unser Schweigen die lakonischen Worte: „Ji — a, is dull!" hinein. Dann ging er nach einigen Stunden wieder, um vielleicht nach kurzer Zeit zurückzukehren, wo sich dann der alte Vorgang mit geringen Abänderungen wiederholte. Der einzige Kulturmensch im Ort war der Chausseeaufseher, sonst war alles Natur. — Und dennoch kann ich mich dem Eindruck, den Land und Leute auf mich machten, noch heute nicht entziehen. Ich habe sie lieb gewonnen, jene Naturmenschen mit ihrer bescheidenen Umgebung, und noch oft zieht mir im Geist der herbe Geruch von Teer, Seetang und Fischen durch die Nase, der, wie alle Fischerhäuser, auch mein Heim durchduftete.

Nach und nach lernte ich mein nunmehriges Heimatsdorf mit seiner verrufenen Umgebung näher kennen. — Der Ort Glowe liegt direkt an der Schabe, der schmalen, sandigen Landzunge, die Jasmund mit Wittow verbindet. Der Außenstrand wird durch die Tromper Wiek, der sogenannte Binnenstrand durch den großen Jasmunder Bodden gebildet. Die Bewohner, deren Zahl gegen 200 betrug, nähren sich meistens vom Fischfang. Jeder Fischer ist zugleich Besitzer eines kleinen Häuschens mit Garten und Pächter einiger Morgen Wiese und Ackerland, hinreichend zur Haltung einer Kuh. Auch drei Bauerngehöfte liegen im Orte, sind aber nur Pachthöfe, da der Fürst von Putbus Besitzer derselben, wie auch der von den Fischern gepachteten Äcker und Wiesen ist. Einlieger sind nur wenig vorhanden. Obwohl bei den Bewohnern nur ein mäßiger Wohlstand herrscht, ist doch eine eigentliche Armut, wie sie in anderen rügenschen Dörfern reichlich vertreten ist, nicht vorhanden. Eine Chaussee, die Fortsetzung der Heerstraße von Jasmund nach Wittow, trennt das Dorf in zwei Teile und führt über die Schabe. Ein dritter Teil des Dorfes liegt direkt in den Dünen. Die Dorfstraße ist ungeflastert und läßt den Wanderer bis an die Knöchel im weißen Sande waten. Überhaupt ist Sand, und zwar weißer, unverfälschter Seesand die vorherrschende Bodenart des Ortes. Der anbaufähige Acker ist auch an den besseren Stellen leichter Boden; die Wiesen bestehen teilweise aus schwarzem Sande und tragen nur kurzes Gras. Nun aber die Dünen! Bald wenig höher als der Meeresspiegel, bald zu Hügelreihen voll bunter Abwechselung anschwellend, ziehen sie sich ununterbrochen fast bis zur Halbinsel Wittow hin. An einigen Stellen fast nackt, nur von Strandhafer und anderen dürftigen Gräsern bewachsen, ist der größte Teil derselben jetzt mit Nadelholz bepflanzt. Aber nur Kiefern gedeihen hier; der Tanne ist der Boden zu schlecht. Im Süden der durchführenden Chaussee, dem Jasmunder Bodden zu, ist der Kiefernbestand geradezu ein üppiger zu nennen. Dort gedeiht auch, auf erhöhten Erdwällen gepflanzt, ein prächtiger Eichenbestand. Auch eine Korbweidenkultur hat die fürstlich Putbusser Verwaltung, der dieser Teil der Schabe gehört, hier angelegt. Diese besseren Gegenden sind etwas abseits von der Heerstraße, dem fürstlichen Gute Wall zu gelegen. Dort liegt auch die Wallmühle, eine Wassermühle, die die Aufgabe hat, die anliegenden Wiesen vor Überschwemmungen zu schützen, indem sie das in den Abzugsgräben sich ansammelnde Wasser in den Bodden hineinwirft. — Und doch ist eine Wanderung in diesen Gegenden wohl lohnend, besonders zur Sommerzeit, wenn die Kiefer ihre gelbroten Blütenkerzen aufsteckt und harziger Duft die laue Luft erfüllt; wenn der kletternde Nachtschatten sich an den jungen Ästen emporwindet und gelbe und rote Ruhrkräuter die Wegscheiden schmücken. Da ist es so still, fast unheimlich still in dem duftenden Walde. Nur ein Vogel singt irgendwo aus der Ferne; dein Tritt verhallt lautlos im weichen Sande und Gedanken kommen und gehen. —

Eigenartig schön ist auch eine Wanderung die Chaussee entlang über die Schabe nach Wittow hinüber. Einem Gesellschaftsmenschen möchte ich die Reise jedoch nicht empfehlen, der wird nicht auf seine Rechnung kommen. Denn stundenlang kann man wandern, ohne einem lebenden Wesen zu begegnen. Der Kiefernbestand zu beiden Seiten des Weges zeigt keine Spur mehr von Üppigkeit. Lange Flechtenbärte hängen an Stämmen und Zweigen. Der Waldboden zeigt den weißen, schimmernden Dünensand, von Feuersteinen übersäet, nur hier und da verkümmertes Gras und spärliche Blüten. Für den Botaniker gibt's außer einigen Habichtskräutern, Glockenblumen und Sandnelken wenig Verlockendes. Und doch liegt ein eigenartiger Reiz über der Landschaft, besonders im Herbst, wenn aus der klaren Luft der Ruf der wandernden Kraniche herniederschallt und vom Wasser her der klingende Schrei der Schwäne zieht. — Ungefähr auf der Mitte der Schabe, die zum größeren Teile dem Fiskus gehört, liegt in der Nähe des Boddens die Königliche Försterei Gelm. In dieser Gegend befindet sich auch fruchtbares Wiesenland und verschiedene Wasserlachen, besonders im Herbst ein Eldorado für Wasservögel. Die Reize dieser Gegenden gingen mir aber erst später auf. Zu Anfang meines Hierseins suchte ich mit Vorliebe das Meer auf. Auch Glowe hat seine Steilküste, die ihren höchsten Punkt (9 m) in einer ins Meer vorspringenden Spitze besitzt, Königshörn genannt. Leider stürzen auch hier alljährlich große Lehmmassen ins Meer.

Meine Wanderungen am Strande führten mich oft die ganze Schabe entlang. Ein köstlicher, steinfreier Strand! Wie geschaffen zur Anlage eines Badeortes! Der weiße Sand so festgewellt von den Meereswogen, wie eine kunstvoll hergestellte Promenade. Daher ist es erklärlich, daß der Strand vor Herstellung der Chaussee als Verbindungsweg zwischen den beiden Halbinseln benutzt wurde und hin und wieder wohl noch heute benutzt wird. Und was gab es für den Binnenländer dort alles zu sehen! In der Ferne Arkona und vorbeisegelnde Schiffe, zu meinen Füßen Muscheln und Seetang, leuchtende Kiesel und den glänzenden Bernstein. Wurde mir die Sache dann langweilig, so stieg ich wohl in die Dünen hinein, um Strandpflanzen, wie die Meerstrandsaster, Salzkraut und die seltsame Stranddiestel zu suchen. Leider war ich nicht so glücklich, wie der bekannte Altertumsforscher Dr. Baier aus Stralsund, der einige Jahre später in den Dünen eine Werkstätte für Feuersteinwaffen entdeckte, obwohl auch ich eifrig nach Steinwaffen suchte. —

Lang', lang' ist's her. — Nur wenig über ein Jahr weilte ich bei meinen Glowern, dann setzte ich meinen Wanderstab weiter. Jahre sind darüber vergangen, und manches ist auch in Glowe anders geworden, ob besser, ob schlimmer? Wer will's ergründen. — Auch Glowe ist Badeort geworden. Eine neue Villenstraße mit Hotels und Logierhäusern ist an der Chaussee entstanden. Auch ein eigenes, nettes Schulhaus besitzt Glowe jetzt. Promenadenwege sind in den Kiefern angelegt, und am schönen Strande ist eine Badeanstalt errichtet. Das sind Fortschritte, die nicht zu leugnen sind. Aber wo sind sie, jene schönen Zeiten, wo man für 85 Pfennige täglich sein reichliches Futter fand, wo man in Holzpantoffeln oder barfuß, ohne Aufsehen zu erregen, zur schönen Sommerzeit die Dorfstraße passieren konnte? Dahin! Unwiederbringlich dahin! — Und dennoch: Wer Erholung sucht in ländlicher Stille und Zurückgezogenheit, wer Meer und Wald und Einsamkeit, ja auch ein wenig Sand liebt, der komme getrost nach Glowe. Es wird ihn nicht gereuen. Emil Piper.

Arkona.

Freiheit.

Auf Arkonas Berge ist ein Adlerhorst,
Wo vom Schlag der Woge seine Spitze borst.
Spitze deutschen Landes, willst sein Bild zu sein?
Riff und Spalten splittern deinen festen Stein.

Adler, setz' dich oben auf den Felsenthron,
Deutschen Landes Hüter, freier Wolkensohn.

Schau hinaus nach Morgen, schau nach Mitternacht,
Schaue gegen Abend von der hohen Wacht!

Ließ der deutsche Kaiser fliegen dich zugleich,
Als er brach in Stücke, ach, das deutsche Reich?

Hüte, deutscher Adler, deutsches Volk und Land,
Deutsche Sitt' und Zunge, deutsche Stirn und Hand!

Wilhelm Müller.

Die Greifswalder Oie.

„Schade, daß die hübschen Reize der kleinen Insel Oie des schlechten Verkehrs wegen so wenigen Naturfreunden zugänglich und zum Genuß kommen", lautet eine Eintragung in das Fremdenbuch des Leuchtturmes auf der Oie aus dem Jahre 1880. Was damals galt, ist heute nicht minder wahr.

Die Greifswalder Oie!

Welcher Pommer, ja, ich kann mich getrost enger fassen, welcher Neu-Vorpommer, welcher Greifswalder kennt sie, weiß etwas über die Geschichte des Eilandes, welches den Namen unserer Musenstadt führt! Wenn ich die Eintragungen des Fremdenbuches an mir vorüberziehen lasse, so sind es doch in ganz verschwindend kleiner Anzahl engere Landsleute, deren Namen aus den vergilbten Blättern mir entgegengrüßen. Aus allen Gauen unseres deutschen Vaterlandes, aus aller Herren Länder sind Besucher herbeigeeilt; der Pommer jedoch ist achtlos an diesem Juwel — an dem „Helgoland der Ostsee", wie wir es in übermütiger Laune bei Wogenbraus und Sturmeswehn tauften — vorübergegangen. Schade! kann auch ich nur ausrufen. Und doch bin ich wiederum froh, daß das Eiland abseits von der großen Heerstraße der Touristen liegt, denn wie hätte es mir sonst Ruhe und Frieden bringen können nach des Winters Mühen und Lasten; wie hätte ich wohl Erholung finden können, wäre es auch schon auserkoren als fashionabler Badeort! Wie haben wir uns gefreut, wenn sich am Mittwoch und Sonnabend der Touristenschwarm wieder verlaufen hatte, und wir nur uns selber leben konnten! An diesen beiden Tagen legte nämlich ein Stettiner Dampfer vor der Insel bei und spie Badegäste von den jenseitigen Inseln ans Land. Da der Dampfer nicht in den Nothafen hineingelangen konnte, wurden die Gäste mit Segelböten ans Land gesetzt. Manche hatten schon 5 bis 6 Stunden auf dem Schiffe zugebracht. Deshalb ging es meistens in Windeseile zum Seemansheim, um den leiblichen Menschen, der vielleicht auch noch in der allzu heftigen Umarmung des Neptun gelitten hatte, wieder herzurichten. Wenn das geschehen — oft auch schon früher — und wenn zur Not noch die nötigen Ansichtskarten geschrieben waren, dann heulte auch schon die Sirene des Dampfers. Wo blieben da die Herrlichkeiten der Insel? Wie die Hasen ging's dann durch die Felder, um den Dampfer nicht zu versäumen. Ich denke noch immer mit innerlichem Vergnügen daran, wie mitleidig lächelnd mich ein Bekannter ansah, als ich ihm erzählte, wir hätten dann meistens dem Walde gegenüber im Buschwerk gelegen und diesem Schauspiele für Götter zugesehen. Er war doch auch dagewesen, aber ein Wald? Nein, da ließ ich meiner Phantasie doch wohl gar zu arg die Zügel schießen. Und doch ist gerade die Oie in botanischer Hinsicht interessant durch die Zusammensetzung des Wäldchens an der Ostseite, des sogenannten „Busches". Derselbe wird neben Weißbuchen, Ulmen, alten Linden, Eschen, Eichen zum großen Teil von baumförmigen Crataegus monogyna Jacq. gebildet, von denen stärkere Exemplare eine Höhe von 6 bis 8 m bei einem Stammdurchmesser von 40 cm aufzuweisen haben. Neben diesen waldbildenden Weißdornbäumen ist die Oie dadurch merkwürdig, daß sie für Deutschland den östlichsten Standort der Steineiche repräsentiert. (Dr. Bornhöft.) Nordwestlich und südöstlich vom Busch tritt in ungeheuren Mengen wilder Knoblauch auf. Schon Kanzows Chronik erwähnt dieses Kraut:

Greifswalder Oie, Steinufer.

„Die vom Grypswolde haben auch ein beflossen lendichen, heißt de Ew, ist vngefherlich 5 oder 6 Meilen von der stat in der sehe belegen. Darauf wonet nymands, sondern stehet nhur holtz vnd eine Capelle darauff, da die Fischer, wan sie nach dem heringe und stör im vorjar vnd herbste fischen, meße ließen halten, vnd jtzundt, sieder das heilige evangelium wieder an den tag gegeben, geprediget wirt. Is wechset auff derselben insel ein seltzam krawt (Kraut), heißt Remas, hat schyr bletter, wie ein knoblawch. Daßelbige rewchet (riecht) vmb pfingsten, wen es blühet, vberaus wunderstark, vnd die zeit khan ein minsche schwerlich vor wehetage des hewptes (Hauptes) vnd ekelen des magens auff dem lande pleiben, wo er nicht flucks freße vnd trincke, den das ist das remedium dazu. Es seint rehe auff dem lande, vnd man saget, das der rehe und hasen wildbret vmb die zeit nach dem krawte schmecket. Man weis nicht, was es doch vor ein arth krawts ist, etzliche meinen, es sei wilder knoblawch; wenn man die bletter zerreibet, reucht es schier wie knoblawch. Vmb dies lendichen fengt man viel stör vnd andere fische."

Des ergiebigen Stör- und Heringsfanges wegen war die Insel wichtig für Greifswald. Neben dem Fang der Seebewohner war die Pferdezucht der Grund, daß die Stadt Greifswald die Insel zu erwerben getrachtet hatte, da sie eine Weide darbot, welche im Vergleich mit den damals nassen Wiesen am Ryck trocken war. Die Oie gehörte ursprünglich zu Wolgast, dessen Bürger durch des Herzogs Bogislaw IV. Privilegium von 1282 in dem Besitz derselben „zu ewigen Zeiten" bestätigt wurden. „Überdies sollen gedachte Bürger alles Recht an der Insel Swante Westrow zu ewigen Zeiten haben und behalten", besagte die betreffende Urkunde.

Diese Ewigkeit war jedoch nur von kurzer Dauer, denn der vorgenannte Herzog schenkte die Insel neun Jahre später — 1291 — der jungen Stadt Greifswald. In der von der Burg Demin aus erlassenen Urkunde wird die Insel Swante Wusterhusen genannt. Wusterhusen ist eine im Munde der deutschen Einwanderer entstandene Verstümmelung des slawischen Wortes Wostrossna, Wostrow, Wustrow, Ostrow. Der ursprüngliche Name in der Mundart der die Küsten bewohnenden Slawen war Swante Wostrossna, heiliges Eiland. Nachmals wandelte dieser Name ab in Oie (Eu); und um es von den andern Inseln zu unterscheiden, nannte man sie „Greifswalder Oie".

Den Slawen war die Oie eine heilige Stätte. Hierher kamen sie, wenn sie in See stachen, um für gutes Gelingen ihrer Fahrt zu beten; wenn sie heimkehrten, brachten sie hier ihre Dankgebete dar. Einer Überlieferung nach ist auf der Oie eine Kapelle gewesen, die mit einer der Stadtkirchen in naher Verbindung gestanden haben soll. Diese Sage wird in der schon oben citierten Chronik Kanzows bestätigt. Auffallend ist es jedoch, daß von dem Dasein einer solchen Kapelle in den Nachrichten der Stadt Greifswald auch nicht die mindeste Spur anzutreffen ist. Selbst die in früheren Jahren angestellten Lokalforschungen haben für die Richtigkeit dieser Sagen keinen Beweis erbringen können. Es ist infolgedessen die Vermutung ausgesprochen worden, Kanzow habe die Oie mit der Insel Bornholm verwechselt, von der es urkundlich feststeht, daß Greifswald daselbst eine Kapelle besaß. Wenn man jedoch andererseits erwägt, daß die Oie für die Slawen ein geheiligter Ort war, und daß die christlichen Priester von dem sehr richtigen Gesichtspunkte ausgingen, man könne das Heidentum am besten ausrotten, wenn man auf den Stätten des untergehenden und untergegangenen Kultus die Tempel der neuen Gottesanbetung errichte, so hat die Kanzowsche Überlieferung von dem einstigen Dasein einer christlichen Kapelle auf der Oie doch manches für sich, und zwar wird dieselbe mit der Kirche zu St. Nikolai in Verbindung gestanden haben, da dieser Heilige der Schutzpatron der Seefahrer und Handelsleute war.

Im Jahre 1527 verpachteten Bürgermeister und Ratsherren von Greifswald die Oie dem Ratsherrn Henning Oldhaver auf zehn Jahre. Er durfte die auf dem Eilande befindliche Weichholzung für sich benutzen und sechzehn Eichen fällen lassen. Dagegen verpflichtete er sich:

1. Auf die Gerichtsbarkeit der Stadt daselbst zu wachen,
2. zur Zeit des Störfanges von den Störfängern den der Stadt gebührenden Anteil von Stören entgegenzunehmen und nach der Stadt zu befördern,
3. die Pferde, welche die Stadt zur Weide auf die Oie schicken würde, dahin und wieder zurück zu bringen und
4. die Weidebefriedigung stets in gutem Stande zu halten.

Aus diesen Bestimmungen ersieht man, in welcher Weise das Eiland damaliger Zeit benutzt wurde. Daß es bewohnt war, ist nicht anzunehmen; wohl aber erforderte der längere Aufenthalt der Fischer zur Zeit des Fischfanges, daß bei den gewiß nicht allzuseltenen Streitigkeiten der Fischer die Rechtspflege gehandhabt werden mußte. Dieses Amt übernahm ebenfalls der Ratsherr Oldhaver.

Im Jahre 1668 entlieh die Stadt Greifswald von dem General-Gouverneur von Schwedisch-Pommern, dem Feldmarschall Carl Gustav Wrangel, 1000 Taler, und überließ ihm die Oie auf Lebenszeit als Pfand. Zu dieser Zeit war das kleine Ländchen schon bewohnt. Gar köstlich ist die Schilderung, daß die Stadt den damaligen Bewohnern Wohnplätze auf dem Festlande anweisen mußte, da der Feldmarschall die Insel vorzugsweise zur Befriedigung seiner Jagdpassion benutzte. Die Wiedereinlösung des Eilandes ist erst 1749, also lange Jahre nach Wrangels Tode, geschehen. Zu dieser Zeit besaß Graf Brahe die Insel, welche von den drei Bauernfamilien Claus Lockewitz, Martin Vahl und Emanuel Bartels bewohnt wurde.

Interessant sind zwei Kammerberichte vom 8. März 1726 und 18. Juli 1727, in denen gesagt wird, daß die Holzung auf der Oie durch die Dänen, welche im nordischen Kriege, 300 Mann stark, vierzehn Tage lang auf dem Eiland gewesen seien, sehr verwüstet worden sei. Heuwertung wäre auf der Insel nicht, der Bedarf von Heu werde anderswo angekauft. Der Viehbestand betrug derzeit 18 Pferde, 30 Haupt Rindvieh, 30 Schafe, Gänse und Schweine. Jeder Bauer gab 13 Taler, 16 Schilling und 4 trockene Lachse à 8 bis 9 Pfund. Ferner mußten die Bewohner dulden, daß die Fischer von Peenemünde zwei Hütten auf der Insel hielten, wofür sie der Herrschaft Spiker (Rügen) drei Lachse zu liefern hatten. Allmählich stieg indessen die Pacht, und im Jahre 1841 wurde dieselbe auf die Dauer von 18 Jahren auf 120 Taler und 5 Lachse à 16 Pfund für Bürgermeister und Camerarius festgesetzt.

Jetzt zahlen die Pächter jährlich 650 Mark. Die Familien Lockewitz und Bartels, deren vorhin Erwähnung getan wird, sind heute auf dem Eilande ausgestorben. Das Geschlecht Vahl hat sich dagegen im jetzigen Pächter und Gutsvorsteher Vahl bis auf den heutigen Tag erhalten. Den zweiten der Pachthöfe hat die Witwe Lühder inne. Bewohnt wurde die Insel zur Zeit meiner Anwesenheit (1902) von 26 Personen.

Nach den Vermessungen der Insel 1728 und 1819 wurde festgestellt, daß die Gesamtfläche innerhalb dieses Zeitraumes, also in 91 Jahren, um etwa drei pommersche Morgen = acht preußischen Morgen größer geworden ist, allein der eigentliche feste Teil der Insel ist beinahe um ebensoviel vermindert, und die Erweiterung besteht nur in einer größeren Ausdehnung des die Insel umgebenden, bei hohem Wasserstand der Überschwemmung ausgesetzten und wenig brauchbaren Schaars. Bei der Vermessung endlich im Jahre 1864 wurde die Größe der Insel zu 212 Morgen ermittelt. Holsten (der Grundbesitz der Stadt Greifswald) gibt 1886 als Größe des Eilandes ca. 200 Morgen an.

Da die Oie vor dem nach Stralsund und Greifswald führenden Fahrwasser liegt, hat in früheren Jahren manches Schiff, besonders zur Nachtzeit, an ihren Steinklippen seinen Untergang gefunden. Darum forderte die Königliche Regierung zu Stralsund die Stadt Greifswald auf, das zu einer Leuchtbake erforderliche Terrain herzugeben. Die Stadt kam nicht nur diesem Verlangen bereitwilligst nach, sondern gab auch die zum Bau erforderlichen Steine, so daß die Leuchtbake 1832 in Benutzung genommen werden konnte. Da das Licht der Bake aber auf die Dauer ungenügend war, wurde in den Jahren 1853—1855 der heutige Leuchtturm erbaut. Der Turm hat Drehfeuer, d. h. rotes Licht wechselt mit weißem ab, und zwar so, daß 3/4 Minute lang weißes Feuer, 3/4 Minute rotes Licht sichtbar ist. Dazwischen herrscht jedesmal 3/4 Minute Dunkelheit.

Zu der Grundsteinlegung war Friedrich Wilhelm IV. persönlich erschienen. Schon im Jahre vorher, am 10. August 1852, hatte der König der Insel einen Besuch abgestattet. Aus welchem Anlaß, habe ich nicht sicher festzustellen vermögen. Einer mündlichen Überlieferung nach hat er damals als Gast des Fürsten zu Putbus auf Rügen geweilt und von dort aus die Oie besucht. Als Erinnerung an den Tag der Grundsteinlegung (24. August 1853) findet man noch heute in beiden Bauernhäusern die Bildnisse des Königs und der Königin.

Friedrich Wilhelm IV. bemerkte nämlich bei dem Besuche eines der drei Bauernhäuser Bildnisse von sich und der Königin, welche von Gustav Kühn aus Neu-Ruppin stammend, einfach an die Wand geklebt und von den Fliegen arg beschmutzt waren.

„O, Elisabeth", rief der König, „wie siehst du aus!" Darauf der alte Pächter des Hofes treuherzig: „Entschuldigen Sei, Herr König, dei Fleigen hämm sei'n bäten be . . . . !"

Der König, der bekanntlich einen Scherz und ein derbes Wort zur rechten Zeit liebte, lachte herzlich und soll noch oft davon erzählt haben. Später ließ er den damaligen drei Hofbesitzern in Goldrahmen gefaßte Bildnisse von sich und seiner Gemahlin überreichen, welche mit freudigem Danke angenommen wurden und noch heute in Ehren gehalten werden.

Die Oier leugnen diese kleine Episode gerne ab, auch zeigen sie die Bilder nur mit Widerstreben. Meiner Meinung nach mit Unrecht, denn die Oier werden durch diese Anekdote nicht in den Geruch von Barbaren kommen, war doch eben die damalige ländliche Ausdrucksweise so derb-drastisch.

Doch nicht nur durch die Errichtung des Leuchtturmes sorgte man für die Schiffahrt und den Fischfang, sondern auch durch die Erbauung eines Nothafens wurde diesen Berufszweigen geholfen. Da die Fischer oft in der See vom Sturme überrascht wurden, legte man in den Jahren 1873—1877 den heutigen sogenannten Kastenhafen an. Derselbe liegt an der Westseite der Insel und besitzt eine nördliche und eine südliche Einfahrt. Am Ufer innerhalb des Hafens steht das Bootshaus zur Rettung Schiffbrüchiger, darüber auf dem Steilufer die Raketenstation.

Nach den Sturmfluten 1872 und 1874, die den Ufern der Insel großen Schaden zufügten, zog die Stadt Greifswald in Erwägung, den Besitz, dessen Bestand ohne mit großen Kosten herzurichtende Sicherheitsmaßregeln gefährdet schien, zu veräußern. Aber erst im Jahre 1883, nachdem kurz vorher die den Pächtern gehörigen Gebäude von der Stadt für 33000 Mark angekauft waren, wurde die Insel an den Staat für 52000 Mark verkauft. (Holsten.)

Somit hatte sich Greifswald seines jahrhundertelangen Besitzes entäußert: Der Staat war Besitzer der Oie geworden. Daß sich derselbe die Erhaltung der Insel angelegen sein ließ, beweisen die Steinpackungen, die den Norden der Oie umsäumen.

Die erste Sorge des Staates zielte auf eine bessere Verbindung der Insel mit dem Festlande hin. Die Postsachen waren bisher vón vorüberfahrenden Fischern befördert worden. Heute ist aber für zweimalige wöchentliche Postverbindung — Segelboot von Kröslin — gesorgt; ebenso verbinden Telegraph und Telephon die Oie mit dem Festlande. Der Postbote ist natürlich ein angenehmer Gast; weniger gern sieht die Bevölkerung die schon oben erwähnten Badegäste. Sie ist es sehr zufrieden, daß sich die Verhandlungen zwecks Erbauung eines großen Logierhauses wieder zerschlagen haben. Heute erhält man einfache Verpflegung im Seemannsheim. Dasselbe ist von der den Küstenbewohnern bekannten Gräfin Adeline Schimmelmann-Lindenburg gegründet und hat den Zweck, den schutzsuchenden Fischern gegen geringe Entschädigung Unterkunft und Verpflegung zu gewähren. Im Jahre 1894 wnrde die Gräfin auf Veranlassung ihrer Verwandten widerrechtlich in der Irrenanstalt Dr. Pontoppidoms-Kopenhagen festgehalten. Da die Heime in dieser Zeit geschlossen wurden, eröffnete der Berliner Verein „Seemannsheim“ in dem alten Gutshause der Familie Vahl ein neues Heim, welches noch heute besteht. Welchen großen Segen dieses Unternehmen stiftet, möge man aus folgendem ersehen. Am letzten Sonntage des Juli 1902 wurde von Hamburg aus Sturm signalisiert. Die Ahlbecker Fischer waren, ohne Kenntnis von dem Signal zu haben, in See gegangen, um ihre Netze auszusetzen. Am Montag Morgen suchte nun ein Boot nach dem andern Schutz im Hafen. Es lagen schließlich 14 Flunderboote mit je 4 Mann Besatzung am Bankette. 56 rauhe Seeleute waren also auf engem Raume im Heim versammelt. Und doch ging es mäuschenstill zu. Mit Netzeknüpfen und -flicken, mit Lesen, Dambrettspiel und Erzählen verging die Zeit. — Und vergegenwärtigen wir uns nun die Zustände vor Errichtung des Heims. Damals gab es zwei Schankstätten auf der Insel. Der Verdienst der Fischer fand in denselben sein Ende; Streitereien, bei denen es nicht selten blutige Köpfe gab, bildeten den Abschluß der Gelage. Der Staat sah sich genötigt, während der Hauptzeit des Fischfanges einen Gendarm auf der Insel zu stationieren. Heute kennen die Bewohner die preußische Uniform nur von Besuchsreisen ihrer Träger. Ohne Zweifel ein erfreuliches Bild!

Ich hatte die Oie bisher nur in lachendem Sonnenscheine gesehen. Doch wollte mir der Sturm, der an diesem Julisonntage einsetzte, noch einen schwachen Abglanz dessen zeigen, was er im Winter bei NO. zu leisten vermag. Meine Ferien neigten sich bedenklich dem Ende zu, und ich mußte das Festland zu erreichen suchen. Doch am Montag wollte niemand der Fischer hinaus. Das Meer blinkte und schimmerte, es schien, als sprengten ungezählte Reiter daher mit hochgeschwungenen Schwertern über schäumenden Pferdeköpfen. Als am Dienstag Morgen jedoch das letzte Brot angeschnitten wurde, da erklärte der Krösliner Händler, der am Sonntag früh Kolonialwaren gebracht hatte, die Überfahrt wagen zu wollen. Hei, das war's ja, wonach ich mich schon lange gesehnt hatte. Mein Reisebündel lag bereit, schneller Abschied, und dann hinein ins Boot. Unter allgemeinem Kopfschütteln der am Bankette stehenden Fischer wurden die Segel gehißt, und dann stampfte unser Roß durch das Nordloch hinein in die offene See. Und als wir das erstemal über Stag gingen, da schüttelte mir der Bootsmann die Hand, erfreut, daß ich dem Meergott ein Schnippchen geschlagen hatte. Nach dreistündiger Fahrt fanden wir hinter dem Ruden ruhiges Wasser, und ich nahm Abschied von dem schmalen Landstreifen am östlichen Horizont, Abschied von der Greifswalder Oie.

Carl Köpke-Greifswald.

Seebad Zinnowitz.

(Insel Usedom.)

Zinnowitz hat in der Reihe der Ostseebäder einen guten Klang. Das alte Dorf erinnert mit seinen einfachen, zum Teil noch altertümlichen Häusern an die Gründungszeit vor 150 Jahren.

Seinen Ursprung verdankt Zinnowitz allerdings schon den Wenden, welche im 5. Jahrhundert hier einwanderten und das alte Tzys anlegten, an welchen Namen noch der Zißberg erinnert, auf dem heute der Friedhof angelegt ist. Früher war Zinnowitz eine Domäne. Friedrich der Große wandelte dieselbe zu einem Kolonialdorfe um. Der magere Boden ernährte die Bewohner nur kümmerlich, und die sauren Wiesen brachten nur so geringen Ertrag, daß es kaum hingereicht hätte, eine Familie mit einigen mageren Kühen zu ernähren, wenn nicht das Meer und das Achterwasser ihnen eine reiche Ausbeute an Fischen gewährt hätte. Selbst den Dung für die mageren Ländereien lieferte das Meer in dem Seetang, der beim Sturm reichlich ausgeworfen wird. Heutzutage, wo die Einwohner Stallfütterung und Lupinenbau eingeführt haben, sind Äcker und Wiesen so gekräftigt, daß sie dem besten Boden im Ertrage nicht nachstehen. Noch vor 50 Jahren, als Zinnowitz eben anfing, einige Familien während der guten Jahreszeit als Badegäste aufzunehmen, waren die Verhältnisse sehr ärmliche. Leiterfuhrwerke wurden von zwei mageren Kühen oder einem altersschwachen Gaul mühsam durch die im Winter grundlosen und im Sommer

Seebad Zinnowitz.

sandigen Wege gezogen. Wie so ganz anders heute! Alle Wege sind in Kunststraßen verwandelt, welche von modernen, mit mutigen Rossen bespannten Fuhrwerken und munter dahineilenden Radlern belebt sind. Der Verkehr gleicht während der Hochsaison dem einer Großstadt. Die Einwohner sind ebenfalls wohlhabend geworden, denn Zinnowitz ist in den Kreisen der oberen Zehntausend schon heute ein vielgenanntes Bad, das im Gegensatz vom benachbarten Heringsdorf sich des Besuches der Antisemiten erfreut. Die Frequenz betrug in den letzten Jahren schon über 6000 Badegäste.

Vom alten Dorfe führt die 1,5 km lange Strandstraße nach Neu-Zinnowitz und dem Meere. Diese Straße ist mit schönen Alleebäumen, Kastanien und Linden bepflanzt und die gepflasterte Promenade wird vor den Weststürmen durch ein Gebüsch geschützt. Je näher man dem Strande kommt, desto stattlicher werden die Landhäuser mit schönen Vorgärten, in der Wilhelm-, der Berg-, Kirch- und Waldstraße sieht man schon prächtige Villen; der vornehmste Teil des Ortes ist aber auf den ehemals so kahl daliegenden Dünen entstanden, hier reiht sich eine Turmvilla an die andere, und Pensionen und Hotels wechseln in bunter Reihe mit prächtigen Privatvillen ab. Besonders schön ist die große Landungsbrücke mit einem Musikpavillon, welche fast immer mit Badegästen besetzt ist, die in der Sommerhitze sich der Kühle des Meeres erfreuen.

Die Schönheiten unseres von der Natur geradezu verschwenderisch bedachten Ortes überschaut man am besten von dem Mühlberge am Hohlwege, von wo

Seebad Binnowitz.

aus man eine entzückende Aussicht hat und auch den Sonnenuntergang aufs schönste beobachten kann. Von Südwest bis Nordost dehnt sich die Ebene, von kleinen Gehölzen und Weilern übersät, weithin aus. Die Sonne senkt sich als ein mächtiger Feuerball und berührt den Horizont, unter den sie nach und nach verschwindet. Während schon weiße Nebel in der Ebene aufsteigen, blitzen noch die Fenster des Glienberg-Hotels, der Frankschen Villa und des Hotels Belvedere in den letzten Strahlen auf, bis die höher steigenden Schatten auch auf dem Berge die Herrschaft über das Licht gewinnen. Bald ergießt sich über den westlichen Himmel bis zum Zenit das Abendrot in Rubin, Purpur und Smaltblau, so daß kein Maler jemals imstande sein dürfte, diese Herrlichkeit auch nur annähernd wiederzugeben. Unwillkürlich wird man zur ehrfurchtsvollen

Anbetung des Weltenschöpfers angeregt, vor dessen hoher Majestät wir uns in Demut beugen und dabei das Psalmwort verstehen lernen: „Licht ist dein Kleid, was du anhast". — Aber nach kurzer Herrlichkeit erblassen diese Farben und endlich erglänzt das Sternenheer am tiefblauen Himmel. Eine bange Sehnsucht durchzittert das Herz, und man versteht um so besser den Dichter, der da singt: „Seht, sie ist geschieden, läßt uns in der Nacht; doch wir sind in Frieden, der im Himmel wacht."

Seebad Zinnowitz.

Das unendliche Meer liegt wie ein ruhig schlafendes Kind zu den Füßen. Das Leben und Treiben am Strande ist noch ein sehr reges, denn die meisten Badegäste haben sich nach der Hitze des Tages an den Strand begeben, um sich dort an der Abendkühle zu erfrischen. Die Strandkörbe und Strandbuden sind dicht besetzt; aus manchen ertönt heiterer, fröhlicher Gesang, aus anderen deutet geheimes Flüstern und unterdrücktes Lachen auf sehr innige Seelenverwandtschaft seiner Bewohner hin. Die Brücke sowohl als auch die vielen kleinen Gondeln, welche auf dem Meere schaukeln, sind mit Lampions geschmückt, deren matte Buntlichter sich mit den elektrischen Strahlen des Strandhotels mischen. — Allmählich verstummt auch das Leben am Strande. Schweigend steht der Wald mit seinen schlanken Buchen, knorrigen Eichen und dunklen Tannen. Nur von der See her schallt das gleichmäßige Rauschen wie ruhige Atemzüge. Ringsum feierliche Ruhe und stärkender, lebenbringender Schlaf.

R. Jastrow-Zinnowitz.

Nacht am Meere.

(Aus: „Von Frühling zu Frühling“. Verlag Gebr. Paetel-Berlin.)

Endlich erreichten wir die höchste Erhebung, einen mächtigen Dünenvorsprung, der sich mit schroffem Absturz zum Strande hinab, nach beiden Seiten sanfter in weich bewaldete Schluchten senkt.

Als wir hinaustraten auf die hohe Lichtung, quoll uns breit und gewaltig ein Strom gesänftigten Lichtes entgegen gleich dem Glanz einer großen Blume. Tief unten wallte in weitem Silbergrau das Meer, und über seinem Rande glomm langhingestreckt der milde Schein der nördlichen Mitternachtröte. Ein Wolkenstreif lagerte gleichmäßig wie ein dunkler Rahmen darüber, doch hinter ihm blinkte ein anderer Glanz noch zarter hervor, weißlich, flockig, seidenhaft, gleich dem Widerschein einer zweiten, geheimnisvollen Sonne, welche selbst in silberner Keuschheit sich ewig unter dem irdischen Horizont verbirgt.

So strömte das Licht aus unsichtbar wundertätiger Quelle unerschöpflich hinaus, die mitternächtlichen Schatten sieghaft durchwirkend in leise glühender Allgegenwart. Das Meer aber in der Tiefe schien zu leuchten in eigener Helle wie ein Riesendiamant, der tagsüber die Strahlenfülle der Sonne in sich aufgesogen, um sie nun beruhigt und langsam wieder hinaussprühen zu lassen gegen den glanzermüdeten Himmel. Und die Sterne des Himmels flimmerten matt und einzeln von der ungeheuren Wölbung. In all' dem Leuchten aber lag eine wundersame, unendliche Ruhe; ein seliges Traumleben des Himmelslichts auf dem breiten Bette der Erde, die verstummt lag in sommerlichem Glücke.

Und wieder war es uns, als stünden wir in einer weltvergessenen Kirche; aber durch hundert farbige Fenster flutete der Tagesschein beruhigt und geheiligt in ihre Dämmerung. Und wie ich scheu aufblickte, sah ich die Freundin neben mir wie ein fremdes schönes Geschöpf, verklärt von dem rätselhaften Silberlicht und mit Augen voll begeisterter Andacht.

Da vernahmen wir leise, doch deutlich das Summen der Turmuhr vom fernen Dorfe her, so tief war die Stille über den Wäldern: zwölf langsame, feierliche Schläge. Die Nacht war auf ihrer Höhe. Gerade unter dem bleichen Polarstern glühte der Herd der nächtlichen Himmelsröte.

Aber die Nacht trat unhörbar ihre Schritte weiter; mitten in der stummen Ruhe der Dämmerwelt fühlte der zartere Blick schon ein Werden und Wachsen, ein heimlich quellendes Leben im tiefsten Schoße dieser Nacht, die nicht tot und träge lastet wie die Winternacht, sondern wechselnde Lichter atmet von Stunde zu Stunde. Über das Meer hin in der fernen Tiefe zog stetig ein Kräuseln und Wiegen, Millionen Wellen, die lautlosen Tritte der wandernden Nacht. Und unter dem Wandern der Wellen wich die verborgene Quelle des Lichts und die lagernde Röte, die aus ihr quoll, langsam unter dem Nordstern fort nach Osten hinüber. Und unter dem Wandern der Nachtröte schlug die Turmuhr fern einen einzelnen Schlag, und nach einer langen Stille wieder einen einzelnen Schlag; und zum drittenmal einen einzelnen Schlag, danach aber sandte sie deutend zwei Schläge herüber.

Wir saßen indessen schweigend und schauend auf einer Bank am Rande des Abhangs, nicht nahe beieinander, sondern in scheuem Bemühen so weit voneinander getrennt, als der Raum es uns zuließ. Doch es webte unhörbar etwas hin und her zwischen uns, noch zarter, noch luftiger als die Schwingungen des Lichts, und dennoch mit wirkender Macht, daß wir selbst es zagend empfanden wie einen warmen Hauch, der unsere Glieder mit stetiger Wonne durchrieselte. Allein wir mochten dies Weben noch nicht verstehen und wandten die Blicke voneinander ab in brütendem Schweigen.

Aber nicht lange nach den zwei Glockenschlägen begann der Lichtschein in sich zu schwellen und um sich zu greifen und an den zerfaserten Wolkenstreifen emporzuklimmen. Es war, als werde der breithinquellende Eigenglanz des Meeres langsam aufgesogen in die heißen Goldwolken hinein und ströme aus ihnen wieder hervor in verdichteter Glut, um sich jauchzend aufs neue auszufasern und zu zersprühen über den Himmel hin.

Doch die beraubten Wellen drängten sich herzu, um wieder zu erhaschen, was ihnen genommen war, und sie fingen ihren Teil des sonnengemünzten Goldes, da wo es am glühendsten floß, und sie zerrten ein breites funkenstiebendes Band daraus hervor und schmiedeten es aus zu einer goldflüssigen Brücke von der Sonnenferne bis zum schlummernden Strande. Und so ward das Reich des Lichts immer höher und weiter, und so wuchs der glimmende Nachtschein langsam sich aus zur Morgenröte. Und das Blau des ruhenden Himmels vertiefte sich und stand als ein stilles, reines Gewölbe über dem flammenden Hochaltar, von welchem her das ewige Geheimniswunder des Lebens und Werdens in heilig stummem Bilde verkündigt ward.

Das volle Morgenlicht war geboren und wiegte sich freudvoll auf den Wellenkämmen, die prächtiger sich spreizten und lichtsprühenden Schaum zum Strande spritzten; und es schmiegte sich tief in die Waldschluchten, das fahlere Nachtgrün mit Glanz überflimmernd, und sprengte den Morgenwind in die Zweige, daß sie aufrauschten und wogten als ein anderes bewegliches Wellenmeer. Eine aufatmende Freude ging mächtig über die Welt.

Wir zwei waren aufgestanden und schauten schweigend hinein in das überschwengliche Leuchten. Zum drittenmal empfanden wir uns wie in einer Kirche, doch alle Fenster und Türen waren aufgetan, und der festliche Tag quoll übermächtig herein, und rauschender Chorgesang der Meeresflut und des Waldesdickichts goß in unsere Herzen ein schauerndes Ahnen. Ehe wir es wußten, standen wir Hand in Hand vor dem Hochaltar und sahen in dem Glühen das zwangvoll segnende Wort geschrieben: „Bis daß der Tod euch scheide!" Und wir erschauerten tiefer unter dem segnenden Zwange und wagten uns nicht zu regen und wagten noch weniger einander ins Auge zu blicken. Über uns lag die Empfindung, als seien wir in dieser Nacht gemeinsam durch ein großes Schicksal gegangen wie durch ein feuriges Bad.

Noch fühlten wir den Zauberatem der lichtschimmernden Nachtstunden um uns wehen und atmeten leichter in ihrem Banne, wo all' unser heimliches Erleben nur ein Wunder unter Wundern war. Noch erzeugte all' die mächtige Himmelsklarheit über uns doch keinen Schatten der beglänzten Körper auf dem hellen Sande zu unseren Füßen. Doch eine dämmernde Furcht überlief uns vor dem Auge der Sonne, die nun sogleich aufsteigend Licht und Schatten auf der Erde sondern sollte und uns zurückstellen mußte in das körperhafte Reich des durchdringenden Tageslichts. Und da mußte sie auch die unerbittliche Kraft haben, unsere eigenen zitternden Herzen zu entschleiern. Und wir würden nicht mehr wissen, wie wir entfliehen sollten Eines vor des Andern Blicken und Gedanken.

Und die Sonne kam herauf. Groß und feierlich überschritt sie den Meeresrand und stand wie ein ernstes Auge; das Rauschen in den Blättern ward wieder still, und ein neues Schweigen kam wie ein Staunen über die Größe des neuerstandenen Lichtes.

Hans Hoffmann.

Die Sturmflut.

Links herum, rechts herum, dudeldumdei!
Jubelt die Geige und kreischt die Schalmei.
Fliegende Kleider und Händeschlag,
Freude ohn' Ende den ganzen Tag.
Hochzeit hat heute des Schulzen Sohn,
Heut' feiert Bauer und Tagelohn.

Feiern die Jungen bei Tanz und Gesang,
Feiern die Alten beim Becherklang.
Links herum, rechts herum, dudeldumdei!
Jubelt die Geige und jauchzt die Schalmei.
Hochzeit hat heute des Schulzen Sohn,
Heut' feiert Bauer und Tagelohn.

Weitweg vom Kruge, da liegt ein Haus,
Steht heut' mitten im Sturmgebraus . . .
Hörst du die Stimme der Mutter im Wind?
„Bleibe bei mir, mein einziges Kind!"
Hörst du die Antwort aus Nebel und Nacht?
„Muß ihn sehen, wie er Hochzeit macht!"

Links herum, rechts herum, dudeldumdei!
Wimmert die Geige und kreischt die Schalmei —
Nun dröhnt der Donner auch hier darein —
Niemand achtet der Blitze Schein —
Niemand achtet der fremden Dirn —
Steht an der Tür mit gesenkter Stirn . . .

Links herum, rechts herum, dudeldumdei —
„Laßt das Geigen und laßt die Schalmei!
Hört ihr denn nicht, wie der Donner rollt?
Wie die See in der Ferne grollt?
Hört ihr nicht, wie die Woge naht? —
Hört! schon wühlt sie in eurer Saat!"

„Wer ist die Freche, die uns hier
stört?“
Rufen die Männer, vom Rausche betört,
„Laßt es donnern! Die Dämme sind
stark!“
Plötzlich hören sie's selber, erstarrt,
Hören der Wogen dumpfes Gebraus —
Wildes Getümmel erfüllt das Haus.

Lichter erlöschen, Geschimpf und
Geschrei,
Rosse bäumen sich, jagen vorbei,
Wagen rasseln, hoch spritzt der
Schlamm —
Plötzlich ein Ruf: „Da bricht der
Damm!
Rettet das Leben! Laßt euer Gut!
Seht! schon stürzt ins Dorf die
Flut!“ — —

Über die Wege, durch Äcker und Klee
Klettert die Woge, stürmt die See . . .
Fern noch ein Ruf . . . ein wilder
Schrei . . .
Rauschen und Brausen — — Geig'
und Schalmei,
Hochzeit und Treue, Dorf und Damm
Liegen versunken in Flut und Schlamm.

Ostseebad Koserow.

Das auf der Insel Usedom hart an der Ostseeküste gelegene Dörfchen Koserow, ca. 400 Einwohner zählend, bezeichnet das Zentrum der Insel, das von der Westspitze derselben, dem Peenemünder Haken sowie von der Swinemünder Westmole, die den östlichsten Punkt des Eilandes bezeichnet, ca. 21 km entfernt ist. Langsam und verstohlen wuchs es in einer räumlich-beschränkten, von bewaldeten Höhen seewärts versteckten Ebene auf, die des Streckelberges breiter Rücken vor den vernichtenden Seestürmen liebevoll in Schutz nahm. Dies war nötig, da Koserow vor allen Küstendörfern der Insel nicht nur die zentrale, sondern auch die gefährlichste Lage voraus hat. Koserow liegt nämlich dort auf der Insel, wo sich das Achterwasser der Ostsee am meisten nähert, so daß zwischen beiden nur eine ganz schmale, sandige Landenge übrig bleibt, die zwischen Koserow und Zempin nur noch 300 m breit ist. Nur eines kräftigen Nord- oder Nordoststurmes bedarf es, den Damerower Isthmus im schäumenden Rachen des grimmigen Riesen versinken zu sehen. Schon zu wiederholten Malen bildete diese gefährdete Stelle den Schauplatz des schaurigen Dramas, dessen katastrophischer Ausgang die Landenge teilweise von der Bildfläche verschwinden ließ. Alle Sturmfluten der letzten Jahrhunderte wurden an elementarer Kraft von der Sturmflut vom 12. November 1872 bei weitem übertroffen. Schon am Sonntag, den 10. November, begann die Ostsee den mittleren Wasserstand in gewohnter Weise zu überschreiten; immer höher und höher wurden die gewaltig bewegten Wassermassen der Ostsee aufgestaut, so daß am 11. November der Strand bis zum Fuße der Dünen vollständig unter Wasser gesetzt war; aber niemand ahnte etwas Schlimmes, da man an derartige kleine Übergriffe der mächtigen Nachbarin gewöhnt war. Plötzlich aber sprang der Wind am 12. November nach NO. um und trieb als Orkan die überreichen Wassermassen gegen die Küste Vorpommerns, Mecklenburgs und Schleswig-Holsteins mit solchem Ungestüm, daß am Abend desselben Tages der höchste Standpunkt, den das Wasser je erreicht hatte, überschritten wurde. Jeder hatte jetzt die felsenfeste Überzeugung, daß die rasende See dieses Mal ihr Opfer fordern werde. Und so kam es auch. In der Nacht vom 12. zum 13. November vernichteten des Ungeheuers gräßlich wütende Fluten die schützenden Dünen, durchwühlten brausend mit unwiderstehlicher Gewalt des schmalen Küstenwaldes festgewurzelten Boden, verschlangen

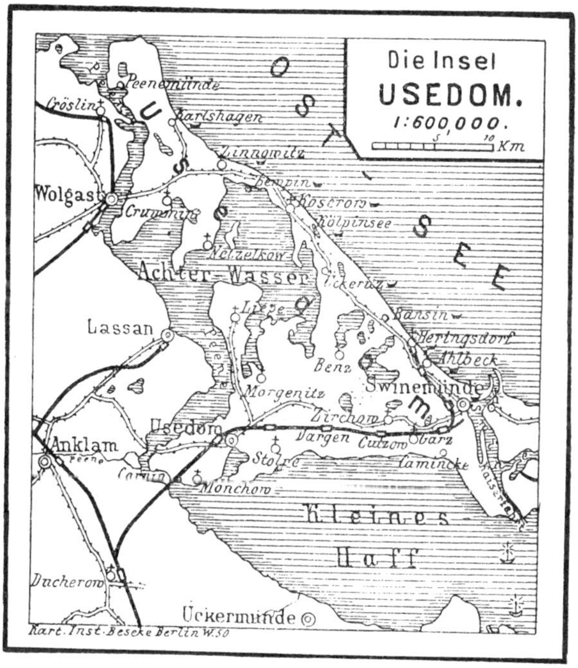

riesige Leiber schlanker Kiefern, begruben grünende Saaten und saftige Wiesen. Mit ungeahnter Schnelligkeit wälzten sich des Meeres gereizte Wogen dem nun vollends schutzlos daliegenden Vorwerk Damerow zu, an dessen schmucken Wohnhäusern und Stallungen im nächsten Augenblick die gierigen Wellen emporzüngelten und endlich, gehoben von den stetig nachdrängenden Wassermassen, fürchterlich brandeten. Das ergreifende Weinen hülfloser Kinder, das schrille Schreien geängsteter Frauen, das kräftige Rufen besonnener Männer, das klägliche Wimmern gebückter Greise verschmolz mit den vollen Akkorden brechender Wogen zu herzzerreißenden Dissonanzen. Trotz des stetig weiter dringenden Meeres gelang es den Männern, ihre Lieben sowie das Vieh nach dem benachbarten Koserow zu schaffen. Dann galt es, von den Habseligkeiten soviel zu retten, als bei dem inzwischen noch höher gestiegenen Wasser möglich war. Immer vernehmlicher rauschte der strömende Regen, immer lauter heulte der rasende Sturm, immer höher stiegen die tosenden Wasser, deren Brandung bald die schwachen Lehmwände der Häuser und Stallungen in den schäumenden Fluten verschwinden ließ. Klirrend zerschlugen die peitschenden Wellen die Fenster, durch deren Öffnungen die Wogen in die Wohnungen fluteten. Aufgeweichte Lehmöfen sanken ein, der Grundlage beraubte Schornsteine stürzten klatschend nieder, mit zertrümmertem Hausgerät spielten die triumphierenden Wellen, der Äcker und Wiesen aufgehäufter Segen trieb in alle vier Winde, die Fischerboote lichteten ihre Anker und trieben haltlos hin und her, bis sie endlich zerschellend in einzelne Bretter sich auflösten. Obgleich man schon 12 bange Stunden durchlebt hatte, immer noch blies mit ungebrochener Kraft der Wind aus Nordost, bis er endlich am 13. November nachmittags um 2 Uhr über Osten allmählich nach Süden zurückging und an Stärke bedeutend abnahm. Welch ein Trost! Welch eine Beruhigung! Des Himmels zerrissene Wolken verflogen, nur einmal huschten der scheidenden Sonne glitzernde Strahlen über die wenig bewegte Nordsee, deren grausiges Zerstörungswerk überblickend. Der hereinbrechenden Dämmerung ungewisses Licht bildete eine stimmungsvolle Umrahmung der verwüsteten See-Landschaft. — Erst allmählich gingen die Fluten in ihr altes Bett zurück, ihre Beute teilweise mitnehmend, teilweise zurücklassend. Ein schreckliches Bild grausiger Verwüstung bot sich den Augen dar. Hier lagen uralte Baumriesen entwurzelt und wild übereinander geschichtet am Boden, dort ragten durchbrochene Stämme empor; dieser beklagte seine lieblichen Gärten, jener seine grünenden Saaten und saftige Wiesen, die einen halben Meter hoch versandet und auf Jahre hinaus ertragsunfähig geworden waren. Weg und Steg nach Zinnowitz waren völlig unpassierbar. Auf dem weißen Sande erblickte man Tonnen und Eimer, Bretter und Balken, Tische und Stühle, Kisten und Kasten. — Obgleich die Damerower Bewohner am Grabe ihrer Habe standen, verloren sie den Mut nicht; sie brachten vielmehr die brauchbaren Überreste ihrer Häuser und Stallungen nach dem benachbarten Koserow, wo sie eine neue Heimat fanden. — Groß war die Not, groß aber auch die Hülfe. Das Unglück der Küstenbewohner fand in den Herzen aller Deutschen lebhaften Widerhall.

„Blick auf denn! Nicht verzagen!
Harr' aus, mein Ostseestrand!
Her eilt mit dir zu klagen
Das treue Binnenland.

Es ist von Süd zum Norden
Der Liebe nicht zu weit —
Es bindet Süd und Norden
Ein Band der Menschlichkeit."

In allen Gauen des weiten Vaterlandes bildeten sich Hülfskomitees, die reiche Gaben an Geld, Kleidungsstücken, Betten und Brennmaterialien sammelten und den so schwer Heimgesuchten übersandten. Auch die Regierung öffnete den Staatssäckel und unterstützte die Leute.

Um aber das Land vor ähnlichen Übergriffen der Ostsee in der Zukunft zu sichern, fühlte die Staatsregierung sich zur Herstellung umfassender Schutzvorrichtungen verpflichtet. An der gefährdeten Stelle vor Damerow kaufte der Fiskus die landeinwärts der Landstraße gelegenen Wiesen, eine Fläche von 1600 m Länge und 125 m Breite. Einige Meter von der südlichen Grenze dieses Gebietes entfernt wurde ein durchschnittlich 3,75 m hoher Deich aus Sand errichtet, der seewärts allmählich, landeinwärts ziemlich steil abfällt. Sein Graspelz wird sorgfältig gepflegt. Das zwischen dem Deich und der Landstraße gelegene Areal hat man durch Weiden- und Erlenpflanzungen befestigt, die in Gemeinschaft mit den Weißdorndickichten den Boden festwurzeln und bei etwaigen Überschwemmungen als wirksame Wellenbrecher dienen werden. Daß aber diese Schutzvorrichtungen der Gewalt des Riesen nicht gewachsen sind, beweist der

Koserow, Strandpartie.

Durchbruch derselben im Jahre 1883, bei dem zunächst die ganzen Dünen, dann auch teilweise die Weidenpflanzungen ein Raub des Wassers wurden, ja selbst der Deich vermochte an der gefährlichsten Stelle nicht die See zum Halten zu zwingen. Mit gewaltigen Wogen überschritt sie nunmehr das letzte Hindernis, den Deich, zerriß denselben in einer Länge von 122 m, bedeckte mit dessen Sand die benachbarten Wiesen und vereinigte sich mit dem Achterwasser. Wenn auch seit 1883 kein Durchbruch des Deiches erfolgt ist, so sind doch die Vordünen fast in jedem Jahre bei den regelmäßig wiederkehrenden Stürmen im Frühling und Herbst teilweise oder vollständig vernichtet worden, so daß die alte Landstraße, die einzige Verkehrsstraße nach Zinnowitz, sich dem Meere bedenklich genähert hat. Diese gefährdete Lage bewog auch den Kreis, die Chaussee südlich von dem schützenden Deich verlaufen zu lassen.

Mehr noch als die Flachküste vor Damerow ist die nördlich von Koserow gelegene Flachküste mit Steilrand, die ungefähr in ihrer Mitte, im Streckelberg, eine Höhe von 60 m erreicht, den Angriffen der Ostsee ausgesetzt. Der fast ebene Strand, der bei mittlerem oder niedrigem Wasserstande trocken liegt, wird bei Stürmen von den Wellen überflutet, die den Fuß der Böschung unterwaschen, so daß ein Erdrutsch nach dem andern Sandmassen in die Fluten sinken läßt. Während Ton, Sand und Geschiebe hinweggeschwemmt werden, bleiben die eratischen Blöcke als Reste des Geschiebemergels auf dem Strande liegen, wo sie wohl die Gewalt der Wellen brechen, aber die Küste völlig zu schützen nicht imstande sind. Nach den von der Königlichen Hafenbauinspektion zu Swinemünde kürzlich veranlaßten Berechnungen beträgt die jährliche Abnahme des Steilrandes 0,50—0,75 m, die der Flachküste dagegen etwa 1 m.

Durchdrungen von der Notwendigkeit schützender Anlagen hat die Behörde zunächst den Strand zu befestigen gesucht. Jedoch ist die sonst auf der Insel übliche Befestigung desselben durch Vordünen hier unmöglich; denn die in ruhigen Zeiten erfolgte Aufhöhung des Strandes wird regelmäßig durch die alljährlich

Streckelbergkuppe.

Der Streckelberg, Westseite.

wiederkehrenden Nordstürme weggerissen, so daß derselbe an Höhe und Breite stetig abnimmt. Daher sichert man die Küste nicht durch Dünen, sondern durch einfache Pfahlbuhnen; das sind eingerammte Pfahlreihen, die senkrecht zum Ufer verlaufen und sich wie Zähne eines Kammes 15—60 m weit ins Meer erstrecken. Indem sie nämlich die Gewalt der Meeresströmung brechen, die Bewegung des Wassers dermaßen verlangsamen, daß das letztere seine mitgeführten Sinkstoffe teilweise abzusetzen gezwungen wird, erfolgt bei Beruhigung der See ein Ausgleich der in früheren Stürmen entstandenen Vertiefungen des Strandes ganz von selbst. Recht augenfällig ist die günstige Wirkung der Buhnen. Bei einer Wanderung am Strande vor Damerow bemerkt man ganz deutlich, daß die Wurzeln der Buhnen weit versandet sind, während die zwischen den Buhnen liegenden Uferstrecken bogig ausgeschnitten erscheinen.

Einen unbedingt sichern Schutz vermögen aber die Buhnen nicht zu geben. Daher schritt man in den Jahren 1895 und 1897 zur Deckung des Streckelbergufers, indem man eine teils senkrechte, teils schräge ansteigende Mauer als Uferbedeckung anlegte. Ob dieses Bollwerk, dessen Gesamtlänge 320 m ohne die

Abschlußkegel beträgt, den Küstenschutz mit der erforderlichen Sicherheit auszuüben vermag, wird die Zukunft lehren. Der Umstand jedoch, daß schon bei mäßigem Sturm des Jahres 1899 das Ostende hinterspült worden ist, berechtigt zu der Befürchtung, die Höhe der Mauer zu gering bemessen zu haben.

Der Befestigung des Küstensaumes der Insel dient auch der prächtige Küstenwald, an den sich bei der Koserower Bootstelle Waldgebiete anschließen, die sich dem Achterwasser nähern. Hier finden wir vorzugsweise Laubwälder mit Erlen, Eichen und Birken, während an der Küste der schweigsame Kiefernforst mit seinem würzigen Dufte vorherrscht; nur die Abhänge des Streckelberges und die Höhen zwischen diesem und dem Kölpinsee sind mit mächtigen Buchen bestanden. Dieser Teil bildet den Glanzpunkt im Koserower Waldrevier. Wie feierlich-still wandelt es sich unter den luftigen Kronen majestätischer Säulen, die in ungeordneten Reihen schweigend in zahlloser Menge an uns vorüberziehen! Wie andächtig-ernst wirken die von der Künstlerhand der Natur geschaffenen Baumriesen, die unbeweglich in lotrechter Richtung verharren! Träumerisch wankt der Wanderer zur einladenden Bank und schwelgt am fühlenden Busen der Natur. Still und friedlich wie die Welt um ihn wird auch seine Seele. Entflohen dem ermüdenden Hasten und Jagen der geschäftigten Welt, entronnen den quälenden Sorgen und Mühen des Alltagslebens steht er hier ganz unter dem Eindruck der Natur.

Waldpartie am Streckelberg.

Den Abschluß des Buchenwaldes nach Osten bildet der romantisch gelegene Kölpinsee, der teilweise von bewaldeten Höhen eingefaßt ist. Wie ein spiegelglatt geschliffener Juwel breitet er sich vor dem bewundernden Auge aus, eingefaßt von flüsterndem Rohr, das sich in seiner klaren, unbeweglichen Flut wiederspiegelt. Alles atmet bezaubernde Anmut und seligen Frieden! Wie schön ist alles! Wie froh, wie glücklich macht uns die Natur!

Wer von der Kuppe des Streckelberges hinüberschaut nach der Greifswalder Oie und Rügen, der streift auch die Stelle, auf welcher der Sage nach des prunkenden Reichtums strahlender Glanz der einst so mächtigen Handelsstadt Vineta im dunklen Schoß des richtenden Meeres verschwand. Auch historisches Interesse besitzt dieses Steinriff Vineta, weil es am 21. Juni 1827 vom damaligen Kronprinzen von Preußen besucht wurde. Zur würdigen Begrüßung desselben hatten die Koserower Fischer über der versunkenen Stadt die lorbeerbekränzte Büste Sr. Königlichen Hoheit auf einem geschmückten Altar, der auf verankerten Balken ruhte, placiert. Mehr als 100 Fischerboote mit zahlreichen Männern, Frauen und Mädchen im Festschmuck hatten im Hintergrunde des Altares Aufstellung genommen. Empfangen wurde der hohe Besuch durch folgendes, vom damaligen Ortspfarrer Wilhelm Meinhold, dem Dichter der „Bernstein-Hexe“, verfaßtes Gedicht:

Sieh, Herr, dort hat ein treues Fischervolk
Auf dieses Abgrunds tausendjähr'ge Trümmer
Dein Bildnis mit einfält'ger Hand erhöht!
O blicke gnädig hin! In keinem Saal
Vermag es dir den Altar zu errichten,
Den dir bewundernd deine Völker setzen.
Das Meer des Herrn ist sein weiter Saal,
Gehalten von dem Anker unsrer Treue!
Hier soll es glänzen, bis die Mitternacht
Den schönen Kranz um seine Schläfe zieht,
Bis singend sich die Morgenwogen nahen,
Und liebend sich das Meer zu ihm erhebt:
Dann setzen wir dein sternbekränztes Bild
In unser Herz, und ewig, wie die Sage
Vinetas, soll das freundliche Gedächtnis
An diese Fei'r von Kind zu Kindeskind
Süßtönend wie die Morgenwelle schweben!

Geradezu überwältigend wirkt ferner die Beobachtung eines Sonnenaufganges. Wie düstert und träumt der Wald vor dem Sichtbarwerden der Sonne so wunderbar! Wie gespenstisch blicken des Waldes Bäume auf uns herab! In ihren Wipfeln raunts und flüsterts geheimnisvoll. Wie unheimlich rauschen des dunklen Meeres stürzende Wogen! Ganz allmählich erblaßt der Sterne Glanz. „Durchs rote Morgentor der heitern Sternenbühne strahlt das verklärte Licht der Welt.“ Majestätisch steigt die Sonne in scheinbar ungeheurer Größe aus dem Meere empor, läßt des Himmels Wolken in malerischem Purpur erglühen und beruhigt mit goldenem Kusse die zitternden, bebenden Wogen. Höher und höher steigt die leuchtende Kugel, das Meer in breitem Streifen wie mit flüssigem Golde überziehend. Unvergleichlich und unvergeßlich ist der Anblick für jeden, der zum erstenmal dieses Naturschauspiel von des Streckelberges Kuppe betrachten durfte.

Bewundernd schauen wir endlich nach Süden, ein nicht minder reizvolles Panorama erblickend. Unser Auge ruht auf dem langgestreckten Dörfchen Koserow, dessen kleine niedliche Häuser aus tiefem Grün hervorlugen, überragt von der alten Normannenkirche. Getrennt vom alten Dorfe schmiegt sich eine Reihe geschmackvoller Villen an den würzigen Küstenwald an. Wogende Getreidefelder umgeben das alte Dörfchen von allen Seiten, saftige Wiesen schließen sich jenseits daran und umsäumen das Achterwasser. Von ferne winken weithin schauende Türme benachbarter Ortschaften: Zinnowitz, Wolgast, Crummin und Lassan. Wohin sich auch nach Süden unser Auge wendet, immer anders gruppieren sich Bäume, Felder und Ortschaften.

H. Marquardt-Stettin.

Heringsdorf.

Vineta ist hier herrlicher erstanden,
Vom Meeresgrab verschönt zurückgekehrt.
Die Schlösser, die verzaubert einst verschwanden,
Hier stehn sie wieder, zauberhaft verklärt.
Korinthsche Säulen, ries'ge Blumenvasen,
Mit Bildwerk Wand und Giebel reich geschmückt.
Rings Feengärten, in den samtnen Rasen
Buntfarb'ge Koniferen eingestickt.

Und überall ein märchenhaftes Walten,
Der Markt, die Straßen stille, wie gebannt.
Ein ganzes Heer von schlummernden Gestalten
In Riesenkörben an des Meeres Strand.

Fern tönt es wie geheimnisvolle Glocken.
Ist's Rätselkunde aus des Meeres Mund?
Will unten uns die Märchenstadt verlocken,
Hinab zu tauchen in den feuchten Grund?

E. Gollnow.

Swinemünde.

Nach einem Blick auf die buntscheckige Karte Deutschlands berührt es unser Auge wohltuend, wenn es auf den satten Farbentönen der Ostsee ruhen darf. Wie eine riesenhafte blaue Blume erscheint sie aus der Oder, den beiden Haffs hervorgewachsen. Ja, die Ostsee ist in Wahrheit die nordische Wunderblume, auf deren Blütenboden, schön und lieblich wie ein glitzernder Tautropfen, Swinemünde ruht. Aus allen Gegenden Europas, ja aus fernen Erdteilen finden sich daher alljährlich die Sommervögel in Gestalt von Kurgästen ein, sich von dem Dufte dieser blauen Blume berauschen zu lassen, Erholung und Genesung zu suchen.

Und in der Tat verbindet Swinemünde mit dem interessanten Treiben einer Garnison- und Hafenstadt in seinem Villenviertel das zwanglose Leben eines mit allem erdenklichen Komfort ausgestatteten Weltbades. Der herrliche Kurpark, die mit Aussichtstürmen besetzten Höhen, die träumerisch im Waldesdunkel liegenden Seen der Umgegend mögen ein übriges tun, um die Schritte Tausender dort hinzulenken.

Wer mit dem Dampfer von Stettin aus sich der Stadt nähert, kommt zunächst in den Hafen, der wie ein gigantisches Fragezeichen die Stadt und ihre nächste Umgebung im Osten und Süden umschließt. Eine langgestreckte Insel — nach ihrem Erbauer „Eichstaden" genannt — soll dem Unterspülen des Bollwerks und der Versandung der Swine vorbeugen. Von Westen her loht das Feuer einer Eisengießerei, die auf der „grünen Fläche", einer zweiten Insel, liegt. Durch die grünen Linden am Bollwerk lugen die verschiedenen Konsulatsschilder, Zollamt, Kreishaus und das Schiffahrtsamt mit der meteorologischen Beobachtungsstation. Das daneben im Grün vergrabene Häuschen hat eine gewisse Berühmtheit erlangt. Hier wohnte der vor etwa zehn Jahren verstorbene Lotsenkommandeur Müller, den Friedrich Spielhagen zum Helden seines Romans „Die Sturmflut" gemacht hat.

Ein schlanker Turm fesselt weiterhin unsere Blicke. Es ist die Nadel der Kleopatra von Swinemünde. Freilich hat sie keine historische Vergangenheit aufzuweisen wie die zu London und New-York, dafür ist sie aber desto praktischer. Ganz aus Eisen erbaut, trägt der Turm in der Höhe einen Ball, der täglich mehrmals zu bestimmten Zeiten zum Fallen gebracht wird, damit die Schiffer ihre Chronometer genau stellen und somit in der Wasserwüste des Meeres den jeweiligen Aufenthaltsort berechnen können.

Swinemünde, Stadtansicht.

Von den ausgedehnten Gebäuden des Hafenbauhofes herüber schallt das geschäftige Treiben einiger hundert Arbeiter. Tag und Nacht kreisen geräuschvoll die Räder der Eimer- urd Saugbagger, und da, wo selbst die 15 Zentner schweren Baggereimer versagen, schickt der Greifbagger zyklopenartig seine Krallen in den Grund, mit ehernem Griffe Strauchwerk, Baumstämme und Felsblöcke an die Oberfläche des Wassers befördernd.

Schiffe aller Gattungen und aller Nationen bringen den Reichtum ferner Länder und fahren, beladen mit den Erzeugnissen unseres Landes, wieder fort. Bunt bewimpelte Passagierdampfer ziehen dahin mit rauschender Musik. Motor-,

Swinemünde, Hafen.

Segel- und Ruderboote vermitteln den Verkehr von Land zu Land, ein überaus anziehendes Bild.

Am Nordende hält auf der Westseite der Lotsenturm die Wacht. Auf dem

Ostufer schickt der 70 m hohe Leuchtturm seine Strahlen 21 Seemeilen weit hinein in die dunkle Nacht. „Mächt'ger Dämme weitgestreckte Bogen", die 1000 bezw. 1600 m langen Steinmolen, wehren der tosenden Flut. Die ehernen Schlünde der Kanonen auf den Wällen schrecken jeden, der sich in feindlicher Absicht unserm Eilande nähert.

Swinemünde bietet schon aus der Ferne, besonders von der Wasserseite aus, ein liebliches Bild. Bekräftigt und vertieft wird dieser Eindruck beim Betreten der Stadt selbst. Die schnurgeraden, breiten Straßen sind — größtenteils von Ulmen, Ahorn und Linden eingefaßt — für den Geschichtskenner ein Beweis, daß er es trotz der Einwohnerzahl von 10 300 mit einem Orte jüngeren Datums zu tun hat. Und doch hat Swinemünde mittelalterliche Kunstwerke von hohem Werte aufzuweisen. In der evangelischen Kirche sind nämlich die vorzüglichen, stark vergoldeten Holzfiguren von Johannes, Maria und dem heiligen Nikolaus aufbewahrt, die aus der ehemaligen Westswiner Kirche stammen. Auch ein Kelch von noch höherem Alter und bedeutendem Kunstwerte wird hier aufbewahrt.

Denkmal der Arkona-Gefallenen in Swinemünde.

Über den großen und kleinen Markt gelangen wir an dem Postamte vorbei in die historische Blücherstraße. Auf diesem Wege hielt der spätere Marschall Vorwärts am 24. Juli 1807 seinen Einzug in die Stadt.

Am Ende der Blücherstraße liegt, ein memento mori auch dem gedankenlosesten Lebemanne, auf einer Erdwelle der Friedhof.

Eine gußeiserne Säule, von einem Gitter aus gleichem Material umgeben, erinnert uns hier an eine Episode aus den denkwürdigen Kriegstagen von 1864.

Die Dänen hatten die Odermündungen in Blockadezustand erklärt. Infolge dessen verließ Kapitän zur See Jachmann am 17. März 1864 bei dichtem Nebel den Hafen von Swinemünde, um den Feind aufzusuchen. Mit drei Schiffen „Arcona", „Nymphe" und „Loreley" ging er bei dem Vorgebirge Arkona auf Rügen gegen sieben große, feindliche Kriegsschiffe vor. Obwohl ein Sieg der Preußen (179 dänische Kanonen gegen 56 preußische) nicht zu erwarten war, währte der Kampf doch volle drei Stunden. Nach tapferem, ehrenvollem Gefechte zogen sich die preußischen Schiffe bei einbrechender Dunkelheit nach Swinemünde zurück, wo man in banger Erwartung den Kanonendonner zeitweise deutlich vernommen hatte. Die Folge war, daß die Dänen die angekündigte Blockade nicht ernstlich zur Ausführung zu bringen vermochten. — An dieser Stätte nun ruht die irdische Hülle jener Tapfern, die in dem genannten Gefechte den Heldentod fanden.

Ehre ihrem Andenken!

Auf einem der wohlgepflegten Wege schreiten wir hinaus nach Swinemünde Bad. Erst seit einem Jahrzehnt hat die ungeahnte Bautätigkeit am Strande diese Bezeichnung notwendig gemacht. Wo sonst der Wind sein tolles Spiel mit dem Dünensande trieb, wo in eintönigem Rauschen des unendlichen Meeres die Ährchen des Strandhafers wie im Traume nickten, und die Föhre im ausgewaschenen Erdreich ein kümmerliches Dasein fristete, da erfreuen jetzt Villen in allen möglichen Stilarten unser Auge. Auf schattigen Promenadenwegen wimmelt es von geputzten Menschen. Radler fliegen auf blitzenden Stahlrossen die Radfahrer-Wege entlang. Droschken rollen; Automobile mahnen durch Trompetentöne zur Vorsicht.

Auf festem, breitem Strande sitzen die Sommerfrischler in den Strandkörben, wühlen Kinder und Erwachsene im warmen Grund, modellieren kunstsinnige Leute Figuren aus feuchtem Sande. Photographen locken durch weithin vernehmbare Jodler einen Kreis von Zuschauern herbei und bannen sie auf ihre Platte, um die so gewonnenen Ansichtskarten zu verkaufen. Silhouettenschneider fertigen in zwei Minuten „zum Sprechen ähnliche" Bilder. Mit Sandalen und Fez bekleidete Händler halten ihre „Dulche" rc. feil. Wer vermag sie aufzuzählen, alle, die von der Kauflust und Freigebigkeit der Badegäste sich ihren Anteil sichern wollen!

Der Mittelpunkt für das Badeleben am Strande ist natürlich das städtische Kurhaus. Wie für die Ewigkeit erbaut, erheben sich die massiven Mauern der weitläufigen Gebäude unmittelbar an der Strandpromenade in vornehmer Pracht. Eine geschützte Wandelhalle macht den Aufenthalt draußen bei jeder Witterung möglich, Konzert- und Theatersäle, Lese- und Spielzimmer, Restaurations- und Wohnräume für die Kurgäste, alles ist vorhanden und der genialen Leitung des Reichstags-Restaurateurs und Besitzers des Monopolhotels, dem Hoflieferanten Herrn Schaurté-Berlin unterstellt.

Einzig in ihrer Art ist die Aussicht über Wälder, Wiesen, blaue Gewässer, freundliche Weiler und das Panorama von Swinemünde vom Golm aus, den man nach einstündigem Marsche nach Westen erreicht. Eigentümlich berührt

Swinemünde, am Strande.

es, wenn die Schiffe mit geblähten Segeln oder qualmenden Schornsteinen die von Bäumen verdeckte Fahrrinne passieren und gleich sagenhaften Ungetümen anscheinend den Wald durchpflügen. — Man kann es begreifen, daß an einem solchen Orte die Sage von der Golmprinzessin reifen konnte, die hier verzaubert sein soll. Ist der Golm viel besucht als höchster und schönster Aussichtspunkt der Insel, so besitzt der nordwestlich davon gelegene Wolgastsee große Anziehungskraft in seiner idyllischen Lage. Schon der Weg dorthin führt durch herrlichen Laub- und Nadelwald über die romantisch gelegenen Kalkberge. Zur Linken blickt der Kesselsee aus düsterem Tal. Der Pfad führt weiter an einem üppigen Wiesenstreifen vorbei. Das Gelände drüben erinnert an eine thüringische Hügel-

Swinemünde, Kurhaus.

landschaft. Wir geben unsern Empfindungen in einem Freudenrufe Ausdruck. Unerwartet ist die Wirkung. Ein vielmaliges Echo läßt in der Regel Rudel von Rehen nach allen Seiten hin auseinander stieben. Am Westufer des Wolgastsees liegt das friedliche Dorf Corswandt und unter uralten Buchen die Erfrischungsstation. Ein einfacher Holzzaun umschließt einen Steintisch und Steinbänke. An dieser weihevollen Stätte hat der nachmalige Kaiser Friedrich III. nach den blutigen Tagen von 1866 seine im Bade weilende

Gemahlin begrüßt. Ja, es ist ein Plätzchen, das das Herz eines Dichters begeistern kann. Als der 1843 verstorbene thüringische Dichter Krug von Nidda den Ort 1835 besuchte, äußerte er, daß ihn der glänzende Weiher, die schweigsamen Buchten, die himmelhohen Kiefern und Buchen an Baron von Fouque's „Undine" erinnerten. Er sagt in seiner Beschreibung: „Gern möchte man hier im stillen Anschauen dieses Zauber-See's ein Jahr, mindestens einen Lenz, sich Hütten bauen, und wie Ritter Ringstetten seinem Feenkinde, der Phantasie hier Aster-Kränze winden, so lange der Geist noch die Flügel regt."

Hermann Retzlaff-Swinemünde.

Von der Dievenow bis zur Swine.

Mit Rügen, unserm schönen pommerschen Eilande, kann sich keine der beiden großen, von den Oderarmen umkosten Schwesterinseln vergleichen; wer aber offenen Auges und mit einem für landschaftliche Schönheiten empfänglichen Herzen eine Wanderung an der Küste Wollins mitmachen will, wird auch hier auf seine Kosten kommen.

Die Dievenow teilt sich etwas oberhalb der Stadt Kammin in den westlichen, sogenannten Oberstrom und den östlichen Unterstrom, mit diesen beiden Armen die Insel Gristow umschließend. Nördlich von derselben vereinigen sich die beiden Ströme wieder zu einem großen Strandsee, dem Kamminer Bodden, der in seiner nordwestlichen Ecke bei Heidebrink sich der See auf etwa 1200 m nähert, während der nordöstliche Teil desselben, welcher nach dem an seinem Ufer auf der Festlandseite gelegenen Dorfe den Namen Fritzower See erhalten hat, dem Meere noch näher kommt. Letzterer ist ein sehr flaches Becken, und nur eine ganz schmale, viel gewundene Fahrstraße ermöglicht es den von Stettin kommenden Schiffen, zu seinem Nordufer zu gelangen. Dasselbe gehört dem Festlande an und zieht sich als eine etwa 4 km lange, 3—500 m breite Landzunge nach Westen hin, zuletzt südlich begleitet von den Fluten des sich dem Fritzower See entwindenden Dievenow-Stromes, der seit einigen Jahren von seinem alten Ausflußbette durch einen wohlbefestigten Damm abgeschnitten ist und sich früher und auf kürzerem Wege durch einen neuen Durchstich der See zuwendet. Auf dieser schmalen Landzunge liegen Klein-, Berg- und Ost-Dievenow. Das zuletzt genannte Ost-Dievenow, das westlichste auf der Halbinsel, führt seinen Namen zum Unterschiede von einem vierten Dievenow, dem am gegenüberliegenden linken Ufer des Stromes, also am weitesten nach Westen gelegenen West-Dievenow. Ein Nachen trägt uns hinüber zu diesem ärmlichen Fischerdorfe, das nur selten Badegäste beherbergt. Wir befinden uns nunmehr auf der Insel Wollin, welche hier der schmalen Landzunge des Festlandes eine etwas breitere Halbinsel entgegenstreckt, doch so, daß sie sich südlich an jener vorbei nach Osten vorschiebt und hier in einem sumpfigen Wiesenlande, dem sogenannten „Trendel" gegenüber von Berg-Dievenow den Fritzower See erreicht. Der neue Durchstich kürzt den Weg zur See für die Fischer um die Hälfte ab und bietet ihren Fahrzeugen in dem Fischerhafen genügenden Schutz, während er andererseits in seinen granit- und zementgefestigten Ufern und kurzen Molen endgültig der launischen See den Ort vorschreibt, wo sie diesen Strom aufzunehmen hat.

Zwischen den Fischerhäuschen von West-Dievenow windet sich ein schmaler Fahrweg hindurch, der sich, nachdem er die letzte Behausung hinter sich gelassen hat, in einer weiten, im Sommer trockenen, von dürftigem Pflanzenwuchs graugrünen, völlig ebenen Fläche verliert, welche nach Süden jedoch in die Wiesenform übergeht. Nach der See zu wird diese „Heide" etwas höher und sandiger, niedriges Gebüsch säumt hier ein kleines, westlich sich hinschlängelndes, lagunenartiges Gewässer, den von dem neuen Durchstich durch einen starken Damm abgeschnittenen alten Mündungsarm der Dievenow, dessen Ausfluß völlig versandet ist. Doch zurück zu unserer weiten Ebene! Zahlreiche schwache Wagenspuren leiten uns auf ihr nach Südwesten. Bald vereinigen sich die Wagenfährten zu einem wirklichen Fahrwege, von welchem aus nach rechts, zur See hin, durch junge Birken-, Erlen- oder Kiefernschonungen hindurch einzelne mit üppigem Graswuchs bestandene Gestelle zum höheren Waldbestande führen, während zur Linken sich immer noch die Heide breitet, gleichförmig, steppenartig, bis zur Wasserfläche des Boddens, die sie nur hie und da durch vereinzeltes Gebüsch verhüllt. Allein hier färbt die Heide schon frischeres Grün. Eine Rinderherde belebt die Landschaft. Sie ist in jenem Weiler daheim, der vor uns liegt auf sandigem „Brink" in der Heide, die ihm den Namen gegeben, dem Dörfchen Heidebrink. Vor wenigen Jahren noch gänzlich „unentdeckt", ein Heim weniger Fischerfamilien, die in zwei Partien und ebensoviel Segelbooten der See ihren bescheidenen Unterhalt abrangen, ist es jetzt auf dem besten Wege, sein idyllisches Stillleben mit dem munteren, wenn auch gänzlich zwanglosen Treiben eines kleinen Badeortes zu vertauschen. Zwar die Hauptstraße „fesselt" den Fremden, sie hemmt seinen Schritt, als ob sie einladen möchte zum Verweilen: so tief mahlt der Sand. Das „Kurhaus" ist eine einfache Gastwirtschaft mit Saal und Garten, der Kurpark links vom Strandwege ein zukunftsfreudiges Birkenwäldchen — allein von Jahr zu Jahr vermehrt sich die Zahl der kleinen freundlichen Landhäuschen, die zum Teil mitten im schönen trockenen Kiefernwalde gelegen sind, und alljährlich finden sich anspruchslose Gäste mehr als hinreichend, die kleinen Quartiere zu füllen. Man kann nicht gerade sagen, daß die Wohnungen besonders billig seien. Man zahlt in Ost-Dievenow oder gar Misdroy für ähnlich bescheidene Wohnungen kaum mehr. Allein hier winkt die Ungeniertheit, die ländliche Ruhe, der ungestörte Waldesfrieden. Und dann erst gar der grüne Anger, die blumenduftige Wiesenheide von Heidebrink! Wenn früh am Morgen der Aufenthalt an der See noch zu kühl, dann lockt und lacht die blumige Au, überflutet vom Gold der Morgensonne, das alle die unzähligen demant-schimmernden Tauperlen faßt zu einem großen herrlichen Diadem, mit welchem der gütige Schöpfer das Antlitz seiner Erde schmückt. Und alle die lieblichen Kinder der Wiese, denen hier der Tau nicht nur Schmuck, sondern oft auf Wochen die einzige Erfrischung ist, sie schauen dankbar empor zu ihrem Schöpfer, sie erfreuen den sinnigen Beschauer und bieten ihre nektargefüllten Kelche der reichen Insektenwelt, die sie geschäftig umgaukelt.

Ziemlich am Ende des Dorfes führt ein breiterer „Strandweg" an schmucken, im Walde fast versteckten Villen vorüber dem Strande zu. Er ist bisher noch unbefestigt, und so bieten schmale Brettchen willkommene Erleichterung, besonders auf seiner letzten Strecke, wo des Waldes letzte, krüppelhafte Vorposten im Kampfe stehen mit jenem kulturfeindlichen Gegner, der alsbald die Situation vollständig beherrscht. Tief hinab in eine malerische Dünenschlucht mit steilen Gehängen auf beiden Seiten führen die Laufbretter, um dann, zur halben Höhe der Düne ansteigend, einen Strand zu erreichen, wie er nur selten gefunden wird. Völlig frei von Steingeröll, blendend rein, führt er in stattlicher Breite zwischen Woge und Düne dahin. In seiner ganzen Breite niedrig, so daß der Sand bis an die Oberfläche genügend durchfeuchtet wird, widersteht er dem Fuß des Wanderers, der frei und leicht auf ihm dahinzuschreiten vermag. Der schmale Waldstreifen, welcher das Dorf von der See trennt, ist völlig eben und niedrig. Er bietet nichts als Gelegenheit, auf seinen einsamen Pfaden sich zu ergehen, einen Zufluchtsort vor den Stürmen, die von der See her brausen, und vor der heißen, blendenden Mittags-Sommersonne. Man muß in diesem entlegenen Flecken mit seinen primitiven Verhältnissen sich einige Zeit aufgehalten haben, um zu verstehen, wie man immer wieder gern dorthin zurückkehren kann, um auf dieser landschaftlich eintönigen Nehrung mit ihren drei gleichlaufenden Streifen von Wiese, Wald und Düne zwischen den Gestaden des Boddens und der See unter Entbehrung von mancherlei Bequemlichkeiten Körper und Geist zu neuem beruflichen Schaffen zu kräftigen. —

Doch nun weiter, dem Kern der Insel zu, dessen hohe waldumsäumte Diluvialufer, vom Strande aus längst sichtbar, in einer Stunde zu erreichen sind. Schon nach einer halbstündigen Wanderung am Strande verschwindet die geradlinige, mit Strandhafer sorgfältig befestigte niedrige Dünenkette, einzelne gelbe Lehmkerne treten hervor, und hinter ihnen hebt sich allmählich der Wald empor, der hier vorerst noch aus Kiefern besteht. Der bisher flache, feste Strand verschwindet und bildet niedrige bis 1 m hohe Ufer, die fortwährend in wechselndem Spiel der Wogen unterspült, niedergerissen und wieder aufgebaut werden. Das Gehen in dem trockenen Sande wird beschwerlich. Etwa eine Stunde von Heidebrink entfernt, stehen am Fuße des hohen Ufers einige Hütten für die wenigen Badegäste der Kolonie Swantuß. Swantuß liegt am Nordufer des Coperow-Sees, dessen trübe, aber fischreiche Fluten von sumpfigen Wiesen und einem breiten Gürtel von Schilfrohr gehütet werden. Er ist das letzte und größte Glied einer Wiesen- und Seenkette, die sich mitten durch die Insel Wollin vom Haff bei Dargebanz her zieht und die wald- und hügelreiche nordwestliche Küstenzone von der südöstlichen flachen, sand- und lehmreichen, hauptsächlich für den Ackerbau nutzbar gemachten südöstlichen Hälfte der Insel trennt. Die wichtigsten dieser Seen sind die drei Warnower Seen, der Dannenberger-, der Kolzow- und endlich der vorhergenannte Coperow-See. Dieselben entwässern in der angegebenen Reihenfolge in einander, wenn auch nur mit geringem Gefäll (1,5 bis 0,3 m). Der letzte schickt seine Abwässer zum Kamminer Bodden, welchem er ehemals offenbar zugehört hat. — Doch nun weiter links, stets begleitet von dem steilen Waldufer, an welchem lange Risse, sowie über- und herabhängende Baumstämme als Zeugen der zerstörenden Einflüsse des Frostes und der Herbststurmfluten sichtbar sind — bis wir nach halbstündigem, beschwerlichem Waten im losen Sande links am jäh abfallenden Ufer eine hohe Stiege erblicken. Und nun verlassen wir wieder die See und geben die Strandwanderung auf, die auf die Dauer ermüdet, um so mehr, als die Küste im großen und ganzen bis Misdroy dieselbe Gestaltung beibehält. In zwei Absätzen erreichen wir die Höhe und damit den Rand des Waldes, der hier mit dem steilen Abhang jäh abschneidet, und dessen letzte Vorposten nicht selten auf Erdschollen zwischen Himmel und Erde zu schweben scheinen. Eine Ruhebank unter überhängenden Buchenzweigen lädt zum Verweilen ein. Und es verlohnt sich, der Einladung zu folgen! Weit schweift der Blick über das blaue, wogende Meer, das sich in seiner Erhabenheit vor dem bewundernden Auge ausbreitet, bis es sich in weiter Ferne dem Blau des Himmelsgewölbes vermählt. Tief drunten der Tanz der Wogen, die einander haschen und jagen, überall im nämlichen Spiel und doch anders hier wie dort! Hier ist alles groß und erhaben, und so entschwindet auch unserer Seele alles Kleinliche; die Fesseln der Sorge gleiten unhörbar hinab und versinken in den weiten Fluten dieses schönen Meeres. Das Herz weitet sich und bietet Raum für jene reineren Empfindungen, die noch immer Schönheit und Erhabenheit der Natur in Menschenherzen erweckten. — Gedämpft tönt das Rauschen der See zu uns empor; von gewaltigen Akkorden getragen, dringt ihre Sprache zu uns wie im Melodrama.

Zögernd wenden wir uns ab von dieser einsamen Stelle und treten ein in das Dunkel des Waldes, dessen Rauschen sich mit dem Brausen der See vereint. Eine halbe Wegstunde führt uns an eine größere Lichtung, aus der die Försterei Birkenhaus zwischen den letzten Baumstämmen hindurch sichtbar wird. Am Rande dieser Lichtung führt der Weg zunächst dahin, dann tritt er in den Hochwald ein.

Wir wandern in südwestlicher Richtung durch Buchen- und Eichenbestände in 20 Minuten nach der Badekolonie Neuendorf. Durch Kiefernwald im Westen und Nordwesten, durch Laubwald im Norden und Nordosten reichlich geschützt, empfiehlt sie sich denen, die dem geräuschvolleren Badeleben der größeren Seebäder eine ländlich-stille Erholungsstätte vorziehen. Das Dorf Neuendorf selbst liegt südlich der Chaussee auf dem hohen Westufer des 1 km langen Neuendorfer Sees, und man genießt von hier aus einen ungemein lieblichen Ausblick sowohl auf die geschützte Waldbucht mit der Badekolonie, als auch nach Süden und Osten zu, wo an den Ufern des Kolzow-Sees in einer Entfernung von 3 km der Turm des Kirchdorfes Kolzow sichtbar wird. Dieses Dorf zählt gegen 800 Einwohner, ist Post- und Telegraphenstation für den ganzen nordöstlichen Teil der Insel und empfiehlt sich durch seine interessante Kirchenruine mit alten Grabsteinen für einen gelegentlichen Abstecher. Man erreicht Neuendorf am bequemsten von dem südöstlich 6 km entfernt gelegenen hübschen Dorfe Warnow am Warnow-See, einer Station der Bahnstrecke Wollin-Misdroy, und wer von Misdroy zu Fuß gekommen ist, möge sich den Rückweg bequemer machen und den anfangs zwar öden, später aber wegen des schönen Waldbestandes recht lohnenden Weg nach Warnow wählen, um von dort mit der Bahn nach Misdroy zurückzukehren. Unser Ziel ist zwar dasselbe, wir ziehen es indes vor, dasselbe zu erreichen, indem wir rüstig unsern Weg nach Westen zu Fuß fortsetzen. Wir benutzen die Chaussee und freuen uns des schönen Waldes, den sie durchschneidet. Nach 3 km Weges hemmen wir plötzlich unsere Schritte: Zwischen den hohen

Jordansee.
(Photographie von Dr. A. Haas-Stettin.)

Stämmen zur rechten Hand lugt von unten her ein dunkles Gewässer empor — wir sind am Jordansee, einer wahren Perle landschaftlicher Schönheit, wie sie unsere nordischen Buchenwälder ähnlich zwar öfter aufweisen, nie jedoch in so überraschender Vollkommenheit, wie hier auf unserem schönen Oder-Eilande. Was diesem Kabinettstück der Natur sein eigenartiges Gepräge verleiht, das ist der geheimnisvolle Zauber, in dessen Banne sich jeder fühlt, der als Fremder zum erstenmal hier verweilt. „Was den Namen „Jordansee" anbetrifft, so kann kein Zweifel darüber bestehen, daß er auf die von den norddeutschen Völkern vor zwei Jahrtausenden angebetete Göttin Hertha, bei den Skandinaviern auch Joedur, Joerth, Jord genannt, zurückzuführen ist, und auch die ganze Umgebung macht es wahrscheinlich, daß der Ort, von welchem Tacitus in seiner „Germania" Kapitel 39 und 40 die Hertha-Verehrung der alten

Deutschen schildert, nicht auf der Insel Rügen an dem erst von späteren Altertümlern so genannten Herthasee, sondern hier zu suchen ist. In dieser allerdings schwer nachweisbaren Annahme wurden den sieben Armen des Sees die Namen der von Tacitus aufgeführten sieben deutschen Völkerschaften gegeben, welche mit einem gewissen Stolz seinen Gondelfahrern herzusagen, der Fährmann des Sees nicht zu verfehlen pflegt." (F. Schück.) Eine Laufbrücke führt hinüber zu einer kleinen Insel im See, auf welcher ein Sommerrestaurant den Besuchern einfache Kost und erfrischende Getränke verabfolgt. Am Ufer liegen einige Boote, in deren einem wir Platz nehmen, um unter sachkundiger Führung des alten Fährmannes eine kleine Gondelfahrt auf diesem einzigartigen Gewässer zu unternehmen. Mit unhörbarem Ruderschlage gleitet das Boot vom Ufer. Wir halten Umschau. Eine kleine Wasserfläche nur ist zu sehen. Regungslos liegt sie da in schwärzlicher, unheimlicher Tiefe, das feine Stück Himmel zwischen den die ansteigenden Ufer beschattenden Buchen widerspiegelnd. Tief senken sich die Zweige der letzteren herab bis auf den Wasserspiegel und verhüllen völlig so Ufer wie Stämme. Doch sieh! Die grüne Wand weicht hinter jenem kleinen Vorsprunge, wo wir das Ende des Sees vermuteten, weiter zurück — eine schmale Bucht windet sich dahin. Rechts und links vom Boote, nur ein schmales düsteres Fahrwasser freilassend, setzt sich das Grün des Buchenlaubes fort in den großen Schwimmblättern der weißen Wasserrose, deren zahlreiche Blüten dem ganzen Landschaftsbilde einen erhöhten Reiz verleihen, zugleich aber auch die düstere Stimmung vermehren. Wie im Traume sitzen wir da, schauen zurück in graue Vergangenheit, in der diese Fluten eine so bedeutsame Rolle spielten bei der Götterverehrung unserer Altvorderen. Wassernixen sehen wir ihr nächtliches neckisches Spiel hier treiben — und die Wasserrosen werden in der Phantasie zu den Tagesgestalten dieser lichtscheuen phantastischen Wesen. Es bedarf kaum noch der Erinnerung von seiten des Fährmanns, keine dieser Blumen ihrem Elemente zu entreißen. Und während nun jener das Boot so lenkt, daß die Insassen in die größeren der sieben Buchten des Sees einen Blick werfen können, beginnt er mit entsprechendem Ernst eine Erzählung aus alter Zeit, jene Sage von den „Räubern am Jordansee" und der Räuberbraut Stina. Er erzählt etwa so:

Auf einer kleinen Insel im Jordansee hauste im 15. Jahrhundert eine Räuberbande, deren Haupt ein Mädchen namens „Stina" war. Stina, aus Kammin stammend, war früher Wirtschaftsmamsell auf dem Amt Codram gewesen. In Gemeinschaft mit ihrem Geliebten, dem Schäfer „Görn", hatte sie mehrmals das Amtsdorf in Brand gesteckt. (Siehe R. Spurmann, Seite 47.) Der Strafe entzog sie sich durch die Flucht in Gesellschaft ihres Liebhabers und gelangte mit demselben an den Jordansee, der ihrem Plane zur Bildung einer Räuberbande ungemein zusagte. Der erste Bundesgenosse der beiden war der Fischer „Piper" aus Misdroy. Nach und nach stieg die Zahl der Bande auf ungefähr 200 Mann, über welche Stina ein strenges Regiment führte. Hauptsächlich wurde Seeraub betrieben.

Eines Tages ging das Lübecker Handelsschiff „Frau Elisabet" oberhalb des Jordansees vor Anker, weil Windstille eingetreten war. Ausgestellte Späher auf „Stinas Utkiek" und auf dem „Swinhöft" meldeten dies alsbald der Bande. Sofort wurde ein Angriff auf das Schiff beschlossen und in der folgenden Nacht ausgeführt. Die Mannschaft des Schiffes wurde überwältigt und mitgeschleppt, aber zum größten Teile in den Jordansee geworfen. Der Steuermann dagegen hatte auf Stina einen günstigen Eindruck gemacht und wurde darum vor dem Schicksal der übrigen Mannschaft bewahrt, desgleichen auf seine Bitten die Tochter eines Lübecker Handelsherrn, welche gleichfalls auf dem Schiffe gewesen war und sich vorher Männerkleidung angezogen hatte. Beide wurden durch einen von Stina dazu bestimmten Räuber streng bewacht.

Wenige Tage nach dem oben Erzählten ging aufs neue ein Schiff in der Nähe des Jordansees vor Anker. Auch dieses wurde in der kommenden Nacht unter Leitung der Räuberhauptmännin angegriffen. Aber o weh! Was ist das? Sie werden mit Schüssen empfangen. Zu ihrem Schrecken erkennen sie jetzt in dem Kauffahrer ein verkapptes Kriegsschiff. Schnell gilt es, den Jordansee zu erreichen, denn schon werden sie von einem Teile der Mannschaft des Schiffes, welcher sich vorher in den Booten in Bereitschaft gesetzt hatte, verfolgt. Die Räuber gewinnen noch rechtzeitig die Einfahrt des Sees. Aber die Verteidigung derselben ist vergebens, denn auch von der Landseite ist ein Angriff erfolgt. Stina, die Größe der Gefahr erkennend, sucht zu ihrer Rettung das offene Meer zu gewinnen, jedoch vergebens. Da sucht sie den Tod und stürzt sich aus dem Boot in den Jordansee. Die Räuber werden nach kurzem Kampfe überwältigt und geraten, soweit sie noch am Leben sind, in Gefangenschaft, denn der See ist von allen Seiten von Militär eingeschlossen.

Bei dem Überfall der „Frau Elisabet" hatte sich ein Schiffsjunge unbemerkt gerettet und war bei Swinemünde gelandet. Hier lag gerade ein Kriegsschiff, dem der Junge den Überfall seines Schiffes durch die Räuber anzeigte. Sofort wurde die Besatzung von Wollin verständigt und in Gemeinschaft mit dieser, die von der Landseite angriff, die Räuberbande, wie erzählt, aufgehoben. —

Eigentümliche Zeichnungen auf einer Stelle am Grunde des Sees deutet der Fährmann zum Schluß als das noch jetzt dort sichtbare Gerippe der Stina. Damit weicht auch dann in der Regel die etwas unheimliche Stimmung und macht einer heitereren Platz, in der man dann wieder empfänglicher ist für die Schönheiten dieses einzigartigen Gewässers. Seine Länge, von den äußersten Enden der Arme gemessen, beträgt westöstlich etwa 700 m, seine größte Breite von Süden nach Norden rund 450 m. Am Nordende des Sees erinnert das Rauschen, das man trotz der unbeweglichen Buchenkronen vernimmt, an die Nähe des Meeres, von welchem der See durch eine Düne getrennt wird. Hier liegt das Forsthaus

Steilküste bei Misdroy.

„Wallhall", das im Sommer auch als Restaurant dient, und von wo man einen schönen Ausblick auf die See genießt („Stinas Utkiek"). Eine Treppe führt hinab an den Strand. Man erkennt übrigens auf den ersten Blick, daß die in der oben erzählten Sage herrschende Ansicht, der Jordansee habe vor Zeiten mit dem Meere in direkter Verbindung gestanden und sei ein Schlupfwinkel der Räuber gewesen, in den sich diese samt ihren Booten wie in einen Schutzhafen stets hätten zurückziehen können, jeder Grundlage entbehrt. —

In anderthalb Stunden gelangt man am Strande entlang zum eigentlichen Endziel unserer Fußwanderung, nach dem schönen Misdroy. Dieser Weg bietet indes nichts Besonderes mehr. Der Strand ist auf Strecken äußerst steinig. An einer Stelle, dem sogenannten „Huck", was soviel wie „Ecke" besagen will, tritt das auf der ganzen Strecke ziemlich hohe Ufer ganz dicht an die See, die hier an dem aus Tongeschiebe bestehenden Vorsprunge ihr

Zerstörungswerk langsam, aber sicher vollführt. Wir bleiben im Walde auf der Höhe, wandern auf anmutigem Waldwege dahin, der uns zu wiederholten Malen zu schönen Aussichtspunkten unmittelbar am hohen Ufer führt, so zum „Swinhöft", und zuletzt steil bergauf zu luftigerer Höhe, dem 95 m hohen Gosanberge, der höchsten Erhebung an dieser diluvialen Steilküste, wenn auch nicht der höchsten überhaupt auf dieser Insel. Drüben, im Osten, jenseits der Chaussee, erhebt sich zwar die waldige Kuppe des Togelow-Berges gar bis zu 115 m Höhe; aber von der Spitze des Gosanberges reicht der Blick weit, weit hinaus über die ganze pommersche Bucht und ihre Gestade. Der Name „Gosanberg" soll herzuleiten sein von Gos'aar, d. h. Gänseadler. Natürlicher klingt die Annahme, daß er als eine Verstümmelung von „Wodansberg" zu betrachten ist.

Misdroy.

Sicher haben wir es hier mit einer alten Kulturstätte der vor den Wenden hier ansässigen Deutschen zu tun.

Eine gute halbe Stunde Weges führt uns durch Wald wiederum an verschiedenen, zum Verweilen einladenden Aussichtspunkten, so dem Rudolfssitz, dem weißen Berge, vorüber nach dem 68 m hohen „Kaffeeberg", dem nächsten und wegen seiner weiten Aussicht auf die See allgemein beliebten Zielpunkte eines kürzeren Ausfluges der Misdroyer Badegäste. Oben auf dem Plateau des Berges, umschlossen von herrlichen Buchen, laden viele Bänke und lauschige Plätzchen zur Rast, und geschäftige Kellner bringen aus der Restauration, was an Erfrischungen gewünscht wird. — Wir treten an den Rand des hohen Ufers, dahin, wo sich eine Brüstung erhebt, und wo die umstehenden Buchen ehrfurchtsvoll zurücktreten, um uns auch hier wiederum durch eines jener lieblichen Bilder zu überraschen, die zu zeichnen unsere Feder wiederholt versucht hat. Nun ist es das letzte Mal auf unserer Wanderung längs dieser schönen Inselküste, daß wir von solcher Höhe herab aus dem lebenden Rahmen im lauen Seewind schwankender Äste und rauschender Blätter dieses liebe Bild schauen dürfen.

Misdroy, ein Dorf von 2000 Einwohnern, hat sich aus kleinen Anfängen seit den dreißiger Jahren des 19. Jahrhunderts als Seebad bis zu seiner jetzigen Höhe und Bedeutung entwickelt. Es verdient unter den Seebädern der deutschen Küste mit in erster Reihe genannt zu werden und erfreut sich einer ständig wachsenden Beliebtheit; zählt es doch bereits gegen 12000 jährliche Besucher. Seine überaus günstige und freundliche Lage sichert ihm unter seinen Rivalen für immer einen hervorragenden Platz. Unmittelbar im Nordosten und Osten erheben sich jene waldigen, aussichtsreichen Höhen, von denen wir nach herzerquickender Wanderung herniedergestiegen sind, um hier eine Stätte zu finden, in welcher Kunst und Natur sich freundlich die Hände reichen, wo Lieblichkeit der Landschaft und Erhabenheit des weiten, wogenden Meeres, wo idyllische Ruhe und frisch pulsierendes Leben so nahe und natürlich beieinander zu finden sind. Nach Süden zu lockt ein an landschaftlichen Reizen und an Mannigfaltigkeit überaus reicher Ausflug zum Brandberge, auf welchem sich jetzt ein Aussichtsturm erhebt, der die Mühe des Besteigens durch eine entzückende Rundsicht lohnt. Nach Westen schweift der Blick über Wiese, Wald und Binnengewässer bis zum Hafen von Swinemünde mit dem Leuchtturm und den umbrandeten Molen und weiter bis zum Golm und seiner wald- und höhenreichen Umgebung. Fast die ganze Länge der Insel ist im Nordosten und Osten zu überschauen. Gern verweilt das Auge auf dem satten Grün der nördlichen Waldregion, hinter welcher es schließlich in der Ferne die Türme der alten Bischofsstadt Kammin erkennt. In buntem Wechsel breiten sich nach Osten zu fruchtbare Felder, saftige Wiesen, blinkende Wasserspiegel um Höfe und Dörfer. Im Süden dehnt sich die weite Wasserfläche des Haffs, belebt mit zahlreichen hochmastigen Oderfrachtkähnen. Doch weiter noch vermag das Auge zu dringen, weit nach Pommerns Festland hinein bis zu den mecklenburgischen Höhenzügen, die im Südwesten den Horizont abschließen. Nach Norden zu ragt zwischen Baumwipfeln und einzelnen im Grün halb versteckten Villen die malerisch auf der Höhe südlich von Misdroy gelegene Kirche dieses Ortes hervor, und dahinter dehnt sich die wogende See.

Auch die Südwestecke der Insel zwischen Haff und den beiden Vietziger Seen mit ihren malerischen Ufern von der Laatziger Ablage, dem Landungspunkt der von Stettin kommenden Dampfer, an dem Dorfe Vietzig, der Kolonie Kalkofen und der Quistorpschen Zementfabrik vorbei bis zum Dorfe Lebbin mit seinen aussichtsschönen Höhen bietet Ausflüglern unter den Misdroyer Badegästen viel Interessantes und Sehenswertes.

Von der Nordspitze des kleinen Vietziger Sees zieht als Fortsetzung der östlich des genannten Sees gelegenen Druschwiesen eine Wiesenniederung bis unmittelbar an die westlich vom Herrenbad gelegene Düne heran. Offenbar hat sich hier einst ein Seitenarm der Swine, wenn nicht diese überhaupt, auf kürzestem Wege ins Meer ergossen. Westlich von Misdroy ändert sich die Bodenform der Insel so augenscheinlich, daß dieser Wechsel jedem Laien auffallen und den Geologen lebhaft beschäftigen muß. Das ist nicht mehr jener Wald, der uns bisher auf unserer Wanderung in seinem lebhaften Wechsel von Höhen, Hängen, Gründen und Schluchten, wie auch durch seine oft wechselnden Bestände so überaus anmutete. Hier ist nichts mehr von aussichtsreichen Höhen. Weithin erstrecken sich fast eben, nur hie und da ein wenig gewellt, die weiten Hallen des Pritter Forstes. Unter hohen Kiefern- oder seltener Buchenbeständen führen vom Misdroyer Herrenbade oder von dem Kaffeegarten Liebeseele aus zahlreiche schattige Waldpfade dahin. Üppige Farnkräuter (Adlerfarn) von seltener Größe bedecken und überziehen völlig den Waldboden und geben diesem Walde seinen eigentümlich düsteren Charakter. Chaussee und Eisenbahn, stets unmittelbar nebeneinander, brauchen hier keine Hindernisse zu umgehen und durchschneiden hauptsächlich in sechs schnurgeraden Abschnitten den etwa zwei deutsche Meilen langen Forst, bis erstere westlich von Ostswine beim Fort am Swinestrom in der Fähre, letztere weiterhin nach einer kurzen am Ufer aufwärts führenden Strecke beim Möwenhaken im Trajekt den Übergang über den großen Schiffahrtsstrom findet.

Die Kolonie Osternothafen neben dem Leuchtturm in der nordwestlichsten Ecke zwischen Strom und Strand gelegen, ist der letzte Ort auf unserer Insel, welcher anspruchslosen Badegästen gastliche Unterkunft gewährt.

Hier endet unsere Wanderung längs der Wolliner Küste vom schmalen, wenig belebten Fahrwasser der Dievenow bis zum breiteren, tieferen, die größten Schiffe willig und gefahrlos tragenden des Swinestromes. Wer mit offenem Auge und warmem Herzen uns gefolgt ist oder selbst an jenen von uns berührten Stätten geweilt hat, der wird es verzeihlich finden, wenn Worte sich zuweilen vergeblich mühen, dem Leser die schönen Bilder der Natur anschaulich vor die Seele zu malen, ihn zu jener veredelnden Stimmung zu führen, welche die Betrachtung einer schönen Natur herbeizuführen pflegt. Man vergreift sich zuweilen in der Farbentönung, trägt auch wohl hie und da etwas kräftiger auf, als wie es einem nüchternen Beschauer geraten erscheint. Allein über ein Zuviel nach dieser Seite hin hatte man in bezug auf unser liebes Pommernland bislang nicht zu klagen; man wurde ihm eher nicht immer ganz gerecht. Wohl gibt es schönere, lieblichere, abwechselungsreichere Küsten mit satteren, glänzenderen Farbenwirkungen — aber schön, überaus schön und erhaben ist auch diese Küste unserer lieben Pommerninsel Wollin. Möge jeder diese Empfindung mit sich in seine Heimat tragen, der durch diese Zeilen veranlaßt wurde, ihr einen Besuch abzustatten!

R. Vogler-Stettin.

Vineta-Wollin.

Zwischen Berlin und Stettin breitet sich ein Gelände aus, historischer Erinnerung voll an einen fast siebenhundertjährigen Kampf, den brandenburgische Tüchtigkeit und kluge Politik gegen pommersche Kraft und Zähigkeit führte. Niedergerungen ist der Greif des Wendenhauses. Nicht mehr öffnen sich Berlins Tore, damit tausend gewappnete Gründe hohenzollernsche Besitztitel bekräftigen. Alljährlich aber in den letzten Dezennien eilt zu Beginn der Ferien eine friedliche Armee auf der alten Heerstraße über Angermünde an den Strand, um das Zwischenstromgebiet der Viadua (Odra) so vollständig zu okkupieren, daß die stolzen Villenkolonien von Zinnowitz bis Misdroy nichts anderes sind als Berliner Sommervororte per Distanz. Reiche Erinnerungen weben daher von der märkischen Millioneninsel zu dem po morju (am Meere) gelegenen Lande, auslaufend in eine Parallele Rom=Berlin und Bajä=Heringsdorf.

Dem herben Reize der Dünennatur hat sich das kontrastierende Element großstädtischen Lebens vermählt. Raffinierte Eleganz und künstlerischer Luxus auf schmaler, magerer Sandzone, darüberhin die Kiefernkronen mit dem Meere reden: heimliches Flüstern und trotziges Tosen, Wipfelworte und Wogenlieder von stolzen Meerkönigen und mächtigen Flotten, von Palnatoke und Waldemar, von ragenden Burgen und stillen Tempeln. Und wer, betört von den Stimmen der Vergangenheit, mit traumwachen Augen die sonnendunstumsponnene Ferne des Streckelberges sucht, sieht aus der schimmernden, feuchten Tiefe ein wunderbares Gebild emporsteigen: Vineta, das untergegangene, einst so stolze und mächtige. Eine Verkehrsmetropole der Vorzeit soll es gewesen sein, Handel mit halb Europa und Vorderasien treibend und so reich, daß die Tore aus Erz, die Glocken aus Silber und die Spielgeräte der Kinder aus Gold waren. Und ein Sodom und Gomorrha der Ostseeküste soll es gewesen sein, am Ostermorgen verschlungen von den Wogen des göttlichen Strafgerichtes, — traditionell mit dem Vinetariff bei Koserow verknüpft. Als aber die Technik dieses Märchen zerstörte und die Ruinen der Wunderstadt als Granitblöcke der Swinemünder Molen profaner Wirklichkeit preisgab, ward aufs neue die Frage frei: Wo ist Vineta zu suchen?

Zwar seit langem schon hatte die literarische Altertumsforschung die Entstehung des Wortes Vineta lediglich aus einem Schreib= oder Lesefehler des Mönches Herbord bei der Bearbeitung der Schriften Adams von Bremen erklärt und — V wie U gelesen — VINETA gleich IVMNETA gesetzt. Schon längst hatte man daher Jome, Jumne oder Jomsburg der dänischen Chroniken mit dem noch heute die Verengung des Haffs zur Dievenow bezeichnenden Städtchen Julin, Wulin, Wolin oder Wollin identifiziert, — noch immer aber galt es, diese auch von Virchow akzeptierte Ansicht durch praktische Resultate einer methodischen Spatenforschung zu stützen. Eine solche exakte Lösung der Vineta=

frage wurde dem Konservator Herrn Stubenrauch (Stettin) 1897 durch die geldkräftige Hülfe des Herrn Dr. Simon (Königsberg) ermöglicht.

Um die Ergebnisse an Ort und Stelle kontrollieren zu können, statten wir der alten Wendenfeste einen Besuch ab und folgen der eigenwilligen Kurve eines heckengesäumten Weges durch die „Gärten", eine nördliche Vorstadt, bis auf den „Silberberg", von dessen Kuppe durch den Friedhof der israelitischen Gemeinde ein stilles, einsames Gitterviereck abgeschnitten wird.

Ein umfassender Blick bestätigt uns, daß dieses Fleckchen Erde nicht allein schön, sondern auch bedeutungsvoll ist: bedeutungsvoll wegen seiner Gestalt und Lage nicht minder wie durch die vielen Funde an Skeletten, Brandgruben und Urnen. Ein Rundhügel mit sanft gewellten Böschungen und einem jetzt durchbrochenen Walle; abgebaute Kiesstürze, an denen spielende Kinder häufig wirr durcheinander liegende Knochengerüste freilegen, als seien hier die Leichen Schlachterschlagener eilig und unordentlich bestattet; kärglicher Boden, dem der Pflug nicht selten jahrhundertelang begrabene Wanderer entreißt: Münzen der Dynastien von Bagdad und Samarkand aus dem letzten Viertel des ersten Jahrtausends; ein strategisch wichtiger Punkt, der den Fluß sperrte und die Stadt verteidigte, umgürtet von einer jetzt vertorften Dievenowbucht, deren Neuland jünger als die Geschichte des Ortes ist, und deren geschützter Hafen einst zahlreiche Nordlandsschiffe sah, — so stellt sich nach Stubenrauchs Untersuchungen der Silberberg dar als ein wendischer Wall, später die Jomsburg, das Jome oder Jumne der Jomswikinga-, Heimskringla- und Knytlingasage. Dieser Sitz eines gefürchteten Seeräuberstaates, organisiert von dem dänischen Flüchtling Palnatoke, dem Tell der jungnordischen Heldenerzählung, entwickelte sich neben einer rein wendischen Siedelung Julin, Vulin oder Wolin, die dank ihrer günstigen Lage zwischen Hamburg und Ostragard, zwischen dem baltischen Meere und dem Oderbecken ein berühmter Meß- und Stapelplatz wurde, aufgesucht zu Wasser von Normannen auf flachbordigen, hochgeschnäbelten Wikingschiffen, und zu Lande von Handelszügen aus Rußland und Ostasien.

Um diese beiden Punkte, Jomsburg und Wollin, kristallisiert sich die vielzitierte Sage von Vineta, ein Name, auf dessen Entstehung schon eingangs hingewiesen worden ist. Nicht über dem Riffe vor dem Streckelberge hört man daher die Glocken der untergegangenen Stadt, sondern hier auf einsamer Höhe des Silberberges; und nicht aus den Tiefen des Meeres schweben die Klänge empor, sondern hernieder von den Kirchtürmen des Städtchens zu unsern Füßen. Hier ist Vineta. Nicht das poetisch verklärte, nicht das Opfer der Meerflut und des Nordsturmes, wohl aber der Heerflut und des Mordsturmes dänischer Kreuzzüge am Ausgange des 12. Jahrhunderts. Nach der Zerstörung durch den König Waldemar besaß Wollin nur noch die Macht und Bedeutung, welche die Zentrale einer herzoglichen Kastellanei zu geben vermochte.

Erst im vergangenen Jahrhundert gewann der Ort das verlorene Terrain auf dem Wege friedlicher Eroberung wieder zurück. Wie in den Tagen Palnatokes zogen Wollins Schiffe an die Küsten von Schweden und Dänemark;

diesmal aber nur, um in den Quatzen große Fischeinkäufe zu bergen. Wie einst belebten Wikingboote das Haff; diesmal aber nur in der Gestalt von Zeesen- und Tuckerkähnen, deren Seitenansicht mit jenen berühmten Vorläufern übereinstimmt. Und wieder trieb die Stadt einen ausgebreiteten Handel; diesmal aber nur, um ganz Ostelbien mit Räucherware zu versorgen. In dieser Eigenschaft wird sich die Stadt bei der Fortsetzung unseres Spazierganges durch die „Scheun'höfe" nach der „Wiek" legitimieren.

Die „Scheun'höfe" sind das Territorium der Spicker, Fischhändler und Fischfahrer und der Mittelpunkt eines Ausstrahlungsgebietes, dessen Peripherie Elbe und Weichsel, Ostsee und Sudeten berührt, so daß der Oder seitliche Provinzen für eine „Kolonialsphäre" Wollins gelten können. Drei Hauptrichtungen besonders bevorzugen die Nachfahren ehemaliger Juliner „Welthäuser", wenn sie

Wollin.

auf den blauen, sie kennzeichnenden Wagen in Wind und Wetter hinausziehen: durch Pommern und die Neumark nach Westpreußen und Nordposen, die Städte Landsberg a. d. Warthe, Kreuz, Bromberg und Konitz als Hauptstationen berührend; zweitens über Brandenburg und das angrenzende Posen nach Schlesiens fernem Kohlenrevier; und schließlich durch die Mark und Sachsen bis Halle. Wie man anerkennen muß, für die wenigen Familien eine respektable Leistung.

Früher ward der ganze Bedarf, den ein regelmäßiger Wagenverkehr auch im letzten Bestimmungsorte erneuerte, durch eigene Spickerei gedeckt; heute aber, weil das Angebot an frischer Ware infolge großstädtischer Konkurrenz immer geringer geworden ist, vollzieht sich der Ersatz auf einfachere Weise: per Bahn aus Altona, woher etwa zwei Drittel der gesamten Verkaufsmasse stammen, eine Tatsache, die den Rückgang des blühenden Betriebes am besten illustriert. Noch eilen die Pioniere des Wollinertums wie früher zu Weihnachten, Ostern und in der Ernte auf einige Wochen in die Heimat; aber ihre Zahl ist klein geworden, ihre Wagen sind Aushängeschilder, die früheren Händler — Verkäufer und ein paar Großfirmen in Altona die Herren des Marktes.

Geblieben allerdings ist der Charakter des fahrenden Volkes, der bewegliche, leichte, gern die Kunst des Leben-und-Lebenlassens übende; geblieben auch die mundartliche Neigung für helle Vokale (Netling = Nötling, Geirer = Güter) und die Abschleifung der Endsilben nach „e" (Fischfeire = Fischfahrer und stoane = stehen); und geblieben die auch den Tuckern eigene Sitte, sich nur mit Spitznamen anzureden. Der hierdurch entstandene Blütenstrauß lexikalisch noch nicht festgehaltener Ausdrücke wie Schmuhl, Schneeg, Lulatsch und Schlappmul verziert sogar den Pumpvermerk des Kaufmanns. Die übrigen Schönheiten des Dialekts sind in folgenden Sätzen geschmackvoll konzentriert: „Buer, frät Fisch, Tiffke (Kartoffeln) sind di-er (teuer). Kinnings, keept, keept! — sind Heiratsbickling, jiebt Liebe nach."

Von der Sprachzone der Fischhändler gelangen wir über eine links von dem Wirrwarr zusammengekauerter Häuser des Städtchens, rechts von der Wipfelwand der „Plantage" flankierte Wiese in die „Wiek", den Wohnsitz der Fischer.

Aus der Mehrzahl der älteren meist einstöckigen Häuser, erkennbar an mattblauem Anstrich, Türklinken aus Messing und Fensterläden mit herzförmigem Ausschnitt, — heben sich einige Patriziersitze ab, die durch massige Pfeiler des Vorbaues, schön gewölbte Dachluken und das natürliche Nebeneinander von Fassade und Baumgruppen einen Beweis für das Stilgefühl unserer Altvordern bilden. Hier und dort bemerkt man auch Kuriositäten: über der Tür einen geschnitzten Stör, hinter den Fenstern kunstvoll gearbeitete Schiffe mit vollständiger Takelage oder Miniaturausgaben davon in Weinflaschen.

Interessant ist es, die Männer am Tuckerdamm, auf ihren Kähnen oder in der Kneipe zu beobachten. Tracht, Bart, Haltung, Gebärde, Sprechweise, — alles typisch. Breit und getrübt quälen sich die Vokale zwischen den nur wenig geöffneten Kinnbacken hervor. Die Vornamen erhalten häufig die Endung „ke": Heineke und Doavidke. In gesunder Bedachtsamkeit, von keiner nervösen Hast befeuert, fügen sich die Wörter zu gewichtigen Worten: „Eiste schräwe se äm, hei schull koame, und noaste wulle se äm doadschloage". „Heineke, riet dä olle Lappe doch raffer!" („Zuerst schrieben sie ihm, er sollte kommen und nachher wollten sie ihn totschlagen." „Heinrich, reiß den alten Lappen doch herab!") Derbe Schimpfworte: Morjeblaum und Timmel (Dummkopf) sind ebenso geläufig wie seelenbefreiende Ausrufe nach dem Muster: Dunnerlüchting nich e moal!

Unter den Vornamen dominieren die biblischen: Doavid, Peiter, Tobies und Jakob, unter den Familiennamen: Hildebrandt, Böse, Stöwahse und Manthey. Einzelne Geschlechter erfreuen sich einer Tradition, um die sie manch adliger Sproß beneiden könnte. So besitzen die Bugdahns schon zu den Zeiten Ottos von Bamberg einen Vertreter. Denn einen Bugdahn soll der Apostel der Pommern mit den Worten getauft haben: „Bog dal (Gott gab), daß du mich nicht schlugst!“ — ihn damit an eine Situation erinnernd, in welche der Bischof bei seinem ersten Besuche durch aufgeregte Volksmassen geraten war.

Ein Gespräch mit den Autochthonen Wollins leitet stets zu der Tragödie über, betitelt „Untergang der heimischen Fischerei“. Und fragen wir nach den Ursachen der unzulänglichen, die Betriebskosten nicht deckenden Fangresultate in dem sonst so reich spendenden Odersee, — immer lautet die Antwort: durch die Anwendung des sehr engen Ukeleigarnes wird die junge Fischbrut weggefischt. Das Aufkommen einer neuen Schiffsart, der Pulte, die kleiner, beweglicher und billiger ist als der Tuckerkahn, bildet die Veranlassung, weshalb keine Haftbucht mehr ohne Störung bleibt. Die Kaiserfahrt in Verbindung mit der Zuschüttung der Heidefahrt und des Butterholms treibt die aus der Ostsee zurückkehrenden Schwärme in zwei Sackgassen, wahre Dorados für einige Pächter: Das Haff, ohnehin schon durch den zunehmenden Dampferverkehr nachteilig beeinflußt, mußte infolge dessen fischarm werden. Schlechte Zeiten und scharfe Konkurrenz erklären andererseits die immer rücksichtslosere Fischerei, mag auch die Strafe noch so hart sein und das Auge des Gesetzes noch so scharf die Beachtung des Schongewässers überwachen. Außerdem ist die Macht des kapitalkräftigen und kaufmännisch geleiteten Großbetriebes so erdrückend geworden, daß die Zahl der Kahnbesitzer in schnellem Tempo abnimmt und allein für die Firma Jakob etwa 25 Wolliner fahren. Der Staat hat sich gegenüber dem unleugbaren Notstande veranlaßt gesehen, in diesem Jahre 32 selbständigen Zeesenern eine Ablösungssumme von je 6000 Mark zu zahlen und ihnen außerdem ein Amortisationskapital für den Übergang zur Ostseefischerei bereit zu stellen.

Bild des Götzen Swantevit an der Kirche zu Bergen.
Photographie von Dr. A. Haas.

H. Ploetz-Stettin.

Inselwende.

I.

Julin im Brande. Vor den Toren
Der Wendenwürger Waldemar:
Verloren, Heimat und Vater verloren,
Eh' mich ein dreifach Weh gebar.

Mich säugte haßerfülltes Trachten
Auf rascher Flucht im Erlenbruch.
Mein Glaube — Gott und Menschen
verachten
Und mein Gebet — ein Dänenfluch.

Und am Juliner Trümmerringe
Grub ich der Mutter Urne ein
Mit meines Vaters Heldenklinge;
Die Rache sprach den Segen drein.

II.

Der Märzwind macht die Kielbahn frei
Und wirbelt und lockt nach Seeland;
Dort blühen bei Kampf- und Möwen-
geschrei
Bald rote Rosen im Schneeland.

Vom Raube gelebt, die Dänen gehaßt
Und Blut für Blut gegeben,
Und unterm siegenden Segel verblaßt, —
So wogt ein Wendenleben.

H. Plötz-Stettin.

Der Mahner im Busen.

In de achterste Eck von de pommersch Geographie, wo Isenbahnen un Zeitungen un anner Gräuel der Verwüstung noch kein Unheil anrichten, wo de Minschheit noch in ehre natürliche Dickfelligkeit un in framer Tragheit nah'n Dag rinlewt, un wo de lütt Mann äwer wider nicks as de Schaul tau klagen hett, dei em de hogen Herren von de Regierung as Straf för sin Ruchlosigkeit upnackt hewwen, in des' Eck liggen twei Dörper, dei heiten Kawel un Bockholt, un jedes von des' Dörper hett 'ne Schaul. De Schaullihrer von Kawel is de oll Dabermann, un de Schaullihrer von Bockholt heit Kakebusch.

Dabermann is en ollen braven Mann ut de olle Tid, ein von de düchtig Schaullihrerraff, dei nu tämlich utstorwen is, dei dat Böttcherhandwark lihrt un sick dörch Vörsprak, Gunst un Heurat nah dat Lihreramt rinsmuggelt hett.

De oll Mann hadd ebendrächtig weg lewt un sick mit Johren ümmer wider furtbildt, so dat hei as ein von de gründlichsten un besten Kenner in de Immentucht un in't Bostonspill in't Kirchspill gellen ded un sick dormit en berechtigt Anseihn un Achtung bi Hoch un Gering verschafft hett. En beten tau des' Achtung hülp ok dat duwwelte Kinn un de Burmeisterbuk, dei hei sick tauleggt hadd un dei gor nich mit de Peripherie stimmten, dei en Landschaulmeister nah de Biller in de Fleigenden Bläder taukamen.

Ick weit nich, wo de gaud Paster, dei sin Schaulinspekter was, up den Infall kem, bi de Regierung den Andrag tau stellen, dat sick bi den ollen Dabermann för langjährige treue Amtsführung en Adler oder Sparling, oder wat weit ick, wecker Vagel in't Knoplock anbugen müch t. Ick weit blot, dat eines gauden Dags — as man seggt, ditmal was't äwer en Unglücksdag — de Schaulrat Pandulf up den Infall kem, sick den taukünftigen Ordensritter mal eins in de Neg tau bekiken un em nah'n Taunamen tau fragen.

Un so führt de Herr Schaulrat denn bi de Kawelsche Schaul vör, güng nah de Schaulstum rin un kek nah de leddigen Bänken un denn nah sin Klock und denn nah'n Klenner, ob hei sick ok in den Dag un de Stun'n irrt hadd; äwer stimmen ded alls.

Dievenow, Waldidyll.

Hei dreigt sick also üm un güng 'ne Stuw bettau, wo jo Herr Dabermann wahnen müßt. De Oll was äwer nich dor, un sin Fru nehm em in Empfang.

„Wo ist Ihr Mann?" frög de Rat.

„Dei is up'n Mur bi'n Torf," säd sei.

„Ist denn heute keine Schule?" was sin Frag.

„Ne," säd sei, „hüt nich!"

„Warum denn nicht?"

„Wi führen Torf, un min Mann is mit de Schauljungs buten, un wenn de Fäuders kamen, laden ick un de Dirns af!"

„So laufen Sie sofort auf's Moor und holen Sie ihren Mann mit den Knaben her!"

„Ne, Herring, dat kann woll nicks warden. Denn ward min Mann unangenehm!"

„Holen Sie ihn sogleich; ich bin der Schulrat!"

„O du meine Güte! Ach du barmherziger Heiland," säd de Ollsch un sackt in de Huk un kek sick mit Furcht un Zittern den schrecklichen Minschen an, dei as dat lebendige Unheil äwer den Freden von dat Lihrerhus swewt, äwer sick in Kawel noch nich eis seihn laten hadd. Sei snöw mit de Näs' in de Luft rüm; denn ehr was so, as wenn sei up'n Pulwerfatt sitten ded un all wat von'n Swewelfaden rök.

„Wollen Sie oder wollen Sie nicht?" frög de Rat.

„Ja doch, wollgeburen Herr Rat, ich hol ihn fortstens her!"

Un dor störmt de Ollsch af.

De Rat güng wedder nah de Schaulstuw hen un weigt den Kopp hen un her un murrt wat von „bodenlose Zustände“, „einmal aufräumen“ un ähnlich so wat, wat sick nah Unweder anhüren ded. Un doch was hei en gauden, warmherzigen Mann, keiner von dei, dei blot mäkeln un gornicks anerkennen känen, un en ollen verdutt'ten Landschaullihrer as en Schauhwisch behandeln.

Hei hadd nu jo Tid naug, sick ganz genau de Schaulstuw tau beseihn, un äwer den Gesamtindruck, den de Stuw in ehr Sauberkeit makt, verget hei de Kleinigkeiten, dei sick am En'n ümmer finnen, un wo hei ok dat mit taurekent, dat Dabermann in de Upsatzbäuker up 'ne snurrige Ort de Fehlers verbetert hadd. De Herr Rat seg alls prick nah un schüddköppt äwer des' Ballhorn-Verbeterungen un kek denn wedder nah de Klock un säd tau sick: „Da versäume ich mich hierdurch einen ganzen Tag, ich wollte heute noch zu Kakebusch, das wird nun nichts mehr!“

Dievenowstrom.

Nah 'ne lütt Stun'n kam denn nu de oll Dabermann mit den Jungenslarm an, un hadd de Jungs all Bescheid seggt, dat sei de Dirns ranhalen süllen.

Von Verlegenheit was bi Dabermann nich recht wat tau verspüren, von Unnerwürfigkeit un Demaut ok nich, un dat makt up den Rat all en gauden Indruck.

„Hier geht es ja heiter zu!“ säd de Herr Rat.

„Das ist hier schon olle Mode,“ gew Dabermann tau Antwurd, „daß die Kinder bei's Torffahren helfen!“

„Das ist jetzt zum letzten Male geschehen!“ säd de Schaulrat.

As de Kinner all up ehr Plätze seten, säd de Schaulrat, Herr Dabermann süll nu man anfängen!

„Sehr gern,“ säd de Olle, „worein soll ich zuerst fragen?“

„Wollen Sie nich erst singen und beten?“

„Sehr gern! — Kinder, wir singen den ersten Vers „Auf tiefer Not schrei ich zu Dir!“

Nah dit bußfertige Lied bedten de Kinner dat Vaterunser, un nu güng de Prüfung los. De Herr Rat äwernehm sülwst de Führung in dit Gefecht; un hei verhürt de Kinner sülwst en por Stun'n lang, äwer sei wullen nich recht wat ingestahn.

In de Geschichtsprüfung frög de Rat, woans König Willem mit Vaddersnamen heiten ded, un dunn antwurdten de Gören einstimmig: „Rex!"

Na, dor kek de Herr Rat den Lihrer doch hellschen indringlich un fragwis' an.

„Es stimmt, Herr Rat," säd Dabermann, „so steht auf die preußischen Talers zu lesen!"

In wecker Fach de Kinner woll am besten beslagen wieren, frög de Regierungsrat.

„Ins Deutsche!" säd Dabermann.

De gestreng Herr let de Jungens vördromen. De Glanzpunkt in des' Prüfung wier dat, as hei fragen ded, ob em einer en Hauptwurd mit de Endung „sal" seggen künn, as Labsal.

„Stäwelsahl," säd ein Jung.

Endlich was denn jo dat ganz Manöwer vörbi, de Schaulkinner güngen nah Hus, un nu hadden de beiden Herren 'ne längere Unnerredung.

„Mein lieber Herr Dabermann," säd de Herr Schaulrat Pandulf, „die animalische Natur im Menschen neigt im Alter mehr zu kontemplativer Beschaulichkeit und Ruhe als zur tatkräftigen Arbeit. Der Mahner im Busen schläft allmählich ein, wenn er nicht aufgerüttelt wird, wenn ihm nicht angedeutet wird, daß er die menschliche Natur bezwingen muß!"

„Sehr woll," säd Dabermann, dei in de Meinung wier, dat hei nu ok wat seggen müßt.

„Man darf," säd de Rat wider, „die Pferde nicht laufen lassen, wie sie wollen, was sollte da aus dem Fuhrwerk werden. Sagen Sie, wie ist Ihre Schule?"

„Gut, Herr Rat," säd de Oll, „noch zu die obere Hälfte!"

Dit was den Herrn Rat denn doch tau stripig.

„Ich will nicht hart und bitter gegen Sie sein," säd hei, „vielleicht können Sie nicht anders und nicht besser unterrichten; aber es ist nicht mehr zeitgemäß! Sie sind in einer argen Selbsttäuschung befangen!"

Un nu wend't hei sick weg von den ollen Mann un stellt sick an't Finster un äwerläd, woans hei den Ollen woll en Wink mit en Knüttelsticken gewen künn, dat hei sinen Schauldienst quittieren un in'n Rauhstand gahn süll. Hei säd lange Tid nicks. Mit eins äwer dreigt hei sick üm un säd mit so säute Würd, as wenn't pure Honnig wier:

„Haben Sie mir einen Wunsch auszusprechen?"

Dabermann dacht en Ogenblick nah.

„Haben tu ich einen!" säd hei dunn.

„Nun?"

„Wenn Herr Rat mich 'ne Gehaltszulag zuwennen wollten —"

„Weiter haben Sie nichts zu wünschen?“ säd die Schaulrat so sur, as wenn hei nu sin Würd in Essig ümkihrt hadd, „bitten Sie lieber um einen Mahner im Busen!“

Un hei dreigt sick kort üm un güng falsch ut de Stuw rut.

„Dat wier äwerstahn!“ säd oll Dabermann tau sin Frau, „dit wier recht gaud afgahn! Wat hei äwer mit den Mahner im Busen meint, dat weit ick nich.“

„Am En'n hett hei dorbi an den Orden dacht, wur de Paster von redt hett!“ säd de Fru.

„Na,“ säd hei, „lat dat nu sin, as dat will! Wi warden dat woll gewohr warden, wat hei dormit in'n Sinn hett! Äwersten dat wier verkihrt, dat ick wat von Gehaltstaulag säd, dat seg ick em an't Gesicht af. Wer künn sick äwersten ok vermauden sin, dat'n sick en Mahner im Busen wünschen süll!“

Wenn en Schaullihrer von sinen Schaulrat ordentlich afdrögt worden is, denn hett hei dat Bedürfnis, sick mit sin Kollegen uttauspreken un mit aller Wichtigkeit tau vertellen, „dat säd hei — un dunn säd ick — und dunn gew ick em äwer — un dunn hadd hei nicks tau Verkop!“ Denn ahn en beten Leigen geiht dat dorbi nich af, un de Held is ümmer de gaud Schaulmeister west. Un ut desen inneren Drang sick uttaureden un sick in sin Glorie tau wisen, güng also Dabermann nah Bokholt hen, üm sinen Fründ Kakebusch Bescheid tau seggen, woans so'n Schaulrat nahmen werden müßt.

Dievenow, Strandpartie.

Kakebusch hadd 'ne beängsterlich Natur un füll binah in Ahnmacht, as hei hürt, dat de Schaulrat up de Nahheit rümspäukt hadd.

„Sühst du,“ säd Daberman, „wenn en Schaulrat wat bi einen finnen will, denn findt hei woll wat, un wenn em de krumm Näs' von en Jungen nich gefüllt, denn krigst du 'ne Näs'! So 'n Schaulrat brukt de Jungens blot tau fragen, wat de Kinner nicht weiten, denn is't Päckschen farig!“

„Ja, gewiß!“ säd Kakebusch swack.

„Hei frög min Gören nah Elektriversität un Parallelepfeifedon un nah den photographischen Lihrsatz un noch nah vel anner Ding, von dei ick in minen

Lewen nicks hürt hew, un purrt un stök ehr as 'ne katholsche Imm, äwer de Jungens rögten sick nich. In de Reljohnsprüfung würd hei falsch un stött mit den Stock en Lock in dat gelobte Land, un in 'ne anner Stun'n wull hei mit 'n Globus 'ne Sünnenfinsternis maken, hei kreg man kein farig.

„Beten weiten min von Geographie un Mathematik," säd Kakebusch.

„Mit di is dat ok wat anners! Du büst up de Poweranden-Anstalt un nahst up't Seminor west; äwer ick? Sühst du, un as't üm un düm kamm, müßt hei mi liker lawen! Ick hew bi de Geschicht liker en groten Misehr spelt! As hei farig wier, säd hei to mi: Dabermann, säd hei, die menschlichte Natur is kannibalisch, und man muß ihr nicht wie'n wildes Pferd laufen lassen! So redt hei ganz natürlich mit mi un nich so as en jungen Brillenminsch, dei äwer sin eigen Beinen föllt. Un tauletzt säd hei, ick süll mi wat wünschen! Nu segg mi mal, wenn hei dat tau di säd, wat würdst du di denn woll wünschen?"

„En beten mihr Gehalt!" säd Kakebusch.

„Sühst du! dat hew ick mi dacht! Dat säd ick ok; äwer dor will hei nicks von weiten! Du mößt seggen: Ich bitte um einen Mahner im Busen, — Na, sühst du woll? Dat häddst du nich rutklaviert kregen, nich?"

„Ne," säd Kakebusch, „ganz gewiß nich!"

Dievenow, Parkweg.

„Dat mark di, oll Fründ, un nu Adschüs!" —

De oll Dabermann lurt nu un lurt, wat nah den Mahner im Busen kamen würd; un sin Herr Paster lurt un lurt, wat nah sinen Ordensbreif kamen müßt; äwer dor kamm nicks as 'ne korte, dröge Schrift, wurin stünn, dat de Herr Paster den Ollen man eis gründlich de Wohrheit vörfideln süll, un Dabermann blew von wegen den Mahner im Busen in'n Düstern.

Nah etliche Wochen schöt dat den Herrn Schaulrat in'n Sinn, wo schön em dat dor in de achterste Eck von de pommersch Geographie gefollen hadd, un hei makt en Affteker nah Bokholt hen, üm mal eis de Kinner vördrawen tau laten.

Kakebusch wier ganz intwei, as dit Spillwark losgüng. Hei hadd gornich so vel Tid hatt, sick den sünndagschen Rock antautrecken, un so stünn hei dor mit sinen ollen Rock, dei utseg, as wenn 'n eben ut't Hospital kamen un nich ganz utheilt wier.

De Herr Schaulrat Pandulf äwernamm wedder dat Kommando un let de Jungens un Dirns exieren, dat't 'ne Lust wier. Sin Gesicht würd ümmer heller as 'ne fründliche Sünn, dei tauirst glöwt hett, dat sei hüt woll achter de Wolken nich rutkamen dürft. Un as de Sak vörbi wier un de Kinner sungen un bedt hadden, don namm de Herr Rat den Lihrer unner'n Arm und säd, hei wull in de Stuw noch en por Würd mit em reden.

„So," dacht Kakebusch, „nu ward't mit de kannibalisch Minschennatur woll losgahn!" Un em lep en Worm mit dusend kolle Beinen den Puckel entlang.

„Mein lieber Herr Kakebusch," säd de Rat, „ich will Ihnen geradezu sagen, daß ich mit Ihrer Schule recht zufrieden war. Von Kleinigkeiten will ich absehen; denn selbst die Sonne hat ihre Flecken! Nun sagen Sie, das freut Sie doch, wenn ich Ihnen so aufrichtig meine Anerkennung ausspreche!"

„Ja," meint Kakebusch, dei sick noch gar nich besünnen künn.

„Sie machen dabei ein kummervolles Gesicht! Drückt Sie Sorge?"

Ost-Dievenow, Kurhaus.

„Ja," säd Kakebusch.

„Ja, ja, ich kann mir's denken," säd de hoge Herr, Sorge ist das Alltagskleid der Menschheit, und der beste Trost dabei ist Hülfe, — bar Geld, nicht?"

Kakebusch sweg still. Hei dacht tau rechter Tid an Dabermann sin Würd. „Hol stopp!" dacht hei bi sick, „so lat ick mi nich fängen! Up den Lim gah ick nich!"

„Nun," säd de Rat recht fründlich un tröstlich wider, „ich sehe, daß Sie ein bescheidener Mann sind, wie man's in Ihren Verhältnissen wohl wird. Gönnen Sie sich einen Augenblick Überlegung — und dann reden Sie frei heraus, wenn Sie einen Wunsch haben! Sie sind mehr als dürftig eingerichtet, Ihr Rock ist recht abgetragen — nun?"

„Herr Rat," haust't nu Kakebusch rut, „ich möchte um den Mahner im Busen bitten!"

So, nu wiert't rut.

De Schaulrat makt en Luftsprung un hüll sick de Hän'n in de Siden, wil hei woll glöwen müch, dat hei vör Lachen dat Inschott kreg.

„Sehr gut," rep hei, „sagen Sie nichts mehr! — Ich weiß schon! Eigentlich, lieber Freund — hahaha! Wer sich nicht zu helfen weiß, ist gar nicht wert, daß er in Verlegenheit kommt! Aber es macht nichts! Hahaha! Eine solche Revision ist auch sonst nüchtern wie ein Glas Wasser; es gehört ein Schuß Humor daran! — Sie hören von mir!"

Kakebusch gaw em dat Geleit bet vör de Dör und was so vergnäugt as en Sparling, mit den de Katt affohrt is.

Äwer nah 'ne Woch kamm hei wedder nah sin oll Läus' rin, blot sinen Fründ Dabermann trugt hei sick nicks von sinen Rinfall tau seggen. Irst as de Paster em en Breif von de Regierung gewen hadd, woin tau lesen stünn, dat „der Lehrer Kakebusch in Anbetracht" un so wider hunnert Mark Taulag hewwen un sei sick för dat vergangen Johr nahbetahlen laten süll, dunn makt hei Fründ Dabermannen en Besäuk.

Hei wist em den Breif un vertellt em utführlich von den Herrn Rat sinen Besäuk un den Wunsch, den hei utspraken hadd.

„Na," säd oll Dabermann, „wer hett nu recht? Hew ick nich recht hatt? Du haddst blot wat von Geld seggen süllt, denn würd hei di schön ansnawen hewwen! Also hunnert Mark gelt de Mahner im Busen! Wer sall dat ok rüken! Na, för't negst Mal weit ick nu Bescheid! Nu äwersten willen wi nah Pegelow gahn un 'ne Partie maken! Un hüt ward di tau Ihren mit'n Gröschen Upsatz spelt!"

Heinrich Bandlow.[1])

Himmelfahrtszeit in Pommern.

Ein Dom mit blauer Kuppel breitet
Der Himmel sich in lichtem Schein.
Ein Heer von Blumenglocken läutet
Und ladet zu der Feier ein.

Die Erde steht, geschmückt mit Kränzen,
Wie eine Braut am Hochaltar,
Und tausend blühnde Sträucher glänzen
Mit Opferkerzen wunderbar.

Hold spricht ein heimliches Geflüster
Von Himmelsfrieden im Geäst,
Die Bäume segnen gleichwie Priester
Mit ausgestrecktem Arm das Fest.

Gleich Weihrauch dampft es in die Lüfte.
Der Wald in grünen Flammen steht.
Zum Himmel ziehn die zarten Düfte
Der Frühlingsblüten wie Gebet.

---

[1]) Von Heinrich Bandlow in Tribsees sind bisher erschienen bei Phil. Reclam jun. in Leipzig: Stratenfegels, Köster Hemp, Ernst Spillbom, Naturdoktor Stremel; bei Wilh. Süßerott in Berlin: Frisch Salat; bei der Hinstorffschen Hofbuchhandlung in Wismar: Ut de Hiringslak.

Und alles sprießt und strebt nach oben
Und alles ringt zum Licht empor,
Die Saat, die keck ihr Haupt erhoben,
Und jedes Gras und jedes Rohr.

Es ist, als wollt' sich glanzumflossen
Die Erde ganz dem Himmel nahn.
Schon klimmt an ihres Liedes Sprossen
Die Lerche im Triumph voran.

Ernst Gollnow.

Aus dem Geheimbuche des alten Dorfschmiedes.

In einem der größeren Dörfer Rügens lebte bis vor kurzem ein Mann, über dessen „geheime Wissenschaft" in den folgenden Zeilen einige Mitteilungen gemacht werden sollen.

Jedes Kind im Dorfe kannte den Alten mit dem rußgeschwärzten Antlitz, den sehnigen Armen und dem breiten löcherigen Schurzfell. Nächst dem Schulzen und dem Lehrer galt er für die angesehenste Persönlichkeit im Dorfe: mit geheimer Scheu betrachteten ihn die Kinder, und mit ehrfurchtsvollem Gruß näherten sich ihm die Erwachsenen. Und letzteres geschah nicht eben selten; wußte man doch, daß der Alte stets mit Rat und Tat zur Hand war, sobald ein Mitglied der Familie erkrankt oder das Vieh von einer Seuche befallen war. Und seine Mittel hatten eine unfehlbare und nachhaltige Wirkung. Darum stand der Dorfschmied auch weit und breit bei alt und jung, bei hoch und niedrig in hohem Ansehen und in unanfechtbarer Gunst, und daher stammte vor allem auch die exzeptionelle Stellung, die er innerhalb der Dorfgemeinde einnahm. Die bösen Zungen im Dorfe wußten dem Schmied allerdings auch allerlei nachzusagen: er kenne die schwarze Kunst und stände mit „dem Bösen" im Bunde, dem er seine Seele verschrieben habe; er besäße einen „Puk", der des Nachts in der Schmiede herumhantiere; noch andere wollten gesehen haben, wie ein „Drak" mit feurigem Schweif zur Nachtzeit in die Schmiede fuhr, um seinem Besitzer Korn und Geld zu bringen. Solche Nachreden traten jedoch nur im geheimen

Villa Sylvana.

und ganz vereinzelt auf; die größere Mehrzahl der Dorfbewohner war sich darin einig, daß der Schmied ein biederer, vertrauenswürdiger Mann sei.

Vor wenigen Jahren starb der Alte, ohne eine Familie oder sonstige direkte Erben zu hinterlassen. In seinem Nachlasse aber, der in alle Winde verstreut wurde, fand sich ein Büchelchen, welches den Schlüssel zu der geheimen Wissenschaft seines ehemaligen Besitzers enthielt. Es ist ein sogenanntes „Flüsterbok", ein Zauber- oder Geheimbuch, aus welchem der Schmied seine Ratschläge bei Krankheiten und Unfällen, seine Besprechungs- und Zauberformeln gegen Behexung, Diebstahl, Blitzschlag, Feuersgefahr und andere Unfälle entnahm. Das Buch ist offenbar ein altes Erbstück vom Vater oder Großvater her gewesen;

Berg-Dievenow, Hauptstraße zum Strande.

das vergilbte Papier, die blasse Schrift und die zahlreichen Spuren eines häufigen Gebrauches machen es wahrscheinlich, daß das Manuskript mindestens hundert Jahre alt ist.

Was nun den Inhalt dieses Büchelchens betrifft, so ist derselbe höchst mannigfaltig und buntscheckig. Vereinzelt finden sich alte Hausmittel verzeichnet, unter welchen Holunder, Rosmarin, Kamillenblüten, Schafgarbe und ähnliche Pflanzen die Hauptrolle spielen. Den weitesten Raum aber nehmen die sogenannten Zauber- und Besprechungsformeln ein.

Die Kenntnis dieser zum Teil recht alten Formeln und Reime vererbt sich nach rügenschem Volksglauben von Mann auf Frau und umgekehrt; es ist also ein Spruch, den ein Mann von einem Manne erlernt hat, wirkungslos. Wenn einer für die Kenntnis einer Formel etwas gegeben hat, so muß er, wenn er die Formel weiter mitteilt, sich auch wieder etwas dafür geben lassen; andernfalls büßt die Formel ihre Segenskraft ein. Bei der Anwendung einer solchen Formel ist es notwendig, daß dieselbe mit halblauter Stimme gesprochen oder geflüstert wird; daher auch ein Buch, welches solche Formeln enthält, im Volksmunde „Flüsterbok" genannt zu werden pflegt.

In dem von dem alten Dorfschmiede hinterlassenen Zauberbuch ist an erster Stelle ein sogenannter „Himmelsbrief" verzeichnet, d. i. ein Haus- und Schutzbrief, der angeblich vor mehreren hundert Jahren in Holstein vom Himmel gefallen ist. Jeder, der den Brief abschreibt und diese Abschrift bei sich trägt, ist gegen feindliche Kugeln, gegen Mord und Totschlag und alle übrigen leiblichen Gefahren zu Wasser und zu Lande gesichert; wer den Brief im Hause hat, bei dem schlägt der Blitz nicht ein. Wer die Wirkung des Briefes anzweifelt, der mag ihn seinem Hunde um den Hals hängen und auf den Hund schießen; er wird alsdann sehen, daß der Hund unverwundbar ist.

Berg-Dievenow, Boddenpartie.

Auf den Himmelsbrief folgen mehrere Waffen-, Kugel- und Diebessegen. Die Waffen- und Kugelsegen dienen dazu, die Flinte, den Degen oder Dolch des Feindes zu bannen und dadurch unschädlich zu machen. Unter Diebessegen versteht man Zauberformeln, welche, über bestimmte Gegenstände gesprochen, die Kraft haben, einen etwaigen Dieb zu bannen und auf der Stelle „festzumachen", bis er durch den Losspruch befreit wird. Wird der letztere nicht vor Sonnenaufgang gesprochen, so wird der Dieb, wie man glaubt, ganz schwarz aussehen. Einer dieser Diebessegen lautet:

Da kommen drei Diebe gegangen:
Maria sprach: „Petrus, binde, binde, binde!"
Ich habe gebunden mit eisernen Ketten;
Kein Mensch, als nur einer, kann ihn retten.
Er soll sehen und hören die ganze Nacht
Die Sterne am Himmel, den Glockenschlag,
Unempfindlich wie ein Bock,
Steif wie ein Stock.
Die Lösung überlasse ich dir,
Den Schlüssel nehme ich zu mir.
Wird er schwarz, bleibt er weiß —
Es macht mir nicht im geringsten heiß.

Der zu diesem Segen gehörige Losspruch lautet folgendermaßen:

Der Schlüssel, den ich habe
Und immer bei mir trage,
Schloß auf das Grab des Herrn.
Ich leih' ihn dir sehr gern.
Der Schlüssel ist sehr groß,
Womit ich dich jetzt löse los.

Überaus zahlreich sind die Wundsegen und Sprüche, welche gegen allerlei Krankheit bei Menschen und Vieh helfen. Die Gicht heilt man, wenn man bei abnehmendem Mond drei Freitage hintereinander stillschweigend vor Sonnenaufgang unter einen Apfelbaum geht, den Baum mit beiden Händen umfaßt und dreimal hintereinander folgende Worte spricht:

Du klagender Ast,
Ich klage dir an meine Last,
Du Krampf und reißende Gicht,
Du schändliches Gesicht.
Im Namen des Vaters, des Sohnes
und des heiligen Geistes. † † †

Ein anderer Spruch gegen die Gicht, welcher vorauszusetzen scheint, daß man zu einer Fichte statt zum Apfelbaum geht, lautet so:

Guten Morgen, ihr Fichten,
Hier bring' ich meine Gichten.
Die Gichten gehören nicht mir, sondern dir.
Im Namen ꝛc. † † †

Gegen die Rose wird folgender Spruch angewendet:

Es gingen zwei Jungfern über Land,
Zwei Rosen hatten sie in ihrer Hand:
Die eine blüht,
Die andere verzieht.
† † †

Das Blut wird durch folgenden Spruch gestillt:

Unserm Herrn Jesus Christus seine Wunden
Stehen offen und sind nicht verbunden.
Sie schwellen nicht, sie bluten nicht,
Sie tun auch nicht mehr weh.
So sollen N. N. auch tun.
Im Namen ꝛc. † † †

Gegen Zahnschmerzen überliefert unser Geheimbuch auffallend viele Zaubersprüche, was darauf schließen läßt, daß dieses Leiden ehedem, als die Zahnheilkunde noch in ihren ersten Anfängen war, weit verbreitet war. Ich führe wenigstens einen dieser Sprüche an:

Jetzund in dieser Stund'
Besprech' ich Zahnschmerzen in deinem Mund:
Sie sollen nicht hitzen,
Sie sollen nicht schwitzen,
Sie sollen nicht gären,
Bis Mutter Maria, die Mutter Gottes, wird
einen neuen Sohn gebären.
Im Namen ꝛc. † † †

Entzündung und Brand wird durch folgende Sprüche gestillt:

Ich stille diesen Brand
Und werf' ihn in den Sand;
Christus seine Hand
Die stille diesen Brand!
† † †

Hoch ist der Himmel,
Tief ist das Meer,
Rot ist der Krebs,
Kalt ist der Toten Hand;
Damit still' ich Feuer und Brand.
Im Namen ꝛc. † † †

Brand, du saßt stahn,
Bet alle Böhm tosam kahm;
Du saßt nich hecken,
Du saßt nich stecken,
Du saßt nich kellen,[1]
Du saßt nich schwellen;
Du saßt stahn,
Bet alle Böhm tosam kahm —
Osten, Süden, Westen, Norden.
Im Namen ꝛc. † † †

Die Mehrzahl der in dem Buche überlieferten Zaubersprüche ist in hochdeutscher Sprache abgefaßt; nur ein Dutzend etwa, wozu auch der zuletzt angeführte Spruch gegen den Brand gehört, ist in plattdeutscher Sprache überliefert. Von diesen seien hier noch die folgenden drei Sprüche angeführt. Gegen die Rose:

Salpeter Kraut
Is to allen Dingen gaut.
De Klocken de klingen,
De Lür de singen,
Dat Evangelium wat an allen Orten geprediget. Amen.
Im Namen ꝛc. † † †

Gegen das kalte Fieber:

Water, Water, ick klag di,
Dat Fewer dat plagt mi.
Morgen un öwermorgen bün ick nich to Hus;
Denn nimmst du dat Fewer.
† † †

Gegen die Flechte:

Wat ick seh, dat watt lütte;
Wat ick nich seh, dat (watt) gröte.
Mann,[2] ick klag di,
Disse Flecht plagt mi.
Klag ick se an,
Und ick gah davon.
Im Namen ꝛc. † † †

In ähnlicher Weise, wie vorbeschrieben, werden auch andere Krankheiten geheilt, wie Blutsturz, Bruch, drei- und neuntägiges Fieber, Gelbsucht, Magenschmerz, Verrenkungen, zerbrochene Gliedmaßen, Warzen, Schlangenbiß. Einige Krankheiten haben höchst eigentümliche Namen, wie z. B. Inschott (d. i. Einschuß), Hartspann (d. i. Herzspannung, ein Geschwulst zwischen den Schultern oder unter den kurzen Rippen), Bukbitt (d. i. Bauchbeißen, Magenschmerz), Adel oder Wurm (d. i. eine bösartige Entzündung am Finger), dat Hilge oder dat hilge Ding (der gewöhnliche Name für die Rose), das Schwinden oder Abnehmen (d. i. Schwindsucht) u. a. Vielfach genügt nicht das ein-, drei- oder neunmalige Hersprechen der betreffenden Formeln, sondern oft müssen, um die Wirkung zu vervollständigen, äußere Manipulationen mit dem Kranken vorgenommen werden. So muß der Gichtkranke, wie wir schon gesehen haben, zu einer bestimmten Tageszeit unter einen Apfelbaum treten. Wer mit Warzen behaftet ist, muß

[1]) Mit „kellen“ (richtiger wohl „källen“) bezeichnet man das prickelnde Gefühl, welches die Kälte auf die unbedeckten Teile des Körpers, namentlich auf die Hände, ausübt. In Dähnerts Plattd. Wörterbuch fehlt das Wort.

[2]) Verschrieben für „Man“ d. i. Mond.

eine frisch gebrannte Kohle vom Herde nehmen, an einen Kreuzweg gehen und, das Gesicht zum Monde gewendet, sprechen:

Was ich seh', das mehre sich!
Was ich streich', verzehre sich!
† † †

Hierauf muß man die Warze mit der Kohle dreimal über Kreuz unter Anrufung Gottes bestreichen, die Kohle hinter sich werfen und schweigend nach Hause gehen, ohne sich weiter umzusehen. Übrigens geht aus dem Wortlaut des Spruches hervor, daß die ganze Handlung zur Zeit des zunehmenden Mondes vorgenommen werden muß.

Mehrfache Verwendung findet der folgende Spruch:

S A T O R
A R E P O
T E N E T
O P E R A
R O T A S

Die Worte sind offenbar lateinisch, aber sie sind sinnlos; in deutscher Übersetzung würden sie etwa lauten: Der Säemann Arepo hält mit Mühe die Räder. Das Merkwürdige an der Formel ist, daß sie, in horizontaler und vertikaler Linie, von vorwärts und rückwärts, von oben nach unten und umgekehrt gelesen, stets dieselben Worte ergibt. Der Sage nach ist die Satorformel von einem Studenten erfunden worden, der sie für teures Geld an einen herumziehenden Arzt verkaufte. In unserem Buche begegnet die Formel einmal mit der Überschrift: Quinque vulnera Christi contra febrem approbata, d. i. die fünf Wunden Christi, gegen das Fieber erprobt, und an einer zweiten Stelle wird sie als Zaubermittel bei einer Feuersbrunst empfohlen; man soll nämlich die beiden Seiten eines Tellers mit der Formel beschreiben und den Teller alsdann in das Feuer werfen, darnach wird sich dieses sogleich legen.

Sehr zahlreich sind auch die Heilmittel gegen allerlei Tierkrankheiten vertreten, wie Beinbruch der Pferde, Blutmelken und Verfangen der Kühe, das Feuer der Schweine und ähnliches. Das Verfangen der Kühe, welches auf plattdeutsch „de Pogg'" genannt wird, heilen folgende Formeln:

Hast du dich verfangen,
Christus ist gehangen,
Christus ist vom Hangen los,
Und du bist vom Verfangen los.
† † †

Hauptvieh, hast du dich verfangen im Water,
So helfe dir Gott der Vater!
Hast du dich verfangen im Wind,
So helfe dir Gottes Kind!
Hast du dich verfangen im Futter,
So helfe dir Gott und des Kindes Mutter!
† † †

Gegen das Schwärmen der Bienen kommt folgende Formel zur Verwendung:

Ihr lieben Bienen, setzt euch nieder,
Als unser Herr Jesus Christus tat,
Als er die sieben Brote und sieben Fische
mit seinen Jüngern aß.
Im Namen † † †

An diesen Beispielen mag es genug sein; die Zahl derselben ließe sich leicht vergrößern, da das Buch etwa 60 solcher Zauberformeln enthält.

Was nun die Zeit der Entstehung dieser eigentümlichen medizinischen Zaubereien betrifft, so scheinen diejenigen Formeln, in welchen die Namen von Aposteln und Heiligen vorkommen, hierfür einen Fingerzeig zu bieten; diese ver-

Berg-Dievenow, Strandhalle.

weisen uns zweifelsohne in die Zeit des fünfzehnten und des beginnenden sechzehnten Jahrhunderts, also in diejenige Zeit, in welcher der Katholizismus mit seinem Marien- und Heiligenkult hierzulande in höchster Blüte stand. Entstanden sind die Zauber- und Besprechungsformeln in dieser Zeit aber nicht; sie haben damals nur eine Phase in der Geschichte ihrer Entwickelung durchgemacht. Die eigentliche Entstehungszeit der Zaubersprüche liegt jedoch noch viel weiter zurück: denn der Grundstock derselben wurzelt im altgermanischen Heidentum. Unsere heidnischen Vorfahren haben bereits vor zwei Jahrtausenden ganz ähnliche Zauberformeln zur Besprechung von allerlei Krankheiten benutzt, wie sie noch jetzt im Schwange sind, nur daß damals die Namen von altheidnischen Gottheiten an Stelle der erst im späteren Mittelalter eingeführten Heiligen- und Apostelnamen im Gebrauch waren. Als ein interessanter Rest solcher altheidnischen Spruchdichtung sind uns die sogenannten Merseburger Zaubersprüche erhalten, welche sich inhaltlich mit manchen bis in die neueste Zeit hinein gebräuchlichen Besprechungsformeln decken.

In diesen Beziehungen zur heidnisch-germanischen Zeit liegt zugleich auch der Grund für die auffallende Tatsache, daß der Glaube an die Wirksamkeit derartiger Zauberformeln bis in die neueste Zeit hinein tief in der Volksseele haftet und auch trotz aller Aufklärung unseres Zeitalters nicht hat ausgerottet werden können. Denn wie in anderen Teilen Deutschlands, so ist auch auf Rügen der alte Dorfschmied mit seinem Geheimbuche keine sporadische, sondern eine typische Erscheinung.

Oberlehrer Dr. A. Haas-Stettin.

Nach pommerscher Überlieferung.

Der betrogene Geizhals.

Ein Geizhals macht die Schelme fett.
Ein Bauer lag auf dem Sterbebett.
In Beuteln und Strümpfen hatt' er verwahrt,
Was er zeitlebens zusammengespart.
Nun sah er im Geiste schon die Hatz
Entbrennen nach seinem geliebten Schatz.
Damit ihn niemand der Argen bekam,
Er die letzten Kräfte zusammen nahm,
Er zählte noch einmal das trübe Gold,
Das schmeichelnd ihm über die Finger rollt,
Dann schleppte er Sack für Sack zum Kamin
Und verscharrte den Schatz mit zitternden Knien.
Er sprach: „Hier liege, bis meine Hand
Dich kratzt aus Asche und Ofensand!"
Das hörte ein Schelm. —
Der Geizhals war tot;
Und die Erben gerieten in Hader und Not.
Noch stand die Leiche am hellen Tag,
Da grub der Lauscher am Ofen nach;
Doch, was er auch suchte, im mürben Sand
Er keinen roten Heller fand.
Da hob er die Leiche aus Spänen und Lein
Und schleppt sie zum Ofen im Mitternachtschein
Und grub mit des Toten vertrockneter Hand
All das gleißende Gold aus Asche Sand . . .
Der Schelm sagte niemand, wie reich er war;
Nur den Heiligen weiht er ein Leuchterpaar.
Er lebte in Ehren bis an sein End
Und bedachte die Kirche im Testament,
Weil Gott der Herr ihm gnädig und gut
Verzieh das unrecht erworbne Gut.

* * *

Gott straft die Schelme alle zwar,
Doch diesem krümmte er kein Haar:
Ein Geiziger ist der Schöpfung Spott!
Merkt dies und haltet euch zu Gott.

Die Steine im Moor.

Ein Fischer saß mit dem Teufel im Krug.
Sie hatten gespielt und getrunken genug,
Als sie sich zusammen nach Hause begaben.
Da wollte der Teufel die Seele haben.

Grad gingen sie über ein tiefes Moor,
In dem schon mancher das Leben verlor —
Da sprach der Böse: „Ich wett mit dir,
Ich bau dir ein festes Kirchlein hier!"

Der Fischer lachte: „Fürwahr, ich wett!" —
„So bist du mein auf dem Sterbebett,
Wenn mirs bis zum Hahnenschrei gelingt,
Und morgen früh das Glöcklein klingt!"

Es war um die Stunde nach Mitternacht,
Da ist vom Gepolter der Fischer erwacht,
Ein Sausen und Schwingen ging durch die Luft,
Als kämen die Geister aus Grab und Gruft.

Und mit Entsetzen sieht er im Moor
Ein Kirchlein wachsen eilig empor:
Vom Ufer fliegen Balken und Stein,
Unsichtbare Hände fügen sie ein.

Lang war es noch hin bis zum Hahnenschrei . . .
Mit der ewigen Seligkeit ist es vorbei! . .
Den Fischer graut es, er sieht sich verloren,
Das Fegfeuer brennt ihm schon in den Ohren . . .

Doch Kinder und Fromme läßt Gott nicht allein —
Eine List fällt plötzlich dem Armen ein —
Auf einmal kräht er hell in die Nacht,
Als sei der erste Hahn erwacht.

Antwortend klingt ein lust'ges Gekräh
Bald aus der Ferne, bald in der Näh.
Der Teufel warf grimmig die Mauern ein, —
Davon liegt im Moore noch mancher Stein.

Der Teufel unterm Tisch.

Drei Kerle saßen bei Schnaps und Bier
Im Krug des Morgens noch gegen vier.

Sie spielten Karten und fluchten dazu
Und störten die Nachbarn in ihrer Ruh.

Stich Satan! rief einer — bis unter den Tisch
Entgleitet ihm klatschend der Kartenwisch . . .

Der Kerl bückt sich — jach fährt er empor:
Der Teufel grinst unter dem Tische hervor!

Der Säufer läuft brüllend zur Ofenbank —
Die andern ziehen die Riemen blank.

Indes sieht der erste mit bösem Fluch
Auf dem Ofen ein altes Liederbuch

Und dröhnt wie ein Pfaffe: „Satanas fleuch!
Ihr Höllengeister, packet euch!“

Da erhebt sich der Teufel und gar nicht faul
Schlägt er dem Kerl aufs Lästermaul,

Drauf schnäuzt er sich — und grade ins Faß —
Das ging den dreien doch über den Spaß:

Die Gläser zerklirren, in Angst und Graus
Stürzen sie polternd zur Tür hinaus.

Hans Benzmann.

Kammin.

Auf der schmalen Landzunge, welche sich zwischen Ostsee und Kamminer Bodden schiebt, liegen die drei Dievenows. Aus freundlichem Grün hervor lugen die Häuser von Berg-Dievenow, das nach den Bergen — Sandbergen, Dünen —, in denen es liegt, so benannt ist. Am Bodden entlang erstreckt sich die Promenade, von ihr führt die Kastanienallee in den Mittelpunkt des Ortes mit seinen Läden und Verkaufshallen, und von dort gelangt man in kurzer Zeit nach dem Strande. Mitten im Walde haben die Stettiner Ferienkolonien ihr eigenes Heim. — An Berg-Dievenow reiht sich im Westen so unmittelbar Ost-Dievenow — nach seiner Lage am Ostufer der Dievenow benannt —, daß man heute nicht ohne weiteres erkennen kann, wo der eine Ort aufhört und der andere anfängt. Die Grenze ist aber etwa da, wo die gemeinsame Kirche und Schule stehen. Unfern des Strandes liegt das großartig eingerichtete Kurhaus. Die breite, von Villen begrenzte Kaiser-Wilhelmstraße führt vom Bollwerk direkt auf dasselbe zu. Am Bodden hat Villa Silvana, das Eigentum der deutschen Eisenbahner, ihren Platz. Von Berg-Dievenow nach Osten führt die Chaussee nach dem 15 Minuten entfernten Klein-Dievenow, idyllisch gelegen und denen zu empfehlen, die in ländlicher Zurückgezogenheit leben wollen. An welcher Stelle der Boddenpromenade in Berg-Dievenow man sich auch befinden möge, von welchem Punkte Ost-Dievenows man auch ausblickt, immer grüßt über den Bodden herüber ein überaus liebliches Städtebild, das der altertümlichen Bischofsstadt Kammin. Das lockt uns, derselben einen Besuch zu machen, was ja durch einen der Tour-dampfer in einer halben Stunde getan ist. Je näher wir der Stadt kommen, einen desto anziehenderen Anblick gewährt uns dieselbe. Besonders im Glanz der Abendsonne geben die gleichsam aus den Fluten emporwachsenden stufenartig ansteigenden Häuser, überragt von stattlichen Türmen, umgeben von anmutigem Grün, ein schönes landschaftliches Bild. Wir legen an der weit in den Bodden hinausgebauten Dampfschiffsbrücke an und steigen ans Land. Schon der Hafen mit seinen vielen Fahrzeugen und seinem regen Verkehr erfreut unser Auge. Wir sehen über die blauen Wasser hinüber nach Dievenow, rechts liegt auf einer vorspringenden Landzunge das Dorf Soltin, links die Insel Gristow mit den hohen, rauchenden Fabrikschornsteinen, in weiterer Ferne die Insel Wollin mit ihren bewaldeten Bergen und mit dem Badeort Heidebrink. Mäßig ansteigend kommen wir in die Stadt und gelangen durch die Fischerstraße, auf den Markt. Hier interessiert das altertümliche **Rathaus** aus dem 14. Jahrhundert mit schönen Giebeln, von denen der westliche in der Spitze das **Stadtwappen** zeigt. Es stellt in blauem Felde einen weißbärtigen, in einen weißen Mantel

Kammin, Dom.

gehüllten Heiligen mit goldenem Nimbus und mit betend zusammengelegten Händen dar, der hinter einer silbernen Mauerbrüstung, die mit zwei sechsspitzigen roten Sternen geziert ist, emporwächst. Zu den Seiten der Figur stehen zwei goldene Bischofsstäbe; der rechte zeigt in seiner Krümmung die Taufe Jesu, der linke das Lamm mit der Fahne, das frühere bischöfliche Wappen. Der Hintergrund ist durch sich kreuzende Linien rautenförmig geteilt; vor der Brüstung fließt

Wasser. Der Heilige dürfte Johannes der Täufer sein; denn am Johannistage (24. Juni) 1124 zog Bischof Otto von Bamberg in die Burg Kammin ein, und an dem gleichen Tage 1175 gründete Herzog Kasimir I. den Dom, der auch nach Johannes dem Täufer benannt ist.

Gehen wir vom Markte in die Königsstraße, so haben wir in nächster Nähe das Bautor, den einzigen Turm, der von den acht Tortürmen der Stadt auf unsere Zeit gekommen ist, einen schönen gotischen Backsteinbau mit hohem, anfangs quadratischen, dann runden Turm mit Zinnenkranz und pyramidenförmiger Spitze. Das Tor stammt, wie das Rathaus, aus dem 14. Jahrhundert, wahrscheinlich ist es zur Zeit des Bischofs Friedrich von Eichstädt er-

Kammin; Dom, Kreuzgang.

baut. In dem Flecken Gülzow im Kamminer Kreise steht ein ganz ähnlicher Turm, nur etwas kleiner, der letzte Rest des mittelalterlichen Schlosses.

Wir wenden uns am Bautore rechts in die Friedrichstraße, von der eine Querstraße links nach einem alten spitzbogigen Mauertore, dem sogenannten Buttertore, führt, und gehen auf der Rückseite des Rathauses vorbei in die Domstraße. Links sehen wir in einiger Entfernung die Marienkirche, 1755 neu aufgebaut und 1902 renoviert. Dort war früher höchst wahrscheinlich ein Opferplatz der heidnischen Wenden. Die Domstraße führt jetzt etwas bergab zum Dom. Er ist als Kreuzkirche gebaut, hat ein hohes Mittelschiff und zwei niedrige Seitenschiffe, ein Querschiff und einen hohen Chor, von dem aus man nördlich in die Sakristei, südlich in die Taufkapelle, das frühere Armarium (Waffen- oder Bibliotheksraum) gelangt. Nördlich vom Langhause dehnt sich der Kreuzgang aus, in dem eine Anzahl alter Grabsteine von Bischöfen, Prälaten u. a. aufgestellt ist. Sämtliche Räume sind mit Kreuzgewölben überdeckt, nur das südliche Seitenschiff hat Sterngewölbe. An der Südseite ist ein niedriger sechsseitiger Turm angebaut, der den seltsamen Namen „Katzenturm" führt. Der älteste Teil ist die Nordwand des Querschiffes, im unteren Drittel ganz aus behauenen Granitquadern aufgeführt. Ursprünglich rein romanisch angelegt, zeigt die Kirche doch fast alle Bauformen der letzten sieben Jahrhunderte, was aber der edlen Harmonie ihrer Verhältnisse keinen Eintrag getan. Be-

Kammin; Dom, Kreuzgang.

sonders ist in den späteren Teilen die Gotik vertreten; der Turm, 1848—50 bei der Restaurierung neu aufgebaut, ist ganz gotisch. Im Schmuck des Innern herrscht das Barock vor. Der vordere Altar, sowie Taufstein, Kanzel und Orgel stammen aus dem 17. Jahrhundert und sind Geschenke des letzten Bischofs Ernst Bogislaw von Croy. Im hohen Chor ist bemerkenswert das reiche Schnitzwerk im Aufsatz des Hochaltars aus dem 14. Jahrhundert und das Domherrengestühl mit 24 Sitzen. Das Archiv des Domes im Oberstock des Kreuzganges, zu dem man mittels einer eisernen Wendeltreppe im nördlichen Kreuzflügel gelangt, birgt eine reichhaltige Sammlung von Reliquien aller Art, darunter ein Kasten mit den Gebeinen der heiligen Cordula. Auch haben Altertumsfunde aller Zeiten dort ihren Platz erhalten. Eine große Sammlung von Mineralien und Petrefakten ist gleichfalls vorhanden.[1])

Südlich vom Dom sieht man den hohen Renaissancegiebel des sogenannten Buddenhauses, einer früheren Kurie, die dort 1568 auf der Stelle des ehemaligen bischöflichen Hauses errichtet wurde. Östlich davon liegt die frühere Thesaurariatskurie, erbaut 1694, jetzt das Heim der in eine städtische Realschule umgewandelten alten Domschule. Im Osten des Domes ist die ehemalige Dekanatskurie, das sogenannte Kleisthaus, bemerkenswert. In ihr wohnte im 18. Jahrhundert der Dekanus Ewald Jürgen v. Kleist, der hier die nach ihm benannte elektrische Verstärkungsflasche erfand. Das Kleistwappen und eine Gedenktafel am Südgiebel dieses Hauses halten die Erinnerung daran fest.

Wenden wir uns von hier aus südlich, so gelangen wir durch den sogenannten Poetensteig auf den Mittelwall und können einen Blick tun auf die Reste der mittelalterlichen Stadtbefestigung. Kammin, dessen Mauern wir schon von der Seeseite aus gesehen haben, war an der Landseite durch Erdwälle und Gräben vor feindlichen Angriffen geschützt. Die Gräben sind seit langer Zeit trocken, und wir sehen vom Mittelwall zu beiden Seiten hinab in blühende Gärten, die auf der ehemaligen Grabensohle sich ausbreiten. Die Wälle, die den breiten Graben begrenzten, sind noch vorhanden, nur muß man sich den ganzen Raum zwischen dem inneren und dem äußeren Walle mit Wasser ausgefüllt vorstellen und den Mittelwall ganz wegdenken, denn der ist erst später, nach Trockenlegung der Gräben, aufgeschüttet worden.

Vom Mittelwall kommen wir auf den Schulplatz, einen der schönsten Schmuckplätze Kammins. Auf ihm erhebt sich das 1895 errichtete Kreiskriegerdenkmal, an ihm liegt das 1854 erbaute städtische Schulgebäude. An den Schulplatz grenzt, bis zu einer Höhe von 24 m über dem Meere ansteigend, der alte 1891 geschlossene Kirchhof, auf dessen höchstem Punkte die Nikolai- oder Bergkirche steht, eine altertümliche Landkirche mit einem fünfseitigen Turm und ebenfalls fünfseitigem, schindelgedeckten Helm. Man sagt, jede der fünf Seiten soll nach einem der fünf zu dieser Kirche eingepfarrten Dörfern weisen; darum läuten auch die Glocken:

„Bünn'witz, Gristow, Polchow, Grabow un Soltin,
de fiw Dörper, de sin min!"

Vom Schulplatze führt die Karlstraße in die Stägemannstraße, an deren rechter Seite das 1875 erbaute Lehrerseminar liegt. Von hier gelangen wir auf die Greifenberger Chaussee. Links erblicken wir das Solbad, erbaut 1881, in einem schönen großen Park, rechts den letzten Rest der mittelalterlichen Außenverschanzungen, die sogenannte Scheibenschanze.

„Kammin" ist ein wendisches Wort und heißt auf deutsch „Steinburg". Der Ort hat diesen Namen von den zahlreichen Granitfindlingen, von denen der „Großstein" bei der Insel Gristow der umfangreichste ist. Der Anfang Kammins

[1]) Siehe: R. Spuhrmann, Kamminer Dom. Preis 50 Pfg.

ist in einer wendischen Ansiedelung zu suchen, die sich in der Gegend des heutigen Domes ausbreitete. Hier lag die herzogliche Burg, geschützt durch die Wasser des Boddens und der damit in Verbindung stehenden Karpin, durch Wälle und Gräben. Zeitweise war sie Residenz der pommerschen Herzöge. Östlich der Burg dehnte sich der wendische Marktflecken aus. Die bis nahe an die Wohnstätten reichenden großen Wälder und die weiten fischreichen Gewässer scheinen zu einer Wohnanlage veranlaßt zu haben.

Die Geschichte Kammins beginnt erst mit der Bekehrung der Pommern zum Christentum. Am 24. Juni 1124 zog Bischof Otto von Bamberg, von Pyritz kommend, in die Burg ein. Sein Wirken hatte Erfolg, er konnte gegen 3000 Menschen taufen und legte den Grund zu zwei Kirchen, der späteren Domkirche in der Burg selbst und der jetzigen Marienkirche auf einer Anhöhe nahe der Burg, an der Stelle eines heidnischen Opferplatzes. Otto zog sodann nach Julin, dem heutigen Wollin, gründete dort ebenfalls zwei Kirchen und errichtete daselbst einen Bischofssitz, dessen erster Inhaber der Bamberger Geistliche Adalbert wurde. Da aber Julin häufig von den Dänen hart bedrängt wurde, so verlegte man den Bischofssitz bald nach dem festeren und volkreicheren Kammin, besonders da Herzog Kasimir I. im Jahre 1175 daselbst den Grund zu einer größeren Dom- und Kathedralkirche gelegt hatte, und zwar auf der Stelle, auf der bis dahin die kleine Ottonische Kapelle gestanden.

Die Dänen unter ihrem streitbaren König Waldemar und dem noch streitbareren Bischof Absalom zerstörten 1168 den wendischen Burgflecken Kammin, und als 1273 die Brandenburger dem wieder hergestellten Ort ein gleiches Schicksal bereiteten, wurde er nicht wieder aufgebaut, sondern man wählte den westlich desselben belegenen Hügel und gründete auf diesem die neue deutsche Stadt Kammin. Dieselbe wurde nun von Herzog Barnim I. mit mancherlei Rechten und Privilegien, besonders mit dem sogenannten deutschen oder lübischen Recht ausgestattet. Später siedelten die Reste der wendischen Bevölkerung sich jedoch wieder auf dem Grunde des zerstörten Burgfleckens an, und so entstanden dort die sogenannten Wieken, die zum Teil dem Domkapitel (Kapitelswiek), dem Herzoge (Amtswiek) und dem Rat der Stadt (Ratswiek) zugehörten. Die Amtswiek hat noch bis in die Mitte des 19. Jahrhunderts als eigenes Gemeindewesen bestanden.

Im Jahre 1308 wurde aber auch die neue Stadt Kammin, und zwar wiederum von den Brandenburgern, fast gänzlich zerstört. Nur die Marienkirche blieb verschont. Die wieder aufgebaute, feste Stadt, die seit der zweiten Hälfte des 14. Jahrhunderts Mitglied der Hansa war, wurde 1483 und 1536 durch große Brände verwüstet.

Wie in dem übrigen Pommern, so hatte die lutherische Lehre auch in Kammin Eingang gefunden, obgleich der letzte katholische Bischof Erasmus von Manteuffel sich gewaltig dagegen sträubte. 1534, kurz vor dem Landtage zu Treptow a. R., waren Barnim XI. und Philipp I., die beiden regierenden pommerschen Herzöge, hier anwesend, um mit dem Domkapitel die nötigen Schritte zur Einführung der Reformation zu beraten. Das große Werk gelang nach manchen Schwierigkeiten, und Bartholomäus Suave war der erste evangelische Bischof.

Im Dreißigjährigen Kriege sind 1630 und 1631 die Haupt-Unglücksjahre für Kammin. 1648 im Westfälischen Frieden sollte Kammin an Brandenburg fallen. Aber erst 1679 konnte der Große Kurfürst es den Händen der Schweden entwinden. Jetzt hörte auch die Bischofswürde auf; denn der letzte (Titular-) Bischof, Herzog Ernst Bogislaw von Croy, ein Neffe Bogislaws XIV., resignierte zugunsten des Großen Kurfürsten.

Das Kamminer Bistum war ein sogenanntes eximiertes, d. h. es war keinem Erzbistum untergeordnet, sondern direkt dem Papste unterstellt. Es hatte eine nicht geringe Ausdehnung, es erstreckte sich von der Leba bis zur Peene und wurde begrenzt von den Bistümern Schwerin, Havelberg, Brandenburg, Lebus, Posen und Gnesen. Eine Reihe von über dreißig Bischöfen nahm den Kamminer Sitz ein, die letzten (nach der Reformation) waren nur Titularbischöfe und meistens Angehörige des pommerschen Herzogshauses, vielfach auch die Herzöge selbst. Das Domkapitel, eine dem Bischof zur Seite stehende Körperschaft von Prälaten oder Domherren, die auch den Bischof zu wählen hatten, bestand seit der Reformation gleichfalls aus Laien. In letzter (preußischer) Zeit wurden die Prälaturen mit verdienten Staatsmännern und Militärs besetzt. Die hervorragendsten Prälaten waren: der Präpositus, der die kirchlichen Angelegenheiten zu verwalten, Rechte und Privilegien der Kirche zu verteidigen hatte, der Dekanus, der die Kirchengewalt ausübte, der Vizedominus, Vertreter des Bischofs in Behinderungsfällen und Vakanzen, der Thesaurarius, Schatzmeister des Bistums, der Kantor, Sangmeister des Kapitels, und der Scholastikus, Vorsteher der Domschule. Dies Domkapitel bestand noch bis zum Jahre 1810, da wurde es durch königliches Edikt vom 30. Oktober aufgehoben wie alle übrigen geistlichen Stiftungen in Preußen.

Der Siebenjährige Krieg berührte Kammin wenig, desto mehr hatte es von dem französischen zu Anfang des 19. Jahrhunderts zu leiden. In den Jahren 1848 bis 1850 wurde der Dom einer eingehenden Restaurierung unterworfen, und 1875 konnte man das siebenhundertjährige Bestehen dieser Kirche feiern.

Die Stadt Kammin weist zur Zeit gegen 650 Hausnummern auf und hat nach der letzten Volkszählung vom 1. Dezember 1900 eine Einwohnerschaft von 5778 Seelen. Das Innere der Stadt ist in Form einer Ellipse gebaut; man meint, die Erbauer hätten damit den Grundriß eines Schiffes oder Bootes nachahmen wollen, um auf die Haupterwerbszweige der Einwohner — Schiffahrt und Fischerei — hinzudeuten. Von seiner einstigen Höhe als Metropole des pommerschen Bistums ist Kammin herabgesunken, aber bedeutende Reste der alten Herrlichkeit sind noch auf unsere Zeit gekommen, und wer sich im Anschauen dieser Zeugen entschwundener Pracht liebevoll in die Vergangenheit versetzt, wird einen bleibenden Segen haben von einem Besuche der alten Bischofsstadt Kammin.

R. Spuhrmann.

Die Gollnower Heide.

Keine Gegend Pommerns ist von den urältesten Zeiten bis zur Gegenwart im ganzen so unverändert geblieben, wie die ausgedehnten Waldungen, die sich vom Madüsee bis zum Haff, von der Plöne bis zur Ihna hinziehen, und sich im Westen bei Altdamm, im Osten bei Gollnow öffnen. Sie werden nach letzterer Stadt die Gollnower Heide genannt und stehen meistens auf dürrem Flugsand. Der Boden zeigt hier und da dünenartige Erhebungen, die an einzelnen Stellen noch mit Strandhafer und anderen Dünengewächsen bestanden sind. Es ist jedenfalls alter Seeboden. Wahrscheinlich hat sich in vorgeschichtlichen Zeiten der Dammsche See bis hierher erstreckt. In der ältesten, hierauf bezüglichen Urkunde, die von einem Abte des Klosters zu Kolbatz ausgestellt ist, wird diese Fläche als desertum, d. h. Wüste, bezeichnet. Vermutlich lag sie in jener Zeit, nachdem sich kurz zuvor das Wasser zurückgezogen, noch völlig wüst und unbewachsen da. Allmählich aber entstanden hier Waldbäume, besonders Kiefern, und die Gegend wurde das beliebteste Jagdrevier nicht bloß für die anwohnenden Edelleute, sondern auch für das in Kammin oder Stettin residierende Fürstengeschlecht.

Der Wald breitete sich damals noch weit wilder und unwegsamer als heute aus und wimmelte von jagdbaren Tieren. Hirsche, Rehe und wilde Schweine werden hier neben dem gewaltigen Elen und dem die Sümpfe liebenden Wiesent gehaust haben. In zahlreichen Rudeln durchschweifte der räuberische Wolf die Wildnis und an den Fichtenstämmen, aus denen der Wildhonig troff, kletterte der zottige Bär empor. Auf den Waldwiesen aber grasten Herden von kleinen rauhhaarigen Pferden, wie sie damals wild in Pommern umherliefen.

Schon in alter Zeit wurden einzelne Teile des Waldes gelichtet, um Raum für menschliche Ansiedlungen zu schaffen. In dem ältesten historischen Zeitalter wird bereits der Name der Dorfschaft Lübzin (am Dammschen See) erwähnt. Ferner entstanden unweit dem heutigen Christinenberg (Bahnhof der Altdamm-Gollnower Eisenbahn) zwei Dörfer mit wendischen Namen, die aber später wieder untergegangen sind, obwohl sie noch heute in der Tradition fortleben. In mittelalterigen Zeiten wurde nördlich von Gollnow bereits das Dorf Schmiedeberg gegründet, weiter nach Osten Münchendorf (von Mönchen gestiftet), Barfußdorf (ursprünglich „Barwitzdorf") und Marsdorf. Schmiedeberg wurde bereits in den Stürmen des Dreißigjährigen Krieges wieder zerstört, so daß seine Spuren kaum noch aufzufinden sind. Erst unter den preußischen Königen ging man ernstlicher daran, die Heide zu besiedeln. Schon unter Friedrich Wilhelm I. wurde im Jahre 1738 von Friedrichswalde aus das Rittergut Rörchen gegründet. Noch eifriger wurde die Kolonisationstätigkeit unter Friedrich dem Großen aufgenommen, der in der Zeit von 1748 bis 1750 eine Reihe von Dörfern in der Gollnower Heide anlegte und dieselben zum Teil nach ihm nahestehenden Personen benannte, wie Groß- und Klein-Christinenberg, Groß- und Klein-Sophiental, Kattenhof,

Amalienhof. Um dieselbe Zeit wurde auch Butzbiede oder Hakenwalde angelegt, sowie von einem Herrn von Blankenburg Karlshof und Blankenfelde. In neuerer Zeit hat die Stadt Gollnow auf dem ihr gehörigen Waldboden mehrere Kolonien gegründet wie Gollnowshagen, Grünhorst und Eichberge, die noch jetzt im Wachsen begriffen sind.

So wird denn die Waldeinöde heutzutage durch vielfache Lichtungen unter-

Gollnow.

brochen, wo hinter Obstbäumen Kolonistenhöfe oder ganze Dorfschaften hervorlugen. Doch hat der Wald noch immer eine gewaltige, nach Meilen zählende Ausdehnung. Darum hat er lichtscheuem Gesindel oft ein Versteck geboten. Selbst nach dem Dreißigjährigen Kriege noch hausten hier gefährliche Räuberbanden. Ja, noch vor 50 bis 60 Jahren war die Gegend nicht ganz sicher. Wenn die Schnellpost, die damals direkt von Danzig nach Stettin fuhr, die Stadt Gollnow passiert hatte, pflegte der vorsichtige Kondukteur Pistolen unter die Reisenden zu verteilen, damit sie bei einem etwaigen Anfall sich ihres Lebens erwehren könnten. Jetzt benutzen höchstens harmlose Zigeunerbanden dann und wann den Wald zu einem Lagerplatz oder kurzem Aufenthalt. In seinen Besitz teilen sich die Stadt Gollnow, die über 4000 Hektar inne hat, das Marienstift zu Stettin und der Fiskus, abgesehen von den Anwohnern, denen kleinere, für ihren Feuerbedarf hinreichende Parzellen angehören.

Wer die Gegend mit der Eisenbahn durchfährt, oder zu Fuße durchwandert, dem bietet sie ein eigentümlich einförmiges Bild, indem niedrige Tannenschonungen oder kümmerlich überwachsene Moore mit dem Hochwald abwechseln. Nur vereinzelt wächst Laubholz. Größtenteils trägt der magere Sandboden auch heute nur Kiefern. Fast nirgendwo rieselt ein munteres Bächlein. Nur gradlinige Gräben durchschneiden den Forstboden. Selbst der Singvogel flieht die ärmliche Heide. Doch gewaltige Krähenschwärme umtummeln die Kieferkronen oder haben sich in einzelnen Waldgegenden Kolonien angelegt, die hunderte von Nestern zählen. Hier und da ertönt auch aus der Ferne der Schrei des Holzhähers oder das Picken des Spechtes.

So erinnert diese Gegend mit ihrem düsteren Ernst noch heutigen Tages an die fernen Slavenzeiten, wo Kiefernheiden, Sümpfe und Moore den größten Teil Pommerns bedeckten und die alten Wendengötter — ein Triglaff in den Städten, ein Swantevit auf dem Meere oder Porenutz, der „Waldbeschränker", Rugiarit, der „Sieger im Hirschschrei", Divitza, die Jagdherrin, in den Wäldern verehrt wurden.

Dennoch vermißt das Auge in der Gollnower Heide nicht jeglichen Reiz. Am Fuße der Kiefernstämme breitet sich oft ein buntfarbiger Teppich verschiedenartiger Moose aus, welche sich von zartem Silbergrau bis zum saftigen Dunkelgrün abstufen. Dazwischen wachsen Heidel-, Erd- und Preißelbeeren, deren Sträucher mit ihrem frischen Grün selbst im Winter noch das Auge erquicken. Vor allem aber, wenn das überall mächtig wuchernde Heidekraut, die Lieblingskost der Bienen, im Spätsommer zu blühen beginnt, prangt weithin die Waldöde in farbenprächtigem Gewande.

Ernst Gollnow.

Am Waldrand.

Am Waldrand ruh' ich gerne,
Das Hanfnetz ausgespannt,
In dämmerblauer Ferne
Vor mir das weite Land.

Die Hängematte schaukelt,
Die Fichten atmen kaum,
Ein Schmetterling umgaukelt
Des Wald's und meinen Traum.

Hugo Kaeker.

Ein Sommerausflug nach der Buchheide bei Stettin.

Als ein bewaldeter Ausläufer des hinterpommerschen Höhenzuges tritt die Buchheide dicht an das Odertal heran. Einzelne Spitzen erheben sich bis gegen 150 m Höhe. Die Heide besteht aus den Oberförstereien Klütz und Mühlenbeck. Beide bilden eine zusammenhängende Waldmasse von rund 6700 ha. (Klütz 3111 ha, Mühlenbeck 3632 ha.)

Im Westen wird die Grenze gebildet durch das Odertal, im Norden und Osten von der in nordwestlicher Richtung fließenden Plöne vom Madü-See bis zur Mündung in den Dammschen See und im Süden etwa durch eine Linie, welche die Ortschaften Neumark, Glien, Binow, Clebow und Klütz schneidet.

Es ist sicher, daß uns die Buchheide ihre intimeren Reize an einem Wochentage schöner entfalten würde; will man aber sehen, was gerade dieser Wald für Stettin bedeutet, so muß man einen Sonntag zum Ausflug wählen, denn da geht auch der Stettiner — wie Bräsig sagt — „an Fläg, wo er nichts zu tun hat". Schon vor Sonnenaufgang eilen die Radler über Altdamm-Rosengarten dem herrlich gelegenen Hohenkrug zu, wo der Weg sich gabelt, rechts die Pyritzer, links die Stargarder Chaussee. Hier wie dort kommen sie bald in den kühlen Waldschatten. Die Waldungen jenseits Hohenkrug an der Stargarder Chaussee gehören allerdings nicht mehr zur eigentlichen Buchheide, sondern bilden einen Teil der Friedrichswalder Forst.

Eine große Zahl von Ausflüglern benutzt die Dampfer, welche nach etwa einstündiger Fahrt in dem am Fuße der Buchheide gelegenen Dorfe Podejuch anlegen. Die Hauptmasse der Stettiner aber legt den Weg in rund 15 Minuten mit der Bahn zurück, die sich freilich dafür 35 Reichspfennige zahlen läßt, eine Summe, für die der Berliner vielmal so weit fährt. Allein die Bahnverwaltung läßt trotz wiederholten Petitionierens in dieser Angelegenheit nicht mit sich reden.

Vom Bahnhof Podejuch führt der Weg in östlicher Richtung aufwärts. Zur linken liegt das aufstrebende Podejuch. Etwas höher ist das von Sommerfrischlern bevorzugte Friedensburg erbaut. Viele der Ausflügler kommen über Leo Olwigs „Waldhalle", in deren Nähe die neuerbaute Oberförsterei steht, nicht hinaus, sie schauen das gelobte Land der Buchheide, kommen aber nicht hinein.

Die Wege in der Heide sind überall bezeichnet. An den verschiedensten Punkten laden Bänke zum Ausruhen ein. Das ist ein Werk des Buchheidevereins. Auch die Schaffung neuer Wege, die Anlage von Spielplätzen, der Bau von Denkmälern und Aussichtstürmen, die Erschließung besonders schöner Waldgebiete, die Einfassung von Quellen reden von seiner Tätigkeit. Als ein Verdienst dieses Vereins muß auch das Wohlwollen bezeichnet werden, das die Forstverwaltung den Besuchern gezeigt hat. Wenn auch die Ausflügler im großen und ganzen schonend im Walde auftreten, so werden die Kulturen doch häufig beschädigt, und das Wild wird „vergrämt“. In der Klützer Forst ist es schon ein Ereignis, wenn ein Reh sichtbar wird, und Hirsche sind wohl nur noch in der Mühlenbecker Forst zu finden. Wer wollte es dem Forstmann als solchem verdenken, wenn er die „Völker“ im Walde mit scheelen Augen ansieht. — Allen Besuchern dieses Waldes sei die vom Vorsitzenden des Buchheidevereins, Professor Carl Fr. Meyer, herausgegebene Karte nebst Führer empfohlen, an deren Hand wir einen kurzen Streifzug durch den Wald unternehmen wollen.

Buchheide.
Verlag von K. Bisbeck, Stettin.

Vom Colower Wege, bei den Eichen, geht links der Weg nach dem heiligen Berge mit seinem prächtigen Blick auf das Odertal, während die Fortsetzung der Colower Straße nach dem Klosterkopf führt.

Das ist eine Waldkuppe von 132 m Höhe. Hier befindet sich ein 21 m hoher Aussichtsturm, von dem man nach Südwesten fast bis nach Schwedt hin das Odertal überblickt, dessen Grün leider oft flutende Wasser decken, nach Westen und Norden aber einen schönen Fernblick in den Kreis Randow, über Stettin und das Haff genießt. Einen vollständigen Rundblick jedoch gewährt der Punkt nicht. Vom Klosterkopf gehen wir in nordwestlicher Richtung bis zu einer Waldlichtung, dem Hundepfahl und von dort abwärts in das Luisental. Hier dringen überall aus den Bergen Quellen hervor, deren Wasser den Luisenteich und Wasserfall speisen und den Bach stärken, der die rings von Waldbergen eingeschlossene Pulvermühle treibt. Von den Kolbatzer Mönchen angelegt, wurde sie später als Kupfer-, in der Schwedenzeit des Dreißigjährigen Krieges als Pulver- und in jüngst vergangener Zeit als Pappmühle betrieben. Heute stehen die Räder still und stören nicht die Ruhe und den Frieden des Waldlebens, nach denen alle verlangen, die hier einkehren. Von der Pulvermühle wandern wir der Försterei Hökendorf zu und gelangen zunächst zu den „hohen Buchen“.

Ohne Knorren und Ast, glatt und schlank wie Säulen, streben die grauweißen Stämme zum Licht empor, hoch oben erst ihre Blätterkrone schattenspendend über die „Kleinen im Walde" breitend. Wie wandert's sich schön unter diesen Riesen, zu deren Füßen der junge Nachwuchs gleich einer dichten Hecke emporringt und sich emporkämpft. Und wer von dem nahen Blocksberge hinabschaut auf das Blättermeer mit den Bergen und Tälern, die den Wogen gleichen, mit dem Grün, das jeder Windstoß in anderer Beleuchtung erscheinen läßt, der hat an einem Waldblick sich erfreuen dürfen, wie ihn auch Thüringens Berge nirgends schöner zu bieten vermögen. Bald ist die Hökendorfer Försterei erreicht. Auf der Terrasse oberhalb derselben umschließt uns von drei Seiten hoher Baumbestand. Nach Norden aber öffnet sich der Wald, und der Blick schweift über

Pulvermühle.
Verlag von K. Visbeck-Stettin.

Ackerflächen, das Fabrikstädtchen Altdamm und die weite Fläche des Haffs, dessen Blaugrau mit der Himmelsfarbe sich in der Ferne mischt. Von der Försterei steigen wir abwärts an Hökendorf, Zitelmanns Gut und dem Dohrenschen Park vorbei nach der Mittelmühle. Von hier aus führt unser Weg an dem Finkenwalder Sanatorium vorüber nach der Finkenwalder Höhe.

Auf dem Wege dahin statten wir erst der „Prinzeneiche" einen Besuch ab. Am 31. Mai 1821 pflanzten Friedrich Wilhelm IV. und sein Bruder Prinz Wilhelm diesen Stamm, als sie wieder einmal Gäste im Hause des Majors v. Katte in Finkenwalde waren. Von der Finkenwalder Höhe bietet sich dem Auge ein entzückendes Bild. Nach Westen überblicken wir das Odertal, Stettin und die Höhen auf dem linken Ufer der Oder. Zu unsern Füßen liegt Finkenwalde mit seinen freundlichen Villen und Altdamm, dessen schön gegliederter

Kirchturm die nähere Umgebung beherrscht. Im Nordwesten und Norden sehen wir das Haff und den Dammschen See. Der Kirchturm von Gollnow tritt klar hervor. Im Osten und Nordosten überschaut das Auge einen großen Teil der Buchheide und der Friedrichswalder Forst. Bei klarem Wetter erblicken wir die Türme von Stargard.

Das ist nur eine Streife durch einen kleinen Teil des schönen Waldes. Wieviel herrliche Punkte und Partieen bietet er doch noch! Da ist am westlichen Rande bei Finkenwalde Töpfers Park. Wer Lungengymnastik treiben will, der nehme den Bergstock und gehe den „Touristenweg", der von der Pulvermühle über sieben Hügel nach der Finkenwalder Höhe führt. Der Hirschkamm, der sich in der Richtung von Nordwest nach Südost zwischen der Colower Straße und dem „grünen Wege" erstreckt, wird von vielen Besuchern der Buchheide als der schönste Teil derselben bezeichnet. In der Mühlenbecker Forst locken Hohenkrug, Jeseritz, Kolbatz und das schöne Plönetal. Am Südrande der Buchheide werden Pflanzgarten, Försterei Fliederbruch, Karlsberg u. a. gern aufgesucht, und das Landschaftsbild wird hier belebt durch eine Anzahl von Seen, die teils in, teils am Rande der Buchheide liegen.

Buchheide, Prinzeneiche.

Die Buchheide bietet auch reiche Erinnerungen an unser Herrscherhaus. Friedrich Wilhelm I., der „Soldatenkönig", ist öfter als Jäger in der Heide gewesen; er veranstaltete hier Wolfsjagden. Spuren von den Erdentagen Friedrichs des Großen findet man hier viele. Finkenwalde wurde von ihm gegründet und nach seinem General v. Fink benannt. Auch andere Ortschaften an der Heide verdanken ihm ihre Entstehung, so u. a. Kyowstal, Sydowsaue, Rosengarten, Franzhausen, Arnimswalde. Friedensburg führte bis zur Beendigung des Siebenjährigen Krieges den Namen Friedrichsburg. Die Königin Luise ist auch einmal durch die Buchheide gefahren, allerdings unter wenig erfreulichen Umständen, als sie nämlich von Stettin über Klebow, Greifenhagen nach Küstrin fliehen mußte. Friedrich Wilhelm IV. ist oft ein Gast in der Buchheide gewesen. Ihm zu Ehren trägt eine schöne Wald-Chaussee den Namen „Königs-

Buchheide, der große Stein.

weg". Der „Königssteig" ist ein Pfad, der vom „großen Stein" nach dem jetzigen Meyerinkdenkmale führt.

So bietet die Buchheide historisch und landschaftlich sehr viel Interessantes. Und um deswillen nimmt der Stettiner manche Unbequemlichkeit mit in den Kauf. Er läßt sich die gute Laune nicht verderben, wenn er bei der Hin- und Rückfahrt auch fürchterlich eingeengt wird, wohl gar die „Bel-Etage" des Eisenbahnwagens ersteigen oder sich in Viehwagen verstauen lassen muß. Nach der Buchheide muß er, und jedesmal kehrt er mit dem Wunsche heim: „Schirm' dich Gott, du herrlicher, deutscher Wald!"

H. Pommerening-Stettin.

Mein Salon.

Waldmärchen.

Ihr Stadtmaulwürfe kommt heraus
Und seht,
Wie mir's im grünen Sommerhaus
Ergeht.
Hier ist ein Herr von Nadelholz
Portier;
Der hebt den Schnurrbart steif und stolz
Zur Höh',
Als wäre er ein Großstadtbaby
Des Herrn von Haby.

Die Anstandsdame nennt sich Frau
Von Föhren;
Sie steht mit ihrem Reifrockbau
Und sieben Gören,
Als wenn sie alle Etikette
Der Welt zu wahren hätte.

Jach kommt der Wind mit frecher Miene
Dahergebraust
Und nimmt die Krinoline
In seine Faust
Und bauscht die strenge Würde auf, —
Vorüber schon im Sauselauf.

Auf einer Polstergarnitur
Von Moos
Trink' ich zu meiner Sonnenkur
Château la rose.
Die Blumen schlürfen den Strahlenwein,
Ich kneipe den flüssigen Sonnenschein.

Im Busche singt leise
Die Meise,
Während dem schimmernden Blau
Enttauchen die engen Kreise
Der Raubvogelschau.

An grüner Wand läßt mein Salon
Von Birken
Das schönste Bildwerk der Saison
Umzirken:
In schwankem Rahmen Berg und Tal
Und unterm Sommersegenstrahl
Ein erntefrohes Wirken.

Es trillert der Fink, der lustige Pfeifer,
Verschnörkelte Schleifer;
Im Spitzwerk der Tanne, Flügel gefalzt,
Schnalzt
Des Würgers täuschender Eifer.
Heraus, heraus, ihr Waldvaganten,
Ihr Musikanten!
Bei euren unendlichen Melodien
Erwachen in meinem Herzen
Vergessene Harmonien.

H. Plötz-Stettin.

Fiddichow
und das Überschwemmungsgebiet der unteren Oder.

Wenn ein Fremder von Stettin aus mit dem Dampfer die Oder aufwärts fährt, dann ist er überrascht von der landschaftlichen Schönheit, welche die dortige Gegend nach und nach vor seinen Augen entfaltet. Ein 5 bis 7 km breites Tal, in dem das saftige Grün schöner, fruchtbarer Wiesen und die dunklere Färbung der Erlengebüsche sich angenehm miteinander verschmelzen, und von dem sich die blanken Wasser der hin- und herüberführenden Gräben und der beiden breiten Ströme links und rechts, der Oder und der Reglitz, wie weißleuchtende Kristalle im grünen Smaragd abheben, das Ganze eingerahmt von 20 bis 70 m hohen, mehr oder weniger bewaldeten Berghöhen, fesselt mit den dazwischen liegenden zahlreichen Ortschaften und Gehöften die Aufmerksamkeit des Beschauers ungemein. Terrassenförmig ziehen sich hier und da die Dörfer und Städte mit ihren zahlreichen Obst- und Blumengärten an den Berglehnen in die Höhe; andere wieder liegen in breiter, ausgedehnter Behäbigkeit in der tiefen Ebene und sorgen mit ihren weithin in vielen Hektaren sie umgebenden Gemüsefeldern für die zahlreichen Küchen der nahen Großstadt Stettin. Wiesen- und Milch-, Obst-, Gemüse- und Landwirtschaft, in dieser besonders der Tabaksbau in der Gegend der Städte Greifenhagen, Gartz und Fiddichow, sind die Haupterwerbszweige der Bewohner dieser Strecke der unteren Oder. Über einen Meter hoch erhebt sich bei den letztgenannten Ortschaften der süßsaftige Halm „des Militzes" (glyceria aquatica), und gleich einem Teppiche überzieht darunter das ebenfalls süßschmeckende, lange Wollgras (holcus lanatus) den Boden. Das Herz lacht dem Landmanne im Leibe, wenn er im Frühjahr bei warmem Sonnenschein diese Gräser emporsprießen sieht, und voll froher Hoffnung auf reiche Ernte, auf Vermehrung seines Viehstandes und seiner Bareinnahmen schaut er in die Zukunft.

Aber sorgenschwer wendet er im nächsten Augenblick sein Gesicht die Oder aufwärts nach Schlesien, zu den Bergen der Sudeten, und dann den Strom abwärts nach dem Meere. Gewitterstürme und Wolkenbrüche meldet der Telegraph von oben her, und ein Nordwind braust von unten die Oder aufwärts. Schwerfällig stößt der Mann seinen Kahn von der Wiese ab, und unruhig steigt er vom Ufer der Oder zu seiner Wohnung empor. Früh erhebt er sich vom Lager und blickt vom Uferberge aus nach seinen Wiesen hinüber. Ein weites Meer von Fiddichow bis Gartz! Eine meilenweite See von Fiddichow bis nach Schwedt, der brandenburgischen Grenzstadt! Seine Hoffnungen sind zerstört. Die Wiesen sind verschwunden. Nur Weidenbüsche, hier und da eine hohe Räne[1]) und Rohrspitzen ragen aus dem Wasser empor. Die niedrige Lage, 70 bis 100 cm über dem Meeresspiegel, ist den Wiesen zum Verderben geworden. Das Stauwasser von unten hat sie in 24 Stunden überflutet, und das Hochwasser von oben ist nach dem Verlassen der Uferumwallung, welche bis Schwedt die Gebirgswasser in Schach zu halten hat, über sie dahingeflossen. Nur sehr langsam verläuft sich das Wasser wieder von den Wiesen, um von ihrem Ertrage den Landmann kaum noch soviel werben zu lassen, als er für den notwendigsten Viehbestand gebraucht. Die scharfe Krümmung der Oder zwischen Fiddichow und Gartz, wo sich deren Bett im Gegenlauf $1^3/_4$ km stromaufwärts zurückbewegt,

[1]) Vergleiche Grimm, deutsches Wörterbuch, Rain 3. Abhang gegen ein Moor oder einen Fluß.

und der Brückendamm von Greifenhagen nach Mescherin halten die Gewässer gar oft monatelang auf den Wiesen zurück und lassen die ganze Ernte verderben. Noch vor dreißig Jahren war es anders. Reichliche Einnahmen brachten da die Wiesen ihren Besitzern. Aber mit dem Fortschreiten der Regulierung des Strombettes vom Gebirge abwärts bis nach Schwedt und Nipperwiese, dem ersten pommerschen Ort an der Oder, ist die Überschwemmungsgefahr gewachsen und der Wohlstand des gefährdeten Gebiets von Jahr zu Jahr zurückgegangen. Mit Wehmut blicken daher heute seine Bewohner in die Zukunft, Hülfe von dem Staate heischend, dessen Maßnahmen in weiter Ferne die Gefahr für sie heraufbeschworen haben. Hoffentlich wird der preußische Landtag ihnen bald seine Fürsorge zuwenden, da sie sich aus eigener Kraft gegen das verheerende Wasser nicht zu schützen vermögen.

Gehört Fiddichow doch heute einem einzigen Staatswesen und einem alleinigen Gebieter an. Früher dagegen teilten sich verschiedentlich zwei in der Nähe begüterte Adelsfamilien in den Besitz Fiddichows, von denen die eine auf der Burg, die andere auf dem Herrensitze in der Bahner Straße, dem heutigen Rathausgrundstücke, ansässig war; und Jahrhunderte lang gehörte es halb zu Pommern und halb zu Brandenburg, bis es nach dem Dreißigjährigen Kriege 1653 ganz und gar unter schwedische Herrschaft und 1679 durch den Frieden zu St. Germain an Kurbrandenburg kam. Schon im Jahre 1159 wird Fiddichow als wendische Burg, Viduchowa, in der Stiftungsurkunde des Klosters Grobe auf Usedom erwähnt. Herzog Ratibor und seine Gemahlin Pribizlawa wiesen darin den dritten Teil des Zolles von allen an der Burg vorüberfahrenden Schiffen dem genannten Kloster zu. Viduchowa war also damals Zollstation, welche die Herzöge von Pommern an der Grenze Brandenburgs errichtet hatten. Dazu war allerdings die Burg wie geschaffen; denn von einem hohen und steilen Uferberge aus beherrschte sie den Fluß und nötigte jedes Schiff, anzuhalten und seinen Zoll zu entrichten. Da letzterer der besseren und einfacheren Kontrolle wegen in einer seiner Höhe nach festgelegten Summe an den Landesherrn gezahlt wurde, so lieferten die Zolleinkünfte bei dem gewiß damals schon regen Verkehr auf der Oder für den Besitzer der Burg einen guten Überschuß; und daher erklärt es sich, daß die in der Nähe begüterten Adelsgeschlechter nach den Einkünften dieser Burg lüstern waren und dieselbe in ihren Besitz zu bringen suchten. Auch ließ es sich in den schönen Waldungen, mit denen weithin die lebhaft an das Thüringer Land erinnernden Berge der Umgebung von Fiddichow bestanden waren, ausgezeichnet jagen, und auf den weiten Gewässern und Seen des Odergebiets vorzüglich fischen. Friedrich Wilhelm von Hohenzollern, Markgraf zu Schwedt, der „Tolle Markgraf“ genannt, welcher ganz Fiddichow im Jahre 1725 von einem Kammerherrn von Barfuß kaufte, ließ sich sogar an dem großen und fischreichen Godmundsee bei Fiddichow ein Haus erbauen und von Schwedt aus bis dorthin auf der Räne der Wiesen einen Weg herrichten, um bequem zu Fuß und zu Wagen, besonders aber zu Schlitten, an den See herankommen zu können. Der Markgraf steht in Fiddichow wegen der vielen tollen Streiche, die er vollführte, und der harten Bedrückungen, welche Fiddichows Bewohner unter ihm zu erleiden hatten, in keinem guten Andenken. Wie er sich zu ihnen stellte, zeigt beispielsweise folgender Fall. Als er einst im Winter zu Schlitten von Schwedt nach dem Godmundsee hinunterfuhr, ließ er vor Fiddichow halten und den Bürgern durch seinen Heiducken befehlen, ihn zu Kahn von den Wiesen nach der Stadt hinüber zu holen. Die Bürger erschienen, schlugen unter großer Anstrengung eine Fahrrinne in das fußdicke Eis, und ruderten Seine Markgräfliche Hoheit in dem herbeigebrachten Boot hinüber, während das Schlittengespann mit den beiden Heiducken unmittelbar neben der Wasserrinne einherfuhr. In der Stadt bestieg dann mit schadenfrohem Lächeln Seine Hoheit den Schlitten wieder, und jagte im Galopp über das Eis dem Godmundsee zu. Aber auch noch aus anderen Gründen sind die Fiddichower dem Markgrafen gram. Er beraubte die Stadt ihres schönsten Schmuckes. Magnus von Wulffen, dessen Geschlecht von 1652 bis 1721 in Fiddichow ansässig war, hatte sich in den ersten Jahren des 18. Jahrhunderts an der Stelle der zerstörten oder zerfallenen Burg ein prächtiges Schloß gebaut. Doch der Markgraf ließ es wieder herunterreißen, weil es ihn ärgerte, daß es seinem Schwedter Schloß so ähnlich war, oder, nach anderer Lesart, weil ihn die 365 Fenster blendeten, wenn er von Schwedt nach Fiddichow hinübersah. Als er den Abbruch eines Tages inspizierte, und auf dem Schloßhof die schönen Fenster aufgereiht liegen sah, trampelte er wutentbrannt in eigener Person die Scheiben mit seinen großen Reiterstiefeln entzwei. Den schönen Eichenwald auf den hohen Wendenbergen dicht an der Stadt ließ er abholzen und die Berge kahl und öde liegen. Erst im Jahre 1877 sind sie auf Veranlassung der Königlichen Regierung zu Stettin wieder aufgeforstet worden.

Während Fiddichows Nachbarstädte, Gartz und Greifenhagen, sich wegen ihrer größeren Selbständigkeit in der Verwaltung in früheren Jahrhunderten gut entwickelten, sich mit Wällen und Gräben, Mauern und Festungstürmen umgaben, hat die eigentliche Stadt Fiddichow solche nie besessen. Das ließen die Burgherren nicht zu. Durch die vielen Frondienste, welche die Bürger den Herrschaften bei ihren Reisen zu Lande und zu Wasser, nach Stettin, Vierraden und Schwedt, Berlin und andern Orten, bei Festlichkeiten und Jagden, Hof-, Feld- und Waldarbeiten, bei Wege- und andern Bauten aller Art zu leisten hatten, wurden sie sehr gedrückt und darniedergehalten. Schwer hatte die Bürgerschaft zu rechten und zu streiten, um ihre Gerechtsamen und Privilegien gegenüber den Ansprüchen der Herren zu verteidigen, welche diese besonders nach dem Dreißigjährigen Kriege erhoben. Ihr altes Marktrecht, das sich unter dem Schutz der Burg entwickelt hatte, wurde Fiddichow 1283 zugunsten der Stadt Greifenhagen von dem Herzog Bogislaw IV. genommen, und erst im Jahre 1718 unter König Friedrich Wilhelm I. wieder erteilt. — Als am 31. Januar 1663 zu Stockholm König Karl XI. von Schweden und am 16. August 1681 zu Stargard Friedrich Wilhelm, der Große Kurfürst, die Privilegien der Stadt mit ausdrücklicher Hervorhebung des höchsten Gerichts an Hals und Hand bestätigt hatten, da waren es die Herren Hildebrand Magnus von Wulffen, der Kammerherr von Barfuß und der „Tolle Markgraf“, welche der Stadt diese Rechte streitig machten; und in dem mehr als 50jährigen Prozesse unterlag die Stadt. 1728 nahm der Markgraf der Schützengilde auch das Privilegium, das sie erst 1772 wieder erhielt.

Ebenso nahm er der Stadt die Fischereigerechtigkeit auf dem Godmund und allen seinen Nebengewässern; zog ihre Bürger zu allerlei Diensten heran und behandelte sie wie untertänige Bauern. Weil sie nicht so willfährig waren wie diese, haßte er sie, sie aber ihn nicht weniger. — Das Verhältnis zwischen Herrschaft und Bürgern wurde erst anders, als Fiddichow 1788 an den König Friedrich Wilhelm II. und somit an das Königshaus der Hohenzollern fiel, die der Stadt äußerst milde Herren waren. Die Hofdienste wurden abgeschafft. Viele Baukonsense zu neuen Ansiedelungen wurden erteilt und unentgeltlich oder gegen einen geringen Kanon Grund und Boden auf der Freiheit vor der Stadt zur Erbauung neuer Bürgerwirtschaften, dazu Äcker und Wiesen zur Ausstattung derselben hergegeben. Ganz neue Stadtteile, die Schwedter und Bahner Vorstadt von der Hirtenstraße an,

Fiddichow.

der Häusergrund, der Pechgrund und die Marwitzer Vorstadt entstanden. Handel und Industrie blühten auf. Getreidegroßhändler betrieben von dort aus ihre Geschäfte. Nadelfabriken, Schneidemühlen, eine Seiden- und eine Zuckerfabrik, in neuester Zeit sechs große Rohrgewebefabriken wurden errichtet, und die Einwohnerzahl wuchs zusehends. Während es Fiddichow nach der gänzlichen Entvölkerung im Dreißigjährigen Kriege bis zum Jahre 1740 nur auf 514 Einwohner brachte, deren Zahl sich unter dem tollen Markgrafen kaum vermehrte, zählte es 1870 3200 Einwohner, ein Beweis, daß der Zuzug von außen ein großer war.

Aber die besten Menschen müssen es wohl nicht gerade gewesen sein, welche sich in Fiddichow eine neue Heimat suchten. Es entstand das Sprüchwort: „Wat nargends ist wo to, dat treckt nô Fiddichow!“ Der Obristleutnant Hildebrand Magnus von Wulffen erließ am 30. Mai 1706 für die Fiddichower Schützengilde ein aus sechs Paragraphen bestehendes Strafgesetz, das also lautet:

1. Wer flucht und den Namen Gottes mißbraucht, zahlt 2 Groschen.
2. Wer schandbare Zoten redet oder singt, zahlt 6 Groschen.
3. Wer sich übermäßig besäuft, daß man ihn leiten muß, oder ungebührlich schreiet, zahlt 8 Groschen.

4. Wer mit jemandem Zank anfängt oder schimpft, zahlt 16 Groschen.
5. Wer jemanden schlägt, ohne Blutrünstigkeit, zahlt 2 Taler.
6. Wer jemanden schlägt, daß Blut darauf folgt, nach Befinden auch Löcher, zahlt 10 Taler.

Das frische Leben, welches sich in Fiddichow in der ersten Hälfte des vorigen Jahrhunderts entfaltete, und der gesteigerte geschäftliche Verkehr fordern jedoch zu einer besseren Beurteilung der Fiddichower auf. Der schwere Kampf ums Dasein aber, welcher wegen der verheerenden Oderüberschwemmungen zu führen ist, und die harte, dabei so wenig einträgliche Arbeit, die trotz allen aufgewandten Fleißes eine mehr und mehr zunehmende Verschuldung nicht verhindern kann, machen die Bewohner mißmutig und innerlich unzufrieden. Daß unter solchen Verhältnissen der Sinn für das Allgemeinwohl, Unternehmungslust und Wagemut leiden, Mißtrauen, Mißgunst und Eigennutz sich ausbreiten, ist gewiß zu beklagen, aber wohl zu verstehen.

Verschiedentlich hat ängstliches Zaudern und mangelnde Entschlußkraft die Stadt günstige Augenblicke verpassen lassen, wie 1873 beim Bahnbau und 1877 und 1901 bei den Verhandlungen über den Erwerb der Wendenberge. Fiddichow ist heute ein stiller Ort geworden, und die Einwohner klagen, daß sie für ihre Erzeugnisse nicht genügenden Gewinn erzielen. Viele haben darum die Stadt verlassen; eine Anzahl Wohnungen steht leer, und die Bevölkerungsziffer ist auf 2700 herabgesunken.

Möchte doch den Oderüberschwemmungen bald Einhalt geboten werden, und es gelingen, die Stadt einer neuen Blüte und die Bewohnerschaft einer besseren Zukunft entgegenzuführen.

K. Supply-Stettin.

Die böse Kindtaufe

oder

Wie Gartz wieder pommersch geworden ist.

Herr Otto III. war 1464 gestorben, und er hatte doch erst vier Jahre lang über das Herzogtum Pommern-Stettin regiert. In der Kirche des heiligen Otto zu Stettin hatte man den fürstlichen Leichnam feierlich eingesenkt, und der Bürgermeister Albrecht Glinde hatte nach altem Brauch Schild und Helm mit dem roten Greifenwappen hinter ihm in die Grube geworfen, zum Zeichen, daß nun mit dem Herzog auch des Herzogs Geschlecht zu Grabe gegangen und sein Land erledigt und herrenlos geworden sei.

Kaum war das Begräbnis vorüber, so kam der Kurfürst von Brandenburg, Friedrich II., der Eiserne, und sagte, nun sei er der Herr dazu, denn die Herzöge von Pommern hätten ihr Land von den Brandenburgern zu Lehen. „Handweg!“ riefen dawider die Herzöge von Pommern-Wolgast, Wartislaw X. und Erich II., „die nächsten sind wir am Recht; das kann doch ein Blinder sehen, denn wir sind die Vettern und tragen die Erbschaft." Der arme Kaiser, der damals wohl einen großen Namen, aber eine kleine Gewalt hatte, wußte nicht recht, wie er den Streit schlichten sollte. Aber auch die Leute im Pommernland waren in Parteien gespalten und uneins. Die an der See standen zu den Wolgaster Herren, die an der märkischen Grenze neigten den Brandenburgern zu.

Als Friedrich II. mit Warten und Briefen nimmer zum Ziel kam, rückte er um die Erntezeit 1467 mit seiner Feldmacht von 15000 Mann in zwei Heerhaufen von Prenzlau aus über die Randow und marschierte geradeswegs auf die Oderstadt Gartz zu.

Das war dazumal ein wichtiger und trutziger Ort im pommerschen Lande. Hier war der Paß, durch den aller Handel aufwärts wie abwärts, zu Lande wie zu Wasser hindurch ging, und wo die Waren verzollt werden mußten. Weil aber die Stadt auch unweit der Grenze lag, war sie mit festen Mauern und stattlichen Türmen und Toren bewahrt, davon nur noch die kleinste Hälfte bis heute ihr Leben gefristet hat. Auf dem Rathaus am Markt erhob sich ein Turm, auf welchem der Türmer die Wacht hielt. Eine Jochbrücke führte vom Brückentor über den Strom und setzte sich in einem Knüppeldamm und mehreren Brücken über Brüche und Wasserläufe gegen Südosten fort, bis man zuletzt einen Zollturm und darnach den Reglitzfluß auf einer Zugbrücke passierte und nördlich des Dorfes Marwitz wieder das feste Ufer betrat. Fast eine halbe Meile war der ganze Übergang lang, und wer ihn benutzte, mußte einen Heller der Mann und einen Pfennig das Pferd entrichten.

Der Kurfürst hätte wohl manche Kugel vergeblich verschossen, wenn die Gartzer, die schon öfter zu ihrem märkischen Nachbar hinübergeschielt hatten und eifersüchtig auf ihre Nachbarstadt Stettin waren, ihm nicht die Tore geöffnet und die Huldigung abgelegt hätten.

Dieses billigen Sieges freute sich der Kurfürst nicht wenig, ließ alsbald ein festes Schloß auf dem höchsten Punkte der Stadt bauen, das die Straßen und die Oder beherrschte und legte seinen Hauptmann Werner von der Schulenburg, der ein junger erprobter Kriegsmann war, mit 200 Reitern hinein, damit er von hier aus das Land in Gehorsam erhielte.

Also hat die Sache wiederum etliche Jahre gestanden, und die pommerschen Erbschaftshändel sind mit Waffen und Worten hinüber und herüber weiter gegangen. Die Gartzer, welche ob ihres Abfalls „Eulen" und „Verräter" gescholten wurden, dachten über ihre neuen Herren, seit sie dieselben aus der Nähe kennen gelernt hatten, auch anders. Denn der Brandenburger Hauptmann war ein gar strenger Regent, der die Bürger in der Stadt und die Bauern und Edelleute der Umgegend durch Gewalt und Brandschatzung anhielt, ihm jährlichen Zins und allerlei Feldfrucht zum Unterhalt seiner Leute zu liefern. Da wollte es viele von den Gartzern bedünken, als hätte sich die Untreue aufgemacht, ihre eigenen Herren zu schlagen, und sie hielten heimliche Abrede, ob sie nicht ihrer Brandenburger Gäste wieder ledig werden möchten. Wenn nur das Schloß nicht so fest und der Hauptmann mit seinen Reitern nicht so scharf auf dem Posten gewesen wäre!

Es sind aus jenen unruhigen Tagen, da unsere pommerschen Vorväter von Leidenschaft und Kämpfen mächtig erregt waren, viele Geschichten auf uns gekommen, die sich die Leute erzählen. Eine der schönsten ist die, die ich hier vortragen will.

Eine Meile südöstlich von Gartz, jenseits der Oder, dort, wo oberhalb von Marwitz das Land aus der Niederung wieder emporsteigt, liegt das Dorf Brusenfelde mit seinem stattlichen Herrenhof. Die Familie von Bruschaver war daselbst erbgesessen, und Bartolomäus Bruschaver hieß der Edelmann, der jetzt mit Weib und Kindern dort haushielt. Der trug vor andern ein braves pommersches Herz in der Brust und hätte den Märkern je eher je lieber den Laufpaß geschrieben. Er wartete nur auf den günstigen Zeitpunkt. Der ließ sich auch nicht vergeblich erwarten.

Gartz a. O.

Eines Tages bald nach dem heiligen Osterfest, das im Jahre 1477 ungewöhnlich früh fiel, kam ein Knecht durch das Tor auf den Schloßhof geritten. „Halten zu Gnaden, gnädiger Herr," sagte er, als er vom Gaul gesprungen und vor Herrn von Bruschaver getreten war, „ich komme mit Botschaft vom Schloßhauptmann Herrn Werner von der Schulenburg aus Gartz. Derselbe läßt Euch sagen, daß er den Brandschatzhafer, den Ihr ihm schuldig seid, auf anderen Sonntag, Misericordias Domini, nötig habe, sintemal ihm Gott ein Söhnlein beschert hat, das er an demselbigen Sonntag taufen zu lassen gedenkt, und hat viele edle Herren und Gevattern samt ihrer Mannschaft dazu geladen. So muß ich auch noch auf den andern Höfen die gleiche Botschaft verrichten."

Der Angeredete strich sich den Bart und sann einen Augenblick nach, als müßte er erst unter den möglichen Antworten die beste heraussuchen. Dann sagte er: „Da hast du aber einen weiten Ritt und bedarfst ein Weilchen der

Stärkung und Ruhe. Geh' in die Stube, meine Leute sollen dir vorsetzen. Euer märkischer Magen verträgt es."

Der Knecht ließ sich nicht zweimal einladen, sondern saß alsbald neben dem warmen Kamin auf der Bank, schob eine Brotschnitte mit Schweinefleisch nach der andern in den Mund und goß manchen Becher kräftigen Bieres darüber. Der Hofmeister schenkte ihm ein und ermahnte, wegen der schneidenden Märzluft ein übriges zu tun. Zuletzt, als die Kanne fast leer war, trat auch der Hausherr herzu.

„Zum Sonntag," fragte er, indem er ihm den letzten Rest in das Glas goß, „zum Sonntag, sagst du, will dein Herr den Hafer in Gartz haben? Das ist ein schwieriges Ding; denn es müssen acht Fuhren sein, und sie lassen so rasch sich nicht besorgen. Wenn's aber bis zum Montage, dem Morgen nach der Taufe, Verzug hätte, so wollte ich selbst gar frühe vor Tage ihn bringen, damit alles nach Vorschrift und Recht ginge. Denn ich habe alsdann eine Reise nach Stettin vor und kann bei der Gelegenheit meinen Weg über Gartz nehmen und in demselben Lichte wieder zurück sein."

Der Knecht, mit dem letzten Bissen im Munde, fühlte sich für Speise und Trank verpflichtet und wollte seine Verpflichtung nicht schuldig bleiben. Er hob den Becher und sagte, bevor er ihn leerte, mit wohlgemeinter und schwach gelungener Reverenz: „Auf gute Wegfahrt, gnädiger Herr, und glückliche Verrichtung! Es kann bis zum Montag Verzug haben, dafür will ich einstehen; denn an einem Tage läßt Herr Werner seine Gäste nicht los, sondern behält sie auf mehr. Damit Ihr aber desto früher und unbehindert auf dem Damm durch den Zoll und danach in die Stadt gelassen werdet, will ich selbst den Kriegsleuten, die an der Brücke, wie Ihr wißt, mit Büchsen und Waffen die Wacht halten, sagen, sie sollen Euch mit Eurem Wagen nicht aufhalten, damit Ihr beizeiten nach Stettin gelangen möget."

„Wirst du es auch ja nicht vergessen? Es wäre ein übles Ding und brächte mir Schaden und bitteren Aufenthalt, wäre ich an der Brücke zu warten gezwungen."

Da reichte ihm der Knecht die biedere Rechte: „So wahr ich Hans Nickel bin, ich sorge dafür, daß der Weg am Montag, so früh wie Ihr kommt, für Euch offen steht." Dann ritt er spornstreichs davon, um das Versäumte durch Schnelligkeit nachzuholen.

Es war etliche Tage danach, am Sonntag Misericordias Domini den 5. April bei einbrechender Nacht. Da herrschte auf dem Brusenfelder Hofe ein seltsames Bewegen und Regen. Im flackernden Scheine der Fackeln und Laternen sah man eine Menge Menschen eifrig wie zu einem bedeutsamen Zwecke sich rüsten. Knechte schoben acht große Kornwagen aus den Scheunen hervor, banden allerlei Waffen, Geschosse und Spieße heimlich daran und darunter und deckten ein paar Säcke darauf. Dann winkte Bruschaver der Reihe nach den in Harnisch und Sturmhauben umherstehenden Männern und hieß sie auf die Wagen sich legen, so viele nur Platz finden mochten. Über die Männer aber wurde Heu und Stroh von allen Seiten gepackt und große Säcke Häcksel darauf, daß es aussah, als wäre es eine richtige Ladung Hafer und reichlich gemessen. Zuletzt schnallten der Gutsherr selbst und seine Fuhrleute noch ihre Rüstungen, Beinschienen und kurzen Schwerter um, zogen große Kittel darüber und nahmen Peitschen und Stöcke zur Hand. Die aber von der Mannschaft auf und neben dem Wagen nicht Platz fanden, wurden zu einem besonderen Haufen geordnet, der als Reserve in einiger Entfernung nachfolgen sollte.

Der geneigte Leser merkt schon, wo es hinaus will, aber ob auch alles gehörig vorbedacht und erwogen sei, merkt er noch nicht. Darum will ich's ihm hier im Vertrauen verraten. Sobald des Schloßhauptmanns Knecht außer Sicht gewesen war, hatte Bruschaver sogleich heimliche Briefe an den Herzog Wratislaw sowie an die Städte Stettin und Stargard gefertigt, des Inhalts: es füge sich günstig zu einem Handstreich auf Gartz, wenn Gott und das Glück ihnen hülfen, er selbst wolle von der Brücke her mit seinen Leuten in die Stadt dringen, so solle der Herzog mit seinen Haufen vor Tagesanbruch am Stettiner Tor im Hinterhalt liegen, die Städter aber auf Kähnen bei nächtlicher Weile an der Oder warten, bis er sie riefe. Darauf als von den also Geforderten mit Freuden pünktliche Bereitschaft zugesagt war, hatte Bruschaver auch seine Gefreundte und Nachbarn zu gleichem Zwecke heimlich aufgeboten, und sie waren gerne willig gewesen, hatten sich am Sonntag Abend bei ihm versammelt und sich ein jeder seinen Platz auf den Wagen oder sonstwo von ihm anweisen lassen.

Stettiner Tor in Gartz.

Eben war die Mitternacht vorbei, als der Zug mit den Treibern sich auf Marwitz in Bewegung setzte und bald an die geschlossene Brücke des Zollstroms gelangte. Alles war still wie das Grab. Nur die Eisschollen im Wasser schoben und rieben sich gegeneinander. „Holla, ihr Schlafmützen!“ schrieen die Ankömmlinge zu den Kriegsknechten hinüber, „laßt uns die Brücke hinab! Wir müssen zur Stadt.“ Es währte eine ziemliche Weile, bis endlich die Wächter im Zollhaus erwachten und zur Hälfte verschlafen, zur Hälfte trunken hinüber=

fragten, wer sie denn wären, die ihnen nicht einmal ihre christliche Nachtruhe gönnten. „Ich bin's, Bartolomäus Bruschaver von Brusenfelde", gab der Führer zur Antwort, „ich bringe, wie euch kund ist, den Hafer, den euer Hauptmann erwartet." Als sie ihn nun an der Stimme erkannten und sich des Auftrages entsannen, den der Knecht ihnen gegeben, lösten sie alsbald die Ketten und traten die Fallbrücke nieder. Bruschaver aber ließ fünf Wagen hinüberfahren, den sechsten auf der Brücke halten und die beiden letzten dahinter. Dann riß er mit seinen Leuten die nötigen Spieße von den Wagen, hieb auf die ahnungslosen Kriegsknechte ein und stürzte sie von der Brücke ins Wasser hinab. Nur einige wenige sprangen eilends davon und wollten auf den Turm sich retten. Das durfte nicht sein. Darum krochen flugs noch etliche Reisige aus ihren Wagenverstecken hervor, holten die Fliehenden ein und stachen sie nieder. So war nun der Zoll in Bruschavers Händen, und er besetzte ihn alsbald mit sicheren Leuten, ließ auch die Brücke wieder aufziehen, damit sie, wo es ihnen weiter nicht glückte, eine Deckung im Rücken hätten.

Eine halbe Stunde danach, als die Erlen und Sumpfweiden, die damals das Bruch auf allen Seiten bestanden, sich lichteten und der Tag hinterwärts über Greifenhagen zu grauen begann, langte der seltsame Zug vor der Stadtbrücke an. Da erhob sich ein neues bedenkliches Hindernis. Trotz der frühen Stunde waren schon Zimmerleute am Werk, die Brücke zu bessern, damit der Verkehr am Tage nicht litte. Die hatten einen großen Teil der Bohlen von den Balken genommen, daß es unmöglich war, hinüberzufahren. Hätte nun Bruschaver sich dort bis zur Fertigstellung geduldet oder gar Gewalt gegen die Handwerker anwenden wollen, so wäre sein Anschlag sicher entdeckt, und es hätte sie alle Gut und Leben gekostet. Darum versuchte er auch diesmal mit List zum Ziele zu kommen. Er rief den Zimmerleuten zu, sie sollten doch die Bretter nur wenigstens so lange wieder darauf decken, bis er hinüber wäre, denn er hätte es eilig mit seinem Hafer, und es solle ihm auch auf ein anständiges Trinkgeld nicht ankommen. Da griffen die Bauleute zu und belegten wieder die Brücke, und die Fuhrknechte gingen ihnen zur Hand, um es schneller zu schaffen. Als nun Bruschaver mit seinen Wagen in die Stadt fuhr und die zwei letzten im Tore halten ließ, liefen die Zimmerleute ihm nach und forderten den versprochenen Lohn. Da riefen die Fuhrknechte die gewaffneten Ritter, die alsbald unter den Hafersäcken hervorsprangen: „Hier habt ihr euren Lohn!" fielen über sie her, erwürgten sie und warfen sie in das Wasser hinab.

Daselbst lagen aber auch zehn Oderkähne am Strand, die waren über Nacht eingelaufen und waren mit Matten verdeckt, als hätten sie kostbare Waren an Bord. Als nun Bruschaver ihnen zurief, begann es sich unter den Matten zu rühren, und es stieg eine große Menge Stettinische und Stargardische Bürger mit Waffen daraus ans Land. Die nahmen sogleich das Tor und die benachbarten Gassen ein, liefen zum Stettiner Tor und schoben gewaltsam die Riegel zurück. Da lag nun Herzog Wartislaw mit seinem Volk auf der Lauer und drang alsbald in die Stadt. Schleunig besetzten nun die Pommern das Tor, den Markt und den Kirchhof, liefen durch die Straßen und schrieen: „Horsa Stettin! Horsa Stettin!" Was sich zur Wehre setzte, wurde erwürgt oder gefangen genommen.

Herr Werner von der Schulenburg aber lag droben im Schlosse, schnarchte und schlief, als wollte er nimmer erwachen. Denn er hatte des Abends zuvor mit seinen Gevattern und Gästen zu tapfer gezecht, und merkte von allem, was drunten in der Stadt geschah, gar nichts. Als nun der Herzog mit seiner Mannschaft auch vor das Schloß kam und es berannte, liefen die erschreckten Diener eilends zum Hauptmann, weckten ihn und riefen: „Herr Hauptmann, der Herzog von Pommern hält vor dem Schlosse und wird nächstens hier sein!" Da sprang er mit beiden Füßen zugleich aus der Bettstatt und sagte: „Ach leider, das ist allzulange geschlafen!" Dann warf er die Kleider über und griff zu den Waffen, um mit seinen Leuten, so es noch anginge, die Burg zu erhalten. Der Herzog aber war bereits auf dem Hofe, und hätte ihn beinahe erhascht. Da entwischte der Hauptmann durch einen heimlichen Gang und entkam auf den Turm des Vierradener Tors, der für alle Fälle mit Büchsen und Mannschaft bewehrt war. Viele von den Gästen aber, denen das fröhliche Fest noch arg in den Gliedern stak, wurden samt den Märkern gefangen genommen; andere fanden beim Sturm auf das Schloß ihren Tod. Dann brach der Herzog das Schloß in den Grund, vertauschte an Rathaus und Toren den märkischen Adler wieder mit dem pommerschen Greif, und ließ sich von den Bürgern die Huldigung leisten.

Währenddessen hatte sich Herr Werner auf seinem Torturm verzweifelt mit seinen Leuten gewehrt. Die Pommern hatten rings herum ein mächtiges Feuer entzündet, ob nicht der Qualm den Märkern zu stark werden möchte. Die aber schossen fleißig von den Zinnen herab, und hielten sich bis an den vierten Tag. Da war ihr Vorrat verbraucht, und Herr Werner mußte von seiner luftigen Höhe hernieder. Weil er aber ein tapferer Feind war, reichte ihm der Herzog zum Willkommen die Hand, begrüßte ihn und sagte: „Werner, wir sehen euch gerne!" Da erwiderte der andere verbrießlich und ehrlich: „Ich habe Eure Fürstlichen Gnaden niemals so ungern gesehen als jetzt."

So haben die Märker die wichtige Grenzstadt wieder eingebüßt.

Hat damit nun der Streit um die pommersche Erbschaft sein Ende genommen? Gerade im Gegenteil, er hob jetzt von neuem an. Der Kurfürst Albrecht Achilles kam alsbald mit Heeresmacht herbeigeeilt, aber er fand die Gartzer Tore verschlossen und mußte sich auf andere Gegenden werfen. Im Jahre 1479 aber, als Herzog Wartislaw inzwischen verstorben und Bogislaw X. auch über Stettin der Herzog geworden war, hat derselbe zu Prenzlau einen Vertrag und Frieden mit den Brandenburgern gemacht, darin er Gartz bei seinem Lande erhielt, aber die Kurfürsten als seine Lehnsherren annahm. Der Hohenzollersche Aar fing schon an, seine Fänge zu regen, um bis ans Meer sich zu schwingen. Es ist ihm danach auch aufs schönste geglückt, und der Leser wie der Verfasser sind es völlig zufrieden so, und wüßten selbst nicht zu sagen, wie es besser sein könnte.

Superint. H. Petrich-Gartz.

Das Land Bahn und Wildenbruch.

Der südlichste Teil Pommerns wird von einem Hochlande erfüllt, welches mit seinen westlichen Abfällen bis zur Oderaue und mit seinen Nordabhängen bis zum Tieflandsbecken des Dammschen Sees reicht. Es ist der Teil des pommerschen Höhenzuges, der durch die Stargard-Pyritzer Bucht und das Becken der Plöne fast ganz isoliert und von der Thue durchbrochen wird.

Wenn milde Lüfte über diese Höhen gehen, führen sie den weichen, balsamischen Odem der im Sonnenglanze leuchtenden Rübsen- und Kleefelder weithin über das Gelände. Bienen ziehen dann wie summende Geschosse durch die Luft. Lerchen steigen jubelnd auf zu lichten Höhen, und aus der Ferne ertönt der rhythmische Schlag der scheuen Wachtel aus dem Ährenfelde. Am Feldraine duftet der Quendel, spendet strengen Wohlgeruch das Labkraut, und am grasigen Hange leuchtet der Ehrenpreis mit seinen blauen Blüten wie ein treuherziges Kindesauge. Vor dir reiht sich ein Kornfeld an das andere, bis in die schimmernde Ferne wogend wie ein sanftgewelltes Meer!

Feierlich ist's im Felde um die Mittagszeit, wenn die erhitzte Luft über den Hängen zitternd sich bewegt. Schillernde Libellen schwirren vorüber, den tanzenden Mücken nach. Melancholischer Gesang der Grillen klingt vom Hügel, und im Grase, dem wohltuenden Sonnenstrahle sich hingebend, raschelt die Lacerte, Schutz suchend vor dem Fuße des Wanderers in dem Halmenwalde des Ackerbordes. Falter, buntfarbig und leuchtend, gaukeln über den Pfad. Eine ganze Wolke dieser lieblichen Gestalten schwebt über den roten Blüten des Feldthymians, der seinen belebenden Duft in die heiße Luft entsendet. Blaue Glocken nicken dir entgegen, und die Cyanen dort, das Kornfeld wie ein Kranz umgebend, winken dir tausend Grüße zu, und der wilde Mohn im weißen Klee schimmert wie Blutflecke in dem vielfarbigen Teppich, der sich vor dem schweifenden Blicke entfaltet.

Unter Bäumen verborgen, erhebt sich in der Ferne ein Türmlein, und leise verhallend zittert der Klang der Mittagsglocke über die Flur, auch den einsamen Wanderer zur Ruhe ladend. Du fühlst dich trotz des blendenden Sonnenscheines im wogenden Halmenmeere einsam, und ein geheimes Bangen durchzieht deine Seele; denn überall geht ein Lispeln und Raunen durch das Feld. War es dir nicht, als sahst du dort in der Furche warnend eine Hand sich erheben? Das ist die Kornmuhme, die in dieser einsamen Stunde den Segen der Fluren schützt.

Manche Erhebungen des Plateaus gewähren einen weiten Ausblick in die Runde. So erblickt man bei klarem Wetter von einer Höhe im Osten von Bahn in nordöstlicher Richtung einen blitzenden Streifen fern am Horizonte. Es ist der Maduesee, und dahinter ragen die beiden stattlichen Türme der alten Pommernstadt Stargard. Auch die Höhe von Gornow, südlich von Bahn, gestattet eine schöne Übersicht über einen Teil des Thuetales mit seinen leuchtenden Seen. Nach Süden hin wird der Blick gehemmt durch die gewaltigen Forsten, die sich in der Neumark bis zum Tale der Warthe ziehen. In diesen Wäldern wetzt noch hier und da der grimme Eber sein blank Gewaffen an den Wurzelknorren vielhundertjähriger Eichen, und unheimliche Moräste im Erlengrunde bieten noch dem Schwarzwilde Nahrung und Schutz. Krachend durchbricht der stolze Edelhirsch das dichte Unterholz und steht, ein König des Waldes, auf der sonnigen Blöße. In der Tiefe des Waldes hämmert am morschen Stamme der Schwarzspecht, den man sonst wohl nur selten sieht. Mit gellendem Rufe zieht der Katzenaar über den Kronen der Baumriesen seine weiten Kreise, und rauschend erhebt sich aus dem Geäst der Buche der Entenadler aus seinem Horste. Auch der weißgeschwänzte Seeadler erscheint manchmal zu Gaste und bedroht das kleinere Getier des Waldes mit seinen todbringenden Fängen.

Welch reges Leben der Vogelwelt zeigt sich doch im pommerschen Laubwalde im Gegensatze zu den an Vögeln armen, melancholischen Kieferwäldern der Mark! Während dort der Wanderer weite Strecken der Einöde durchmißt, ehe der Laut eines Vogels sein Ohr erreicht, ist unser Laubwald belebt von Scharen anmutiger Sänger. Oben in den lauschigen Kronen trillert der Laubsänger sein leises Lied, schmettert der Fink seine schallende Kadenz, und von der freundlich schimmernden Birkengruppe her zieht der flötende Ruf des Pfingstvogels über den Wald.

Vor uns lichtet sich der Wald! Ein reizender See entfaltet sich dem entzückten Blick. Rings ein Kranz von Rohr und Schilf und Ried, und dazwischen der glatte Spiegel, der sich hinter jener Halbinsel, von Eichen und Buchen beschattet, verliert! Am Röhricht flattert das Bläßhuhn, und von der Mitte her erklingt der knarrende Warnruf des Tauchers.

In dieser Waldeinsamkeit gibst du dich gerne der süßen Ruhe hin, träumend am ragenden Ufer, wo die Bäume mit verschlungenen, braunen Schlangen gleichenden Wurzeln Lebenskräfte aus den sie umspielenden Wellen saugen. Bilder aus längst vergangener Zeit steigen in dir auf, und neue Hoffnungen erfüllen deine zagende Seele! — —

Der schönste und anmutigste Teil des Bahner Plateaus ist das Thuetal mit seinen lauschigen Winkeln, grünen Wiesen, waldigen Gehegen und vielen Seen.

Bald nachdem der Zug der Greifenhagen-Wildenbrucher Kleinbahn den Bahnhof in Greifenhagen verlassen hat, biegt er in das Tal der Thue ein. Mühsam und kostspielig war einst die Arbeit, um so viel Raum zu gewinnen, daß der Schienenweg eröffnet werden konnte; denn nahe treten die Berge an das Ufer, und quellenreich sind ihre Abhänge und daher der Boden leicht beweglich, besonders im Frühling, wenn die Schmelzwasser herniederbrechen und ihn erweichen. Eingeengt zieht das Flüßchen, unter Erlen oft ganz verborgen, in mäandrischen Krümmungen dahin, öfter sich im Ufergelände zu rundlichen Becken erweiternd, und dann wieder so schmal und seicht, daß man bequem hinüber könnte; denn mehrfach wird es auf seinem Laufe durch feste Wehre gehemmt, um Mühlen zu treiben, und daher ist es hier unansehnlicher als in seinem Oberlaufe, wo es schöne Seen bildet.

Ein liebliches Idyll in den enggeschlossenen Bergen ist Vogelsang mit seinen freundlichen Wohnhäusern und Fabrikgebäuden. Wenn hier im Frühling aus dem duftenden Schlehenstrauche der Nachtigallen Wettgesang ertönt, wenn Bluthänfling und Stieglitz in feurigem Rhythmus jubeln, und dazwischen Grünling und Grasmücke langen Flötenruf erklingen lassen: dann begreift man, daß dieses Fleckchen Erde nicht anders heißen konnte als „Vogelsang".

Weiter führt uns das Dampfroß. Es steigt hinter Vogelsang aus dem Tal hinan auf die Höhe und eilt an Dörfern, Seen und Weihern vorbei, über Triften und Weideplätze, auf denen die dunklen Pyramiden des Wachholder-

Thuetal.

strauches sich erheben. Düster und freudlos stehen sie neben der zitternden Espe und der ruhelosen Birke.

In der Nähe der romantisch gelegenen Untermühle bei Liebenow und der sogenannten „Helle", einem kleinen bewaldeten Talkessel, aus welchem die Thue in merkwürdigen, oft Schlingen bildenden Krümmungen hervorbricht, nähert sich die Eisenbahn wieder dem Flusse und gewinnt auf hoher Brücke das linke Ufer desselben, klimmt in einem Durchstiche die Höhe hinan und eilt dann, auf derselben verbleibend, nach Bahn und Wildenbruch hinab.

Von der Liebenower Obermühle an, die von der Kurfürstin Dorothea 1684 als Papiermühle angelegt und 1850 zu einer Kornmühle umgewandelt wurde, nimmt das Thuetal einen ganz veränderten Charakter an. Die Höhen treten zurück und lassen zwischen sich ein breites Tal. Einst war dies wohl bis Schönfließ ein einziger langgestreckter See. Als aber die Zuflüsse allmählich versiegten und der Spiegel des Gewässers fiel, entstanden die sumpfigen Wiesen, welche noch jetzt deutlich die einstige Ausdehnung der imposanten Wasserfläche erraten lassen.

Eine Anzahl schöner Seen reiht sich wie Glieder einer Kette im Tal der Thue aneinander. Die wichtigsten in der Richtung Liebenow=Schönfließ sind der Heiligesee, der Schützensee und der Brücksee, der Bahner Langesee, einem

Thuetal.

breiten Strome gleichend, der ansehnliche Wildenbrucher See, der Dolgensee und der Stresower See. Am rechten Ufer der Thue (Tyva) und des Langensees, in 95 m Höhe, liegt rings um die im byzantinischen Stile erbaute Kirche das Städtchen Bahn. Der Name ist slawisch und vielleicht auf bahno, bagno, Sumpf, zurückzuführen.[1]) In alter Zeit war die Lage der Stadt noch günstiger als heute, und vom linken Ufer der Thue schwer zu erreichen, wenn die Verbindung aufgehoben wurde. Jedenfalls ist der Weg, der heute zur Unterstadt hineinführt, angelegt auf einem in späterer Zeit aufgeschütteten Damme; denn unmittelbar zur

[1]) Dr. G. Thomae, Geschichte der Stadt und Herrschaft Schwedt. Julius Schulz, Beiträge zur Tätigkeit des Johanniter=Ordens in Pommern.

Rechten plätschern die Wellen des Langensees, und zur Linken liegen die Sumpfwiesen des Brücksees, der früher augenscheinlich bis dicht an den Ort reichte.

Ehe man die zur Unterstadt führende wohlgepflegte, schattige Promenade betritt, bemerkt man an der Chaussee, unter Bäumen versteckt, eine altertümliche Kapelle. Dieselbe gehört zu dem in der Nähe liegenden 1417 gestifteten Bürgerhospitale St. Georg. In unmittelbarer Umgebung ist wohl der Platz zu suchen, wo zu Ende des 15. Jahrhunderts die Passionsspiele aufgeführt wurden, die einst ein recht klägliches Ende nahmen, weil mehrere Darsteller dabei erschlagen wurden.[1]) In der Zeit soll das Sprichwort entstanden sein: „Es nimmt ein Ende, wie das Spiel zu Bahn."

Schloß Wildenbruch.

Weil der Ort nahe der brandenburgischen, resp. polnischen Grenze lag und oft beunruhigt wurde, ist er 1270 stark befestigt worden. Von der Stadtmauer ist heute jedoch außer dem alten Mauerturm im Garten der Superintendentur keine Spur mehr vorhanden.

Bahn hat mehrfach hart unter Kriegsunruhen zu leiden gehabt, besonders 1478 während der Kämpfe zwischen Albrecht Achilles und Bogislaw X. von Pommern und während des Dreißigjährigen Krieges.

Die ältesten Nachrichten über Bahn reichen bis zum Ausgange des 12. Jahrhunderts. Um diese Zeit war es noch ein offener Flecken. Herzog Barnim I.

[1]) L. Ziemssen, das Spiel zu Bahn. (Gött. 1863.)

erhob ihn 1230 zur Stadt und schenkte diese mit der umliegenden Gegend, „Land Banen" genannt, 1234 den zu Anfang des Säkulums in den Kamminer Sprengel gekommenen Tempelherren, die sich nun in dem eine Meile entfernt liegenden Dorfe Wildenbruch niederließen, das heute ca. 900 Einwohner zählt und unweit des größten Sees des Tales liegt. Aus grünem Wiesengrunde erhebt sich ein imposantes Schloß mit drohend ragendem Wartturm, auf welchem verkrüppelte Kiefern gespensterhaft sich erheben. Bei der Betrachtung desselben steigen in uns auf Bilder aus der Vergangenheit, und die Gedanken eilen zurück in die Zeit, wo die Wenden hier zahlreich siedelten am Wasser und auf der Höhe.

Hier lag vorzeiten am Ufer der Tyva auf einem Hügel an einem kleinen See, inmitten einer Wildnis von Rohr und Wald, ein Kastell, geschützt durch Graben und Wall; denn hinter dem großen Grenzwalde war das Land der kampfeskundigen Polen.

Bewaffnete Scharen zogen oft vom Ufer der Tyva südwärts, abzuweisen die Angriffe der kraftvollen Anhaltiner der Mark, die sich mühten, die ihnen verliehene Lehnshoheit über Pommern geltend zu machen.

Man gedenkt auch an dieser Stätte der Zeit, wo der greise Otto von Bamberg sich Bahn brach durch den dichten Wald, um die christliche Lehre in das Pommernland zu bringen.

In der Zeit, als das Wendentum immer mehr zurückgedrängt wurde und deutsche Unternehmer neue Ortschaften gründeten oder alte wendische, in denen die Bevölkerung durch Krieg und Seuche gelichtet war, wieder bevölkerten, hat auch wohl Wildenbruch seinen slawischen Namen mit dem heutigen vertauscht. Mit dem Jahre 1234 begann eine neue, glanzvolle Epoche für Wildenbruch und Bahn. Die Templer zogen in das ihnen überwiesene Gebiet und bauten in Wildenbruch ein Schloß, welches zur Komturei eingerichtet wurde. Einer der Hauptgründe, weshalb den Templern diese Zuwendung gemacht wurde, wird neben dem Bestreben, die Sache des heiligen Landes zu fördern, der gewesen sein, einen neutralen Landstrich zwischen Pommern und Polen zu schaffen und so die Grenzstreitigkeiten zu beseitigen, außerdem christlich-germanische Kultur zu verbreiten. Die Tempelritter gelangten bald zu Ansehen und Macht, da sie auch von anderer Seite unterstützt wurden und Zuwendungen erhielten von den Bischöfen von Lebus und Kammin. Leider war ihre Herrschaft nicht von langer Dauer. Als der Papst 1312 die Aufhebung des Ordens verfügte, mußten die Ordensritter auch die Besitzungen in hiesiger Gegend, die sie etwa 80 Jahre innegehabt hatten, aufgeben. Viele derselben wurden nun den Johannitern überwiesen, und so kam auch Bahn und Wildenbruch, Rörchen und Pansin (Kreis Saatzig) durch Herzog Otto I. an diesen Orden. In Rörchen wurde eine Komturei eingerichtet, die jedoch 1382 nach Wildenbruch verlegt wurde. Freilich ließ sich Barnim III. 1345 die Stadt Bahn von dem Ordensmeister Hermann von Werberg wieder abtreten, der Orden behielt sich jedoch so viele Reservate vor, daß der Ort auch forthin als Zubehör des Ordens angesehen werden konnte.

Die Johanniter scheinen mit ihren Untergebenen in keinem so guten Einvernehmen gestanden zu haben, wie die Tempelherren; besonders wird von Konflikten berichtet, die sie mit den Bahner Bürgern hatten. So wurde 1399 der Herrenmeister von Walmoden bei seiner Anwesenheit in der Stadt im Turme erschlagen.

Einmal hatte der Komtur von Wildenbruch Regine, die Tochter des Bahner Schultheißen Matthias Leupold, nebst zwei Freundinnen auf dem Bahner See, dessen Südende noch heute „Kunter-Ende" (Komtur-Ende) heißt, gefangen nehmen und im Wildenbrucher Schloßturme festsetzen lassen. Die Jungfrauen entkamen jedoch und wurden erst vor der Stadt eingeholt. Sie kamen aber noch über die Brücke, deren Belag schnell abgedeckt wurde. Als nun ein Ritter versuchte, auf den Balken hinüber zu kommen, wurde er mit einer Stange in das Wasser gestoßen und ertrank. Wegen dieser Tat mußte die Stadt ein Mordkreuz unterhalten, welches jetzt aber nicht mehr vorhanden ist.

Im Laufe der Zeit geriet der Orden in bedenkliche Streitigkeiten mit den Herzögen von Pommern, insbesondere zur Zeit der Reformation, wo er bestrebt war, sich von der Lehnspflicht loszumachen, was ihm indessen nicht gelang. Zum Komtur durfte in der Folge nur eine den Herzögen genehme Person evangelischen Glaubens ernannt werden. Die Komture zu Wildenbruch wurden nach ihrem Ableben in der Kirche des Ortes, einer der ältesten Pommerns, beigesetzt. Ein Gewölbe vor dem Altare enthält fünf Särge der Herren von Putbus, die lange Zeit Komture waren. Leider ist das ehrwürdige Gebäude in der Nacht vom 8. zum 9. August 1902 durch Blitzschlag entzündet worden und bis auf die Umfassungsmauern niedergebrannt und somit manche Erinnerung an eine denkwürdige Zeit vernichtet worden.

Über 400 Jahre war Wildenbruch Ordensland und das Schloß über 250 Jahre Sitz eines Ordensmeisters gewesen. Im Westfälischen Frieden verlor der Johanniter-Orden seine weltliche Macht; Wildenbruch wurde für weltliches Eigentum erklärt und von Schweden in Besitz genommen. Die Tochter Gustav Adolfs, Königin Christine, schenkte die Herrschaft ihrem Kanzler Salvius; später kam sie in Besitz des schwedischen Gesandten Bidal in Hamburg und dann, wahrscheinlich nach der Schlacht von Fehrbellin, als Dotation an den Feldmarschall Derfflinger, nach dem Frieden von St. Germain jedoch wieder an den Vorbesitzer zurück, von dem sie die Kurfürstin Dorothea, zweite Gemahlin des Großen Kurfürsten, 1680 käuflich erwarb und ihrer Herrschaft Schwedt einverleibte. Ein neuer Abschnitt beginnt damit in der Geschichte der Herrschaft Wildenbruch. Die Herrschaft Schwedt mit Wildenbruch war ein Majorat, in welchem die Besitzfolge nach dem Rechte der Erstgeburt geregelt war. Starben die männlichen Nachkommen aus, so sollte es gegen Rückzahlung der Reluitions-, Kauf- und Verbesserungsgelder an die etwa vorhandenen Töchter des Hauses Brandenburg-Schwedt an die Krone fallen.

Drei Markgrafen haben in der Zeit von 1690 bis 1788 regiert. Der erste war Philipp Wilhelm. Er war eifrig bedacht, sein Besitztum innerlich zu heben.

Unweit Wildenbruch ließ er eine Heilanstalt errichten. In der Nähe des Dolgensees entspringt eine starke Quelle, der Rummelspring. Damals hatte dieselbe den Ruf besonderer Heilkräfte. Der Markgraf ließ nun dabei ein Gebäude errichten, worin die Kranken Aufnahme fanden. Als sich aber zeigte, daß der Quell nicht die erhoffte Wirkung hatte, verfiel die Anlage im Laufe der Zeit.

Der zweite Markgraf, Friedrich Wilhelm, wegen seiner Streiche der „tolle Markgraf“ genannt, war ein Schwiegersohn Friedrich Wilhelms I. und regierte von 1711 bis 1771. Er ist der Schöpfer der herrlichen Linden-, Buchen- und Kastanien-Alleen, welche noch heute die meisten Dörfer der Herrschaft verbinden und der Landschaft einen eigentümlichen Reiz verleihen. Sie sind so angelegt, daß sie in schnurgerader Richtung ihre Zielpunkte auf die Kirchtürme haben.

Wohl nur selten gedenkt jetzt jemand des Wohltäters, wenn er wohlgemut bei heißem Sonnenbrande unter diesen kühlen Lauben dahin schreitet und noch viel weniger derer, die ihretwegen einst empfindliche Strafen erlitten. Diese Alleen wurden nämlich in der Weise angelegt, daß jeder Bauer am Rande seines Ackers eine Anzahl junger Stämmchen setzen und pflegen mußte. Ging ihm ein Baum aus, so schickte ihm der Markgraf einen handfesten Mann in das Haus, der ihm eine tüchtige Tracht Prügel verabfolgen mußte. War der Dorfschulze der Übeltäter, so konnte er sich des hohen Vorzuges rühmen, die markgräfliche Hand auf seinem Rücken zu fühlen.

Der tolle Markgraf war ein Feind der Geistlichkeit und spielte manchem geistlichen Herrn einen Possen. So wird erzählt, daß er einst morgens von Wildenbruch kommend, den Prediger von Nahausen, welcher in Unterhosen und Schlafrock vor der Tür stehend, die Morgenluft genoß, in seinen Wagen nötigte und trotz alles Protestierens nach Schwedt mitnahm, wo er ihn schadenfroh in das Zimmer der Markgräfin schob, die gerade Damenzirkel hielt.

In Wildenbruch ärgerte ihn der für den markgräflichen Sitz zu hohe Stand der Kanzel; er ließ den Ständer derselben durchsägen, um den Geistlichen zu Fall zu bringen, und zwar sollte dies an dem Sonntage geschehen, wo das Kapitel von der Selbsterhöhung den Text der Predigt bildete. Der Anschlag mißlang aber. Der alte Ständer wurde bis in die letzte Zeit auf dem Kirchenboden gezeigt. Bei dem oben erwähnten Brande ist er auch vernichtet worden.

Es ist erklärlich, daß man Gelegenheit nahm, sich an dem rücksichtslosen Markgrafen zu rächen. Bei Mariental war einst der markgräfliche Wagen stecken geblieben. Als die Kunde in das Dorf gelangte, befand sich die Gemeinde gerade in der Kirche. Der Geistliche forderte zur Hülfe auf, indem er hinwies auf das Wort: „Wer ist unter euch, dem ein Ochse oder Esel in den Brunnen fällt und er ihn nicht alsbald herauszieht am Sabbattage?“

Eine böse Abfertigung erhielt der Markgraf einst von einem anderen Geistlichen, dem er eine handgreifliche Mahnung zu teil werden lassen wollte und sich daher in dessen Wohnung begab, dem Lakaien befehlend, die Tür von außen fest zuzuhalten und niemanden heraus zu lassen. Der kräftige geistliche Herr vertauschte jedoch die Rollen und applizierte dem Gestrengen unter vier Augen eine gewaltige Tracht Prügel, und da der breite Rücken des Dieners sich kräftig gegen die Tür stemmte, als sich drinnen ein gewaltiges Rumoren erhob, mußte der Markgraf aushalten, bis sich der Zorn des handfesten Geistlichen auf dem vornehmen Rücken entladen hatte.

Einen willigen Teilnehmer an seinen tollen Streichen hatte der Markgraf an dem jungen Seidlitz, dessen Vater als Rittmeister in Schwedt stand.

Trotz seiner bedenklichen Charaktereigentümlichkeiten hat sich Markgraf Friedrich Wilhelm durch Verbesserungen und Verschönerungen der Herrschaft große Verdienste erworben. Er starb auf einem Jagdausfluge auf dem Schlosse in Wildenbruch.

Mit dem Markgrafen Friedrich Heinrich, einem jüngeren Bruder des vorigen, erlosch die männliche Nachkommenschaft der Linie Brandenburg-Schwedt.

Nach Einführung der konstitutionellen Regierungsform erhoben sich Zweifel darüber, ob die Herrschaft ein Besitztum der Krone oder des Fiskus sei. Letzterer strengte einen Prozeß an, der lange Jahre schwebte. In letzter Instanz wurde 1872 die Herrschaft der Krone zugesprochen, und so befindet sich Wildenbruch wieder in unbestrittenem Besitze unseres Königshauses. Großer Jubel herrschte in der Bevölkerung, als gelegentlich des Kaisermanövers im Jahre 1900 Se. Majestät Kaiser Wilhelm II. in seiner Besitzung verweilte. Eine halbe Stunde von Wildenbruch entfernt, auf einem Vorsprunge im See, war unter Buchen und Eichen eine Baracke aufgeschlagen worden, in welcher der Kaiser nach den Strapazen der Manövertage Erholung fand. Zwei Eichen, von Sr. Majestät gepflanzt, erinnern heute an diese schönen Tage.

Die sehenswerteste Partie in der nächsten Umgebung Wildenbruchs sind die sogenannten Hünenberge. Sie liegen etwa 2½ km in der Richtung nach Grenow und Linde entfernt. Von den beiden letztgenannten Orten senkt sich das Plateau ziemlich schnell zum Tal der Thue. Die letzten Abfälle sind die Hünenberge. Es ist ein stark gewelltes Gebiet mit größeren und kleineren Bergen, die oft steil zu verborgenen Schluchten hinabführen und mit den herrlichsten Buchen und Eichen bewachsen sind.

Wohlgepflegte Wege ziehen sich durch diesen schönen Waldesdom. Wenn man die ganze Erhabenheit und Schönheit dieses Waldgebietes kennen lernen will, so muß man freilich die ebene Bahn verlassen und sich seinen Pfad suchen über Abhänge und durch Schluchten. Stellenweise fällt kein Sonnenstrahl auf den feuchten Boden, so daß man in wohltuender Dämmerung dahinschreitet. Dichtstehende Gruppen von Buchen senken ihre Zweige nieder bis auf den Grund und bilden dichtverschlungene natürliche Lauben, unter denen das flüchtige Wild sich birgt vor dem heißen Strahl der Mittagssonne. Quellen, am Fuße der Berge hervorbrechend, murmeln ihr eintönig Lied. Behende hüpfen die klaren, kühlen Wellen dem nahen Waldsee zu, und Vergißmeinnicht und Berle wiegen und neigen sich, als brächten sie ihnen fröhlichen Gruß zur lustigen Wanderfahrt.

Spiegel stiller Waldseen tauchen hinter den Stämmen auf, und wenn das Sonnenlicht sich bricht auf den leise schwingenden Wellen, schimmert leuchtender

Silberglanz durch das helle Grün. Besonders schön ist der Ausblick von dem sogenannten Schloßberge, einem ehemaligen Burgwalle, auf die fast unmittelbar an seinem Fuße liegende „große Göre", den umfangreichsten der hier liegenden Seen, dessen Glanz zwischen dem Laube herüberleuchtet.

Wenn hier gegen Abend das leuchtende Tagesgestirn immer tiefer hinabsteigt zum Horizonte, und dann das Abendrot herauffflutet, und der Spiegel des Sees strahlt in brennendem Rot, und der Widerschein desselben Laub und Stamm mit den herrlichsten Tinten malt, dann glaubt man sich in einen Zauberwald versetzt. Feuriger wirbeln die Vögel ihre Lieder, stärker rauschen die Blätter der hoch auf den Hängen ragenden Buchen, als wollten sie alle der Scheidenden

Schulzen-Göre.

ihre Grüße senden. Und freundlich blickt die Sonne noch einmal zurück auf alle ihre Kinder und sinkt dann verglimmend hinab, um andere Wesen zu erfreuen.

Da leuchtet auch schon der Mond am östlichen Himmel durch das Geäst! Silberlicht ist ausgegossen überall! Stille wird es nun im Walde! Da steigen wieder in dir auf Bilder aus vergangener Zeit. Scharen von Wenden ziehen aus den nahen Walddörfern herbei, Weib und Kind und Habe zu bergen hier auf diesem Walle. Du siehst den Kampf, wie er einst geführt wurde an den steilen Abhängen dieser Burg. Verschwunden ist das Volk, das den Verzweiflungskampf kämpfte gegen das stärkere Volk germanischen Stammes.

Es ist dir auch, als ginge ein Klingen von Schwert und Harnisch durch den nächtlichen Wald, als sähest du ziehen die Reisigen der Ritter, herbeiführend auf langer Wagenreihe den Schoß der einst weit zerstreut liegenden Ordensgüter.

Dahin, dahin! Alles versunken im Meere der Vergangenheit! Aber dieselben Sterne noch leuchten über dir, zu denen einst andere Menschen emporblickten in dunkler Nacht, um den Pfad zu finden aus dem Labyrinth des Waldes.

Dort regt sich etwas zwischen dem Wurzelgeflecht der Eiche! Ist's ein tückischer Waldschrat, der dir Böses sinnt?

Hell schimmert der See im Mondenlichte, und eine goldene Brücke geht hinüber zum jenseitigen Gestade. Ein kühler Wind zieht durch den Wald, und aufschauernd rauscht das Laub um dich her. Vom Ufer klingt ein seltsam Tönen! Es ist die Stunde, wo die Nixen emporsteigen aus dem Schilfe und den Sterblichen verlocken, hinabzusteigen in die kühle Flut. Du reißest dich los von dem nächtlichen Zauber des Waldes, denn es war dir, als hörtest du die Nixen nahe singen:

„Es ist schon spät, es ist schon kalt,
kommst nimmermehr aus diesem Wald!“

Robert Voegler in Bahn.

Der Weizacker und seine Bewohner.

Zu den gesegnetsten Landstrichen Pommerns gehört die Gegend um Pyritz. Seine Bewohner nennen ihn den Weizacker, und sie gebrauchen das Wort mit einem gewissen Nachdruck und mit mitleidiger Überlegenheit gegen umliegende ärmere Ortschaften. So volle Kolben trägt der Weizenhalm anderwärts auch nicht, wie auf ihrer schweren, schwarzen Scholle. Auch der Name ihrer Stadt Pyritz wird gern von dem wendischen pyrisk, griechisch pyrós, der Weizen, abgeleitet.

Ausdehnung und Grenzen dieses Landstriches sind schwer zu bestimmen, mit den Grenzen des Kreises Pyritz decken sie sich nicht, sie bleiben weit dahinter zurück. Das Gepräge des Bodens wechselt oft innerhalb einer Feldmark, eines Besitztums. Der Flächenraum, den der Weizacker einnimmt, mag ungefähr eine Quadratmeile betragen.

Früher erreichte man ihn am leichtesten auf der alten Post- und Handelsstraße, die von Stargard über Pyritz und Bahn den Verkehr zwischen Hinterpommern und der Mark Brandenburg vermittelte. Wer noch vor dreißig Jahren Gelegenheit hatte, diese Straße mit der Personenpost zu passieren, gewann den besten Eindruck von den Vorzügen und Nachteilen der Landschaft. Bald hinter Stargard rücken die Dörfer näher und näher aneinander. Unabsehbar und geradlinig dehnen sich die Ackerflächen. Der Wald ist abgeholzt, der Spiegel der Seen ist tiefer gelegt, die geringen Bodenerhebungen gestatten fast überall den Ausblick auf den fernen Horizont. Menschliche Ansiedelungen sind der einzige Ruhepunkt, den das Auge findet.

So führte die alte Straße langweilig und eintönig, an dem Posthause in Damnitz vorüber, durch den „Paß“ auf Pyritz zu. Wer des Landes kundig ist, muß acht geben, wenn er sich den im Westen aufdämmernden Wasserstreifen der Madue nicht entgehen lassen will. Nach landschaftlichen Reizen sucht man im Weizacker vergebens.

Auch von einer anderen Seite konnte der Reisende auf solcher Fahrt das Land kennen lernen. Wehe dem, der im Winter oder im Frühling kam, ihm gellen die Notsignale der verzweifelten Postillone aus dem Paß, bei Gr.-Rischow und Briesen, bei Rakitt noch heute in den Ohren. Grundlos waren dann die Geleise, die Achsen schleiften auf dem Boden, zu nächtlichem Vorspann wurden die Dörfer alarmiert. Und mit stundenlanger Verspätung rasselte endlich der Postzug auf sicherem Steinpflaster in seinen Bestimmungsort ein, wenn ihm unterwegs nicht noch Schlimmeres zugestoßen war. Ja, es knüpfen sich manche Erinnerungen an die alte, gute Straße, auf der die Schuljugend der Pyritzer Garnison das Geleite gab, die sich in Stargard mit ihrem Regiment vereinigte, wenn es in den Krieg ging.

Heute sucht man vergebens nach ihr, Chaussee und Eisenbahn sind an ihre Stelle getreten. Und wo die knapperen Maße und die geraden Linien der modernen Verkehrswege hier und da noch einen Winkel nutzlos übrig ließen, da ist Gras gewachsen, und alte dickköpfige Weiden beschatten träumerisch die Reste der guten, alten Zeit.

Es ist auffallend, daß dieser fruchtbare Landstrich so spät dem Verkehr erschlossen worden ist. Jetzt wird desto eifriger daran gearbeitet. Bald ist jedes Dorf mit den festen Straßen der Neuzeit verbunden, bald pfeift die Lokomotive der Kleinbahn an jedem Rübenfeld und schleppt die Erzeugnisse des ergiebigen Bodens den Fabriken und Lagerräumen des Welthandels zu.

Aber ein neues Gewand hat dieser Aufschwung in den Verkehrsverhältnissen dem Weizacker doch nicht geben können. Auf Schritt und Tritt bemerkt man, daß aller Reiz der Landschaft der nüchternen Rücksicht auf den Bodenertrag zum Opfer gebracht worden ist. Meilenweit kann man gehen, ohne eine Kiefer oder auch nur eine Eiche und Buche anzutreffen. Die Bäume und die Tiere des Waldes sind vor dem Pflug des Menschen weit zurückgewichen. Auf unseren Turnerfahrten haben wir tüchtig zuschreiten müssen, wenn wir nach zwei Stunden Weges das erste Tannendunkel der „Stadtheide“ erreichen wollten. Seltsam und fremd klang dann dem kindlichen Ohr der Schlag der Drossel und das Gurren der wilden Tauben.

Vor Jahren hat sich einmal ein Edelhirsch in der Gegend blicken lassen, was als Merkwürdigkeit berichtet wurde. Selten läßt sich ein Reh zu einem Streifzuge durch die fetten Saaten verlocken, den es meist mit dem Tode büßt. Nur Meister Lampe schlägt in den üppigen Rübenfeldern ungestört und übermütig seine Purzelbäume.

Der charakteristische Baum des Landes ist die Weide. Auch die ausgedehnten Anpflanzungen von Obstbäumen in den letzten Jahren haben sie noch nicht zu verdrängen vermocht. Sie folgt dem winkligen Lauf der Landwege; auf Triften, an Gräben und Wiesen findet man sie zu Tausenden. Das Holz ihres gedrungenen

Stammes, die aus der Krone hoch aufschießenden Zweige und ihr Strauch müssen im Haushalte des Menschen vieles ersetzen, was der Wald besser oder dauerhafter hergeben würde. Die Weide verleiht dem Weizacker einen Zug von Schwermut und Traumverlorenheit, den man auch in der Seele seiner Bewohner wiederfindet. Wenn an feuchtwarmen Sommertagen hinter ihren silbergrauen Blättern der Regenpfeifer sein unaufhörliches füt-füt-füt fi-irrt-füt ertönen läßt, wenn unten am Grabenrand an jedem Grashalm und aus jedem Blumenkelch die Regentropfen glänzen, dann spürt man etwas von der Melancholie dieses Landes.

Dem Obstbau ist der Boden günstig, weniger das Klima. Stadt und Dorf sind zu ihrem Vorteil von einem Kranze blütenreicher Gärten umgeben. Auch

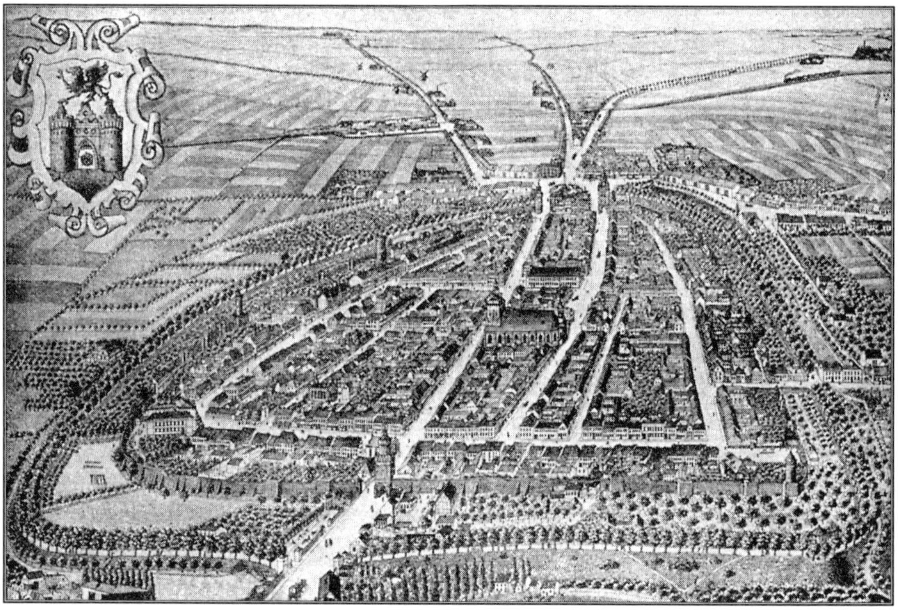

Pyritz aus der Vogelschau.

mit Weinbau scheint früher ein Versuch gemacht zu sein, der „Weinberg", a dem das Lehrerseminar in Pyritz steht, deutet darauf hin. Die Trauben sind aber doch wohl gar zu sauer gewesen. Verstreut finden sich einige Maulbeerbäume, die zur Zucht der Seidenraupe angepflanzt wurden. Auch davon ist man zurückgekommen.

Zahlreiche, zum Teil große Wasserbecken befördern mit ihren Ausdünstungen die Niederschläge und üben auf den Baum- und Pflanzenwuchs einen wohltuenden Einfluß aus. Die Madue, der größte Landsee Pommerns, bildet mit ihrer südöstlichen Hälfte die Grenze des Weizackers. Durch eine weite Niederung, in welcher der Plönefluß träge dahinfließt, setzt sich ihr einstiges Bett südlich von den Dörfern Groß-Schönfeld, Prilipp, Sales und Lübtow deutlich erkennbar bis zum Plönesee fort. Durch planmäßige Entwässerung unter Friedrich dem Großen und durch die Regulierung des Laufes der Plöne um die Mitte des vorigen Jahrhunderts sind in dieser Bodensenkung weite Strecken von Ackerland und torfhaltigen Wiesen freigelegt worden. Die Kolonien Giesental, Raumersaue, Friedrichstal sind auf dem gewonnenen Gebiet erbaut.

Die Madue hat im Süden ein sehr flaches Ufer, auf dem weißen Schlick ihres Grundes waten die Kinder bei Horst weit ins Wasser hinein. Vielfach ist dieses Vorland mit dunklem Röhricht bestanden, wo die Rohrdommel, von den Anwohnern Rodump (rödump) genannt, mit ihrem langgezogenen, unheimlichen Trompetenton das Wetter prophezeit. Tausende von munteren Rohrsperlingen erfüllen die Luft mit ihrem Gezwitscher. Der See fällt dann unvermittelt in große Tiefe ab. Da unten gedeiht die schöne, lachsartige Maräne, mit welcher der Sage nach ein schlauer Mönch im Kloster Kolbatz dem Teufel ein Schnippchen geschlagen hat.

Eine Kette von kleineren Landseeen begrenzt das Land im Südosten und Süden bei Lettnin, Wobbermin, Naulin, Rakitt und Groß-Zarnow. Sie haben ein anderes Aussehen, als die Wasserflächen im Gebiete der Madue, geringes Vorland, meist sandige Ufer, spärlichen Rohrwuchs, schmale oder gar keine Wiesenränder.

In der Nähe von Pyritz finden sich einige Quellengebiete, die für die Stadt und die Umgegend Bedeutung erlangt haben. Am Ottobrunnen bei Altstadt taufte Bischof Otto von Bamberg im Jahre 1124 die ersten Christen Pommerns. Die sogenannte Pyritzer Schweiz liefert durch die vor einigen Jahren angelegte Wasserleitung der Stadt reichliches und gutes Trinkwasser. Blumbergs Spring wird Augenleidenden empfohlen.

So hat die Natur hier einen Strich Landes geschaffen, der wie wenig andere für den Ackerbau geeignet ist. Und der Mensch hat ihren Wink verstanden. Für Waldesdunkel und blaue Berge hat unser Bauersmann kein Auge. Aber wenn die siedende Sommershitze über seinen ebenen Fluren flirrt und flimmert, wenn auf dem Roggenschlag sich Mandel an Mandel reiht und die langen Rispen der Gerstenhalme nicken, wenn der Weizen mit seinen goldigen Ähren reift, dann lacht ihm das Herz in der Brust, der Weizacker geht doch über alles.

Neben dem Getreidebau zwingt der Mangel an Wiesen zum Anbau von Futterkräutern, Klee, Wicke, Luzerne. Weniger gut gerät auf dem schweren Boden die Kartoffel. Dagegen nimmt unter den Hackfrüchten seit der Erbauung größerer Zuckerfabriken bei Friedrichstal und bei Klützow die Zuckerrübe einen hervorragenden Platz ein. Sie wirft trotz der hohen Kosten bei der Bestellung und Bearbeitung bisher einen guten Gewinn ab. Gemüse wird wenig gebaut, es reicht nicht für den eigenen Bedarf, vieles wird aus den Dörfern des Oderbruches eingeführt. Trotz der reichen Erträge drückt die Verschiebung in der Bewertung der landwirtschaftlichen Erzeugnisse auf den Wohlstand der Bewohner. Der Getreidebau, auf den sie hingewiesen sind, deckt kaum noch die Betriebskosten. Für die lohnendere Viehwirtschaft fehlt es an Weideplätzen und Wiesen, auch wohl an Neigung. Für anderen Erwerb bietet das Land wenig Gelegenheit.

Ein Braunkohlen-Bergwerk, das früher bei Pyritz betrieben wurde, ist aufgegeben. Für die ergiebigen Torfmoore der Plöne-Niederung fehlt es an Bedarf. Einige Ziegeleien werden in großem Umfange betrieben und finden gutes Material vor.

Über die Bewohner des Weizackers reichen die geschichtlichen Nachrichten kaum über Otto von Bamberg zurück. Manche Anzeichen führen indes in graue Vorzeit zurück; im Norden die Pfahlbauten bei Lübtow und verschiedene Altertumsfunde bei Klein- und Groß-Küssow, im Süden die Hünengräber bei Linde verweisen auf vorchristliche Zeit. Slawen und Germanen sind wohl, wie überall im Osten der Oder, auch hier vielfach hin- und hergeflutet und durcheinander gewürfelt. Die Ortsnamen deuten durchgehends auf wendischen Ursprung, die Personennamen nicht. Und die blauäugigen Flachsköpfe, die auf unseren Dorfstraßen gerade so spielen, wie einst im Westen, als Tacitus uns erforschte, lassen auf einen starken Anteil des deutschen Elementes an unserer Bevölkerung schließen.

Otto-Brunnen.

Mit der Einführung des Christentums ist in den Verhältnissen des Landes und seiner Bewohner eine wichtige Veränderung eingetreten. Es ist bekannt, daß Bischof Otto auf seinem Zuge nach Pommern sich gerade die Umgegend von Pyritz für seine erste Wirksamkeit ausersehen hat. Und die große Zahl der Getauften, 7000 werden angegeben, spricht dafür, daß die Gegend schon damals recht dicht bevölkert gewesen ist. Als ein geheiligtes, ehrwürdiges Wahrzeichen dieser Zeit steht der Ottobrunnen bei Altstadt Pyritz noch heute hoch in Ehren. Den Nachkommen aber ist eine tiefe, innige Frömmigkeit eigen geblieben. Siebenhundert Jahre später ist am Ottobrunnen ein Lehrerseminar errichtet worden, in welchem der Geist des großen Pommernapostels weiterlebte. Es ist im Jahre 1874 bedeutend erweitert in das nahe Pyritz übergesiedelt. Da draußen aber schlagen die Nachtigallen wie einst, unaufhörlich rauscht die alte Quelle und mancher Pyritzer ist stolz darauf, mit ihrem Wasser getauft zu sein.

Bischof Otto hat nicht bloß geistlichen Segen gestiftet. Auf seinen Spuren entstanden die Klöster zu Pyritz und Kolbatz, und die frommen Brüder haben sicher mit Axt und Radehacke ebensogut umzugehen gewußt, wie mit den gelehrten Büchern, die sie mitbrachten. Ihre blühenden Klostergüter haben weithin Anregung gegeben und Einfluß gewonnen. Nach der Reformation gingen sie in den Besitz des Staates über. Aber die Patronatsrechte über die Kirchen und Schulen des Bezirkes, die heute größtenteils vom Staate und vom Marienstift zu Stettin ausgeübt werden, sind wohl ein Überrest des Ansehens und der Überlegenheit, die man den frommen Pionieren der Kultur ihrer Verdienste wegen stillschweigend zugestanden hatte. Die Erinnerung an ihre Arbeit wurde bald verwischt, als unter Bugenhagen und Kniepstroh die Lehre Luthers im Lande Pyritz eingeführt wurde. Von ihrem Wohlleben und von schlimmeren Dingen weiß der Volksmund noch immer zu erzählen.

Auch die Herzöge von Pommern haben diesem wertvollen Landesteil ihre besondere Aufmerksamkeit zugewandt. Sie erbauten zum Schutze für die Gegend die feste Stadt Pyritz. Sechsundvierzig Türme sollen einst auf ihren Mauern gestanden haben. Noch ist die Stadtmauer gut erhalten. Trotzig stehen die Türme am Stettiner und Bahner Tor, den einzigen Zugängen in früherer Zeit, mit ihren gewölbten Torbogen. Auch der Eulen-, Münz- und Pulverturm befinden sich noch in leidlichem Zustande. Der rings um die Stadt verlaufende Wall, mit Obst- und Alleebäumen bepflanzt, dient heute als Promenade. Von den Zugbrücken mit ihren Doppeltürmen ist leider jede Spur verloren gegangen. Oft genug sind die Bürger zum Schutze ihrer Stadt auf die Mauern gerufen worden. Dann haben selbst die Kinder zu Pfeil und Bogen gegriffen; durch den wunderlich grotesken Aufzug der Knaben-Schützengilde, die mit alten Stiftungen ausgestattet ist, werden die Einwohner noch alle Jahre an diese unsichere Zeit des Mittelalters erinnert. Die Stadt wird fast erdrückend durch das mächtige Langschiff der St. Mauritiuskirche überragt, die mit ihren beiden schlanken Türmen weit ins Land hinauslugt. Die alte Heiligegeist-Kirche am Bahner Tor fällt kaum ins Auge.

Bei der Einwohnerzahl von 8500 Seelen besitzt die Stadt eine große Zahl von Bildungsanstalten. Außer dem schon genannten Lehrerseminar besteht, neben den Volksschulen, seit 1859 das Bismarck-Gymnasium, eine höhere Knaben- und eine höhere Töchterschule.

Als ein fernerer Beweis für die Bedeutung, welche die geistlichen Orden einst in der Gegend hatten, ist es anzusehen, daß der Großgrundbesitz im eigentlichen Weizacker fast ganz fehlt. Er kam neben ihnen nicht auf. Dagegen war ihnen der Bauer mit Zehnten und Kanon und Laudemium weitgehend verpflichtet. Heute sitzt er frei auf Hof und Hufe, und die Bauerndörfer zeugen von behäbigem Wohlstand. Das wohnliche Bauernhaus dieser Dörfer mit seinen festen Formen und seiner bewährten Anlage tritt leider hinter den neueren Steinbauten schon vielfach in den Hintergrund. Es war den Anforderungen des Haushaltes und der Wirtschaft angepaßt. Von Rüstern oder Linden beschattet, die First mit dem Wodan oder zwei Pferdeköpfen geziert, kehrte es den Giebel der Straße zu. Da lehnten am Sommerabend Bauer und Bäuerin gern über dem Heck des Hauseinganges und tauschten Gruß und Rede mit Nachbarn und Vorübergehenden. Auf dem geräumigen Flur wurden an Leitern oder Gestellen die Lichte für die langen Winterabende aus Rindertalg gezogen. Von hier tritt man in die große Stube, deren Fenster nach vorn auf die Dorfstraße und seitwärts auf den Hof gerichtet sind. Da versammelt sich zu den Mahlzeiten das ganze Haus, auch Knechte und Mädchen, mit Gebet werden sie von dem Hausvater begonnen und aufgehoben. Da schnurren im Winter die Spinnräder, da klappert der Webstuhl, auf dem Leinen genug für Wäsche und Hausbedarf und Warp zur Kleidung von der Frau und den Töchtern hergestellt wurde. Im Alkoven, der daran stieß, standen die Betten hoch aufgetürmt. Auf der anderen Seite vom Flur ist in der Front der Vorratsraum für Fleisch und Brot und andere Bedürfnisse des täglichen Lebens. In seiner Verlängerung lag, die Fenster zur Seite, oft auf ein Blumengärtchen schauend, die Stube für die erwachsenen Mädchen. Die Söhne schlafen bei den Pferden. Die Fortsetzung des Flures bildet die Küche mit ihrem großen, offenen Herd, darüber der Rauchfang mit dem reichen Vorrat an Wurst, Speck und Schinken. Aus der Küche tritt man in den Hof.

Unter einem Dache mit dem strohgedeckten Hause befinden sich die Ställe für Pferde und Rindvieh, auf der gegenüberliegenden Seite des Hofes der Stall für Kleinvieh und Geflügel. Hinterwärts wird die Hoflage quer durch die Scheunen abgeschlossen, durch welche man in den Obstgarten, den Achterhof kommt. In der Flucht der Dorfstraße stoßen an das Gehöft ein oder zwei Tagelöhnerhäuser.

In der Mitte des Dorfes liegt meist die Kirche, schwer aus den Findlingssteinen des Landes erbaut, der Turm oft ganz aus Holz. Sie steht in hohen Ehren im Weizacker, und wenn auch über Pfarrer und Küster derbe Worte und Witze im Schwange gehen, man hält doch gern auf sie.

Plattdeutsch spricht unser Bauersmann, auch wenn er in Pyritz auf dem Gymnasium lateinisch und griechisch gelernt hat. Aber wenn die Frauen mit den schwarz-weißen Kopftüchern aus Uchtdorf und Nahhausen ihre Gartenerzeugnisse bringen oder zur Erntezeit ihre Lißbänder aus dem Riedgras des Oderbruches feilhalten, dann merkt man den Unterschied gegen die benachbarte Neumark. Auch Reuter wird gut verstanden und gern gelesen, aber er spricht anders. Schwer und hart ist die Sprache, wie Land und Leute, nicht überall in Hinterpommern hat sie sich in solcher ursprünglichen Frische erhalten.

Noch mehr als in Wohnung und Sprache hat sich die Eigenart der Bevölkerung in ihrer Tracht ausgeprägt. In mancher Beziehung erinnert sie an Mönchgut auf Rügen. Der Schmutz oder der durchdringende Staub auf Straßen und Wegen zwang die Frauen zu kurzer Kleidung. Die Röcke fallen kaum bis über das Knie. Was aber an der Länge fehlt, wird ohne Rücksicht auf Sommer und Winter durch wogende Fülle und Anzahl ausgeglichen. Die Kopfbedeckung ist knapp und enganliegend. Leuchtende Besätze, grelle Farben auf dunklem Hintergrund, Perlen und der beliebte Bernsteinschmuck verleihen den Weizackerinnen ein schmuckes Aussehen. Ihr Anblick soll im Jahre 1870 die gefangenen Franzosen in dem Barackenlager bei Alt-Damm ganz außer Fassung gebracht haben.

Die Männer tragen breite Filzhüte, lange, bis auf die Knöchel reichende Röcke, lange Strümpfe, kurze Beinkleider. So kann man sie sehen in Brietzig und Lettnin, aber auch sonst, wenn am Sonntag Mann und Frau zur Kirche gehen, sie mit dem schneeweißen, gefalteten Sacktüchlein zierlich über dem Gesangbuch, er den Regenschirm wagerecht bis in die Achselhöhle geschoben. An der Kirchtür trennen sie sich, links sitzen die Männer, rechts die Frauen. Und jeder hält auf seinen Stand, Bauer, Kossät, Büdner, Instmann. Gerückt wird nicht, mühsam drängt und wälzt sich die Frau mit ihrer strotzenden Kleiderfülle an den lieben Mitchristinnen vorüber auf ihren Platz.

Pyritzer Trachten.

Zu wahren Volksfesten haben sich in der Gegend die Missionsfeste entwickelt. Von nah und fern, zu Fuß und zu Wagen pilgern oft Tausende hinaus. Jedes Haus öffnet dann den Fremden gastlich seine Pforten, mit Kaffee und Kuchen werden sie bewirtet. Faßt die Kirche die Zahl der Andächtigen nicht, dann erbraust ihr Choral unter freiem Himmel desto erhebender. Und wenn sie da in langen Reihen sitzen und die Jugend rings umher stehend die Versammlung umsäumt, dann bietet sich dem Fremdling ein echtes, aber auch farbenprächtiges Bild weizackerischen Volkstums. Unvergeßlich schön waren diese Feste, wenn die Wipfel der alten Linden noch über uns rauschten, die Bischof Otto gepflanzt haben sollte, und das hohe Granitkreuz an der Ottoquelle die feiernde Gemeinde überragte. Auch wenn bei anderen Festen oder auf den Jahrmärkten in Pyritz das Volk aus Stadt und Land dichtgedrängt durcheinander wogt, kann man seine helle Freude haben an diesem kerngesunden, kräftigen Menschenschlag.

Auf dem sauberen Stadtwagen, die dicken, spiegelblanken Pferde davor, kommen die Alten gefahren, der Bauer vorn mit den Zügeln in der Hand, die Frau in ihrem großen Staatsmantel auf dem zweiten Sitz, sie füllen jeder ihren Platz aus. Die Jugend geht lieber zu Fuß. Bescheiden sind die Ansprüche, die sie an Genuß und Belustigung stellen, siedende Sonnenglut, erstickende Staubwolken, drangvolle Enge dünken ihnen das erste Erfordernis dazu. Gewalttätigkeiten kommen verhältnismäßig selten vor, trotzdem die jungen Burschen übersprudeln von Frische und Lebenskraft. Unsere Ersatzkommissionen haben hier noch ihre Freude, wenn alljährlich die Schulzen mit ihrem silberbeschlagenen Dorfzepter zum „Kanton" den Nachwuchs ihres Bezirkes vorführen. Das werden prächtige Soldaten, in Berlin und Potsdam kann man sie bei den auserlesensten Truppenteilen des deutschen Heeres wiederfinden. Und die Ruhmestafeln aus den Freiheitskriegen in den Kirchen, die langen Namenreihen am Sockel der Viktoria in Pyritz künden mit goldenen Lettern der Nachwelt, wie sie einst standen treu bis in den Tod mit Gott für König und Vaterland.

Die unaufhaltsam fortschreitende Kultur ist auf dem Wege, vieles von den Eigentümlichkeiten dieses Landes und Volkes zu verwischen, sie uniformiert und nivelliert. Der Freund der guten alten Zeit wird sich vergebens dagegen sträuben. Die Bäuerin, die in den Eisenbahnwagen steigt, findet, daß ihr Staat da nicht so hineinpaßt, wie in die Staubwolken ihres Dorfes und wie auf Großvaters Stadtwagen, sie „kleidet sich um". Der Bauer kennt das Los der Altsitzer im Ausgedinge, er läßt beizeiten seinen Hof von Simon oder Levi oder Kohn parzellieren, und zieht nach Pyritz als Rentier. Aber die Lerche singt alle Frühling wieder über den grünen Saaten und der Weizacker ernährt noch immer seine Leute.

Pastor Erdmann-Gollnow.

Die Cistercienser-Klosterkirche Kolbatz.

Für die nördlichen Gebiete Europas bedeutete das Licht des Evangeliums zugleich das Licht der Geschichte. Das gilt namentlich auch von Pommern. Von dem Augenblicke an, da unsere engere Heimat von den christlichen Sendboten aufgesucht wurde, datieren auch die reichlicher fließenden historischen Quellen. Verhältnismäßig sehr spät ist Pommern der Segnungen des Christentums, und damit des Anschlusses an die Gesittung und Kultur der deutschen Lande teilhaftig geworden. Bereits ein Vierteljahrhundert hindurch flatterten die Banner der Kreuzfahrer auf den Zinnen der heiligen Stadt, als Otto von Bamberg den ersten Schritt zur Christianisierung und damit zugleich zur Germanisierung Pommerns tat. Man nennt den Bamberger Bischof, den die katholische Kirche in ihren Heiligenhimmel aufgenommen hat, den Apostel der Pommern. Mit gutem Rechte, denn er hat als erster die Missionsarbeit in unserem Lande in die Hand genommen. Aber sein Werk war doch nur der Anfang einer Arbeit, zu deren Vollendung mehr als ein Jahrhundert vonnöten war. Die Fortsetzer und Vollender seiner Lebensarbeit sind neben vielen andern vornehmlich die Cistercienser gewesen. Just in jenem Jahre, als die romanische Welt Europas zur Eroberung des heiligen Landes unterwegs war (1098), hatte Robert von Citeaux den Orden gegründet. Nach der Absicht des Stifters sollte der Orden eine im strengkirchlichen Sinne vorgenommene Verjüngung des im Niedergange begriffenen Benediktinerordens darstellen. Man muß gestehen, daß die Absicht des Ordensgründers vollauf erreicht worden ist, wenn auch nicht durch ihn selbst, so doch durch seinen größten Nachfolger, den heiligen Bernhard. Was in den Tagen der Merowinger und Karolinger die Benediktiner gewesen waren, das

Klosterkirche.

wurden für die glanzvolle Epoche der Hohenstaufen die Cistercienser, unerschrockene Prediger des Kreuzes und unermüdliche Pioniere der Kultur. An hundert Klöster haben sie auf deutscher Erde errichtet, darunter nicht wenige, wir denken an Maulbronn, Riddaghausen, Dobrilugk, Oliva, Bebenhausen und andere mehr, welche an Großartigkeit der Anlage mit dem schier fürstlichen Glanze der alten Benediktinerabteien sehr wohl wetteifern konnten. Auch in Pommern waren sie rührig bei der Arbeit. Hier bauten sie das Kloster Dargun bei Demmin und das Kloster Kolbatz bei Stargard. Von Dargun ist nur das Schiff der 1219 gegründeten Klosterkirche im trümmerhaften Zustande erhalten geblieben. Bedeutende Reste haben sich dagegen in Kolbatz erhalten.

Die Gründungsgeschichte von Kolbatz liegt im Dunkeln. Nicht einmal das Jahr, in welchem der Klosterbau begonnen wurde, läßt sich mit Bestimmtheit ermitteln. Es werden die Jahre 1159, 1163 und 1173 als Gründungsjahre genannt. Des weiteren gehen auch die Ansichten über die Bauschulen auseinander, welche auf Kolbatz maßgebenden Einfluß geübt haben mögen. Während die älteren Forscher die Meinung vertraten, daß dänische Bauleute den Bau begonnen hätten, weisen neuere Gelehrte auf das brandenburgische Kloster Lehnin (gegründet 1180), dem auch Chorin seine architektonische Gestaltung verdankt, als auf das wahrscheinliche Mutterkloster von Kolbatz hin. Sei dem wie es sei, jedenfalls weist Kolbatz denselben Typus auf, den wir noch heute an dem wunderprächtigen, idyllisch gelegenen Chorin wahrnehmen. Um einen weiten, viereckigen, vom Kreuzgang umsäumten Hof legten sich die Kirche, das Refektorium, Cellarium und die übrigen Klausurgebäude. Die letzteren sind, wenn anders nicht der Keller unter dem ehemals sogenannten Triglafssaale als ein Rest derselben anzusehen ist, bis auf die letzte Spur verschwunden. Nur die Klosterkirche ist noch in ihren Hauptteilen, d. h. dem Chore, den diesem vorgelegten Kreuzesarmen und dem Mittelschiffe des Langhauses erhalten geblieben. Die Seitenschiffe dagegen sind abgebrochen und die Interkolumnien des Mittelschiffes sind vermauert worden. Der Chor mit samt den Kreuzesarmen sind durch eine Scheidewand vom Langhause getrennt und zur Kirche eingerichtet, das Langhaus selbst ist profaniert worden. Die alte Einrichtung ist spurlos abhanden gekommen. Die ältesten, noch dem Ausgange des 12. Jahrhunderts angehörigen Bauteile der Kirche sind das Querschiff und die demselben unmittelbar anliegenden Teile des Chors und des Langhauses. Hier begegnen noch romanische Motive. Der Rundbogenfries unter dem Dache, Tür- und Fensterleibungen, Pfeiler- und Bogenbildungen weisen samt und sonders auf jene Zeit, da der romanische Stil sich anschickte, dem gotischen Platz zu machen. Ohne eigentliche Vermittlung hat man dann den letzteren an Stelle des ersteren treten lassen und in gotischen Formen das Langhaus zu Ende gebaut. Auch der ursprünglich jedenfalls romanisch gehaltene Chorschluß ist später im gotischen Sinne erneuert worden.

Der ganze Bau, dem nach Cistercienserweise der Turm fehlt und der an dessen Stelle nur einen jetzt erneuerten Dachreiter besitzt, ist außerordentlich schmucklos gehalten. Nur die Westfassade ist architektonisch bevorzugt worden. Hier ziehen ein hohes, jetzt vermauertes, von zwei Spitzbogenblenden flankiertes, spitzbogiges Fenster und eine im Relief gehaltene Fensterrose von bedeutendem Umfange, aber einfachen Formen, den Blick des Beschauers auf sich. Sonst sind nur wenige dem Laien in die Augen fallende Zierraten vorhanden. Jene aus Kalkstein gebildeten, kelchförmigen Säulenkapitäle, welche ehedem im Domänengarten aufgestellt waren und das Interesse der Besucher wachriefen, aber wahrscheinlich nicht der Kirche, sondern dem Kapitelsaale entstammten, sind unlängst nach Stettin gebracht worden. Auf einem dieser Kapitäle sah man einen seltsamen Vorgang dargestellt. Ein Priester liegt im Gebet vor dem Meßaltare, hinter dem Beter erscheinen zwei Mönche und vor ihm steht ein dritter Mönch mit einem Buche in der Hand. Nicht weit ab von diesem erscheint ein vierter Klosterbruder, den den Teufel bei der Kapuze gepackt hat. Wahrscheinlich haben diese an sich nicht sicher zu erklärenden Darstellungen die Sage von dem Kolbatzer Abte erzeugt, der dem Teufel seine Seele gegen ein Gericht Maränen verschrieben hatte, aber noch im letzten Augenblicke durch die Geistesgegenwart seines Guardians vor den Krallen des Gottseibeiuns bewahrt wurde.

Die Schmucklosigkeit der Kirche hat ihren vornehmsten Grund in den Gepflogenheiten des Cistercienserordens, welcher, wie allüberall, so auch am Klosterbau auf möglichste Einfachheit drang. Der h. Bernhard hatte mit wahrhaft fanatischem Eifer im Gegensatze zu der prunkvollen Bauweise seiner Zeit jedwedem Schmucke der Gotteshäuser gewehrt. „Was hat denn," so schreibt er einem ihm unterstellten Abte, „in den Klosterhöfen vor den Augen der lesenden Brüder jene lächerliche Ungeheuerlichkeit zu bedeuten? Was sollen da die schmutzigen Affen, was die wilden Löwen, was die mißgestalteten Kentauern, was die wilden Männer, was die gefleckten Tiger, was die kämpfenden Krieger, was die hornblasenden Jäger? Man sieht (er meint die grotesken Reliefs an den Kapitälen und Türstürzen) unter einem Kopfe viele Körper, und wieder an einem Körper viele Köpfe. Hier erblickt man an einem Vierfüßer den Schwanz einer Schlange, da an einem Fische den Kopf eines Vierfüßers. Dort zeigt sich eine Bestie vorn als Pferd und schleppt eine halbe Ziege rückwärts; hier trägt ein gehörntes Tier hinten ein Pferd. Kurz, eine so seltsame Vielgestaltigkeit erscheint überall, daß man lieber in den Steinen als in den Büchern liest, und den ganzen Tag damit verbringt, jene Dinge zu bewundern, statt über Gottes Gebote nachzudenken." Man sieht, der Stimmführer seiner Zeit war den Fabelwesen der Phantasie herzlich gram und ein Prinzipienmensch durch und durch. Seine Lehren fielen, wenn auch nicht überall, so doch in seinem Machtbereiche, d. h. im Cistercienserorden, auf fruchtbaren Boden. Der Orden baute, allerdings auch wieder mit Ausnahme, im allgemeinen sehr schmucklos. Das Gebiet des Backsteinbaues, wo vorerst eine primitive Technik reicheren Formen hindernd entgegentrat, wurde naturgemäß seine bevorzugte Domäne. Hier in der norddeutschen Tiefebene entstanden jene Cistercienserklöster, die weniger durch ihre architektonischen Einzelheiten, als vielmehr durch die Wucht ihrer Erscheinung imponieren. Zu diesen Schöpfungen des Ordens gehört auch Kolbatz.

Bisher ist die schön gelegene Kirchenruine nur wenig aufgesucht worden. Es gibt viele Stettiner, welche ihre Buchheide oft und nach allen Richtungen hin durchstreift haben, aber bis Kolbatz sind sie nicht vorgedrungen. Das wird nun, da Kolbatz Bahn erhalten hat, anders werden. Kolbatz wird aufgesucht und gewürdigt werden, und das verdient es auch.

Pastor Stephani-Stettin.

Stargard.

Wenn man von Stettin, der gewaltig aufstrebenden Hauptstadt unseres Pommerlandes mit ihrem flutenden Verkehr, auf der hinterpommerschen Bahnstrecke ostwärts fährt, so sieht man nach einer Fahrt von etwa drei Viertelstunden durch Wiesen und Waldgelände ein Stadtbild vor sich aufsteigen, das freilich an Großartigkeit mit Stettin nicht wetteifern kann, aber doch von eigenartigem, fesselnden Reiz ist. Zwar zunächst zeigt sich eine Vorstadt mit modernen Mietskasernen, und auch von dem sehr belebten Bahnhofe aus sehen wir noch nicht viel mehr. Fahren wir aber auf der Bahnstrecke weiter, die uns, nach Nordosten umbiegend, rings um die Stadt herum führt, so erblicken wir zunächst, über das freundliche Grün einer Baumgruppe hinausragend, eine malerische Reihe von Türmen; und dann, wie der Blick freier wird, erhebt sich im Vordergrunde, das ganze Bild beherrschend, die riesige Masse einer Kirche, die vollends in der Abenddämmerung über das Gewirre von Dächern hoch hinausragend fast wie ein Bergkoloß wirkt, — bis auf der Weiterfahrt durch das fruchtbare Gefilde die Dächer und Türme im Nebel verschwinden. Das ist Stargard.

Es lockt uns wohl die Stätte zu betreten, an der wir Altes und Neues in reicher Mannigfaltigkeit zu finden und einen Blick in eine wechselvolle Geschichte zu tun erwarten dürfen.

Machen wir auf dem Bahnhofe Halt und gehen durch die verkehrsreiche, neue Bahnhofstraße der Richtung zu, die uns die Türme andeuten, so finden wir uns bald an einer Stelle, die, wenn auch heute im Schmuck reicher gärtnerischer Anlagen prangend, doch ganz mittelalterlich anmutet: mächtige Erdwälle, in Promenaden verwandelt; durch sie hindurchführend der gähnende Tunnel des alten Stadttores, und über dasselbe hoch hinausragend die Backsteinmassen eines gewaltigen gotischen Kirchturmes mit schlankem Helm. Und durchschreiten wir den Tunnel und betreten die innere Stadt, so begegnen uns überall neben allem Modernen Spuren der großen Vergangenheit. Die Geschichte lehrt uns, daß einst im frühen Mittelalter das Deutschtum in seinem Vordringen gegen die slawische Hochflut zur Wiedergewinnung der Ostmarken unseres Vaterlandes gerade hier einen seiner festesten Standpunkte gewann. Ursprünglich war Stargard eine slawische Burg, deren hohes Alter schon der Name Stargard, d. i. „Alte Burg", andeutet. Wo diese Burg inmitten von Wald und Sumpf aufragte, ob an einem durch starke Fundamente gekennzeichneten Platz im Wiesengelände südöstlich der Stadt und etwas entfernt von ihrem jetzigen Weichbilde, oder irgendwo im Umkreis der jetzigen Stadt, das wird um so schwerer zu entscheiden sein, als diese Burg schon am Ende des 13. Jahrhunderts dem freiheitliebenden Bürgertum zu Gefallen abgebrochen worden ist. Von Südosten her fließend bildet die Ihna hier in der Niederung, in mehrere Arme geteilt, eine Insel; vielleicht hat dies Inseldreieck den ersten Raum für Ansiedelungen im Schutze der Burg geboten. Als Pioniere des

Deutschtums nahmen dann die Johanniter eine günstig gelegene Stelle auf dem westlich des Flusses aufsteigenden Hügel, dem nach ihnen sogenannten Johannberge, noch im 12. Jahrhundert in Besitz, sie wurden von den pommerschen Herzögen mit Gütern und Rechten ausgestattet. Bald darauf, angeblich ebenfalls noch im 12. Jahrhundert, folgte die Gründung des Augustinerklosters abwärts vom Johannberge. Und dann ergoß sich von Niedersachsen her der Strom der deutschen Einwanderer in das Land Stargard und zu diesem ihrem Mittelpunkte hin mit einer solchen Mächtigkeit und Stetigkeit, daß schon im Jahre 1243 der Herzog Barnim I. zur Gründung der Stadt Stargard als deutschen Gemeinwesens schreiten und die neue Stadt mit Magdeburgischem Recht ausstatten konnte. Mit Äckern, Wiesen und Waldbesitz in ihrer Umgebung begabt, hat sich Stargard zunächst als Ackerstadt entwickelt und dies Gepräge ist ihr auch heute noch nicht gänzlich verloren gegangen. Daneben hat das Handwerk in ehrsamer Zunftgerechtigkeit und Tüchtigkeit sich zur Blüte entfaltet. Sehr bald aber ist noch ein anderes dazugekommen. Wenn man heute, etwa von einem der Hügel in der Nähe der Stadt, ins Tal herniederblickt, so sieht man durch Wiesen und Äcker das schon genannte Flüßchen, die Ihna, wie ein schmales Band sich hinschlängeln, und man freut sich des harmlosen Wasserlaufes, der die Landschaft freundlich belebt. Damals sah man diesen „Strom", der freilich noch nicht wie heute durch mancherlei Regulierungen, sowie durch mannigfache Ausnutzung der Wasserkraft seiner Zuflüsse zu gewerblichen Zwecken an Breite und Tiefe eingebüßt hatte, ganz anders an. Zunächst ward der durch die Stadt führende Arm zum Treiben einer Mühle benutzt, und dann machte man von da abwärts den Strom zur Schiffahrtsstraße. Kleine Kähne trugen aus dem fruchtbaren Ihnatale und der weiteren Umgegend der Stadt, namentlich dem Pyritzer Weizacker, das dort in reicher Fülle gedeihende Korn zu dem der Stadt gehörenden Stapelplatz an der Ihnamündung, und von da aus entwickelte sich bald ein lebhafter Verkehr mit den Küstenstädten der Ostsee. Wie schnell diese Entwickelung zur Handelsstadt sich vollzog, zeigt die schon im Jahre 1292 geschehene Verleihung des Lübischen Rechtes an die Stadt Stargard, die sich aus den immer enger werdenden Beziehungen zu den Handelsstädten, mit Lübeck, dieser Königin des Nordens, an der Spitze, erklärt.

Ein kraftvolles, auf der Grundlage deutscher Schaffenskraft und Tüchtigkeit auferbautes Gemeinwesen, mit jener freiheitlichen Verfassung, die an jeden Bürger den Anspruch an opferwillige Mitarbeit für das Gemeinwohl stellte, aber doch dem Hervortreten kraftvoller und weitblickender Persönlichkeiten Raum ließ, — so ist die Stadt ihren Weg durch die Jahrhunderte des Mittelalters ähnlich vielen ihrer Schwesterstädte gegangen. Leider ist über das Besondere ihrer Geschichte, wie von dem Schaffen und Ringen, das sich in ihren Mauern abgespielt hat, wenig von urkundlichen Zeugnissen auf die Nachwelt gekommen. Das Zerstörungswerk des Dreißigjährigen Krieges ist hier zu gründlich gewesen. Um so lebhafter fesseln die steinernen Zeugen der Vergangenheit, die ja Feuersgewalt und Kriegeswut nicht gänzlich hatten zerstören können.

Dem Beschauer fällt zunächst die gewaltige und trotzige Befestigungsanlage in die Augen. Die Schutzwehr der Stadt gegen die fehdelustigen Nachbarstädte und andere Feinde ist ja kein Werk aus einem Guß. Schon im 13. Jahrhundert gab es Streit mit den Augustiner-Mönchen, als an der Nordseite der Stadt eine feste Steinmauer, die das Klosteranwesen mit einschloß, errichtet werden sollte. Daneben werden einzelne Türme und Stadttore als aus dem 15., ja dem Anfang des 16. Jahrhunderts stammend bezeichnet; und in Formen und Material findet sich eine malerische Mannigfaltigkeit. Von dem höchstgelegenen Punkte aus, der nordwestlichen Ecke der Stadt am Johannistor, die durch ein mächtiges „Rondel“, eine Erdaufschüttung von ausgedehntem Umfange und ehemals bedeutender Höhe, befestigt war, zogen sich hohe Erdwälle, zum Teil zwei hintereinander mit breiten und tiefen Gräben dazwischen, um die ganze Stadt hin. Die innere Umwallung ist heute in eine viel benutzte Promenade verwandelt; der Teil vom Johannistor ostwärts bis zum Stadtarm der Jhna durchschneidet in mächtiger Erhebung das hier steil abfallende Gelände und bietet nach Norden einen prächtigen Blick in den Höllengrund der alten Wallgräben mit seinem heute üppigen Baumbestand, und von da weit hinaus in das Jhnatal, und nach Süden über das malerische Gewirre der Türme und Dächer der Stadt. An der Nordostecke der Stadt erhebt sich ebenfalls ein kleineres Rondel. Die ehemalige äußere Umwallung ist fast ganz verschwunden. Innerhalb der Wälle erst, von denselben wieder durch tiefe Gräben im Süden und Osten, aber zum Teil auch dereinst im Norden durch den natürlichen Lauf der Jhna geschieden, erhob sich die hohe teilweise noch wohlerhaltene Stadtmauer. Noch heute schauen hier und da die vorspringenden „Wichhäuser“ mit ihren Schießscharten gar trutzig drein. Vor allem aber sind es die Mauertürme und Stadttore, die den einst wehrhaften Charakter der Stadt erkennen ließen, und noch heute, soweit sie erhalten sind, als wertvolle Denkmäler gehütet, im Stadtbild eine hervorragende Stelle einnehmen. Die stattlichsten der Mauertürme, das „Rote Meer“ angeblich so genannt von blutigen Kämpfen, die an seinem Fuß ausgefochten wurden, und der „Eisturm“ früher „Wollweberturm“ genannt, von der zu ihm hinführenden Wollweber-

Rotes Meer.

straße, ragen an der Westseite auf, die freie Ebene beherrschend. Hier liegen außerdem zwei wichtige Stadttore, das Johannistor und Pyritzer Tor beide ehedem mit befestigten Vortoren; vom Johannistor ist nur noch der lange durch den Erdwall führende Tunnel erhalten, vom Pyritzer Tor der mit seinem Blendenschmuck und seinen Stufengiebeln prächtig erneuerte Mauertorbau, an dessen einst kriegerischen Zweck noch sehr deutlich der überdachte Wehrgang erinnert, sowie der breite Mauerfalz für das Fallgatter. An der Süd- und Ostseite bot der Ihnafluß einen natürlichen Schutz; hier waren die Mauertürme zumeist runde, breitgelagerte Zylinder; nur am Eingang des westlichen Ihnaarms in die Stadt erhob sich ein stärkerer schützender Turm; und weiterhin auf der Ostseite, schon nicht weit von der durch den „Weißkopf" gekennzeichneten Nordostecke, lag das Walltor, einst zum Schutze der durch dies Tor nach Hinterpommern führenden Straße mit einer gewaltigen Bastei und anderen Befestigungsbauten versehen. Heute steht hier nur noch das Innentor an seinen oberen Teilen im Barockstil mit Ornamenten und Sgraffito-Malerei ausgestattet. An der Nordseite liegt in der Flucht der alten Stadtmauer das interessanteste der Tore der Stadt, das einzige Wassertor in Pommern, das „Mühlentor", augenscheinlich gewissen Lübecker Vorbildern nachgebildet, mit zwei stattlichen Türmen an den Ufern der Ihna und einem Mittelbau, unter dem die Schiffe durchfahren konnten, und der einen Raum enthielt angeblich für die Kaufgeschäfte der Handelsherren.

Eisturm.

Manche denkwürdige Geschichte knüpft sich an die alten Befestigungswerke, und manche Sage hat der Volksmund hinzugedichtet. Im Dreißigjährigen Kriege soll am „roten Meer" das Blut in Strömen geflossen sein. Heute ist durch den Turm ein schmaler Durchgang für Fußgänger gemacht, „das Lochtor", und es geht daher die Rede, man könnte noch heute in Stargard trocknen Fußes durchs rote Meer gehen. Das Rondel am Johannistor soll der Schauplatz von Heldentaten gewesen sein. Eine sehr friedlich und kulturgeschichtlich höchst interessante Arbeit hat hier im Jahre 1614 stattgefunden, der Umguß der großen Glocke der Marienkirche, über den das Rechnungsbuch bis in die kleinsten Einzelheiten

Weißkopf.

ausführlich berichtet. Im Außenbau des Pyritzer Tores, den erst das vorige Jahrhundert hat verschwinden sehen, hing eine Keule mit der Inschrift: „Wer seinen Kindern gibt das Brot, und leidt im Alter selber Not, den soll man schlagen mit dieser Keule tot.“ Einer der Mauertürme der Südseite trägt den Namen „Gefangenturm“, und in seiner Nähe ist in der Flucht der Mauer das „Stockhaus“ gebaut, von dem die üblichen Schreckensgeschichten erzählt werden. An den Türmen des Mühlentors hängen zu beiden Seiten an eisernen Stangen Ketten herunter; bald heißt es, an ihnen seien die Laternen für die im Dunkel hier anlegenden Schiffe befestigt gewesen; bald werden in der Zahl der Ringe geheimnisvolle Hindeutungen gesehen auf die Mitgliedschaft Stargards zur Hansa und auf die Stellung der Stadt in diesem mächtigen Handelsbund.

Doch wir suchen in der Stadt selbst nach den Spuren alten Glanzes und ehemaliger Herrlichkeit. Wir finden sie vor allem in den Kirchen. Das ist ja auch nicht verwunderlich. Wenn die Kaufleute der Stadt bei dem immer mächtiger emporblühenden Handelsverkehr von fremden Orten heimkehrten, dann trieb es sie, dem heimischen Gemeinwesen das gleiche Gepräge des Glanzes und der Größe zu geben, das sie anderwärts fanden; und im Geiste des Mittelalters lag es, diesen Glanz vor allem bei den Bauwerken, die dem höchsten Zweck, dem Gottes-

Walltor.

dienst, galten, zum Ausdruck zu bringen; und wenn etwa der Handelsfreund aus der Ferne die Stadt betrat, dann mußte die Herrlichkeit der Gotteshäuser es ihm sagen, welcher Wohlstand und welche Tüchtigkeit hier zu Hause sei. Und die einzelnen Gewerke wie die vornehmen Familien liebten es, ihre Macht und Bedeutung vor allem durch Stiftungen in den Kirchen zum Ausdruck zu bringen. Es pflegt ja auch im mannigfachen Wechsel der Zeiten, was religiösen Zwecken dient, noch am pietätvollsten gehütet zu werden, und wenn etwa bei Privatbauten ein nachfolgendes Geschlecht kaum ein Interesse mehr hat an den Familien, deren Wohl und Wehe mit diesen Mauern und Gemächern verknüpft war, eine Gemeinde, die sich zu ihrem Gotteshause hält, ist ja vielmehr eine ununterbrochen sich fortsetzende Einheit.

Mühlentor.

Auf dem höchsten Punkte der Stadt, dicht am Johannistor, liegt die Johanniskirche, jedenfalls von dem Orden der Johanniter in der Nähe ihres Ordenshauses begründet und nach ihrem Schutzheiligen Johannes dem Täufer benannt. Anfangs nur eine kleine rechteckige Kapelle, begann 1408 deren Ausbau, der dann wohl bis zum Ende des Mittelalters kaum noch geruht hat. Von der mittelalterlichen Innenausstattung haben die wilden Stürme der folgenden Jahrhunderte doch noch wesentliche Stücke übrig gelassen. Da ist vor allem ein Klappenaltar mit wertvollen, reich bemalten Schnitzfiguren, ein altes Chorgestühl, die „Großvaterstühle" genannt, Wandschränke und Türen mit altertümlichen Beschlägen und endlich die große Glocke vom Jahre 1464, die ihre wundervollen Klänge nun schon so viele Jahrhunderte hindurch über die Stadt ertönen läßt.

Im ganzen aber hält sich die Johanniskirche in bescheideneren Grenzen, ihr Sprengel umfaßte stillere, vorwiegend von Handwerkern bewohnte Straßen. Erst wenn man vom Johannberge südostwärts schreitet, so nähert man sich dem Herzen der Stadt und betritt mit dem Marktplatz den einstigen Brennpunkt ihres Handelsverkehrs. Wohl fesseln hier die malerischen Bilder der hohen Hausgiebel, besonders des stattlichen Rathauses, aber über alles hinaus ragt die abseits vom Marktplatze gelegene, in Riesenmaßen emporstrebende Marienkirche; und ein erster

Pyritzer Tor.

Blick lehrt uns, daß, was Kraft und Gemeinsinn eines stolzen Bürgertums zu schaffen vermochte, hier in imponierender Größe vor uns steht. Die Überlieferung besagt, daß dieses Bauwerk im Jahre 1292 begonnen sei. Die Formen des älteren, westlichen Baues mögen etwa zu diesen Zeitangaben stimmen. Eine stattliche, dreischiffige Hallenkirche war dieser ursprüngliche Bau, nicht ohne Schönheit im einzelnen, aber noch wuchtig und schlicht, übrigens von unübertrefflicher, sorgfältiger Technik. Aber das Wachsen des Kraftgefühls der Bürgerschaft und das Trachten, im Wettbewerb mit den anderen blühenden Hansestädten der Ostseeküste nicht zurückzubleiben, führte in den letzten Jahrzehnten des 14. Jahrhunderts zur Errichtung eines basilikalen Prachtchores in gewaltigen Maßen und reichster künstlerischer Ausstattung, dem das 15. Jahrhundert dann die entsprechende Erhöhung des Mittelschiffes im westlichen Teile und den Ausbau der wohl früher schon begonnenen riesigen Turmfassade hinzufügte. Imponiert das ganze Gebäude durch seine kolossale Größe, im Innern auch durch die majestätische Schönheit der Raumentwicklung, so ist es namentlich der östliche Chor aus den letzten Jahrzehnten des 14. Jahrhunderts, welcher der Marienkirche in Stargard auch einen besonders hohen künstlerischen Wert, ja eine hervorragende Stellung in der Baugeschichte

Marienkirche.

verleiht. Im allgemeinen befolgt er die Anordnung, welche in Frankreich zuerst ausgebildet, in den Gegenden der Ostsee nach dem Vorbilde der großartigen Marienkirche in Lübeck zu allgemeiner Verbreitung gekommen war. Ein hohes Mittelschiff mit niederen Seitenräumen und daran angeschlossenem Kapellenkranz, der sich hier zwischen die weit ins Innere hineinragenden Strebepfeiler einspannt. Hier indes findet sich noch eine besondere und selten vorkommende Eigentümlichkeit; die Pfeiler des Mittelschiffs sind zu den Außenpfeilern so gestellt, daß für den von Westen kommenden und bis in die Nähe des Triumphbogens vortretenden Beschauer die sämtlichen Außenfenster, die doch dem Raum sehr ausreichendes Licht zuführen, durch Pfeiler verdeckt sind. Denkt man sich an dem unter dem Triumphbogen stehenden Altar die Gläubigen frühmorgens, wie es wohl Sitte war, zur ersten Messe versammelt, und warf die Morgensonne, die bei der im Chor sehr bedeutend nach Norden abweichenden Achse der Kirche durch die hohen südöstlichen Fenster sowie durch den fast ganz im Lichtquell aufgelösten Oberbau der Sakristei ihre Strahlen in den weiten Raum hinein, so muß der Eindruck von hinreißender Schönheit gewesen sein. Ein ungewöhnlicher Reichtum der Durchbildung im Innern hat diesen Eindruck gesteigert. Nur hier im ganzen nordöstlichen Deutschland findet sich die rings um den Chor unterhalb der Oberfenster umlaufende Triforiengalerie; nur hier finden sich die mit Konsolen und Spitzgiebeln versehenen Nischen in den Pfeilern des Mittelschiffs zur Aufnahme von Statuen. Eine den ganzen Kapellenkranz durchschneidende Empore, zum Teil von Granitsäulen getragen, vervollständigt das Bild reichster und lebendigster Gliederung. Nur wenige Reste der einstigen Pracht haben die Stürme der Zeiten überdauert; dahin gehört ein sehr reich geschnitzter und in den vertieften Feldern mit farbigen Tapeten ausgelegter Schrank; dahin gehören ferner die zahlreichen Manuskripte und Inkunabeln, zum Teil mit Initialen von hervorragender Schönheit. Wie das Wehen eines Geistes,

Johanniskirche.

der nicht mittelalterlich ist, mutet es an, wenn in zweien dieser Manuskripte sich die zehn Gebote in plattdeutschen Versen finden, mit den bezeichnenden Worten am Schluß:

„Will we synen kynderen tho der ewigen salicheit truwe wesen,
„so late he se mit dissen Boden dudesch lesen."

Einmal nennt sich als Schreiber der Verse der Kinderlehrer in Gollnow, und vertraut zugleich dem Papier eine beredte Klage an über die ihm von seinem Pfarrherrn widerfahrende ungerechte Behandlung. Es findet sich auch ein deutsches Beichtgebet zum gemeinsamen Gebrauch beim Gottesdienst, wie es bei besonderen Gelegenheiten neben der Privatbeichte im Gebrauch war.

Es zeigt sich indes schon gegen Ende des Mittelalters eine Erlahmung

Rathaus nach dem Ausbau.

der Kraft an dem einst allzu riesenhaft geplanten Kirchbau. Die Doppeltüren der Marienkirche müßten, wenn sie dem ursprünglichen Plane gemäß zur Vollendung gekommen wären, ein wahrhaft grandioses Werk von Menschenhänden geworden sein; so ist nur der Unterbau der Nordseite in gewaltigen Massen und lebhafter Gliederung durchgeführt; beim Südturm gelangte man schon nicht mehr bis zum Ansatz des Achtecks, und man schloß den noch unfertigen Koloß einfach mit einem Satteldach ab; der Nordturm erhielt inmitten einer sehr reizvollen Galerie mit vier Ecktürmchen ein sehr schmales Achteck in vereinfachten Formen und darüber eine hohe und schlanke, aber der Mächtigkeit des Unterbaues durchaus nicht entsprechende Spitze. Der Guß der großen Glocke im Jahre 1499, von dem die Sage geht, daß ein altes Mütterchen unter Gebeten eine Schlange in die glühende Glockenspeise geworfen habe, daher soweit die Glocken tönen, keine Schlangen zu finden seien, wird eine der letzten Arbeiten am Gotteshause gewesen sein. Außer den beiden Pfarrkirchen gab es noch eine Reihe gottesdienstlicher Gebäude in der Stadt und vor ihren Toren; und das Lubinsche Stadtbild aus dem Anfang des 17. Jahrhunderts zeigt noch neben dem stattlichen Mauerkranz alle die Türme und Türmchen der mächtigen Stadt.

Die geistigen Kämpfe des 16. Jahrhunderts zogen selbstverständlich auch hierher ihre Wellenkreise; auch hier drängten, wie allenthalben, die Zustände am Schluß des Mittelalters ganz von selbst auf die Reformation hin. Durch die erste Kirchenvisitation im Jahre 1539 ward die Neuordnung der Dinge durchgeführt, bei der sich bei Rat bedeutenden Einfluß auf das Kirchenwesen und namentlich auf dessen Vermögensverwaltung zu wahren wußte.

Protzensches Haus.

Das 16. Jahrhundert bezeichnet indes keinen Stillstand der äußeren Machtentfaltung der Stadt. Ihr Handel blühte wie zuvor und die Bautätigkeit wandte sich nur anderen Aufgaben zu, der glanzvollen Ausgestaltung der sonstigen öffentlichen Gebäude und, entsprechend der Neigung der Renaissancezeit, der reichen und gediegenen Herstellung des bürgerlichen Wohnhauses. Es zeichnen sich in dem Kreis der damals entstandenen Bauwerke namentlich drei einander ähnliche, mächtige Giebelfronten aus, die des Rathauses nach dem Markte zu, die der alten Ratsapotheke und die eines Hauses am Markte nach der Radestraße zu. Sie zeigen, durch wagerechte Gesimse geteilt, eine üppig wuchernde Maßwerkdekoration, welche den Mauerkern wie mit einem Gewebe überzieht. Die vorragenden Profile hatten ursprünglich die Farbe des Backsteinrohbaues behalten und nur der Grund war geputzt, ein malerisches und gefälliges Motiv. Daneben ist ein Haus in der großen Mühlenstraße zu nennen mit sehr reichem Spitzbogenportal und zierlichem Renaissance-Giebel. Der reizvolle Eindruck dieser Hausfassade, die namentlich an dem Portal manche Anklänge an die benachbarte Marienkirche zeigt, regte die Phantasie des Volkes zur Bildung einer Sage an: Es hätten die Bauleute der Marienkirche in jenem Hause, einem Gasthause, gewohnt, sie hätten dem Wirt Steine vom Kirchenbau in Zahlung gegeben und ihm aus diesen sein Haus errichtet. Wir erwähnen daneben ein Haus am Pyritzer Tor mit loggienartigem Vorbau, und manch andere zum Teil auf engen Höfen versteckte Gebäudeteile und Giebel mit Blendnischen. Und oft genug kommt es vor, daß, wenn ein Haus, das für ganz modern angesehen ward, zu seiner Erneuerung des aufgetragenen Putzgewandes entkleidet wird, eine alte Giebelfront mit rundbogigen oder flachbogigen Nischen, und durch profilierte Bogen in Gruppen zusammengefaßten Fenstern zutage kommt. Wie viel mehr freilich würde von der alten Pracht noch erhalten sein und welch einen andersartigen Eindruck würde noch heute die Stadt Stargard machen, wären nicht über sie die Stürme des Dreißigjährigen Krieges mit einer Gewalt dahingegangen, daß ihr Glanz fast völlig vernichtet, ihre Kraft für viele Jahrzehnte, um nicht zu sagen für Jahrhunderte, gebrochen ward.

Im ersten Teile des Krieges ist die Stadt noch leidlich gut davongekommen und unter Gustav Adolfs Regiment sah sie inmitten der Kriegsdrangsale ein herrliches Friedenswerk reifen. 1631 starb der Bürgermeister Peter Gröning. Er hinterließ der Stadt ein großes Kapital zur Stiftung eines Kollegiums, einer höheren Schule zur Vorbildung auf die Universität; und sofort nach seinem Tode machte sich der Rat an die Ausführung seines schönen Gedankens durch Anstellung namhafter Lehrkräfte und Erbauung eines „zierlichen" Auditoriums, in welchem fast nach studentischer Weise und mit manchen Rechten und Freiheiten ausgestattet „Kollegiasten" zu Füßen ihrer Lehrer den Wissenschaften oblagen. Dann kam das Unglücksjahr 1635; damals nach der unglücklichen Schlacht bei Nördlingen, als die Kaiserlichen wieder nach dem Norden Deutschlands vordrangen, am 7. Oktober 1635 wurde auch Stargard erobert. Nur vierzehn Häuser in der Pyritzer-, sechs in der Breiten- und wenige Buden in der Wollweberstraße, endlich die Johanniskirche blieben stehen. Nur sehr langsam war die Rückkehr zu geordneten Verhältnissen selbst nach dem Friedensschlusse möglich. Erst 1654 konnten der Ostgiebel des Rathauses wieder aufgemauert und 1655/56 die hohen Gewölbe des Mittelschiffes der Marienkirche wieder eingespannt werden. Ihre Türen öffneten sich dem Gottesdienste wieder am 13. Februar 1661.

Der Große Kurfürst sorgte für die Besserung der Erwerbsverhältnisse dadurch, daß er Stargard zur Hauptstadt von Hinterpommern machte und die Regierungskollegien hierher verlegte. Und die einst so freiheitsstolze und selbstbewußte Stadt erbat sich mit inständigem Drängen diese Kurfürstliche Gunst immer aufs neue, wenn die Gefahr drohte, daß Kolberg oder eine andere Stadt ihr vorgezogen würde. Im Laufe der Zeiten lernte die Stadt sich mehr und mehr mit Bewußtsein als ein Glied des brandenburg-preußischen Staatswesens fühlen. Und wenn die Herrscher zur Truppenrevue nach Stargard kamen, wie es namentlich von dem alten Fritz erzählt wird, so hat es an glanzvollen Feiern, ja an etwas überschwenglichen Huldigungen nicht gefehlt. Aber der Patriotismus war echt und wahr, und die Treue zum Hohenzollernhause von pommerscher Festigkeit. Und als nach den Jahren der Erniedrigung 1806 und 1807 Blücher hier weilte, hat er das Feuer nicht umsonst geschürt; so schwer die Stadt auch gelitten hatte, sie hat ihr Teil zur Befreiung des Vaterlandes getan; die Namen 77 Gefallener aus Stargard von Groß-Görschen bis Belle-Alliance, auf schlichten Gedenktafeln in der Marienkirche reden eine deutliche und ergreifende Sprache.

Dann sind wieder stille Zeiten gekommen, aber doch Zeiten eines langsamen und allmählichen Aufschwungs. Und wie es dann mit den Jahren 1870/1871 wie neues Sprossen und Blühen in unserem ganzen Vaterlande erwacht ist, da hat auch Stargard daran teil genommen. Das zeigt das schnelle Anwachsen der Bevölkerungsziffer (jetzt 26000), das Entstehen neuer gewerblicher Anlagen, die Schaffung neuer kommunaler Einrichtungen in großer Zahl unter zielbewußter und energischer Leitung. Das zeigt endlich auch die Sorge, die man manchem schönen Erbe der Väter zugewandt hat. Das Rathaus, die Johanniskirche, die Stadttore sind erneuert worden; für die Wiederherstellung des großartigsten Baudenkmals der Stadt, der Marienkirche, sind die vorbereitenden Schritte getan; und wenn diese Probe deutscher Kunst einmal in alter Herrlichkeit prangen wird, dann wird der Name Stargard vielleicht weithin erst recht mit Ehren genannt werden. Und werden der Entwickelung der Stadt durch die Nähe des übermächtigen Stettin immer gewisse Grenzen gesteckt werden, immer wird sie mit ihren alten herrlichen Bauwerken im grünen Kranze ihrer Anlagen, mit ihren reichen geschichtlichen Erinnerungen, besonders denen, die auch für Herz und Gemüt etwas suchen, eine willkommene Heimstätte sein.

Pastor Reblin-Stargard.

Die Kirche zu Hof.

Wer hat nicht schon von dem tragischen Geschick jener alten Kirche am hinterpommerschen Strande gehört, gegen welche die Wogen der See Jahrhunderte hindurch gierig anstürmten, ihr immer näher und näher rückten, um ihr endlich das Grab in der salzigen Flut zu graben! Die Tragödie von Vinetas sagenumwobenem Untergang spielt sich dort in unseren Tagen aufs neue ab, und Hunderte von Zuschauern eilen alljährlich herbei, betrachten stumm und staunend das grausige Werk des Meeres und tragen die Mär von der alten Kirche zu Hof weit über Pommerns Grenzen hinaus.

Auch mich zog es im Sommer 1887 von Dievenow aus hin nach dieser Stätte. Bei leichtbewegter See führte mich mein Weg immer nach Osten und am Strande entlang dem Leuchtturme von Horst entgegen. Die Flachküste mit ihrem kümmerlichen Kiefernbestande bot des Interessanten wenig genug. Nur zahlreiche „Strandläufer" nahmen meine Aufmerksamkeit in Anspruch. Sie liefen beharrlich vor mir her, erhoben sich, sobald ich ihnen zu nahe kam, schossen mit breitem Flügelschlag einige hundert Schritte vor mir dahin, ließen sich piepsend nieder, um das alte Spiel wieder von vorne anzufangen. Dabei hatte sich die Szenerie am Strande unversehens verwandelt. An Stelle der bewaldeten

Flachdünen waren haushohe, steile Lehmufer getreten, an denen sich hie und da einige Büschlein Mauerpfeffer ängstlich festzuhalten schienen, und von deren Rändern goldgelbe Ähren zu mir herniedernickten. Dem sich lang hinziehenden Kornfelde mit den Blicken folgend, sah ich dort am Ende desselben ein hohes, schwarzbraunes Gemäuer hervortauchen, zu dem mich bald eine in das harte Lehmufer eingehauene Treppe hinaufführte. Da stand sie nach vierstündiger Wanderung vor mir, die alte Kirche zu Hof, und wehmütig verlor ich mich in ihre Betrachtung.

Bei mittlerer Größe von Westen nach Osten gerichtet und im Kirchbaustile der baltischen Architektur aus gebrannten Ziegelsteinen aufgeführt, schauen die vom Alter geschwärzten Mauern ernst und düster von hohem Dünenrande ins sonnige Land hinaus. Turm und Dach und Decke des alten Gotteshauses sind eingestürzt oder abgetragen. Durch seine hohen Bogenfenster zieht der Wind,

Bis 8. April 1901. Jetzige Ansicht. Bis 20. April 1903.

Kirche in Hof.

und „Regen und Sonnenschein können von oben und überall herein". Von dem schlanken, gotischen Portale aus betritt mein Fuß das Innere des heiligen Raumes, der jeglichen Schmuckes entkleidet, die Spuren des Verfalls noch stärker zutage treten läßt. Aber auch hier blüht neues Leben aus den Ruinen; denn ein dichter Rasenteppich hat die Steinfliesen des Fußbodens überzogen, und dort an den fünf Fenstern des prächtigen Chores streben einige Holunderstämmchen kräftig dem Lichte zu. Ich trete wieder ins Freie, und meine Blicke schweifen in die Umgebung des Kirchleins. Tief unten die leise sich wiegende See im flimmernden Sonnenschein, dicht neben der Ruine hier oben das demselben Schicksal entgegengehende alte Schulhaus mit seinen rosenumrankten Fenstern und dort oben, etwas landeinwärts, das Gutsdorf Hof im Schatten uralter Kastanien und mit seiner schmucken, neuen Kirche! Und dazu ruht eine Stille und ein Gottesfrieden auf dem allen, als sei ein ewiger Friede geschlossen, als könne das Meer nie wieder erbarmungslos seinen Tribut fordernd gegen die unbewehrten Ufer stürmen.

„Doch die Elemente hassen das Gebild der Menschenhand!“ Die See wird den Kampf immer wieder aufs neue aufnehmen und nicht eher von der sicheren Beute ablassen, bis auch der letzte Stein unterspült und hinweggerissen ist. Aber wozu da den Blick auf die Zukunft richten, wo sich so lebhaft die Bilder der Vergangenheit entrollen! Sieben Jahrhunderte sind vergangen, da kamen christliche Priester und Mönche als Missionare von Franken und Thüringen, um das fromme Werk des glaubenseifrigen Bischofs Otto von Bamberg fortzusetzen. Staunend betrachten sie das Meer, das sie bis dahin nur vom Hörensagen kannten, prüfen auch mit kundigem Blick die Gegend auf ihre Fruchtbarkeit hin, gehen dann ums Jahr 1200 an die Erbauung der Kirche und errichten dieselbe eine Viertelmeile landeinwärts vom Meer auf weithin sichtbarer Höhe. —

Ein Sonntagmorgen ist es, da laden die Kirchenglocken von Hof zum erstenmal das Volk zum Beten ein. Und da kommt es mühselig und beladen in Scharen herbeigeströmt, hört aus Priesters Mund seinen alten Göttern fluchen und den neuen Gott rühmen, neigt schwankend zu letzterem hin, von ihm eine Besserung seines harten Loses erhoffend. — Schwer rast der Sturmwind übers Land. Im unsicheren Lichte der sinkenden Nacht kämpft ein Boot mit den Wogen. Die Küste ist den Blicken seiner Insassen entschwunden, und kein anderes Wahrzeichen schimmert dort in der grauen Ferne mehr hervor als die alte Kirche zu Hof, und gläubigvertrauend suchen die Geängstigten bei ihr das rettende Ufer zu erreichen. — Und wieder steigt ein Sonntag vor mir auf. Es ist der 2. August des Jahres 1874. Die Kirche ist bis auf den letzten Platz gefüllt und atemlos hängt die schluchzende Gemeinde an dem Munde des silberhaarigen Geistlichen, der in bewegten Worten Abschied von dem alten Gotteshause nimmt, weil die Regierung des drohenden Einsturzes wegen die Schließung desselben befohlen hat. Welche Fülle von Erinnerungen mag in dieser Stunde durch die Seele des greisen Redners stürmen! Vierzig Jahre hindurch hat er angesichts der so hehren Umgebung an dieser Stätte den Namen des Herrn verkündigt, und das nicht selten unter so gewaltigem Brausen des Meeres, daß es seine Worte übertönte. Gar manchem aus der frommen Gemeinde hat er auch das letzte Geleite gegeben zum nahe am Kirchlein gelegenen Friedhof, den auch die See verschlingt, und aus dessen Gräbern sie ohn' Erbarmen die Asche und Gebeine der zur letzten Ruhe Gebetteten herauswühlt und in alle Winde führt. Wer will es dem biederen Gottesmanne und seinen frommen Hörern verargen, wenn ihnen bei solchem Scheiden schier das Herze bricht. —

Wiederholt habe ich seitdem die Ruine aufgesucht; jedesmal schied ich mit dem Wunsche: die Katastrophe des endlichen Einsturzes möge noch recht lange ausbleiben. Und es schien, als empfinde das Meer selbst Scheu davor, zu dem letzten Vernichtungsschlage gegen das alte Heiligtum auszuholen; denn bis zum Frühjahr 1901 blieb alles still über das fernere Schicksal der alten Kirche. Aber am 2. Ostertage desselben Jahres stürzte die der Ostsee zugekehrte Seitenwand in die Tiefe. Und der Anblick, der sich mir bei einem neuen Besuch bot, war noch herzzerreißender als zuvor. Hier oben die alte Ruine mit der klaffenden

Wunde und dort unten am Fuße des wildzerrissenen Ufers die abgestürzten Trümmer, an welche Welle um Welle spülte, um sie mit sich fortzuziehen. Der Rest aber zeigte solche Risse und Sprünge, daß das Betreten desselben nicht mehr gestattet war. Wehmütig schied ich auch diesmal von der mir so liebgewordenen Stätte mit dem Wunsche, daß doch dem neuen Gotteshause zu Hof ein gnädigeres Geschick beschieden sein möchte. H. Kohlmann-Stettin.

Das alte und das neue Regamünde.

Einige Stunden östlich von der Stelle, wo die See noch heute ihr Zerstörungswerk an der alten Kirche fortsetzt, ist vor mehreren hundert Jahren ein größeres Fischerdorf gleichfalls dem Meere zum Opfer geworden. Wie um Vineta, so hat auch um das gesunkene „Regamünde" die Sage dichte Fäden gesponnen.

Partie an der Rega.

Wie schon der Name sagt, war das alte Regamünde dort gelegen, wo die Rega in das Meer einmündet. Die heutige Rega teilt sich vor ihrer Mündung in zwei Arme. Von diesen heißt der kürzere westliche gleichfalls Rega; der längere östliche dagegen führt die Bezeichnung „alte Rega". Letztere erreicht nach vielen Windungen trägen Laufes den Kamper See in der Südwestecke desselben und ergießt sich, aus der Nordostecke wieder austretend, bei dem Dorfe Kolberger Deep in die Ostsee. Beide Arme, welche die langgestreckte, wiesenreiche Regainsel einschließen, liegen an ihrer Mündung etwa 8 km voneinander entfernt. Das „alte Regamünde" haben wir indes weder an dem westlichen, noch an dem östlichen Ausfluß der Rega zu suchen. Es steht fest, daß die Rega in früherer Zeit sich ungeteilt in das Meer ergoß, etwa auf der Mitte zwischen den heutigen Mündungen. Der frühere Unterlauf der Rega hatte zunächst die Richtung der „alten Rega“; doch trat derselbe nicht wie diese in der Nordostecke, sondern in der Nordwestecke in das Meer ein, sich dabei durch die sogenannte Regawiese schlängelnd. Während nun unmittelbar an der Ostsee Regamünde mit seinen Hafenanlagen stand, befand sich etwas landeinwärts das Dorf Rega. Dasselbe wird urkundlich zum erstenmal im Jahre 1287 erwähnt. Es war mit Regamünde zu einer Gemeinde verbunden. So ist es denn auch erklärlich, daß die Namen „Regamünde“ und „Rega“ in den Urkunden nicht streng auseinander gehalten werden. Daß beide Orte heute nicht mehr vorhanden sind, daran ist nicht allein das Meer schuld; es haben auch andere Ursachen mitgewirkt. Regamünde war gewissermaßen der Vorhafen der jungen, aufstrebenden Stadt

Deep — Einfahrt ins Dorf.

Treptow, die durch Schiffahrt und Handel erstarkt, den Neid der Schwesterstädte Kolberg und Greifenberg erregte, deren Bestreben nun darauf gerichtet war, die Stadt Treptow zu „verderben, zu verwüsten und zu berauben“. Dem gewalttätigen Charakter jener Zeit entsprechend, ließ das mächtige Kolberg den Hafen Regamünde nebst dem Tief „versenken (d. h. verschütten) und untüchtig und nichtig machen“. Wo vordem Schiffe aus- und einliefen, bildeten sich allmählich hohe Sandberge. Kolberg erreichte seinen Zweck, zerstörte Treptows Handel und weihte Regamünde dem Untergang. Denn durch das von Jahrhundert zu Jahrhundert weitere Vordringen des Meeres gerieten die Hafenanlagen immer tiefer in den Strand, um bis auf wenige Überreste eine Beute des Meeres zu werden. Von diesen Überresten sind Steine und Steintrümmer vorhanden, welche an jener Stelle in großer Anzahl den Strand bedecken und bei flachem Wasserstande in die Erscheinung treten. Auch alte Münzen, Nadeln, Metallreste usw. sind dort von Fischern aufgefunden worden. Die Bewohner des Kirchdorfes wurden durch das Verschütten der Regamündung sehr stark in Mitleidenschaft gezogen. Das Stauwasser der Rega setzte ihre Wiesen und Ländereien fortwährenden Überschwemmungen aus, und der Fischfang auf dem Meere konnte aus Mangel an einem schützenden Hafen nur mit großer Mühe betrieben werden.

Die Treptower ließen sich durch das sträfliche Vorgehen der Kolberger nicht entmutigen. Sie entschlossen sich kurzerhand, der Rega eine neue Mündung zu graben. Sie wählten dazu die Stelle, wo die Rega die im Unterlaufe innegehaltene nordwestliche Richtung verläßt und sich nach Osten zu wendet. Die Entfernung von hier bis zum Meere beträgt zwar nur 1 km, aber es war dennoch keine leichte Aufgabe für Treptow, auf dieser Strecke einen schiffbaren Lauf herzustellen und selbigen an der Ostsee mit den erforderlichen Hafenanlagen zu versehen und die letzteren zudem instand zu halten. Ganz wesentliche Hülfe

Kamp.

leistete das Kloster Belbuck, und im Jahre 1457 waren die Arbeiten bereits so weit gediehen, daß man eine Fähre herstellen und ein Fährhaus — roter Krug genannt — erbauen ließ. Diese erste menschliche Niederlassung war der Anfang zu dem neuen Regamünde. Die Hoffnungen, welche Treptow auf den neuen Hafen setzte, erfüllten sich nicht. Öde blieb seine Hafengründung. Noch nach fast fünfzig Jahren war der „rote Krug" völlig vereinsamt. Dann aber verließen die hartbedrängten Bewohner von Regamünde und Rega ihre alten Wohnsitze, siedelten sich zum größten Teil am neuen Hafen an und nannten den Ort Treptower Deep.

Eine kleinere Zahl der Bewohner von Regamünde blieb zurück, um den See zu behaupten, und siedelte sich in geschlossener Reihe an dem linksseitigen Ufer der alten Rega an. So entstand das sehr interessante Fischerdorf Kamp. Das alte Regamünde und teilweise auch Rega ging mit seinem ziemlich wertlosen Bodeneigentum in den Besitz von Treptower Deep über. Die neue Ansiedlung

(Deep) erwuchs ausschließlich auf dem Ostufer der Rega. Ihre Bewohner befanden sich auch hier in den ihnen liebgewordenen Erwerbsverhältnissen. Die Besiedelung des Westufers der Rega fand ein Jahrhundert später statt. Somit entstand außer Ost=Deep noch West=Deep, welche Orte indes eine Gemeinde bildeten. Während die West=Deeper in Ermangelung von Acker und Wiese noch heute dem Fischfang — die Schiffahrt hat längst aufgehört — nachgehen, haben die Ost=Deeper ihrer früheren Beschäftigung nach und nach Valet gesagt und sind Bauern (Kossäten) geworden, die durch Fleiß und Ausdauer dem sandigen Boden lohnende Ernten abzugewinnen verstehen. Das „Gold der Wüste", die Lupine, leistet ihnen dabei treffliche Dienste. Die Existenz der Fischer in West=Deep ist dagegen aufs äußerste bedroht. Flunder und Lachs ziehen sich immer weiter in die See zurück, so daß ihnen mit kleinen Booten kaum noch gefolgt werden kann. Für tiefgehende Fahrzeuge, wie sie zur Hochseefischerei nötig sind, ist die flache, oft dem Versanden nahe Mündung nicht tauglich. Da ist es denn mit Freuden zu begrüßen, daß staatlicherseits der Anfang gemacht worden ist, die Regamündung wenigstens für diesen Zweck geeignet herzustellen. Zum Schutze des Ostufers wurde vor einem Jahrzehnt mit ganz erheblichem Kostenaufwande ein Bollwerk aus starken Pfählen errichtet. Doch wird der Zweck erst dann vollkommen erreicht werden, wenn auch das Westufer eine ebensolche Schutzwehr erhält. In den letzten Jahren verhalf die Störfischerei den „kleinen Leuten" zu besseren Einnahmen, aber auch diese ist bereits stark im Rückgange begriffen.

Bei solcher Misere der Regamünder Fischer — die Ostseefischer befinden sich ja zumeist in gleich übler Lage — ist es als eine Gunst des Schicksals anzusehen, daß eine größere Anzahl von Fremden allsommerlich in Deep Wohnung nimmt, dessen Häuser malerisch an beiden Ufern der Regamündung sich ausbreiten. Jedes einzelne Gehöft ist von einem Garten umgeben, der von einem schmalen Wege umsäumt wird. Es hat also jeder seine eigene Privatstraße, daher ist eine eigentliche Dorfstraße nicht vorhanden. — Regamünde, heute Deep, ist erst spät in die Reihe der modernen Badeorte eingetreten, trotzdem gerade hier kein geringerer als Fürst Blücher schon 1806/7 mit dem Baden in der Ostsee den Anfang machte. Hoffentlich ist dem neuen Regamünde ein besseres Los beschieden als seinem Vorgänger.

Friedr. Treu=Stargard.

Das Nettelbeck=Gneisenau=Denkmal.

Eine Erinnerung an Kolbergs Ruhmestage.

Die alte Feste und Salzstadt Kolberg war schon lange durch ihre Salzkoten weit und breit bekannt. Seit etwa vierzig Jahren ist das Gradierwerk geschwunden — nur die Namen Siederland=, Pfannschmieden= und Gradierstraße erinnern noch an jene Tage — und die Sole wird heute verwandt, um den im Kampf ums

Dasein ermatteten Körper zu neuem Schaffen und Wirken zu stählen. Die Solbäder locken im Verein mit den kühlen Fluten des Meeres alljährlich viele Tausende zum Sommeraufenthalt nach Kolberg.

Am bekanntesten ist aber der Name Kolbergs durch das Jahr 1807 geworden, als die kleine Feste dem Feinde die Schlüssel seiner Tore verweigerte, das Kriegsbanner trotzig über seinen Mauern aufpflanzte und die Ehre des preußischen Namens rettete. Dies war das Verdienst des Bürger-Repräsentanten Nettelbeck und des Majors Neithart von Gneisenau. Ein einfaches Grab auf dem alten Militärkirchhofe am Frühkonzertplatz, von Steinen eingefaßt, birgt die irdische Hülle des Helden Nettelbeck. Zu seinen Häupten schlummert der Hauptmann von Waldenfels, der am 15. Juni 1807 bei dem Sturm auf den Wolfsberg seinen Heldengeist aushauchte.

Nettelbeck-Gneisenau-Denkmal.

Die Namen: Nettelbeck-, Gneisenau-, Waldenfels- und Schillstraße erinnern an Kolbergs Ruhmestage von 1807, ebenso das Nettelbeckhaus am Markte. Seit dem 2. Juli 1903 befindet sich vor dem Dom, gegenüber dem Gneisenauhause, das Nettelbeck-Gneisenau-Denkmal, durch dessen Errichtung die Stadt Kolberg seinen Helden einen Teil der Dankesschuld abtrug und den lebenden und nachfolgenden Geschlechtern ein dauerndes Denkmal zur Erinnerung an deutschen Bürgersinn und deutschen Heldenmut zur Nacheiferung setzte. Das Denkmal stellt den Moment dar, als Nettelbeck und Gneisenau das erstemal zusammentrafen. Darüber sagt Nettelbeck in seiner Lebensbeschreibung:

„Ein freudiges Erschrecken fuhr mir durch alle Glieder. Mein Herz schlug mir hoch im Busen, und die Tränen stürzten mir unaufhaltsam aus den alten Augen. Zugleich zitterten mir die Kniee unterm Leibe; ich fiel vor unserem neuen Schutzgeist in hoher Rührung auf die Kniee, umklammerte ihn und rief aus: „Ich bitte Sie um Gottes willen! verlassen Sie uns nicht; wir wollen Sie auch nicht verlassen, solange wir noch einen warmen Blutstropfen in uns haben; sollten auch alle unsere Häuser zu Schutthaufen werden! So denke ich nicht allein; in uns allen lebt nur ein Sinn und Gedanke: die Stadt darf und soll dem Feinde nicht übergeben werden!" Der Kommandant hob mich freundlich auf und tröstete mich: „Nein Kinder! Ich werde euch nicht verlassen. Gott wird uns helfen!" Diesen Vorfall in der durch die Umstände gebotenen etwas veränderten Gestalt stellt unser Denkmal dar. Ein Relief am Sockel ist dem Andenken des tapferen Schill, des kühnen Freischarenführers und warmen Bürgerfreundes, gewidmet, der sich namentlich in der ersten Zeit der Belagerung um die Verteidigung Kolbergs so große Verdienste erworben hat. Eine Inschrift auf der Rückseite gedenkt des Hauptmanns und Vizekommandanten v. Waldenfels.

Bei der Enthüllungsfeier wurde an Se. Majestät den Kaiser ein Huldigungs-Telegramm abgesandt. Aus Kiel an Bord der „Hohenzollern" traf darauf folgendes Antwort-Telegramm Sr. Majestät des Kaisers ein:

An den Magistrat der Stadt Kolberg.

Ich beglückwünsche die brave Stadt Kolberg zum heutigen Festtage und danke derselben herzlich für den warmen Ausdruck patriotischer Gesinnung, welcher mich aufrichtig erfreut hat! Möchte der Geist der Vaterlandsliebe und der Treue zum Herrscherhause, gepaart mit rücksichtsloser Opferfreudigkeit und kühnem Heldenmute, wie er der Stadt und ihrer tapferen Garnison unverwelklichen Ruhm eingetragen hat, als kostbarstes Vermächtnis weiter fortleben und gepflegt werden zum Wohle und zur Ehre der Einwohner Kolbergs. Das walte Gott! Wilhelm R.

H. Juds-Kolberg.

Am Grabe Nettelbecks.

Ein schlichtes Grab in kühlem Sande,
Von grünem Efeu schön umrankt,
Birgt hier am nahen Ostseestrande
Den Held, der nie gezagt, gewankt.
Hier ward nach sturmbewegtem Leben
Die letzte Ruhstatt ihm gegeben.

Als sich der Jugend wilde Wogen
Gebrochen an der Manneskraft,
Das Alter friedlich kam gezogen,
Das sonst die Sterblichen erschlafft,
Da hat er noch in Jünglings Stärke
Vollbracht das herrlichste der Werke.

Er schrieb in stolzen Flammenzügen
Zu trüber Zeit in kurzer Frist:
„Die deutsche Treue kann besiegen
Die welsche Macht und welsche List!"
So glich er einem hellen Sterne
In dunkler Nacht, als Hoffnung ferne.

Nun ruhe, Held, in kühlem Sande
Von deinen Taten friedlich aus,
Indes am nahen Ostseestrande
Die Woge rauscht im Sturmgebraus:
„Es hat gesiegt die deutsche Treue,
Ein deutsches Reich erstand aufs neue!"

Wenn auch in unsern raschen Tagen
So manchen Namen Staub bedeckt,
So kann ich dir doch tröstend sagen:
Der deine bleibet unbefleckt!
Den Namen eines solchen Helden
Wird noch die fernste Zukunft melden.

H. Juds-Kolberg.

Köslin und der Gollen.

Köslin war seit jeher „eine zimbliche Stadt, nicht weiniger wan Anclam", wie der altehrwürdige Thomas Kantzow sagt. Einstmals gehörte Köslin zu den sogenannten mittelbaren Hansastädten, eine Zeitspanne später bildete sie sogar die Residenz der letzten Kamminer Bischöfe aus herzoglichem Stamm. Zur Erinnerung an jene Zeit, die für Köslin Tage höchsten Glanzes und Wohllebens brachte, prangt noch heutigen Tages über dem Rathause im Stadtwappen die Inful über der Schüssel mit dem abgeschlagenen Haupte Johannis des Täufers, des Schutzpatrons der Stadt und des Bistums Kammin, dem zu Ehren noch heute das Johannisfest im Buchwalde als Volksfest gefeiert wird. Die Stätte, an welcher ehemals das alte Herzogsschloß stand, kennzeichnet eine Tafel in der alten Stadtmauer an der Nordostseite der Stadt, am sogenannten „Großen Wall", mit folgender Inschrift:

Hier stand das durch Feuer 1718 zerstörte Residenzschloß der pommerschen Herzöge Casimir, Franz und Ulrich, Bischöfe zu Kammin, 1574—1622.

Nach Einverleibung des ehemaligen Bistums Kammin in das Herzogtum Hinterpommern im Jahre 1654 nahm Köslin unter den Städten des brandenburgischen Hinterpommerns nach der Rangordnung auf den Landtagen die fünfte Stelle ein, doch wurde ihr dieser Rang von Rügenwalde und Treptow streitig gemacht. Heute hat Köslin diese ihre Rivalen längst überflügelt. Der Größe und Einwohnerzahl nach nimmt Köslin unter den pommerschen Städten gegenwärtig die sechste Stelle ein; sie ist in der Hauptsache eine Beamtenstadt mit fast 21 000 Einwohnern. Lange bevor die Geschichte mit ehernem Fuß das Gebiet der heutigen Stadt betrat, wallten die Nebel der Mythe darüber hin. Wenn sich auch eine scharfe Grenze zwischen Sage und Geschichte der Stadt nicht ziehen läßt, soviel steht historisch fest, daß Köslin in Anlehnung an eine alte Burg entstanden ist, die in unmittelbarer Nähe der heutigen Stadt (am sogenannten „Trunich") auf einem Berge stand, der von alten Chronisten als „Hünenberg" bezeichnet wird. Nach der geschichtlichen Überlieferung eines dänischen Schriftstellers soll die Burg auf dem Hünenberge ums Jahr 984 von Harald Blauzahn gegründet worden sein. Als das Christentum etwa 200 Jahre später in dieser Gegend endlich festen Fuß zu fassen schien, wichen die heidnischen Bewohner der Burg dem christlichen Einflusse. Die Mauern der Burg wurden abgetragen; um die heidnische Feste entstand bald ein christliches Dorf, der Burgflecken Cossalitz. Das sogenannte Burgfeld breitete sich am heutigen Kamp und bis zum Buchwalde aus. Die Gegend, in welcher die heidnische Burg gestanden haben soll, bezeichnete der Volksmund mit „Trurnich" = traure nicht, welche Bezeichnung sich in dem bereits oben genannten Worte „Trunich" bis auf den heutigen Tag erhalten hat. — Der Name Cossalitz stammt wahrscheinlich von dem altslawischen Worte skoschitsch, dessen Stamm cuss = Sense ist, und das soviel bedeutet als abmähen, niederlegen, ausroden. Danach bedeutet Cossalitz wahrscheinlich Rodendorf, Hägersdorf, Hagendorf, d. i. ein im Gehege gelegenes Dorf. Aus Cossalitz ist entstanden: Cossalinum, Kusselyn, Cußlin, Cosselin, Coeslin (Cöslin). Heute schreibt man allgemein Köslin. Urkundliche Erwähnung findet Köslin zuerst 1214, in welchem Jahre Herzog Bogislaw II. den Burgflecken Cossalitz der von seinem Vater gestifteten Cistercienser-Abtei Belbuk bei Treptow als Geschenk zuwandte. Das Kloster war ein Zubehör des Bistums Kammin, und so kam Cossalitz in mittelbare Beziehung zum bischöflichen Stuhl in Kammin, in unmittelbaren Besitz desselben jedoch erst im Jahre 1248, in welchem der Pommernherzog das Land Stargard gegen einen Teil des Landes Kolberg nebst dem Kloster Belbuk und dem Burgflecken Cossalitz von dem Bischof zu Kammin eintauschte. Bischof Hermann von Gleichen wollte in diesem entlegenen Lande seine Macht befestigen, auch die Reste des Heidentums in dieser Gegend beseitigen, deshalb erhob er den Burgflecken Cossalitz zu einer deutschen Stadt mit Namen Cossalinum und bewidmete dieselbe mit Lübischem Recht (durch Urkunde vom 23. Mai 1266). 1292 erhielt die Stadt, die anfänglich nur durch Pfahlwerk geschützt war, eine Ringmauer, in welche drei gewölbte Tore eingelassen waren. Der dunkel bewaldete Gollen bot in seinen Schluchten den Räubern und Wegelagerern eine bequeme Zufluchtsstätte. Dieser Umstand ließ es dem vorsichtigen Rat der Stadt als eine Notwendigkeit erscheinen, sich jenseits des Gollen eine Feste zu verschaffen, die zum Schutze der Frachtstraße über Stolp nach Danzig dienen sollte. So wurde jenseits des Gollens die Burg Gohrband erobert. — Im Jahre 1480 nahmen die Kösliner Herzog Bogislaw X., der sich in seinem Jagdschlosse Zanow aufhielt, gefangen, weil ihre Bürger, die mit einem Warenzuge von Danzig kamen, von raublustigen Rittern aus dem Gefolge des Herzogs — jedoch ohne dessen Wissen — beraubt worden waren. Herzog Bogislaw wurde, wie Kantzow drastisch bemerkt, auf einem „Mistwagen" in die spottende Stadt geführt, nach dieser Demütigung jedoch auf Befehl des geängstigten Rates der Stadt sofort wieder freigegeben. Nach drei Tagen reiste der Herzog nach Belgard ab und diktierte von hier aus eine harte Strafe über die Stadt. Sie mußte dem Herzog 3000 rheinische Goldgulden zahlen, eine alte Schuld von 500 Mk. erlassen,

Köslin, Gesamtansicht.

der Herzogin eine Kette zu 200 rheinischen Goldgulden verehren und endlich dem Herzoge, der über die niedergelegten Flügel des Tores ritt, durch welches die tapfere Schar ausgezogen war, drei Tage lang Ausrichtung tun. Auch späterhin gaben die Kösliner den Herzögen mehrfach Gelegenheit, sich — zum Schaden der Stadt — in ihre Händel zu mischen. Etwas boshaft deutet Kantzow 1540 in seiner Städtechronik auf derartige Vorkommnisse hin, indem er bemerkt: „Köslin treibet nicht selten Aufrohr und Mohtwillen, welches sie dann gemeiniglich hoch verbüßen. Item ihr Sprichwort ist: mus Köslin." —

Im Jahre 1534 wurde durch den Treptowschen Landtagsbeschluß die Reformation in ganz Pommern eingeführt. In Köslin hatte dieselbe schon einige Jahre früher Boden gewonnen. Die Kamminer Bischofswürde wurde nach Einführung der Reformation nur Prinzen des herzoglichen Hauses verliehen. Diese schlugen ihr Hoflager in Köslin auf, und so wurde die Stadt zur fürstbischöflichen Residenz, in der sich bald ein Residenzschloß erhob. Dieser Residenz wurde durch den Westfälischen Frieden ein Ende gemacht. Hinterpommern und somit auch Köslin kam unter Kurbrandenburgs Adler.

Köslin ist mehrmals durch Feuersgefahr heimgesucht worden, am schwersten 1718, fast die ganze Stadt wurde ein Raub der Flammen. In dieser Not wandte sich die Stadt an Friedrich Wilhelm I. um Hülfe; derselbe vermachte ihr ein Gnadengeschenk von 4000 Talern, bewilligte ihr ferner Abgabenfreiheit auf zwei Jahre und verzinste dreizehn Jahre lang ein Kapital von 10000 Talern, damit die Stadt das Gut Mocker, welches eben zum Verkauf gestellt war, vorteilhaft erwerben konnte, um aus dem dortigen Walde das für den Wiederaufbau der Stadt nötige Bauholz zu nehmen. Bald erhob sich die Stadt schöner denn je. Der Witwe des Bürgermeisters Ruelin (Rüel), bei dem der König auf einer

Köslin, Denkmal Friedrich Wilhelms I.

Dienstreise in früherer Zeit übernachtet hatte, ließ er, da dieselbe durch das Feuer besonders geschädigt war, das Gehalt ihres Mannes noch zwei Jahre lang zahlen, legte ihr indes auf: „Soll aber vor mir eine kleine Kammer bauen, so wie die verbrannt." Der König gab der Stadt auch noch fast 3000 Taler zur Anlage einer Wasserleitung, die 1737 eingerichtet und bis zum Ende des 19. Jahrhunderts vollständig durchgeführt worden ist.

Im Jahre 1720 vereinigte der König sämtliche Gerichte Hinterpommerns zu einem Obergerichtshof in Köslin unter dem Namen „Königliches Hofgericht". Auf Anregung des Feldmarschalls von Grumbkow wurde Friedrich Wilhelm I. auf dem Marktplatze im Jahre 1724 ein Standbild errichtet. Es stellt den Monarchen dar im römischen Cäsarengewande, den Kommandostab in der Rechten, zu den Füßen die Reichsinsignien mit den verschlungenen Schriftzeichen F. W. R. — Im Siebenjährigen Kriege hielt sich Köslin tapfer gegen die Russen.

Eines Mannes soll an dieser Stelle noch besonders gedacht werden, der wohl Anspruch darauf hat, einen dauernden Platz in der Geschichte derselben zu besitzen. Im unglücklichen Kriege 1806—1807 wurde Köslin von den Franzosen besetzt. Den sämtlichen Behörden der Stadt wurde der Eid der Treue für Napoleon abgenommen. Nur ein einziger Beamter, der Hofgerichtsreferendar Braun, verweigerte öffentlich den Treueid und wurde deshalb aus dem Dienste entlassen. Erst nach dem Tilsiter Frieden durfte er wieder eintreten. Als der „Aufruf an mein Volk" bekannt wurde, eilte die waffenfähige Jugend Köslins sofort zum Kampfe, allen voran jener tapfere Patriot August Ernst Braun. Nach dem Kriege wurde er Bürgermeister der Stadt, welches Amt er von 1816—1857 verwaltet hat. Er hat sich um die Stadt dadurch besonders verdient gemacht, daß er viele Gütergerechtigkeiten ablöste und vor allem eine geregelte Forstwirtschaft im Gollen einführte. Auch für die Verschönerung des Gollens sorgte er, die Anlage des Treppensteiges ist u. a. sein Werk. Im östlichen Teile des Gollens erinnern die Braunshöhe und in der Stadt der „Braunsplatz" an ihn.

Köslin ist im ganzen arm an historischen Bauten. Zu erwähnen ist die Schloßkirche, die ehemalige Klosterkirche, die älteste und schicksalsreichste Kirche der Stadt, und die Hauptkirche der Stadt, die zu St. Marien. Sie ist in gotischem Stile wie die Schwesterkirchen in Kolberg und Belgard erbaut. Den schönsten Teil der Stadt bildet die Friedrich Wilhelms-Vorstadt mit der Rogzower Allee und der Danziger Straße; hier reiht sich ein Haus im Villenstil an das andere. Den Schluß bilden, am Westrande des Gollens liegend, das Gut Königstal einerseits und die demselben gegenüberliegende Kadettenanstalt andererseits. Die letztere, für welche die Stadt Grund und Boden unentgeltlich hergegeben hat, wurde im Jahre 1890 von Kulm nach Köslin verlegt. — Den schönsten Gesamteindruck von der Stadt gewinnt man, wenn man sich von der Alt-Belzer Chaussee aus nähert oder auf der hinterpommerschen Bahn von Westen nach Osten fährt. Der Blick schweift dann über die ganze Stadt hin bis zu dem im Hintergrunde auftauchenden Gollen,[1]) der mit der Sage und Geschichte der Stadt aufs innigste verbunden ist und in der Gegenwart nicht nur den schönsten landschaftlichen Schmuck, sondern auch eine bedeutende Einnahmequelle der Stadt bildet. Grimm erzählt in seinem allerliebsten Märchen „Vom Hirtenbüblein": „In Hinterpommern liegt der Demantberg, der hat eine Stunde in die Höhe, eine Stunde in die Breite und eine Stunde in die Tiefe; dahin kommt alle hundert Jahre ein Vöglein und wetzt sein Schnäblein; und wenn der ganze Berg abgewetzt ist, dann ist die erste Sekunde der Ewigkeit vorbei." Sehen wir uns nach diesem „Demantberge" im lieben Pommerlande einmal näher um.

Zwar hat Pommern so manchen Berg — was wir Kinder der Ebene eben als „Berg" bezeichnen —, aber den Demantberg, den gibt es nur einmal: das ist der „Berg Pommerns", es ist der „Gollen". Schon der Name sagt, daß es

[1]) Nach O. Walter „Der Gollen".

der Berg ist, denn „Gollen“ bedeutet „Berg“ oder Anhöhe, ebenso wie „Golm“ und „Kulm“. Aber er zeigt sich auch als ein ganz respektabler Berg, besonders, wenn wir uns ihm von Osten oder Westen nähern, so daß wir ihn der ganzen Länge nach übersehen können. Auch vom Gestade der Ostsee betrachtet, nimmt er sich ganz stattlich aus. Den reizendsten Anblick gewährt er jedoch, wenn man ihn im Lichte der sinkenden Sonne von den Höhen nordöstlich von Zanow, etwa vom Bahnhof Schübben-Zanow betrachtet. Von Köslin, das an seiner Westseite liegt, ist der Gollen in 20 Minuten, von Zanow, an seiner Ostseite gelegen, in 30 Minuten zu erreichen. Seine Breite mißt durchschnittlich eine Stunde und seine Länge von Nordnordwest nach Südsüdost über zwei Stunden. Er ist also ein Höhenzug und nicht ein einzelner Berg, wie Fernwohnende ihn sich häufig denken. Sein unmittelbar aus der Küstenebene aufsteigender Nordfuß ist gut

Gollen-Durchstich.

eine Meile von der Ostsee und etwas über eine halbe Meile vom Jamunder See entfernt. Im Südosten steht er durch die Hügelreihen zwischen Grabow und Persante mit den Vorbergen des Landrückens in Verbindung. Ein weiter Plan von Wiesen und Mooren umgibt seine Nord- und Ostseite. Hier, im Osten, sammelt der Nestbach seine nach dieser Seite abfließenden Gewässer und führt sie dem Jamunder See zu. Im Westen, wo fruchtbares Ackergelände vorherrscht, senkt er sich allmählich zum Tal des Mühlenbaches. Dieser kommt aus dem dicht am Gollen gelegenen Lüptow-See und fließt — durch Köslin dahineilend — gleichfalls in den Jamunder See. Eine Reihe von Ortschaften umgibt den Gollen wie ein Kranz. Außer den beiden schon genannten Städten sind folgende Dörfer in erster Linie zu nennen: Schwerinstal, Meyringen, Gohrband, Kluß, Maskow, Eckerndaus, Wisbuhr, Lüptow, Dörsenthin, Gollendorf und Roggow.

Dadurch, daß sich der Gollen so direkt aus der Küstenebene erhebt, erscheint er, was seine Höhe anbetrifft, recht bedeutend. So ist es gekommen, daß man ihn bis ins 19. Jahrhundert hinein für den höchsten Berg Pommerns gehalten hat. Dieser Umstand und seine ziemlich zentrale Lage in Hinterpommern, sowie auch die historischen Erinnerungen, welche sich an ihn knüpfen, waren Veranlassung, daß auf seiner höchsten Kuppe, dem Kreuzberge (früher Fahnenberg genannt), im Jahre 1829 den in den Befreiungskriegen 1813, 1814 und 1815 für König und Vaterland gebliebenen tapfern Pommern ein Ehrendenkmal errichtet wurde: ein hohes Eisenkreuz, getragen von einem mächtigen Eichenstamm, auf einem Sockel von Granitsteinen — einfach aber markig, der eisernen Zeit entsprechend, auf die es hinweist. Überraschend wirkt der Gollen auf uns durch den steten Wechsel von Höhen und Tiefen und durch die Mannigfaltigkeit seiner Formen. Wenn auch sanft ansteigende Kuppen vorherrschen, so sind doch oft genug tiefe Schluchten von Steilhängen eingefaßt. Der Gollen zeigt vielfach gemischten Bestand, doch herrschen Nadelhölzer vor. An den Berghängen sprudeln frische Quellen, und Köslin wird mit ihrem köstlichen Wasser aufs beste versorgt. An einigen Stellen trifft man auch eisenhaltiges Wasser an. Im Innern des Waldes sind die Wässerlein an drei Orten zu Fischteichen angestaut. Der nach Osten mit starkem Gefälle entströmende „Weißbach" wurde mehrere Jahre dazu verwertet, die Maschinen einer Papierfabrik zu treiben. Einen schönen Anblick gewährt der nahe dem Südende des Gollens in tiefer Waldeinsamkeit liegende „Tessinsee". An mineralischen Schätzen ist der Gollen sonst arm; mehrmals sind Bohrversuche auf Braunkohle gemacht worden, doch stets ohne Erfolg. Dagegen enthält das Innere mancher Berge (z. B. der „Grandberge") vorzügliche Sand- und Kiesschichten. Es sollen auch früher Eisenerze in ihm gefunden und ausgebeutet worden sein, und den Namen Hammerwald, welchen der südliche Bezirk des Gollens trägt, führt man darauf zurück, daß hier einst ein Eisenhammer gestanden hat. Unter den Kuppen des Gollens locken außer dem schon genannten Kreuzberge besonders der „Deetzberg" und die „Braunshöhe" (früher „Schnapsberg") und der „schiefe Berg" viele Fußgänger an. Von den meisten genießt man schöne Fernblicke, den weitesten jedoch von dem 152 m hohen Kreuzberge. Hier wurde 1888 in einiger Entfernung vom Denkmal ein 31,5 m hoher

Gollenkreuz.

massiver Aussichtsturm mit Wohnhaus und Restauration errichtet. Von diesem Turme schweift der Blick bis Belgard, Kolberg, Schlawe, Rügenwalde und weit hinaus ins Meer; ja man soll bei klarem Wetter mit bewaffnetem Auge Bornholm sehen können. Reizend ist auch der Blick von der ersten und größten Höhe des „Treppensteiges“ nach dem Lüptower See. An dem Fuße dieser Höhe zieht sich die „Buchenschlucht“ hin. Mehr im Innern des Waldes liegt die kesselartige Senkung des „Pfaffengartens“. Mit ihrem Namen erinnert sie an die Zeit, da hier Mönche und Priester unfern von der auf dem Kreuzberge stehenden Wallfahrtskapelle wohnten. In einem langen Taleinschnitt zieht sich der viel besuchte „Jungfernsteig“ entlang. In schauerlicher Tiefe aber liegt die Mordkuhle zwischen dem Braunsberge und der Pollnower Chaussee. Mit dieser Aufzählung sind aber bei weitem nicht die besuchenswerten Punkte des Gollens erschöpft. Man kann ihn jahrelang nach den verschiedensten Richtungen durchstreift haben, und immer wird man neue schöne Partien in ihm entdecken und neue Reize ihm abgewinnen.

Als Wenden- und Heidentum gebrochen waren, errichteten die christlichen Priester an der alten Opferstätte auf dem Gollen der heiligen Jungfrau eine Kapelle. Das Marienbild derselben wurde in der Christenheit weit und breit als besonders wundertätig gepriesen. Die Wunderkraft des Marienbildes wurde dem Ritter Paul von Bulgrin auf Wusseken am Jamunder See, der einst eine schwere Sünde auf sich geladen hatte, in sehr drastischer Weise zu Gemüte geführt. Sein Beichtvater hatte ihm als Buße eine Wallfahrt nach San Jago de Compostella in Spanien auferlegt, um dort zu Füßen des heiligen Jakob Vergebung zu suchen. Als er nach mühseliger Reise angelangt war, beichtete er dem dortigen Priester und gab ihm sein Vorhaben kund. Aber zu seinem großen Erstaunen und Ingrimm vernahm er, daß er Vergebung seiner Sünden bei dem wundertätigen Marienbilde auf dem Gollen finden könne. So kam er, wenn auch mit sehr schlechter Laune, so doch mit der Kenntnis nach Hause, wie groß die Madonna auf dem Gollen sei. Das Interesse an dem wundertätigen Marienbilde auf dem Gollen mußte selbstverständlich mit der Ausbreitung der Reformation schwinden. Ja, es wird berichtet, daß die Wallfahrtskapelle 1533 zerstört und durch Feuer vernichtet wurde. Wahrscheinlich ist das Verschwinden der Leuchte auf ihrer Spitze von den Schiffern übel vermerkt worden. Die Kösliner errichteten darum — wenn auch nach langem Zögern — an der Stelle, wo einst die Kapelle gestanden hatte, einen hohen Baumstamm, der oben eine eiserne Windfahne trug, daher die Kuppe in der Folgezeit „Fahnenberg“, wohl auch „Fahnenstangenberg“ genannt wurde. Allmählich wurde es Gebrauch, die Errichtung einer Fahnenstange mit einem Volksfest zu verbinden. Besonders festlich wurde die Erneuerung dieses Wahrzeichens im Jahre 1766 begangen, weil mit diesem Ereignis die fünfhundertjährige Jubelfeier der Gründung Köslins zusammenfiel. Eine eigenartige Kundgebung der Kösliner für unser Königshaus erlebte der Gollen zu Anfang des 19. Jahrhunderts. Am 15. Juni 1817 war die Prinzessin Charlotte (spätere Kaiserin Nikolaus von Rußland) in Begleitung ihres Bruders, des

Prinzen Wilhelm von Preußen, auf der Reise nach Petersburg in Köslin eingetroffen und mit großen Feierlichkeiten empfangen. Bei ihrer Weiterreise wurde ihnen folgende Überraschung zu teil: „Nahe am Wege durch die unbewaldete Schlucht“ — so berichtet Benno in seiner „Geschichte der Stadt Köslin“ — erhob sich auf der Spitze des Gollens ein kolossaler, mit Blumengewinden geschmückter Altar, von welchem herab ein volltönender Chorgesang unter rauschender Musik ihnen entgegentönte und ihnen den feierlichen Abschiedsgruß nachsandte.“

Eine Neubelebung der geschichtlichen Erinnerungen, welche sich an diese Stätte knüpfen, erfolgte durch die Errichtung des schon erwähnten Denkmals im Jahre 1829. Möchte dieses einfache Denkmal noch lange erhalten bleiben, daß es nicht nur die hundertjährige Wiederkehr der großen Tage von 1813 bis 1815 sieht, sondern auch späteren Geschlechtern ein Mahnzeichen wird, ihrer Väter gern zu gedenken und Interesse an der Geschichte der engeren und weiteren Heimat zu gewinnen. Möchten Kreuz nebst Turm noch lange hoch emporragen und es weit hinaus verkünden: Hier ist Hinterpommerns Demantberg.

U. Wolffgramm-Köslin.

Jamund.

Ein stilles Dorf liegt nah' den Ostsee-Wogen;
Die Väter haben Jamund es genannt,
Weil offner Biedersinn dort eingezogen,
Des „Mundes Ja“, der Wahrheit Unterpfand.
(Nach „Seip“.)

Fremde, welche im Sommer die Badeörter Großmöllen und Nest aufsuchen, unternehmen auch gern eine Forschungsreise in unser Dorf, von dem sie oft recht merkwürdige Dinge haben erzählen hören. Wer Sinn für Volkskunde hat und seine Studien nicht in einer flüchtigen halben Stunde abmacht, wird hier viel des Interessanten finden. Jamund ist immer noch in bezug auf Sitten und Gebräuche seiner Bewohner ein beachtenswerter Ort, obgleich die Kultur auch hier — wohl langsam, aber stetig — ein Haus nach dem andern erobert und Stück für Stück alle Eigentümlichkeiten, durch die sich die Jamunder von der Landbevölkerung der Umgegend unterscheiden, verschlingt.

Das 6 km nördlich von Köslin gelegene Dorf Jamund hieß in alter Zeit Jamen, Jamele, Jament. Wilhelm Haken (bis 1771 hierselbst Pastor) hat in einer von der dänischen Akademie der Wissenschaften gekrönten Preisschrift nachzuweisen versucht, daß Jamund die Burgwyke zu dem alten Raubschloß Jomsburg war — „nordische Heldenschule“ — (940—1042) das er auf den „Langen Berg“ verlegt. Neuere Forscher lassen diese Ansicht nicht gelten, sondern suchen den Sitz der nordischen Seeräuber bei Wollin (Julin). Haken macht also Jamund viel älter als Köslin. Nach Einführung des Christentums geriet diese ganze Gegend an den bischöflichen Stuhl in Kammin. 1278 wird die Kirche in Jamund dem Nonnenkloster in Köslin überwiesen, und 1331 schenkte Bischof Friedrich von Eichstädt das Dorf der Stadt Köslin.

Dieses Bauerndorf zählt gegenwärtig 728 Einwohner und besitzt eine Feldmark von 4879 Morgen, nebst 2400 Morgen auf dem Kösliner Stadtfeld. Mit seinen 1359 Mark Staats-Einkommensteuer und 263 Mark fing. St. steht es an der Spitze aller Gemeindebezirke des Kösliner Kreises. Der Boden ist äußerst fruchtbar. Es wird viel Weizen gebaut. Die Bevölkerung lebt in einem behäbigen Wohlstande. Obgleich viele auswärtige Personen zugezogen sind, überwiegen doch die alten Jamunder Namen bei weitem. An wahlberechtigten Personen gleichen Namens weist die Wählerliste augenblicklich auf: Lassahn 18, Ott 15, Marx 13, Mandke 12, Lüttschwager 10, Mielke 7.

Jamunder Pärchen.

Der alte Jamunder ist in seinem Wesen derb und gerade, dabei wortkarg und unbedingt fest in seinen Ansichten. Er sucht unter allen Umständen mit „seinem Kopfe" durchzukommen, und es fällt ihm gar schwer, sich einem Mehrheitsbeschlusse unterzuordnen. Sieht er noch irgend einen Weg vor sich, seine gegenteilige Meinung durchzufechten, so kann man sicher sein, daß er ihn beschreitet. Als Beispiel dafür dürften die Vorgänge um 1881 in der Zeit der damaligen Pfarrvakanz genugsam bekannt sein, wie der Gemeindevorsteher Michael Mallow und der Kirchenälteste Kossät Martin Lüttschwager nach Berlin gesandt wurden, um bei Sr. Majestät Beschwerde zu führen über den Kösliner Magistrat und das Königl. Konsistorium, weil man der Gemeinde den Pfarrverweser Thomsen nicht, wie sie begehrte, als Pastor geben wollte.

Das Nachbardorf von Jamund heißt Labus. Die geographische Lage weist beide Ortschaften von altersher ganz aufeinander an. Auf drei Seiten sind ihre Feldmarken vollständig abgeschlossen: im Norden der Jamunder See, im Osten ausgedehnte Torfmoore, durch die der Nestbach fließt und auf der Westseite weite Wiesenflächen mit dem Kösliner Mühlenbach. So war denn also nur der

Verkehr nach Köslin zu möglich; aber auch hier führte die Landstraße — nach Hakens Chronik — früher durch Wald und Bruch, und noch in neuester Zeit haben wir an diesem Wege im Frühjahre und Herbste die Bedeutung des Wortes „grundlos" erfahren. Bei solcher Lage ist es nur natürlich, daß die Bewohner beider Ortschaften alte Sitten und Gebräuche in hohem Maße bewahrten. Sie verkehrten nur miteinander, heirateten nur untereinander — erst vor vierzehn Jahren wagte es der erste auswärtige Bauersohn, sich hier in einen Bauernhof „hineinzuheiraten" — und hielten streng auf ihre Nationaltracht.

Jamunder Hochzeitsbitter.

Alle Stücke der Tracht sind aus derbem, selbstgewebtem Zeuge gefertigt, und mehrere von „den Alten" haben mir die Versicherung abgegeben, daß der Veteran, ihr Sonntagsrock, bereits über dreißig Jahre allen Anstürmen der Mode Trotz bot. — Ach, die gute, alte Zeit! — Ob nun die Tracht praktisch ist oder nicht, das wage ich nicht zu entscheiden; jedenfalls aber war sie dauerhafter, als die unsrige, ersparte den Damen viele Sorgen über den Wechsel der Mode, war für alte Leute unstreitig recht kleidsam und entsprach ganz dem Charakter dieses Volkes. Ein Greis in seiner Originaltracht auf dem alten Stuhle von „anno 1806 oder 1807" in der Ofenecke macht auf mich immer einen doppelt ehrwürdigen Eindruck. Nur noch kurze Zeit, und Pommern ist um eine Sehens- und Denkwürdigkeit ärmer. In Jamund und Labus tragen noch 26 Personen: 3 Männer und 23 Frauen, die alte Tracht, alles alte Leute, die meist aus Zimmer gefesselt sind, weshalb man jetzt in Köslin ziemlich selten diese Überreste vergangener Tage bewundern kann. Aber wenn am Mittwoch nach Trinitatis jeden Jahres in der Dorfkirche eine besondere Abendmahlsfeier für „die lieben Alten" stattfindet, zu der alle, denen die müden Glieder noch nicht ganz den Dienst versagen, sich tagelang vorbereiten und dann mühsam hinaufpilgern, um noch einmal das Gotteshaus und die Gräber der Lieben zu besuchen, dann kann man wahrnehmen, wie sich die Reihen lichten, wie so Jahr für Jahr einer nach dem andern die Nationaltracht der Väter, an der er bis an sein Ende mit solcher Beharrlichkeit festhielt, auszieht, — und tiefe Wehmut beschleicht den stillen Beobachter.

Am Abend des Reformationsfestes 1889 zerstörte ein gewaltiger Brand einen großen Teil des Dorfes. Vierunddreißig Häuser wurden eingeäschert und vierzig Familien obdachlos. Hier sind nun die Straßen reguliert und die Gebäude allen Anforderungen der Neuzeit entsprechend aufgeführt worden. Auf diese Weise hat sich im Äußern des Dorfes ein starker Kontrast herausgebildet. Der von dem Feuer verschont gebliebene Teil weist völlig den Charakter einer längst vergangenen Zeit auf und erscheint dem Besucher sehr interessant. Ein Gehöft schließt sich dicht an das andere. Die Häuser zeigen ein von den sonst üblichen ländlichen Bauten abweichendes Gepräge. Wohl selten dürfte in Pommern eine solche Gleichheit in der Hof-Anlage zu finden sein, wie sie die alten Jamunder Bauernhöfe aufweisen: ein großes Viereck, — zum größten Teile von dem Juwel der Landwirtschaft, dem Düngerhaufen, angefüllt — ringsum vollständig von Gebäuden eingeschlossen. Der Jamunder liebt es nicht, „daß ihm der Nachbar über den Zaun sieht!" Nach der Straße zu liegt immer das Durchfahrtsgebäude, in dem zugleich einige Ställe sich befinden, seitlich (meist rechts) anschließend die große Scheune und gegenüber das eigentliche Stallgebäude. Alle drei haben ein zusammenhängendes Strohdach. Die vierte Seite wird von dem Wohnhause geschlossen, das stets mit dem Giebel nach dem Hofe zu steht. — Augenblicklich hat Jamund noch drei „Rauchhäuser", das sind Wohnstätten ohne Schornstein. Der Besucher eines solchen sieht zunächst in der Lehmdiele, die unmittelbar hinter dem Heck, das ist eine niedrige Tür, beginnt, weiter nichts wie Rauch, der alle Wände und das Balkenwerk dick mit Ruß bedeckt hat und nach einem Ausweg sucht. Wem es gelingt, den Schmerz in den Augen niederzukämpfen und sie an den Ort zu gewöhnen, der entdeckt bald über sich eine Menge Schinken, Würste und Speckseiten, hier zum Räuchern aufgehängt. Daneben wird auch oft Handwerkszeug aufbewahrt, weil kein Wurm sich an das so konservierte Holz wagt. An der Wand, dem Eingange gegenüber, erblickt man die mit Steinen gepflasterte Feuerstatt unter rußgeschwärztem Herdhimmel. Vor derselben läuft quer durch den Raum in mäßiger Höhe ein starker Balken, der „Katzenbalken", an dem früher der wuchtige Kessel hing. Seitlich befinden sich — auch noch in vielen bereits umgebauten Häusern — die ortsüblichen Wandbetten, die wie viereckige Käfige in die Wand eingebaut und mit Stroh abgedichtet sind. Die Bettlöcher hat man in so respektabler Höhe angebracht, daß es nur mittels der großen eichenen Truhen, die in stattlicher Anzahl an den Seiten der Diele aufgereiht stehen, möglich wird, zu diesen Ruhestätten zu gelangen. Der Raum unter der Bettstelle dient zum Aufbewahren von Kartoffeln. Durch die Herdwand von der Diele geschieden findet man weiterhin kleine, niedrige Stuben.

Aus früheren Jahrhunderten übernommene Überlieferungen haben für das Hausgerät feststehende Formen geschaffen, die man deutlich an den auf vorstehenden Bildern dargestellten Stühlen erkennt. Letztere werden durch eine eigenartige Malerei nach gewissen Regeln, die sich vom Vater auf den Sohn vererben, originell verziert. Diese Kunst kann man ebenso an dem früher allein üblichen Gräberschmuck bewundern. Besonders hervorgetan auch auf diesem Gebiete hat sich der Küster und Lehrer Erdmann Braun, der bis 1869 hier amtierte und in vieler Beziehung so bahnbrechend und grundlegend in Jamund gewirkt hat, daß es keinem seiner vier Nachfolger bis jetzt gelungen ist, ihn ganz zu ersetzen. Er war als der letzte aus dem alten Jamunder Küstergeschlechte, das 150 Jahre hindurch ununterbrochen diese Stelle innehatte, im Amte.

Einfach und derb ist die Zimmereinrichtung in den alten Häusern. Außer den Stühlen kann man unter den Truhen noch vereinzelt recht wertvolle Exemplare finden, obgleich die besten Sachen alle bereits in die Museen nach Berlin oder Stettin wanderten. — Um den großen massiven Eichentisch versammeln sich zu den Mahlzeiten auf langen Bänken sämtliche Familienmitglieder und alle Dienstboten, wobei jedermann seinen bestimmten Platz hat. Der Hausvater spricht das Tischgebet. Es herrscht ein echt patriarchalisches Verhältnis. Das Gesinde nennt seine Dienstherrschaft „du" und redet den Hausherrn mit „Bauer" an. Die Mägde rufen die Frau meist mit ihrem Vornamen oder sonst einfach „Mutter". Als Hausgetränk findet man auch jetzt noch in jeder Familie das von alters her so beliebte eigengebraute Jamunder Bier, das mitunter von ganz vorzüglicher Beschaffenheit ist. Begibt sich der Knecht an seine Feldarbeit, treibt der Hütejunge seine Vierfüßler die Straße entlang, oder rollt der lange Erntewagen in scharfem Trabe zum Dorfe hinaus, immer wird eine „Kruke Bier" als treue Begleiterin mitgeführt.

Wenn auch ein Alt-Jamunder Haus mit seiner primitiven Zimmereinrichtung einen ärmlichen Eindruck macht, so soll doch der Fremde sich dadurch nicht zu einer falschen Beurteilung der Bevölkerung verleiten lassen. Wer sich genauer umsieht, den wird die große Ordnung und Reinlichkeit auf dem Hofe angenehm berühren. Mehrmals in der Woche, mindestens aber jeden Sonnabend, läßt der Bauer die Auffahrt vor seinem Hofe und diesen selbst ringsum sauber fegen. Unordentlich umherliegende Wirtschaftsgegenstände findet man nicht. Die Hausfrau besteht darauf, daß die Küchengeräte allwöchentlich gescheuert und die Stuben schon frühmorgens aufgeräumt werden.

Der Wohlstand der meisten Bauern zeigt sich deutlich bei den Mahlzeiten in der Ernte. Der Arbeiter verlangt dann neben Kuchen zum „Zuckerkaffee" noch gebratene Flundern, Rührei, Schinken, Käse, verschiedene Wurstarten 2c. Ebenso ists zur Hauptmahlzeit nicht mit drei Gängen und einer Art Braten abgetan. Die Jamunder aber tragen selbst die Schuld, daß diese Unsitte von Jahr zu Jahr mehr einreißt, weil immer einer den andern zu überbieten sucht, und die Arbeiter, welche gerade in dieser Zeit doch die Hauptpersonen des Dorfes sind, sorgen schon dafür, daß auch jedes einzelne Gericht, mit dem Nachbar N. N. sie bewirtete, die nötige Kritik erhält. Dem weniger Eingeweihten aber, welcher der Sache skeptisch gegenübersteht und nicht „mittun" will (ich denke vor allem an Pastor und Lehrer), ist nur zu raten, seine Erntearbeiten in Akkord zu verdingen.

Vom ersten Weihnachtstage an bis etwa Ende Januar ist in Jamund und Labus große Besuchszeit. Da es, wie bereits oben erwähnt wurde, üblich war, daß die Bewohner dieser Ortschaften nur untereinander heirateten, so sind die einzelnen Verwandtenkreise oft recht große. Dazu kommt ferner, daß die Patenkinder mindestens bis zum schulpflichtigen Alter alljährlich zu Weihnachten beschenkt werden. So setzt man denn in dieser Zeit tagtäglich heute bei diesem, morgen bei jenem Verwandten Besuchsabende fest. Zu demselben erscheinen die Paten mit der oft ganz kostspieligen Gabe. Die aufgetragenen Gerichte sind dabei immer und überall dieselben: zuerst Kaffee, dann später Gänse- und Schweinebraten, wozu nicht Kartoffeln, sondern der so vorzügliche Weizenstollen, auch allerhand Eingemachtes, aufgetragen wird.

Die großen Ausrichtungen, welche bei Hochzeiten, Kindtaufen und leider noch immer bei Beerdigungen gegeben werden, bezeugen ebenfalls den Reichtum der Bewohner. Einige Eigentümlichkeiten, wie man sie noch jetzt bei derlei Festen bemerken kann, mögen hier Platz finden. Die Geladenen tragen die Butter, welche durch kunstvoll geschnitzte Schablonen verziert wird, in ein sehr sauberes Tuch gehüllt, selbst in das Haus des Gastgebers. Betrittst du die Stube, so nötigt dich der Festordner sogleich an einen gewaltigen Weizenstollen, von dem jeder Eintretende sich ein Stück abschneiden muß. An den aufgestellten langen Tafeln erhält der Teilnehmer seinen ihm gebührenden Platz. Der Ordner trägt die Verantwortung für diese „Platzfrage“, die ihm sicherlich die größten Kopfschmerzen verursacht. Oben an die Haupttafel werden Pastor und Lehrer kommandiert. Es folgen: bei Kindtaufen, die Paten — bei Hochzeiten, das junge Paar, hübsch sittsam auseinander gesetzt, dann die Trauzeugen — bei Begräbnisfeierlichkeiten die beiden Grubengräber, dann die Träger. Alle andern Gäste werden je nach dem Verwandtschaftsverhältnis zu demjenigen, welchem das Fest gilt, placiert. Die Frauen sind mittlerweile ebenfalls in die entsprechende Reihenfolge gebracht, und nun erst trägt der Ordner die ihm aus der Küche zugereichten dampfenden Schüsseln auf. In Familien, die noch ganz an altem Gebrauche festhalten, bekommen nur der Pastor und Lehrer, bezw. deren Angehörige, zwei Teller nebst Messer und Gabel. Allen andern wird in einen Teller nur der Löffel gelegt. Die Jamunder benutzen nämlich alle — auch Frauen und Mädchen — ihr Taschenmesser beim Essen, und mancher Kösliner saß bereits ratlos mit seinem Löffel einem Braten von respektablen Dimensionen gegenüber, ehe der verantwortungsvolle „Erzkämmerer, Speisemeister und Mundschenk“ in einer Person, der sich nicht aus seiner Ruhe bringen läßt, Abhülfe schuf. Selbstverständlich gibt es auch Häuser, in denen bei derartigen Veranlassungen für jeden ein Weinglas auf der Tafel zu sehen ist und Messer und Gabel nicht fehlen. Ich habe aber öfter bemerkt, daß mancher dieses „neumodische Handwerkszeug“ beiseite schiebt und zu seinem Taschenmesser greift.

Als Kämmereidorf von Köslin mußte Jamund dem Magistrate Spanndienste leisten. Zu dem Zwecke hielt sich jeder Bauer neben seinem Hausknecht einen besonderen „Hofknecht“. Diese Jamunder Hofknechte bildeten eine besondere

Innung mit bestimmten Gebräuchen. Recht feierlich war die Aufnahme eines neuen Mitgliedes, das „Inhêsen". Der jetzige Jamunder Pastor, Herr Kaiser, sagt folgendes über diesen Brauch:

„Ward ein Hausknecht Hofknecht, so mußte er eingeheest — inhêst — werden. Bei dieser Feierlichkeit gab der Jungknecht eine Vierteltonne Bier. Die Hofknechte hatten einen Vorsteher, den sie sich wählten, den Altknecht — de Üllst. Dieser setzte sich an den Tisch; der einzuheesende Jungknecht nahm neben ihm Platz, vor ihnen stand eine Kanne Bier; ein gutes Quart mußte die Kanne enthalten. Nun „machte" der Altknecht eine Rede. Er fragte den Jungknecht, ob er, wenn er nun ihr Mitknecht würde, auch alle Verpflichtungen, die ein Hofknecht gegen den andern hätte, übernehmen wollte. „Wist du ok dinen Brauder, so wit as hei raupe kann, un so wit, as sin Stimm reikt, wenn ji buten sünd, helpen?" Hatte der Jungknecht das mit Ja beantwortet, so gab ihm „de Üllst" die Hand, ergriff die Kanne, sagte: „Prost, Brauder!" und trank, darauf der Jungknecht: „Sei gôd, Brauder!" und trank auch. So tranken sie dreimal, jedesmal den Handschlag und das „Prost, Brauder!" und „Sei gôd, Brauder!" wiederholend. Gewöhnlich hatten sie die Kanne schon bei dem ersten Trunk geleert; in derselben durfte nichts bleiben. Nach dem dritten Trunk ward die Kanne umgekehrt auf den Tisch gestellt. Blieb davon ein Ring auf dem Tisch, dann mußten sie das Bierfaß, das auf dem „Struedk" (hölzerner Schemel mit drei Füßen) lag, füllen."

Jamunder Kirche.

Von den Sehenswürdigkeiten, die in der Sakristei der Kirche aufbewahrt werden, erwähne ich zunächst die Jamunder Brautkette, welche jede geborene Jamunderin, die mit Kranz getraut wird, an ihrem Hochzeitstage trägt. Diese Kette schmückte einst die Prinzessin Charlotte, die Braut des russischen Thronfolgers Nikolaus Paulowitsch. Auf ihrer Reise nach Petersburg traf die Prinzessin am 15. Juni 1817 in Begleitung ihres Bruders, des nachmaligen deutschen Kaisers, in Köslin ein. Am folgenden Tage besuchte sie den Gollen und wurde von einer Schar Jamunder Mädchen in ihrer alten Tracht begrüßt. Anna Lassahn, mit dem „Pâil" d. i. der Brautkrone, Halsband mit Kragen und Brautgürtel geziert, trug folgendes Gedicht vor:

Willkaame hie an usem Strann,
Us' Köningsdöchterke!
De schmuckste Bruut im Prüßsche Lann,
De 't nargends schmucker gäwe kann,
Quaim (käme) se ok wiet, wiet äwre See.

Us' Dörp denkt faken (oft) an dat Glück;
Ok Är gefeil us' Dracht;
O, se bewees recht köninglik
An use öllre Süster (Schwestern) sik,
Dat fröwt (freut) us hüt noch Dag unn Nacht.

De Mauder, as se liewt unn lewt
Is us' Prinzessin Bruut.
So'n Fruw hewt gar nich wedder gäwt,
De so up't Gaud hen was bestäwt,
Se sach recht as en Engel ut.

Se trekke nu in Nowers Land
Tau gaude Lüde hen,
Gott föhr Se hen an syne Hand,
Hei segn' Ä Äre nyge Stand,
Und lat 't Ä wollgahn bet an't Enn.

Darauf nahm die Prinzessin ihre goldene Halskette ab und hing sie der Jamunderin um. Auf die Frage der Fürstentochter nach ihrem Bräutigam, antwortete Anna Lassahn: „Hei löpt noch mang de andre!" (Er läuft noch unter den andern.) Das Dorf kaufte später diese Kette für 50 Taler an.

Zwei wertvolle Gegenstände stammen aus der Marienkapelle auf dem Gollen: eine Monstranz, 47 cm hoch, und ein Ciborium, 32 cm hoch, beide aus vergoldetem Kupfer geschmackvoll und zierlich hergestellt.

Interessant ist außerdem der Rest eines Kruzifixes, das aus der Kirche in Wusseken hierher gekommen und dort zu frommen Betrügereien verwandt worden ist. Nach der Beschreibung von Haken befand sich über dem Kopfe, wo die Buchstaben I. N. R. I. zu stehen pflegen, ein kleines ausgepichtes Büchschen, von dem eine Bleiröhre sich nach den Augen und Wundmalen des Körpers verzweigte. In der Öffnung lag der mit einem roten Safte getränkte Schwamm, welcher durch ein Bändchen gedrückt werden konnte, um so das Bluten der Wunden zu veranlassen. Haken fährt nun fort: „Es ist diese Antiquität durch die Güte des jetzigen Herrn Pastor Voeltze in unsere Bibliothek gekommen; sie ist aber lange nicht mehr so vollständig, als ich sie zuerst gesehen, da der Körper noch daran war."

Koltermann-Köslin.

Das Rügenwalder Amt.

„Rügenwalder Amt", das Wort hat einen guten Klang, ruft es doch sofort die Vorstellung von Wohlhabenheit hervor; „Rügenwalder Amt" hat aber auch einen guten Klang wegen seiner vorzüglichen Produkte. „Rügenwalder Spickgänse", wer hätte sie noch nicht begehrt? —

Das „Rügenwalder Amt" umfaßt einen Halbkreis um Rügenwalde von 15 bis 20 km Halbmesser. Den Mittelpunkt bildet die Stadt Rügenwalde, ein sauberes, freundliches Städtchen mit über 5000 Einwohnern. Die Stadt ist sowohl Handels- wie Industriestadt. Sie ist mit den wichtigsten neuzeitlichen Einrichtungen ausgestattet, zum Teil sogar elektrisch beleuchtet. Fünf große Holzlagerplätze mit ebensoviel Dampfschneidemühlen umgeben an der Südwestseite die Stadt. Das Konsul John'sche Holzlager in bearbeitetem Material hat allein einen Wert von ca. einer halben Million Mark. In nächster Nähe der Stadt liegen ferner drei große Ziegeleien, die aus dem vorhandenen guten Rohmaterial ein tadelloses Fabrikat in den verschiedensten Steinsorten liefern. In der Stadt selbst sind mehrere größere Wurstfabriken. Die bedeutendste ist die Schmidthals'sche. In derselben werden jährlich in den Wintermonaten über 2000 mindestens 2½ Zentner schwere Schweine geschlachtet und zu Wurst verarbeitet. — Ein bedeutender Handelsartikel Rügenwaldes ist die weit über die Grenzen Deutschlands, ja Europas hinaus bekannte Rügenwalder Spickgans. Eine gut zubereitete — und die Rügenwalder Fabrikanten verstehen sich hierauf ausgezeichnet — Rügenwalder Spickgans ist eine Delikatesse; leider wird oft als Rügenwalder Fabrikat bezeichnet, was Rügenwalde nie gesehen.

Die magere Gans kommt aus den Kreisen Lauenburg, Bütow, Rummelsburg und aus Westpreußen. Von Mitte August ab treffen zu verschiedenen Terminen Händler von dort mit Triften von 1000 Stück und mehr im „Amt" ein. Auf den Bahnhöfen Rügenwalde, Schlawe, Wieck, Carwitz werden die Gänse ausgeladen und gleich an Landbewohner der Umgegend, die häufig die vorher angekündigte Ankunft der Martinsvögel schon erwarten, verkauft. Der Preis für diese Gans beträgt 3 bis 5 Mark. Jeder Bauerhofbesitzer kauft zur Mast 50 bis 100 Gänse, auch darüber, die kleineren Landbesitzer entsprechend weniger. Doch kommt es selten vor, daß einer derselben keine Mastgänse kauft. Nachdem die Gänse 3 bis 4 Wochen die Stoppelfelder begangen haben, werden sie etwa Mitte September zur Mast eingesetzt. Die Mästung geschieht hauptsächlich mit Hafer, seltener mit Mohrrüben und Malz. Gegen Ende Oktober beginnen die Schlachtungen. Die ausgenommenen Rümpfe, Pflum (Flom), Leber, Hals, Kopf 2c. behält jeder selbst, werden nach Rügenwalde verkauft. Hier beschäftigen einzelne Firmen während der Gänsesaison bis zu 40 Frauen bei der Verarbeitung der Gänse, und es werden in dieser Zeit ca. 80000 Gänsebrüste versandfertig zubereitet. — Außer den Fettgänsen liefert das Rügenwalder Amt hauptsächlich Fettschweine und -Kälber in bedeutender Menge und meist guter Qualität. Beides hat seinen Grund in der durchweg guten Beschaffenheit des Bodens. Üppige Getreidefelder — Weizen, Roggen, Gerste, Hafer, Erbsen, Bohnen und als wohltuende Abwechselung hin und wieder auch ein gelbes Rapsfeld — erfreuen im Sommer das Auge des Wanderers und lohnen die Mühen des Landmannes oft zwölf- bis fünfzehnfältig, so daß im „Amt" ein bedeutendes Mehr an Getreide erzeugt wird, als der eigene Bedarf für Menschen und Vieh erfordert. Stiefmütterlich ist das Rügenwalder Amt mit Feuerungsmaterial bedacht. Außer den nicht zu umfangreichen Königlichen Forsten Alt- und Neukrakow und der kleinen Rügenwalder Stadtforst gibt es keine Forsten. Und da auch Torf gänzlich fehlt, so verursacht die Beschaffung des erforderlichen

Brennmaterials für die Bewohner des „Amtes" erhebliche Ausgaben. Ein Bauerhofbesitzer muß für seine Wirtschaft jährlich etwa 160 bis 180 Mark für Brennholz, das aus den oben genannten Forsten gekauft wird, bezahlen. Dazu ist dasselbe oft 15 bis 20 km weit herzuholen. Beides geschieht in den Wintermonaten nach Weihnachten. Auch wird das ganze Holzquantum dann gleich für Öfen und Herd entsprechend zerkleinert und in großen Haufen draußen zum Trocknen aufgesetzt. Im Sommer vor der Ernte wird dann das jetzt trockene, für ein ganzes Jahr ausreichende Holz in die Holzställe verpackt.

Die Beschäftigung der Landbewohner im Rügenwalder Amt erstreckt sich hauptsächlich auf die Bewirtschaftung ihrer Grundstücke. Im Sommer haben damit alle Hände vollauf zu tun. Die kurzen Wintertage sehen außer der Hausfrau und den Kindern meist den ganzen Hausstand in der Scheune und den Viehställen beschäftigt, während an den langen Abenden die Mädchen ihre Spinnräder surren lassen; denn Flachs wird hierzulande noch in jeder Bauernwirtschaft gebaut und zu Leinwand verarbeitet. Das Weben derselben geschieht meistens in den längeren Tagen des Frühjahrs, wenn die Knechte draußen mit dem Hauen des Holzes beschäftigt sind, und findet man dann in den Bauernstuben nicht selten zwei Webestühle in Tätigkeit. Meist wird über Bedarf Leinwand erzeugt, doch werden die überzähligen Rollen nicht etwa verkauft, sondern als totes Kapital in alten, eisenbeschlagenen Kasten aufgeschichtet und von der Mutter auf Kinder, Enkel und Urenkel, oft schon in fertiger Ware, Hemden, Bettzeuge, Laken, vererbt. Ähnlich ist's mit den Betten. Hohe Kisten auf dem Boden oder dem Speicher sind von unten bis oben vollgepackt mit Betten, die nie im Gebrauch gewesen sind und von der zeitigen Besitzerin auch nie gebraucht werden, wartend der Dinge, die kommen sollen. So haben Großmutter und Mutter es gehalten, und warum sollte die Tochter es anders machen?

Hans Lange-Haus.

Das „Amt" ist meist eben. Nur auf der Ostseite von Rügenwalde, 1 km vor Zizow, beginnt eine nicht bedeutende Erhebung des Bodens, die „Zizower Höhe", und setzt sich, 3 bis 4 km von der Ostsee entfernt, nach Osten fort in der Richtung der Dörfer Zizow, Sackshöhe, Köpnitz, Barzwitz, von da ab etwas südöstlicher sich wendend bis nach Masselwitz, und dann allmählich übergehend in das Flachland. Wandert man von Zizow aus auf dieser Höhe entlang nach Barzwitz, so hat man zu beiden Seiten eine herrliche Aussicht. Zur Linken schweift der Blick über die Stranddörfer Kopahn und Vitte und die königliche Domäne Palzwitz — zwischen den drei Ortschaften der Vitter See — hinweg und bleibt ruhen auf der weiten Fläche der Ostsee. Wenden wir unser Auge zur Rechten, so überblicken wir eine weite Ebene, durchzogen von der Wipper, die sich in vielen Krümmungen langsam ihrer Mündung nähert, übersät von einer Zahl freundlicher, nahe beieinander liegender Ortschaften, und begrenzt in der Ferne von einem dunkelgrünen Rahmen, der königlichen Forst. Am Strande haben sich Jershöft und Rügenwaldermünde zu Badeorten entwickelt.

Rügenwalde und das Amt haben auch in der Geschichte eine Rolle gespielt. In Lanzig gibt eine Tafel aus Gußeisen über der Tür eines Bauernhauses Kunde davon, daß

„Hans Lang' in diesem Hof
Hat vormals aufgenommen
Den Herzog Bogislaw,
Der sonst wär umgekommen,
Und ihn mit Speis' und Trank
Versorget bis zur Zeit,
Da er gelanget ist zur Kron
Und Herrlichkeit."

An ein Stück pommerscher Geschichte aus alter Zeit erinnert die „Fürstengruft" in der St. Marien-Pfarrkirche in Rügenwalde. Hinter dem Hochaltar, abgeschlossen durch ein in kunstvoller Schmiedearbeit hergestelltes Gitter, ruhen in einem Steinsarkophag die Gebeine Erichs I., König der drei nordischen Reiche, Dänemark, Norwegen, Schweden, zu welch letzterem auch Pommern damals gehörte. Nach alten Chroniken kam er 1449, nachdem er der Regierung entsagt hatte, nach Rügenwalde, wo er auf dem Schlosse residierte und dort 1459 starb. — Links neben dem Sarkophag steht ein Zinksarg mit den irdischen Überresten Elisabeths, Gemahlin des letzten pommerschen Herzogs Bogislaw XIV. Sie starb auf dem Schlosse zu Rügenwalde, ihrem Witwensitze, am 21. Dezember 1653. — Rechts von dem Steinsarkophag ruht in einem reich verzierten Zinksarge Hedwig, Gemahlin des Herzogs Ulrich von Pommern, regierte zu Anfang des 17. Jahrhunderts. Die Gebeine der drei Genannten ruhten anfangs in einer gemauerten Gruft vor dem Hochaltar. Auf Veranlassung des hochseligen Kaisers Friedrich III. wurden sie hier herausgenommen, die Zinksärge renoviert und gleichzeitig mit dem an Stelle des verfallenen Sarges für König Erich beschafften Sarkophag an dem jetzigen, durch Vorrücken des Hochaltars gewonnenen Platz aufgestellt.

Martschenke-Zizow.

Callies.

1. Die Schleifmühle.

Dort, wo die Gemarkungen von Pommern, Brandenburg und Westpreußen zusammenstoßen, liegt in einem lieblichen Tale, zwischen drei Seen gebettet, und von Hügelketten zum Teil umgürtet, die Stadt Callies, die dem Namen nach weit und breit in der Provinz bekannt ist. — Der Volksmund weist dem Städtchen eine bedeutungsvolle erziehliche Mission zu; denn wenn man jemand als einen ungehobelten Menschen bezeichnen und zur Aneignung besserer Manieren auffordern will, so gibt man ihm wohl den Rat, nach Callies zu gehen und sich dort den „Flätz" (oder Flötz) abschleifen zu lassen. Die

Callies.

Schleifmühle ist also in aller Munde, aber niemand hat sie gesehen; welche Bewandtnis hat es mit diesem pädagogischen Institut?

Große Wahrscheinlichkeit hat folgende Erklärung für sich: Callies hatte früher eine bedeutende Tuchfabrikation. Die Folge war, daß sich tüchtige Anstalten zum Schleifen der bei der Tuchzubereitung gebrauchten Scheren herausbildeten. Diese „Schleifmühlen" mögen auch von Auswärtigen in Anspruch genommen worden sein; und da kann es sich wohl ereignet haben, daß man unhöflichen Leuten etwas unsanft heimgeleuchtet hat, woraus dann in Verbindung mit dem eigentlichen Zweck der Reise die Entstehung der genannten Redensart erklärlich erscheint.

Längst ist die Blütezeit der Tuchindustrie vorüber, die Schleifmühle aber hat ihren Ruhm bewahrt; und da die sachgemäße Erklärung der bekannten Redensart, „daß in Callies der Flötz abgeschliffen werde", inzwischen dem

Gedächtnis entschwunden war, so bemächtigte sich die Sage des rätselhaften Gegenstandes und rankte gar lustig daran empor. Eine der bekanntesten dieser Sagen ist die folgende: Auf einem Zuge gegen Falkenburg mußte Johann von Küstrin einst in Callies rasten. Er ließ sich von dem Herrn v. Wedell, der auf Neuwedell residierte, bei dem Besitzer des Schlosses Callies, dem Herrn von Güntheršberg, anmelden. Der Schloßherr, dem der Besuch wenig angenehm war, und der ihn dennoch nicht ablehnen konnte, erteilte den Bescheid, daß das Schloß zwar dem Johann offen stehen, er selbst aber mit dessen Eintreffen verschwinden und sich durch eine Hinterpforte über eine schmale Brücke, die über einen Sumpf führte, ins Freie begeben werde. Johann beschloß, dem ungehobelten Menschen eine derbe Lektion zu erteilen und ihm auf diese Weise sein unangemessenes Verhalten vor Augen zu führen. Er rückte unter dem Schutze der Dämmerung in aller Stille mit den Seinen heran und ließ im geheimen einige Bohlen der genannten Brücke so weit einsägen, daß sie die Last eines Menschen nicht mehr zu tragen vermochten. Während er sich nunmehr vor dem Schlosse anmelden ließ, versteckte er sich mit Herrn v. Wedell hinter einem Gebüsch in der Nähe der Brücke und wartete der Dinge, die da kommen sollten. Die Entwickelung nahm den erwarteten Verlauf: Herr von Günthersberg betrat die Brücke, und als er an der verhängnisvollen Stelle angelangt war, stürzte er bis an die Schultern in den Sumpf. Johann rief ihm schadenfroh zu: „Kuckst, nu heww ick ju den Flötz afgeschlepen!“

In dem Sinne, daß man einem unhöflichen Menschen, namentlich einem Renommisten, auf listige Weise Fallen stellt und sich dann über seinen Reinfall amüsiert, ist auch in den letzten Jahrzehnten noch häufig die Schleifmühle in emsiger Tätigkeit gewesen.

2. Es ist meine größte Freude, wenn ich einem armen Manne ein Haus bauen kann.

Daß es Friedrich dem Großen mit diesem berühmten Ausspruche heiliger Ernst war, dafür ist Callies ein lebendiges Zeugnis.

In einer Maiennacht wurde die Stadt in der kurzen Zeit von drei Stunden ein Raub der Flammen; die Calliesser hatten alles verloren. Da ließ der große König die Stadt in einem Zeitraume von sechs Jahren aus eigenen Mitteln mit einem Kostenaufwande von 112676 Talern neu aufbauen. Die Häuser des neuen Ortes waren massiv, auch erhielt die Stadt breite und regelmäßige Straßen und eine schöne Kirche. Unauslöschlich lebt in dem Herzen eines jeden Calliesers die Erinnerung an diese hochherzige königliche Tat. Einen entsprechenden Ausdruck hat die Dankbarkeit der Bewohner in der sinnreichen Inschrift der großen Kirchenglocke zu Callies gefunden, welche lautet:

Der Herr im Feuer zerstörte mich,
Er schonte weder Stadt noch Tempel;
Der Herr in Gnaden erbarmte sich:
Ich bin zum rührenden Exempel,

Daß er des Königs Herz bewegt,
Der Stadt und Kirch' neu angelegt,
Statt Hütten feste Häuser schenkt
Und doch nicht an Erstattung denkt.

3. Das Lippehner Stadtrecht.

Was hat das mit Callies zu tun? Man höre. — In alter Zeit, als noch die Angelegenheiten der Justiz und der Verwaltung größtenteils durch dieselbe Instanz geregelt wurden, war es vielfach Sitte, daß ein gut Teil der Sporteln sofort „flüssig gemacht", d. h. in Bier angelegt wurde. Die Gepflogenheit herrschte auch in Lippehne. Es war Sitte, daß ein gemeinschaftlicher Becher gefüllt und dem Bürgermeister zum Antrunk gereicht wurde. Von diesem wanderte derselbe zum ältesten Ratsmitgliede und von dort immer weiter bis zum jüngsten. Nun ereignete es sich, daß die beiden letzten Mitglieder der Reihe spinnefeind waren. Der vorletzte Ratsherr, ein tüchtiger Biertrinker, benutzte seine günstige Position, um seinen verhaßten Nachbarn empfindlich zu kränken, indem er jedesmal den Inhalt der Kanne bis auf einen verschwindenden Rest leerte. Der Geschädigte, durch ein solches Verfahren an seiner empfindlichsten Stelle getroffen, führte Beschwerde und verlangte Abhülfe. Der Bescheid lautete aber dahin, daß es seit alters Rechtens gewesen sei, daß jeder trinken dürfe, so viel er könne und möge; sein Nachbar sei daher in seinem Rechte, und er müsse sich bescheiden.

Damit war aber der junge Ratsherr nicht zufrieden, sondern führte Beschwerde bei dem Landesfürsten. Dieser, der Herzog Waldemar, residierte zur Zeit auf Schloß Callies. Nach langen Verhandlungen hieß es plötzlich in Lippehne: „Sie sind da!" nämlich die Abgesandten des Fürsten, die gekommen waren, um zu verkünden, was in der wichtigen Angelegenheit als Recht erkannt wäre. In feierlicher Versammlung des gesamten Rates wurde folgender Rechtsspruch des Herzogs verkündet:

„Es trinke jeder, soviel er kann;
Wer aus hat, fängt von vorne an."

Der Sinn dieses Ausspruches wurde sofort ad oculos demonstriert. Der Becher wanderte wie immer, vom Bürgermeister anfangend, die Reihe hinab. Dem jüngsten Ratsmitgliede verblieb wiederum nur ein unscheinbarer Rest, den derselbe mit saurer Miene leerte. Nunmehr wurde ihm aber der neue Becher zum Antrunk gereicht; denn, so wurde diese Neuerung begründet, den andern sei zwar Gelegenheit gegeben gewesen, nach Bedarf zu trinken, ihm aber nicht.

Diese Bestimmung, die jedenfalls als eine zweckmäßige Lösung des Problems bezeichnet werden muß, wurde auch allen anderen Behörden zur Nachachtung zugefertigt; sie war unter dem Namen des Lippehner Stadtrechtes weit und breit bekannt und ist vielerorts noch bis in unsere Tage da in Geltung gewesen, wo in einem Zecherkreise ein gemeinschaftliches Trinkgefäß die Runde machte. Jeder wußte bei solcher Gelegenheit: Wer austrinkt, will auch wieder einschenken lassen; selbstverständlich gebührt ihm auch der Vortrunk.

C. Schulz-Stolp.

Falkenburg.

Wer von der Galerie der nahen Windmühle Umschau hält, überblickt ein ausgedehntes, von Wäldern umkränztes Hochland, welches oberhalb der Stadt vollständig eben erscheint, von rechts und links aber mehr oder weniger hohe Berge herschauen läßt. Vor ihm breitet sich, von dem Eisenbahndamm quer durchschnitten, ein Tiefland aus, das sich halbkreisförmig um den Rakowberg mit seinen Ausläufern legt, und zu welchem die Hochflächen sich mit steilen Abhängen niederlassen. Noch deuten das weiße Bruch, die beiden Rakowseen, das Reiherbruch, der Anger, der Malsowsee und das Moorbruch darauf hin, daß dies Becken vorzeiten von einem umfangreichen See ausgefüllt gewesen ist. Im Laufe von Jahrtausenden hat es sein Abfluß, die Drage, fertig gebracht, sich durch die westliche Randhöhe eine schmale, aber tiefe Ausgangspforte zu nagen und die Wassermassen zum größten Teile fortzuführen. Von Osten und Westen her münden in diese Ebene das tiefe und breite Tal der Drage und das geringere der Vansow, welch letztere ein Abfluß des Vansowsees bei Dietersdorf ist. Dort, wo beide Flüsse sich vereinigen, liegen am Ende der Hochfläche zwischen ihnen die Stadt und das Schloß Falkenburg. Strahlenförmig verbreiten sich von hier aus die mit Kastanien, Ahorn, Linden oder Obstbäumen bepflanzten Chausseen und Landstraßen, sowie vier Eisenbahnwege. Aus blühenden Obstgärten grüßen vom Waldessaume verschiedene Dörfer herüber.

Inmitten dieser Landschaft macht Falkenburg mit seinen jungen, aber zahlreichen Linden-, Kastanien- und Obstbaum-Anpflanzungen einen prächtigen Eindruck. Dieser wird jedoch etwas gemindert, wenn man die Stadt betritt: Wohl sieht man geschmackvolle Bauten neueren Datums und viele vorteilhaft ausgebesserte ältere Häuser, aber auch manch ein schlecht gehaltenes Fachwerkgebäude. Ja, es machen sich vereinzelt noch Scheunen und Schuppen auf Plätzen breit, die ihnen nicht gebühren. Doch am wenigsten ansprechend wirkt der Umstand, daß etliche alte Straßen infolge der hohen Lage der Stadt stark abschüssig, dazu gebogen und winkelig sind. Selbst der auf der Höhe des Ortes gelegene Marktplatz und die stattliche Kirche vermögen keinen besonderen Eindruck hervorzurufen. Alle neuen Straßen sind schnurgerade, breit und ebenmäßig angelegt. Sie heben sich deshalb mit ihren Alleen und Vorgärten vorteilhaft ab. — Nordwestlich vom Gotteshause, hinter unscheinbaren Wirtschaftsgebäuden und Wohnhäusern versteckt, liegt, umgeben von schattigen Laubbäumen, die ehrwürdige Mutter der Stadt, das Schloß Falkenburg.

Unter den Erwerbszweigen der Stadt steht die Tuchfabrikation insofern obenan, als sie der älteste und umfangreichste ist. Sie wird teils fabrik-, teils handwerksmäßig betrieben. Schon um 1600 wurden hier Tuche verfertigt und nach Preußen und Polen verhandelt. Einen Aufschwung hat sie aber erst zu Anfang des 19. Jahrhunderts genommen, als man anfing, mit Maschinen zu arbeiten, welche mittels einer Handkurbel in Bewegung gesetzt wurden. — Die erste Dampfmaschine kam 1838 in Anwendung. Um Industrie und Handel in den östlichen Provinzen zu heben, machte das Handelsministerium der Falkenburger Tuchmacher-Innung den Vorschlag, der Staat werde dem Gewerk unentgeltlich Maschinen liefern, wenn es gewillt sei, die erforderlichen Gebäude herzustellen. Umsonst bemühte sich der Färbereibesitzer Ludwig Klatt, die Mitbürger von dem Vorteil zu überzeugen, den die Innung, sowie die ganze Stadt von der Annahme dieses Anerbietens haben würde. Es wurde einstimmig abgelehnt. Ebenso hatten zuvor die Tuchmacher in Tempelburg gehandelt. Da richtete Klatt an das Ministerium die Bitte, ihm allein die Maschine überlassen zu wollen, weil er die geforderten Bedingungen erfüllen könne. Nach einer persönlichen Vorstellung in Berlin wurde ihm alles bewilligt, jedoch mit dem

Partie an der Drage.

Vorbehalt, das Werk müsse sechs Jahre in steter Tätigkeit erhalten werden. Wohl hatte er bei seinem Unternehmen mit vielen Schwierigkeiten zu kämpfen, aber er scheute keine Mühe und Kosten, um zum Ziele zu kommen. Schwer war es schon, tüchtige Werkführer aus der Rheinprovinz nach Falkenburg zu ziehen, schwerer, sie dann in dem ärmlichen Städtchen festzuhalten; doch die größten Schwierigkeiten bereitete es, für die Maschinen Arbeit zu beschaffen, da es anfangs sowohl an Absatz für die Tuche, wie auch an Wolle mangelte. Zehn bis zwanzig Meilen weit mußte letztere oft auf Handwagen und Karren herbeigeschafft werden. Nach abgelaufener Frist wurden dem eifrigen Unternehmer die Maschinen erb- und eigentümlich überlassen. Diesem Manne hat Falkenburg seine Industrie und die Tuchmacher-Innung ihren Wohlstand zu verdanken.

Wer in jenen Jahren zur Zeit der Schafschur Wolle kaufen konnte, der hatte viele Arbeit und guten Verdienst. Man fertigte glatte Tuche und setzte sie auf den Messen zu Frankfurt a. O. und Leipzig bald ab. Nebenbei wurden Militärtuche und Flanelle gemacht. 1852 verbanden sich sechs Meister und begründeten die sogenannte Vereinsfabrik. Heute hat Falkenburg sieben Tuchfabriken. — Besonders günstige Zeiten für das Gewerbe waren die Jahre 1866, 1870 bis 1873. Es liefen derartig viele Bestellungen auf Militärtuche ein, daß man kaum allen Anforderungen gerecht werden konnte. Infolgedessen wurde die Verfertigung anderer Zeuge unterlassen, und man blieb hinsichtlich Erzeugung kaufmännischer Ware gegenüber anderen Orten im Rückstande. Um diesem Übel abzuhelfen, richtete die Regierung mit dem Jahre 1889 eine Fachschule für Textil-Industrie ein. Seit Herbst 1899 ist mit dieser Anstalt noch eine Mädchen-Fortbildungsschule verbunden.

Blühend ist die Ziegelfabrikation und der Holzhandel hierorts. Falkenburger Ziegelsteine und Drainröhren aus vier großen Ziegeleien haben sich in kurzer Zeit guten Ruf erworben und werden weithin verschickt. Vier Schneidemühlen verarbeiten die Vorräte der Wälder zu Bau- u. a. Nutzholz. Die minderwertigen Stämme werden zu Kohlen verschwelt, zu Brennholz zerschlagen oder als Grubenholz verkauft. Neben hiesigen Händlern arbeiten in der Nachbarschaft auswärtige Firmen. Außerdem hat Falkenburg zwei Eisengießereien und zwei Zementstein-Fabriken. Die 4375 Einwohner zählende Stadt ist also mehr Industrie- als Ackerstadt. — Das Schloß liegt auf einem Hügel hart an der Drage und ist nord- und westwärts von dem Flusse, im übrigen durch einen tiefen, jetzt trockenen Wallgraben umgrenzt. Eine Brücke führt auf den eigentlichen Burghof. Wie leicht bringt doch die Phantasie den Besucher zurück in die Zeiten, da die Ketten der Zugbrücke rasselten, da eisengepanzerte Reiter über sie hinwegsprengten, voran der wegen „seiner Geschicklichkeit sehr geachtete“ Karsten von Borke. Er zieht mit Knappen und Reisigen zu dem Turnier, welches Kurfürst Joachim I. (1509) zu Ruppin abhalten läßt, um bei den Ritterspielen das Amt des Turniervogtes zu verwalten. Kaum sind die letzten Schatten in der Ferne verflogen, so steigt ein anderes Bild herauf: Ritter und Edelfrauen hoch zu Roß, in Jägertracht, mit langer Feder am Hut, den Falken auf der Faust, eine Koppel Rüden zur Seite, ziehen zum nahen Walde, dem edlen Weidwerk obzuliegen. — Gestorben ist dies eigenartige Leben, und der neueren Zeit entsprechend hat auch dies alte Gemäuer im Jahre 1700 manche Wandlung durchmachen müssen.

Schloß und Stadt Falkenburg gehörten früher zur Neumark und sind erst 1816 der Provinz Pommern einverleibt worden. Vor etwa 700 Jahren kam diese „fast menschenleere Einöde“, um die zwischen Polen und Pommern beständige Kriege geführt worden waren, unter die Herrschaft der Tempelritter. Sehr wahrscheinlich ist, daß der Orden das Schloß schon als slawische Feste vorfand und um 1250 den Flecken Falkenburg angelegt hat. Bald sind beide in den Besitz der Ritter von Wedell und von dem Wolde gekommen. Im Jahre 1333 haben die Brüder Hassa und Lüdeke von Wedell den Flecken Falkenburg mit Mauern umzogen und mit Stadtrecht begabt.

Gegen Ende des Jahrhunderts lebte auf dem Schlosse Eckart von dem Wolde. Als Freund des Königs von Polen und des Herzogs von Pommern lauerte er im Bunde mit vierzig anderen Rittern dem Herzog Wilhelm von Geldern auf, als derselbe durch Pommern gegen die heidnischen Russen zog, sie zum Christentum zu bekehren. Der Besiegte wurde in der Feste Falkenburg gefangen gesetzt. Zwar hat eine Abteilung „deutscher Ritter" infolge dessen die Burg erstürmt; doch verließ der Herzog das Gefängnis seinem Ehrenworte gemäß erst dann, als der geflohene Eckart zurückkehrte und ihn hinausführte.

Im Jahre 1450 kaufte der sehr begüterte Ritter Heinrich von Borke Schloß und Stadt Falkenburg. Er wurde der „schwarze Ritter" genannt, war sehr tapfer und gefürchtet. Seine Gegner warnten einander mit den Worten: „Nehmt

Schloß Falkenburg.

euch vor dem schwarzen Ritter in acht!" — Matzke von Borke kam mit dem Markgrafen Johann der Steuern wegen in Streit. Er wurde mehrfach an den Hof zur Verantwortung geladen, erschien aber nicht. Deshalb zog der Markgraf mit einer Kriegerschar nach Dramburg und ließ auf dem Marktplatze daselbst mehrere Geschütze abfeuern, um den Borke in Falkenburg zu erschrecken. Dieser floh. Nun wurde die Burg erobert und fortan durch einen markgräflichen Hauptmann verwaltet. Nach vielen Fehden und Klagen haben die Borkes ihre Güter erst im Jahre 1600 wiedererhalten. Ausgezeichnete, von den Landesfürsten sehr geschätzte und geehrte Männer sind aus dem Geschlechte derer von Borke hervorgegangen. Ihre Bilder zieren noch heute das Ahnenzimmer im Schlosse. Da hängt das Bildnis von König Friedrich Wilhelms I. Feldmarschall und ersten Kabinettsminister Adrian von Borke, dort das von desselben Herrschers Geheimen

Hofrat und Kanzler der Neumark Matthias von Borke. Des letzteren Sohn, Kaspar Wilhelm von Borke, war Etats- und Kriegsminister Friedrichs II. Mit dem Kammerherrn Philipp V. starb im Jahre 1824 das Borkesche Geschlecht aus. Nachdem dessen Witwe bis 1836, darnach deren Schwester, die verwitwete Majorin von Koschnitzka, bis 1847 die Güter verwaltet hatten, erwarb Major und Johanniter-Ritter von Mellenthin, ein Verwandter der Borkes, das Schloß Falkenburg und Büddow. Und da auch dieser 1875 ohne Nachkommen starb, übergab es seine Gemahlin nach vierjähriger Verwaltung ihrem Neffen, dem Oberstleutnant von Griesheim, dem Vater des jetzigen Besitzers.

Auf dem Schloßhofe steht in der Nähe der Brücke eine Kanone. Sie wurde 1864 gelegentlich eines Überfalles auf der Insel Fehmarn durch den Bruder des Majors von Mellenthin den Dänen abgenommen und später dem Schlosse als Geschenk überwiesen. Dieses Geschützes wegen lohte 1870 die schon Jahrhunderte bestehende Rivalität zwischen Falkenburg und Dramburg noch einmal zu hellen Flammen auf: Die Schlacht bei Sedan war geschlagen. Dramburg wollte seine patriotische Gesinnung durch Freudenschüsse besiegeln. Eine Abordnung sollte zu diesem Zwecke die Falkenburger Kanone erbitten. Kaum war man mit derselben aus der Stadt hinausgefahren, so kamen die Falkenburger gleichfalls auf den Gedanken, das Ereignis von Sedan durch Kanonendonner feiern zu wollen. Als man erfuhr, das Geschütz sei schon auf dem Wege nach Dramburg, zog eine Schar Bürger aus und nahm es den Gegnern mit Gewalt wieder ab.

A. Heller-Falkenburg.

Am tiefsten See Norddeutschlands.

Wer in Ruhnow den Schnellzug verläßt, um die Richtung nach Neustettin einzuschlagen, der wird sich bald mit der stark verminderten Fahrgeschwindigkeit aussöhnen, gibt sie ihm doch Gelegenheit, die Gegend zu beobachten. Auf den Stationen freilich ist nicht viel zu sehen. Auch die 5000 Einwohner zählenden Städte grüßen nur aus halbstündigen Entfernungen herüber, und die Dörfer und Güter, deren Bewohner hier ihre Kartoffeln und Rüben, ihr Korn, ihren Spiritus und ihr Fettvieh verladen, haben hinter den Bergen ihren Platz. Aber dort im kahlen Bergrahmen liegt mit schilfumränderten Ufern die schimmernde und glitzernde Fläche eines Landsees. Da glänzt schon wieder ein Wasser, das von einem schmalen Ringe leuchtender Birken eingeschlossen ist. Jetzt spiegelt sich ein Wald in der dunkeln Flut eines dritten Sees. Kein Zweifel mehr, wir sind auf der hinterpommerschen Seenplatte. Hinter dem Städtchen Falkenburg drängen sich von beiden Seiten die Seen an die Bahnlinie, welche sorgfältig das Haupt-Seental meidet, immer häufiger heran, denn nunmehr ist der seenreichste Kreis Hinterpommerns, der von Neustettin, erreicht, aus dessen großer Zahl ein besonderes Interesse der Dratzigsee beansprucht. — Eingeschlossen von den Berzweigungen des Höhenzuges, breitet er sich in 128 m Meereshöhe mit seinen 19 qkm Wasserfläche aus. Wo nur ein Seitental der Bodenwelle sich öffnet, dringen seine Wasser ein, so daß der buchtenreiche Landsee bei einer Länge von 11,5 und einer Breite von 6,5 einen Umfang von 76 km aufweist. An seinen Ufern wechseln flache Gebiete mit Bergpartien, die sich 30 und mehr m über den Wasserspiegel erheben, und in geringer Entfernung steigen die Kuppen des Spitz- und Rawensberges bis mehr als 200 m über NN. empor. Wechselvoll wie seine Umgebung ist auch das Bodenrelief des Sees. Berge und Täler lösen sich ab, daher finden sich in diesem „Grundmoränensee" Tiefen, die sich bis zu 30, 50, ja in einzelnen Kesseln bis auf 83[1]) m steigern. Mit dieser Tiefe steht der Dratzigsee an der Spitze sämtlicher norddeutscher Landseen. Er hat den bis dahin als tiefsten See dieser Gruppe geltenden Schalsee an der Grenze zwischen

Dolgensee.

Lauenburg und Mecklenburg um 13 m überholt. Freilich kommt dem Dratzigsee der Ruhm des tiefsten norddeutschen Landsees nur zu, solange es sich um die Maximaltiefe handelt. Seine relative Tiefe beträgt nur 20 m und wird bedingt durch die großen, flachen Buchten, die zumeist nur bis 7 m tief sind. Es hat also der Arendsee in der Altmark nichts von dem Rufe eingebüßt, der relativ tiefste See Norddeutschlands zu sein. —

Während an der südöstlichen Bucht das Städtchen Tempelburg, die Geburtsstätte des Rezitators und Schriftstellers Emil Palleske, sich ausbreitet, reichen die nördlichen Ausläufer des Dratzigsees in das Waldgebiet der Pommerschen Schweiz hinein. Tempelburg zählt heute rund 4500 Einwohner und ist auf dem Bergrücken erbaut, der sich zwischen mehreren reihenförmig gelegenen Landseen einerseits und dem Dratzigsee andererseits erstreckt. Seit den letzten großen Bränden am Schlusse des 18. Jahrhunderts haben wohl See und Stadt

[1]) Nach Professor Halbfaß.

einander als liebe Bekannte ins unveränderte Gesicht geschaut; sie blieben die alten, wenn auch ein Geschlecht nach dem andern dahinsank. Noch heute krönen rote Ziegeldächer die meist einstöckigen Fachwerkbauten, zwischen denen nur hin und wieder ein dreistöckiger Riese in modernem Putz sich in die Höhe streckt, neben dem die andern — gleich als hätten sie sich vor ihm geduckt — noch kleiner erscheinen. Noch heute treiben die Bewohner in der Hauptsache Ackerbau; das einst blühende Webereigewerbe hat sich, weil man es nicht verstand, mit der Zeit fortzuschreiten, in dem benachbarten Falkenburg niedergelassen. Noch heute überläßt man dem Monde die Beleuchtung der geraden Straßen, und nur, wenn kein Mondschein im Kalender verzeichnet steht, glimmt durch die Dunkelheit des Abends alle 100 m ein verlorenes Petroleumflämmchen. Und doch, wie bist du schön trotz deiner Rückständigkeit! Wer großstädtischen Komfort und Tand, weltmännische Zerstreuungen und Unterhaltungen sucht, wird seine Rechnung nicht

Heinrichsdorfer Bucht.

finden; wer aber behagliche Ruhe und friedliche Einsamkeit, wer reine, frische Luft, ein erquickendes Bad, Streifzüge durch die Natur, Ruder- und Angelsport liebt, der möge seinen Sommerurlaub dort verleben, ihm wird der Abschied hernach schwer werden. Wie prächtig ist eine Segelpartie auf dem Dratzigsee. Dort an der Hölle, einem schön gelegenen Gartenlokal, verliert sich der Seegrund noch nicht zwei Schritte vom Ufer entfernt in der schwarzen Tiefe. Wie die Bilder wechseln, wenn der schaukelnde Segler auf der leichtgekräuselten Wasserfläche kreuzt. Über die terrassenförmig aufsteigenden Spitzdächer erhebt sich der „Rathausturm mit der Stadtuhr"; jetzt tritt die kreuzförmige Elisabethkirche hervor, ihre Rivalin -- die katholische Kirche — an Größe und Höhe überragend. Friedlich stehen sie heute nebeneinander, und doch haben die Ahnen derer, die darin ihren Gott verehren, blutige Fehden gegeneinander ausgetragen, als die eingesessenen Katholiken die Lutheraner wiederholt aus Betsaal und Stadt vertrieben. Jetzt schießt das Boot an dem Damen- und Herrenbad vorüber, vorüber am nahen Birkenwäldchen, in das sich die schattige Seepromenade verliert. Nun folgen weite Felder mit den nickenden weiß und lila gefärbten Blüten des vorzüglich gedeihenden Brotes der Armen, während dort sehnige Arme die Sense durch die schwankenden Halme ziehen. Da rauscht zur Linken ein Wald. „Augenweide" hieß die Gegend früher mit Recht, in der heute leider Axt und Säge gehaust haben, und der Pflug mühsam die Erde stürzte, daß sie Körner trage. Ja damals, als noch weite Waldbestände die Ufer umkränzten, da mag wohl die Sage entstanden sein, daß kein Gewitter über den See komme. Nun öffnet sich eine Bucht, lang und schmal. Der Wind schläft ein. Wir ziehen die Riemen, bis wir etwa in der Mitte die Arbeit einstellen. Stille umfängt uns. „Manchmal zieht ein leises Rauschen durch den Wald, die Blätter flüstern, Blumen neigen sich, die Gräser nicken, zarte Rispen zittern, und die höchsten

Ruine Draheim.

Zweiglein schwanken zweimal, dreimal auf und nieder, dann ists wieder still und reglos." Leise plätschern die Wellen, sanft säuselt das Schilf am Ufer zu der Melodie, die so verführerisch aus der Nixentiefe heraufklingt:

„O komm, hier kannst du schlafen, so still und tief.
Hier findet dein Leid Vergessen, dein wundes Herz die Ruh;
Hier blüht der blaue Frieden, was zögerst du?" — —

Doch zurück nach dem gegenüberliegenden Ufer, das in scharfer, steilberänderter Landzunge als waldgekrönter „Königswerder" vorspringt. Ein entzückendes Bild entrollt sich, wenn die Blicke über die grün-blau-schimmernde Wasserfläche, über Inseln und Inselchen, Wälder und Felder bis an den bergumsäumten Horizont schweifen. — Von hier führt der Weg am Seeufer dahin nach dem nahen Dörfchen Alt-Draheim. Auf schmaler Landzunge zwischen Dratzig- und Sarebensee erheben sich dort, wo die Drage den kleinen Sandstreifen durchbricht, die Mauerreste der alten Tempelritter- späteren Starostenburg Draheim.

„Vormals schmückten dich ragende Warten, hörtest du Lieder und Lautenschlag,
Pflückte die Liebe Rosen im Garten, der jetzt ein dorniger Hag.“

Heute werden diese Stätten historischen Interesses gepflegt und erhalten. Noch vor wenigen Jahrzehnten dachte man nüchterner und entnahm dem Mauerwerk das Material für das schmucke Kirchlein, das sich jetzt unmittelbar neben der Ruine erhebt. Es paßt mit seiner Predigt vom ewigen Frieden auch besser in das Landschaftsbild hinein, als jene Stätte des Krieges und des Waffenklanges. — Längst sind die Schätze gehoben, die hier wie in jeder alten Burg vergraben lagen. Aber dennoch ist es ein kostbares Fleckchen Erde. Wer in dem alten Herrensitz, dem jetzigen Hotel zur Starostenburg, unter den dichten Laubkronen alter Bäume am Ufer des Sareben saß, wenn aus den weichen Wolkendaunen die abendmüde Sonne die Erde zum Abschied anlächelte, wenn blaue Abendschatten über die Wasserfläche huschten und von den Zweigen des Waldes sich ein Schleierduft über die Erde breitete, der wird das Bild seligen Friedens so bald nicht wieder vergessen.

F. Uecker-Stettin.

Pommern.

Ich hab' dich gern gescholten und geneckt,
Mein Pommerland, mein liebes Heimatland,
Wie mancher spottend wohl sein Herz versteckt —
Im Herzen hab' ich niemals dich verkannt.

Ich weiß es wohl, was Gutes du mir gabst,
Und was noch stetig mir die Heimat gibt,
Wenn du mit Spickgans mich und Hering labst —
Nun, nun, man neckt am liebsten, was man liebt.

Ich aber liebe dich, mein Ostseestrand,
Wie deine Woge singt, so mild und weich,
Und — mein Geheimnis, wenigen bekannt —
Der wilden Dünen rätselhaftes Reich.

Mein heimisch Haff, von Segeln hell belebt,
Im Hügelkranz ihr hundert blauen Seen,
Die Schluchten, wo manch stilles Wunder webt,
Der tiefen Wälder mächtig Wipfelwehn.

Und du, mein pomm'risch Volk, gepriesen sei —
Doch besser ist's, wir renommieren nicht;
Es ist nicht unsre Art viel Rednerei.
Drum sag ich nur: Bleib immer stark und schlicht.

'S ist wahr, wir hinken noch ein wenig sehr
In manchem nach, was man Kultur so heißt;
Gediegne Nährkraft gilt uns meistens mehr
Als luft'ge Schönheit, Anmut, Witz und Geist.

Bekennen wir's und trösten wir uns doch:
Wir kommen nach einst, kommen wir auch spät;
In Deutschland bringen wir's zu Ehren noch —
Wir schreiten langsam, aber schreiten stät.

Hans Hoffmann.

Die Pommersche Schweiz.

Wie der Franke, Sachse und Märker, so hat auch der Pommer seine Schweiz, d. i. eine Gebirgsgegend, auf die der Bewohner derselben mit berechtigtem Stolze blickt, die herrliche, tiefe, bewaldete Täler und Schluchten aufweist, neben welchen schöne, eine weite Fernsicht bietende oder prachtvoll bewaldete Höhen liegen. Eine solche, die mannigfachsten Abwechselungen bietende Gebirgsgegend breitet sich auf dem Teile des pommerschen Landrückens aus, der als letzter hoher Ausläufer desselben zwischen den Städten Tempelburg, Bärwalde und Polzin liegt. Würde ein Naturfreund sich die Pommersche Schweiz zeigen lassen wollen, würde man ihn wahrscheinlich nach der Försterei „Fünfsee" führen, die auf der Höhe des Landrückens in der Mitte der Wegestrecke zwischen Polzin und Tempelburg an der Chaussee liegt. Hier finden sich auf der Wasserscheide zwischen Drage und Wuggerbach, also zwischen Netze und Persante, fünf schöne Seen in einem tiefen, schmalen Tale, das sehr hohe, steile, herrlich bewaldete Ufer hat; dies ist die Pommersche Schweiz im engeren Sinne des Wortes. Nach unserer Auffassung aber gehört dazu erstens an der Nordabdachung des Landrückens: das Damitztal mit dem Damen- und Kopriebener See und das ganze Wuggerbachtal mit der Umgegend um Polzin; zweitens an der Westabdachung: das obere Regatal mit den Regabergen bei Reinfeld und drittens an dem Südabhange: das Gebiet der oberen Drage bis zu ihrer Einmündung in den Dratzigsee. Dies wäre die äußere Umrandung eines mächtigen Hochplateaus, das fast immer 200 m Meereshöhe hat und das die Koloniedörfer, die um den Bullenberg liegen, umfaßt. Um diesen Kulminationspunkt von 219 m über NN. zwischen Alt- und Neu-Liepenfier gruppiert sich diese reine Gebirgsgegend mit ihren Ausläufern bis zu den eben genannten Grenzen. Diese Höhe hat man sich nicht als einzeln aufragenden Berg zu denken; sie ist vielmehr eine dem Hochplateau auflagernde Erhebung, die aus ihm sich wenig heraushebt und von der nach allen Himmelsrichtungen sehr tiefe, steinerfüllte, bewaldete Flußtäler aus näher der Höhe gelegenen großen Mooren oder Seen ihren Anfang nehmen. Nach Norden entsendet sie aus dem tiefen Klockowsee den Wuggerbach, nach Süden aus der den

Landrücken querdurchsetzenden Schlucht die Drage und nach Westen aus einem kesselartigen, prächtigen Wiesental, das von den Regabergen umrahmt wird, die Rega, sowie zahlreiche kleine Flüsse, Neben- und Zuflüsse der drei genannten, die aber trotz ihrer heutigen Kleinheit einst zur Eiszeit, als noch auf der Höhe eine 1500 m dicke Eishaube lagerte, reißende Gebirgsbäche voller Eisabschmelzwässer waren. In dieser Zeit der Abschmelzung schnitten sie ihre Betten tief ins Gelände; damals entstanden die prächtigen Täler und tiefen, wildromantischen Schluchten, die heute unser Auge erfreuen; damals gab es noch in jeder Talweitung der außerordentlich stark koupierten Grund- und Endmoränen-Landschaft zahlreiche blinkende Seen, die später vertorften und durch Menschenhände trocken gelegt wurden. Erst wenn wir solche Wassermassen voraussetzten, wie sicher hier einst Jahrtausende hindurch zu Tale strömten, wird uns ihre Entstehung ver-

Fünfsee.

ständlich; heute führen die „Bächlein" in ihnen meist nur wenig Wasser, und mühsam drängen sie sich unter und zwischen unzähligen bemoosten Steinblöcken hindurch oder hüpfen als kleine Wasserfälle über sie hinweg. Die Taleinschnitte betragen bis zu 60 m Tiefe und reichen meist bis in den bläulichen Geschiebemergel der vorletzten großen Vereisung hinein. Die zahlreichen starken Quellen in den Wiesentälern und an den bewaldeten Berghängen kommen immer aus den in bedeutender Stärke auftretenden Interglazialsanden. Die sandigen oder grandigen und steinreichen Abhänge, die am häufigsten an der Südabdachung des Landrückens, aber auch oft an den Steilhängen der nördlichen Flußtäler auftreten, sind meist obere Decksande und Auswaschungsprodukte des Hauptendmoränenbogens (an der Südabdachung) oder der nordwärts gelegenen sogenannten inneren Endmoräne. Letztere wurde 1902 von Dr. Finckh am oberen Damitztale bei der Spezialaufnahme sicher festgestellt; sie schmiegt sich diesem Tale völlig an.

Die Hauptendmoräne, der große Steinzug, zieht sich ununterbrochen von der Höhenkuppe bei Friedrichsberg (214 m) über Kriegstädt, Örden, Klöpperfier und Gönne (bei Klaushagen) bis an die tiefe Talschlucht bei Fünfsee. Durch diese Schlucht wird sie unterbrochen. Jenseits derselben setzt sie sich fort über Schmidtenthin, Zemmin und Gersdorf und endet am oberen Regatale. Ungezählte erratische Blöcke aller Größen lagern auf diesem ½—3 km breiten Zuge als regelrechte Steinpackung auf und in dem Boden. Unter diesem „Geschiebe" der Geologen finden sich besonders an der Waldecke bei Klöpperfier viele Kalksteine. Durch die Verwitterung der eisenreichen Findlinge ist das Eisen frei geworden und mit dem Wasser in den Boden eingedrungen. Bei dieser Einsickerung ver-

Fünfsee.

banden sich die Eisenatome mit dem Sande und bildeten den „Raseneisenstein". Auf der ganzen Feldmark von Klöpperfier liegt daher nicht tief unter der Pflugfurche eine handhohe Schicht dieses Raseneisensteins, der anderwärts auch wohl „roter Fuchs" genannt wird, den aber der Landwirt als eine undurchlässige Schicht sehr ungern sieht. Von solchen Eisenockergewässern stammt auch die gelbliche Farbe des Bodens im Königlichen Forste, dort und an der Nordabdachung des Landrückens treten diese Eisenockergewässer in der „Wolfsschlucht" bei Polzin und in anderen Quellen so reichlich zutage, daß daraufhin hier die Bäder haben entstehen können.

Naht man sich der Pommerschen Schweiz von Norden oder Süden, so lockt der schöne, dunkle Buchenforst, der die ganze Höhe des Landrückens meilenweit bedeckt. Er bildet die Oberförsterei Klaushagen. Der näher nach Bärwalde zu liegende Teil bei Örden, Sternhof, Neu-Coprieben, Hagenhorst und Klöpperfier ist der Belauf „Grunewald". Weiter westwärts folgt Forst „Fünfsee" und „Wuhrow". Aus dieser zusammenhängenden hohen Laubwand ragen vielfach einzelne, besonders hohe Kuppen hervor. Eine Wanderung durch den Wald — etwa von Försterei Grunewald nach Försterei Fünfsee — bietet reichste Abwechselung, ist aber ohne gute Karte schwer ausführbar. Wer keinen kundigen Führer hat, wähle lieber die Chaussee von Tempelburg nach Polzin, die den Höhenzug an seiner schönsten Stelle auf dem kürzesten Wege durchquert. Sie schmiegt sich von Klaushagen bis Fünfsee dem Dragetale und von dort bis Polzin dem Wuggerbachtale an, bleibt also stets in einer tiefen Schlucht, deren vielfachen Windungen folgend. Diese Schlucht ist auf der Höhe bei Fünfsee am tiefsten und schönsten. Hier liegen hintereinander fünf kleine Seen, in deren

Fünfsee.

dunklen Wassern sich die dichtbewaldeten, steilen Uferwände herrlich spiegeln; es sind dies der Obere, Runde, Lange, Tiefe und Kleine See. Der Wasserspiegel des ersteren liegt auf 150 m Meereshöhe; die steil ansteigenden Wände der Schlucht erheben sich bis zu 200 m, neben Alt-Liepenfier bis 212 m; das ergibt ein 62 m tiefes Tal von nur 250—500 m Breite, dessen steile Wände von dichtstehenden, schlanken Tannen oder schönem Laubwalde bestanden sind. Wie fünf blaue Augen blicken jene Seen den Wanderer, der dies Tal von einem vorspringenden hohen Punkte überschaut, an. Neben oder zwischen ihnen durch windet sich die Chaussee gleich einer hellen Schleife über die Wasserscheide hinüber. Bei jeder ihrer vielen Krümmungen bietet sich uns ein anderes schönes Landschaftsbild dar, das von den steilen Laubwänden plastisch eingerahmt erscheint. Daher ist dieses Fleckchen Erde auch für den Naturfreund ein vielbesuchter Ausflugsort, und unter der großen Buche am Tiefen See bewunderte schon mancher

Tourist diese schöne Landschaft. Gerade hier mußte seinerzeit für die Chaussee das Terrain mühsam der steilen Wand abgewonnen werden, und lange Zeit hindurch war fast jeden Morgen eine ganze Strecke von ihr im 28 m tiefen See versunken.

Alle fünf Seen sind durch einen Bach untereinander verbunden, dies ist die Drage. Hier liegen ihre Quellen, hier gab es in altersgrauer Vorzeit riesige Eisabschmelzungsgewässer, ein mächtiges Gletschertor, dessen Gewässer dies Tal gruben und die ganze Höhe tief durchsägten. Damals waren alle fünf Seen ein einziger See, wie auch das weite Waldwiesental am „Klappergraben". Der siebente ist der heute fast zugewachsene, neben Klaushagen gelegene Prössinsee (139 m). Dies war das erste große Klärbecken der zu Tale eilenden Drage, die die weiteren Sinkstoffe im Sareben- und Dratzigsee ablagert und damit den Oberlauf beendet. Sie hat gleichzeitig die pommersche Seenspalte erreicht, die im Kreise Neustettin am schärfsten ausgeprägt ist; sie liegt 12 bis 15 km vom großen Steinzuge der Landrückenhöhe entfernt. Der Pielburger-, Rackower-, Lubower-, Kämmerer-, Zicker-, Sareben- und Dratzigsee liegen in diesem tiefen Talzuge; ihre Wasserspiegel bildeten zur Eiszeit einen einzigen, zusammenhängenden, etwa 50 km langen See.

Es ist eine Freude, an den Ufern dieser Seen zu wandern, deren tiefe Regenschluchten zu durchstreifen und die reiche Tier- und Pflanzenwelt zu beobachten. Da wechseln die Bilder in rascher Folge.

Wenn man von einem hohen Punkte die Nordstwest- und Nordabdachung der Pommerschen Schweiz überblickt, fällt sofort die eigenartige Kolonielandschaft hier auf. Hier gibt's keine zusammenhängenden Dörfer; jeder wohnt auf seinem Grund und Boden. Jedes Gehöft liegt einzeln im Grün versteckt. Vom früher hier sich findenden Walde hat der Kolonist vorsichtigerweise einen Teil bei seiner Hoflage zum Schutze und eigenen Nutzen stehen lassen. Dieser Park schützt ihn vor den rauhen Nordwest- und Nordstürmen, während an der Südseite sich die Obstgärten befinden. Aus diesem freundlichen Grün lugen die neuen roten Ziegel- und Zementziegeldächer der Koloniedörfer Alt- und Neu-Liepenfier, Bramstädt, Alt- und Neu-Hütten, Alt- und Neu-Sanskow, Vorbruch, Seeligsfelde, Klockow und Gauerkow, die sämtlich auf diesem fruchtbaren, aber rauhen Hochplateau von 207 bis 180 m Meereshöhe liegen, hervor. Das nahe, tiefgelegene Polzin (84 m) wird durch den hier beginnenden Polziner Stadtwald verdeckt und versteckt.

In dem sagenumwobenen Klockowsee am Nordfuße des Bullenberges nimmt der ins Gelände tief einschneidende Wuggerbach, an dem Polzin liegt, seinen Anfang. Sein Tal ist schön bewaldet und schlängelt sich gleich einem breiten Laubbande durch die sonst unter dem Pfluge sich befindende Kolonielandschaft. Bei Polzin erweitert es sich seenartig. Darin liegen viele niedrige, isolierte Hügel des Oberdiluviums. Denken wir uns diese fort, so haben wir einen alten Interglazialsee vor uns, dessen steile Ufer vom nachträglich abgelagerten Oberdiluvium der letzten Vereisungsperiode noch erhöht wurden. Wenn an kühlen

Sommerabenden wallende Talnebel diese Hügel einhüllen, ist der alte See wiedererwacht, und die waldreichen Höhen umgrenzen ihn ganz deutlich.

Am äußersten Westabhange des Bullenberges beginnt das Regatal, das bei den Regabergen bei Reinfeld und zwischen Reinfeld und Rietzig am schönsten ist. Man muß dieses Tal durchwandert haben, um es schätzen zu können. Hier haben wir die letzten Ausläufer des Landrückens und der Pommerschen Schweiz vor uns. Sie schieben sich, einen Querriegel bildend, noch weit in die Ebene nach Norden vor, bis zwischen Schivelbein und Groß-Rambin. Durch diesen Querriegel wurden einst die Gewässer des großen Persantestausees zur Eiszeit aufgestaut. Die Buchten desselben, sowie die Ufer des Sees selbst bilden die natürliche Nordgrenze der Pommerschen Schweiz.

Die Damitz kommt aus dem im Talkessel von Pöhlen die tiefste Stelle einnehmenden Kulbarssee. Sie durchsägt nun den Landrücken und dessen Endmoränenzug, hier ein prächtiges, tiefes Quertal bildend, und mündet in die Breitseite des Damensees (112 m). Die vielen engen Regenschluchten am See auf dem Ördener Gebiete sind reich an Quellen und liegen voller mächtiger, bemooster Steinblöcke. Hier ist das Eldorado des Botanikers; hier haben wir viele Moose entdeckt, die wegen ihrer Seltenheit unter den Bryologen des norddeutschen Flachlandes geradezu Aufsehen erregt haben. Hier und am Pollacksee auf der Höhe neben der Kuppe bei Friedrichsberg stehen Arten, die sonst nur erst wieder auf dem Brocken, dem Riesengebirge und in Finnland, der Heimat unserer Geschiebe, gefunden werden. Auch Phanerogamen und Fliegenfunde weisen auf die rauhe Höhenlage und die nordische Heimat der Pflanzen und Tiere hier hin. Die Schluchten und Waldwege am Damensee werden von den Bärwalder Naturfreunden gern und viel aufgesucht. Jungfernmühle und Hasselmühle liegen hier sehr romantisch und einladend. — Wenn man in der Gegend von Parchlin den Blick erhebt, ahnt man noch nicht das Dasein eines bis zu 100 m Meereshöhe in die sonst auf 180 m gelegene Gegend einschneidenden Tales. Etwa 500 m von ihm entfernt, führt dann der Weg steil zur Talsohle hinab. Heute geht's auf gebahnter Chaussee, früher aber auf holprigen, steinigen, schluchtenartigen Wegen abwärts, die zu passieren fast lebensgefährlich war. Durch dies bewaldete Tal eilt die flinke, forellenreiche Damitz über Steine und Steingeröll dahin, dem Kopriebener See zu und fließt mit dem Wuggerbach vereinigt in die Persante. Ihrem Tale folgt die neuerbaute Eisenbahn Polzin-Bärwalde.

Carl Fr. Kohlhoff-Bärwalde.

Polzin.

Polzin aussteigen! — Eine schattige Kastanienallee durchschneidet die Vorstadt. Villenartige Gebäude spenden freundlichen Gruß. Da winkt zur Rechten die ernste Justitia, das in massigen Formen aufgeführte Gebäude des Königlichen Amtsgerichts; zur Linken aber steht ein stattlicher, turmgeschmückter Bau mit hohen Bogenfenstern, die Schule Polzins. Die Straßen der alten Stadt sind bergig. Kein Wunder, wir befinden uns ja auch in einer „schweizerischen" Stadt. Und damit ja kein Zweifel daran aufkommt, spendet dort ein artesischer Brunnen fortwährend sein eiskaltes Wasser. Allein die Abflußrinnen verraten durch ihr gelbrotes Aussehen, daß das Wasser stark eisenhaltig und darum nicht gerade als „sehr gutes" Trinkwasser zu bezeichnen ist. Neben dieser natürlichen, besitzt aber Polzin noch eine künstliche Hochdruckwasserleitung. Die Straßen der Stadt sind kanalisiert und elektrisch beleuchtet. Wahrlich für ein Landstädtchen von 4500 Einwohnern will das etwas bedeuten. Aber Polzin ist ja auch ein Badeort! Freilich kein Modebad! Mineral-, Moor-, Fichtnadel-, Kohlensäure-, elektrische u. a. Bäder werden hier verabreicht für solche, die von Gicht und

Kurhaus.

Rheumatismus geplagt werden und hier Linderung der Schmerzen und Heilung der Gebrechen suchen. Etwa tausend Badegäste füllen während der Saison, die vom 1. Mai bis zum 15. September währt, das Friedrich Wilhelm-, Marien-, Johannis-, Viktoria- und Kaiserbad, sowie das Kurhaus. Alle diese Bäder liegen unmittelbar am schönen Kurpark.

Und wenn von dem oberhalb des prächtigen Rosengartens gelegenen Orchester die Klänge dahinfluten, wenn die Jungen danach promenieren und tänzeln, dann erfreuen sich daran auch die in traulichen Lauben und schattigen Buchengängen sitzenden und fahrenden Alten. Eine schöne Aussicht bietet der Anlagen höchster Teil, der Milzenberg. Zu den Füßen ausgebreitet liegt die freundliche Stadt, über welche das alte Schloß hervorblickt, das schon 1331 in einem Lehnsbrief erwähnt wird, den Papst Johann XXII. den pommerschen Herzögen erteilte, und das im 15. Jahrhundert Dietrich v. Quitzow vergeblich belagerte. Die Wedell, Borcke, Manteuffel, Glasenapp, Krockow rc. haben nacheinander Schloß und Stadt Polzin besessen. Noch heutigen Tages bildet das unmittelbar an der Stadt liegende Schloß einen eigenen Amtsbezirk. Ja, bis vor wenigen Jahren war Polzin wohl die einzige Stadt im deutschen Reiche, die keine Postanstalt besaß, denn das Gebäude der Kaiserlichen Reichspost befand sich auf Schloß Polzin. Zur Linken erhebt sich Bethanien. 1854 erbaute der Johanniter-Orden, Ballei Pommern, hier ein Krankenhaus, das heute 150 Betten zählt. Um diese Anstalt und das Aufblühen Polzins haben der frühere Badearzt und Sanitätsrat Dr. Lehmann und Sanitätsrat Dr. Bechert sich viele Verdienste er-

Kurpark.

worben; die dankbaren Bürger haben deshalb zwei Plätze nach diesen Männern benannt.

Ohne Umgebung sieht eine Stadt aus wie die andere, namentlich trifft das bei unseren pommerschen Kleinstädten zu. Polzin aber ist durch seine Lage vor allen andern ausgezeichnet. Lieblich wechseln Berg und Tal, und durch die reich gesegneten Fluren schlängelt sich der Wuggerbach. Eine herrliche Promenade führt zum schattigen Luisental mit seinen alten Ulmen und Linden und lauschigen Plätzchen am murmelnden Bach. Unter einer allerliebsten Kalksteingrotte ist der Urquell aller Bäderquellen Polzins verborgen. Eine schlichte Eisentafel kündet, freilich mit goldenen Buchstaben, daß hier die erste Quelle 1688 entdeckt wurde. Über 200 Jahre haben die Wasser Polzins schon den Leidenden Linderung und Heilung gebracht. Alte Urkunden erzählen uns von wunderbaren Heilerfolgen. Vor nahezu 200 Jahren scheint Polzin das Karlsbad besonders des polnischen

Adels gewesen zu sein. War doch sogar im Anfange des 18. Jahrhunderts der Herzog Ferdinand von Kurland Badegast in Polzin. Später, besonders in der Franzosenzeit zu Anfang des 19. Jahrhunderts, ist das Bad sehr vernachlässigt worden. Aber Luisenbad war immer der Treffpunkt des umliegenden Adels. Da kamen die Kleiste, die Borcke, die Manteuffel, die Glasenappe, die Krockow, die Wedell, die Puttkamer zusammen und hielten im Spiegelsaale des Luisenbades ihre Vergnügungen ab. Und oft ist der „wilde pommersche Junker“, unser unvergeßlicher Reichskanzler Fürst Bismarck, von Kniephoff herübergeritten, um an diesen Vergnügungen teilzunehmen. Könnten die kleinen Spiegel, mit denen die Wände dieses Saales tapeziert sind, doch heute noch die Bilder wiedergeben, die sie damals aufgenommen! Könnten die alten Ulmen vor dem

Luisenquelle.

Kurhause erzählen! Sie würden von manch berühmter Persönlichkeit reden und manch geheimnisvolles Flüstern ausplaudern. — Unser Weg führt dem nahen Walde zu. Hoch oben auf sonniger Höhe sehen wir das Gutshaus von Luisenbad, und hinter der Waldecke hervor schaut das altersgraue Strohdach des Försterhauses. Wir betreten in der Kirchen- und Hospitalforst eine vielleicht 50jährige Buchenschonung. Bergauf, bergab führt uns der Pfad. Da ruft ein Bächlein sein murmelndes „Halt“. Quer über den Weg hat es sein Bett gegraben. Keine Brücke, kein Steg führt zum jenseitigen Ufer. Nur große, flache Steine bieten dem Fuß die nötigen Stützpunkte. In großen Buchstaben steht dort an einer Tafel „Laichschonrevier“. Denn in den eiskalten, klaren Fluten dieses Bächleins spielen echte Forellen und schlüpfen über die Steine und schnellen sich über die kleinen Wehre. Wiederum ein Beweis, daß wir uns in der pommerschen „Schweiz" befinden. Nachdem wir noch viermal das Bächlein in eben derselben Weise überschritten, gelangen wir endlich zur „Wolfsschlucht". Wohl 50 m und mehr erheben sich hier die Berge und fallen steil ab. Ihre Abhänge sind mit stattlichen Buchen und schlanken Tannen bestanden. Bis auf 100 m nähern sich von beiden Seiten die Berge dem Bache, so daß eine hochromantische Schlucht entsteht. — Mit der Amsel um die Wette pfeifend, wandern wir auf wohlgepflegtem Pfade durch die Kirchenforst. Etwas vom Wege abbiegend, steigen wir höher und höher. Da öffnet sich der Wald. Ein wundervoller Anblick! Zu unsern Füßen liegen die Gebäude der „Pfarrweide", zur Linken sehen wir das in dunkles Grün gebettete „Luisenbad", über goldige Felder hinweg grüßt uns Polzin mit seinem spitzen Kirchturme, und weiterhin schweift der Blick. Am Horizonte liegen Wandin, Densberg, Lutzig, Hammerbach, Buslar, Neu-Kollatz, Damen, Rauden, und über diese hinweg sieht man die Türme von Belgard und Körlin. Das Tal des Wuggerbaches geht in das der Damitz und dies in das der Persante über. Durch Birken- und Buchenbestand geht unser Weg zum wildromantischen Burgwall.

Viel enger sind hier die Täler, auch wohl noch tiefer, wilder braust der Bach über die mächtigen, sich ihm entgegenstemmenden erratischen Blöcke. Etwa in 15 m Höhe überschreitet man ihn auf schwankendem Steg. Eine Treppe erleichtert das Besteigen des Walles. Dieser selbst ist der Rest einer Burg aus altheidnischer Zeit. Die Sage behauptet, daß dieselbe ein altes Räubernest und mit den Burgen in Polzin und Räubersberg durch unterirdische Gänge verbunden gewesen sei. Vom Burgwall eilen wir zur Försterei. Am Waldrande gelegen auf hohem Berge hat man von dieser aus einen ähnlichen Anblick wie von der Pfarrweide. Doch ist der Gesichtskreis etwas enger, weil vorgelagerter Wald den Blick in das Tal der Damitz verwehrt. Aber lohnend ist so ein Blick über ein reich gesegnetes Stück Heimatland. Da begreifen wir den Dichtergruß: „Sei mir gegrüßt, mein Odertal, du Bergland von Polzin!" Die Promenadenwege hören jetzt auf. Nur noch die breite Landstraße oder enge Waldpfade können wir verfolgen. Der Wald zeigt anderen Charakter. Gemischt ist sein Bestand ja, an vielen Stellen herrschen die Rottannen vor. Sanft steigt der Weg an bis Kavelsberg. Von einem mit dem Triangulationsturm gekrönten Berge aus lassen wir noch einmal das schöne Bild des Polziner Tales auf uns wirken. Von hier aus schweift unser Blick über das wogende Blättermeer des Stadtwaldes bis hinüber nach Gauerkow und dem Bullenberge. Das zerstreut auf den Bergen erbaute Heinrichshöh erscheint uns malerisch, besonders mit dem dahinter liegenden Revier Fünfsee der königlichen Försterei Klaushagen, unserem nächsten Ziele. Wohl brennt die Sonne vom lachenden Firmament, doch ein frischer Luftzug weht über die Berge und erleichtert das Wandern. Bald umfängt uns der Schatten des Waldes, alter Eichen- und Buchenwald, den wir durchqueren, um die Försterei Fünfsee zu gewinnen. Jetzt ist der Rand des Plateaus erreicht. Ein Durchhau bietet guten Weg bergab, da fesselt die Blicke ein allerliebstes Bild. Tief unten liegt ein einsam Bauernhaus; links und rechts breiten klare Seen ihre spiegelnden Fluten. Jenseits der Chaussee erheben sich abermals die Berge, bestanden mit stattlichem Laubwald, und oben herüber schauen neugierig die roten Ziegeldächer einiger Häuser von Liepenfier. Alles aber überragt die Windmühle auf dem Engerberge. Langsam steigen wir zur Chaussee hinab und verfolgen auf ihr unsern Weg. Sie windet sich zwischen den Seen hindurch, begleitet von den buchengekrönten Bergen, die sich in der klaren Flut spiegeln. Wir sind in der pommerschen Schweiz. F. Platzer-Stettin.

Der große Stein zu Groß-Tychow.

Im Kreise Belgard liegt das Dorf Groß-Tychow, ein aufstrebender Ort mit 1400 Einwohnern, Bahnstation der Strecke Posen-Kolberg, Mittelpunkt des Gebietes zwischen den Städten Belgard, Köslin, Bublitz und Polzin und deshalb

Der große Stein.

Hauptverkehrsplatz in dieser Gegend. Dieses Dorf kann sich rühmen, den größten erratischen Block Norddeutschlands zu besitzen.

Der ungeheure Stein entragt nur zum Teil dem aus Geschiebemergel bestehenden Untergrunde. Das sichtbare Stück hat an der Südseite, wo der

Felsen steil abfällt, eine Höhe von über 3 m, während er sich nach der gegenüberliegenden Seite allmählich abflacht. Sein Umfang beträgt 50 m, und seine Platte ist so groß, daß wohl ein mit vier Pferden bespannter Wagen auf ihm umwenden könnte. Unter der Erde muß der Block noch viel größer sein; es ist bisher nicht gelungen, ihn bloßzulegen, obgleich er schon bis auf eine Tiefe von 4 m umgraben worden ist. Er besteht aus granitreichem Gneiß und hat einen Raumgehalt von mindestens 700 cbm. An zwei Stellen verursacht das Anklopfen einen dumpfen Klang, woraus man auf kleine hohle Stellen schließen kann. Aber im übrigen ist er massiv. Wahrscheinlich hat dieser Stein in alter Zeit als Opferstein gedient, auf welchem die heidnischen Wenden besonders dem dreiköpfigen Götzen Triglaff Pferde und gefangene Feinde geschlachtet haben.

Als historische Begebenheit mag auch angeführt sein, daß der Kronprinz Friedrich Wilhelm, der spätere König Friedrich Wilhelm IV., am 9. Juni 1834 auf diesem Steine ein Frühstück eingenommen hat.

Heute ist der „große Stein" eine Zierde des Friedhofes. Von ehrwürdigen Tannen umgeben, erhöht er bedeutend den ernsten Eindruck des Begräbnisplatzes. Auf seiner Höhe trägt er ein hölzernes Kreuz mit einem aus Bronze gegossenen Christusbilde in Lebensgröße. Darunter hängt eine Tafel mit folgender Inschrift:

„Abgötterei und Sünd' bedeckt das Land mit Nacht,
Bis Licht und Leben Christi Tod gebracht;
Er birgt den Triglaff unter Stein und Schloß,
Und führt die Seinen in des Vaters Schoß." —

C. Klemz-Belgard.

Eine Wanderung durch das Heideland im Kreise Rummelsburg.

Kreis Rummelsburg?! — Ein Achselzucken und eine spöttische Miene begleiten das Aussprechen dieses Namens. Was kann man denn dort suchen? — Aus dem Fenster des Eisenbahnwagens betrachtet, erscheint allerdings diese Landschaft größtenteils in traurigem Bilde: oft das gerade Gegenteil von Lieblichkeit, Üppigkeit, Schönheit; und ich kann es dem Großstädter, der über Zollbrück nach Rummelsburg reiste, nicht gar übel nehmen, wenn er gelangweilt ausrief: Lauter Jejend, immer Jejend! Ich jedoch schließe mich diesem abfälligen Urteil nicht an. Komm mit, lieber Leser, und sieh dir den verachteten Winkel selber an — vielleicht pflichtest du mir dann bei, daß auch hier die Natur ihre Reize hat; schon deshalb, weil Land und Leute dieser, von dem großen Verkehr wenig berührten Ecke, ihr ursprüngliches Gepräge bewahrt haben. Früh — die Musikanten der Natur „stimmen" eben erst zum Sonntagskonzert — beginnen wir die

Wanderung von dem Dörfchen Brünnow aus und haben gleich vor uns das muldenförmige Tal der Bisternitz, eines Nebenflusses der Wipper. Ein leiser Windhauch trägt balsamischen Laub- und Blütenduft entgegen. Auf einem Jägerpfade steigen wir ins enge, vielgewundene Tal. Jetzt scheint der Pfad zu Ende zu sein. Die wehrenden Zweige werden zur Seite geschoben, und wir stehen vor der flachen, an den meisten Stellen nur zwei Meter breiten Bisternitz. Malerische, blumige Auenbuchten freilassend, dehnen sich Hainbüsche, von hochstämmigen Rotbuchen unterbrochen, dicht am Wasser. Reichfarbige Schmetterlinge und ein Heer von Summern und Brummern statten Sternblumen, Zweiblatt, Waldmeister, Weißwurz, Labkraut, dem wohlriechenden einblumigen Wintergrün

Hünengrab.

und tausend anderen Blümlein ihren Besuch ab. An einigen Stellen verengt sich das Tal zur Schlucht. Steil treten die Ufer dicht an das Flußbett. Oben ist der Abhang sandig und mit Birken, Kiefern, Wacholder, Farn, Heidelbeerkraut bestanden; in der Mitte tritt eine Tonschicht hervor und unten liegt Moorboden. Wieder eine Strecke flußaufwärts wölben sich dichte Baumkronen spitzbogenartig über den leise dahinfließenden dunkeln Bach. Doch weiter lockt der irrende Pfad und verleitet oft genug zum Bergkraxeln. Wir hören ein immer lauter werdendes Geplätscher und stehen bald darauf an kleinen Wasserfällen. Einige Reihen umgesunkener alter Baumstämme, Gesträuch und viele glatte oder bemooste Findlinge versperren dem Wässerlein den Weg, veranlassen es, Umwege zu suchen und Inseln zu bilden oder schäumend und gurgelnd über die Barriere zu hüpfen. Dazu empfängt gerade hier der Fluß eine Anzahl weißer und schwarzer Bächlein, die am nahen Abhang das Tageslicht erblicken. Kühl und voll Duft ist's — fürs Auge des Naturfreundes eine Perle. Man vergißt, daß diese Stelle auch zur pommerschen Heidelandschaft gehört. Weiterhin werden Flußbett und Ufer sandiger, verlieren aber nicht an Reiz. Das Tal weitet sich, so daß Buchen und Eichen sich massiger entfalten können, und öffnet sich bei dem Dorfe Gummenz. Hart am Abhange liegt hier westwärts der Kirchhof mit seinen eigenartigen Grabmälern.

Am einsamen Bahnhofe vorbei, gelangen wir in einen Nadelwald, dessen Gast wir wandernd vier Stunden sein werden. Die sandigen Wege sind breit und nur an größeren Lichtungen mit Birken, Ahorn, Pappeln oder Ebereschen eingefaßt. Die tiefe Stille, selten unterbrochen von dem närrischen Kuckuck und dem nimmermüden Specht, paßt zur Sonntagsruhe. Weit zerstreut liegen an winzigen Bächen, Teichen oder Seen einzelne Gehöfte, umgeben von Kirsch- und Apfel-, seltener von Pflaum- oder Birnbäumen. An einer Seite reckt ein einfacher Ziehbrunnen seinen langen Winkelarm in die Höhe, und gegenüber liegt der aus Tonpatzen aufgebaute Backofen. Hinter dem Stallgebäude sieht man eine kleine Reihe Bienenkörbe, und am Waldrande weidet ein Knabe Schafe, Ziegen, Gänse und magere Kühe. Auch wohl einem kuppelförmigen Teerofen und gar einem Meiler kann man abseits begegnen.

Durst führt uns in die Behausung eines Waldbewohners. Das Haus ist zumeist noch aus Schleißholz aufgebaut und mit Stroh gedeckt; nur die restaurierten Teile zeigen Backsteine oder Lehmwände. Der Innenraum dient drei Familien zur Wohnung. Ein Mann mit knochigem Gesicht tritt aus der niedrigen Tür, schaut die seltenen Gäste einen Augenblick verwundert an und erwidert dann kurz unseren Gruß, indem er die von der schweren Waldarbeit hat gewordene Hand entgegenstreckt. Auf die Bitte um einen Trunk Wasser oder Milch führt er uns durch die schwarze Küche mit offenem Schornstein in eine kleine Stube, wo „op de Mierbink“ am Steinofen die Frau den Säugling nährt, während sich die anderen „Bälg“ hinter den Gardinen des großen Familienbettes verbergen. Auf dem Tische steht noch der Rest des Mittagsmahles: „Tuffle[1]) ao Praschnitz mit Krappe gaff dat hi bi us,“ erklärte die gesprächige Hausfrau, nachdem sie verstohlen den Hausherrn anblickte, denn hier heißt der Hausspruch: „Mannshand bowe!“ Von der auf dem Tische stehenden frischen „Bottermelk“ dürfen wir trinken; darauf werden die Familiensprößlinge herbeikommandiert, um „dei Härrens dei Tid to beide“. Erst auf einige derbe Scheltworte des Vaters — „Schlach Jung, hew di nich as e Häeft!“ — kommen sie aus ihrem Versteck. Drei fehlen noch am vollen Dutzend, und der Vater behauptet stolz: „Dat schafft Struck an ne Tun.“ Im Gespräche erzählt die Mutter von dem wirtschaftlichen Niedergang ihres wenig nüchternen Hausnachbarn und schließt:

[1]) Das „e“ am Ende wird stets kurz gesprochen.

„Jo, jo, dat geiht so, as ma sich dat inrichten deit." Beim Scheiden bietet sich der Mann für eine Strecke zum Führer an, um uns einen Richtsteig zu zeigen, auf dem wir schneller zum Ziele kommen. Eine weite Schonung liegt vor uns, reich an Heide- und Preißelbeerkraut, unterbrochen von einer Reihe länglicher Sümpfe, in deren Umgebung die dürftigen Äcker der Heidebewohner liegen. Unser Begleiter erzählt auch, daß seine Kinder für das Töten der gefährlichen Kreuzottern, wie für das Sammeln von Beeren, Pilzen, für das Anfertigen von Besen und Quästen „manchen Groschen" verdienen, — und daß schon seine Großeltern in dieser Heide gewohnt haben. Wir sind ziemlich am Ende der Schonung. Der Gänsebub hier hat seine schnatternde Herde zu weit auf fremdes Gebiet gehen lassen, wofür er vom Vater eine Moral erhält: „Hei wett na nich hü o nich hott!" —

Wir sind wieder allein. Hinter einem Berge des welligen Hügellandes blickt links der Kirchturm von Treblin hervor, und gleich darauf nimmt uns wieder der Hochwald auf. Jedes Dorf bildet hier so ziemlich sein eignes Reich. An den Türen eines einsamen Waldkatens am Wege deuten mit Kreide gezeichnete Kreuze und hinter dem Fenster Haselsträucher auf den Aberglauben hin, der hier noch einen recht fruchtbaren Boden hat. Das Besprechen und Hexen, das Achten auf Erscheinungen in der Natur, das Beschenken der Gartenbäume und der Haustiere am Neujahrsmorgen mit in der vorhergehenden Nacht gebackenem Brot, die wunderlichen Zeremonien und Gebräuche bei Taufen, Hochzeiten, Beerdigungen u. a. m. sind hier erb- und eigentümlich.

Endlich lichtet sich wieder der hohe Föhrenwald, und wir stehen an einem noch hastig forttreibenden Flusse, an der Wipper, die, von Südosten kommend, hier in scharfer Ecke nach Westen sich wendet. Dem Wasser entgegen steigen wir nun durch das schmale, wiesenreiche Wippertal. Nach einer halben Stunde Wegs erweitert sich das Tal zu einer ovalen Ebene, in deren Mitte an der Rummelsburg-Stolper Chaussee wie eine Oase ein schmuckes Dorf liegt: Friedrichshuld — das Ziel unserer Tageswanderung. Hart an der Chaussee liegen zwei größere, quadratische Fischteiche. Auf einem Stein daneben liest man den Namen „Behr-Teich". Der freundliche Wirt des zu Anfang des Dorfes gelegenen sauberen Gasthofes erklärt mit Stolz, daß dieser, wie noch viele im Park gelegene Brutteiche vom verstorbenen deutschen Fischmeister Behr angelegt worden sind, der hier seine Heimat hatte. Das Dorf, von einem Herrn v. Massow, dem Minister und Freunde Bogislaw XIV., erbaut, führte ursprünglich den Namen Billerbek, so geheißen nach der hier in der Wipper und ihren Zuflüssen massenhaft vorkommenden Schlingpflanze Berula angustifolia. Ein Besuch Friedrichs des Großen, der den Wert der Schafzucht in dieser Gegend erkannte, führte zum gänzlichen Umbau des ärmlichen, schmutzigen Dörfchens. Der weise König sandte nämlich fleißige schlesische Weber hierher, unterstützte sie reichlich, wodurch die Kolonisten einigermaßen wohlhabend wurden, so daß sie das bisher sumpfige Dorf unter Führung des reichen Gutsherrn (v. Massow auf Rohr) mit einer schönen, geraden Allee, festen, breiten Bürgersteigen und mit — nach damaligem Urteile — recht stattlichen Häusern versehen konnten. Auch die „Ureinwohner“ wurden zu Ordnung, Sauberkeit und Fleiß erzogen. Manche von diesen erlernten das einträgliche, wenn auch schwierige Weben, so daß zu Anfang des 19. Jahrhunderts über dreißig dieses Handwerk übten, und ihre guten Waren wurden selbst in Rußland und Schweden gelobt. Ein Beweis des Dankes für die Huld ihres großen Fürsorgers ist es, daß das neu erwachte Dorf den neuen Namen „Friedrichshuld“ annahm. Unter dem Drucke der schrecklichen Kriege zu Anfang des 19. Jahrhunderts und unter dem Einfluß der immer stärker auftretenden Fabrikindustrie schmolz die hiesige Hausweberei kläglich zusammen. Jetzt leben nur noch zwei Weber im Ort, die kostbare Damastwaren fast nur auf Bestellung für hinterpommerschen Adel liefern. Das geräumige frühere königliche Weberhaus wird jetzt vom Oberförster bewohnt. —

Am anderen Ende des Dorfes führt die baumgezierte Straße am etwas „wilden“ Kirchhofe vorüber in den Park. Auf gewundenen Kreuzwegen gelangt man zu ovalen oder kreisrunden Brutteichen, deren es hier wohl fünfundzwanzig gibt, die unterirdisch oder durch kleine Wasserfälle überirdisch in Verbindung stehen. Ein Stein am Ufer trägt den Namen des betreffenden Weihers. Einst haben diese Waldperlen nutzlose Brüche gebildet. Der schon erwähnte Fischmeister Behr, ein naher Verwandter des Herrn von Massow auf Rohr und Friedrichshuld, hat daraus diese wertvollen, quellreichen Teiche geschaffen. Besonders reizend ist die stille Mathildenau, ziemlich am Gegenende des fast eine Stunde gedehnten Parkes. Am Ende der Anlagen führt ein Pfad zum nahen Gläsener Berg. Es ist nicht leicht, diesen weißen Sandhügel zu ersteigen, der sich namentlich nach Norden steil zur Wipper senkt. Von seiner Kuppe aus aber blicken wir auf ein Meer von dunkeln Wipfeln hinab, das die Tiefen wie Höhen des Landrückens ausfüllt. Weit und breit Waldeinsamkeit, nur an einzelnen freien Stellen steigt dünner, blauer Rauch auf, der die zerstreut liegenden Gehöfte verrät.

Georg Bietzke-Rosenhof.

Pommersche Heide.

Pommersche Heide, pommersches Moor,
Kümmerlich kommst du dem Fremdling vor!

Nirgend ein Garten, nirgend ein Baum —
Wollkraut und Weidicht gedeihen hier kaum.

Nirgend ein Häuschen, nirgend ein Dorf —
Schwärzliche Gräben und Haufen Torf.

Selbst im Frühling kein Vogellied —
Kiebitz nur schreitet im hohen Ried.

Graue Nebel jahraus, jahrein —
Erlkönigs Töchter im Mondenschein. — —

Pommersche Heide, pommersches Moor,
Denk ich nur deiner, so jauchz' ich empor:

Jugend und Liebe und Heimatluft
Grüßen durch Nebel und Heideduft.

Hugo Kaeker.

Die Grabow.

Die unfruchtbarste Gegend Pommerns ist wohl das Grenzgebiet gegen Westpreußen zwischen den Städten Bublitz, Rummelsburg und Bütow. Hier erreicht der Landrücken in vielen Punkten eine Höhe von mehr als 200 m über dem Meeresspiegel. Hier breitet sich auch der eine Meile lange Papenzin-See aus, der gewöhnlich der höchste See Pommerns genannt wird. Höher als dieser (177 m) liegen einige kleine Seen nördlich von ihm, der Lanken- (185 m) und der Wockmin-See (180 m). Aus letzterem fließt ein winziges Bächlein ab, die Grabow, die ganz den Charakter eines Gebirgsbaches zeigt. Nicht allein, daß ihr krystallklares und kaltes Wasser der Tummelplatz zahlreicher Forellen ist, sondern ihr Gefälle beträgt auch auf den ersten 7 km ihres Laufes schon 100 m.

Pollnow; Grünstraße, Hintergrund Warbelower Berge.

Mit jugendlichem Übermut springt sie die Berge hinab, bald lustig plätschernd, bald wild rauschend und schäumend, dabei stetig ihre Kraft stärkend und ihre Wassermenge vermehrend, denn von rechts und links fließen ihr kleine Bäche und Quellen zu, von denen manche noch den Anspruch auf den Namen Grabow erheben; aber jenem Abfluß aus dem Wocknin-See allein ist das Recht auf diesen Namen amtlich zugesprochen worden. Es ist ein rauhes, unfruchtbares und unwirtliches Gebiet mit Sand- und Lehmbergen und tiefen Schluchten, welches sie schnellen Laufes durcheilt. Auch die nächsten 7 km hat sie's noch gar sehr eilig, obgleich schon viele liebliche Wiesen mit herrlichen Waldrändern ihre Ufer umsäumen. Auf dieser Strecke nimmt sie den Reetzer Bach auf, an dem in romantischem Tale die Reetzer Walkmühle liegt, welche im Sommer von zahlreichen Gästen besucht wird, die sich dort unter schattigen Buchen von des Lebens Mühe und Arbeit in fröhlichen Festen erholen.

Erst bei Pollnow fließt die Grabow langsamer, wohl, um die Aussicht auf die schöne Umgegend dieses Städtchens mit Ruhe zu genießen. Zu ihrer Rechten, im Nordosten, steigen steil die von Laub- und Nadelholz bewachsenen Warbelower Berge 100 m über den Spiegel der Grabow empor. Wer sich die Mühe gibt, diese 100 m hinauf zu klettern, den lohnt droben eine herrliche Aussicht. Zu seinen Füßen liegt das Städtlein, wie Häuserchen einer Spielschachtel aufgebaut; gar lieblich heben sich aus den Dächern die Kirche, das Rathaus mit seinen kleinen Holztürmchen, die Linden des Marktes, die alten Eichen des Schloßparkes und der Friedhof heraus. Jenseits breitet sich eine 2—3 km breite, 90 m hohe Ebene aus mit einzelnen zerstreut liegenden Gehöften, die dem Landschaftsbild angenehme Abwechslung verleihen. Auf dieser Ebene gewinnen die Pollnower Ackerbürger ihre Feldfrüchte. Sie wird allseitig von Bergen ein-

Pollnow; am Markte.

geschlossen. Im Südwesten erblickt man den 156 m hohen, fast kahlen Heiligen Berg, auf welchem im Mittelalter eine stark besuchte Wallfahrtskapelle gestanden hat, von der jetzt nur noch wenige Feld- und Mauersteine verschwommene Kunde geben. Ein Quell, der damals Kranke geheilt und Sieche gekräftigt haben soll, dient jetzt dem Vieh zur Tränke, welches das zwischen dem üppig wuchernden Ginstergesträuch spärlich wachsende Gras abweidet. Weiter nach Norden erheben sich die 190 m hohen Sohrberge, bis vor kurzem schön bewaldet, jetzt aber an vielen Stellen einen nackten, öden Anblick gewährend.

Noch reizender ist der Blick auf Pollnow vom Heiligen Berge aus, weil sich von da dem Auge eine größere Fläche — beinahe eine Rundsicht — darbietet und die dunklen Warbelower Höhen einen trefflichen Hintergrund bilden. Die Stadt selbst ist ein freundlicher, sauberer Ort mit geraden Straßen, einem hübschen Marktplatz, einem alten Schlosse und drittehalbtausend Einwohnern, welche sich meist kümmerlich von Ackerbau nähren. Industrie ist nur wenig vorhanden; es gibt drei Ziegeleien, einige Wollspinnereien, Schneidemühlen, Tischlereien, auch eine Brauerei. Den Schloßherren war die Stadt einst untertan; die Geschichte des Schlosses reicht bis in den Anfang des 13. Jahrhunderts zurück. Im Anfange des 19. Jahrhunderts war es im Besitze der Eltern des späteren Feldmarschall Wrangel; sie liegen in der Stadtkirche begraben. An Papa Wrangel selbst erinnern das Hotel „Wrangelshof" und der Wrangelplatz. Nachdem sich die Grabow zu solcher Umschau ein wenig aufgehalten, will sie munter weiter eilen. Aber man hat sie in Fesseln geschlagen, läßt sie Mühlen treiben und speist mit ihrem Wasser weite Flächen von Rieselwiesen. Dadurch ist ihr Jugendmut gelähmt, und in vielen Krümmungen windet sie sich hernach durch ein enges Tal, das bisweilen kaum 200 m breit ist, bis zum Dorfe Bussin. Wer wilde und romantische Gegenden sehen will, ohne weite Reisen nach dem Rheine oder der Schweiz zu machen, der mag die Berge und Wälder auf beiden Seiten der Grabow durchwandern und wird voll befriedigt werden. Die Wälder sind belebt von Hasen und Rehen, Wildschweinen und Hirschen, Füchsen und Dachsen, aber auch von vielen Kreuzottern, welche ängstlichen Gemütern den Spaziergang im schönen Walde verleiden. In der Grabow selbst kann man, wenn man einen Erlaubnisschein dazu hat, buntgefleckte Forellen und schmackhafte Maränen fangen. In Bussin verlohnt es sich, das Grabowtal zu verlassen, um dem $1^1/_2$ km davon gelegenen Dorfe Krangen einen Besuch abzustatten. Dasselbe gewährt von allen Seiten einen entzückenden Anblick, namentlich das zwischen zwei großen Seen gelegene Schloß. Es ist das eins von den vier alten pommerschen Schlössern, welche noch aus der Zeit der Bogislaw stammen. (Ein zweites, das zu Rügenwalde, begrüßt die Grabow aus gleicher Entfernung kurz vor ihrer Mündung.) In der Kirche zu Krangen liegen in Marmorsarkophagen zwei Herren von Podewils, welcher Familie die Herrschaft Krangen lange Zeit gehörte. Doch wir kehren zur Grabow zurück, welche unterhalb Bussin in Zwischenräumen von etwa je 3 km noch drei ziemlich bedeutende Mühlen treibt und dabei immer noch das Wasser für weite Rieselflächen liefert. Die letzte Mühle ist die bei Wusterwitz. Bis zur Wusterwitzer Mühle hat die Grabow beinahe die Hälfte ihres Laufes, 35 km mit 155 m Gefälle, zurückgelegt; für die übrige größere Strecke bleiben ihr nur noch 25 m Gefälle. Darum wird sie auf diesen letzten 40 km immer langsamer, nimmt aber immer noch an Wassermenge zu, da ihr fortwährend rechts und links Bächlein zuströmen. Die das Grabowtal umkränzenden Höhen treten immer mehr zurück und werden immer niedriger. Während sie sich bis dahin, wo die Grabow westlichen Lauf annimmt, noch gegen 90 m über das Bett der Grabow erheben und sich dicht an das Flußbett drängen, beträgt die relative Höhe da, wo sich die Grabow von der westlichen Richtung wieder nach Norden wendet, kaum noch 30 m. Aber statt jener Talenge dehnen sich jetzt auf beiden Seiten je 2—3 km weit üppige Wiesen (meist Rieselwiesen) aus.

Ungefähr 10 km vor ihrer Mündung will's die Grabow den großen Herren von den Alpen gleich tun und ein Delta bilden. Aber sie muß sich mit dem ersten Anlauf begnügen, indem sie links einen Arm um einen bewaldeten Hügel beim Dorfe Fichtberg herum nach dem Buckowschen See entsendet. Ihr Hauptwasser fließt durch ein Grasmeer nach Nordosten und mündet zwischen Rügenwalde und Rügenwaldermünde in die Wipper. Mit dieser vereinigt, verschwindet sie in den Fluten der Ostsee. H. Herbst-Pollnow.

Varzin und seine Umgebung.

Wenn man im Mai oder Juni von Hammermühle kommend auf der Chaussee die Höhe vor Varzin erreicht hat, oder noch besser den Waldsteig wählt und auf dem Nakelberg Aufstellung nimmt, dann bietet sich dem Auge ein prächtiges Panorama dar. Rechts von uns liegen saftige Wiesen, runde Teiche, Wald- und hügelige Ackerflächen, zwischen denen sich die genannte Straße, nachdem sie das Dorf berührt hat, hinschlängelt; — links von uns grüne Triften, üppige Saatfelder und sanfte Hügel; — vor uns, in der Richtung nach Süd-West, von waldigen Höhen rings umkränzt, tief unten im stillen Tal das freundliche Dorf Varzin mit seinen Gärten und Obstanlagen, mit seinen roten Ziegeldächern und seinen weißgetünchten Häusern, aus denen sich etliche neue Gebäude, darunter das Gasthaus „Zum alten Kurs", stattlich herausheben. Ganz am Ende des Dorfes aber erhebt sich auf einer Anhöhe das Bismarcksche Schloß, dessen Türme und Kuppeln sich zwischen Tannengruppen stolz emporstrecken. Im Hintergrunde dieses Landschaftsbildes erblicken wir im frischen Grün den Park, der mit seinen Tannen, Kiefern, Birken, Eichen und Buchen in weitem Bogen von Westen nach Osten das Dorf umspannt. —

Der Bismarcksche Park ist etwa 600 Morgen groß. Buckelig wie die ganze Gegend ist auch hier der Boden. Alles, was den Reiz einer Landschaft ausmacht, findet sich hier in verkleinertem Maßstabe wieder: Tal und Hügel, Teich und Bächlein, Wiese und Quell, Moor und Sumpf. Menschenhand hat wenig darin geändert; die Natur selbst hat ihre Reize verschwenderisch darüber ausgestreut. Scharen von Singvögeln beleben ihn zur Sommerszeit. Zeitweise haben sich auch Nachtigallen darin aufgehalten; doch sind sie in den letzten Jahren nicht wiedergekehrt. Muntere Eichkätzchen klettern von Ast zu Ast; Rehe in großer Zahl grasen friedlich auf saftigem Wiesengrund, den Wandersmann neugierig anäugend. Von Blumen aller Art ist der nahrhafte Waldboden rein besät; auch der duftige Waldmeister fehlt nicht. — An den Park schließt sich nach Osten hin der Richtberg an. Er war der Lieblingsaufenthalt des alten Kanzlers. Den Park verlassend, treten wir über eine Brücke, unter der ein munteres, klares

Bächlein dahinhüpft, das sich am Saume des Parkes hinschlängelt und dem Dorfteich zueilt. Zur Seite der Brücke stehen zwei mächtige Buchen, die hier gewissermaßen ein festes Eingangstor bilden. Rechts öffnet sich unserem Blick ein weites Ackerfeld, links eine wohlgepflegte junge Tannenschonung, die der Forstverwaltung alle Ehre macht. Geradeaus steigt der Pfad zum Richtberg an, der mit seinen alten Tannen und Kiefern, seinem jungen Buchen- und Eichenaufschlag gar freundlich zum Verweilen einladet. Hier finden wir auch die „Kalnocky-Eiche", jene denkwürdige Eiche, unter deren kühlem Dach der eiserne Kanzler im Sommer 1884 mit dem österreichischen Ministerpräsidenten wichtige politische Dinge besprach, die nicht in der Öffentlichkeit bekannt geworden sind. — Der Richtberg erinnert in seinem Namen an jene vergangenen Zeiten, wo man, weit entfernt von dem Humanitätsdusel des letzten Jahrhunderts, schwere Ver-

Schloß Varzin.

brecher einfach „baumeln" ließ. Auch an diesem Orte wurde vorzeiten streng Gericht gehalten. Der Richtberg war von einem hohen, dichten Zaun umgeben, und in der Umzäunung trieben — so erzählt die Sage — wilde Rosse ihr grausames Spiel. Der Verbrecher wurde in eine tiefe Grube geworfen, aus der er nur mühsam, mit Aufbietung aller Kräfte, sich herausarbeiten konnte. War er oben angelangt, entfliehen konnte er doch nicht, denn die wütenden Rosse bearbeiteten ihn unbarmherzig mit ihren Hufen, so daß er sich schleunigst in die Grube retten mußte. So oft er auch den Rettungsversuch erneuerte, immer wiederholte sich derselbe Vorgang, bis der Unglückliche unter fürchterlichen Qualen endete. Erst später wurde auf ihm der Galgen errichtet. — Heute ist der Richtberg nicht mehr dieser gefürchtete Ort. Von hohen Kiefern bestanden, am Fuße von jungen Buchen reizend umsäumt, ist er mit seinen hübschen Steigen, seinen vielen Sitzplätzen und herrlichen Aussichten eine der schönsten Partien, die der hinterpommersche Höhenzug darbietet. Weiter nach Osten gliedert sich an ihn, nur durch den Hohlweg der Beßwitzer Straße von ihm getrennt, der „schiefe Berg" an. Von seiner Höhe genießt man eine prächtige Fernsicht. Vor uns, den Blick nach Süden gerichtet, liegt eine tiefe Talmulde, durch welche sich der Muddelbach, von Erlen, Weiden und Haselsträuchern malerisch eingefaßt, in mehreren Windungen hinschlängelt. Er ergießt sich bei Kampmühle in die Wipper. Uns gegenüber auf der Höhe, etwa 3 km entfernt, zieht sich lang und schmal das Dorf Beßwitz einen Berg hinan. Ein zierliches Kirchlein mit Turm und große neue Wirtschaftsgebäude heben sich deutlich heraus. Im Süd-Westen reicht der Blick bis hin zu den bewaldeten Kuppen der Püstower Berge und der Techlipper Höhen.

Hammermühle.

Im Osten sehen wir weit über die Waldungen und die breite Talsenke der Wipper hinweg nach den Seelitzer Höhen, Nakelhof, Johanneshof, nach der Brünnower Heide und dem Woblanser See, dessen Abfluß der Mühlenbach ist, der unterhalb Hammermühle in die Wipper einmündet. Drei rauchende Schlote an der Wipper sagen uns, daß hier Industrie getrieben wird. Wenden wir uns nun gegen Norden, so erblicken wir links die Seeberge, vor uns den Nakelberg und im Hintergrunde den Chomitzberg, der 112 m hoch ist. Am Horizonte nach Nord-Westen hin kann man bei klarem Wetter den Schlawer Kirchturm deutlich erkennen. — Damit haben wir ein gutes Stück jenes mittleren Höhenzuges überblickt, der sich von Bütow abzweigend nach Pollnow hin erstreckt.

Die Bismarcksche Besitzung umfaßt etwa eine Quadratmeile oder rund 32000 preußische Morgen, bestehend aus 1/3 Ackerland, Wiese und Weide und

2/3 Wald. Sie liegt im Rummelsburger Kreise und reicht von der Wipper bis zur Grabow in einer Längenausdehnung von 15 km von Nordost nach Südwest. Im Frühjahr 1867 kaufte Graf Bismarck von Adalbert von Blumenthal den ausgedehnten Grundbesitz, zu welchem die Güter Varzin, Wussow, Wendisch-Puddiger, Misdow, die Försterei Chomitz und das Vorwerk Charlottenthal gehörten. Er erweiterte den Besitz noch durch Ankauf des Gutes Seelitz 1868, auf dem rechten Wipperufer gelegen, und des Rittergutes Alt-Chorow 1874. Varzin, Wussow und Seelitz sind zu einem Fideikommiß zusammengefaßt. — Der Boden ist recht verschieden, aber durch sorgfältige Bewirtschaftung in gute Kultur gebracht. Sandige Stellen wechseln ab mit gutem Mittel- und Lehmboden. Die sandigen Höhen sind durchweg mit Kiefern bepflanzt. Die Bearbeitung des Bodens ist eine rationelle; künstlicher Dünger wird nicht gespart. Der Anbau der Kartoffel ist vorherrschend. Drei Brennereien (Varzin, Wendisch-Puddiger und Misdow) verarbeiten sie. Besondere Sorgfalt wird der Viehzucht gewidmet. Das Pferdematerial auf den Gütern ist ein gutes; die Schweinezucht ist bedeutend, die Schafzucht dagegen nur gering. Die Rindviehzucht ist gleichfalls groß; die Milch von den umliegenden Gütern wird in der Meierei zu Varzin verarbeitet.

Die Förstereien und Güter sind unter sich und mit Varzin telephonisch verbunden. Der Verkehrsmittelpunkt ist Hammermühle, an der Neustettin-Stolper Eisenbahn gelegen. Die Varziner Besitzung wird von der Schlawe-Rummelsburger und Hammermühle-Pollnower Chaussee durchschnitten. Das gemeinsame Kirchdorf für die Güter ist Wussow. Der Fürst, der durchaus ein praktischer Landwirt war, hielt es mit dem bekannten Wort: „Wer seine Güter will nützen, der muß die Häuser stützen"; doch ist in den letzten Jahren in dieser Beziehung viel nachgeholt und gebaut worden. — Der Fürst hat zuweilen scherzend gesagt, er habe seinen Beruf verfehlt, er hätte müssen Förster werden; und in der Tat, er war ein Forstmann mit Leib und Seele. Der Forstwirtschaft hat Bismarck stets die größte Beachtung geschenkt. Das fällt bei der Waldverwüstung der umliegenden Forsten umsomehr ins Auge. Hier starke, schlanke Kiefernstämme — Nutzholz erster Klasse; dort alte Buchen und Eichen und wohlgepflegte Schonungen! Der Fürst handelte aber auch nach dem Grundsatz: „Der Wald hat sein Recht!" Trockenes Laub, Nadeln, Moos und sogenannte „Palten" durften nicht geholt werden. Auch jetzt noch wird der Wald wenig angegriffen. Der Wildbestand ist gut und wird sehr geschont. Die Holzverarbeitung geschieht auf der Schneidemühle in Hammermühle, die alljährlich etwa 4000 Stämme schneidet und mit Vollgatter, Kreissäge, Hobel- und Spundmaschine ausgerüstet ist. Da, wo heute die Fabrik Hammermühle steht, befand sich früher ein ärmliches Eisenhammerwerk, das von der Wipper getrieben wurde. Der Fürst kaufte das Grundstück und trat mit dem Papierfabrikanten Moritz Behrend in Köslin in Unterhandlung, der mit seinem Bruder Georg Behrend dort eine Papierfabrik betrieb. Es wurde dann 1871 zuerst die Fuchsmühle gebaut, eine Pappenfabrik — heute eine Holzschleiferei —, ein

Jahr später die Fabrik Hammermühle und 1874 Kampmühle. Moritz Behrend trennte sich geschäftlich von seinem Bruder und übernahm die Pachtung, die er unter der Firma: „Varziner Papierfabrik" leitete. Die Fabrik Hammermühle brannte 1886 nieder und wurde dann größer aufgebaut und mit den neuesten Maschinen ausgerüstet. Im Jahre 1889, nachdem der Fabrikbesitzer M. Behrend zum Kommerzienrat ernannt war, wurde die Pachtung in eine Aktiengesellschaft mit einem Grundkapital von einer Million Mark umgewandelt. Die Gesellschaft zahlt jährlich rund 90000 Mark Pacht. Sie beschäftigt in den drei Betrieben gegen 450 Arbeiter und Arbeiterinnen. Die tägliche Produktion beläuft sich auf 320 Zentner und der tägliche Holzverbrauch auf etwa 120 Raummeter. Davon liefern die Bismarckschen Forsten nur einen verschwindend kleinen Teil Kiefernholz. Der Bedarf wird hauptsächlich aus Ostpreußen und Rußland gedeckt, woher das zur Papierbereitung sich besser eignende Tannenholz bezogen wird. Es werden vorzugsweise gute gebleichte Zellulosepapiere hergestellt und zwar feine Pack-, Konzept-, Kuvert-, Zeichenpapiere und Postkarten.

Hauptlehrer Haberland-Hammermühle.

Märchen vom Schmied Grimm.

(Im Plattdeutsch der Kolberger Gegend.)

In ein Dörp was eis eie Schmied, dei heit Grimm. Dei was sehe arm un herr daetau väl leiw Kinne. Wil hei keie Gild herr, so künn hei sick ock nich Jsetüg un Kahle köpe un deswägen nischt vadeine. Dae günk hei nu hen na Petrusse un klagt em sin Not. Dei herr awe anne Gedanken im Kopp un höit ganich dana, wat em dei Schmied vatellt. Darüm gaff e em uck nischt. Ganz bedräuft günk nu dei Schmied namm Düwel, un fraug denn, off hei em helpe wull. „O gliek", seggt de Düwel, „du mußt mi uck din Seel veschriewe. Tegen Jahr kast uck na lewe!" „Min Seel kast mintwegen hewwe!" Dunn uneschrew dei Grimm eie Blatt Papie, dat dei Düwel henhüll mit sim Blaut. Dei Düwel veschafft dem Schmied nu Gild. Davöe köfft hei sick Jsetüg ue Kahle un ball geit sie Handwark so sehe, dat hei sick ein par Geselle hulle künn.

Petrus herr sick dei Geschicht äwe aweleggt un sick seggt, dat hei dem arme Schmied doch grot Unrecht daen herr. Nu höit hei uck ball, dat sick dei Schmied dem Düwel veschräwen herr. Darum möckt hei sick eines Dags upp un besäukt Grimm. „Du", seggt he, „wat hest du makt, du hest di jo dem Düwel vaschräwe!" „Na, wat schack bi di, du helpst mi jo doch nich", wat em antwoit. „Na, ick wat werre gaut make, wat ick dunn eis vasümt heww", seggt Petrus. „Nu birr die drei Wünsch ut, dei wak di gäwe. Awe vagät nich dat Best!" Dei Schmied birrt sick uck drei Wünsch ut: „Ick müch eine Stauhl hewwe, wenn sick jemand uppe dei Stauhl seddt, dei mutt upp sitte bliewe, so lang bett ick em werre runne lat." „Schön", seggt Petrus, „dat schast hewwe. Wat wiede?" „Ja, denn müch ick, dat va mim schöne Bäebom, ahn mine Wille, keie runne stiege kann." Dat kast uck hewwe! Nu hest noch ein Birr, awe vagät nich dat Best." Petrus meint dei ewge Seligkeit. Daran dacht ois Schmied awe nich. „Taum drüdde müch ick ne Tornüste hewwe; un wenn ick dae wat inhewm, dat kümmt nich rute." „Dat kast uck kriege", seggt Petrus, un geht bedräuft aff.

As nu dei tegen Jahr ut sin, kümmt uck dei Düwel an un will de Schmied hale. „Na, ein bitske hest doch na Tid. Sett di upp dei Stauhl un mäud di ut." Dei Düwel denkt sick nischt Args daebi un sett sick hen. Nu kann hei nich werre upp kame. Meiste Grimm gifft sine Geselle eine Wink, un dei nehme Hame ue Tang, kriege dem Düwel sin Bein tau pakken un schlaen em de Bein entwe. Dei Düwel schreg ut Angst un birrt de Schmied, hei schu em doch los late. Hei will em uck na tegen Jahr Lewenstid taugewen. Darup geit dei Meiste in un lött den Düwel runne vom Stauhl.

Tegen Jahr sinn werre ut, dae kümmt eie anne Düwel an un will de Schmied hale. „Nu kumm man mit!" „Mintwegen", seggt dei Meiste, „awe du kast mi noch eie par Bäre va mim Bäebom hale, dats ei wied Weg, dat wi unewegs wat tau äten hewwe." Dei Düwel ded dat, steg upp de Bom un ka nich werre rune kame. Dae keime all Dörpjunges un Knecht un schmäte däe Düwel upp dem Bom so väl, dat hei nich wüßt, wohe bliwe schüll. Hei müßt endlich uck ma birre, dat em dei Meiste runne leit ue vaspreken, em na eis tege Jahr lewe tau laten.

Na tege Jahren kamm dei drüd Düwel ut de Höll. Dat was n furchbae grot un stark'n. „Bist du awe grot un stark", seggt dei Schmied tau em. „Ja, dats richtig. Mit mi schast du't awe nich so make as mit de beide andere Kamerade." „Kast du di uck klein make?" fröggt Grimm nu. „Dat kann ick uck!" „Uck so kleien, dat du in disse Tornüste gehst?" „Dat wak di wiese." Damit kröp hei rinne. „So nu hewm di", röppt dei Schmied, „nu kümmst nich werre rut." Dae müßt dei Düwel birre un beddle, hei schue em doch rute late, hei wull uck nich werre kame, hei schull uck so lang lewe as e wull.

Dei Schmied ded dat uck. Hei wuit ult un gries. Un as em dat woll dücht, nu wehet Tid taum Starwen, dunn günk hei nam Himmelsdoe. Awe Petrus wull em nich rinne late. „Du häst dat Best vagete, un kümmst nich rinne." „Na", seggt ull Grimm, „denn mut ick't inne Höll vasäuke." As awe dei Düwels dei Keel ankame seige, rücktes alle ut. Dei üllst Düwel awe birrt em sehe: „Du dau mi doch de einzige Gefalle und gah werre rut, süß blifft keie Düwel bi mi inne Höll." Dunn günk Meiste Grimm rute un werre hen na Petrus un vatellt em dat, wo dei Düwels uträte weren. Dae lacht Petrus ut vullen Hals un läut em doch rinne inne Himmel.

F. Asmus-Zwielipp.

Lütt Nägenklauk.

Großvadding un de lütte Fritz,
De güngen up de Tegenspitz
In't Schlapgemach, wo Mutting leig
Un ein lütt Brauder in de Weig',
Den sei all sid vergangen Johr
Sick hadd'n bestellt bi'n Aderbor.
Fritz wull den Lütten doch mal seihn,
De süll em sinen Wagen teihn
Un spelen mit em Hott un Hü
Un Ringeldanz un Kik'riki.
So treden Sei in't Schlapgemach;
Un as lütt Fritz de Weig' nu sach
Un bögt sick öwer ehren Rand,
Dunn gung hei glik ut Rand un Band:
Hei stunn vör d' Weig' so starr und stiw,
As stek en Pahl em in dat Liw.
„Großvadding", fung hei endlich an
Un treckt den Ollen nah sick ran
Un munstert sine kahle Platt,
„Großvadding, hür mal, weitst du wat?
De Lütte hett jo gor kein Hor?"
„„Min Söhn, de kamen mit de Johr.""
„Großvadding, hei hett ok kein' Thän'?"
„„De kamen nah un nah, min Söhn.""
„Großvadding, ne, ick weit dat nu,
Dat is en Oller, so as du;
De Thän'n un Hor, de bliwen ut,
De kamen ok bi di nich rut.
De Brauder, de is gor nicks wert,
Mit den sünd wi mal gaud anschmert."

Aus „Oll Frünn in'n nigen Rock".

Fritz Godow-Stettin.

Bütow.

Kreis Bütow gilt für ein sehr armes Land, ohne landschaftliche Reize. Will man die Bütower und die benachbarten Rummelsburger necken, dann behauptet man, daß die Kreise Bütow und Rummelsburg zusammen nur eine Lerche haben, die am Morgen in Bütow und am Nachmittage in Rummelsburg singe. Doch tut man hierin — wenigstens dem Kreise Bütow — entschieden Unrecht; denn abgesehen von der südöstlichen Ecke an der westpreußischen Grenze finden wir vielfach guten Mittelboden: teils Lehm-, teils lehmigen Sandboden. Durch häufige Lager von Lehmmergel, Wiesenkalk und Moder wird die Fruchtbarkeit noch erhöht. Die von Flüssen und Bächen mit starkem Gefälle durchflossenen Niederungen gewähren reichlichen Futtergewinn. — Der Kreis Bütow liegt auf dem Scheitel des baltischen Höhenzuges und gehört zu den anziehendsten Gegenden der Seenplatte. Die tief eingeschnittenen Schluchten der Stolpe tragen einen fast wildromantischen Charakter, so z. B. die Hölle, nördlich von dem Dorfe Gr.-Gustkow. Anmutige Landschaftsbilder bieten die von bewaldeten Hügeln bekränzten Landseen, so der Stüdnitz-See, der große und kleine Zechinen-See, die tiefdunklen Waldseen bei Borntuchen, von denen einer den Namen „Herthasee" führt. Die nicht unbedeutenden Höhen sind von Kiefern bestanden, während in den Tälern schöne Buchenwälder zu finden sind. Die höchste Erhebung im Kreise Bütow ist der Schimmritzberg bei Gr.-Tuchen, 260 m hoch. Auch die Umgegend der Stadt Bütow bietet eine Reihe von anziehenden Punkten. Das

Karlstal.

Schützenwäldchen, einen Kilometer nördlich von der Stadt gelegen, gewährt von den etwa 160 m hohen Hügeln einen prächtigen Rundblick. Romantischer ist die Landschaft im Süden der Stadt, so das Tal des Borrebaches, namentlich bei der Jungfernmühle, und das Karlstal, mit seinen hohen und steilen Abhängen.

Die Stadt Bütow liegt in einem breiten, muldenförmigen Tal, das von der Bütow und deren Zuflüssen, dem Borrebache und der Strußke, gebildet wird. Nähert man sich der Stadt von irgend einer Seite, so erblickt man nur einige Turmspitzen; es sind dies die Türme der beiden evangelischen und der katholischen Kirche, sodann die drei neugedeckten, hellroten runden Türmchen des alten Ritterschlosses. Die Stadt macht mit ihren breiten Straßen und schönen freien Plätzen einen freundlichen Eindruck. Seit altersher ist Bütow ein bedeutender Handels- und Verkehrsort; die nächste Stadt, Berent in Westpreußen, ist 40 km entfernt. Infolgedessen herrscht in Bütow ein so reges Geschäftsleben, als dies kaum in viel größeren Orten der Fall sein dürfte; zu den Wochenmärkten werden häufig 2—300 Wagen angefahren. In letzter Zeit hat sich Bütow zu einem Eisenbahnknotenpunkt entwickelt; so ist es durch den Schienenweg mit Schlawe, Berent, Lauenburg und über Lippusch mit Konitz verbunden. — Eine besondere Zierde Bütows ist das Schloß, an der südöstlichen Ecke der Stadt gelegen. Dies noch ziemlich gut erhaltene Schloß ist nicht zu verwechseln mit der bis auf die Grundmauern verschwundenen alten Burg, die auf dem „Schloßberge" bei der Jungfernmühle zum Schutze des Ortes erbaut worden war. Kramer berichtet in seiner „Geschichte der Lande Lauenburg und Bütow" (1. Teil, Beilage 1, Seite 21 ff.)

Jungfernmühle bei Bütow.

wie folgt darüber: Eine Viertelstunde südlich von der Stadt befindet sich ein über 30 m hoher Hügel, der sich durch seine wundersame Gestalt auszeichnet; er ist vierseitig und hat die Form eines abgeplatteten Daches. Augenscheinlich ist er ein Werk von Menschenhand und führt noch heute den Namen Schloßberg. Dort hat einst, so lautet die Sage, die Burg des Marschalls Beer und seiner Söhne gestanden, die nun überschüttet ist. Die Seiten sind sehr steil und meist mit Gestrüpp bedeckt; auf der Platte oben wird jetzt geackert. Dort befand sich früher eine mannsdicke Öffnung von unergründlicher Tiefe, die erst vor 80 Jahren der bequemen Beackerung wegen zugeschüttet worden ist; es soll dies der Rauchfang der alten Burg gewesen sein. Zwischen dieser Öffnung und dem jetzt noch vorhandenen Schlosse ist eine unterirdische Verbindung. Als vor vielen Jahren ein Hund in ein Kellerloch geworfen wurde, kam er nach etwa einer halben Stunde durch jene Öffnung im Schloßberge wieder zutage.

Der Prediger und Rektor Wilm versuchte im Jahre 1817 der Spur des Hundes zu folgen. Er kam jedoch nur bis zur Schloßmühle. Hier mußte er umkehren, weil die Luft so dick geworden war, daß das Licht in den Laternen der Schüler erlosch. Zur Verhütung eines Unglücks ließ deshalb der Rendant Demmig das Loch im Keller des westlichen Turmes, das zu dem unterirdischen Gange hinabführte, zuschütten. Auf dem Schloßberge hat man noch lange zerbröckeltes altes Gemäuer, mutmaßlich Trümmer der alten Burg, vorgefunden.

In der Nähe des Schloßberges sprudelt eine Quelle, die sich durch kristallhelles, vorzügliches Wasser auszeichnet, mit solcher Kraft hervor, daß sie schon wenig unterhalb als Mühlenbach die Jungfernmühle treibt. Nach einer Sage

Ritterschloß.

sah ein Bauer, der in jener Gegend ackerte, oftmals eine Jungfrau an den Bach kommen, die mit einem goldenen Eimer Wasser schöpfte und sich wusch. Als er sie endlich anredet, erzählt sie ihm, daß sie mit ihrem Schloß, das auf jenem Hügel gestanden, verwünscht wäre und nur erlöst werden könnte, wenn jemand, ohne anzuhalten und sich umzusehen, sie auf den Kirchhof trage und dort mit Gewalt zu Boden werfe. Der Ackersmann beschließt sie zu erlösen. Trotz aller Hindernisse kommt er mit ihr auf den Kirchhof. Da greift ihn etwas in die Haare, er erschrickt und läßt die Jungfrau fallen, die nun wehklagend, daß sie jetzt erst nach 100 Jahren erlöst werden könne, verschwindet.

Neben dieser alten Burg hatte sich bereits im 11. Jahrhundert ein Flecken gebildet, der im Jahre 1346 von dem deutschen Ritterorden zu einer Stadt erhoben wurde. Bütow blieb ein offener Ort; aber der edle Hochmeister Conrad von Jungingen ließ in den Jahren 1399—1406 auf einer Anhöhe im Südosten der Stadt ein festes Schloß aufführen. Dies wurde der Wohnsitz des Pflegers und einer starken Besatzung. Das Bütower Schloß ist seiner reizenden Lage, seines hohen Alters und seiner merkwürdigen Schicksale wegen einer näheren Betrachtung wert. Das mächtige Ritterschloß war von Gräben und Wällen umgeben und glich vollständig einer Festung; infolgedessen vermochte es auch im Jahre 1433 den Stürmen der Hussiten Trotz zu bieten. Bereits nach einem halben Jahrhundert war das Schloß sehr verfallen; im Jahre 1451 wurde es mit erheblichen Kosten ausgebessert. Fünfzehn Jahre später fiel Bütow an Pommern, von dieser Zeit ab wohnte im Schlosse ein herzoglicher Hauptmann.

Als Herzog Franz I. im Jahre 1606 das Amt Bütow zum Eigentum erhielt, erschien er bald darauf in der Stadt Bütow und nahm am 14. November auf dem Schlosse die Huldigung entgegen. Seiner Gemahlin Sophie, einer Prinzessin von Kursachsen, wies er Bütow als künftigen Witwensitz an. Er residierte hier längere Zeit und ließ deshalb für sich und seine Gemahlin das Schloß im Innern neu einrichten und fürstlich ausschmücken. Nach seinem Tode fiel Bütow zuletzt an den regierenden Herzog Bogislaw. Er ließ im Jahre 1623 das Schloß erneuern. Zum Andenken hieran befindet sich noch heute über der Eingangstür eine Steintafel mit folgender Inschrift: „A$^{\underline{o}}$ MDCXXIII Illust. Dux Pommeraniae Bugislaus XIV. extrui mandavit Sub Petro Glasenap Capitan. Mart. Maesen. Quest.“ In den folgenden Kriegsunruhen hat Schloß und Stadt Bütow aufs furchtbarste gelitten. Als die Kaiserlichen in dem schwedisch-polnischen Kriege 1627—1629 den Polen zu Hülfe kamen, wurden sie 1629 am Weichselufer geschlagen und in die Flucht gejagt. In wilder Unordnung kamen sie nach Bütow und hausten hier entsetzlich. Das Amt Bütow wurde von ihnen ganz ausgesogen. Am schlimmsten erging es jedoch der Stadt. Ehe die Kaiserlichen am Sonntage vor Ostern abzogen, zündeten sie dieselbe an, so daß sie unter ihren Augen in Flammen aufging. Die alte ehrwürdige, vom deutschen Ritterorden erbaute Stadtkirche, die Schule, das Rathaus, alle Wohngebäude und Scheunen lagen in Asche; nur drei Häuser in der Vorstadt blieben von der Feuersbrunst verschont. Ähnlich erging es der Stadt 1645, und vor allem 1700; wiederum wurden Kirche und Rathaus eingeäschert. — Außerdem hat die Stadt im Siebenjährigen und im unglücklichen Kriege durch Erpressungen und Kontributionen der Russen, Polen und Franzosen viel gelitten.

Im Jahre 1658, nach der brandenburgischen Besitzergreifung, befand sich das Schloß (nach der Schilderung des Oberkommissars von Bonin) in einem trostlosen Zustande. Vor dem Abzuge hatte die schwedische Besatzung den viereckigen Turm gesprengt, die Dächer zertrümmert und alles Holzwerk im Innern niedergebrannt. Die kurfürstliche Regierung ließ viele Räume wiederherstellen und bewohnbar machen. — Gegenwärtig ist die linke Seite zum Gerichtsgefängnis, die rechte Seite zur Amtswohnung des Rentmeisters eingerichtet. Das Mittelhaus ist ganz zerstört. Die drei runden Türme stehen noch, der vierte ist nicht wieder aufgebaut worden. — Von den wohlgepflegten Wällen hat man eine entzückende Aussicht auf die Stadt und das breite Bütowtal. —

Am Nordende der Stadt befindet sich das königliche Lehrerseminar mit seinem schönen Vorgarten. Es ist 1859 gegründet und hat bereits über tausend Lehrer vorgebildet. — Zu Anfang des vorigen Jahrhunderts zählte Bütow nur 1084 Einwohner. Im letzten Jahrhundert ist die Bevölkerung um das Sechsfache gewachsen (6700).

Seminardirektor Dr. Lewin=Bütow.

Das Windelbahnfest der Stolper Schuhmacher.

Inhalt: Ein eigenartiges Fest. — Vorbereitungen. — Die Harlekins. — Der Festzug. — Auf dem Festplatze. — Der Festball. — Die Nachfeier. — Ursprung des Festes.

In Stolp in Pommern wird noch alle vier bis fünf Jahre ein Fest gefeiert, das an Eigentümlichkeit nichts zu wünschen übrig läßt. Es ist dies das Windelbahnfest der Schuhmacher=Innung. Wir werden an demselben in die Blütezeit der Innungen versetzt, und uns treten hier Sitten und Gebräuche entgegen, von denen die heutige Generation weder Ursprung noch Bedeutung kennt.

Schon Wochen vorher werden Vorbereitungen dazu getroffen. Zunächst werden die Hauptpersonen unter den Gesellen ausgewählt, das sind: der Maigraf, die Schöffen, der Schreiber und die beiden Narren oder Harlekins: Bruder Ärmel und Bruder Halbsieben.

Am Vorabend des Festes, welches immer am Mittwoch nach Pfingsten gefeiert wird, bringt eine Musikkapelle dem Bürgermeister der Stadt, sowie den Vorstehern der Innung und den Hauptpersonen des Festes Ständchen (14 Ständchen). Am Morgen des Festtages beginnen die beiden Harlekins ihren Rundgang durch die Stadt. Es müssen dies flinke und gewandte junge Leute sein, die auch ihrem Körper einige Anstrengung zumuten können. Denn davon hängt mehr oder weniger der klingende Erfolg ihres Rundganges ab. Die Harlekins sind mit einem bunten Anzuge bekleidet, auf dem Kopfe haben sie eine spitze Narrenkappe von grauem Filz, mit bunten Bändern besetzt, die sie auch häufig zum Schlagen benutzen. Mit einer hölzernen Pritsche in der Hand treten sie morgens vor 8 Uhr aus der Herberge, von den Schuhmacherlehrlingen schon sehnlichst erwartet. Die Lehrlinge werden nun in zwei Gruppen geteilt, und je eine Gruppe wird einem Harlekin als Gefolge zugewiesen. Jeder macht nun mit seinem Gefolge Brüderschaft, dann gehen sie nach dem Rathause und stellen sich dort vor. Hinter dem Rathause spielen sie eine Partie „66", und dann erst trennen sie sich und gehen in die Häuser. Die Lehrlinge singen nun fortwährend den Vers:

Unser Bruder Ärmel, der soll leben,
Seine Seele sei vergnügt,
Und sein Liebchen auch daneben,
Weil er sie so herzlich liebt.
Rühret die Trommel, schenket tapfer ein!
Unser Bruder Ärmel soll lustig sein.

Die andere Gruppe singt dieselbe Weise von ihrem Bruder Halbsieben. In den Häusern machen die Harlekins ziemlich derbe Späße, suchen die jungen Mädchen zu erschrecken, setzen sich auch in die offenen Fenster des zweiten und dritten Stockwerkes und treiben mit der unten dichtgedrängt stehenden Menschenmenge ihren Ulk. Dafür werden sie von den Bewohnern des Hauses mit Geld und Eßwaren beschenkt. Das Geld lassen sie in ihre Börsen gleiten, während sie die Eßwaren unter die Lehrjungen hinauswerfen, oder, wie Würste und Bierflaschen, an Fäden binden und die unten harrende Jungenschar danach greifen und springen lassen. Wenn dann bei dieser Balgerei alle in unentwirrbarem Knäuel sich am Boden wälzen, bringt schnellste Lösung des Knotens ein tüchtiger Wasserstrahl, denn übel genommen wird an diesem Tage nichts; alles ist voller Lust und Fröhlichkeit.

Wie einträglich dieser Rundgang für einen flinken, gewandten Harlekin oft sein kann, sieht man daraus, daß manche in den 4 Stunden (mittags um 1 Uhr macht die Polizei dem Treiben ein Ende) 200—300 Mark eingenommen haben. Nachmittags um 2 Uhr beginnt der Hauptakt des Festes. Meister und Gesellen haben sich in der Schuhmacher-Herberge versammelt, und nun beginnt der Umzug durch die wichtigsten Straßen der Stadt nach der Windelbahn, welche am Südende der Stadt, im sogenannten Auker liegt. Vorauf marschiert eine Musikkapelle, welcher der Fahnenträger mit der Fahne der Brüderschaft und den beiden Fahnenjunkern folgt. Auf dem Kopfe tragen diese einen mit Goldborten besetzten Dreimaster. Dann folgt die wichtigste Person des ganzes Zuges, der Maigraf, kenntlich an einer großen, grünen, mit Gold gestickten Schärpe über der Schulter. Ihm zur Seite marschieren die beiden Ladenmeister, denen sich die beiden Altgesellen mit den silbernen Pokalen der Gesellen-Brüderschaft und der Meister-Innung anschließen. Hinter diesen kommen paarweise vier bis acht Schöffen oder Schaffner mit roten Baretts und weißen grüngeränderten Schärpen. Die beiden Oberschöffen haben bändergeschmückte, meterlange Stäbe, die Schaffner- oder Schöffenstäbe in der Hand. Nun folgen die übrigen Gesellen, alle im Frack-anzuge und mit einer grünen Rosette am Hute; den Schluß der Gesellenschaft macht der Schreiber mit einer riesigen Feder hinter dem Ohre und einem Stoß Akten unter dem Arme. Auf dem Kopfe hat er ebenfalls einen Dreimaster und an der Seite einen langen Schleppsäbel. Auch raucht er eine Zigarre, die extra für ihn angefertigt ist und wohl das Zehnfache einer gewöhnlichen Zigarre an Länge und Inhalt mißt. Dann kommt die Innungsfahne der Meister — auch diese begleiten zwei degentragende Fahnenjunker — und hinterher die Innungs-meister, ebenfalls in Frackanzügen. Den Schluß des Zuges bilden die Lehrjungen mit zwei Tragbahren, aus deren Birkenlauben die Harlekins ihre Späße machen. Die Windelbahn ist ein kreisrunder Platz von ca. 20 m Durchmesser, von welchem die Erde ca. 1 m ausgehoben und rund umher zu einem kleinen Erdwall aufgeschüttet ist. Dieser runde Grasplatz wird jedesmal von einem Gärtner ausgestochen, d. h. es werden in den verschlungensten Windungen kleine Rinnen eingeschnitten, welche sich öfter kreuzen und schließlich im Mittelpunkte endigen. Die Zeichnung hierzu wird in der Handwerkslade aufbewahrt. Beim Feste werden in der Mitte der Bahn die beiden Innungsfahnen aufgepflanzt. Rund um diesen Platz sind zu diesem

Tage terrassenartig Zuschauerbühnen errichtet. An den Fahnen stellen sich nun der Maigraf, die beiden Altgesellen, der Schreiber und die Vorstandsmeister auf. Nachdem die Musik gespielt hat, hält der Maigraf eine Rede in Knittelversen, in welcher er von dem Ursprung des Festes spricht, das hohe Alter des Schuhmachergewerbes aus dem Alten Testamente nachzuweisen sucht, die Vorzüge und Annehmlichkeiten des Handwerks rühmt, der großen Männer gedenkt, die aus dem Handwerke hervorgegangen sind, z. B. Hans Sachs, Hans von Sagan, und zuletzt auf die Gegenwart kommt. Zum Schluß läßt er den Kaiser, die Stadt, die Stadtväter, den Obermeister, die Frauen u. s. w. leben. Nach beendeter Rede führt der Maigraf in der Windelbahn im Kibitzschritt einen Tanz aus. Er beginnt am äußersten Ende der ausgeschnittenen Bahn, folgt dieser in den verschlungensten Windungen bis zum Mittelpunkt; ebenso geht es wieder zurück. Er muß dabei sehr aufmerken, daß er nicht auf eine falsche Bahn gerät. Nach dem Tanze wird ihm von einem Altgesellen der Dank ausgesprochen für die Rede und für den gelungenen Tanz; dann wird ihm der weingefüllte silberne Innungspokal kredenzt. Nun treten die beiden Oberschöffen zum Tanze an. Der eine beginnt im Innern bei der Fahne, der andere von außen. Genau in der Mitte müssen sie sich treffen; dort wird ihnen vom Altgesellen ein Glas Wein gereicht, dann tanzen sie sich vorbei. Nach einigen Worten des Altmeisters ordnet sich der Zug wieder und kehrt in derselben Ordnung wie beim Ausmarsch zum Versammlungsorte zurück. In einem großen Saale wird nun ein Konzert veranstaltet, und des Abends tritt der Tanz in seine Rechte. Zu diesem Ball, bei welchem die Schaffner bedienen müssen, haben nur Schuhmacherfamilien Zutritt. Der erste Tanz gehört dem Maigrafen mit der ältesten Meisterstochter, dann erst dürfen auch die anderen tanzen. Über den Ursprung dieses eigenartigen Festes ist weder in den Akten der Schuhmacher-Innung, noch in den Archiven der Stadt etwas hierauf Bezügliches zu finden, und es bleiben nur die mündlichen Überlieferungen übrig, die aber, wie dies gewöhnlich der Fall zu sein pflegt, in ihren Behauptungen weit auseinander gehen. Wir müssen uns schon mit dem begnügen, was in der Rede des Maigrafen steht. Es heißt darin:

„Fürst Croy, der sei uns hochgepriesen,
Der uns dies schöne Fest erwiesen!"

Auch auf der Fahne der Gesellen-Brüderschaft steht:

„Und wisset, was Fürst Croy an uns getan,
Er schenkte uns, dies Fest zu begehen, die Windelbahn!"

Herzog Ernst Bogislaw v. Croy, der letzte aus dem Greifengeschlecht, lebte in Stolp von 1660—1684. Nach seinem Tode fiel das Land Stolp an den Großen Kurfürsten. — Nach einer Sage aber soll das Fest viel älteren Ursprungs sein. Als Stolp noch die Hauptstadt von Pommerellen oder Ostpommern war, da stand das alte herzogliche Schloß auf dem Hügel östlich von dem Stolpefluß, wo heute die katholische Kirche steht. Hier residierten die Herzöge. Die Sage erzählt nun: Eine Herzogin sei einst auf diesem Schlosse hart von den altstädtischen

Webern bedrängt worden, da hätten die Schuhmachergesellen sie gerettet. Aus Dankbarkeit dafür hätte die Herzogin dies Fest gestiftet. Ernst Bogislaw v. Croy aber habe später nicht allein den Platz, sondern auch noch Land im Anker den Schuhmachern geschenkt. So hat sich dies Fest in seiner Eigenart noch bis heute als eins der wenigen Wahrzeichen aus dem Mittelalter erhalten.

E. Rutz-Stolp.

Das Lebatal.

Ungefähr in der Mitte des westpreußischen nachbarlichen Kreises Carthaus erhebt sich als höchster Berg des ganzen uralisch-baltischen Landrückens der 331 m hohe Turmberg. Reich bewaldete, teils mit Buchen, teils mit Kiefern bestandene Höhen von 200 bis 250 m Höhe senken sich von ihm nordwärts zur Ostseeküste,

Lauenburg.

erfüllen den ganzen südlichen Teil des Lauenburger Kreises und laufen als Begleiter der Flüsse und Bäche, allmählich immer niedriger werdend, mit diesen noch weiter nach Norden bis über die Mitte des Kreises hinaus. Die zahlreichen, bald kleineren, bald größeren Seen obigen Berglandes, in denen sich die am schmalen Ufersaum gelegenen freundlichen Dörfer und die hart an das Ufer tretenden Höhen mit ihren grünen Buchenwäldern lieblich widerspiegeln, verleihen dieser Gegend, der „Kaschubischen Schweiz“, einen eigenartigen Reiz. In dieser vielgerühmten, leider wenig besuchten, an Naturschönheiten reichen Gegend haben wir den Ursprung des Lebaflusses zu suchen. Er ist ein Bergsohn wie Stolpe und Lupow, die mit ihm den Wasserüberschuß dieses Miniaturgebirges nordwärts der Ostsee zuführen. Über glatte Bachkiesel und schlüpfrige Steine hüpfend und springend, flieht der junge Lebastrom dahin. Er stürzt sich sehr bald in einen tiefen Bergsee, durchströmt ihn und wendet sich dann drei anderen zu, deren Wasserspiegel noch 160 bis 140 m über dem Meere liegen, und deren Uferränder von 50 bis 100 m hohen, bewaldeten und steil abfallenden Kuppen gebildet werden. Noch immer über Steingeröll hineilend, von der flinken Forelle bevölkert und des öfteren von idyllisch gelegenen Mühlen zu frönender Arbeit gezwungen, erreicht der Fluß die Grenze des Lauenburger Kreises. Das brausende Bergwasser wird aber auch hier noch nicht von der einengenden Fessel befreit. Hohe Bergränder, die das Flußtal fast zur Schlucht einengen, vertiefen das buschumstandene Bett des Flusses und drängen seine Ufer, obwohl er bereits einen

Düne mit Hafeneinfahrt an der Lebamündung.

Weg von mehr als 30 km zurückgelegt hat, so nahe zusammen, daß man fast versucht wird, mit kühnem Sprunge von dem einen Ufer das andere zu gewinnen. Am Berghang sich hinwindende Fahrwege führen, den Fluß bald links, bald rechts begleitend, neben ihm hinab, bis sie endlich nahe an der westpreußischen und pommerschen Grenze bei Klein-Boschpol in die breitere Ebene des mittleren Lebatales einmünden. Den Blicken des frohgemuten Wanderers, der am lieblich gelegenen Luisental vorüber diesen Weg von Boschpol aufwärts schreitet, bietet sich, sobald er die knorrige, wipfellose Eiche mit dem Horste eines Storchenpaares am Gute Paraschin erreicht hat, eine Landschaft dar, die durch ihre über- und hintereinander sich erhebenden, von dahinterliegenden höheren Bergketten begrenzten zahlreichen Hügel große Ähnlichkeit mit der bekannten welligen Talsenke bei

Spindelmühl in Böhmen aufweist, wenngleich sie deren Maße nicht zu erreichen vermag. Steigt man den Weg höher hinauf, so kommt man zur völlig einsam im Talgrunde gelegenen Schule von Paretz, zu der alltäglich die jüngeren Talbewohner von nah und fern herbeieilen, um sich fürs Leben zu rüsten. Eine hinter dem Schulgehöft, jenseits des Flusses sehr steil aufsteigende, sandige Höhe, die durch mehrfache, lawinenartige Bergrutsche schon wiederholt den Fluß zu verschütten und eine natürliche Talsperre zu schaffen drohte, hat man wegen der Gefahr für die oberhalb und unterhalb liegenden Mühlen und Ansiedlungen durch Faschinen- und Strauchzäune, die in vierzehn Reihen übereinander den Berghang durchqueren, an ihrem gefährlichen Vorhaben zu hindern versucht. Bei der in einem halbkreisförmigen Bergrund gelegenen Hediller-Mühle überschreitet man den Fluß, und höher und höher hinauf führt der Weg, zur Rechten und Linken die Dörfer Nieder-Lowitz, Paradies und Waldeck, bis man eine Steigung von 120 m überwunden hat und bei Osseck die Südgrenze des Kreises und den Kamm des Bergzuges erreicht, von dem man nach Süden hin in eine ausgedehnte, wellige Hochebene mit zahlreichen Ortschaften schaut.

Bei Klein-Boschpol ändern Lebafluß und Lebatal, die bisher nordwärts an der Kreisgrenze hinzogen, ihre Richtung und wenden sich in einem nach Süden offenen Bogen in südwestlichem Zuge von der Grenze des Neustädter Kreises dem Stolper Kreise zu. Die Talränder sind hier auf der südlichen Seite anfangs mit gemischten Laubhölzern bestandene, kegelförmige Berggipfel, die sich in tiefgeschwungenen Linien gegen den Himmel abheben, und deren Abhänge im Schmucke frischen Frühlingsgrüns oder in bunter, herbstlicher Färbung das Auge selbst in stundenlangem Schauen nicht ermüden. Nachdem diese Höhen von dem Kuhbachtale durchbrochen sind, bilden sie einen in mehr gleichmäßig hinlaufender Linie sich ausdehnenden Bergkamm, dessen Kuppen und Hänge größtenteils von dunklen Nadelwäldern bedeckt sind, und der nur hier und da durch Schluchten oder kegelförmig vorgelagerte Berge gegliedert erscheint. Die das mittlere Lebatal auf der nördlichen Seite begleitenden, teils bewaldeten, teils bebauten Höhen, die ebenso wie die südlichen steil zum Tale abfallen, aber etwas niedriger als jene sind, bieten an ihrem Fuße, wie auch auf dem Kamme, Platz für Dörfer und Ansiedelungen. Von verschiedenen Stellen aus gewähren sie Ausblicke in das zu Füßen gelegene Tal, wie auch manchen Überblick über die gesegneten Fluren der nördlichen Hochebene. Inmitten des Tales liegt die Stadt Lauenburg am Fuße der 60 m hohen Wilhelmshöhe. Dieser parkähnliche Berg erhebt sich dicht an der Stadt am Lebafluß; er ist von zahlreichen, gut gepflegten Wegen durchzogen und mit Ruheplätzen reichlich ausgestattet. Sein alter Baumbestand, der manche knorrige, breitästige Kiefer aufweist, wird von jüngeren Laubholzanlagen unterbrochen. Die harzreiche und erfrischende Luft und der von seinem älteren Baumbestand gewährte Windschutz machen den Aufenthalt zu einem sehr angenehmen. Der Südhang des Berges läßt von mehreren Punkten aus auch den minder rüstigen Wanderer manchen herrlichen Blick ins Leba- und Kuhbachtal und auf die jenseitigen Höhen mit aller Bequemlichkeit genießen.

Zu dem 4 km nordöstlich von Lauenburg im lieblichen Waldtale geschützt liegenden Jägerhof, dem beliebtesten Ausflugsort von alt und jung, führt ein Weg über die Gipfel von 60—80 m hohen Bergkuppen, die anfangs mit Kiefern und weiterhin mit schattigen Eichen und Buchen bestanden sind, während dichtes Unterholz, Farne und Waldblumen in reichem Flor den Boden bedecken. Die Dörfer Luggewiese, Luggewieser-Brück und Bruch, Aalbeck, Goddentow und Lanz leuchten mit roten Dächern aus dem grünen Tal herauf, auf den gegenüberliegenden Höhen schimmert Damerkow zwischen dunklen Wäldern hindurch. Der blaue Luggewieser See, der in zahlreichen Windungen das Tal durchschlängelnde Lebafluß, Kanäle, die ihn gradlinig mehrfach begleiten, einmündende Bäche und tote Flußarme, die alle das helle Grün der Wiesen angenehm unterbrechen, und über Berg und Wald das schleierhafte Blau ließen schon manchen Beschauer sich staunend in die Schönheit des „Blauen Ländchens" versenken.

Fischerkopf.
Aufnahme von Noack-Binz.

Die gleichfalls nur 4 km von Lauenburg im Nordwesten gelegenen 115 m hohen Jannewitzer Berge gewähren eine noch umfassendere Rundschau. Nach Süden hin erblickt man den westlichen Teil des mittleren Lebatals, in ihm den Fluß, Kanäle, Bäche und Gräben, sowie die sich ausbreitende Stadt. Am jenseitigen Tal- und Waldrande liegt — eine Stadt für sich — die Irrenanstalt, im Walde selbst die städtische Oberförsterei; auf dem Kamm der jenseitigen, mehr als 100 m hohen Bergzüge erblickt man die Dörfer Malschütz und Dzechlin, am Fuße der Höhen die Vorwerke Jerusalem und Bethlehem. Im Westen begrenzen Glashütte und Dorf Lischnitz die weitere Fernsicht, weil sich das Tal hier im Knie nach Nordwesten wendet. Von Süden her mündet das Kuhbachtal in die Talebene ein; hier reihen sich die Vorwerke Sophienhof, Finkenbruch und Röpke dem Bilde ein. Im Osten gestattet das Seitental des Küssower Mühlenbaches einen Blick über die in ihm liegenden Ortschaften Neuendorf und Camelow. Schaut man dagegen nordwärts über die sich senkende Hochfläche hin, so treten Puggerschow, Darschkow, Jannewitz, Landechow, Garzigar und Villkow vor unsern Blick. Bei guter Beleuchtung sieht man gegen den nördlichen Horizont in schmalem, silberglänzendem Streifen den Lebasee und jenseits desselben in einer Entfernung von 33 km die 43 m hohe, weißleuchtende Lonzkendüne.

Wandert man die südlich von Lauenburg gelegenen Höhen hinauf und sieht vor und unter sich die sich reihenweise hinziehenden Bergzüge, deren Nadelholzwälder in allen Jahresklassen, von der Schonung bis zum Hochwald, im verschiedenfarbigsten Grün leuchten, so glaubt man sich in den Harz versetzt.

Das untere Lebatal beginnt am Knie des Flusses zwischen Lischnitz und Chotzlow. Es nimmt fortwährend an Breite zu, geht in das Lebamoor über, umarmt den Lebasee und erreicht hier eine Breite von 30 km. Auf dem Wege bis zum Lebasee und zur Ostsee, der 30 km in der Luftlinie ausmacht, wälzt der Fluß nunmehr seine Wasser, mit einem Gefälle von nur 16 m auf der ganzen Strecke, in den mannigfaltigsten, nach allen Himmelsrichtungen sich wendenden Krümmungen und eine schon früher erreichte Stelle beinahe wieder berührend, langsam durch moorige Wiesen und Torfmoore dahin. Niedrige Ufer wehren den durch zahlreiche Zuflüsse reicher gewordenen Wassermassen selbst im Sommer nicht den Übertritt. Nach einigen Regengüssen im Sommer schwimmt die Heuernte; im Frühjahr und Herbst ist das Tal ein großer See und im Winter eine ausgedehnte Eisfläche. Ein Netz zahlreicher Entwässerungsgräben durchzieht die Wiesen und macht sie für jeden Unkundigen unwegsam. Der ca. 50 km lange Brenkenhofskanal, den Friedrich der Große bauen ließ, begleitet den Fluß auf dieser ganzen Strecke bis zum Lebasee und führt auf geradem Wege die überreichen Wassermengen dieses Tieflandes schneller der Ostsee zu. Zahlreiche Dämme führen auf beiden Seiten von Osten und Westen her quer durch das Tal bis an den Fluß; ihre Fortsetzungen aber auf dem jenseitigen Ufer, sowie Brücken, fehlen, und so ist der Übergang aus dem Lauenburger in den angrenzenden Stolper Kreis auf der ganzen Länge gehemmt. „Die Hütung", „das schwarze Moor", „das große Moor", „das Fichtmoor", „das große Torfmoor", dazu die nach den anliegenden Ortschaften benannten Moore in reicher Zahl reihen sich hier aneinander. Die Moorwiesen und Torfbrüche dienen den Einzelgehöften, Vorwerken, Gütern und Dörfern vor und auf den anliegenden Höhen zur Viehweide für den Sommer und zur Gewinnung des Heu- und Feuerungsbedarfes für den Winter. Diese unwegsamen, dem Seewinde ausgesetzten, unwirtlichen Gegenden waren die letzte Zuflucht der pommerschen Lebakaschuben, in die sie sich vor deutschem Wesen zurückzogen. Den Nordrand des Tales bildet die schmale, sandige Nehrung jenseits des Lebasees, deren hohe Sanddünen den Einbruch des Meeres verhindern, während weiter östlich die 48 m hohen Wollsäcke, den Schiffern zugleich ein Merkzeichen, das dahinterliegende Moor- und Bruchland schützen.

Pflückt man auf den Höhen am Oberlauf des Flusses Gebirgspflanzen mancherlei Art, so bilden Moor- und Salzpflanzen die Flora der niedrigen Wiesen am Unterlaufe. Im Oberlaufe ist die flinke Forelle der hauptsächlichste Bewohner des Flusses, Aal und Neunauge bevölkern mit der großen Maräne (identisch mit der Bodenrenke der Voralpenseen und mit der Maduemaräne) dessen Unterlauf. Im Mittellaufe aber wird das Heer der fliegenden Insekten, das dies Wiesen- und Moorland durchschwirrt, von der flinken Äsche gejagt, die blitzschnell vom Flußgrunde an die Oberfläche steigt, oder in kühnem Sprunge aus dem Wasser schnellt und ihre winzige Beute erhascht. „Der Äsch ist ein Rheingraf, der Salm ist ein Herr", sagte der ältere Rheinbewohner rühmend von diesem auch der Salmonidenfamilie angehörigen Fische, und wie in früheren Zeiten, so wird auch heute die Äsche ihres schmackhaften Fleisches wegen als

Sturm.

Leckerbissen geschätzt. Enten, Schnepfen und Schwärme von Staren bevölkern Tal und Moor, Hasen und Rebhühner die angrenzenden Wiesen und Felder; Rehe, Wildschweine und Auerhähne bewohnen die waldigen Höhen, und fast überreich ist an allen Orten infolge der günstigen Entwickelungsverhältnisse die Fauna aller kriechenden, niederen Tiere.

Karl Goetzmann-Lauenburg.

In der Not.[1])

Durch knorrige Fichten pfiff der Sturm,
Der Himmel war wie lauter Blut.
Aus gierigen weißen Wogen griff
Mit Flammenarmen die Abendglut.

Und der Sturmball stieg am Mast empor,
Ein Schoner tanzte im Orkan.
Und die Flagge flog. Mit scheuem Blick
In die stürzende Gischt die Schiffer sahn.

[1]) Aus: Sturmlieder vom Meer. Stuttgart 1901. J. H. W. Dietz Nachf.

Und der Sturmball stand, und der Sturm-
ball fiel, —
Die Lotsen zogen die Ruder ein.
O du tanzendes Schiff, o du schwankender
Kiel,
Nun mag der Himmel dir gnädig sein.

Die Glut erlosch. Mit Raubtier-
schritt
Schlich über die Düne die Nacht einher.
Ich sah sie lehnen am Hafendamm
Und die Hände strecken weit über das
Meer.

Clara Müller.

Die Lebakaschuben, ein germanisierter, aussterbender Volksstamm.[1])

Pommerns Grenzen reichten in ältester Zeit von der Passarge bis zur Eider und wurden erst später enger gezogen. Die Bewohner dieses Landes waren wendische Völker, die den gemeinsamen Namen Pommeraner führten, durch Dialekt, Sitte und Tracht aber in kleinere Stämme oder Völker geschieden waren. Von diesen nannte man schon in frühester Zeit diejenigen, welche das heutige östliche Hinterpommern bewohnten, die Slowinzen, d. h. die Beredten oder Berühmten. Im 13. Jahrhundert unterschied man von diesen wiederum die Kaschuben, deren einer Teil im verflossenen Jahrhundert Kabatker genannt wurde, weil seine Zugehörigen statt eines langen Rockes die kurze Jacke — Kabat — trugen. Diese Slowinzen, Kaschuben und Kabatker bewohnten vornehmlich die Kreise Lauenburg, Stolp und Bütow. Sie waren durch Sprache, Tracht und Sitte schon von den übrigen Pommeranern, mehr noch von den später eingewanderten Deutschen verschieden. Sie wurden von diesen verachtet und verdrängt und zogen sich in die wenig zugänglichen Gebiete um den Leba- und Gardesee, wie auch zu beiden Seiten des Lebaflusses zurück. Hier starben sie zum Teil aus oder gingen durch planmäßig vorgenommene Germanisierung, die seitens der Regierung gewünscht und von Kirche und Schule ausgeführt wurde, allmählich in der deutschen Bevölkerung auf. Obwohl es nie ein besonderes Herzogtum Kaschuben, ja nicht einmal ein genau begrenztes Wohngebiet für dieses Volk gegeben hat, geben diese Volksstämme doch den Anlaß, daß die pommerschen Herzöge, brandenburgischen Kurfürsten und preußischen Könige den Titel „Herzog der Wenden und Kaschuben" in ihren Herrschertitel aufnehmen.

Die Zahl dieser Kaschuben kam im Mittelalter derjenigen der stammverwandten Polen gleich, ging aber mehr und mehr zurück und war im vorigen Jahrhundert nur noch sehr gering. Mit ihrem Aussterben übertrug man den Namen Kaschuben auf die 150 000 Slawen, die ursprünglich zu Altpommern,

---

[1]) Gestützt auf: Dr. F. Tetzner. Die Slowinzen und Lebakaschuben. Verlag: Emil Felber-Berlin 1899, sowie auf die von ihm dortselbst im Auszuge angeführte ältere Literatur.

später zu Pommerellen gehörten und anfangs an den deutschen Ritterorden und dann an Polen kamen. Die Kaschuben am Lebasee betrachtete man nur als ein Anhängsel derselben und bezeichnete sie vornehmlich mit den Namen Slowinzen und Kabatker, die ihnen als ältester und jüngster Name bereits eigen waren. Die Lebakaschuben bezeichneten sich selbst aber stets nur als Kaschuben, welchen Namen sie seit dem 13. Jahrhundert geführt hatten; ihre westpreußischen Stammesgenossen aber nannten sie Polacken oder Katholische. Die Lebakaschuben waren Anhänger der evangelischen Lehre; die westpreußischen Kaschuben, die auch in den Süden des östlichen Hinterpommerns eingewandert sind und hier allmählich immer mehr vordringen, gehören der katholischen Kirche an. Die Sprache der pommerschen Kaschuben am Lebasee, mit der polnischen zwar am meisten verwandt, aber doch charakteristisch von derselben verschieden, ist wie diese ein Zweig der alten slawischen Sprache, und zwar des lechitischen Stammes derselben. Von diesem blieb der polnische Dialekt weit mehr erhalten; mit Unterstützung der katholischen Kirche wehrt er sich energisch gegen sein Erlöschen und sucht noch heute an Boden zu gewinnen. Der baltische Dialekt desselben Sprachstammes ist dagegen in der Sprache der Slowinzen und Kaschuben — die beide auch noch voneinander verschieden sind — nur noch in geringem Umfange erhalten geblieben und heute dem völligen Erlöschen nahe. Die Sprache der Lebakaschuben ist somit keineswegs als ein verdorbenes Polnisch zu betrachten, wenngleich sie heute nicht mehr in ihrer ursprünglichen Form vorhanden ist und sich infolge der polnischen Predigten und der benutzten polnischen Gesangbücher, bei den Kaschuben in größerem, bei den Slowinzen in geringerem Maße, der polnischen Sprache genähert hat. Durch Aufnahme plattdeutscher Wörter, denen man kaschubische Endungen, teilweise überhaupt kaschubische Form gab, hat sich diese Sprache noch mehr von ihrer ursprünglichen Form entfernt. Aber nicht nur durch Sprache und Bekenntnis sondern auch räumlich sind Lebakaschuben und westpreußische Kaschuben voneinander geschieden. Ein völlig deutsches Gebiet von ungefähr 30 km Breite, das sich mit dem fortschreitenden Zurückziehen resp. Vordringen der beiden verwandten Volksstämme weiter nordwärts vorschob, trennte und trennt auch noch heute Lebakaschuben und westpreußische Kaschuben.

Das Hauptgebiet der Lebakaschuben im Lauenburger Kreise war im vorigen Jahrhundert das Kirchspiel Charbrow, besonders das Dorf Charbrow, sowie am Südrande des Lebasees Speck und Babidol, wie auch das zu Leba gehörige Dorf Czarnowske. Während aber gegen Ende des 18. Jahrhunderts noch die Hälfte der Charbrower Kirchspielangehörigen Kaschuben waren, betrug schon im Jahre 1803 die Zahl der kaschubischen Konfirmanden nur noch ein Viertel der Gesamtzahl. 700 kaschubische Predigtteilnehmer des Jahres 1824 waren auf 200 im Jahre 1856 zusammengeschmolzen. Das Jahr 1867 wies noch 38 kaschubische Kommunikanten auf, und zwei Jahre später zählte man im Kirchspiel nur noch 8 alte Kaschuben, deren letzter im Jahre 1873 im Dorfe Speck starb. Dr. F. Tetzner fand im Jahre 1896 auf seiner Forschungsreise durch kaschubisches Gebiet im Lauenburger Kreise pommersche Kaschuben nur noch in dem zum Kirchspiel Leba gehörenden Dorfe Czarnowske, im Stolper Kreise in den beiden Dörfern Giesebitz und Klucken, von denen die Bewohner Kluckens den Slowinzen zugezählt werden müssen. Weiter westlich und südlich gelegene Orte des Stolper Kreises waren schon ums Jahr 1850 völlig deutsch, und im Bütower Kreise war der Stamm der pommerschen Kaschuben schon zu Anfang des Jahrhunderts ausgestorben.

Die Kaschuben, dem Niederdeutschen in der Gestalt ähnlich, in der Gesichtsfarbe mehr gelblich und das Rot der Wangen mehr bräunlich, sind etwas größer, kräftiger und schwerfälliger als der Deutsche. Meist blond, ernsten Wesens und doch heiterer Gemütsart, zeigen sie sich gesund, ausdauernd und bedürfnislos. Bieder, arm und sparsam, fromm und lernbegierig, ohne Falsch und in der Ehe treu, heimatsliebend wie die Halligbewohner, königstreu und doch deutschem Wesen abhold, gegen Deutsche zurückhaltend und mißtrauisch, teils höflich, freundlich, entgegenkommend und untertänig, teils diebisch, hinterlistig, grob, rachgierig und meuterisch, zeigt ihr Charakter einen ursprünglich gesunden Kern, der durch die gegebenen Verhältnisse an manchen Stellen fleckig geworden ist. Ohne Verständnis und Liebhaberei für Musik und Kunst, für Spiel und Tanz, einfach in Kleidung und Nahrung, ohne Lieder und Sprichwörter, reich an Sagen und Aberglauben vom dummen Hans, betrogenen Teufel, tollen Gutsherrn, Freischütz, wilden Jäger, Alp, von Hexen und Unterirdischen erscheinen sie uns auf einer Kulturstufe, die gegenüber derjenigen der umwohnenden Deutschen weit zurücksteht. Ihre Sprache, nur von wenigen noch gesprochen, ist ein Gemisch uralt-wendischer, echt polnischer und plattdeutscher Worte mit kaschubischen Endungen, ohne Formen für Dinge und Begriffe aus Kunst, Gewerbe, Wissenschaft und Religion, nur den engbegrenzten Anschauungskreis ihres abgeschlossenen Lebenskreises umfassend. Sie wurde von Kirche und Schule unterdrückt, und hat im Verein mit dem Festhalten an Lebensweise, Sitte und Tracht und dem Druck der Verhältnisse, der auf diesem Volke gelastet und es an der Entfaltung der in ihm schlummernden Fähigkeiten hinderte, die Kaschuben unfähig gemacht, sich im Wettbewerb mit anderen auf dem Kampfplatz des Lebens als Volk zu behaupten. Die vorgenommene Germanisierung darf darum für die Nachkommen dieses Volkes nur als segensreich bezeichnet werden, wenngleich dieses selbst mit derselben wehmütig schwinden sieht, woran das Herz von Jugend auf hing.

Aber nicht allein auf die Sprache, sondern auch auf die Tracht war das Deutschtum von Einfluß. Kaschubische Gewandung ist heute meist nur noch aus schriftlicher Überlieferung und aus Sammlungen bekannt. Man trug (so muß man auch bei den heute noch vorhandenen Kaschuben sagen) am liebsten schwarze Kleider. Im Laufe der Jahre ging diese Kleidung bei den Männern für den Sommer in die weiße über. Sowohl das Material wie auch die Anfertigung der Kleider wurden von den Frauen besorgt; erst in späterer Zeit kaufte man den Stoff und ließ die Sachen anfertigen. Man trug meist leinene, aber auch wollene Sachen. Bei ersteren war das Garn gewöhnlich mit Wolle durchschossen, und gemeinhin waren sämtliche Kleider mit wärmendem Wollenfutter (später baumwollenem Boy oder Barchent) versehen. Weiße Kleidung wurde als Festgewand getragen. Die Männer trugen im Sommer kurze, weite Pumphosen und enge, nur bis zu den Hüften reichende Jacken aus schwarzer, derber, grober Leinwand, darunter ein weißleinenes Kamisol. Die langen, weißwollenen, oben in rot und weiß bunt gestrickten Strümpfe mit roten Troddeln wurden nur im Winter getragen, ebenso auch der schwarze, mit rotem Boy gefütterte, bis zu den Knieen reichende, wollene Winterrock, den man dann über die Jacke zog, und über welchem bei großer Kälte im Freien noch der Schafpelz getragen wurde. Dieser bestand aus zwei mit der Wolle nach innen zusammengenähten Schaffellen; er hatte unten an den Seiten dreieckige Schlitze, oben ein Halsloch und vorn einen Brustschlitz, der mit Lederzwickeln oder Hefteln geschlossen wurde. In diesen sackartigen Pelz waren wollene, rotgefütterte Ärmel eingenäht. Die helmartige, vorn und hinten spitze Mütze aus schwarzem Hundefell hatte einen Boden aus rotem Tuch und schwarze Verbrämung. Bei der Jacke standen die roten Kanten des Futters gleichfalls etwas vor. Während man im Sommer barfuß ging, schützte man im Winter die Füße mit schweren Lederschuhen, die bis über die Knöchel reichten und mit Riemen geschnürt wurden. · Die daumendicken Sohlen waren nicht nur auf der Unterseite, sondern auch am Seitenrande mit platten Eisennägeln beschlagen. In Haus und Hof trug man gewöhnlich hölzerne Pantoffeln. Pfundschwere, dicke, mit Wolle gefütterte, gestrickte, wollene Fausthandschuhe, die einen bunten Saum hatten, und in die allerlei Figuren, z. B. Häuser, Männer, Tiere oder Blumen eingestrickt waren, vollendeten den Anzug. Wollene Fingerhandschuhe gleicher Art mit gefranstem Saume gehörten auch im Sommer zum Festgewand.

Die Frauen trugen weitärmelige, leinene Hemden, deren Säume oft mit schwarzen Schnüren ausgenäht waren. Darüber zogen sie ärmellose, enganliegende Wolljacken (Leibchen), die an Hals und Rücken tief ausgeschnitten waren, so daß das Hemd weit sichtbar blieb. Das Kamisol der Männer wurde bei ihnen durch einen unten spitzen, rot- und weiß-quergestreiften Brustlatz ersetzt, über den das vorn nicht ganz schließende, oben weiter offene Leibchen mit verschiedenfarbigem Bande festgeschnürt wurde. Ein kurzer, nur bis zu den Waden reichender, schwarzleinener oder rotwollener Rock, dessen unterer Saum durch einen angesetzten, dreifingerbreiten, schwarzen Tuchstreifen gebildet wurde, während die obere Linte in mehrere hundert kleine Falten gelegt war, die sich zum unteren Saume hin verbreiterten, saß fest über der mit Heu ausgestopften Wulst, die den unteren Rand des Leibchens bildete. Im Winter zog man über das Leibchen eine schwarze Jacke, gleichfalls Kabat genannt, die einen kurzen, abgeteilten Schoß hatte. Die mehrhundertfaltige Rocklinte, sowie der kurze Jackenschoß wurden durch einen schwarzblauen Gürtel mit eingewebter, weißer Kante verdeckt, der dreimal um den Körper geschlungen wurde und so ein niedriges Mieder bildete. Die schmalen Schürzen, eine Handbreit kürzer als der Rock, waren weiß. Die Strümpfe waren auch aus Wolle hergestellt und die schweren, mit breiten Absätzen versehenen Lederschuhe waren wie die der Männer gleichfalls mit Nägeln beschlagen. Im Sommer trug man als Festgewand unter dem Leibchen ein nur bis an die Hüften reichendes Oberhemd aus feinerem Leinen mit schmalem, aufrechtstehendem Kragen. Die Ärmel desselben waren an der Hand offen und liefen nach dort hin eng zu. Das ganze Hemde, besonders Kragen und Oberärmel, waren weiß ausgenäht. Auf der Brust wurde es übereinander geschlagen, das Leibchen darüber geschnürt und die Rocklinte wieder durch den Gürtel verdeckt. Beim Abendmahl trugen die Frauen einen Umhang (Laken) aus weißer schlesischer Leinwand, den man über den Kopf nahm, an jeder Seite desselben in eine Falte legte und auf der Brust feststeckte. Er reichte bis zu den Knieen herab und diente nach dem Tode als Leichentuch. Ein Halstuch wurde weder von Frauen noch Männern getragen. Kinder und Erwachsene trugen bei beiden Geschlechtern die gleiche Kleidung.

Eigenartig waren Haartracht und Kopfputz bei Frauen und Mädchen. Man flocht das Haar in zwei dreisträhnige Flechten, band diese dicht am Kopfe mit einem schwarzen Bande und wand sie so um den Kopf herum, daß der Scheitel völlig frei blieb. Die Flechten wurden aber nicht offen getragen, sondern mit einer weißleinenen Flecht- oder Unterbinde verdeckt. Über dieser befestigte man eine schwarze, handbreite Überbinde mit roter Stoßkante. Sie ging wie ein Band um Stirn und Hinterkopf, lag rund um den Kopf herum und ließ den Scheitel frei. Dieser wurde bei Frauen durch einen mützenartigen, weißen Boden, die Haube, verdeckt. An Festtagen blieb die schwarze Überbinde weg, und man trug an deren Stelle eine messerrückendicke blaugefärbte, an der Stirnseite ausgezackte, mit Öffnungen verzierte Überbinde, durch deren Löcher die weiße Unterbinde durchschien. In der Kirche legte man noch eine dritte Binde von feinerer, weißer Leinwand darüber an, die dann wiederum einen schmalen Saum der blauen Binde freiließ. Die Braut trug im Haar einen Preißelbeerkranz mit gelben Papierrosen. Als Zeichen der Trauer trugen die Frauen einen völlig schwarzen Brustlatz und einen schwarzen Gürtel ohne weiße Kante. Die Männer hatten keine besondere Trauerkleidung. Diese ursprüngliche Tracht der Kaschuben ist erst allmählich derjenigen der umwohnenden Deutschen gewichen, so daß man in einzelnen Stücken hier und da noch die kaschubische Form zu erkennen vermag.

Wie die Kleidung, so blieb auch die Nahrung Jahrhunderte hindurch dieselbe. Grütze und Klöße bildeten das Nationalgericht; beliebt waren Pellkartoffeln, gekochte Fische, (Salzheringe zählten zum Festgericht), Milch, Zichorienkaffee und sehr grobes Schwarzbrot, das ihnen elfenbeinweiße, gesunde Zähne, aber auch oft Magenbeschwerden bescherte. Salz und Zwiebeln waren ihre einzigen Gewürze, ihre Genußmittel Fuselschnaps, Schnupftabak und Zigarren.

So frugal wie die Gerichte, so einfach waren Haus und Wohnung. Die einstöckigen, 12 m langen, 6 m tiefen und nur 2 m hohen Häuser hatten ein 4 m hohes, spitzes Schilfdach mit abgeschrägten Giebeln, entweder nur hölzerne Essen oder gar keine Schornsteine (Rauchhäuser). Bis zur Dachfirst reichte eine von außen schräg angelegte, lange Leiter. Neben der einfachen Haustür befand sich ein sechsteiliges, kleines Guckfenster und über derselben im Dach die Heuluke.

Vom Hausflur führte die Tür in die mit einer Balkendecke versehene, niedrige Stube. Der Stubentür gegenüber führte eine zweite Tür in die am Giebel liegende Kammer, in der man Vorräte oder den Webstuhl fand. Ein Kachelofen mit einer Ofenbank, ein Tisch und wenige Stühle bildeten das Zimmergerät. An den weißgetünchten Wänden machten Bilder des Kaiserpaares, der Familienangehörigen und solche biblischer Darstellungen mit den Erntesträußen den Zimmerschmuck aus. — Die Wege, welche zu diesen Hütten und den Dörfern führten, befanden sich in dürftigstem Zustande. Wildpfaden gleichend, führten dieselben durch mahlenden Sand, über Gräben und Moor, durch dick und dünn.

Von den alten, eigenartigen Geräten findet man noch heute die Lischke, einen rechteckigen Spankorb mit weit übergreifendem Deckel und einem Ledertragriemen für die Männer, sowie die Karrine, einen viereckigen, tiefen Span- oder Weidenkorb für die Weiber. Zum Fischfang benutzte man die Zeese, ein Flügelnetz mit Kehlsack. Schmucklose, einfache, eichene Kisten dienten als Särge. Die $1^1/_2$ m hohen, aufrechtstehenden Grabplatten in viereckiger, runder, ausgebogener, kelch- oder kreuzförmiger Gestalt waren aus Holz hergestellt, wiesen auf der Vorderseite Namen und Datum des Verstorbenen auf und trugen auf der Rückseite einen Grabspruch, in dem die Erde als Jammertal und der Himmel als höchste Freude bezeichnet war. Karl Goetzmann-Lauenburg.

Der wandernde Sand.

Ganz hinten im allerhintersten Hinterpommern gibt es einen großen Strandsee oder kleines Haff, wie man's nennen will, von dem Flüßchen Leba gebildet, das sich von Süden hinein und aus seiner nordöstlichen Ecke wieder hinaus in die Ostsee ergießt. Vom Meere scheidet den Lebasee eine schmale Landzunge, wenige Stunden lang, nach dem Lande zu ist er rund umlagert von ausgedehnten Sümpfen und tief durchfeuchteten Wiesenflächen. Es ist da noch heute eine so einsame Gegend, wie sie ein Naturschwärmer oder Menschenfeind nur immer wünschen mag; man kann wohl einen Tag lang wandern, ohne auch nur einen Trunk Bier oder ein Butterbrot zum Imbiß zu erhalten. Ein so genügsamer Wanderer aber mag dann freilich erstaunen und sein Auge entzücken an der fremdartigen und schier grausigen Schönheit der wilden Dünenberge, welche sandstiebend diesen Erdstreifen durchziehen, und an dem großen Blick von ihrer Höhe auf das fern umrahmte und auf das uferlose Gewässer. Vor einem viertel Jahrtausend war's noch ein wenig einsamer; die Strandberge der Nehrung waren mit dickem Walde bedeckt, und die tiefen Sümpfe waren kaum durch Gräben und gar nicht durch Wege und Dämme zugänglich gemacht. Das Städtchen Leba an der Ausmündung des Wassers ist zwar schon vorhanden gewesen, war aber sogar noch bescheidener als heutzutage: und wer es kennt, der weiß, wie Ungeheures das besagen will; und seine Verbindung mit der übrigen Welt hatte es zu Lande noch ausschließlicher als jetzt allein dem Süden zu. Keiner Seele konnte es einfallen, nach Westen längs des Sees einen Durchweg zu suchen: denn die seltsame moderne Leidenschaft, pfadlose Wildnisse zu durchqueren, plagte die Menschheit noch nicht und die Lebasche Menschheit am allerwenigsten. — Dies ganze Waldgebiet hüben und drüben des Sees gehörte zur Zeit des Dreißigjährigen Krieges einem Herrn von Kieköwer, Joachim oder Jochen seines Rufnamens. Das Wasser selbst ward als ein Eigentum nach nicht erachtet, sondern gehörte dem lieben Gotte, den eingeborenen Fischen und jeglichem Menschen, der sich die Mühe machen wollte, sie zu fangen; deren aber waren so

Torfufer und Düne.

wenige, daß die Fische ein Heruntergehen ihrer Bevölkerungsziffer schwerlich zu merken vermochten. Hätte nur Gott gewollt, daß unser pommersches Land und das übrige deutsche Reich in dieser Zeit dasselbe von sich hätte sagen können! Es war aber bekanntlich nicht an dem.

Jochen von Kieköwer war ein recht begüterter Herr, dem abseits der Küste und im Stolpischen ein gut Stück leidlichen Fruchtlandes gehörte. Doch sein liebstes Besitztum war dieser Wald um seines wundervollen Wildstandes willen, da es denn bei Reh- und Rotwild noch reichlich Elche in diesen Bruchwäldern gab. Wölfe und anderes ernsthafteres Raubzeug dagegen duldete er nicht, sondern rottete es aus nach allen Kräften, während er über dem frommen und eßbaren Wilde mit Maßen und Verstand als ein heiterer Jagdfreund, nicht als ein unsinniger Schlächter waltete.

Einmal geschah es ihm, daß er von einer Lustreise durch Polen zurückkam und etwas mitbrachte, das er nicht ursprünglich gesucht hatte, nämlich ein junges Weib, welches von den kleinen Erbkrankheiten dieses lustigen Volkes hauptsächlich nur die Liederlichkeit und die Verschwendungssucht, etwas weniger die Trägheit und Unsauberkeit und bei weitem am meisten die Eitelkeit und den Größenwahn als ihre merkbarste und fast auch einzige irdische und geistige Habe überkommen hatte. Als diese hübsche und lebensmutige Person die großen Wälder, das Haff und die Ostsee in Obacht genommen hatte, genas sie unverzüglich des Gedankens, es sei angenehm und standesgemäß, auf der größten Höhe der schmalen Landzunge ein Jagdschloß zu erbauen mit allem anderen Zubehör und einem Turme, von dessen Zinnen man alle jene Herrlichkeiten zugleich in einem Blicke überschauen könnte.

Jochen Kieckömer zögerte nicht zu gehorsamen, denn wie er Gott mit Ruhe diente, also auch seinem Weibe, ließ einen Baumeister kommen, die Sache überschlagen und zuvörderst als Vorspiel zu dem Turme ein hohes Balkengerüst über die Bäume in die Höhe führen.

Sobald die tapfere Polin von hier aus einige Umschau gehalten hatte, ward sie noch fruchtbarer und beschloß, vom Meere her quer über den Dünenrücken hinweg bis zum See eine lange Lichtung auszuholzen, den frei gewordenen Abstieg nach beiden Seiten in Terrassen zu gliedern und solche mit einer lachenden Fülle von Rosen, Lilien und holländischen Tulpen zu bepflanzen. Auch träumte sie von Springquellen und rauschenden Wasserstürzen, die sich aus einem marmornen Riesenbecken über Hunderte von Stufen in die beiden Gewässer ergießen sollten.

Also kam denn die Arbeit gleich mit dem folgenden Lenze in rüstigen Gang. Lustig erklangen die Äxte die langen Sommertage hindurch vom Ostseestrande herüber, kamen höher und höher den Abhang herauf, erreichten den Grat und wanderten Schritt für Schritt wieder zu Tale bis ans Schilfufer des Lebasees. Gegen den Herbst lagen alle Hochstämme in dem ausgeschnittenen Querstreif glatt darniedergestreckt, und auch die Sümpfe wurden sauber mit den Wurzeln herausgenommen, so daß nichts übrig blieb als der platte Boden mit der Grasnarbe und den fröhlichen Waldkräutern, die im nächsten Jahre den holländischen Tulpen zu weichen bestimmt waren. Auch fand sich gerade noch Zeit, die Grundfesten des Schlosses zu legen, dann brach der Herbst mit seinen wuchtigen Seestürmen herein und machte dem härtesten Handwerker an dieser Küste die Arbeit unmöglich.

So ließ man das angefangene Werk gelassen liegen zur glücklichen Fortsetzung im nächsten Frühling. Doch als im Frühling die arbeitsmutige Schar mit ihrem Bauführer von Leba über den See herangezogen kam, da fanden sie mit großem Kopfschütteln und Ohrenkratzen, daß hier über Winter ein anderer Werkmeister ein mächtig Stück Arbeit vollbracht hatte, mit dem sie nimmermehr hoffen konnten, es in siegreichem Wettstreite aufzunehmen.

Dieser Meister war der Dünensand. Der war vom Ostseestrande hereingebraust in die frische Waldlücke wie ein Bergstrom in einen Felsenspalt, oder wie flüssige Lava in eine offene Schlucht. Doch er war stärker als Lava und kühner als Wasser, denn er vermochte auch aufwärts zu klimmen und über jede Höhe hinwegzuschießen, gleichviel, ob sie sänftlich geneigt ist oder steil wie eine Mauer. Wo man Moos und fette Kräuter im Herbste zurückgelassen hatte, da fand man im Frühling einen breiten, öden Strich weißgelben Sandes herüberlagernd von Wasser zu Wasser wie eine sattgefressene Riesenschlange. Alles Erdgrün hatte er verschlungen und die Grundmauern des Schlosses klafterhoch überflossen, und zur Rechten wie zur Linken war er in langen Queradern und Seitenzungen hineingezischt in den hohen Wald und hatte auch dort schon heimlich am Boden kriechend das Werk zäh würgender Verwüstung begonnen. Etlichen jüngeren

Stubbenfeld und Torfufer.

Bäumen waren die Wurzeln seitwärts geschoben, daß sie standen wie die Masten eines gestrandeten Schiffes und ihre Äste traurig zu siechen begannen unter dem tödlichen Drucke des reibenden Sandstromes.

Da erkannte der verständige Baumeister, daß es mit den Terrassen und Tulpenbeeten nichts mehr sein werde, denn es sei kein Zweifel, in diesem wilden Boden könne nicht einmal ein Gänseblümchen haften, geschweige denn anständige Rosen und Lilien. Ganz ebensogut könne man sich in der afrikanischen Wüste oder auf einem grönländischen Gletscher einen Ziergarten anlegen.

So wurde hierorts erwiesen, was noch heutigen Tages gilt: wer in Pommern schöne Künste einführen will, der soll es mit Vorsicht tun, weil sonsten die pommersche Natur sehr stürmisch dagegen revoltiert.

Hierüber verlor die schöne Edelfrau die Lust an der Sache, denn ein Schlößchen mitten in so nichtsnutzigem Streusande zu besitzen, erschien ihr mehr Schimpf als Glanz zu erbringen.

Auch waren ihr die brutalen Gewässer der Ostsee um dieses Streiches willen ganz verleidet, und sie beschloß, einen Schritt zurück zu tun und sich lieber an dem anderen Ufer des friedlicheren Binnensees anzubauen. Das ward sogleich in Angriff genommen, Pfähle in den schwammigen Grund getrieben und darauf zuvörderst zur Probe ihrer Festigkeit ein ziemlich bescheidenes Blockhaus errichtet, das den Namen Jagdschloß nur leihweise und in Vertretung erhielt.

Aber der Sandstrom, der über die Landzunge geflossen, war ein zäher, unwiderstehlicher Eroberer. In jedem Herbste begann er einen neuen Feldzug, lieferte Schlacht auf Schlacht und kämpfte weiter in den tiefen Frühling hinein: und allemal, wenn die Sommersonne den Waffenstillstand verkündete, hatte der Sand zu beiden Seiten einen Streifen Landes mehr gewonnen und eine Baumreihe des Waldes weggefressen. Wie ein weise geschulter Feldherr errang er sich Schritt für Schritt seinen Boden; immer schickte er zuerst seine Plänkler vor, leichte Spritzer, die nur das Gras ertränkten und das Erdreich verdarben; dann kamen derbere Massen und verwüsteten das Unterholz, quollen unmerklich an den Hochstämmen empor, immer weiter und weiter, bis zuletzt nur noch die breiten Kronen elend hervorschauten, und zernagten die Rinde, bis auch die Kronen eine nach der anderen siechten und starben.

So erweiterte der Seesand sein Gebiet und seine Macht; im Anfang mochten es nur zehn Schuh im Jahre sein, was er an jeder Seite gewann, dann wurden es zwanzig und dreißig und immer mehr: und wer heutigen Tages, nachdem noch etwa acht Menschengeschlechter vorüber gegangen, dieses einsamen Weges über die Lebaische Nehrung zieht, der findet auf Meilenstrecken den Wald verzehrt und die furchtbare Düne die einzige Herrscherin im Lande.

Doch das geht spätere Zeiten an. — In jenen Jahren, da der Sandwust nur erst ein mäßiger Streifen war, kamen einmal im Sommer wenige geflüchtete Bauern in die Kieköwersche Forst, um sich vor den Wallensteinern zu bergen; und da der erschrockene Jagdherr, für den Schlummer seines Wildes zitternd, sie von hier vertrieb, indem er sich seiner treuen Wolfshunde und einer starken Hetzpeitsche bediente, so flohen sie weiter und kamen auf die kahle Stelle, wo der Sandfluß schon einen breiten Vorsprung oder Haken eine Strecke weit in den See hineingebaut hatte. Hier machten sie abermals Halt, und als Herr von Kieköwer mit seinen Hündchen geritten kam, baten sie bescheiden, an dieser verlassenen Stätte bleiben zu dürfen. Da lachte der Herr ganz wohlgelaunt und sprach laut und vornehmlich: „Fraget Gott den Herrn und die Ostsee, denn der gehört das Stück nach dem Recht des Eroberers: für Menschen ist's herrenlos Gut geworden."

So ritt er weiter und ließ sie bleiben und Hütten bauen. Denn es kam kein Wild mehr dorthin, und er schien nicht zu fürchten, daß dies arme Gesindel sich ohne Not an den Tieren vergreifen möge. Auch hatten sie von Waffen nicht einmal eine Armbrust oder einen Flitzbogen aufzuweisen.

Die Leutchen aber hatten ihre Schlauheit und merkten sich den Spruch: „Für Menschen ist's herrenlos Gut geworden," gar weislich, weil sie wußten, ein Wort, das er gegeben hatte, mußte er halten. Das ist in diesem Lande nicht anders. So ließen sie sich nieder und machten sich Hütten und Schuppen aus Rohr mit etlichem Holzwerk von den verdorbenen Bäumen. Und bald kamen andere dazu aus fernen Ortschaften, die versengt und ausgeschlachtet waren, bis sich im stillen Haus bei Haus ein neues Dörfchen bildete. Ihre Nahrung fanden sie im Wasser und wurden alle Fischer, wie sie denn auch gar nichts anderes werden konnten, es sei denn, sie hätten sich etwelchen geistigen Erwerbs-

Stubbenfeld am Strande.

quellen hingeben wollen. Die Fischerei aber war sehr ausgiebig, sowohl auf dem Haff als auf dem Meere, und nachdem sie mit den Jahren ihr Geschäft erst gründlich erlernt hatten und gute Boote besaßen, nährten sie sich weit besser als sonst hinter dem Pfluge, da sie zerdrückt wurden von Abgaben und Fronden. Das Beste aber war, daß die Kaiserlichen fern blieben und die Schweden, auch nicht einmal versprengte Mordbrenner und Plünderer sich sehen ließen: diese Einsamkeit lockte manchen, sich zu bergen, doch keinen, zu rauben. So blieben sie ungestört und fanden, es sei das Schlechteste nicht, auf Sand gebaut zu haben in diesen verqueren Zeiten. Und es war dies vielleicht im ganzen Reiche deutscher Nation die einzige Gemeinde, die in währendem Kriege und durch den Krieg ihr Gedeihen und Aufblühen fand. Denn sie mehrte sich ständig durch neuen Zulauf, und nicht an Kopfzahl allein, sondern auch an innerem Wesen, Wohlstand und Lebensbehagen.

Es sammelte sich viel Glück auf diesem kleinen Flecke: das Allerbeste und ihr wahres Schirmdach war, daß die Gemeinde keinen Namen hatte und also auf keiner Karte und in keinem Amts- oder Kirchenbuche zu finden war. Sie selber nannten ihren Ort nur einfach „den Sand", wie die leere Stelle schon vorher in der Gegend geheißen hatte. Des weiteren war ihr Vorteil, daß es dort keinen Richter und keinen Advokaten gab: so blieb ihnen nichts übrig, als sich untereinander zu vertragen, und selbst die Schelme, die unter dem zugefahrenen Volk mit dreinliefen, mußten sich beeilen, ordentlich zu werden. Und keinen Arzt: so waren sie genötigt, gesund zu bleiben und starben am Ende in Frieden. Und keinen Schulmeister: so verdarben sich ihre Kinder weder die Augen, noch die Köpfe, noch die Hosen. Vor allen Dingen aber keinen Herrn, der sie beschützte und für sie sorgte: das wußten sie am allerhöchsten zu schätzen. Deshalb trachteten sie besonders mit aller Sorgfalt, auch den Herrn von Kieköwer für alle Zeit sich vom Leibe zu halten, und stärkten seine Laune zu diesem Zwecke nicht selten durch kleine Geschenke von schönen Fischen, die sie ihm über den See zuführten, wobei sie acht gaben, allemal neue Leute mitzuschicken und das Gespräch jedesmal wieder dahin zu drehen, daß er seinen Ausspruch wiederholte, der Sand drüben sei herrenlos Gut geworden. So war zuletzt kein einziger mehr am Orte, der nicht diesen Verzicht mit angehört und ihn erforderlichenfalls vor Gericht hätte beschwören können.

Bald gelingt es der klugen Gemeinde, von Herzog Bogislaw XIV. eine Urkunde zu erlangen, in der weder dem Kaiser noch dem Polenkönige lehnsherrliche Rechte über die Leute auf dem Sande zuerkannt werden, da letztere „in aller Wahrheit bisher überhaupt in keinem Lande, sondern gewissermaßen auf dem Meeresgrunde wohnten." Auf diese Urkunde gestützt, wagt es nach Beendigung des Dreißigjährigen Krieges der Pfarrer vom Sande (ein zugereister Wanderprediger, der in der Novelle auch sonst eine bedeutende Rolle spielt), den Sand für freies Pommernland zu erklären, auf das weder Schweden, noch Brandenburg, noch Polen Anrecht habe. Von seiner Gemeinde, deren geistlicher Berater und wirtschaftlicher Förderer er bisher gewesen, auch zum weltlichen Oberhaupte gewählt, nennt er sich den freien Herrn vom Sande, befestigt sein Dorf durch Strauchzäune, gegen die der Wind gewaltige Massen Flugsandes zu festen Dämmen antürmt, bewaffnet seine Fischer und trotzt nun allen Aufforderungen des brandenburgischen Abgesandten, eines Herrn von Luchtemar, der „das neuerworbene Land durchreist, um allerorten, auch in den kleinen Städtchen und Dörfern, die Huldigungen der neuen Untertanen für seinen Herrn entgegenzunehmen." Mit List wird er gefangen genommen und zum Kurfürsten geführt. Inzwischen schlägt seine Gemeinde einen polnischen Reiterangriff siegreich zurück, wird aber bald darauf von einem gewaltigen Sturm heimgesucht, der ihre Wohnstätte vernichtet. Den Untergang des Dorfes schildert ein Brief eines Fräulein v. Kieköwer an Herrn v. Luchtemar:

„Es ist ein groß Unheil über unsere Küste ergangen", so schrieb sie, „eine grausame Sturmflut von Norden her, die hat viel Unheil vollbracht an allen Enden, am allermeisten aber vor unseren Augen drüben überm See bei den freien Fischern. Wir haben gesehen, daß der Sand lebendig wurde und aufstieg über dem Lande gleich einer Wolke oder wie der Rauch eines ungefügen

Feuers. Und als der Sturm abließ und wir hinüberfuhren, da sahen wir, daß der Dünenberg hinter dem Dorfe war mächtig in die Höhe gewachsen und stand dahinter steil aufgereckt wie ein trotzender Riese. Im Dorfe aber war der Schreck sehr groß, und fanden wir Jammers und Wehklagens genug, und meinten alle, daß der Teufel selber die Hand müsse am Werke gehabt haben. Und sind ihrer nicht wenige, die schwören, daß sie ihn mitten in dem stäubenden Wust als eine Gestalt gesehen haben, wie wenn eine Fledermaus so groß wäre, wie ein Urochs. — Wir aber meinen, der neue Waldschaden, den die Polen gemacht, der ist schuld, daß der Sand so mächtig geworden.

Es war aber dieser Sand mit solcher Gewalt von der Höhe geschossen,

Dünenlandschaft.
Photographische Aufnahme von Noack-Binz.

daß er etlichen Häusern das Dach zerrissen hat zum Klaffen und standen elend offen, und anderen war von hinten her die Wand eingedrückt, denn der Sandhaufen stemmte sich dagegen wie eine Sturmwelle. Alle Häuser aber insgesamt waren in ihrem Innern so hoch mit Sand bedeckt, daß man bis an die Kniee darinnen watete. — Und ist auch leider klärlich zu sehen an dem Dünenberge, daß dieses Unheils niemals ein Ende mehr sein wird, sondern es muß bei jedem Sturme nur immer größer werden, also daß wenig Zweifel bleibt: wenn der Winter vorüber ist, wird kein Haus an seiner Stelle mehr stehen, außer zerbrochen und in Trümmern. Und ist eine unselige Stätte geworden und erschrecklich für die Leutchen zu wohnen.

Darum erbarmte es uns solches Elends, und meiner Schwester Kathinka, welche nun als die Herrin hiesiger Liegenschaft gilt, seit ich für die Zukunft in einem anderen Hause wohnen soll, die hat den Fischern zugegeben, daß sie sich abseits nach Westen hin unter dem Schutze des Waldes hinsetzen sollen mit ihren Hütten, und dürfen auch soviel von Bäumen ausschlagen, daß jeglicher ein Äckerchen gewinne. Vor dem Wilde zu sorgen, ist auch keine Not mehr,

Dünenlandschaft.
Photographische Aufnahme von Noack-Binz.

denn meine Schwester Kathinka ist seither in diesen Monden alle Tage zu jagen gezogen und hat unter den Hirschen so starken Abschuß getan, daß sie niemandes Schade mehr sein mögen. Auch hat sie den Siedlern das Recht gegeben, die Tiere zu erschlagen, die auf ihre Felder treten; aber das Fell und den Braten, das müssen sie abliefern.

Das Völkchen folgt nun fleißig ihrem Rat und ist frisch bei der Arbeit, die Hütten abzubrechen und an dem besseren Orte wieder aufzubauen. Und wer binnen kurzem dieses Weges über den Sand mag ziehen, der wird eine leere Stätte finden, und wird nicht glauben, daß dort einst Menschen gewohnt haben. Und meine Schwester Kathinka ersuchet höflich, dem Herrn Teufelspastor (wie sie ihn nennet) oder dem Sandherzog, wie andere sagen, zur Kenntnis zu geben, daß ein größerer Herr als auch der Kurfürst von Brandenburg ist, über sein weltliches Königreich also entschieden hat — —."

Herr von Luchtemar unterrichtet den Kurfürsten durch Eilbrief in aller Ausführlichkeit über den wunderlichen Fall. Friedrich Wilhelm faßt die ganze Sache als Scherz, den er damit vollendet und krönt, daß er den Pommern in aller Form und Feierlichkeit als Souverän vom Sande anerkennt. Freudig erhobenen Hauptes eilt dieser heim.

So kam er durch die Städte Pommerns bis nach Stolp und an die Küste dahinter; und am Strande entlang wandernd kam er an den Lebasee zu seiner Stelle, wo der Sand den Wald durchbrochen hatte. Nun schritt er mit Freuden die Düne hinauf und wunderte sich einzig, daß sie seinen Augen um ein Merkliches höher erschien, als sie vordem gewesen war. Doch als er die Höhe erreicht hatte und sie hinabspähte nach seinem Dorfe, das sein Königreich war: siehe, da fand er dort nichts als eine leere und schauerliche Wüste von wildem Sand.

Da entsetzte er sich und erschauderte; denn es war gräßlich zu sehen, wie eine Fülle des Lebens verschwunden war, als wäre es von einer Meereswoge hinweggespült oder von einem Winde zerblasen. Die hohe Düne aber stand aufgerichtet darüber wie eine gewaltige Brandungswelle, die mitten im Ansturm erstarrte; und er sah, wie vor dem Winde, der vom Meere heraufkam, der lockere Sand am Boden dahinrollte und in langen Strömen sich über die Kante des Berges hinübergoß, die gewellten Massen des Abhangs und der Tiefe vermehrend: und da begriff er, wie bei einem Sturme die große Verwüstung konnte ergangen sein. Er kniete zur Erde, sein Angesicht der Weite des Meeres zugewendet, und sang den Psalm, der solche Worte sagt:

„Bringet her dem Herrn, ihr Gewaltigen, bringet her dem Herrn Ehre und Stärke!

Die Stimme des Herrn gehet auf den Wassern, der Gott der Ehren donnert, der Herr auf großen Wassern.

Die Stimme des Herrn erreget die Wüste, die Stimme des Herrn erreget die Wüste Kades.

Die Stimme des Herrn entblößet die Wälder; der Herr sitzet eine Sintflut anzurichten, und der Herr bleibt ein König in Ewigkeit.

Der Herr wird seinem Volke Kraft geben; der Herr wird sein Volk segnen mit Frieden."

So betete er, stand auf und schritt mit getröstetem Angesicht über die Stätte des Schreckens herab ans Gestade des Sees und wanderte weiter an seinem Gestade nach Westen hin.

(Mit Genehmigung des Verfassers und Verlegers abgedruckt aus Hans Hoffmann „Geschichten aus Hinterpommern"; Verlag Gebrüder Paetel-Berlin.)

Pommerlied.

Wenn in stiller Stunde Träume mich umweh'n,
Bringen frohe Kunde Geister, ungeseh'n,
Reden von dem Lande meiner Heimat mir,
Hellem Meeresstrande, düsterm Waldrevier.

Weiße Segel wiegen sich auf blauer See,
Weiße Möven fliegen in der blauen Höh',
Blaue Wälder krönen weißer Dünen Sand:
Pommerland, mein Sehnen ist dir zugewandt!

Aus der Ferne wendet sich zu dir mein Sinn,
Aus der Ferne sendet trauten Gruß er hin.
Traget, laue Winde, meinen Gruß und Sang,
Wehet leis' und linde treuer Liebe Klang!

Bist ja doch das eine in der ganzen Welt,
Bist ja mein, ich deine, treu dir zugesellt,
Kannst ja doch von allen, die ich je geseh'n,
Mir allein gefallen, Pommerland so schön!

Jetzt bin ich im Wandern, bin bald hier, bald dort;
Doch aus allen andern treibt's mich immerfort.
Bis in dir ich wieder finde meine Ruh',
Send ich meine Lieder dir, o Heimat zu.

Adolf Pompe.

Hans Hoffmann.

Hans Hoffmann wurde geboren am 27. Juli 1848 zu Stettin. Er wuchs auf inmitten dieser alten pommerschen Haupt- und Hansestadt, deren Eigenart damals noch nicht so sehr vom neuzeitlichen Großstadtwesen verwischt war. Die Umgegend, zumal Strom und Haff, nährte und übte seinen früh erwachten Sinn für Naturbilder und -Stimmungen; zeitig lernte er auch fremde, andersartige Landschaften kennen, so schon mit fünf Jahren, auf einer Reise mit seiner Mutter nach Meran, das ihm nachmals so vertraut und ergiebig gewordene Etschland. Er studierte von 1866 an in Bonn, Berlin und Halle Philologie, vornehmlich „Germanistik", wurde anfangs 1871 in Halle zum Doktor promoviert und trat im folgenden Jahre, nach einer längeren Reise durch Italien, ein Lehramt in seiner Vaterstadt an. Im Herbst 1872 ging er als Erzieher nach Rom, wo er bis zum Sommer 1873 blieb, kehrte dann über Sicilien und Griechenland nach der Heimat zurück und wurde wieder Gymnasiallehrer, erst in Stolp, dann in

Danzig. 1876—77 verweilte er „studienhalber" wieder in Italien, dann war er Gymnasiallehrer in Berlin, bis er 1879 diesen Beruf als verfehlten endgültig aufgab. Wie schwer Hans Hoffmann an den Folgen dieses Mißgriffs getragen hat — doppelt schwer durch den immer erneuten Gegensatz kunstfröhlicher Wanderfahrten im schönen Süden, — das spricht sich in seinen Gedichten und Erzählungen vielfach aus. Sein Humor, sonst so frei und befreiend, wird dann zuweilen schwer und fast gewaltsam, wenn er mit Motiven und Erinnerungen aus dem „siebenjährigen Fegefeuer" seiner verfehlten Berufsmühen spielt. Es ist aber anzunehmen, daß wir auch jenen sieben Jahren in Hans Hoffmanns Leben, eben weil sie für ihn ein „Fegefeuer" waren, vieles für die Ausreifung des Dichters zu danken haben; und das philologische Studium mit seiner strengen und kritischen, oft scheinbar krittligen Methode hat gewiß auch bei Hans Hoffmann zu Dem mit- und nachgewirkt, was bei deutschen Erzählern von heute so selten und bei ihm so groß ist, nämlich zu der vollkommenen Treffsicherheit im sprachlichen Ausdruck.

Als freier Schriftsteller nahm Hans Hoffmann zunächst in seiner Vaterstadt Aufenthalt, dann seit 1882 in Berlin, wo er 1884—86 die „Deutsche Illustrierte Zeitung" leitete. Später hat er, auch als gereifter Mann und Hausvater dem Wandertrieb getreu, nacheinander mit den Seinen längere Zeit in Freiburg im Breisgau, in Bozen und in Potsdam gewohnt; seit 1894 lebt er in Wernigerode am Harz, den er wie wenige kennt und jüngst in einem prächtigen Werke geschildert hat.

In seiner Lyrik hat Hans Hoffmann seine Erlebnisse und Eindrücke für und für so getreu — mit einer an Rückert erinnernden erstaunlichen Leichtigkeit des Schaffens — festgehalten, daß die 1892 unter der Aufschrift „Vom Lebenswege" erschienene Sammlung dieser Gedichte wirklich eine Art poetischer Selbstbiographie — Dichtung und Wahrheit — ausmacht. Auch als Erzähler bevorzugte er anfangs die Form des Verses, um erst, durch Kellers „Leute von Seldwyla" angeregt, zur Prosa überzugehen. Er gehört zu den Meistern, an deren besten Geschichten man lesend oder vorlesend erkennen mag, wie reich und tief, wie klar und anschaulich — und vor allem wie klangschön, wie voll wundersamen Wohllautes unsere deutsche Sprache ist. Begabung, Bildung und jener stille Künstlerfleiß, dessen Mühen man dem vollendeten Werke nicht mehr anmerkt, vereinen sich hier zum schönsten Ergebnis. Vor allem meisterlich, zwingend und ungezwungen, übt er die feine und seltene Kunst, Natur und menschliches Erlebnis aufeinander zu stimmen, das eine zum anderen einklingen zu lassen, wie Melodie und Begleitung. Aber noch höher möchte ich eine andere Kraft und Gabe werten: seinen ganz eigenen Humor. Hans Hoffmann besitzt, echt und lauter, diese köstlichste Erzählergabe, deren Name für so manches jämmerliche Surrogat mißbraucht wird. Dieser Humor, der auch das Tieftragische erfaßt und verklärt, erwächst aus einem freudigen, liebevollen, im tiefsten, Goetheschen Sinne frommen — und vielgeprüften Herzen. Als Erzähler mehr noch denn als Lyriker ist Hans Hoffmann eine ganze Persönlichkeit von großem Können und ernstem, klarem Wollen. Unter den „Besten seiner Zeit" besteht und wächst ihm eine treue Gemeinde, die von ihm noch manche reife Frucht erhofft.

Nach Ernst Muellenbach
(mit Genehmigung der Frau Ute Muellenbach und des Verlages des Volksbildungsvereins zu Wiesbaden).

Hans Benzmann.

Unter den selbständigen Künstlernaturen der jungdeutschen Literaturbewegung nimmt unser Landsmann eine geachtete, anerkannte Stellung ein. Geboren in Kolberg am 27. September 1869, wandte er sich früh vom Brotstudium zur freien Journalistik und lebt jetzt als unabhängiger Schriftsteller in Wilmersdorf bei Berlin. Sein äußerer Lebensgang ist arm an Daten und interessanten Momenten; reich und lehrreich dagegen ist seine innere Entwickelung.

Als Fünfundzwanzigjähriger trat er mit seiner ersten Gedichtsammlung „Im Frühlingssturm" (Verlag von Baumert & Ronge) an die Öffentlichkeit. Die Widmung an Dehmel legt uns sogleich den einen Nerv seiner poetischen Kraft bloß: die Reflexion. Gleich seinem Meister grübelt er den ewigen Rätseln nach, sucht sich mit ihren Geheimnissen auseinander zu setzen und sie mit eignem Wachstum zu durchdringen. Einige Titel nur, um von dem Umfang und Ernst seiner Selbstbefreiung Zeugnis abzulegen: Nirwana, Das Ewige, Ahasver am Meer, Der Welt entgegen, Allein, Kain, Die Versuchung und Sinai und Golgatha. Aber schon zu dieser Zeit drängen die Gestalten und Bilder nach dem andern Pole seiner Seele — nach dem zu lyrischem Klange gesammelten einfachen Stimmungsreize, getragen von einem glücklichen Naturgefühl, das sich zu Liedern verdichtet, wie in „Am Abend" und „Nachtstimmung". Noch ist gedanklich viel gärender Most und formell ein Übermaß lastender Beiwörter, aber schon in seinem zweiten Gedichtbande „Sommersonnenglück", verlegt bei Schuster & Löffler in Berlin, erscheint er wesentlich geklärter. Der Suchende hat gefunden, der Stürmer ist zu Ruhe und Sammlung gelangt, und gleich das erste Gedicht „Parzival" schlägt den Grundton der Sammlung an: Durch „Tumpheit" und „Zwivel" hat er sich zur „Saelde" durchgerungen. Sein Tiefstes kleidet er in biblisches Gewand, den bekannten Stoffen ein modernes individuelles Gepräge gebend; seine Sehnsucht schweift nicht mehr ins Unbegrenzte, im engen Kreise des eigenen Heims ist sie schlafen gegangen. Leichter finden sich die Rhythmen und die Reime, wenn er, den leisen Lauten der Nacht auf heimatlicher Erde lauschend, der Seele gestaltenden Ausdruck leiht.

Diese Vorzüge zeichnen auch seine letzte, für uns Pommern besonders wertvolle Gabe aus, das bei Hesse erschienene Bändchen „Meine Heide". Der Einsiedler in der Kiefernkapelle, wie er, von keinem Sturm der großen Welt berührt, den wechselnden Bildern des Waldes und der Heide weiter folgt, von den Großen der Geschichte, Sage und Literatur Besuch empfängt und das dörfliche Leben begleitet, — das ist groß geschaut und wahr dargestellt, einfach in den Naturbildern, packend in den Balladen, humorvoll in den pommerschen Schwänken.

Nicht viele Sammlungen unserer Jüngsten kann man nennen, die so ernst, so abgetönt und frei von jeder Dekadenz sind.

Auf zum fröhlichen Wandern!

Die Bäche rinnen und die Wipfel rauschen,
Ein Sonnenregen tauft den Heidesand,
Und von des Waldsees andachtsvollem Lauschen,
Vom stillen Hüttentraum am Ackerrand,
Vom Flusse, wo sich leicht die Segel bauschen,
Hernieder an den flutumkrallten Strand
Geht heut in hundertfachem Grüßetauschen
Die Heimatfreude durch mein Pommerland.

Rührt auch die Zeit an Stätten und Gestalten
Mit dunklem Schwingenpaar von Tor zu Tor —
Noch glänzt die Flur, noch rieselts in den Spalten
Des Tals, noch führt der alte Weg ins Moor,
Noch muß der Wald die Uferwache halten
Am Hügelsturz. Was auch dein Herz verlor:
Das Land blieb treu. Ihm sollst du Treue halten
Auf Mittagshöhen wie im Abendflor.

H. Ploetz-Stettin.

Einband von F. Schröder's Nachfolger F. H. Hiller, Stettin-Grabow, Poststraße.
Papier von der Papierfabrik Hohenkrug.

Inhaltsverzeichnis.